中国社会科学院创新工程学术出版资助项目

# 现代商业保险规范发展与金融稳定关系的综合研究

郭金龙 等/著

# 序 一

作为一类金融机构，保险具有媒介储蓄向投资转化的强大功能，因此，在发达市场经济国家的金融体系中，保险业占据着与商业银行、资本市场并驾齐驱的重要地位；而且，从管理存量金融资产的占比来看，保险业甚至有独占鳌头的发展趋势。

众所周知，居民持有的金融资产可以分为无风险资产、风险资产、债券、保险和其他五类。观察发达经济体居民持有金融资产结构的变化，我们可以看到一个共同趋势，这就是：无风险资产的比重越来越低，说明银行业在整个金融业中的重要性在逐步下降；风险资产的占比起起伏伏，总体来说逐步下降，说明人们在金融投资过程中越来越注重防范风险；债券投资的比重比较稳定；保险在居民金融资产中的比重则迅速上升，一般来说，发达经济体均达到30%。

发达经济体居民金融资产比重变化的轨迹告诉我们，随着经济的发展，保险业的地位是不断上升的。这种变化反映在金融领域，便是保险业在金融体系中的重要性日益上升。可以说，经济越发展，社会越进步，保险越重要。

保险在金融发展和金融资源配置中的重要地位和作用，主要体现在两个方面：一是在数量方面，保险业的发展将为我国的经济建设提供越来越多的资金；二是在质量方面，保险业全面、深入地介入金融资源的配置过程，将为我国金融运行提供一种不可或缺且难以被其他金融机制所替代的稳定因素。发挥保险在金融资源配置中的重要作用，促进货币市场、资本市场和保险市场协调发展，对健全金融体系、完善社会主义市场经济体制，具有重要意义。

过去十几年，在促进中国经济增长的三大因素中，投资发挥着主导性作用。然而，投资作为一种大量、长期占用资金的活动，需要长期的资金来源与之匹配，而目前我国金融结构的最大问题，就是主要依靠银行的短期资金来支持长期的投资。这种期限不匹配问题，已经给中国金融体系带来很大的风险。

在保险业更全面地介入资源配置过程之后，情况将发生根本性变化。保险是一种筹集长期资金的金融机制，基于这种特殊的筹资机制，我国金融市场中将出现真正拥有长期资金，且真正以金融稳定为其发展条件的机构投资者。保险机构以及养老基金等契约型机构，由于其资金来源的确定性和长期性，它们天生追求的就是市场的平稳增长和利润的长期化。由于保险业具有这种独特的运作机制，它才具有其他机构不可替代的稳定作用。保险业的大发展，将推动我国金融体制进一步走向成熟。

伴随着改革开放伟大历史进程，中国保险业从小到大，服务和谐社会建设，服务经济发展，积极推进重点业务领域发展，不断扩大覆盖面，在一定程度上发挥了保险的经济"助推器"和社会"稳定器"作用。近年来，随着保险在经济社会发展中的渗透率和贡献度的逐步提高，中国保险业发展已经跃上新的历史起点，成为全球最具活力的新兴保险市场。

作为现代金融体系的重要组成部分，商业保险的功能能否正常发挥，事关一国的金融与经济安全。一方面，由于保险公司资金来源的长期性，其在金融市场上的投资更注重长期收益，有利于改善金融资源的"错配"问题，降低金融系统风险，为一国金融体系发展提供一种强大的稳定力量；另一方面，随着金融综合经营趋势的加快，保险业与金融体系深度融合，保险业的风险生成和风险传递角色不容小觑。对于起始于2007年的全球金融危机，保险业也在一定程度上起到了推波助澜的作用，这更使得人们不得不重新审视保险发展与金融稳定的关系。

本书基于经济全球化持续发展的大势和我国保险业发展处于初级阶段的实际，运用经济学、金融学、保险学、统计学、计量经济学等相关学科理论，深入考察我国保险业的阶段性特征，结合现代商业保险与金融稳定的关系的国际经验分析、国际保险业发展趋势对金融稳定的影响分析、中国金融保险业发展以及中国金融保险监管的实践，对保险发展与金融稳定问题进行深入探讨。该书见解独到，具有创见性与前瞻性，对指导我国保险理论研究和推动我国保险业健康发展具有重要的理论意义和现实意义，也对促进金融改革、完善金融监管、防范金融风险具有重要的参考价值。在此，特恭贺该书出版！

**中国社会科学院副院长、学部委员　李扬**

2014年4月

# 序 二

保险业是经济“助推器”和社会“稳定器”，全球经济发展以及中国经济改革的实践经验向我们昭示，保险业对经济增长有明显的外部经济作用，健全的现代商业保险发展体系对一国的经济发展和金融稳定具有重要促进作用。

现阶段，全面深化金融体制改革、大力发展中国保险业已成共识。十八届三中全会审议通过的《中共中央关于全面深化改革若干重大问题的决定》明确了保险业在完善和发展中国特色社会主义制度中的地位和作用，以及在全面深化改革中所肩负的责任和义务。《决定》提出要完善保险经济补偿机制，建立巨灾保险制度，完善农业保险制度，加快发展商业保险、企业年金、职业年金等一系列重要论述，其目的就是要充分发挥保险业在稳定经济金融发展和构建多层次社会保障体系中的作用，使保险业成为现代金融体系的重要支柱，成为社会保障体系的重要支柱，成为灾害救助体系的重要支柱，成为社会风险管理体系的重要支柱，成为农业生产保障体系的重要支柱，实现经济社会的稳定与和谐发展。

在这种背景下，探讨中国保险业的健康发展之道，研究协调现代商业保险发展与金融稳定的关系显得尤为重要。而研究保险发展与金融稳定的作用与反作用机制，也必将对保险与金融监管带来很多启示。尤其是在我国保险业尚处于发展初级阶段，各种问题突显、各项制度还不成熟、抵御风险的能力还不够强的现状之下，深化保险监管改革、构建符合我国国情的保险业监管制度体系更要充分考虑金融稳定这个目标前提。

2008 年以来的金融危机暴露了金融监管体系的脆弱，从而引发政府及监管机构对金融领域更严厉监管的呼吁。这些呼吁本来主要针对银行业，但以美国国际集团（AIG）为代表的保险企业获得了巨额的政府求助，打破了之前所认为的保险业不会产生系统性风险的传统观念。风险防范是金融机构经营管理的重要环节，系统重要性金融机构的认定一开始主要是针对银行业，但随着时间推移，保险业也被纳入其中。虽然保险业在金融危机中表现出较强的恢复力，但全球金融体系重组和治理措施的调整必然会影响保险业，加强风险防范能确保保险市场安全稳定健康运行。随着金融稳定理事会（FSB）和国际保险监督官协会（IAIS）就保险业G-SIFI认定程序做出的决定，我国积极借鉴IAIS的标准，进行系统重要性保险机构的认定工作，从而决定是否需要外部介入（如政府救助），以应对因可能出现的利差损进而引发大规模退保的后果。2012年6月，中国保监会主席项俊波出席了在开曼群岛举行的国际保险监督官协会（IAIS）执委会会议。项俊波在会议上表示，我国系统重要性保险机构的认定工作正在推进。2013年这项工作也继续推进，保险业风险识别、防范和预警机制将进一步完善，促进风险处置机制的形成。

2013年5月，中国保监会发布了《中国第二代偿付能力整体框架》。第二代偿付能力制度的建设，坚持风险导向兼顾价值的原则，在守住风险底线前提下，通过科学设定资本要求，在风险防范和价值增长中取得平衡，有效缓解新兴市场中业务快速发展与资本相对短缺的矛盾。

《现代商业保险规范发展与金融稳定关系的综合研究》一书结合现代商业保险与金融稳定关系的国际经验分析、国际保险业发展趋势对金融稳定的影响分析、中国金融保险业发展以及中国金融保险监管的实践，研究现代商业保险与金融稳定的关系，分析我国保险业发展和金融结构演变的未来趋势，提出规范发展我国商业保险、促进金融稳定的政策。这在很大程度上丰富了我国保险理论的研究，对协调和把握保险发展与金融稳定的关系、完善我国保险业监管制度具有重要的理论价值和借鉴意义。在此，衷心祝贺该书的出版。

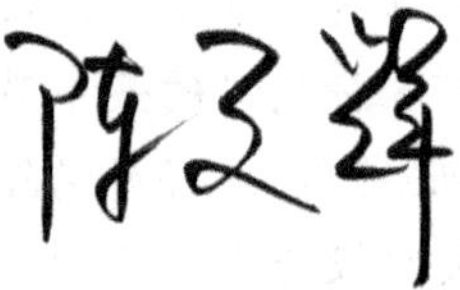

2014年1月

# 序 三

在美国金融危机爆发之后，人们对美国次贷危机的起因、后果及形成机制提出了各种各样的解释。如全球流动性的泛滥、降低信用消费市场准入条件为购房者提供过度的流动性、房地产泡沫破裂、金融衍生工具泛滥引致金融泡沫、金融监管失灵、评级机构评级虚假性、过度贪婪、全球经济的失衡等。但是，由于这些解释对金融危机的成因缺乏深刻反思，不免有着某种程度的片面性或表象化，因此，各种成因的解释也就难以真正揭示此轮美国金融危机的实质及其对未来经济生活的影响。此轮美国金融危机不仅改变了整个世界经济格局利益关系、生产方式及消费方式，也颠覆了人们的价值观念及思维方式。我们只有对该事件进行全面深入的反思，了解其事件的来龙去脉，才能把握事件实质及原因所在，才能真正找到避免此类金融危机再次发生之道。

一般来讲，由于保险公司资金来源的长期性，其在金融市场上的投资更注重长期收益，有利于改善金融资源“错配”问题，降低金融系统风险，对金融市场具有重要的稳定作用。但是，发端于美国2007年初的次贷危机，使人们不得不重新认真思考现代商业保险与金融稳定的关系。次贷危机随着美国房地产泡沫的破灭在2007年之后愈演愈烈、持续发展，最终演变为波及全球的金融危机。此次危机中，国际保险业扮演了多重角色。尤其在次贷危机中，部分保险公司通过为次级债券提供了保险机制，其中主要包括单一风险保险（Monoline Insurance）和信用违约掉期（Credit Default Swap，CDS），参与、传递甚至放大次贷市场的风险，成为金融危机形成机制中的重要一环。

现代商业保险是现代金融体系的重要组成部分，在金融结构和整个金融体系中有着举足轻重的作用。保险资金在金融市场中有着不可忽视的影响力，保险机构的金融活动是影响金融稳定的重要因素之一。我国的商业保险市场是全球发展速度最快的市场之一。改革开放以来，我国保险业一直保持持续快速发展的态势，保险业在我国金融体系中的作用不断加大。2013年底，保险公司总资产超过8万亿元，保险资产在我国金融资产中的份额明显增加，促进了金融资产结构优化和金融资源合理配置。尽管我国保险市场与发达国家还有很大差距，但在未来相当长的时期内，它将继续保持快速增长的趋势；保险机构已经成为我国资本市场的重要机构投资者，保险资金投资对我国金融市场的影响越来越大，研究现代商业保险与金融稳定的关系是一个新的课题，具有理论价值和现实意义。

《现代商业保险规范发展与金融稳定关系的综合研究》一书运用经济学、金融学、保险学、统计学、计量经济学等相关学科理论，借鉴国际经验和案例，分析保险风险、金融风险在金融、保险业之间的传导和分配，指出保险业风险管理应当成为保险发展促进金融稳定的重要内容；探讨资产证券化中的债券保险、按揭保险，分析了两种保险机制在金融危机中扮演的不同角色；结合我国保险业发展和金融结构演变的未来趋势，以及我国保险业发展存在的突出问题，提出促进商业保险规范发展、金融稳定的建议。该书选题具有战略性和前瞻性，研究内容丰富，研究结论具有创见性，对指导我国金融与保险理论研究和推动我国保险业健康发展具有重要的理论意义和学术价值。对此书的出版表示衷心的祝贺！

**中国社会科学院金融研究所所长、研究员　王国刚**

2014年1月

# 前言

现代商业保险是现代金融体系的重要组成部分，在金融结构和整个金融体系中占据着非常重要的地位。保险资金在金融市场中具有举足轻重的影响力，保险机构的金融活动成为影响金融稳定的重要因素之一。

我国的商业保险市场是全球发展速度最快的市场之一。改革开放以来，我国保险业一直保持持续快速发展的态势，保险业在我国金融体系中的作用不断提高，2013 年底保险公司总资产超过 8 万亿元，保险资产在我国金融资产中的份额明显增加，促进了金融资产结构优化和金融资源的合理配置。尽管我国保险市场与发达国家还存在很大差距，但在未来相当长的时期内中国保险业将继续保持目前快速增长的趋势，保险机构已经成为我国资本市场的重要机构投资者，保险资金投资对我国金融市场的影响越来越大，研究现代商业保险与金融稳定的关系是一个新的课题，具有理论价值和现实意义。

一般来讲，由于保险公司的资金来源具有长期性，其在金融市场上的投资更注重长期收益，有利于改善金融资源“错配”问题，降低金融系统风险，对金融市场具有重要的稳定作用。但是，发端于美国 2006 年下半年的次贷危机，使人们不得不重新认真思考现代商业保险与金融稳定的关系。这次次贷危机随着美国房地产泡沫的破灭在 2007 年之后愈演愈烈，持续发展，并最终演变为波及全球的金融危机。在此次危机中，国际保险业扮演了多重角色。尤其是在此次次贷危机中，部分保险公司通过为次级债券提供保险（主要包括单一风险保险（Monoline Insurance）和信用违约掉期（Credit Default Swap，CDS））参与、传递甚至放大次贷市场的风险，成为金融危机形成机制中的重要一环。

透过这次次贷危机，我们不禁要问：保险是金融稳定的控制器，还是金融危机的推进器？这是一个重要而复杂的问题。研究现代商业保险发展与金融稳定关系，是关系到我国金融风险防范和经济稳定发展的重大战略问题。国内学术界对现代商业保险的规范发展与金融稳定关系的关注较少，研究成果不多，也不全面、不系统，对于相关问题的对策研究更显不足。由于我国保险业正处于发展的初级阶段，保险业的潜在风险及其与金融创新和金融风险的关系、保险业发展对我国金融稳定的影响等是具有全局性和前瞻性的问题，本书试图对这些问题进行深入、全面、系统的研究，这对丰富我国保险理论的研究具有重要的理论意义和现实意义，对促进金融改革、完善金融监管、防范金融风险具有重要的参考价值和政策意义。

## 一、本书的研究思路

第一，第一章以现代商业保险与金融稳定的关系为切入点和论题，从三个角度对现代商业保险发展与金融稳定双向互动关系进行理论分析。

第二，第二章站在整个金融、经济的高度，借鉴国际经验和案例分析保险风险、金融风险在金融、保险间的传导和分配，指出保险风险管理应当成为保险发展、促进金融稳定的重要内容。

综合第一章现代商业保险发展与金融稳定关系的理论分析和第二章的国际经验研究，得出研究现代商业保险与金融稳定关系的两大问题，即保险提供长期资金来源，化解金融资源“错配”问题和保险风险管理问题，形成本书的分析框架和理论支撑。

第三，自 2007 年美国爆发“次贷危机”既而引发金融危机以来，众多学者及机构从不同的角度对此次危机的成因做了大量调查研究与分析。鉴于本轮金融危机与次贷产品链条及其机理缺陷直接相关，第三章和第四章探讨资产证券化中的债券保险、按揭保险两种保险机制有无产生系统性风险，是否是本轮金融危机的原因之一。对两种保险机制为何在金融危机中扮演了完全不同的角色进行比较，并对照我国保险业发展阶段和保险监管实际，给出结论性评述。

此外，第五章分析我国商业保险发展状况，剖析保险业发展面临的突出问题及其深层次矛盾，用数据实证研究金融业内部结构和保险市场与金融市场互动关系。数据显示，在我国金融体系中，金融与保险行业之间相互影响、相互作用、相辅相成。

第四，本书从保险公司的经济行为与金融稳定、保险监管与金融稳定、国际保险业发展与金融稳定等角度展开，深入研究现代商业保险发展与金融稳定的关系。这主要涉及第六、第七、第八章，包含大量定量分析的内容。

第五，结合我国保险业发展和金融结构演变的未来趋势以及我国保险业发

展存在的突出问题，提出促进商业保险规范发展，促进金融稳定的建议。这主要是第九、第十章的内容。

## 二、本书的主要研究创新与结论

第一，提出考察现代商业保险发展与金融稳定关系“三个角度+两大问题”分析框架。“三个角度”，即商业保险对金融稳定的影响、金融稳定对商业保险的影响，以及金融融合过程中保险、银行等风险相互传递对金融稳定的影响。“两大问题”，即保险提供长期资金来源、化解金融资源“错配”问题和保险风险管理问题。

第二，现代商业保险发展与金融稳定具有双向互动关系。一方面，保险资金作为一种长期资金，对金融市场具有重要的稳定作用。保险的资金主要来源于它的承保业务，主要是负债。一般来说，这种负债平均期限比较长，保险资产和负债期匹配管理，在我国金融资源配置中将发挥作用。它有利于优化金融结构、促进储蓄向投资转化、促进金融资源配置，降低金融系统风险，为我国金融体系的发展提供一种强大的稳定力量，对健全金融体系，形成多层次、多支柱的现代金融体系，促进金融稳定具有重要意义，对于促进我国经济增长具有特殊意义。另一方面，保险业通过自身发生危机、风险转移两个纽带对金融稳定产生负面作用。如果商业保险不能规范发展，自身发生危机会危及整体金融稳定，同时，通过风险转移和传递，在一定条件下也会放大风险，危及金融稳定。国际经验表明，保险对金融稳定的双重作用中，防止其负面作用的关键是规范发展和保险业风险监管，防范保险业危机的发生和风险的传递。

第三，中国保险业的阶段性特征、深层次矛盾与突出问题。中国保险业的发展仍然处在初级阶段。从经济增长的要素看，保险业的发展更多地依靠增加资本、劳动力等要素的投入推动。从行业层面上看，保险业存在某些粗放的特征，如投入产出比重低、人均产出不高、制度建设滞后、业务发展大起大落、出现经营性亏损、保险公司偿付能力不足等。初级阶段的中国保险业的深层次矛盾主要体现在“四个不适应”。一是与国民经济发展整体实力不相适应；二是与和谐社会建设不相适应；三是与人民生活水平不相适应；四是与金融体系改革发展的要求不相适应。我国保险资产占金融业总资产的比例较低，甚至低于很多新兴市场国家。中国保险业发展面临保险市场发展方式粗放问题、自主创新能力不足问题、保险资金运用问题、保护保险消费者利益问题、保险区域发展问题、保险诚信问题、保险产品交易模式困境、保险理赔等突出问题。

第四，实证研究结果显示，金融与商业保险之间相互影响、相互作用、相辅相成。金融发展水平的提高对保险市场的发展具有显著的促进作用，而各类保险市场的发展对金融发展也有显著的促进作用；金融发展水平与保险深度之间不仅有短期的相互因果关系，而且有长期的相互因果关系。

第五，由于中国保险业的发展仍然处于初级阶段，受中国经济发展阶段与国情的影响，中国保险公司的市场行为有着不同于其他国家和地区的表现形式，保险公司市场经营行为、投资行为、风险管理、竞争行为具有特殊性与复杂性。保险公司内控制度不健全，公司治理不完善，保险交易行为与竞争行为不规范，影响保险业规范发展。保险公司的内部管控能力与水平和发达国家相比差别还比较大。对外开放、偿付能力约束等因素可以改变保险公司的经济行为，有利于提高保险公司经营效率，促进金融稳定。

第六，无论哪种保险监管模式都会对金融稳定起着重要作用。完善保险监管将促进金融稳定。现代保险监管的实践证明，保险监管跟不上金融创新的步伐，存在空白领域，缺乏对保险衍生品的监管、缺乏对保险投资风险的监管、缺乏有效的系统风险应对机制，监管滞后和监管部门行动过慢，直接导致各类高风险衍生产品市场的无序发展，是危及金融稳定的重要因素。

第七，国际保险发展趋势使现代商业保险发展与金融稳定的关系日趋复杂。新兴风险不断出现，巨灾风险日益加大，使保险业发展面临巨大挑战。国际保险业的并购、重组，以及保险业与银行业的渗透和融合、保险集团与混业经营趋势，都会通过资金市场、资本市场给金融稳定带来不确定性，保险业对资本市场的影响越来越大，国际保险监管的协调合作趋势对保险业发展起着积极作用。

第八，按照研究现代商业保险发展与金融稳定关系“三个角度+两大问题”的分析框架得出的研究结论，结合我国保险业发展存在的突出问题和深层次矛盾，提出促进商业保险规范发展的十条建议，提出防范保险业风险的七条措施，提出发展现代商业保险促进金融稳定等十个方面的对策。

## 三、尚需深入研究的问题

有待进一步站在整个经济、金融的高度，深入研究现代商业保险的规范发展与金融稳定关系。

第一，关于保险机制在金融创新中的作用及其影响。由于时间所限以及课题本身的要求，我们只是结合债券保险和结构金融产品、保险公司与结构金融市场中的风险传递以及案例分析，对保险机制在金融创新中的作用及其影响进行了一定分析，分析不够全面系统，仍需要进一步全面深入系统的专门研究。

第二，SolvencyⅡ的进展与前沿问题分析和动态财务分析方法（DFA）的进展与前沿问题。今后相当一段时间内，这些问题仍将是保险理论研究的前沿课题和保险监管部门重点关注的重要问题。我们的研究只是对 Solvency Ⅱ和动态财务分析方法（DFA）的进展与前沿问题进行了综述和一定的分析，仍需要进一步深入系统研究。

第三，国际保险业发展趋势及其对中国保险业和金融稳定的影响，以及我国保险业发展和金融结构演变的未来趋势研究。我们虽然综合运用理论分析、实证分析以及定量分析方法对这些问题进行了深入研究，但是这也是未来相当长时期内我国保险理论方面需要进一步研究的前沿课题，同样是需要长期跟踪研究的重要课题。

第四，本书模型分析的结论限于数据的可得性以及保险公司行为一致性的考虑，对研究现代商业保险的规范发展与金融稳定关系支撑还不直接，内在逻辑性需要进一步挖掘。

本书共十章，第一章现代商业保险发展与金融稳定关系：理论分析（执笔人：郭金龙、何毕），第二章现代商业保险与金融稳定的关系：国际经验研究（执笔人：石晓军、郭金龙等），第三章债券保险业在金融危机中的角色分析（执笔人：阎建军、周小燕），第四章按揭保险业在金融危机中的角色分析（执笔人：阎建军、周小燕），第五章中国保险业发展状况、问题及其在我国金融体系中的地位（执笔人：郭金龙、张伟），第六章保险公司经济行为与金融稳定（执笔人：任燕燕、郭金龙等），第七章现代保险监管对促进金融稳定的作用（执笔人：郭金龙、何毕），第八章国际保险业发展趋势对金融稳定的影响（执笔人：郭金龙、胡宏兵），第九章我国保险业发展和金融结构演变的未来趋势研究（执笔人：郭金龙、胡宏兵），第十章现代商业保险规范发展与金融稳定关系的相关对策研究（执笔人：郭金龙、张许颖、胡宏兵）。郭金龙承担了本书整体框架和思路的设计和构建等工作，并负责整个研究过程中的人员组织和协调，郭金龙、胡宏兵、张许颖对全书进行统稿和修改。本书的初稿在 2010 年完成，所以文中使用的数据和资料都是 2010 年以前的，之后虽然对部分内容进行了修改和增加，在统稿的过程中没有对数据进行新的更新，尤其是第五章和第六章的数据显得比较陈旧，与 2010 年之后的状况有较大差距；由于时间关系和工作量较大，近几年出台了一些与该书主题有关的监管和政策，如第二代偿付能力、保险业系统性风险等方面的政策，在该书也没有反映，这也是本书的一些不足。此外，必须承认的是，保险业与金融稳定的关系问题是长期性和战略性的，涉及问题很多而且复杂，加上此次的研究和撰写时间较短，以及作者的水平所限，本书难免会有诸多不够深入、不够全面等不足，敬请有兴趣的读者给予批评和指导。今后，我们将根据实践中的新问题和研究中的新进展，对现有研究进行修改、深化和完善。

中国社会科学院副院长、学部委员李扬教授，中国保险监督管理委员会副主席陈文辉博士，中国社会科学院金融研究所所长、研究员王国刚教授，在百忙之中为本书作序，特此致谢！

在本书的编辑出版过程中，经济管理出版社王琼女士和中国社会科学院金融研究所雷蕾等对本书文字的修改和编辑做了大量工作，在此一并致谢。

郭金龙

2014年4月

# 目录

# 第一章　现代商业保险发展与金融稳定关系：理论分析

考察现代商业保险发展与金融稳定关系可以从三个方面着手：一是通过保险看金融，分析现代商业保险发展对金融稳定的双重作用；二是分析各种危机发生时（金融不稳定）对现代商业保险发展的影响；三是分析金融融合过程中，保险、银行等风险传递对金融稳定的影响。保险可以提供长期资金，有利于改善金融资源“错配”问题，降低金融系统风险，对金融市场具有重要的稳定作用，对于改善投资资金结构，促进我国经济增长具有特殊意义。

## 第一节　金融稳定的内涵及其影响因素

20 世纪 70 年代以来，金融危机的频发及其给经济带来的巨大损失，引起了人们对金融稳定问题的广泛关注和思考，也促使各国政府及国际组织对防范金融风险和维护金融体系稳定的高度重视。1999 年 2 月，国际清算银行（BIS）通过设立“金融稳定论坛”（FSF），加强各国及国际组织间的信息共享与合作，提升国际金融体系的稳定性。同年 5 月，国际货币基金组织和世界银行联合推出“金融部门评估规划”（FSAP），对其成员国和其他经济体的金融体系进行全面评估和监测。与此同时，各国中央银行也纷纷定期发布金融稳定报告（FSR），以强调金融稳定的重要性。

### 一、金融稳定的定义和内涵

#### （一）金融稳定的各种定义

从已有的研究文献及各国和国际组织发布的金融稳定报告上看，目前有关金融稳定的界定还没有形成一个统一的认识和标准。根据各种金融稳定定义的侧重点和定义角度不同，大致可以归纳为以下几种方式①：

（1）金融体系功能说。这种观点侧重从金融体系的内生功能来理解和定义金融稳定。具有代表性的是国际货币基金组织（IMF）学者的定义："只要金融体系能够抗击内生的或由于外部未预料的冲击造成的不平衡，继续履行提高实际经济运行效率的职能，金融体系就处于一系列不同层次的稳定状态中。"（Garry Schinasi，2004）再如："金融稳定可理解为金融体系发挥以下功能的状态：①有效地在各种经济活动间和跨时期配置资源；②评估和管理风险；③吸收冲击。因此稳定的金融体系可以提高经济效益和财富积累，同时消化和避免各种不利因素的干扰。"（Aerdt Houben、Jan Kakes 和 Garry Schinasi，2004）。

（2）金融运行状态说。这种观点侧重于刻画金融运行的状态。具有代表性的是欧洲中央银行（ECB）的定义："金融稳定是指这样一种金融运行环境：在这种环境中，金融机构、金融市场以及市场基础设施均运行良好，抵御各种冲击而不会降低储蓄向投资转化的效率。"（ECB，2003）又如德意志联邦银行认为："金融稳定是指一种稳定的状态，在此状态下金融体系能够良好地履行其配置资源，分散风险，便利支付清算等经济功能。即使实际经济部门受到外部冲击，发生紧缩或较大规模的结构调整，稳定的金融体系应不为所动，继续正常运行。"（Deutsche Bundesbank，2003）

（3）金融不稳定说。运用反证法，从金融稳定的反面即金融不稳定来理解和定义，具有代表性的是国际清算银行（BIS）专家的观点："金融稳定就是不存在金融不稳定，金融不稳定是指实际经济部门受到来自金融体系的负面影响，如金融资产价格的急剧波动或金融机构的倒闭产生的负面影响。金融不稳定有四个特点：对实际经济部门产生影响；潜在的危害甚于实际表现出的危害；金融不稳定既可能产生于银行系统，也可能产生于非银行金融机构、金融市场或其他金融机构；银行并不是唯一需要密切关注的对象，任何机构，不论其是否处于支付清算体系中，只要与支付清算体系中的机构关系密切，一旦其发生支付困难，将危及整个支付体系，它就应该成为密切关注的对象。"（Andrew Crockett，1997）美联储副主席 Ferguson 认为："用对立状态——金融不稳定——来界定金融稳定是一种可行的做法……。金融不稳定可以用以下三个标准来刻画：①一些重要的金融资产价格严重偏离其基本价值；②金融市场的功能和信贷的可得性（国内和国际严重扭曲）；③金融体系的扭曲，导致总

① 王继权．金融稳定涵义辨析［J］．深圳金融，2007（1）．

需求严重高于或低于经济的正常水平。”（Roger Ferguson，2003）

（4）管理系统风险说。从系统性风险的角度来理解和定义，具有代表性的观点是：Whalen（1995）、Kaufmann（1995）等认为，维护金融稳定要着力关注系统性风险，避免金融危机的爆发。理解系统性风险的定义，是设计金融稳定政策和鼓励市场首创性的重要工具（Bandt 和 Hartmann，2000）。十国集团（2001）强调，系统性金融风险是指一事件引发的金融体系的经济价值损失或信心丧失及其不确定性的提高，可能足以对实体经济产生巨大的负面影响。Schinasi（2004）则直接运用了金融风险来进行定义，即金融稳定是金融风险的定价、配置和管理机制运行良好并改进经济绩效的一种状态。

（5）广义金融稳定说。这种观点从广义的金融稳定角度，通过列举金融运行的关键表征，作为判断金融体系稳定与否的标准。这种定义的方法与上述“状态说”有近似之处，但更强调实现金融稳定所必需的条件。具有代表性的是英国金融服务局的专家认为：“金融稳定需具备以下条件：①货币币值稳定；②失业水平接近自然失业率；③公众对主要金融市场和金融机构的运作充满信心；④不存在危及条件①和②成立的物价或金融资产价格的急剧波动。”（Foot，2003）有国内学者认为，金融稳定性应包含货币供求均衡、资金借贷均衡、关键的金融机构稳定、金融市场稳定、国际收支内外均衡、金融体系内部不同系统之间结构协调等内容（吴念鲁等，2005）。

（6）其他角度的解释。除了从上述角度定义金融稳定的概念以外，还有人侧重从一般价格水平（货币稳定）、信息冲击、公众信心、支付体系以及金融体系抗击风险能力等角度，分别阐释金融稳定的内涵，也都具有一定的启发性和参考价值。他们的解释分别是：

“货币稳定是指一般价格水平的稳定，既不存在通货膨胀也不存在通货紧缩。定义金融稳定却没有这样简单，目前也没有一致公认的定义。但似乎存在这样的共识：金融稳定是指金融体系各组成部分能够自如地履行其功能。”（Win Duisenberg，2001）

“金融不稳定源于信息对金融体系的冲击，受到冲击的金融体系不能正常发挥配置资金的能力，资金不能投向最有生产能力的投资项目。”（Frederick Mishkin，1999）

“金融稳定的广义概念就是对金融体系保持信心。对金融稳定的冲击有各种类型。这些冲击能通过金融危机加以蔓延，致使市场流动性和履约能力变得不确定。金融不稳定的重要表现是价格的突然急剧波动。如何避免这种情况发生，还是一种现实的挑战。”（Andrew Large，2003）

“金融危机源于人们对得不到支付手段的恐惧。在实现准备金制度条件下，会造成对银行的挤兑和对高能货币的争夺。金融危机有两个本质特点：①突发性，公众可能因各种原因突然挤兑银行；②短期性，随着公众对恐慌性货币需求的下降，危机结束。”（Anna Schwatz，1986）

国际货币基金组织专家在考证各国中央银行发布的金融稳定报告基础上，认为各国对金融稳定的理解逐渐趋于一致，即认为金融稳定是金融系统各组成部分（金融机构、金融市场、支付结算和清算系统）的功能正常发挥。各国普遍趋向于认为，金融稳定分析应涵盖的范围包括：一是金融体系功能是否弱化；二是金融体系是否存在薄弱点；三是是否由此对金融体系和经济实体产生负面影响（Martin Cihak，2006）。同时，选择性列举了有关国家金融稳定报告对金融稳定涵义的解释（见表 1.1）。

**表 1.1　有关国家金融稳定报告对金融稳定涵义举例**

| 国　家 | 解　　释 | 位　置 |
|---|---|---|
| 加拿大 | 未提出明确定义，但在内封专栏里列举了金融体系各组成部分，并指出某一或若干组成部分的严重混乱“引起整个金融系统并最终导致整个经济体系产生严重问题”。同时指出“金融体系缺乏效率可能造成跨期的经济增长成本，使经济体系难以成功应对金融发展周期的压力” | 内封专栏 |
| 丹麦 | 未提出明确定义，但金融稳定报告在阐述目的时含蓄地表达，“评估金融体系能否如此健康，使金融部门的任何问题不致扩散，同时不妨碍金融市场作为公司和住户有效的资本提供者的功能”。还指出“其途径是关注金融体系的总体风险而非单个金融机构的状况” | 导论 |
| 欧盟 | 金融体系在履行其所有的“标准”任务时成效良好，同时在可预见的未来也能如此表现的一种状态 | 前言 |
| 冰岛 | 金融稳定报告多次引用 Andrew Crockett（1997）的定义，即金融稳定广泛地依赖于构成金融体系的关键性金融机构和金融市场的稳定。这需要①金融体系的关键性金融机构是稳定的，在于它们有高度自信心能持续、无干扰地、同时无需借助外力就可履行契约责任；②关键性市场保持稳定，在于市场参与者无障碍地以市场基本力量决定的价格进行交易；在短时期内市场基本因素未变时，市场价格不会大幅度变化 | 金融稳定报告各处 |
| 挪威 | 金融稳定意味着金融体系是健康的，处于媒介融资、便利支付和分散风险的合意状态。实证显示金融不稳定常发生于债务和资产价格处于强劲增长时期。银行体系在扩展信用和中介支付方面扮演了核心角色，因此对金融稳定是至关重要的 | 内封专栏 |

续表

| 国　家 | 解　释 | 位　置 |
|---|---|---|
| 瑞典 | 金融稳定性分析涉及金融企业和金融基础设施（提供支付手段、便利贸易和金融产品交换）应对不可预见冲击的能力，金融企业监测集中于四个主要的瑞典银行集团，因为它们对支付系统稳定是极端重要的 | 前言 |
| 英国 | 未提出明确定义，但是简洁概述了英格兰银行评估的部分要素（如主要金融机构的盈利能力、资本充足率、抗冲击能力） | …… |

资料来源：各国金融稳定报告。引自 Martin Cihak，2006，How Do Central Banks Write on Financial Stability? *IMF Working Paper*，WP/06/163。

为了切实防范金融风险和对金融体系健康状况进行综合评估，我国中央银行自 2005 年起开始定期发布《中国金融稳定报告》。在首次发布的《中国金融稳定报告》中对金融稳定的界定是：金融体系处于能够有效发挥其关键功能的状态。在这种状态下，宏观经济健康运行，货币和财政政策稳健有效，金融生态环境不断改善，金融机构、金融市场和金融基础设施能够发挥资源配置、风险管理、支付结算等关键功能，而且在受到内外部因素冲击时，金融体系整体上仍能够平稳运行①。

从以上描述中我们可以看出，尽管各方在金融稳定的界定上存在一些差异，但有关金融稳定的基本内涵，各方在理解上大体相同：金融稳定是指金融体系外部和内部不同系统之间结构协调，金融机构、金融市场和金融基础设施能够正常运转，金融管理部门对金融机构的经营和金融市场的运行有较强的监管和控制能力，在出现冲击、遭遇压力和发生严重的结构变化时，金融体系仍能有效地执行其有关功能的状态②。其中，金融机构、金融市场和金融基础设施能够正常运转，是指金融体系中的关键机构拥有充足的资本以消化正常或不正常的损失，且拥有足够的流动性来应对正常时期的运营和波动性，金融市场的交易价格能够反映基本经济因素变化，支付体系、网络系统、法律框架等金融基础设施处于良好状态；金融管理部门对金融机构的经营和金融市场的运行拥有较强的监管和控制能力，是指中央银行重视关键性金融机构及市场的运营状况，注意监测和防范金融风险的跨市场、跨机构乃至跨国境的传递，及时采取有力措施处置可能酿成全局性、系统性风险的不良金融机构，保持金融体系

① 中国人民银行金融稳定分析小组．中国金融稳定报告［M］．中国金融出版社，2005（8）．

② 韩秋．金融深化视角下的中国金融稳定［D］．吉林大学硕士学位论文，2007.

的整体稳定。

**（二）关于金融稳定定义的两种主要方法：直接法和间接法**

间接法是从金融稳定的反面进行定义，一般认为没有金融危机或者金融不稳定就可以算做金融稳定①。这种定义的方法落脚点是金融系统没有发生金融危机，否则金融就不稳定。

间接法的典型定义如：Mishkin（1991）把金融稳定定义为，可持续的、没有重大金融破坏的、能够有效把储蓄配置到好的投资机会的运行着的金融系统。Issing（2003）把金融稳定等同于没有金融危机，以及价格平稳和利率处于基点水平一定范围。Crockett（1996）把金融稳定定义为没有不稳定，这种不稳定状况是指经济运行因金融资产价格波动或者金融机构无力履行其合约而受到潜在破坏。其他以间接法定义金融稳定如表 1.2 所示。

**表 1.2　对金融稳定释义举例（间接法）**

| 中央银行或金融研究机构 | 定　义 | 出　处 |
|---|---|---|
| 美联储理事会 | 通过金融稳定的相反面——金融不稳定来定义。金融不稳定应具有以下三个特征：①一些重要的金融资产价格严重脱离其基础；②国内和国际的市场功能和信用可得性被严重扭曲；③前两项的结果导致总支出显著（或高或低）偏离实体经济的产出能力 | Roger Freguson，2002 年 |
| 国际清算银行 | 定义金融稳定为未曾出现不稳定，这是一种状态，其中，金融资产价格的波动或金融机构兑现合同义务的缺失是损害经济运行的潜在原因 | Andrew Crockett，1997 年 |
| 加拿大银行 | 金融不稳定指一种状态，它会通过冲击金融体系的运转来损害，或潜在损害经济的运行。这种不稳定对经济运行非常不利。它能对家庭、公司、政府等非金融部门造成损害，在一定程度上造成对它们融资的严格限制。它还可能损害特定金融机构和金融市场的运转，以致它们不能为其他经济体提供融资。它（金融不稳定）依据初始冲击、金融体系中被影响的部分和后果在不同的时间和不同的地点有不同的表现 | John Chant，2003 年 |
| 挪威中央银行 | 金融稳定经常定义为金融体系中没有危机发生，这意味着金融部门在面对金融机构和金融市场的冲击时运转良好 | Norges Bank，2003 年 |

① 石亚兰，郭建伟．金融稳定的定义及对金融稳定工作的影响［J］．经济问题，2007（1）．

续表

| 中央银行或金融研究机构 | 定　义 | 出　处 |
| --- | --- | --- |
| 哥伦比亚大学 | 当对金融体系的冲击干扰了信息传递以致金融体系不能正常运转，如不能向具有良好投资机会的项目进行融资时，（金融不稳定）发生 | Frederick Mishkin，1999 年 |

资料来源：转引自国研网《金融中国》月度分析报告［J］．中国金融稳定评估、风险防范及化解，2007（9）.

间接法从金融不稳定或者没有金融危机的角度定义金融稳定。如果存在金融危机或者金融不稳定，那么肯定难以实现金融稳定的目标。但是，金融稳定的含义不仅仅是没有金融危机或者金融不稳定，这是其一。其二，从没有金融不稳定或者金融危机角度定义，落入了一个逻辑循环问题。无论是金融不稳定，还是金融危机，它们的定义中都含有金融稳定内容在里面。这样否定的否定就是肯定，从它们这个角度定义金融稳定就等于说金融稳定就是金融稳定，这样毫无现实指导意义。其三，金融不稳定与金融危机都是定性概念，用它们的否定来定义金融稳定，对于实际问题没有任何价值。

针对间接法的上述问题，直接法定义金融稳定也就成为顺理成章的事情。直接法把金融稳定定义为能够执行正常金融系统的核心功能，面对外部冲击能够消化以及不妨碍正常功能的发挥。直接法的典型定义如英国金融服务机构执行董事 Foot（2003）认为金融稳定要满足以下四点：一是币值稳定；二是失业水平接近自然率；三是经济中的主要金融机构和市场正常运转；四是经济中的实物资产或金融资产的相对价格变化不会影响币值稳定和就业水平。Schinasi（2004）则把金融稳定定义为：无论何时，当一个金融系统有能力便利而非妨碍经济运行以及消化金融不平衡——无论这种不平衡是系统内产生还是重大逆向与不可预测事件所致——那么它就是处在金融稳定范围之内。其他以直接法定义金融稳定如表 1.3 所示。

**表 1.3　对金融稳定释义举例（直接法）**

| 中央银行或金融研究机构 | 定　义 | 出　处 |
| --- | --- | --- |
| 德意志联邦银行 | 金融稳定描述的是一种状态，此时，金融体系的主要功能，如分配资源、分散风险和结清交易等在有效运转，而且在冲击来临、金融压力激增和深度结构转型时期这些功能也能维持正常 | Deutsche Bundesbank，2003 年 |

续表

| 中央银行或金融研究机构 | 定　义 | 出　处 |
|---|---|---|
| 欧洲央行 | 金融稳定指一种状态，在此时金融体系能够承受冲击且不会造成对经济中的支付程序和储蓄到投资转换过程的累积性损害 | Tommaso Padoa - Schioppa，2003 年 |
| 澳大利亚银行 | 金融体系稳定的目标可被广义的定义为，能够避免可能引起实际产出大量损失的对金融体系的扰动 | F. Laker，1999 年 |
| 国际货币基金组织 | 金融稳定为一种状态，此时金融体系应能：①有效地在各种活动中和时期内分配资源；②评估和管理金融风险；③吸收冲击 | Aredt Houbenetal，2004 年 |
| 英格兰银行 | 广义上说，应按照维持金融体系的信心来定义金融稳定。对金融稳定的威胁来自各种类型的冲击，它们可通过传染效应传播。金融不稳定的症状还应该包括价格不可预测的多变性 | Andrew Large，2003 年 |
| 英国金融服务机构 | 金融稳定要求：①币值稳定；②失业水平接近自然率；③经济中的主要金融机构和市场在信心中运转；④经济中的实物资产或金融资产的相对价格变化不会损害币值稳定和就业水平 | Michael Foot，2003 年 |
| 荷兰银行 | 一个稳定的金融体系应该能够有效地分配资源和吸收冲击，阻止这个冲击对实体经济和其他金融体系造成不良影响。在其中货币应能正确执行其作为支付手段和价值尺度的职能，同时金融体系作为一个整体应能充分地发挥它汇集储蓄、分散风险和分配资源的角色。金融稳定是经济增长的重要条件，因为绝大多数实物经济中的交易都是通过金融市场实现的。也许在金融不稳定时才能更清楚地认识到金融稳定的重要性。如：银行可能不愿向有利可图的项目融资，资产价格可能大幅偏离它们的内在价值，或支付不能按期进行。在极端的情况下，金融不稳定甚至可能导致银行挤兑、恶性通货膨胀或股市崩盘 | Nout Wellink，2002 年 |

资料来源：转引自国研网《金融中国》月度分析报告［J］. 中国金融稳定评估、风险防范及化解，2007（9）.

但是，直接法定义也有不足之处：一是没有明确说明金融稳定的宏观性质，金融稳定与个别金融机构甚至金融市场的动荡既有联系又有区别。这对中央银行与相关金融管理部门在维护金融稳定中的分工与合作没有实践指导意义；二是金融全球化正日益影响着各国国内的金融稳定与发展。任何一国都无法完全消除金融危机的国际传染。为此，研究金融稳定问题、对金融稳定进行界定时，必须把金融的国际联系考虑进去。20 世纪 90 年代后期发生的东南亚金融危机，说明了金融危机国际传染的危害性质。如果金融稳定定义里面没有考虑这个事

实，那么必然对金融管理部门的金融稳定工作造成极大的负面影响。

为此，在对金融稳定进行定义时，需要把握好以下几点：第一，金融稳定是一个宏观的概念，在进行界定时需要从全局宏观的角度出发，而不是针对单个的金融机构。任何单独一个金融机构的破产倒闭都属于正常的市场行为，对金融稳定的关注并不保证其永久存续。但是，如果这个金融机构倒闭会对整个金融系统造成重大影响或会迅速传染到其他金融机构，那么出于金融稳定考虑则需要介入其中。这种情况特别是在一家金融机构太大的时候表现非常明显，即所谓太大不能倒闭。鉴于此，金融稳定工作就需要一个权衡：既保证宏观金融稳定又不要过分涉入微观金融的正常运行。否则对于任何一个金融机构都要救助，将会导致严重的道德风险，最终损害一国的金融稳定。第二，金融稳定是一个系统概念。传统的银行业在金融稳定工作中占有重要地位，但不是其全部。证券业和保险业在一国金融系统尤其是以市场为基础的金融系统中占有相当重要的地位。金融稳定工作需要考虑证券业和保险业，因而金融稳定定义也需要考虑这点。第三，金融稳定是一个功能概念。金融稳定需要保证金融系统正常发挥其金融中介、资本形成与风险管理的核心功能。金融是一国经济的核心，金融系统必须能够发挥其正常的核心功能。否则，金融稳定的长期可持续性将难以维持下去。第四，金融稳定是一个动态概念，而非一个静态均衡。所以，在某一时点上，我们可能会允许一些金融波动——只要是没有失去控制，而这样的金融波动恰恰是为了长期的金融稳定。第五，金融稳定是一个自我概念。金融系统能够在面临各种外部冲击——无论是来自国内还是国外——与内部冲击的情况下，都能自我承受一定范围内的这种冲击，而不致影响其正常功能的发挥，并且经过一段时间后又能够恢复到没有冲击时候的常态均衡。如果金融系统不具有这种自我功能，那么金融系统的长期稳定根本无法保证，它们也难以承担与完成社会赋予的责任。第六，金融稳定是一个开放性的概念，而不是封闭性的概念。全球经济金融一体化的趋势改变了以往封闭的金融稳定特征，金融危机会在国与国之间传染与蔓延。这就需要国际社会的共同努力，以便迎接金融全球化的挑战、维护全球金融稳定。金融稳定的定义对此必须加以考虑。

综合上述几个方面的考虑，本书把金融稳定定义为：构成一国金融体系的所有组成元素，能够发挥正常的金融中介、资本形成、风险管理能力以及社会支付体系的功能，在面临体系内冲击时候能够消化或者承受而不影响其正常功能的发挥，同时具备抵御外部（外国）金融风波传染的应急处理能力，最终为本国经济社会的长期发展创造一个良好和谐金融环境的一个动态、开放的宏观金融运行状态。

## 二、金融稳定的影响因素

从表面看，经济决定金融，经济的萧条抑或是过热都会影响到金融业经营的稳健性。此外，贸易条件的突然改变、经济体制的巨大变化、自然灾害等经济和非经济因素都会给实体部门的经营带来困难，进而影响到金融业经营的稳健性。实际上，由于信息的不对称以及金融业高负债经营的行业特征，金融业本身就具有先天的不稳定性①。

### （一）金融体系的内在脆弱性

以商业银行为代表的信用创造机构和借款人的相关特性，使得金融体系具有天然的内在不稳定性。按照企业的财务状况，美国经济学家明斯基（Minsky）将借款企业分为三类：第一类是抵补性的借款企业（Hedge-Financed Firm）。这类企业的预期收入不仅在总量上大于债务额，而且在每一时期内，其预期的收入流也大于到期债务本息。他们在安排借款计划时，使它的现期收入能够完全满足现金支付要求。显然，这类企业在财务上是最安全的。第二类是投机性的借款企业（Speculative-Financed Firm）。这类企业的预期收入在总量上大于债务额，但在借款后的前一段时间内，预期收入小于到期债务本金。因此，投机类企业存在债务敞口，在前一段时间内，他们为偿还债务，要么重组其债务结构，要么变卖其资产。由于市场条件可能发生变化，该企业因此而承担不确定风险。第三类是“庞兹”借款企业（Ponzi Finance Firms）。这类企业在财务上是最脆弱的，他们将借款用于投资回收期很长的项目，在短期内没有足够的收入来支付应付的利息，而长期收益也是建立在假想的基础上，预期在将来某个较远的日期有个高利润能偿还其累积的债务。为了支付到期的本息，他们必须采用滚动融资的方式，并且不断地增加借款。这种企业的预计收益是基于那些需要很长酝酿形成时期才能成功的投资。在短期内，它的现期收入甚至不能满足利息支付的要求。在经济出现繁荣形势的诱导和追求更高利润的驱动下，金融机构逐渐地放松了贷款条件，而借款企业受宽松的信贷环境的鼓励，倾向于采取更高的负债比率。越来越多的企业显现出风险较高的两种财务状况，即投机性和“庞兹”性，而抵补性企业的数量减少。经历了一个长波经济周期的持续繁荣阶段之后，经济形势开始走向反面。此时，经济已为衰退做好准备，任何引起生产企业信贷中断的事件，都将引发生产企业拖欠债务和破产，企业反过来又会影响金融部门，从而导致银行破产。

① 韩秋．金融深化视角下的中国金融稳定［D］．吉林大学博士学位论文，2007.

明斯基认为，有两个主要原因可以解释这种金融体系内在脆弱性的特征：一个是代际遗忘解释（Generational Ignorance Argument），指由于上一次金融危机已经过去很久，一些利好事件推动着金融业的繁荣，贷款人对眼下利益的贪欲战胜了对过去危机的恐惧。因为人们认为当前资产价格的上涨趋势将持续下去，于是推动了更多的购买。此外，银行的道德风险将代际遗忘的时间大大缩短。另一个是竞争压力解释（Rivalry Pressure Argument），指贷款人出于竞争压力而做出许多不审慎的贷款决策。在经济高涨期，借款需求巨大，如果个别银行不能提供充足的贷款，它就会失去顾客。很少有银行能承受这种损失，因此每家银行都向其顾客提供大量贷款，而不顾及最终的累积性影响。由于从借款开始高涨到最终的结账日，其间的间隔可能很长，以至于发放贷款的银行从来不会因为他们自己的行为后果而直接遭受损失。

**（二）金融机构的内在脆弱性**

金融危机的爆发往往是以某些金融机构的倒闭为前兆，而金融机构在金融动荡中的脆弱性，使得局部的金融市场扰动可能演变为全面的金融危机。因此，金融机构所具有的内在脆弱性及其积累是影响金融体系稳定性的一个主要因素。

金融机构的内在脆弱性是由信息不对称所致。信贷市场是一个信息不完全市场，在信贷市场上，信息在借贷双方的分布是不对称的，最终借款人对其借款用于投资项目的风险和收益拥有更多的信息，而最终贷款人却对信贷的用途缺乏了解，这就使得投资者对影响投资收益的所有变量都存在一定程度的信息不完全性，从而产生了信贷市场上的逆向选择和道德风险。尽管金融中介机构的存在可以在一定程度上减少信息不对称的不利影响，但是以商业银行为代表的金融中介机构要发挥积极作用需受到两个前提条件的限制：一是储户在金融机构稍有资产损失时不参与挤兑；二是金融机构对借款人的筛选和监督是无成本或至少是低成本的。在信息不对称条件下，这两个条件的成立并不是绝对的，而且极易遭到破坏。这是因为：第一，商业银行是建立在债务债权及股权等信用关系基础上的，即它通过负债和股权取得资金，通过信贷和投资使用资金，并从中获利。在储户的提款随机发生而银行将资产都持有至其到期日时，商业银行的经营地位是稳定的，因为大数法则保证了储户不会同时提款。但如果意外事件使存款的提现速度加快，那么根据博弈理论，每一个储户最明智的行为就是赶紧加入挤兑的行列。即使银行的经营是稳健的，即使所有的储户都能够认识到他们不进行挤兑更有利于整体的利益，但是挤兑行为仍然会发生。正是由于所有储户在金融机构稍有资产损失时不参与挤兑的共同行为不构成稳定的纳什均衡，因此在现实生活中，挤兑具有爆发性发生的巨大可能，而金融机构对此是无能为力的。第二，金融机构从现代金融实践中得出的结论是：金融机构的灾难并不可怕，因为灾难越严重，政府采取援救行动的可能性就越大。也正因为如此，在信贷膨胀时期，从众行为对金融机构而言是不确定性下的理性选择，这就促使金融机构向那些高风险的项目提供大量的贷款。在这种情况下，一旦金融机构对借款人的筛选和监督失败，就会使其资产质量趋于恶化，从而增加金融体系的不稳定性。

与其他经济主体相比，金融机构特别容易受到由于信息不对称而引起的风险因素的影响，这些风险因素将致使金融机构资产质量下降、流动性不足、盈利下降，甚至出现挤兑蔓延、“多米诺骨牌”效应和支付体系紊乱等现象。正是金融机构在金融动荡中的这种内在脆弱性，使得局部的金融市场扰动往往演变为全面的金融危机。

**（三）金融资产价格的内在波动性**

金融资产价格的内在波动性也是影响金融稳定的一个重要因素。在实践中，几乎所有的金融机构破产都与金融资产价格的过度波动相关。

（1）汇率的内在波动性。外汇市场的不稳定主要有两种情况：一种情况是在固定汇率制度下，货币的对外价格突然变动或受到威胁，使得固定的汇率水平难以维持，这种情况常被称为“货币危机”。另一种情况是在浮动汇率制度下，市场汇率的波动幅度远远超过影响其变动的真实经济因素，这就是通常所说的“过度波动”。

如果一国实行的是固定汇率制度，货币当局就应将本国货币的汇率维持在可持续水平上，否则当市场参与者对该货币当前汇率能否维持下去失去信心时，就会减少该种货币的敞口，从而导致固定汇率水平难以维持，这就可能发生货币危机。造成市场参与者信心丧失的原因通常是货币当局把本国货币汇率固定在了同其宏观经济基本面不相符的水平上。尽管在短期内，货币当局通过动用外汇储备或其他措施对外汇市场进行干预，能够使得汇率在一定时期内保持稳定。但是，当不持续汇率引起的一些不利后果出现后，市场预期就会转向，市场观点就会越来越相信汇率变动是不可避免的。当货币当局还在忙于保卫固定汇率的时候，市场参与者则大量卖出本币。当外汇储备消耗殆尽时，货币当局将抵制不了贬值的压力，从而被迫实行货币贬值。如果一国实行的是浮动汇率制度，汇率水平也可能过度波动。其原因在于金融衍生工具的出现及其迅速增长可能会造成汇率错位，从而对真实经济产生一系列的不利影响。从某种程度上说，金融衍生工具是不存在的实物，仅仅是个赌注。目前，全球100万亿金融衍生品交易中仅有不足2%与实物经济相关，这就使得汇率从根本上脱离了实际经济运行的基础。20世纪70年代后期，美国国际经济学家多恩布

什提出的汇率超调理论指出，浮动汇率制度下汇率的剧烈波动及其错位源于初始外部冲击发生后，资本市场和商品市场调整速度不一致。由于价格超调是一切金融资产价格的特征，因此汇率波动几乎是不可避免的。

（2）股价的内在波动性。历史上的金融体系危机甚至经济大萧条的直接原因均与股市的崩溃密切相关。马克思对于股市的波动性曾经有过极为深刻的阐述，他指出：股市的起源主要是当时的上市公司无力提供高于社会平均利润率的业绩水平，而股票能够吸引投资的原因就在于其价格的波动性。目前，西方经济学界对股市的内在波动性主要有三种解释：第一，不理智的过度投机。这是明斯基和金德尔伯格对资产价格波动性的解释，它强调市场集体行为的非理性导致的过度投机对资产价格的影响。当市场参与者对近期多数危机的记忆开始淡忘的时候，当经济的繁荣推动股价上升时，幼稚的投资者就会跳上狂奔的马车，加速价格的上扬。当价格上升到完全无法用基础经济因素解释的水平时，市场预期就会发生逆转，股票价格就会崩溃。第二，宏观经济的不稳定。宏观经济的不稳定往往是引起股票市场动荡的主要原因。虽然宏观经济的波动通常并不像股市那样频繁而剧烈，但整体经济环境的变化总能够引起突然和剧烈的证券价格的变动。由于股票价格代表的是未来收益的贴现值，因此任何影响到收益预期或市场贴现率的事件都会引起股市的波动。尤其当市场参与者最终认清了经济环境变化的重要性的时候，股票价格的调整就会变得突然而剧烈。第三，投资者的"羊群行为"。美国麻省理工学院博弈论专家克瑞普斯认为，股票市场本身就导致了"价格不稳定的投机"，股市投资者个体的理性行为足以导致整个市场的周期性崩溃。无论股市与实物经济相称与否，如果投资者对股市预期乐观，则股价将持续上升直至极度不合理后出现市场崩溃；如果投资者的预期是悲观的，则恐慌性抛售仍足以摧毁健康的股市。

（3）房地产价格的内在波动性。金融资产交易和金融资产价格的波动对经济产生极大影响的市场，并不仅仅局限于外汇市场和证券市场。房地产市场价格的剧烈波动也会对金融机构经营状况产生直接影响。房地产价格对整体经济活动是非常重要的。因为绝大部分市场参与者持有的房地产都是通过借贷融资的，而且往往将其作为许多金融交易的抵押品，正是这一特征放大了利率变化对经济的影响。利率的下降会导致房地产需求的上升和房地产价格的上涨，房地产价格的上涨则会增加借款者的预期和信心，对房地产的需求进一步扩大，借款进一步增加，房地产价格更进一步上升。为了抑制过高的房地产价格，利率就会随着房地产的需求上升而上涨，而利率的上涨会带来房地产价格的下跌，房地产价格的疲弱则会引起借款者抵押品的价格下降和高债务借款者的还款困难，这就大大增加了金融机构资金状况的脆弱性。

### （四）金融资产风险的传染性

由于金融机构之间存在密切而复杂的债权债务联系，因此金融资产风险具有很强的传染性。一旦某个金融机构的金融资产价格发生贬损以致不能保持正常的流动性头寸时，那么单个或局部的金融困难很快便会演变成全局性的金融动荡。金融资产具有风险传染性的原因主要在于以下三个方面：一是金融机构破产的乘数效应。金融机构破产的影响和扩散与普通企业是不同的。普通企业的破产也会通过乘数效应而扩展，但每一轮的次级效应都是递减的。而金融体系内的各个金融机构之间是以信用链互相依存的，如果一家金融机构发生困难或破产，就会影响到它的存款人完成各自商业义务的能力，影响到同破产机构有业务联系的其他金融机构，还会影响到它的借款人。这些负面影响会随着每一轮而增强，最终少数金融机构的破产会像“滚雪球”一样越滚越大，金融体系的风险就变得越来越大，直至酿成金融体系的危机。二是银行同业支付清算系统的连锁效应。由于银行同业支付清算系统把所有的银行联系在一起，这就在银行同业间形成了相互交织的债权债务网络，这一网络不允许金融机构出现流动性不足，更不用说在汇市或股市的资产贬损了。在这种情况下，因自身利益或客户利益而参加了支付体系的银行都存在一个风险敞口，这就使得风险的规模会像交通堵塞那样通过支付体系不断加剧。如果一家银行担心其伙伴的稳健性，它就会采取拖延支付和拒绝拍卖抵押品的措施来保护自己。信息的不对称性使得债权人不能像对其他产业那样根据公开信息，来判断某个金融机构的清偿能力，因此债权人便会将某个金融机构的困难视为其他所有有着表面相似业务的金融机构发生困难的信号，从而引发对其他金融机构的挤兑行为。三是金融创新和金融国际化的发展加重了金融资产风险的传染性。金融创新在金融机构之间创造出远比过去复杂得多的债权债务链条，金融国际化的发展则使得单个国家或某个地区的金融风险迅速、剧烈地传播到全世界的范围，这就使得金融资产风险的积累具有了全球性的性质，从而进一步扩大了金融波动的范围。

## 第二节　现代商业保险发展对金融稳定的影响

传统观点认为，作为金融体系的一个组成部分，保险机构是一个相对稳定的部门，其对金融稳定的影响不大。这是因为，一是从资产负债表结构上看，保险公司的负债持期大于资产，不容易发生挤兑现象；二是保险公司之间的关联性不强，发生系统性风险的可能性较小。

但是，随着保险公司和银行业务交叉的趋势越来越明显，保险市场与资本

市场的联系日益紧密，保险产品创新与金融市场的结合更为密切，现代保险公司的金融活动对金融稳定的影响也越来越大。尤其2007年以来发生的金融危机席卷全球，美国保险业通过承保次级抵押贷款保险、次级债券担保保险等业务和购买大量的次级债券成为此次金融危机形成的一个重要推波助澜者，并因此在危机中遭受重创。国际保险业巨头——美国保险集团（AIG）甚至濒临破产。现代保险业对金融稳定的影响越来越大。

## 一、保险业对促进金融市场健康发展具有重要作用

保险公司在进行承保和资金运用活动时，要收集有关企业、项目和经理人的大量信息，才能有效地配置金融资本和承担风险。同时，保险公司作为机构投资者在资本市场上行使“用手投票”或“用脚投票”的权利，对于经营者具有举足轻重的影响，有力地制约着经营者的违规行为，形成有效的外部治理，有利于形成良好的公司治理结构，有利于强化激励约束机制，合理配置剩余索取权和剩余控制权，解决委托—代理难题，推进资本的合理配置，提高上市公司的经营绩效。

在保险业发达的国家，实力雄厚的保险公司尤其是寿险公司，作为金融市场上的机构投资者，对于金融市场的稳定发挥了重要的作用。所谓资金融通，是指资金的积聚、流通和分配过程，保险的资金融通功能主要指保险资金的积聚和运用功能。具体来说：一是资金的积聚。保险公司主要通过销售保险产品等渠道，吸引、积聚社会闲散资金，促使社会资金从各个行业流向保险公司。保险资金的积聚功能，对社会储蓄具有一定的分流作用，有利于实现储蓄向投资的转化。二是资金的运用。保险经营的长期性，使得保险公司进行资金运用成为可能。为了确保未来偿付能力的充足性和保证经营的稳定性，保险公司必须进行资金运用以提高保险资金的收益率。这主要通过保险资金从保险公司流向资本市场而实现，保险公司则成为资本市场的重要机构投资者。资金融通功能与金融市场的发达程度密切相关。在“银行主导型”的传统金融市场中，金融资源配置方式主要是通过银行的间接融资来完成的，保险对金融资源配置的功能受到极大的抑制。随着经济的发展，特别是金融创新的日新月异，保险资金融通功能发挥的空间非常广阔，保险业已在金融市场中占据非常重要的地位，是资产管理和股市的重要参与者，持有很大比例的上市公司股票，市值很高。

1998年全球40%的投资资产由保险公司管理，保险公司持有的上市公司股票市值占整个股票市值的比重：美国为25%，欧洲为40%，日本为50%。2005年美国寿险公司资产达41590亿美元，管理金融资产达40410亿美元，

当年的保费收入达4950亿美元；日本寿险公司资产达17540亿美元，管理金融资产达16800亿美元，当年的保费收入达3870亿美元。在成熟的经济体，如美国和英国，保险公司一般持有40%左右的政府债券，作为主要机构投资者，帮助政府筹资和开展相关的经济活动。

21世纪头20年是我国加快发展的重要战略机遇期，金融在现代经济中的核心作用将更为突出。保险业发展及其在金融资源配置中的重要作用，对健全金融体系，促进金融市场健康发展，具有重要意义。

### （一）保险业有助于优化金融体系结构

中国金融体系发展不平衡，银行业在资产规模、资本实力、人才队伍和网点数量等方面都占据主导地位。银行主要依靠吸纳中短期存款来支持长期贷款，资产负债期限不匹配的现象比较突出。保险业发展积累的主要是长期资金，加快保险业发展，有助于形成多层次、多支柱的现代金融体系。在经济合作与发展组织国家（OECD），保险资产占金融资产的比重一般在20%～30%，而我国保险资产占金融资产的比重仅为3.8%。这说明金融结构还需要进一步优化，同时也说明保险业在完善金融体系方面肩负着重要责任。

### （二）保险业有助于实现金融市场协调发展

在促进货币市场发展方面，保险公司已成为货币市场的重要参与者，保险公司是货币市场基金的主要购买者，多家保险公司已成为央行公开市场业务的一级交易商，同时，保险公司积极参与银行间债券市场交易。在促进资本市场发展方面，保险公司已成为债券市场的最重要机构投资者之一，成为股票市场的重要机构投资者，对维护资本市场稳定发挥了重要作用。在促进外汇市场发展方面，保险公司作为合格境内投资者（QDII）购汇进行境外投资，有利于缓解外汇储备增长和央行基础货币投放的压力。

### （三）保险业有助于促进储蓄向投资转化

在发达市场经济国家的金融体系中，保险业占据着重要地位，与商业银行、资本市场并驾齐驱；而且，从管理金融资产的占比来看，保险业甚至有独占鳌头的发展趋势。从理论上说，居民持有的金融资产可以分为无风险资产、风险资产、债券、保险等5类。观察发达市场经济国家居民持有金融资产结构的变化，我们可以看到一个共同趋势，这就是：第一，无风险资产的比重越来越低，说明银行业在整个金融业中的重要性正在稳步下降；第二，风险资产的占比略有下降，说明人们在金融投资过程中越来越注重防范风险；第三，债券投资的比重比较稳定；第四，保险在居民金融资产中的比重迅速上升，一般发达国家达到30%，有些国家甚至达到50%。发达国家居民金融资产比重的上述变化告诉我们，随着经济的发展，保险业在全社会金融体系中的重要性是日

益上升的。经济越发展，社会越进步，保险越重要。

### （四）保险业有助于促进金融资源配置

保险业对于金融资源配置的作用，主要体现在两个方面：一是在数量方面，保险业的发展将为我国的经济建设提供越来越多的资金；二是在质量方面，保险业全面、深入地介入金融资源的配置过程，将为我国的金融运行提供一种不可或缺且难以由其他金融机制所替代的稳定因素。应当清醒地看到，过去十几年以及未来十几年，在促进中国经济增长的三大因素中，投资将始终发挥主导性作用。这是因为，近年来国内消费占 GDP 比重不断下降，短时期内还很难有很大改变；过去曾经对经济增长产生过重大作用的出口，其未来发展已经遇到越来越多的障碍。因此，将投资稳定在一个合理的水平上，将是保证我国经济持续快速增长的战略任务，因而构成我国宏观调控的主要内容。然而，投资作为一种大量和长期占用资金的活动，需要长期的资金来源与之匹配，而我国金融结构目前的最大问题，就是主要依靠银行的短期资金来支持长期的投资。这种期限不匹配问题，已经给中国金融体系带来了很大的风险。

保险业更全面地介入金融资源配置过程之后，将从根本上改变这种状况。其基本道理在于，保险是一种筹集长期资金的金融机制，基于这种特殊的筹资机制，我国金融市场中将出现真正拥有长期资金、真正以金融稳定为其发展条件的机构投资者。

金融市场的发展之所以在银行和资本市场之外还需要保险机制，是因为，不同的机构由于资金来源不同，它们的市场行为方式不同，从而对市场发展的稳定作用也不相同；一个成熟的金融体系，必须拥有多样化的能够发挥不同作用的金融机构和金融机制。在我国现有的金融机构中，从存款类机构到投资中介类机构，甚至包括同样被冠以机构投资者之名的基金等，或囿于其资金来源的短期性，或囿于其运作方式的易变性，基本上都只能是短期投资者；其行为的短期性，使得它们难以成为稳定市场的基本力量，甚至可能成为放大经济和金融波动的因素。保险机构以及养老基金等契约型机构则不同，由于其资金来源的确定性和长期性，它们天生追求的就是市场的平稳增长和利润的长期化，反过来说，唯有在稳定的市场环境中，保险业方能获得正常的发展条件。简言之，保险资金全面进入金融资源的配置过程，固然有为经济建设筹集更多资金的作用，但其更重要的作用，则是为我国金融体系的发展提供一种强大的稳定力量；这样一支稳定力量，正是我国金融市场发展中长期所缺少的。从这个意义上我们说，保险业的大发展，将推动我国金融体制进一步走向成熟。

### （五）现代商业保险对金融稳定的双重作用

保险资金作为一种长期资金，它的资金主要来源于其承保业务，主要是负债。这种负债一般来说，平均期限是比较长的，所以和一般的散户资金以及投资基金是不一样的，它的投资更多地关注长期收益。因为保险公司经营很重要的方面就是要考虑资产和负债的匹配，匹配很重要的一个方面就是它的资产和负债期限要匹配，这样可以降低风险。因此，从保险资金的特点来说，它会更倾向于选择未来成长比较好的这样一类上市公司。这对股票市场的短期影响虽不明显，但对股票市场的长期稳定发展有一定的积极意义。而且，还有利于发挥保险业在金融资源配置中的作用，对健全金融体系具有重要意义。未来，在促进中国经济增长的三大因素中，投资仍将发挥主导性作用。投资作为一种大量和长期占用资金的活动，需要长期的资金来源与之匹配，而我国金融结构目前的最大问题，就是主要依靠银行的短期来源资金来支持长期的投资。这种期限不匹配问题，已经给中国金融体系带来很大的风险。而保险业发展积累的主要是长期资金，加快保险业发展，有助于形成多层次、多支柱的现代金融体系。

金融市场的发展之所以在银行和资本市场之外还需要保险机制，是因为，不同的机构由于资金来源不同，它们的市场行为方式不同，从而对市场发展的稳定作用也不相同。一个成熟的金融体系，必须拥有多样化的能够发挥不同作用的金融机构和金融机制。在我国现有的金融机构中，从存款类机构到投资中介类机构，甚至包括同样被冠以机构投资者之名的基金等，或囿于其资金来源的短期性，或囿于其运作方式的易变性，基本上都只能是短期投资者；其行为的短期性，使得它们难以成为稳定市场的基本力量，甚至可能成为放大经济和金融波动的因素。保险机构以及养老基金等契约型机构则不同，由于其资金来源的确定性和长期性，它们天生追求的就是市场的平稳增长和利润的长期化；反过来说，唯有在稳定的市场环境中，保险业方能获得正常的发展条件。简言之，保险资金全面进入金融资源的配置过程，固然有为经济建设筹集更多资金的作用，但其更重要的作用，则是为我国金融体系的发展提供一种强大的稳定力量；这样一支稳定力量，正是我国金融市场发展中长期所缺少的。在这个意义上说，保险业的大发展，将推动我国金融体制进一步走向成熟。

保险业对金融稳定的负面作用主要是通过两个纽带实现的：第一个纽带就是保险业作为金融业的一个重要组成部分，自身发生危机，危及整体金融稳定。第二个纽带就是风险转移。保险业作为金融市场上资金、特别是长期资金的输送者，通过购买债券或参与到复杂的结构化金融工具中，作为银行等其他金融机构的风险转移通道。一旦在“原生”市场上出现危机，风险就会很快蔓延、传染到保险业，使得保险业成为金融危机的“受害者”，从而使自身的偿付能力削弱，又进一步加大了整个金融市场的不稳定性。在与保险业相互关

联的诸多复杂的关系中，最终导致保险公司影响整个金融的稳定性的核心因素是偿付能力。无论多么复杂的投资关系，也无论结构化金融工具如何复杂，只要保险公司的偿付能力依然坚挺，就不会给保险业带来灭顶之灾。相反，如果保单持有人预期到，在一系列的金融活动中，保险公司的偿付能力受到了实质性的损害，认为未来保险公司可能不具有履行偿付义务的能力。此时，保险公司出现危机的可能性就会增大。因此，偿付能力的研究是理解保险与金融稳定关系的“钥匙”。

保险对金融稳定的双重作用中，防止其负面作用的关键是规范发展和保险业风险监管，防范保险业危机的发生。

## 二、银保合作及其对金融稳定的影响

### （一）银行保险概述

银行保险起源于1971年的法国，其发展大致经历了三个阶段：第一阶段，1980年以前，银行销售保险保证，但这只是其银行业务的直接延伸；第二阶段，1980年到20世纪80年代末，得益于税收优惠、与寿险产品相关的储蓄产品风靡银行市场；第三阶段，大约到了1990年，银行保险的产品更加多样化了，不再局限于寿险产品，还包括非寿险产品。目前，银行保险正在成为全球性的经济现象。

传统观点认为，尽管银行业与保险业同属于金融业，但二者不具备任何相似性，无法融合。而现代观点则更多地看到了两者之间的相似性，认为银行和保险可以相互提供对方的产品和服务，甚至在一定意义上银行也是一种保险。从“功能观”的观点看，银行保险可以视为银行和保险业务的融合、产品的融合、分销的融合。银行业与保险业的相似性与互补性，使二者具有相互融合的内在动机。

从外部环境看，人口结构老龄化、雇员个人负担加重、消费行为改变、政府管制放松和技术进步推动，使得银行保险的发展成为可能。从内部原因看，银行和保险公司开展银行保险，既是适应竞争需要又是追求获利的理性举动。银行涉足银行保险，可以增加收入来源、提高客户忠诚度和降低经营成本；保险公司开展银行保险，能够稳定经营、挖掘客户并节约成本。

但是，银行保险本身也存在不容忽视的其他问题和风险，如消费者偏好风险、销售渠道风险、文化冲突风险、客户忠诚度风险等，在一定程度上决定了银行保险的实践能否真正获得成功。

按照银行和保险融合程度的不同，可以将银行保险的经营模式划分为分销协议、战略联盟、合资企业和金融集团四种。分销协议是银行和保险公司进行合作最为简便易行、成本相对较低的模式，但它容易导致手续费定价、合作和经营管理方面的问题。战略联盟则不失为银行和保险双方进一步深入合作的过渡模式。合资企业首先对资本提出了要求，并在整合过程中面临文化冲突、被对方兼并、融合成本高等问题，但股权纽带使双方结成了真正的利益共同体。金融集团可以采取完全一体化、全能银行、银行或保险母公司、控股公司安排等不同的组织结构，通过银行与保险公司之间的并购、发起设立子公司等方式实现。采用这种模式，可以获得信息、产品、分销和风险管理等优势，但同时可能导致金融风险蔓延、文化冲突、分销渠道冲突、缺乏经验和专业技术以及资本重复计算、监管套利、市场垄断等经营和监管方面的问题。

从这四种模式的实践来看，银行保险发展较快的国家往往采取较为高级的模式，发展较慢的国家往往采取较为低级的模式。可见，从某种意义上说，银行保险模式上的区别只是一种时间上的差异，并不存在本质上的区别。银行保险发展的不同模式适用于不同国家，或者说适用于同一国家的不同时期的银行保险发展。

**（二）银行保险对金融稳定的影响**

传统观点认为，作为金融体系的一个组成部分，保险机构是一个相对稳定的部门，其对金融稳定的影响不大。这是因为，相对于银行，保险公司的资产负债表结构具有明显不同的特点，其负债的期限较长，不容易发生挤兑现象；银行通过银行间市场和支付体系密切结合在一起，而保险业不直接参与支付体系，各保险公司之间关联性并不强，这样发生系统性风险的可能性较小①。但是，随着保险公司和银行业务交叉的趋势日益明显，传统的部门边界越来越模糊，保险业的发展对金融稳定有着重大的影响。

传染效应和竞争效应是从理论上解释系统性风险的重要工具，传染效应是指一个或者更多的公司风险向其他公司溢出的效应，竞争效应则是指财富的再分配会增加破产公司竞争对手的价值，两者互相补偿。对保险业而言，各公司现金流量特征相似，传染效应居于主导地位，同时，随着行业集中度的下降，竞争效应逐渐弱化。有研究表明，英国的寿险公司之间存在明显的传染效应，持有大量垃圾债券和商业抵押资产、委托投资合同的保险公司的传染效应更加突出。一些学者对美国财产和责任险业的分析也证明了传染效应的存在。虽然越来越多的保险公司已经开始注重运用分保机制来转移自身的风险，或者通过分入业务来增加收入。但是，如果分入业务的公司对分出业务的公司信用风险

① 杨明亮，戴娟．保险风险对金融稳定的影响及对策建议［J］．中国金融，2006（2）．

认识不够，就会严重低估自身的资产负债表风险，而如果分保链涉及许多公司，就可能会形成系统性风险。

保险部门的风险也可能会向银行溢出。美国学者布雷维尔的研究表明，保险业和银行业之间存在较为明显的传染效应。传染渠道可能是直接的，也可能是间接的。直接联系存在于信用暴露和所有权方面。有关研究表明，银行直接的信用风险对保险部门的传染是有限的，但是，考虑到信用风险转移工具的作用，情况就会有所不同。一些国际组织的调查表明，当银行出于防范风险的目的购买衍生品时，保险公司往往会作为卖方出现，如2003年全球保险业出售了3030亿美元的衍生品，银行将大量风险转移到保险业。2001年巴塞尔银行监管委员会建议银行通过保险手段将风险转嫁给保险公司。在我国，这种情况突出表现在保证保险领域，通过汽车、房屋消费信贷保险从银行转嫁到保险部门的风险已经不容忽视。

银行与保险的另一个直接联系是金融控股集团。组建银保集团可以获得交叉销售的机会，并通过多元化增加收入并在集团水平上降低整体风险，但这也带来了新的挑战，如集团内部的不同经营主体使用同一资本，或者利用多头监管体制形成的真空进行监管套利，就会使部分风险超越监管的视界。

银保联系的间接渠道并不直观，但却非常重要。一是保险公司作为金融市场的交易者，可能会因其他原因受到监管当局或评级机构的压力，被迫在价格下跌时出售资产。如果保险公司持有大量该项资产，就会导致价格进一步下降，从而使风险向银行的证券组合溢出。二是混合金融产品，如有最低收益率承诺的寿险保单或者投资连接保单，这些产品与许多传统银行产品竞争，特别是长期存款和投资基金，替代产品的出现必然导致原有产品的价格下降。

## 三、保险投资对金融稳定的影响

### （一）现代商业保险的投资性特征

一般而言，投资是指持有资金的投资人将其资金投入某一行业或领域希望获取利益的行为。现代商业保险的投资性主要表现为两个方面：一是部分保险产品本身具有投资的性质，二是保险经营者可以利用保险资金进行更大规模的投资活动。19世纪七八十年代，随着保险业的不断成熟完善，承保技术及保险经营管理技术不断进步，现代保险的功能已经超越了传统的风险保障功能，更倾向于一种投资理财的金融手段，保险经营者们越来越多地将保险作为一种具有融资功能的工具，保险消费者们也不再满足于保险事故发生后的经济补偿，而是渴望获取更多的额外利益。现代商业保险所具有的投资性特征，是对传统保险理念的挑战和突破。一方面，投资性保险理念扩大了保险业的经营范围，开辟了新的保险险种，例如投资连结型保险、分红保险，满足了更为广泛的经济主体的投保需求；另一方面，投资性保险理念为保险经营者进行更大规模的保险资金融资活动提供了理论基础，不仅有利于保险人获取更多的保险活动资金，而且有利于吸引更多的资金拥有者购买保险产品，投资保险业，繁荣保险市场。

### （二）保险投资面临的风险

（1）市场风险。市场风险可以定义为金融机构收入的不确定性，这种不确定性是由市场条件，如资产价格、利率、市场流动性、市场的波动性引起的。保险资金进入证券市场后，保险公司就必须承担相应的市场风险。就我国保险资金进入证券市场而言，由市场风险带来的经营压力尤为显著，其中原因既有证券市场规范程度不高带来的，更有保险企业风险意识不强、运营机制不合理等造成的，使其持有的股票、债券和基金等证券类资产无时不处于市场风险影响之下。如何对保险资金进入证券市场作适度的风险控制、监管，就显得尤为重要。

（2）政策性风险。政策性风险除指国家政策、法律的调整所带来的风险外，还应包括保险企业本身由于制度性的原因致使公司内部政策的制定出现偏差而带来的风险。前者为保险企业所面临的外部政策性风险，后者为保险企业的内部政策性风险。外部政策性风险的影响往往比较广泛，如针对宏观经济的相关货币政策及财政政策的调整，会对整个市场都产生普遍的影响。

（3）流动性风险。证券的流动性是指证券的变现能力。从证券流动性概念上来看，其本质是指在现有价格不变的情况下或在较小价位波动的情况下，能够卖出证券的数量或金额。对于保险公司来讲，由于其金融资产中证券类资产比例过高，一旦保险公司因偿付需求而急需大量套现时，就会引发流动性风险。在证券市场上，因为流动性风险的暴发而引发破产的例子很多，如香港百富勤集团的倒闭、山一证券的破产就是典型的案例。

### （三）保险投资对金融稳定的影响分析

传统上看，各国金融监管当局关注金融稳定，其主要内容是关注银行体系的稳健运行，以及关注资产价格的暴涨暴跌通过银行信贷对宏观经济造成的影响。尽管保险公司的负债不像商业银行存款那样具有极强的流动性，因而不会出现类似于银行体系的内在脆弱性，但是，随着保险业资金运用规模的不断扩大，保险投资的品种不断增加，这使保险投资有可能对金融稳定的影响也越来越复杂。

金融稳定是指金融机构和金融市场都处于运行良好的稳定状态，能够有效地实现储蓄向投资的转化。如果部分金融机构的资产价值不足以偿付负债，出

现挤兑，并最终形成破产，则出现了金融不稳定。如果破产的金融机构数量上升，影响到整个金融体系的储蓄投资转化功能，则爆发了金融危机。保险投资对金融稳定的影响主要表现在如下四个方面①：

一是金融市场化趋势使保险投资行为发生变化，增加了保险业的投资风险。随着全球范围内的金融市场化趋势，通过证券的发行与交易而进行的资金融通比率越来越大，而通过商业银行进行的资金融通比率相对下降。这使得大规模的保险资金有了更多的渠道进行证券投资，同时也可以选择更多、更复杂的创新金融产品，例如垃圾债券、资产抵押债券等。然而，和保险资金运用规模增长及投资行为复杂程度增加不相适应的是，保险公司普遍缺乏完善的风险控制机制和对金融市场进行研究的专门人才，这导致保险公司面临的投资风险大大增加。

二是大量承诺保底收益的保单产品在保险公司内部形成了资产负债的不匹配，具有内在的金融脆弱性。由于激烈的金融竞争，保险公司为了在和商业银行、投资基金的竞争中取得竞争优势，推出了大量承诺保底收益的保单产品，同时把更多的资金投向高收益、高风险的领域，致使在保险公司内部形成固定收益的负债和不确定性收益的资产的不匹配，同时负债支付时间的相对固定也和资产现金流入时间的相对不固定出现失衡，这都使保险公司出现了类似于商业银行的内在金融脆弱性。

三是保险和银行之间的信用风险转移以及保险和银行之间的紧密合作使保险业的风险，有可能放大转移到整个金融体系。保险公司通过投资公司债券以及债券衍生品种等转移了很多银行体系的信用风险。根据国际货币基金组织的统计，2002 年全球银行通过信用衍生证券获得的净信用风险保障头寸为 2290 亿美元，而保险业通过信用衍生证券提供的净信用风险保障头寸为 3030 亿美元。这表明，银行体系把较大规模的信用风险通过衍生证券买卖的形式转移给保险公司承担。另外，金融混业经营的浪潮使越来越多的保险公司和商业银行合并在同一个金融集团旗下，保险公司和商业银行相互持股的现象也越来越普遍。这使得一旦某一家保险公司或者商业银行发生流动性危机，就有可能波动到其关联金融机构，引发金融机构的连锁反应，从而增加了整个金融体系的系统性风险。

四是保险投资与资本市场之间日趋复杂的互动影响也有可能放大金融风险。尽管传统投资理论研究认为，保险公司是资本市场最重要的机构投资者

---

① 陆鸥，郁江宁．保险投资对金融稳定影响的国际比较研究［J］．世界经济情况，2006（22）．

之一，其投资行为有利于资产价格的稳定。但现代金融实证分析的结果表明，保险公司等机构投资者在资产价格上涨时可能增加投资，在资产价格下跌时由于其内部风险控制的要求或者金融监管的限制而增加出售，因此反而会增加资产价格暴涨暴跌的可能。行为金融理论的分析也表明，保险公司等机构投资者的投资行为并不是完全理性，而有可能对资产价格的波动起到助涨助跌的作用。这表明，一方面，资产价格的暴涨暴跌有可能增加保险公司的投资风险；另一方面，保险公司的投资行为也有可能增加资本市场资产价格的不稳定。

**专栏1　保险投资失败造成的保险公司倒闭的案例**

通过对近年来保险公司倒闭事件的观察，我们发现，保险公司可能由于其投资失败而产生系统性的金融风险。表 1.4 列出了若干国家保险公司的危机案例，其中，加拿大联邦人寿保险公司的破产清算，就是缘于该保险公司为投保客户提供了具有最低收益保证的寿险产品，将大量资金投资于衍生证券市场以求获取高额收益。其投资行为的失败造成该保险公司难以偿付保单承诺收益，因而破产清算。

牙买加在 20 世纪 80 年代末期金融自由化进程后，保险公司可以对房地产进行大规模投资，同时保险公司也大量出售向客户承诺高收益的利率敏感性保单。20 世纪 90 年代中期牙买加开始实施紧缩性货币政策时，保险公司由于资金运用效率低下，因而难以偿付保单。由于牙买加相当数量的保险公司和商业银行，同属一个金融集团而存在关联关系，保险公司的倒闭对商业银行造成严重影响因而波及整个金融体系。

日本的保险公司在 20 世纪 80 年代经济扩张时向投保人承诺了较高的投资收益，而到 20 世纪 90 年代经济萧条时，保险公司的投资收益下降，根本无力偿付保单收益，最终造成 1997 ~ 2001 年的东京相互人寿等 8 家保险公司的破产。

美国保险公司为了应对 20 世纪 70 年代以后激烈的金融竞争，开始推出更多创新型高收益的保险产品，同时把大量资金投资于房地产和垃圾债券，随着投资失败，在 1991 年，美国互惠人寿等 9 家保险公司相继倒闭。

表 1.4　若干国家保险公司倒闭案例

| 国家 | 倒闭时间 | 影响公司 | 危机原因 |
|---|---|---|---|
| 加拿大 | 1994 年 | 联邦人寿保险 | 对衍生证券市场过度投资失败 |
| 牙买加 | 1996～1999 年 | 牙买加人寿等 5 家人寿保险公司 | 资金运用收益难以偿付保单收益 |
| 日本 | 1997～2001 年 | 东京相互人寿等 8 家保险公司 | 投资收益难以偿付保单收益 |
| 美国 | 1991 年 | 互惠人寿等 9 家保险公司 | 对房地产和垃圾债券的过度投资失败 |

资料来源：IMF Working Paper，Insurance and Issues in Financial Soundness，2003.

## 四、保险监管对金融稳定的影响

保险监管对金融稳定的影响主要体现在保险公司的风险管理水平、投资组合及保险产品上。在不同的监管机制下，保险公司的投资组合及保险产品存在着较大的差异，而监管风格的不同，可能会促进或阻碍保险公司风险管理水平的提高。

根据各国监管机构在设定对保险公司资本的规定时所使用的方法，可以划分为两种不同的监管体系：一种是以美国和日本为代表的基于风险的资本框架来管理资产及保险风险的监管体系；另一种是以英国和德国为代表的遵循欧盟有关偿付能力最低标准指令而设立的监管体系①。基于风险的资本监管机制把各种资本要求归因于不同的投资风险，可以为适用这种监管机制的保险公司持有公司债券而非股本提供动力。例如，1993 年在采用基于风险的资本方法后，美国的保险公司便减少了股本投资，增加信用风险暴露。而欧盟模式允许保险公司将很大一部分资产投资在股本上，这体现了其为了与长期负债相匹配而持有股本的历史偏好，但由于没有将资本与投资风险直接关联起来，在一定程度上阻碍了保险公司风险管理体系的开发。

监管规定及市场惯例会影响寿险产品，而寿险产品的结构会显著地影响保险公司的投资策略。寿险产品一般既含有保险保障的成分，也含有储蓄的成分。投保人的收益率既可以是固定的，也可以是变动的，还可以是与投资联结的。而一些寿险产品所含有的最低收益率保证，有可能成为寿险公司财务困境的潜在因素之一。

---

① 欧盟的偿付指令主要依据保费、赔偿及赔款准备金来计算偿付能力，并规定了大额风险暴露的资产限额，它不对等级不同的资产使用不同的风险加权或风险评估。

**专栏 2　欧洲大陆与英国的近期事件**

20 世纪 90 年代，利率下降了，但有效保单仍含有高利率保证，这迫使许多欧洲保险公司增持股本。固定收入证券历来在保险公司的投资组合中占有重要的地位，因为这些证券与其负债特征很相符。在 20 世纪 90 年代，通货膨胀率降低和管制放松，促使许多欧洲保险公司寻求高于政府债券所能提供的收益率。而股市高涨，加之公司债券市场在许多国家的规模较小，使得许多欧洲保险公司增持了更多股本。随着股市泡沫的破灭，加之一些信用市场越来越成熟，许多保险公司又重新把股本投资转为信贷投资。这一投资再分配还可能持续下去。

在 20 世纪 90 年代，欧洲的人寿保险公司为了能支付对投保人所保证的收益率而增加了股本投资①，其中德国（还有英国和瑞士）的人寿保险公司尤为如此②。自 20 世纪 80 年代以来，许多保险公司都推出了带有高收益率保证的人寿保险产品。20 世纪 90 年代初期，由于欧洲指令的实施及人寿保险产品条件被放宽，欧洲的保险公司得以更直接地在人寿保险产品的收益率上竞争。例如，在德国于 1994 年放松管制之后，随之出现的激烈竞争大大提升了保证的收益率。德国的人寿保险公司承保的保费总额中年金和退休金（这两者提高了保证收益率）保费的比例大幅上升，即从 20 世纪七八十年代的 4% 升至 20 世纪 90 年代末期的 20% 以上。

2000 年以来，股市下滑使得那些股本暴露显著的保险公司的偿付准备金减少，进而引发了一场偿付危机，以及对股本的大量抛售。FTSE 指数在 2000 年 1 月的最高点到 2003 年 3 月的最低点之间下跌了一半，DAX 指数则下跌了 70%。

在此期间的市场评论涉及 FTSE、DAX 及瑞士股市可能迫使保险公司再次抛售股本的限度。通常当这些股市接近这一界线，股本价格下跌的速度就会加快，有时候甚至使股市濒临混乱的局面。这段插曲让市场

---

① 准则（2001b）指出，人寿保险公司所保证的最低名义收益率高于政府债券的现行名义收益率，这促使一些人寿保险公司承担起更大的风险。

② 例如，在德国，随着股本投资的监管限额的增加，股本在人寿保险公司总投资资产中的比例从 1997 年的 21% 升至 2000 年股市巅峰时期的 30%，与此同时，人寿保险公司减持了固定收益证券，特别是政府债券，其在人寿保险公司总投资资产中的比例从 58% 降为 49%。瑞士也放松了对股本投资的监管限制。

参与者、监管机构及许多保险公司都清楚地认识到提高风险管理水平及重新思考股本持有的合理水平的必要性。此外，这还暴露了“滚雪球式”的跌价的危险。这是因为保险公司为了保持法定的资本比率而不得不抛售股本而引起的。更重要的是，这与其（对整个资产负债表的）现有投资策略和风险管理体系有关。

## 第三节　金融稳定对现代商业保险发展的影响

### 一、日本寿险公司倒闭原因及启示

第二次世界大战后，伴随着日本经济的恢复和发展，日本的保险业步入了高速发展的轨道。但自20世纪90年代以来，随着日本国内外社会经济大环境的变化，日本保险业一些潜在的问题开始暴露出来，加上新的问题，最终引发了一系列破产和倒闭事件①。

据专家分析，受泡沫经济的影响，巨额利差损和投资失败是其破产的主要原因。日本社会经济在20世纪80年代中后期至90年代初期出现了严重的泡沫现象，整个社会各行业都出现了过度繁荣的现象，保险业也不例外。在日本银行放松银根之后，日本保险业的大部分资金流向了股市、债券等有价证券和高涨的房地产市场；货币利率居高不下，一些保险公司在此期间设计、销售了大量的高预定利率的储蓄性较强的养老保险和个人年金。随着日本泡沫经济的破灭、利率的一再下调及日本政府其后实施的“零利率”政策，只此一项便使日本千代田生命保险公司每年出现400多亿日元的利差损。而房地产市场的低迷，使保险公司和银行一样，在房地产投资方面形成了大量的呆账和不良资产。而泡沫破灭后的证券市场上股价低落，债券难兑，又使许多保险公司的投资收益连年下滑，难以弥补巨额的利差损和其他损失。同样的情况也发生在财产保险公司身上。

① 张强．保险资金投资对保险公司偿付能力影响关系研究［D］．中央财经大学硕士学位论文，2008.

表 1.5 日本战后寿险公司倒闭概况

| 公司名称 | 日产生命 | 东邦生命 | 第百生命 | 大正生命 | 千代田生命 | 协荣生命 | 东京生命 |
|---|---|---|---|---|---|---|---|
| 公司组织形式 | 相互公司 | 相互公司 | 相互公司 | 股份公司 | 相互公司 | 股份公司 | 相互公司 |
| 成立时间 | 1909 年 | 1898 年 | 1915 年 | 1914 年 | 1904 年 | 1935 年 | 1895 年 |
| 倒闭时间 | 1997 年 4 月 | 1996 年 6 月 | 2000 年 5 月 | 2000 年 8 月 | 2000 年 10 月 | 2000 年 10 月 | 2000 年 3 月 |
| 倒闭时资产总额（亿日元） | 20609 | 28046 | 21885 | 2044 | 35019 | 46099 | 10150 |
| 倒闭当年按资产额在日本寿险公司中的排名（44 家） | 16/44 | 16/44 | 15/44 | 28/44 | 12/44 | 11/44 | 16/44 |
| 倒闭后的资不抵债额（亿日元） | 3000 | 6500 | 3200 | 365 | 5950 | 6895 | 325 |

资料来源：傅安平．寿险公司偿付能力监管［M］. 中国社会科学出版社，2004.

**（一）原因之一：利差损严重**

产品结构不合理，导致了严重的利差损问题。一方面，日本寿险业的保险产品以储蓄性、高预定利率的传统产品为主。在泡沫经济时代，日本寿险公司的保费收入，特别是储蓄性的年金产品保费收入都有大幅度的增长，已倒闭的这 7 家保险公司，在泡沫经济结束时（1989 年）的年金保费收入比泡沫经济开始时（1983 年）至少增长了 5 倍。而当时 10 年期以上寿险产品的平均预定利率都高达 6% 以上。另一方面，日本进入 20 世纪 90 年代以来，投资回报率却逐年下滑。特别是 20 世纪 90 年代末，日本 10 年期国债的利率在 1.7% 左右徘徊，日本寿险业的实际回报率为 2% 左右，如图 1.1 所示。

**（二）原因之二：高风险投资给日本寿险业带来的巨额损失**

（1）有价证券投资带来巨额损失。1975 ~ 1986 年，日本寿险公司投资组合中一般贷款所占比重由 62.5% 下降至 35.9%，而有价证券则由 21.7% 上升至 41.5%，在各项投资中所占比重最高。日本泡沫经济崩溃后，股市一路下滑，给日本寿险公司带来巨大损失。日产生命倒闭时在有价证券投资方面损失 900 亿日元以上；千代田倒闭前一夜，日经指数在 16000 点左右，远低于其投资组合要实现盈亏平衡点的 22000 点；协荣在倒闭前 3 年的有价证券内含损失均在 1000 亿日元以上。

（2）房地产投资及贷款带来巨额损失。日本寿险公司一方面直接投资房地产，在泡沫经济时代大炒地产；另一方面将许多借贷资金也投资于楼市。日

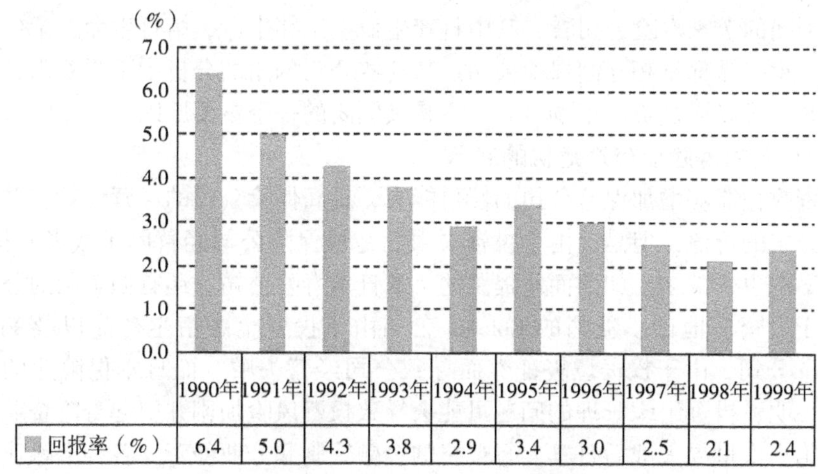


| | 1990年 | 1991年 | 1992年 | 1993年 | 1994年 | 1995年 | 1996年 | 1997年 | 1998年 | 1999年 |
|---|---|---|---|---|---|---|---|---|---|---|
| 回报率（%） | 6.4 | 5.0 | 4.3 | 3.8 | 2.9 | 3.4 | 3.0 | 2.5 | 2.1 | 2.4 |

**图 1.1　日本寿险业 1990～1999 年的投资回报率变化情况**

资料来源：傅安平．寿险公司偿付能力监管［M］．中国社会科学出版社，2004.

产生命倒闭时在房地产投资方面损失了 300 亿日元以上，千代田在 1988 年仅在投资新日本饭店一项就损失 700 亿日元以上。

### （三）原因之三：投资决策失误带来新的投资损失

日产生命在破产前，为了缓解利差损问题，还曾投资外汇衍生商品和证券公司发行的与股票指数联动的债券，期望从高风险投资中得到高收益，当时上述两项投资方式出现时间不长，日本保险监管方对这些新型资金运用方式没有具体规定限额，日产生命在这方面投入了大量资金，造成了巨额亏损。大正在倒闭前也被发现将投保人托管的资金投资外国投资信托等高风险商品。

### （四）原因之四：保险公司经营管理存在的问题

在泡沫经济时期，日本寿险公司依靠高预定利率的标准保单来吸引投保人购买保单，而当时日本政府债券的收益率也一直高于保险公司保单的预定利率。这必然使寿险公司忽略专业化经营管理的重要性，实行了盲目扩张的经营决策，大打“价格战”，从而导致了破产的恶果。同时，由于过去日本政府对日本金融业的发展采取过度保护的做法，这也使寿险公司安于现状、应变能力较差。

### （五）原因之五：相互制保险公司难以通过资本市场融资

保险公司从其组织形式上看有股份公司和相互制保险公司，两者相比，前者能够比较容易地通过上市方式从资本市场上获得必要的资金支持，而相互制保险公司基于其经营的性质和组织形式，扩充资本金的渠道比较窄，难以从资本市场融资，在不能通过银行融资的情况下，难以获得融资性的现金流入。而从已经倒闭的7家寿险公司看，其中日产生命、东邦生命、第百生命、千代田生命、东京生命都是相互制保险公司。从这些公司倒闭的分析中不难看出，资金短缺时，难以通过资本市场募集资本是其倒闭的一个重要原因。

### (六) 日本寿险业破产危机的启示

投资收益能够增加保险公司的偿付能力，提高保险公司的经营绩效，并创造保险公司的价值，但是，由于投资失误而造成保险公司经营困难或者亏损、倒闭的案例也非常多，如前面所提及的7家日本寿险公司，还有如美国的公平人寿由于投资房地产、美国的Colonia公司由于投资金融衍生产品以及First Executive公司，由于投资垃圾证券而导致公司经营失败。而日本保险业的经验教训说明，投资组织管理的问题可能会导致投资风险加剧并引起寿险企业的破产。第二次世界大战后日本实行严格的金融管制和分业经营，各种金融业务之间不能相互渗透和互补，也不能相互竞争，这也是日本金融业比西方金融业缺少创新能力和竞争能力的一个原因。日本保险业的资金运用一般交由保险公司内部设立的投资部进行管理，这样的组织结构给日本保险业带来两大负面作用：一是保险公司不能通过专业化的投资管理来实现资产的最大收益。由于在日本经济泡沫时期，日本政府债券的收益率一直高于保险公司的产品预定利率，保险公司没有动力通过自身专业化的投资管理来实现资产的收益最大化。二是保险公司内部投资容易产生“黑箱”操作，透明度差，这是日本保险业形成大量不良资产的一个重要原因。

## 二、亚洲经济危机对保险业的影响

在经济危机袭击亚洲之前，亚洲大多数保险市场的业务量曾经迅速增长。1990~1997年间，亚洲11国（不包括日本）非寿险和寿险市场的业务量的实际平均增长率约为13%。中国、印度尼西亚和新加坡的寿险市场业绩骄人，增长率超过了20%。继泰铢1997年7月大幅度贬值后，该地区的多数国家均陷入了前所未有的金融和经济危机中。这场危机给保险公司造成了巨大损失，由于资产价格大幅下降和保险赔付率不断上升，这些保险公司保费收入也骤降(如泰国非寿险保费量增长率在1998年为-20%多)，财务状况严重恶化[①]。

### (一) 影响之一：保费量大幅下降

随着通货膨胀率的大幅上扬和货币的大幅贬值，人们的购买力大大下降，许多投保人因此大幅度减少甚至停止了非寿险和寿险的投保。贫困人口增多和

① Swiss Re. 金融风暴之后的亚洲保险市场［J］. Sigma，1999（5）.

工作日趋没有保障无疑是雪上加霜。

寿险公司由于新业务不断减少和大量保单被取消而受困。造成这种不利影响的原因不仅是由于经济陷于困境，而且也由于人们对寿险公司经营稳定性的信心不断下挫。两种影响因素致使亚洲许多寿险公司遇到了严重的现金周转问题。

鉴于新注册的汽车数量骤降，非寿险业务量受到了重大的影响。此外，许多投保人从投保综合险转向投保较为廉价的第三者责任险。海运保险业则受到了（地区内）贸易流量骤降的影响。另外，商业保险公司也因一些基础设施大项目被取消而受到了影响。

泰国和韩国的非寿险业务受到的影响最大，它们 1998 年的实际保费分别下降了 20% 和 19%。在大多数亚洲国家中，非寿险保费比按国内生产总值衡量的经济活动下降得还要快。这主要是因为机动车保费的下降。

### （二）影响之二：财务状况恶化

地区性的资产价格大幅下降，致使许多保险公司的财务状况恶化。对于那些将大量资产投资到股票、债券和房地产上的公司尤其如此。通过将资产与净保费之比用作保险公司财务实力的一个粗略的指标，分析各保险市场的财务状况。表 1. 6 给出了 1996 年年末该衡量的实际值和按 1997 年正式（最终）资产分布和保费数据计算的 1998 年及 1999 年年中比例的预计值。为简便起见，假定保险公司持有的股票和财产价值随各自国家的股票价格指数而变化，而其他资产的价值则按股票价格指数 1/3 的变化幅度而变化。

**表 1. 6　亚洲部分国家资产与净保费之比**　　单位：%

| | 1996 年年末 | 1998 年年中 | 1999 年年中 |
|---|---|---|---|
| 日本 | 4. 9 | 4. 6 | 5. 3 |
| 韩国 | 1. 4 | 1. 2 | 1. 8 |
| 马来西亚 | 3. 7 | 2. 8 | 3. 5 |
| 泰国 | 2. 0 | 1. 3 | 1. 6 |

资料来源：Swiss Re. 金融风暴之后的亚洲保险市场［J］. Sigma，1999（5）.

### （三）影响之三：保险赔付率上升

在突如其来的经济衰退影响下，保费量的下降通常意味着短期内赔付率会上升。例如，1998 年新加坡非寿险业的赔付率为 60. 5%，高于 1994 ~ 1997 年间 55% 的平均水平。经历过通胀率急剧上升的国家的经验表明，索赔对通货膨胀的反应速度往往比保费快。由于通胀率在货币大幅贬值后突然上升，预计大多数亚洲保险公司 1998 年的保险赔付率都会上升。除通货膨胀的影响外，道德风险问题（包括保险欺诈在内）在经济严重衰退期间通常会加剧，从而进一步提高了保险赔付率，特别是机动车保险和火险的赔付率。

## 三、次贷危机对美国保险业的影响

保险业是经营保险产品的特殊行业，是金融业的重要组成部分，对社会经济的稳定和发展有着不可或缺的作用。美国保险市场是当今世界发达保险市场的代表之一，拥有全球最大的保险市场。但是，2007 年以来，以次级房贷违约率上升为导火索，美国爆发了所谓的“次贷危机”，许多对冲基金、投资银行、商业银行、政府住宅代理机构等都受到强烈冲击，并引发了全球金融市场动荡。次贷危机的影响日益扩大，至今尚未结束。作为金融服务业的重要组成部分之一，保险业势必不能独善其身。

美国是世界保险业的一流强国。特别是第二次世界大战之后，美国保险业的发展更为迅速。在 1975 年之前，其保费收入一直占全世界的一半以上，各项保险指标均居世界首位。2006 年，美国拥有各种保险公司 5000 多家，保费收入仍占世界市场的 31.43%，保险密度为 3923.7 美元/人，保险深度达 8.8%。美国不但保险企业众多，市场规模巨大，保险技术先进，而且市场秩序井然，业务一直以平均高于国民经济的增速稳步发展。以保费收入为例，1959 年仅为 300 亿美元，到 2006 年则剧增至 11701 亿美元，45 年间增长了 38.97 倍。

美国人离不开保险，美国保险业因此非常发达，是美国第十三大支柱产业，位列国防、汽车、金融、房地产等产业之后，为这些产业保驾护航。次贷危机对美国保险业的主要影响有如下几个方面①：

### （一）美国保险业受到较大冲击，利润下滑

近年来，投资收益在保险市场利润结构中占有的比重越来越大，投资活动对保险行业越发重要。随着资本市场的发展和金融创新活动的频繁，保险公司对于各种层出不穷的衍生工具投资也多有涉猎。加之一部分保险公司由于采取了相对激进的投资策略，在次贷支持类债券上进行了大量投资，从而蒙受了巨额亏损。例如，全球最大的保险公司美国国际集团（AIG）在住宅抵押市场的投资额占公司全部投资资产的 11%，远远高于行业平均水平，在次级房贷违约率上升的情况下，形成了巨额的投资亏损。其次，在职业责任险、按揭保险等方面的巨额亏损将在未来几年更加全面地体现出来，从而影响美国保险业的

---

① 田辉．次贷危机中的美国保险业对我国的启示［N］．经济参考报，2008-05-30.

承保收益。此外，次贷危机引发的全球性心理恐慌将对保险业的投资收益产生进一步的负面影响。由于投资者信心受到影响以及危机向实体经济的可能蔓延，保险业持有的正常公司债券的市场价值可能出现下降。承保和投资收益方面可能遭受到双重持续打击，并对未来几年全球保险业，特别是工业化国家的保险业利润率造成严重的不利影响。

**（二）债券保险市场受到全面冲击，并成为影响次贷危机蔓延的关键环节之一**

次贷危机中受到最直接全面冲击的保险领域为债券保险市场。目前，美国50%左右的市政债券在发行时都有保险担保，相当数量的资产支持证券也购买了债券保险。据估计，受债券保险机构担保的债券规模高达2.4万亿美元。次贷危机爆发以来，次贷违约率的上升增加了债券保险公司的亏损，并使得信用评级机构下调了对这些保险公司的评级。如全球最大债券保险商MBIA公司2007年第四季度出现公司历史上最严重的单季亏损，AMBAC、FGIC等债券保险公司也未能保住原有的信用评级，由“AAA”降至“AA”，并存在被进一步调低评级的可能。更为严重的是，一旦债券保险公司的财务评级普遍下调，必然导致其承保的债券评级普遍下调，不仅将会使得持有这些债券的金融机构和个人投资者出现更大的资产损失，也会拖累那些本来风险较低的市政债券估值减少，给处于次贷危机中的债券市场带来更大压力。目前市政债券的2/3是由美国个人投资者直接或者通过共同基金的方式持有，多数都有保险担保。如果债券保险公司失去了3A评级，投资者持有的市政债券价格就会下跌，原以为低风险的投资出现问题，会直接影响到普通美国人的生活。此外，危机减少了债券保险的供给，会增加市政债券的发行成本，从而进一步影响政府对学校、公共设施的投资。正因为债券保险的极端重要性，那些资本充足率下降并不断受到降级威胁的债券保险公司成为影响次贷危机蔓延的关键环节之一。

**（三）将使美国保险业的监管框架可能发生重大变化**

美国对保险业监管模式的转变体现在：①从分业监管模式向综合监管模式的转变。1999年美国出台了《金融服务现代化法》，美国金融分业经营、分业监管的时代结束，金融监管也开始向综合监管转变。②从市场行为监管向偿付能力监管转变。传统的保险监管主要是市场行为监管，也就是对市场行为的合规性监管，重点是对市场行为准入、业务行为、保单设计等经营实务的监管。③在监管力度上，美国从严格监管转化为松散监管，再从松散转为严格。20世纪70年代以来，美国逐步放松了对保险业的监管，从严格走向松散。但是此次次贷危机引发了众多对美国保险业监管框架改革的讨论。并引导美国保险业的监管模式向如下三个方面转变：①加强监管架构的集中整合性，至少将债券保险等特殊业务的监管层次由州机构上交给联邦机构；②拆分债券保险公司，将市政债券与高风险的资产支持证券隔离；③要求贷款机构必须设立托管账户，确保借款人预留资金支付财产税和购买房屋保险等。美国作为全球最大的保险市场，其保险监管体制可能发生的重大变化，势必对其他国家产生影响和示范作用。

## 第四节　金融融合、风险传递与金融稳定

### 一、现代商业保险与其他金融业融合的背景

近年来，现代商业保险的经营环境发生了巨大的变化，这种变化突出表现在以下五个方面[①]：第一，经济全球化带来了巨大的竞争压力。在经济全球化浪潮的推动下，金融领域本已模糊的业务界限变得更加模糊不清，各国金融机构通过兼并、建立控股公司和附属公司、组建金融集团、合资等形式经营本领域外的产品已非常普遍。其中最为突出的是商业银行运用其庞大的经营网络优势，大举进攻保险领域尤其是寿险领域，抢夺市场份额。第二，人口老龄化不仅孕育了巨大的潜在保险市场，而且对保险资金的保值增值提出了更高的要求。第三，科技进步带来了金融产品的不断创新。20 世纪 90 年代以来，以电子通信技术、计算机和互联网技术为代表的高新科技的迅猛发展，不仅降低了交易成本，节省了时间，而且扩大了综合提供各种金融产品和服务的潜在可能性，使金融机构将传统的本行业金融服务与其他的金融服务结合起来，使得提供“一揽子”服务成为可能，为金融产品创新创造了条件。第四，自然环境的恶化和巨灾风险显著增加。由于人类活动的过度扩张，对自然资源的掠夺性开发，使人类的生存环境不断恶化。各种自然灾害发生的频率和严重程度不断上升，水土流失、气候变暖、地震、洪水、风暴等问题越来越严重。第五，金融管制的放松。20 世纪 80 年代以来，西方国家纷纷放松金融管制，默许银行、保险、证券综合经营，之后又从法律上加以确定。在此背景下，现代商业保险通过与其他金融业的融合，不断增强自身的竞争优势和竞争实力。

#### （一）保险业与银行业的融合

现代保险业与银行业的融合是 20 世纪 80 年代以来金融综合经营的一项重

① 董平．国际保险业的结构性调整与我国保险业的发展［J］．经济论坛，2005（19）．

要特征。通过两种金融业务的结合形成了“银行保险”、“保险银行”等交叉业务，从而导致传统金融业的深刻变化①。

（1）商业银行向保险业务的扩展。20世纪90年代中期德意志银行、TSB等商业银行先后成立了自己的保险公司，直接销售保险产品。西班牙的商业银行与保险的结合有着较长的历史，主要大型商业银行都拥有大型的保险公司或保险集团。一些国家和地区的商业银行则选择收购保险公司。例如，1990年10月瑞典的SE-Banken购买了当时该国最大的保险公司28%的股权。1988年，劳埃德银行成为Abbey人寿保险公司的最大股东。商业银行有时也通过互换股权的方式与保险公司建立合作的关系，如UAP与BNP互换了10%的股权。1991年荷兰银行、NMB（荷兰第三大银行）与荷兰领先的保险公司National Nederlander的合并形成了荷兰金融国际集团（ING）。这一合并无论从战略角度还是从组织角度来看都是成功的案例。此外，有些商业银行倾向于与保险公司建立策略联盟或市场联盟。

（2）保险公司向商业银行业务领域的拓展。保险公司向银行业务领域的渗透，往往是通过购买商业银行股权的途径实现的。购买商业银行的股权，可以作为保险公司的一种投资，也可以是保险公司综合经营的一种方式，通过银行渠道推销自己的产品。还有一些保险公司则倾向于与银行签订分销协议。在大多数情况下，保险公司与商业银行的合作，可以有效地将银行的分销网络与保险公司的产品创新能力结合在一起。

**（二）保险业与证券业的融合**

1. 保险业与资本市场

保险业与资本市场的融合主要体现在以下两个方面：一是资本市场是现代保险业投资、融资及转移巨灾风险的重要场所，二是保险资金是资本市场发展壮大的主要资金来源之一。

国外保险业的经营情况表明，随着保险市场竞争的日益加剧，及全球保险承保能力的过剩，保险公司的承保利润在下降，甚至出现了亏损。为此，提高保险资金的运用效率，通过投资收益弥补承保业务的亏损，对现代保险业的发展至关重要。1975～1992年，六国保险公司综合盈利绝大部分来源于保险资金的投资收益，作为传统主业的承保业务盈利能力较差，甚至出现大幅亏损，保险投资成为现代商业保险公司经营的生命线（见表1.7）。

① 盛立军．中国金融新秩序——混业经营和民营金融［M］．清华大学出版社，2003.

表 1.7 1975～1992 年六国保险公司综合盈利率构成状况 单位：%

| 项目＼国家 | 美国 | 日本 | 德国 | 法国 | 英国 | 瑞士 |
|---|---|---|---|---|---|---|
| 承保盈利率 | -8.20 | 0.33 | 0.51 | -11.60 | -8.82 | -8.48 |
| 投资收益率 | 14.44 | 8.48 | 8.72 | 13.01 | 13.29 | 11.55 |
| 综合盈利率 | 5.80 | 4.56 | 4.99 | 1.38 | 4.52 | 3.07 |

资料来源：王绪瑾．海外保险投资方式比较研究 [J]．金融研究，1998（5）．

在保险资金投资的渠道中，股票市场的平均投资回报最高。以 OECD 国家（包括澳大利亚、加拿大、荷兰、法国、德国、意大利、日本、新西兰、瑞典、瑞士、英国、美国等国）资产平均真实收益率（剔除通货膨胀的因素）为例，1970～2000 年，国内股票的投资回报率为 8.0%，国外股票的投资回报率也达到 7.1%，而贷款的回报率只有股票的一半，公司债券和政府债券的回报率比股票的投资回报率差距更大，政府债券的回报率只有股票投资回报率的 1/5（见表 1.8）。正是股票市场较高的长期投资收益，使得证券投资成为各国保险公司运用保险资金的重要选择。

表 1.8 OECD 国家资产平均真实收益率和风险（1970～2000 年） 单位：%

| | 贷款 | 公司债券 | 股票 | 政府债券 | 抵押贷款 | 房地产 | 国外股票 | 国外债券 | 短期资产 |
|---|---|---|---|---|---|---|---|---|---|
| 实际收益率 | 4.10 | 2.70 | 8.00 | 1.70 | 4.10 | 6.50 | 7.10 | 3.90 | 1.80 |
| 标准差 | 3.60 | 15.90 | 22.50 | 16.89 | 3.20 | 15.40 | 19.00 | 15.40 | 3.40 |
| 收益-风险比 | 1.14 | 0.17 | 0.36 | 0.1 | 1.28 | 0.42 | 0.37 | 0.25 | 0.53 |

资料来源：朱俊生，尹中立，庹国柱．对保险资金入市的若干思考 [J]．金融与保险，2005（9）．

20 世纪 90 年代以来，保险业与资本市场出现了加速融合的现象，一方面，保险机构大量介入资本市场，通过资本市场进行融资和投资活动；另一方面，资本市场的功能不断向传统保险领域渗透，创造了许多新型的保险证券类金融产品。具体体现在以下四个方面：

一是证券投资成为保险资金运用的重要方式。保险市场竞争的日益加剧及承保市场的过剩，对保险公司的经营提出了巨大的挑战。为了在竞争中获得优势，保险公司需要不断地降低承保成本，提高保单的预期收益，以吸引更多的客户并巩固市场占有率。此时，保险资金运用的投资收益，就成为保险公司这一经营战略成败的关键。与投资房地产等市场相比，证券市场具有较好的流动性和较低的交易成本，且便于进行多元化组合投资。从总体趋势看，1990～

2006 年，美国、日本、德国、英国、加拿大等西方国家保险公司持有证券资产占总资产的比重一直在上升，保险公司介入证券市场的力度在逐步加大，证券投资成为保险投资组合中最重要的部分。

二是保险公司通过股票市场筹集资本。在美国股票市场上，上市保险公司的市值占整个股票市场的总市值比重达到 27.18%。如美国国际集团（AIG）、美国旅行者集团都是上市公司，一些保险公司如加拿大宏利、加拿大永明、美国恒康也都转为公众上市公司。

三是保险负债证券化和资产证券化。证券化是保险与证券融合的新技术。负债证券化有两条途径：基于风险组合的总损失并在交易所中进行交易的保险期权，基于风险组合的总损失并包括本金和息票在内的债券。负债证券化的产品有意外准备金期票、备用信用限额、灾变债券、自然灾害期权等，到 1998 年 6 月，世界各国通过保险证券化工具共吸纳超过 27 亿美元的资金用于巨灾保障。

四是保险公司（特别是寿险公司）纷纷推出基于证券和房地产等领域投资组合的新型产品。在法国，储蓄型人寿保险保单为消费者提供了参与证券市场投资的机会，其实质是一个投资基金变种，保险公司在扣除规定的投资利润后，全部收益归保单持有人，投资者甚至可以私下转让保单。在英国，附利保单的持有者不仅在保单到期后取得既定投保金额，而且保险公司每年或到期支付一定红利。美国的变额年金随基础证券价格的变动而变动，也是一种相当受欢迎的避税投资方式。

2. 保险公司与投资银行的业务整合

保险公司与投资银行业务之间存在着许多合作的机会。商业保险公司、再保险公司和投资银行之间可以在风险管理和风险管理系统的设计上进行合作。投资银行、商业银行、保险公司、再保险公司和保险经纪人也可以组建合资性的财产险和责任险保险公司。例如，JP 摩根银行投入大量资金建立了 EXEL 有限责任保险公司，并且对 ACE 保险有限公司进行了大量投资。旅行者集团曾是保险公司与投资银行互动的典范，它拥有美邦公司（Smith Barney Holdings）的控股权。除了拥有投资银行业务之外，旅行者集团还提供大量其他的金融服务，如人寿保险和年金产品、商业融资、财产和灾害伤害保险等。

投资银行向风险融资领域拓展。例如，JP 摩根银行通过与 Nationwide 公司签订合同为 Nationwide 灾害风险提供融资。大通公司的全球金融部有 50 位专家为企业风险融资的需求提供服务。仅在 5 年的时间内，该部门就完成了价值 2500 万美元的与融资交易有关的保险业务。

保险业与投资银行良性互动发展的另一个重要条件是，保险业和投资银行都必须通过改善服务和进行产品创新，为保险业搭起与资本市场沟通的桥梁，使保险资金能够安全地进入资本市场。资本市场的产品创新，可以为保险业资金进入资本市场提供多样化的选择，有利于保险资金营运空间的扩大；同样，保险业也有必要进行产品创新，使保险资金能够更好地满足资本市场的需要，保险企业才能获得更多的投资收益和回报。

3. 保险资产证券化

20世纪90年代初发生在美国的安德鲁飓风和北里奇地震，使全球保险市场和再保险市场损失惨重，63家财产和意外险保险公司与再保险公司破产，导致全球财产巨灾再保险承保能力下降，保险费率急剧攀升。在安德鲁飓风和北里奇地震发生后，保险费率在1991～1994年上升了一倍多。随着人口密度的增加、财富的增长以及财产在危险地区密集度的增加，自然灾害给人类造成的财产损失将会越来越严重。损失以10亿美元（通胀指数计算在内）计的自然灾害，从20世纪70年代的7起增加到80年代的9起，到90年代则高达32起。在面对特定的巨灾风险时，再保险业时常面临承保能力有限的局面。传统保险业在为重大灾难提供足够的保险保障时，要么保费过于昂贵令人望而却步，要么根本就没有。许多巨灾风险都只有部分保险。在这种情况下，保险业内人士开始在资本市场上寻找解决办法，以便为财产巨灾风险提供保险。

资本市场上的保险交易为保险业提供了所期望的承保能力。基本的逻辑是：公开交易的股票和债券的总市值达60万亿美元，假设证券投资者在其股票和债券的投资组合中加上与巨灾风险有关的证券，一次损失达2500亿美元的巨灾事件造成的损失金额不到全球总市值的0.5%，而这样的波动在证券市场上不过是经常发生的事情。

金融衍生工具的大量出现，使得套期保值和风险证券化成为可能。金融衍生工具的出现，提高了人们对巨灾风险的防范能力，使风险管理渠道从传统的保险市场扩大到资本市场。投资银行与保险公司、再保险公司一起通过新的融资安排，用资本市场的资金提供巨灾风险保障。保险风险证券化之所以具有吸引力，原因主要有以下两点：第一，保险风险的损失概率与资本市场无关，从而保险风险证券的收益率与其他投资工具的关联性较低，这样可以帮助投资者实现投资组合的多样化，分散投资者的投资组合风险；第二，保险风险证券的收益率可能高于购买保险公司股票的收益率，而出售保险风险证券的交易成本低于购买保险公司股票的交易成本。

1990年，美国芝加哥交易所（CBOT）发布了最初的保险期货和期权组合。1995年巨灾债券首次出现，这是一种场外交易的保险衍生产品，通过巨

灾债券可以将巨灾风险在资本市场上得以分散。巨灾债券是一种高风险高回报的债权，其发行人可以是投资银行，也可以是再保险公司、保险公司或保险经纪公司。通常的做法是，再保险公司与保险公司签订再保险合同后，再保险公司为此项交易专门设立特殊目的机构（Special Purpose Vehicle，SPV），然后根据合同约定的赔偿限额发行巨灾债券，将巨灾风险转入资本市场。按照约定的条件，保险公司把再保险费支付给SPV，SPV同时取得通过抵押债券投资组合获得的投资收入。如果在债券有效期内发生了约定的巨灾事故，就用SPV的基金赔付保险公司的损失，投资者可能既收不回本金，也得不到利息。如果没有发生约定的巨灾事故，则将本金加上利息返还投资者，该利率通常高于资本市场的平均利率。这里的SPV通常是一个典型的独立所有的信托，它可以是一家在离岸地注册法律意义上的再保险公司，从事与证券化相关业务。SPV的存在可以避免保险公司在资产负债表中增加负债，同时使得保险公司在计算净保费盈余率时扣除再保险费用。对于投资者来说，如果保险公司由于某些原因破产的话，那么SPV仍然有义务兑现巨灾债券，从而减轻投资者所承担的保险经营信用风险。巨灾债券的运作如图1.2所示。

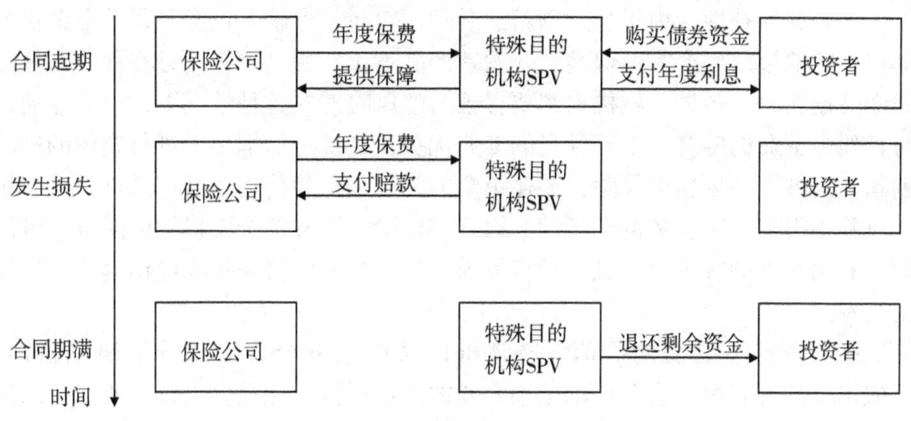


**图1.2　保险公司资产证券化**

资料来源：Swiss Re. 为公司提供的非传统风险转移方式［J］. Sigma，1999（2）.

## 二、现代商业保险与其他金融业融合的理论依据

### （一）协同效应

协同效应是指企业在战略管理的支配下，企业内部实现整体性协调后，由企业内部各部门的功能耦合而成的企业整体性功能，它远远超出企业各部门的

功能之和。企业整体协调后所产生的整体功能的增强称为协同效应，可以简单表示为“1+1>2”，即公司的整体价值大于各部分的价值之和[①]。协同效应通常表现在管理协同效应（Managerial Synergy）、经营协同效应（Operational Synergy）以及财务协同效应（Financial Synergy）三个方面。所谓管理协同效应，是指如果任意两个公司管理能力不等的公司进行并购，那么并购之后的公司绩效将会受益于具有先进管理经验公司的影响，综合管理效率得到了提高，从而合并公司的整体绩效将会高于两个单独部分的相加之和。经营协同效应也称为营运经济，它主要是由于经济上的互补性、规模经济或范围经济，使得两个或两个以上的公司合并成一个公司之后，造成收益增加或成本节约的效应。财务协同效应认为公司并购起因于财务方面的目的，主要包括收购公司一方未充分利用债务能力的税收优势、成长机会和财务资源的互补性（内部资本市场）以及收购公司双方债务的“共同保险”（Coinsure）效应[②]。

保险业与其他金融业的融合可以产生巨大的协同效应，体现在管理与财务上的协同上，即管理资源与现金流的充分利用，达到降低成本收入比、提高资产回报率的效果。

（1）管理上的协同效应。管理协同效应主要表现在交叉业务的优势互补上：①业务互补性。由于金融创新的激励，银行、保险、证券公司等金融机构都在不断地推出新产品。但是，开发新产品不仅费用高昂，而且在涉及跨领域的产品创新时，各种金融机构都要冒很大的风险。在这种情况下，保险业通过与其他金融业的融合，发挥各自的专业优势，在统一的框架下进行整体的产品创新。这种产品创新的风险，要比单个的银行或保险公司进行产品创新所承担的风险小得多。②服务的交叉性。银行、保险、证券等金融机构的融合，可以相互利用对方的客户群基础、销售渠道，通过交叉销售来扩大经销网络，增加销售额。

（2）财务上的协同价值。通常可以从以下五个方面来计算协同价值：①成本节约，它源于合并后削减不必要的工作岗位和相关开支以及所产生的规模效应。②收入提高，通过跨业合并可以取得比单一金融机构更高的营业收入增长率。③服务改进，合并后可以提供一站式服务，管理层运用更先进的运作方式和金融工程技术，可以节约成本，提高服务和收入。④财务策划，收购方的财务策划可以产生协同效应。而且购并可使目标方在不影响资信等级的情况下以较低的利率再筹资。⑤税收优惠，通过“税收架构”尽可能地避免一次

① 李忱，李颖明．企业竞争优势中的协同效应分析［J］．中外管理导报，2002（2）．

② 李青原，王永海．西方公司并购协同效应的理论与实证回顾［J］．财会通讯（学术版），2005（1）．

性缴纳的税收费用（如资本所得税和过户费等），通过“纳税规划”确保合并后的公司总的税率等于或小于购并前两公司的混合税率。

### （二）范围经济

范围经济是指由于经济组织生产或经营范围的扩张或收缩，导致平均成本升降。当经营品种的增加或业务领域的扩张引起边际收益提高或边际费用降低时，就表明实现了范围经济；反之，则是范围不经济。范围经济是相对于规模经济而言的，其产生的原因在于挖掘企业内部的剩余资源，在利用剩余资源时几乎不需要再增加额外成本，即边际成本几乎为零。

范围经济是微观主体进行经营决策和制定发展战略的重要内容，也是影响企业微观效益的重要因素之一。从交易成本角度界定，范围经济是指由于经济组织的生产或经营范围的张缩，导致平均成本升降的状况。假定有两个技术单位A和B，A的产出就是B的投入，A的产品向B的转移既可以采取市场交易的方式，也可以采取企业内部交易的方式。在一般情况下，企业内部交易方式的交易成本比市场交易方式的成本低，这种由于扩大生产或经营范围导致平均成本降低的，就称为具有范围经济或称为具有范围经济性①。

范围经济的存在为金融业综合经营提供了有力依据。综合经营载体的范围经济可以来源于信息的可再用性、更广泛的分摊管理费用和成本、信誉的溢出效应及金融消费相关产品四个方面。保险业与其他金融业融合可以获得范围经济的好处，其原因在于：①可以将管理与某一客户关系的固定成本（物资和人力）分摊到更广泛的产品上；②可以利用自身的分支机构和已有的其他全部销售渠道以较低的边际成本销售附加产品；③可以通过调整系统内部财务结构对市场做出反应，因而更容易适应产品需求状况的变化；④由于在某些领域内易于建立信誉以及信誉的外溢效应，可以利用在提供一种服务时获得的信誉向客户推荐其他金融服务。

### （三）规模经济

规模经济是指在产品组合不变的情况下，生产的平均成本随着产出增加而下降，即厂商的长期平均成本随企业规模的扩大和生产能力的提高而下降的现象②。规模经济用来衡量一个经济实体的经营规模与经济效益之间的相关关系。如果随着金融机构规模的扩大，经营管理效率提高，单位产品（服务）的平均成本降低，表明存在规模经济；反之，则是规模不经济。规模经济也可以从金融服务的产品中产生，当某一机构提供特定服务组合的成本低于多家专

---

①② 徐文彬．金融业混业经营的范围经济分析［M］．经济科学出版社，2006.

业机构提供同样种类服务的成本时，就会存在规模经济。

### （四）X 效率理论

X 效率是指生产一个给定产品组合需要支出的最低成本和实际成本的比率，常用于解释公司经营管理中的无效成本支出，也是潜在产出规模与实际产出规模往往存在较大差异的原因。与传统的解释理论相比，面对迅速变化的竞争和管制环境，X 效率更能说明综合经营金融机构的竞争能力。

约瑟夫·W. 米德、哈利·E. 瑞安、卡罗琳·D. 斯凯尔霍恩实证研究结果表明：与更集中化的产品策略相比较，跨越多种产品系列的多元化策略会创造出更高的 X 效率。这一研究成果，在很大程度上解释了金融机构纷纷进行综合经营的主要原因，因为经营多元化产品线的管理人员，能够根据不断变化的行业形势在各产品之间分摊投入并有效地分配资源，因此取得更高的效率。

### （五）资产组合理论

资产组合理论是由马科维茨（Markowitz）提出的，最初用于证券市场，分散投资以化解投资的风险。该理论认为每一种证券投资都含有两种风险，系统风险和非系统风险。系统风险是不可能通过投资组合而分散或消除的，而非系统风险是可以通过投资组合，在不损失收益率的前提下得到最大程度的分散。资产组合的风险不仅依赖于其所含个别资产的特性，还依赖于资产组合内各资产之间的相关程度。这就意味着投资组合分散风险的关键在于选择相关程度低的证券和投资来构成投资组合，以取得既定收益水平下的风险最小化。

随着该理论的进一步深化，特别是 20 世纪七八十年代以来计算机技术的极大发展，使人们的信息和数据处理提高到空前的水平，同时也得益于金融创新和金融全球化的市场环境，该理论在实践中的运用越来越广泛。而传统保险领域的风险是自然灾害，意外事故、生存、死亡等随机性极强的风险，与传统投资领域的信用风险、利率风险、政治风险等几乎不存在任何的相关性。如果能将保险的风险变成为一种投资，并成为其组合中的一类，则必然能使非系统风险得到更有效的分散。从这一理论的角度来看，保险市场融入金融市场有着经济发展的必然性。

### （六）成本效应理论

金融业综合经营还基于经济学的行业成本理论。社会为金融业所支付的总成本 GC，等于行业监管成本、内部监管成本和交易成本之和。是否实行综合经营，或者说在分业经营与综合经营之间选择哪一个截面作为金融业综合经营的导向，要根据监管成本 SC 和内部管理成本 MC 的上升（社会成本的提高）与交易成本 EC 的下降幅度（社会效率的提高）的比值来确定。与分业经营相比，如果实行综合经营效率的提高足以弥补监管成本 SC 和内部管理成本 MC

的上升，那么综合经营的政策取向是合适的；反之，如果实行综合经营效率的提高不足以弥补监管成本 SC 和内部管理成本 MC 的上升，那么综合经营的政策取向则是不合适的。

如图 1.3 所示，是否实行综合经营，关键要看综合经营所带来的“比较利益”的大小，如果由截面 A 为代表的分业经营过渡到由截面 B 代表的综合经营所实现的交易成本降低，即效率的提高可以抵补截面 A 到截面 B 监管成本及内部管理成本的上升，则综合经营比较利益为正，综合经营对社会有利；反之则比较利益为负，综合经营对社会不利。

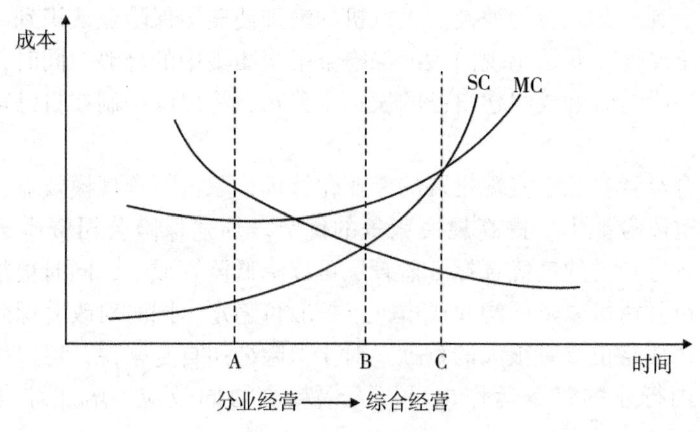


**图 1.3 综合经营成本效应**

### （七）资本运作理论

资本运作是以价值管理为特征，通过企业全部资本、生产要素的优化配置和产权结构、产业结构的动态调整，从而实现资本增值最大化的一种经营方式，是企业能够迅速实现低成本资本扩张的有效方式。实施适度多元化资本运作组合，不仅能够为企业带来低成本外部融资，满足资金需求，更重要的是，能够实现企业资本的低成本扩张与增值，改善资本结构，提升资产管理效率。其主要内容包括：一是资本的筹集过程，如发行股票、发行债券、配股、增发新股、转让股权、派送红股、转增股本等，其主要目的是引进战略投资者，改善资本结构；二是资本的投资过程，包括财务投资和战略投资。财务投资是指仅以获得投资回报为目的，进行股权和债权投资，一般来说期限较短；战略投资是指致力于长期的资本投资，想进入该行业发展，主要方式是通过企业的合并、托管、收购、兼并、分立以及风险投资等。

保险投资是保险公司经营绩效的关键决定因素，也是保险公司价值创造的主要力量。由于保险市场竞争的日益加剧及全球承保能力的过剩，保险公司的承保利润下降，甚至出现了亏损，这使得保险投资成为保险公司利润增长的重要渠道之一。但保险业发展历史表明，保险投资的失败，不仅会威胁保险业的生存，更会动摇整个社会的安定。以美国为例，1929～1933 年经济危机发生之前，美国保险公司规模小且数量多，由于实力不够而多采取外部委托投资模式。在大危机中，股市大幅下跌，银行信用萎缩，投资公司资产大幅贬值，投资公司只能破产，进而导致保险公司委托给投资公司的资产，包括股票、债券等无法收回。保险业的资信下降面临退保和偿付危机。危机中，美国 2/3 的保险公司遭遇破产清算或被合并，究其原因，并不是因为保险公司自身经营出现问题，而是受到外部风险的波及。大危机的教训使美国保险业认识到防范保险投资风险的重要性，开始出现向大型保险金融集团集中的趋势。同时，有实力的保险公司还纷纷收购或组建自己的投资子公司，将风险控制在自己可以控制的范围之内。

保险综合经营有利于实现投资的专业化管理，取得投资规模效益，增强专业子公司的抗风险能力，提高规模竞争的优势。加强保险公司资本运作的力度，是符合各方利益的最优选择。监管层可以降低监管成本，同时更加容易稳定市场，上市公司可以降低沟通成本，维护股价稳定，同时对改善保险公司治理，优化公司战略也有着很大的贡献。对于保险公司自身来说，可以提高投资收益率，而同行业的资本运作也可以大幅提高协同效应，增加综合经营的优势。

## 三、现代商业保险与其他金融业融合的成本效益分析

### （一）优势分析

1. 促进资本市场的完善

资本市场的成熟和完善，在一定程度上取决于资本市场的投资者结构。而投资者结构的合理化和多元化，是资本市场发达程度的重要考察指标。保险公司参与资本市场，有利于培育和壮大机构投资者力量，强化理性投资理念，促进资本市场健康发展。一方面，保险公司作为机构投资者进入资本市场，侧重于长期投资收益，有助于上市公司不断改善经营、完善公司治理结构，加强现代企业制度建设。另一方面，保险公司追求稳定收益，具有较好的精算技术，在收益率细微差异的分辨、相关事件的预测和概率计算、建立最优投资组合和最大限度规避风险等方面有独到之处。

保险资金特别是寿险资金对资本市场的成熟和完善作用表现在：第一，扩大资本市场规模。保险公司既可以作为机构投资者参与一、二级市场的交易，

也可以以筹资者的身份发行股票和债券。保险资金具有巨额、长期和稳定性的特性，它经过精确测算、合理的期限安排和资产组合后，进入资本市场，既增加了资本市场资金的供给，又刺激了资本市场筹资主体的资金需求，促使资本市场规模扩大。第二，促进资本市场主体的成熟和资本市场效率的提高。在资本市场上，存在大量工商企业、机构投资者和个人投资者等，有的投资，有的投机。而保险公司特别是寿险公司，是资本市场上的长期投资者，其投资遵循的首要原则是安全性。保险资金进入资本市场，因其具有长期、稳定和数额巨大的特点，可以大大削减投机者带来的市场大幅度波动风险，是稳定资本市场的重要力量。保险资金运用必须进行专业化的风险管理，这也是提高资本市场效率、推动资本市场成熟的根本动力。第三，促进资本市场结构的完善。保险资金在一级市场上承购、包销购买等，刺激一级市场的发展。在二级市场上的投资，可大大提高资金的流动性，活跃市场。以寿险公司资金运用为例，由于其需要不断调整资产结构，以期在风险一定的情况下，实现收益的最大化，在客观上有利于改善一级市场、二级市场的结构，促进其协调发展。保险资金通过创立或加入投资基金等形式，促进资本市场组织的完善。寿险公司拥有长期稳定、负债特性，追求相对稳定收益的资金，客观上要求资本市场具有对应的长期、收益稳定的投资产品。市场供求力量使债券品种不断发展完善，从而促进资本市场品种结构的完善。

2. 有助于提高保险公司的偿付能力和承保能力

资本市场的成熟和完善有助于提高保险公司的偿付能力和承保能力。理论上，成熟的资本市场有利于保险公司进行以资产负债匹配为基础的投资组合管理，降低投资风险，增加投资收益，并满足流动性需求。首先，成熟的资本市场中投机性较弱，资本资产价值在短期内稳定，能够真实地反映发行公司的价值。这对长期投资的巨额保险资金来说，可以降低市场价格风险。其次，成熟的资本市场中，利率波动幅度小，并在很大程度上可作合理预期，从而减少保险公司利率估计失误，避免保险准备金提取不足导致的负债风险，从根本上保证投资资金来源的稳定。最后，成熟的资本市场中，中介机构完善，资产清算风险小，可以提供多样化的投资方式，使保险投资风险得以分散，获取稳定、高额的投资收益。

实践上，由于保险市场与资本市场互动的关系，资本市场的发展与保险市场的发展表现出较高的协同性。美国资本市场较成熟，尤其是固定收益证券市场发达，满足了保险资金尤其是寿险资金运用的基本要求，成为美国保险资金运用的主要场所。在美国寿险公司1917～1996年长达80年的历史中，公司债券一直是寿险公司投资的主要工具，大部分时间中占寿险公司资产的比例都在

35%～40%。尽管这一比例在20世纪90年代随着股票投资比例的上升而有所下降，但仍占20%左右。另外，成熟的股票市场也是保险资金运用的重要场所，20世纪末期，美国寿险公司投资股票占其总资产的比例达20%以上。从寿险公司持有债券期限的结构来看，以长期投资为主的5～20年期债券占了近60%。成熟资本市场工具及其期限结构的多元化和多样化，满足了寿险公司负债的特点，使其资产负债结构相匹配，可有效控制和管理其经营风险，确保其经营的稳定性。

3. 降低保险公司的经营成本

保险市场与资本市场的融合发展，形成了综合性的金融机构。综合性的金融机构可同时经营银行、证券、保险等业务，使各种业务相互促进、相互支持，做到优势互补、资源和信息共享，有利于提高服务效率，降低经营成本，实现规模经济与范围经济。另外，保险市场与资本市场融合使金融机构优化资产结构，实现资产组合多样化和资产风险分散化，降低非系统性风险，从而使金融机构和金融体系具有更大的整体稳定性。

4. 增加保险公司的收益

保险市场与资本市场融合经营制度下的综合性金融机构具备稳定的客户群。综合性金融机构可以通过对工商企业的业务、投资等来加强向对方的渗透，有助于金融机构充分获取有关工商企业的信息，提高投资的准确性。综合性金融机构的客户群较为稳定，市场份额和市场控制力能够得到巩固，适应市场变化的能力较强。多元化经营可为其金融产品的开发和服务领域的延伸，创造巨大的潜在发展空间，从而极大地增强综合性金融机构对金融市场变化的适应性，使其能够及时根据金融环境和经济环境的变化，灵活调整自身的经营活动，加强金融创新，增强市场竞争力。市场融合也有利于增加盈利，随着保险业竞争的加剧，保险费率越来越低，保险承保利润逐渐减少甚至为负。保险业要生存和发展，只有通过延伸服务空间和投资利润来弥补。

**（二）劣势分析**

事物都是一分为二的，有其利必有其弊。保险业与其他金融业的融合发展也存在着一些弊端：第一，从事综合经营的金融机构，在其不同的侧面、服务对象和品种等方面有不同的文化、传统和运行机制。它们交织在一起，必然会显现出潜在的矛盾或冲突，导致金融机构出现内部协调困难、管理难度增大等问题。第二，综合经营可能招致新的更大的金融风险。一方面，综合经营金融机构所面临的不确定性得以扩展，从而其经营风险也随之扩大；另一方面，金融机构内部各业务部门和子公司之间由于目标不同，难免会发生利益冲突，加重道德风险。其不良的内部交易可能引起金融机构内部的风险传递，导致

“多米诺骨牌”效应的发生。第三，由于综合经营金融机构业务种类繁多，规模巨大，其权力较大，对经济的影响较强，容易形成金融垄断，产生非公平竞争，从而对国民经济产生消极影响。第四，金融机构复杂的综合经营结构和业务运作，不利于实施有效的金融监管，需要金融监管机构相应地提高其监管水平。

金融综合经营由于存在复杂的组织结构和内部关系网络，在各类金融业务的互动过程中会产生一般专业金融机构所没有的风险。这些风险会因为综合经营模式的差别而有所不同，但概括起来可以分为三大风险：不稳定性或丧失偿付能力的风险、不透明结构的风险、金融资源集中的风险①。

1. 不稳定性或丧失偿付能力的风险

不稳定性或丧失偿付能力的风险又可以分为风险传递、资本重复计算。

风险传递。风险传递是指金融集团内某一成员发生的经营事故可能会传递给另外的成员，从而造成整个金融集团的危机。金融集团通常由银行、证券、保险以及信托等一些金融机构组成，这些金融子机构之间往往存在着财务或业务之间的联系，如果一个业务部门出现财务危机或信誉危机，就极有可能引发另一些金融机构的流动性困难，或大幅度的影响后者的业务量。造成这种风险一般有两种重要原因：一是金融集团内部各部门之间存在直接或间接的财务联系，导致财务危机的蔓延；二是客户对金融集团内部各子公司之间关联性的认知心理，导致信心危机。由于消费者和客户一般将金融集团当作一个整体来看待，即便是在各业务部门严格的防火墙的隔离下，如果集团内部某一子公司出现问题，也会导致整个集团的形象、声誉和信用能力受到损害。

资本重复计算。在分业监管条件下，各类金融机构分别受到相应监管部门资本监管的限制。如果金融机构不能达到资本充足率的要求，就会受到相关法律法规的制裁。但是相对于金融集团来说，即使各个金融子公司都能够满足相应监管部门对资本充足现状的要求，也难以保证整个金融集团的资本充足率符合监管要求。为了实现资金利用效率的最大化，金融集团可能会在母公司和子公司之间多次使用同一笔资本。这就意味着集团“净”的或“合并”偿付能力远低于集团成员“名义”偿付能力之和。交叉持股和兄弟公司之间相互投资，是导致资本重复计算的重要原因。

2. 不透明结构的风险

透明度是现代金融集团保持良好信誉的重要条件，它主要涉及集团内部子

① 洪慧梅．金融业综合经营的国际经验和我国模式的选择［D］．同济大学硕士学位论文，2007.

公司和集团整体的财务状况、集团的组织结构和管理结构的复杂程度等。综合经营金融集团规模越大，参与的企业越多，关系越复杂，监管者就越难以正确地判断综合经营金融机构的风险。这种不透明的组织结构首先会使集团内部各部门之间的协调和沟通更加困难，在危机发生初期无法事先预警，最终造成灾难性的后果。如果金融集团是一家跨国经营的集团，由于组织结构更加复杂，营业机构分布在监管法律法规和会计制度不相同的国家和地区，金融集团经营过程中所面临的经营风险就更加难以得到有效监管。

对于监管者而言，需要了解金融集团内部被监管主体的董事长或总经理是否遵从了监管规则、被监管主体的经营稳定性和透明度是否受到集团复杂结构的影响、不受监管的集团成员的财务状况或投资行为是否会影响到被监管主体的正常运行和相关投资者的利益，以及被监管主体的董事长或总经理对各种交易、投资或利益冲突的客观判断是否受到其他部门的影响等。然而，只要在不同的专业金融监管体系之间存在差异，金融集团就可能会通过在集团内部进行资产转移，使资产更多的集中于受监管更为宽松的金融子公司，从而规避其他金融监管部门更为严格的监管行动，这样就会提高金融控股集团的整体经营风险。例如，使不受监管或监管程度较低的金融机构成为集团的控制主体。这些行为都会增加各专业监管当局在对相关金融机构进行监管过程中的困难。

向各级子公司提供贷款，是母公司对子公司进行有效控制和实施集团发展战略的重要方式。但是，由于综合经营金融集团的结构过于复杂，贷款人很难把握贷款的使用情况。例如，在金融集团内部，银行对单一客户的大额信贷、保证、承兑及承诺等风险，常常会分散入账，以规避金融监管机构对单一大额客户风险的管制。在这种情况下，一旦银行发生亏损，金融集团就可能隐藏银行的损失，造成各金融子公司监管当局也难以准确判断资金的来源，影响及时采取有效的风险防范措施。

3. 金融资源集中的风险

专业化金融机构已经在金融市场上有较大的影响，如果通过综合经营金融集团的形式集中商业银行、投资银行和保险公司等多种金融机构，实现综合经营目标，那么由于金融集团的资本实力和品牌影响力，其对金融市场将产生巨大的影响，一些中小金融机构就可能面临收购兼并或被迫退出市场经营的局面。金融集团可能会利用其在金融体系中举足轻重的地位，限制竞争，影响市场在金融配置中的作用，这种金融资源集中程度的提高，导致综合经营金融集团滥用权力，不利于自由竞争和保护消费者利益。

**（三）保险市场与资本市场融合发展的成本——效益分析**

保险市场与资本市场的融合发展，从经济学的角度分析有多种原因：提高

效率，实现规模经济和范围经济，减少交易摩擦，降低成本，优化资源配置，获得比较利益，提高金融业的竞争力等①。其中最主要原因是市场融合的净收益大于市场分割经营所能获得的净收益，金融体系能够获得市场融合的比较利益。金融业从市场分割向市场融合回归带来的净收益的变化，主要来自于提供同样的金融服务，融合后金融机构支付的总成本要小于市场分割时金融机构所支付的总成本。市场融合的比较利益取决于监管成本、内部管理成本和金融机构的外部交易成本等成本的不同变化。

在一般情况下，由于市场融合能够带来规模经济、范围经济、协同效应和风险分散等效率优势（Berber，2002），可以增加金融机构的服务手段和业务规模，减少交易环节，从而降低金融机构的交易成本，同时由于市场融合之后的金融机构能够获得管理上的协同效应，能够在一定程度上降低管理成本。但由于市场融合导致金融机构的组织机构和业务复杂程度提高，将会加大外部监管与内部管理的难度，使监管成本和内部管理成本增加。综合以上分析的结果，从市场分割到市场融合，金融机构的外部交易成本下降，监管成本和内部管理成本上升，如图 1.4 所示，从市场分割到市场融合，即由截面 A→截面 B，EC↓、SC↑、MC↑，其中，EC 为交易成本，SC 为监管成本，MC 为内部管理成本。

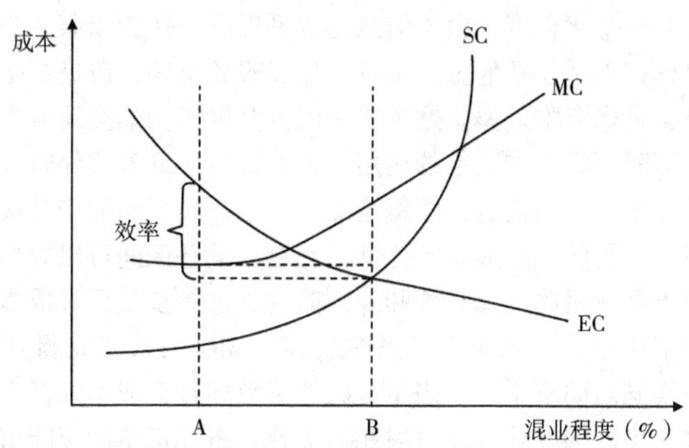


**图 1.4　不同经营制度下各类成本的变化**

由市场分割→市场融合，每一个截面都可以得到三类成本的不同组合。是

① 魏华林，刘娜. 保险市场与资本市场融合发展的经济学分析［J］. 经济评论，2006（6）.

否实行市场融合，或者说在市场分割和市场融合之间选择哪一个截面（在多大程度上实行市场融合）作为金融业经营制度，关键要看市场融合所带来的“比较利益”的大小。如果由截面 A 代表的市场分割过渡到由截面 B 代表的市场融合，交易成本下降（EC↓），即效率提高可以抵补截面 A 到截面 B（简称为 A→B）所带来的监管成本上升（SC↑）以及内部管理成本上升（MC↑），则市场融合的社会比较利益为正，市场融合对社会有利，即截面 A→截面 B，$\Delta EC>\Delta SC+\Delta MC$，则有利。反之，则比较利益为负，市场融合对社会不利，保险市场与资本市场应该分割经营。

由图 1.4 可知，从市场分割到市场融合，截面 A→截面 B，$\Delta EC>\Delta SC+\Delta MC$ 时，可能获得市场融合的比较利益。除此之外，还需要其他相关条件。西方发达国家之所以实行市场融合，正是因为它们认为已经具备了相关条件。这些条件主要包括：①健全的法律、法规、完善和健全的金融监管体制、金融监管组织体系等。所有这些因素无疑将会导致监管成本 SC 整体下降，边际递增率减小，从而降低社会为金融体系付出的成本。②金融机构具有较高的内部管理水平。由市场分割到市场融合的转变过程中，金融机构的组织结构、金融业务的复杂程度大大提高，内部管理成本也将相应提高。如果金融企业内部建设不断完善，控制机制不断强化，人员素质、管理水平不断提高，那么总体上内部管理成本上升速度趋缓，甚至会逐步下降，MC 斜率变小。③金融机构具有较高的电子化、信息化程度。由于信息化水平提高，作为以服务为依托的金融业可以借助信息技术开发新的金融工具，延展服务空间，改进金融服务的质量和时效性，提高金融资本效率。这主要是因为金融机构的交易成本总量以及交易的边际成本不断下降，如网络的运用，可使银行、证券或保险公司同时处理几个甚至几百万个客户的信息，而每增加一位客户所引起的交易成本上升几乎为零，这样使得交易的边际成本十分低，甚至在某些区间可以忽略不计。信息技术同时运用于金融机构内部管理和外部监管，进一步使两者成本降低。在上述三个条件的基础上，图 1.4 中三条曲线 SC、MC、EC 都将得到很大的改善，不仅三条曲线同时向下平移，表示金融体系整体社会成本降低，而且三条曲线的效率也将发生新的变化。④发展相对成熟、有序竞争的保险市场、资本市场体系，是实行市场融合不可或缺的条件。总之，只有具备了融合的条件，才能获得正的比较利益，否则，将适得其反。

## 四、银行和保险公司之间的跨部门风险转移

银行和保险公司之间的跨部门风险转移，主要是指银行把信贷资产的信用风险转移给保险公司，而寿险公司把零售储蓄类产品组合的市场风险转移给银

行和资本市场[①]。

**（一）银行和保险公司的风险转移技术**

保险业和银行业之间传统的风险转移途径，主要是双方在以下一些业务领域里有相互的风险暴露：

保险公司是银行的重要投资者，它们购买了银行的股权和长期债券，这样保险公司就相应地承担了银行风险。保险公司为银行及其客户承担了一般的保险风险。保险公司为客户承担的风险，使得客户不至于不能偿还贷款，巩固了银行贷款的基础。比如在一些行业如航空和建筑业中，公司是否已经被保险，可直接决定能否获得银行贷款和开展业务。一些保险公司提供贸易信贷保险，而银行为保险了的贸易应收账款提供融资。银行为保险公司提供流动性融资便利，使保险公司能够及时支付赔款。并且银行为保险公司提供的资信证明，使客户和监管者都确信保险公司未来有偿付能力。

近年来随着风险转移新技术的迅速发展，两个行业间的专业风险转移市场开始逐渐形成，包括以下几个方面：

贷款出售：贷款出售是指银行将自己的贷款出售给其他投资者。开始时以不良贷款为主，但20世纪90年代以后转向一般贷款为主。美国贷款出售市场最发达，美国的银团贷款目前一半份额是由机构投资者和专业的贷款基金投资者所持有的。保险公司是这个市场的主要投资者之一。

资产组合证券化：资产组合证券化是资产组合持有人将手中资产转移到特设机构中，然后由特设机构发售证券给投资者，用转移资产的现金流来偿还证券。该技术的目的是将资产风险从发起人的资产负债表中去除，而投资者的风险也仅限于被转移资产的风险。银行是该技术的最主要运用者，如资产支持证券（ABSs）主要用来转移银行同类贷款资产（如住房抵押贷款、信用卡贷款和汽车贷款等）的信用风险，抵押债务证券（CDOs）用来转移银行不同类贷款资产的信用风险。许多单个贷款资产集合成一个资产池后，减少了单个资产收益率的波动性和风险，资产池的风险和收益可以进行分档，出售给不同需求的投资者。

金融衍生工具：这些工具是根据其设定变量的变化来对未来交易进行支付。变量的变化是依附于利率、汇率、商品价格和股票指数的变化。银行和保险公司运用衍生工具的目的是为其基础资产进行对冲交易，但实质是把风险转移给了衍生工具交易的对手方，因此客观上还存在交易对手方的信用风险。

① 李曜．银行业和保险业之间的跨部门风险转移研究［J］．国际金融研究，2003（6）．

其他风险转移方法（ART）：由于风险转移市场的金融创新不断，ART 用来包括所有新的创新方法。比如银行和保险公司之间的风险转移工具如贷款组合保险、政治风险保险等，还有保险公司发行的巨灾债券等。

**表 1.9　银行、保险公司和资本市场之间的风险转移工具**

| 风险转移类别和方向 | 信用风险 | 市场风险 | 保险风险 |
|---|---|---|---|
| 从银行到保险公司 | 银行股权和债券投资；贸易信用证保险。ABS、CDO；金融担保；剩余价值保险；其他形式的信用保险* | 银行股权和债券。保险公司购买内含期权的银行债券（如可赎回债券）；保险公司向银行售出期权* | 对银行财产、法律责任的保险等；对借款者为借款而提供的保险等新的保险品种如政治风险保险、贷款组合保险等* |
| 从保险公司到银行和其他资本市场投资者 | 信用证；流动性融资便利 | 银行向保险公司售出期权类衍生工具* | 巨灾债券* |

注：加＊者为相对较新的风险转移工具。

资料来源：李曜. 银行业和保险业之间的跨部门风险转移研究［J］. 国际金融研究，2003（6）.

### （二）跨部门风险转移内容

1. 信用风险：从银行转移到保险公司

银行向保险公司转移信用风险主要是通过信贷资产证券化的方法。在这个市场中，银行、养老基金和投资基金、货币市场共同基金等都是重要的投资者，但是保险公司是最主要的信用风险的净购买者。

就具体品种分析，保险公司是资产支持证券（ABS）的重要投资者。保险公司一般购买信用级别不太高（如单 A 级）的债券，因为这种债券和同样级别的公司债券之间有一定的息差。而养老基金出于风险规避考虑一般购买的是更高级别的债券。对于抵押债务证券（CDO）来说，保险公司也进行了大量投资。因为 CDO 的基础资产组合已经分散化，个别公司的信用风险影响已经十分有限。而保险公司的长处恰好在于组合的统计分析。另外，CDO 一般颇具灵活性，可按照风险收益不同分割为不同档次进行出售，不同类型的保险公司可选择购买不同档次的 CDO，承担不同优先级别的信用风险。

保险公司之所以积极承担信用风险，是基于这样一种认识：银行贷款信用风险和保险公司业务的财产、人身、意外业务的风险不相关。因此，保险公司积极参与到信用风险转移市场中去。一些保险公司通过建立信用风险的分析模型，分析了不同情况下贷款违约风险的规模、时机和相关性，然后据此判断债券内在价值，寻找市场定价错误，并建立买卖头寸。一些保险公司将资产证券

和同投资级别的其他证券进行比较，寻找资产证券中定价过低的品种。更有甚者，一些保险公司从为投资银行进行资产证券分销，发展到主动寻找具有特定信用风险的资产组合，要求投资银行安排发行，这意味着他愿意购买该资产证券的一部分头寸。对于保险公司来说，还可以将他们购买的资产证券的特定头寸风险进行再保险，这样的再保险市场也已经开发出来。

另外就是一些保险公司和再保险公司为银行提供一种称为“应急资本”（Contingent Capital）的措施。这就意味着当银行发生信用风险（如银行年度的贷款损失超过了一定界限）损失时，保险公司或再保险公司同意按照原先确定的价格认购银行的股份。这时保险公司不是为银行已经发生的损失进行赔偿，而是承诺提供追加的银行资本，这些资本冒着发生进一步损失的风险。目前，真正进入执行的“应急资本”还很少见。

2. 市场风险：双向转移

从银行向保险公司的市场风险转移：一是保险公司向银行等售出期权。近年来一些大型保险公司和再保险公司向银行等售出了股票指数的买入期权（Call Option），因为银行为客户提供了股票市场指数挂钩产品，他们在买入期权市场上做多，可以回避市场上升风险。而保险或再保险公司则为他们所管理的股票基金客户提供了本金保证。如果股票市场下跌，保险公司就可以在期权市场上获取期权费收入，这些收入可用来补偿股票基金市场客户。二是保险公司购买银行发行的可赎回（Callable）中长期债券。这种债券等于是保险公司向银行售出了买入期权[①]。典型的例子是1998~1999年欧洲的寿险大量买入了银行和证券公司发行的欧元面值的可赎回债券。

从保险公司向银行或资本市场转移：对于保险公司来说，监督和管理其资产和负债的市场风险非常困难。最典型的是当市场利率下降时，保险公司面临着资产和负债的双重风险。负债方面，保单持有人相当于拥有期权，即可以提前退保，市场利率下降时，退保会减少，保险公司承担的负债压力增大（因为市场利率下降了，而承诺利率不变）；资产方面，保险公司持有的可赎回长期债券，由于债券发行人有提前赎回期权，提前赎回此时会增加，资产的收益率会下降。即使保险公司可以影响退保率（如调整罚金即改变期权的价格或者劝诱退保），但退保率还是很难预测和管理的。因此，寿险公司广泛运用各

① 可赎回债券是一种附有买入期权的债券，发行者拥有买入期权。即发行者可以在给定的时间范围内自由决定是否按预先设定的价格提前偿还债券。所以这种债券相当于债券投资者向发行者出售了买入期权。在债券价格上，发行者要给投资者以适当补偿。因此，这种债券的收益率要高于普通债券，这也是保险公司偏好购买可赎回债券的主要原因。

种场外交易的衍生工具进行避险，以管理负债和资产的市场风险。

保险公司转移市场风险的最成功的一个工具是“互换期权”（Swaption），即保险公司购买互换期权，可以在未来某日，自主决定和对手方进行利率互换，保险公司获得固定利率的支付，并支付浮动利率的相应金额给予对手方。互换期权可以作为保险公司延付年金产品的固定年金支付负债的对冲，也可以作为保险公司资产的利率风险的对冲。比如保险公司承诺的是 30 年期的固定回报，而只购买到了中期比如 15 年期的固定利率债券。寿险公司进入互换期权市场一般是和商业银行和投资银行进行交易，但主要是和投资银行进行，投资银行作为代理人，提供各种品种供保险公司选择，投资银行的背后是众多长期利率市场上的投机者（如对冲基金等）。

3. 保险风险：从保险公司向资本市场转移

保险风险是指那些偶然的、非金融类的风险，如事故、自然灾害、死亡或疾病、第三者责任等风险，这些风险是由保险公司来管理的。近年来保险公司开始将保险风险——主要是自然灾害风险（如地震、飓风）——证券化，也就是转移给资本市场。

这类风险转移工具主要指巨灾债券。巨灾债券的到期日一般经历了一个灾害周期，这样债券持有人的具体损失就可以确定。巨灾债券是由保险公司或再保险公司发行的，作为购买损失再保险的替代物。一般是通过一个特殊目的机构来发行的。

但巨灾债券和普通再保险的现金流机制有所不同，巨灾债券是和一个外部的指数相连的，这个指数决定了灾害的保险损失，它不同于灾害发生后向保险公司索赔的具体损失金额。这样在繁琐的核保和理赔过程之前，投资者便少以及时确知债券的获利或损失。但是，巨灾债券的发行人保险公司却可能由于实际承担的灾害损失赔偿和巨灾债券指数确定的金额不同而承受差额风险。目前一些保险公司和再保险公司发行了巨灾债券，但是与巨灾再保险市场规模相比，巨灾债券市场还是很小。

### （三）跨部门风险转移的动因

1. 制度驱动因素

外部监管制度安排对金融机构进行跨部门风险转移的激励作用。金融管制制度、会计和税收处理制度对不同金融中介和不同金融合约的不同规定，引发了跨部门的风险转移，并决定了转移的方向和转移的形式。例如，1988 年巴塞尔资本协定达成后，银行必须满足资本充足的监管要求，如果银行从整体上没有满足 8% 的最低资本要求，就将贷款及其风险转移出去的压力，这推动了贷款出售和资产证券化市场的发展。《巴塞尔协定》也使银行更愿意提供短期

流动性便利等融资手段（一年以内的流动性便利的风险权重为零），而不是发放贷款（权重为100%），这是促使资产支持商业票据（ABCP）市场发展的重要原因。一些国家的保险监管规定禁止保险公司转移利率风险或者承担衍生工具的信用风险，但是允许保险公司进入保险或再保险市场，这就促使保险公司通过提供保险形式承担了信用风险，如保险公司参与资产证券化过程中的"信用增级"（Credit Enhancement）。

2. 企业内在的经济原因

企业在创造和销售特定的金融业务方面具有比较利益优势，并不意味着它在管理和承担该项金融业务的风险上有比较优势。一个很明显的例子是银行在销售资本市场投资产品中的优势，以及保险公司在推销投资连接类产品中的销售优势。风险转移市场的存在使得金融机构可以专注于自己的销售优势，而规避产品连带的市场风险、信用风险等，以及为风险进行准确定价。而风险受让者的原因是多样化的，可能是因为其承担和管理风险的成本较低，可能是为了获取与风险相连的收益，可能是因为资产分散化的需要，也可能是为了匹配他们的资产或负债，或者他们和风险转让者之间有不同的久期（Duration）等等。需要强调的是，风险广泛分散化后，可以降低金融产品的市场价格，有益于购买产品的一般公司和居民。比如银行贷款组合的信用风险分散化和转让后，银行就可以给企业提供更优惠的长期信贷；保险公司的长期储蓄产品的市场风险分散化后，保险公司就有能力给居民提供更具竞争力的固定利率的长期寿险和养老金产品。因此，整个社会资源配置的效率提高了，风险分散使得整体经济受益。

## 五、风险传递对金融稳定的影响

### （一）信用风险的重新集聚以及重新回到银行的可能性

银行的信用风险在一些地方被分散后，可能在另外一些地方又重新聚集起来，而且由于风险转移后，造成新的风险集聚很隐蔽，很难通过公开交易资料反映。特别是对于没有伴随资金流动的风险转移现象，就更难以追踪和监控。例如，金融衍生工具协议并不发生即时的资金流动，而是在未来某个时间或某个时间段内可能发生，几乎不可能确定这种交易的最终风险承担者。

保险公司通过风险转移市场承担了大量的信用风险，这是十分危险的事。20 世纪 90 年代，欧洲大陆的寿险公司和日本的保险公司过多地承担了银行的信用风险，包括对高杠杆率的 CDO 债券中的垃圾档进行投资。这种信用风险的集聚客观上对保险公司的安全产生了不利的影响。由于 20 世纪 90 年代中后期世界保险市场的收益率普遍很低，而当时是世界经济迅速增长的时期，信贷资产的损失率非常低。出于提高资产收益率的考虑，保险公司增加承担信用风险是有一定道理的。但是，当经济增长速度放缓时，信贷资产的损失将会增加，这势必将影响保险公司的资产安全，不利于其经营的稳定。

值得注意的是，银行业从信用风险的发起人和持有者转变为风险的分散者、转移方，会受到自身作为金融体系流动性提供者角色的限制。如果资产最后的信用损失明确了，风险受让者如保险公司可能最终还是需要银行提供援助，需要更多的清算支持。这样，归根结底银行系统还是流动性提供来源和最终的风险承担者。

**（二）谁最终承担了市场风险**

对金融系统稳定来说，明确谁最终承担了市场风险是很重要的。当市场风险发生时，无论是银行的损失还是保险公司的损失，都会直接影响到金融系统的稳定。银行作为金融衍生工具市场的中介和交易对手，它们需要对冲其头寸，但是如果银行没有大量的客户群使其可以安排对冲交易的话，银行也很难承受市场风险。总体上看，长期衍生工具市场的流动性并不好。另外，如果风险转移伴随着资金转移，那么银行就没有对手风险（Counterpart Risk）了。但是由于大量的风险转移交易是没有资金转移的，银行有长期潜在的对手风险。银行必须采取逐日估值、在险价值等风险评估技术等，去评估交易对手保险公司的信用度，并采取一些措施如签订抵押协议等管理市场风险。

总体来说，从金融系统稳定角度出发，风险转移市场是有利的，因为风险被更广泛地分散了。这样，金融机构可以发挥比较优势去为客户提供服务，而不用担忧承担因此而带来的信用风险、市场风险和保险风险等，金融机构也不易受个别地区、部门或市场的冲击。而整个社会的经济福利因金融业的分工深化而得以提高。但是，风险的重新集聚和风险的最终承担者的新问题，目前还没有清楚的答案。需要指出的是，虽然风险转移技术发展很快，但风险转移的市场规模还很小，尤其是如果和银行及保险公司的资产负债表规模相比，就小得多。一个明显的例子是保险公司持有的大量股票和普通债券仍然暴露在信用风险和市场风险之中。这与风险转移市场的不成熟有关。

# 第二章　现代商业保险与金融稳定的关系：国际经验研究

从保险的起源及其最初的功能来看，人们更倾向于将保险看作金融稳定的促进因素。但是，随着金融创新的发展、金融机构功能界限的模糊化，保险对金融稳定的作用不再是简单的、单一的促进作用，而变得更加复杂，双重特性逐渐显现。最显著的例证就是，2007 年由美国次贷危机引发的全球金融危机。在这次危机的形成和发展中，保险到底是监管当局和相关金融机构控制风险的一个利器，还是该危机形成过程中的重要助力者，这个界限变得很模糊。在次贷市场及其衍生品市场形成的过程中，保险公司既充当了信用增级、债券保险等推动者的角色，同时也充当了次级债券及其衍生品的重要买家的角色；在危机显现之后，政府既利用采用保险手段来抑制风险的蔓延和进一步恶化，同时保险公司所购买的次级债资产又在不断地缩水。

防止保险市场成为金融系统风险策源地的关键是：强化保险监管，规范现代商业保险发展，防止风险传递。

本章的主要内容安排如下：第一节，简要回顾历次的重大保险业危机，并总结重要原因。第二节，考虑到亚洲经济危机对保险业的影响和日本的寿险业危机对我国的启示意义较大，对亚洲经济危机对于保险业的影响和日本的寿险业危机进行了比较综合的分析，总结了其发生的原因。第三节，通过分析次贷危机对美国保险业的影响和透过 AIG 案例以及世界第二大债券保险（Monoline Insurer）公司 AMBAC 的案例，分析了在近期的次贷危机中保险公司与金融危机的相互作用。第四节，根据国际经验，分析防范保险危机的两大战略：一是在宏观层面，推行以偿付能力监管为核心的保险业监管的现代化；二是在微观层面，提高保险公司进行综合的、整合的、复杂的风险分析与预测的能力。第五节，总结国际经验，得出一些启示。

# 第一节 世界保险业重大危机、原因与金融稳定

## 一、世界保险业重大危机列表

以往的经验表明，保险公司出现破产风险的几率低于银行业。保险行业常被认为是金融体系内相对稳定的行业，因为保险公司负债的低流动性避免了类似于银行业挤兑现象的发生。但是当保险公司涉足银行性质的经营活动，或者与银行业产生紧密的业务关系时（包括交叉控股、信用风险转移等），保险行业就不再与风险绝缘。

尽管保险公司的失败所造成的效应并不像银行失败所造成的效应那么致命，但是它们会潜在地严重破坏整个金融体系，对实体经济造成消极影响。Das，Davies 和 Podpiera（2003）给出了 1985～2001 年发生的世界保险业重大危机事件（见表 2.1）。

表 2.1 世界保险业重大危机事件：1985～2001 年

| 国家 | 年份 | 公司名称 | 原　因 | 解决方法 |
|---|---|---|---|---|
| 澳大利亚 | 2001 | HIH（非寿险公司） | HIH 是澳大利亚第二大非寿险保险公司，由于管理不善导致经营失败 | 进入暂时清算程序，继续管理赔付事宜 |
| 加拿大 | 1994 | 加拿大联邦人寿保险公司 | 通过子公司进入衍生产品市场，发行了很多担保抵押合同和年金，因为房地产市场的下滑，导致无法满足到期的担保抵押合同，因此陷入流动性危机 | 监管当局接管保险公司 |
| 埃塞俄比亚 | 1997 | Universal Insurance | 该保险公司以借款来创立保险公司，当被迫偿还债权人的债务时，该保险公司只好关闭 | 截至 2003 年仍在诉讼处理中 |
| 爱尔兰 | 1985 | 爱尔兰保险公司（非寿险公司） | 它的伦敦分公司承接保单业务不善导致清算，这又导致它的母公司爱尔兰联合银行出现挤兑危机 | 监管当局从爱尔兰联合银行手中购买爱尔兰保险公司，并任命了新领导 |

续表

| 国家 | 年份 | 公司名称 | 原　　因 | 解决方法 |
|---|---|---|---|---|
| 牙买加 | 1996～1999 | 牙买加人寿保险公司、Jamaica Mutual Life 等 | 20 世纪 90 年代初期，牙买加对金融部门实行自由化，竞争的日益加剧导致银行和保险公司的联系更紧密，而且引进具有保证收益的保单，当实行从紧的货币政策时，保险公司无法支付保证的收益，金融问题从保险业蔓延到银行业 | 政府组建资产管理公司发行不可交易票据来弥补资产负债表的空缺 |
| 日本 | 1997～2001 | 东邦人寿保险公司、三井人寿保险公司、东京人寿保险公司、共荣生命保险公司等 | 尽管很难概括，但许多人寿保险公司在20 世纪 80 年代晚期、90 年代初期向投保人提供担保的高收益保单，同时，它们发放了大量贷款，当日本在20 世纪 90 年代陷入漫长的低利率、股市下跌、不良贷款增加的时期时，日本保险公司很难获取足够的投资收益来弥补支出 | 除了东京人寿保险公司，陷入困境的保险公司保单被转移给外国保险公司，包括 Artemis、GE Edison Life 等公司，监管当局通过人寿保险投保人保护公司向陷入困境的保险公司提供财务援助 |
| 韩国 | 1998～2002 | 第一人寿保险公司、东亚人寿保险公司、韩国朝鲜人寿保险公司、韩国太平洋寿险公司等 | 韩国的人寿保险公司和非寿险保险公司与银行的运作方式相似。它们发放大量的贷款，向投保人出售短期储蓄产品。在 1997 年货币危机和金融危机期间，保险公司遭受大量不良贷款问题和流动性问题 | 监管当局动用银行存款担保，以避免保险公司出现挤兑危机。许多保险公司被重组和重新融资，甚至被出售 |
| 美国 | 1991 | 美国第一资本人寿保险公司、Mutual Benefit Life、Fidelity Bankers Life、Monarch Life、Executive Life 等 | 许多美国的寿险公司在 20 世纪 80 年代投资房地产市场和垃圾债券。它们也同时向投保人提供担保投资合同，有担保固定收益的 5 年期产品。20 世纪 80 年代后期按揭贷款市场的崩溃使得保险公司无法偿还负债，同时垃圾债券价格的下滑也使保险公司受到重创 | 各州采取的措施不同。但总体来说，破产的保险公司被强迫停止营业，它们的保单转移给稳健的金融机构 |

资料来源：Das，U. S.，Davies，N.，and Podpiera. Insurance and Issues in Financial Soundness. IMF Working Paper 138，2003.

## 二、世界保险业危机发生的原因分析

造成保险公司陷入危机的原因也因情形而异。从表 2.1 中列出的原因来看，最有启示的意义在于：①金融监管放松和金融自由化，允许保险公司涉足经营银行业务；②发生的重大宏观经济波动震荡，比如在总产出出现大幅下降，或出现过度的通货膨胀；③银行与保险公司之间过度紧密的交叉业务关系。

在这些因素中，尤其值得强调的是金融监管放松和金融自由化。它们加剧了金融机构之间的竞争程度，使得保险公司可以提供银行性质的产品，直接与银行进行竞争。保险公司推出短期、利率敏感性、有担保的高收益产品，这些产品的推出极大地增加了保险公司应对经济基本面发生不利变化的脆弱性。而且，这些银行性质的产品会导致资产与负债的到期时间错配，使得传统保险公司增加了一种新的风险暴露。

著名的夏玛报告（Sharma Report，2002）[①] 对国际上保险公司经营失败的具体案例进行分析，总结了保险公司经营失败的关键因果链（如图 2.1 所示）。这个链条详细地揭示了根本原因、内部原因和外部的促发原因。该报告特别强调：公司自身的管理问题是许多保险公司失败或接近失败的根源所在，而不是宏观外部因素。具体地分析，有四种形式的管理问题：①管理者脱离专长领域或者只依靠直觉。②管理者过度偏好风险或追随与审慎管理原则不一致的目标。③管理者缺乏协调整合能力，缺乏全局掌控的能力。④子公司管理者缺乏自主权，面对压力做出不适当的决策。同时，也指出监管当局应将注意力集中于因果链中的早期环节，尽可能地“将问题解决在萌芽状态中”。这样做可以实现以下三个重要目标：①公司将不太可能导致失败，或者对它们的偿债能力、市场地位构成严重威胁；②监管者更有可能实现监管目标，并节省在公司失败后采取更严厉的执法行动的人力与其他资源；③顾客及其他市场参与者将受益于损失风险的减少，降低公司陷入麻烦时带来的不便和市场扰乱。

美国参议院也曾委托专家对几家保险公司的破产进行了深入的调查研究。调查结果体现为“丁格尔报告”（Dingell Report），指出保险公司破产的 7 大原因：①快速的业务扩张；②代理问题；③欺诈；④准备金不足；⑤过度依赖再保险；⑥拓展新市场；⑦整体管理不善。

---

① 在 Solvency Ⅱ 的制定过程中，有两个重要的调研工作：一是 KPMG 报告（KPMG，2002），关键的结论是，建议采用类似 Basel Ⅱ 的“三大支柱”框架；二是“夏玛报告”（Sharma Report，2002），提出“三点建议”（资本充足与偿付能力、早期预警、管理能力与内部控制保障）。

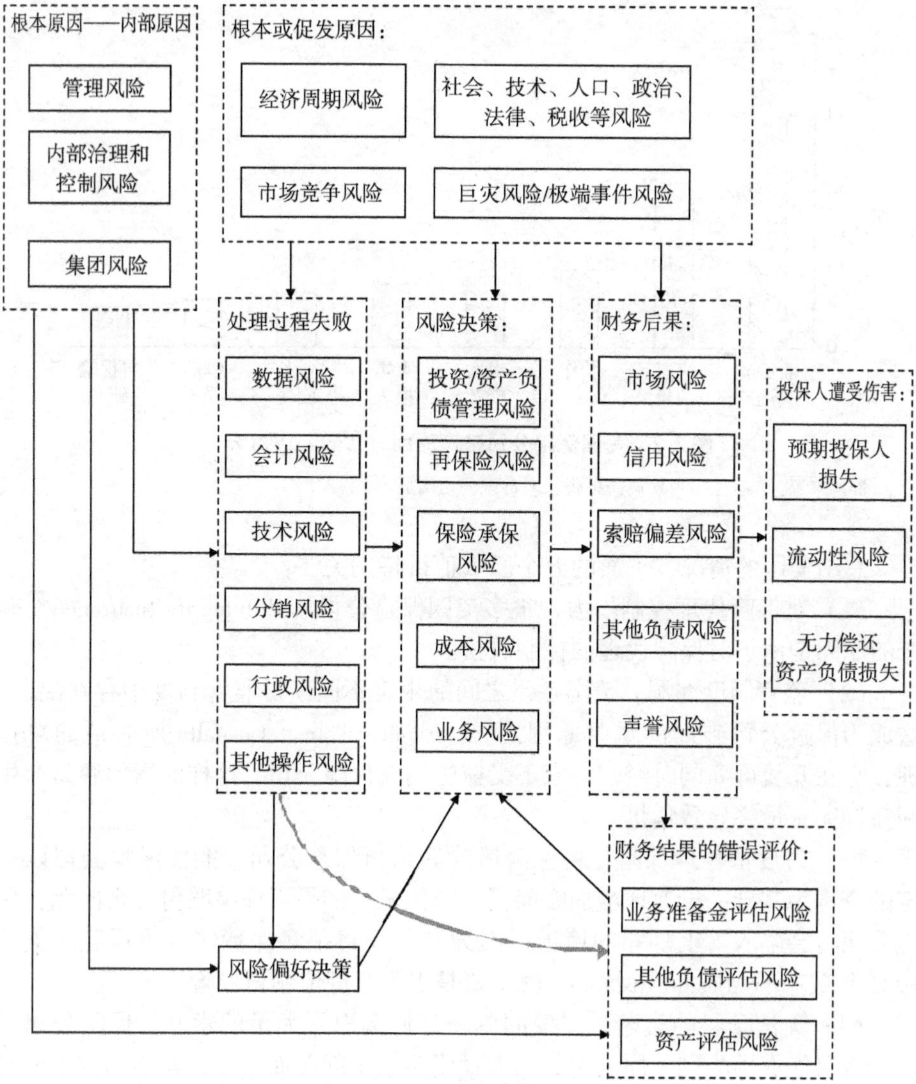

根本原因——内部原因
管理风险
内部治理和控制风险
集团风险

根本或促发原因：
经济周期风险
社会、技术、人口、政治、法律、税收等风险
市场竞争风险
巨灾风险/极端事件风险

处理过程失败
数据风险
会计风险
技术风险
分销风险
行政风险
其他操作风险

风险决策：
投资/资产负债管理风险
再保险风险
保险承保风险
成本风险
业务风险

财务后果：
市场风险
信用风险
索赔偏差风险
其他负债风险
声誉风险

投保人遭受伤害：
预期投保人损失
流动性风险
无力偿还资产负债损失

风险偏好决策

财务结果的错误评价：
业务准备金评估风险
其他负债评估风险
资产评估风险

**图 2.1 风险因果链**

资料来源：夏玛报告（Sharma Report，2002）。

1999 年 Best 公司对 1969～1998 年 426 家美国保险公司破产的原因进行了分析，总结了 8 大原因。各原因及其占比的情况如图 2.2 所示。

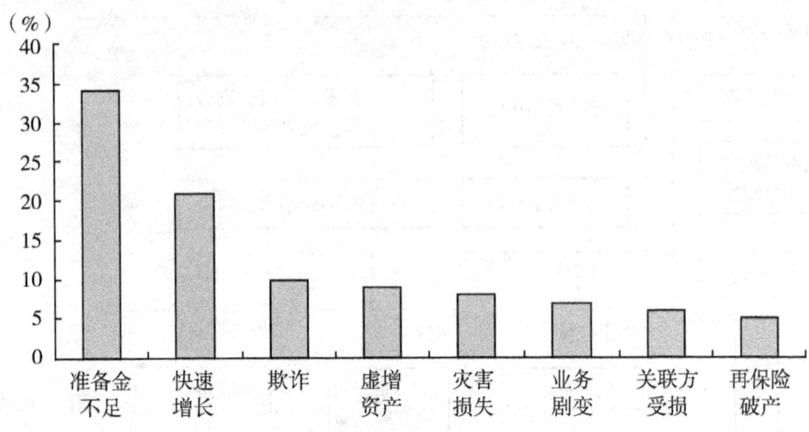


**图 2.2 美国保险公司破产原因（1969～1998 年）**

资料来源：Best（1999）调研报告，来自该公司网页。

总结美国的情况，下面的五个原因值得特别关注：

（1）对保险代理控制不力。很多美国保险公司（如 Integrity Insurance）破产的原因是由于对保险代理的控制放松。

（2）监管制度漏洞。美国各州之间的规定不同使得监管制度中存在漏洞，这成为保险公司破产的重要原因之一。比如，Transit Casualty 所聘请的总代理，它在开曼群岛同时经营一家不受监管的再保险公司，这样的情形容易产生利益冲突，最终导致危机。

（3）过度依赖再保险。将保险风险转给再保险公司，能使保险公司以一定的资本为基础，迅速地增加账面资产。但是，如果再保险赔付出现问题，保险公司将会陷入雪上加霜的境地，因为它已经将很多保费转入再保险。美国 1985 年破产的 Mission Insurance 就主要是因为过度依赖再保险。

（4）无法预料的索赔。突发的单一事件会引发大量的索赔。保险公司的破产也可能会因为同一原因引起的大量索赔集中问题而导致，典型的例子就是石棉。从接触石棉到疾病的发作，时差比较长，保险公司不能准确地估计目前以及未来的总索赔额。与石棉相关的疾病已经使得多家美国保险公司破产。突发单一事件导致破产的典型例子是美国的 St Helen's Insurance 公司。该公司由于 1965 年的贝奇飓风而蒙受巨大损失，于 1968 年停止业务。

（5）业务扩张、欺诈、定价过低。1965 年破产的火灾、汽车和海险保险公司（FAM），其创始人在接受采访时指出，该公司破产的原因主要是业务扩张过快、欺诈和贪婪以及保费定价过低。英国的财产与灾害保险公司 Independent Insurance 在经过几年的快速增长之后，于 2001 年破产。原因也类

似，定价过低、业务扩展太快、可疑的再保险合同、做假账、欺诈。

而在近期美国次贷危机中出现危机的保险公司，导致其危机的原因又出现了一些新的特征，其中最主要的就是，保险公司深深地陷入次贷及其衍生产品以及复杂的信用衍生工具构造的网络之中。以在次贷危机肇始旋即陷入危机的AIG为例，在2007年第四季度，超高等级CDS（信用违约互换）产品是AIG巨亏的主要原因。AIG卖出CDS，是为购买方提供了关于标的债券的信用违约事件的保险产品。这类产品的特点是，在债券没有违约的情况下，AIG几乎没有成本地获得稳定的收入（类似于购买方缴纳的保费，比如1%的溢金），但是一旦债券出现集中性违约，价值下跌很深，有时高达50%，那么保险公司就需要赔付50%的款项，该款项相当于50年的1%保险溢金的价值，也就是50年的保费收入。这种高杠杆的风险是信用衍生工具天然的特征，是此前的保险公司危机中鲜有出现的新的特征。事实上，更深层次的原因是，关于违约风险的信息不对称。次贷产品本身就名目繁多，又经过层层的剥离、分块、重装，在这整条的“生产线”上，信息不对称的程度不断地重叠扩大。因此即使是AIG这样的超大公司，对基于次贷的信用衍生品的真实风险评估也难以把握，转而依赖于外部评级机构的评级进行决策。然而，外部评级机构通常是后知后觉的，而且常常会进行迟缓而猛烈的评级调整①。

以上，我们对世界保险业危机的原因进行了归纳。我们看到，事实上对于保险公司出现危机的原因，并没有一个标准的答案，总是就事论事的。下面，为了继续深入讨论这个问题，我们选择了1997年亚洲金融危机和2007年美国金融危机背景下保险业危机的若干案例进行研究综述和分析。

## 第二节　亚洲经济危机对保险业的影响与金融稳定

### 日本寿险业危机和原因分析

日本是寿险业大国，但在21世纪初期，日本寿险业出现了大地震，相继

① 自从2000年美国开始大规模发行次级抵押债券以来，各评级机构就一直认定次级抵押债券和普通抵押债券风险并无二致。这极大地促进了次级债市场爆炸式的增长。2007年次贷危机已经初显，但各大评级机构对此无动于衷，直到2008年才开始大范围调低次级债的评级。仅在7月10日一天，穆迪就调低了超过400种此类证券的评级，标准普尔在同一天将612类证券列为观望，并在随后两天内调低了大部分证券的评级。

有多家大型寿险公司由于产品、投资、制度、监管、组织、管理等问题而先后破产。日本寿险业危机的原因和教训是一个值得深入研究的问题。

日本的重大寿险破产事件包括：1997 年 4 月，日产生命保险公司成为日本第二次世界大战后第一家破产的寿险公司。1999 年 6 月，东邦生命保险公司倒闭，是日本实施金融“大爆炸”改革以来的第一起寿险公司破产案，该案影响较大，使得国际金融市场对日本经济复苏的信心受到动摇。2000 年，第百生命保险宣布破产之后，8 月份，大正生命保险公司被金融厅勒令停业；10 月份，日本保险界排名十二的千代田生命保险公司因负债过高而自动向东京法院申请破产。此后不久，又有协荣生命保险、东京生命保险相继宣布破产，其中协荣生命保险破产是当时日本历史上规模最大的寿险公司破产案。

尧金仁（2001）深刻地指出：日本寿险业危机的表面原因都是日本政府长期坚持实行“零利率”政策，资金运用收益率低，导致出现严重的利差损。但实际上，其根本原因是日本经济体制中的深层次矛盾综合起来最终导致的结果。日本寿险业危机的出现不是偶然的，它是日本经济衰退以来，经济结构调整中出现的一种必然性。

基于以往的研究（如尧金仁，2001；贝政新、陈作章，2004；池晶，2001；吉玉荣、张爱红、张维，2007；尹秀艳，2002；等等），可以总结出以下原因：

### （一）经济体制上的原因

交叉持股是日本企业制度中一个鲜明的特色。在经济高速增长和繁荣时期，保险企业大量直接投资、参股日本企业，被投资企业又大量购买保险公司的保单，两者形成相互促进的关系。在这样的情况下，即使财务、管理都很差的保险公司也能够生存。但是一旦经济陷入衰退，这个良性关系就会被打破。企业为了降低经营成本就要大幅度削减保险计划，使得原本比较脆弱的保险公司的风险完全暴露出来。不仅如此，日本的寿险公司与银行之间也相互持有股权和债权，最终也成为一个负面因素。人寿保险公司与银行间存在着股票、基金、不良债权等形式的相互出资形式。例如，截至 2000 年 3 月破产的千代田生命保险公司持有朝日银行、东海银行的银行股票，按时价计算分别为 506 亿日元和 503 亿日元。另外，在相当于千代田生命保险公司资本金的基金中，朝日银行和东海银行分别持有 160 亿日元和 460 亿日元。并且，千代田生命保险公司筹集了不良债券 879 亿日元，合计有 1779 亿日元的资金是以基金或不良债务的形式从银行筹集的。

由于朝日银行和东海银行将这些债权分类为正常债权，因此，在千代田生命保险公司破产时这两家银行债权价值大打折扣。相反银行破产后，人寿保险公司持有银行的股票和不良债券的价值将大幅度下降，并造成巨大损失。这种危险的资本相互持有的原因是由于大多数银行和人寿保险公司实际上持续亏损，难以从市场上筹集自有资金。即使明知两家公司相互交换新股对于筹集自有资本没有什么意义，而日本相关部门还是容许这种表面上的增资行为（贝政新、陈作章，2004）。

**（二）产业政策上的原因**

日本的人寿保险业一直受国家保护，缺乏竞争的体制。日本政府的所谓“护送船队制度”，也就是“限制数量，维持其垄断地位”的金融产业政策，使日本保险公司在数量上远远少于美国。日本前三家人寿保险公司占有45%的市场份额，但是美国前十家保险公司只占有40%的市场份额，可见日本保险业的寡头垄断局面。在国家政策的保护下，直到20世纪90年代中期，日本保险公司普遍存在“养尊处优”、“终身雇用”、经营无创新、投资风险过高等特点。竞争力弱和管理上缺乏灵活性，使得日本的寿险企业在应对经济衰退带来的问题时捉襟见肘。由于日本寿险公司可凭借垄断地位轻易获得超额垄断利润，因此，日本的保险公司普遍注重规模的扩大，而忽视经营效益和市场竞争力的提高。1996年日美保险协议达成后，日本保险市场对外开放的步伐明显加快，欧美保险公司大举进入，由于日本保险公司在险种创新、市场服务等许多方面都不及欧美公司，以致市场份额不断被蚕食，发展空间受到挤压，给日本保险公司的稳健经营造成很大困难。

**（三）金融政策上的原因**

日本中央银行在经济陷入衰退的泥潭时，为了刺激经济复苏，长期实施超低利率政策，存款平均加权利率连续多年只有零点几。而日本寿险保险市场上，储蓄型产品占比很大，这样的结构面对利差损风险非常脆弱。而在20世纪80年代，日本很多的寿险保险公司以高利率回报为诱饵，大肆销售高利率的个人养老产品，经营上盲目追求保费扩张。日本保险产品的预定利率曾经高达8%。但是，一旦进入了零利率时期，保险资产的收益率也随之下降，最终使得很多保险公司必须面对巨额的利差损。如1997年东邦生命保险的利差损为500亿日元，1998年第百生命保险的利差损为350亿日元，1999年协荣生命保险、千代田生命保险的利差损分别为750亿日元和420亿日元。

此外，日本的金融政策一直都是重银行而轻保险。保险与银行均属于金融业，在现代市场经济中，它们承担着不同的职能，并且相互补充和相互渗透。但在日本，当金融业出现困难时，政府却采取了拯救银行而放弃保险业的政策。在日本经济衰退期，日本央行曾不断动用财政资金，注资银行体系，协助银行清理庞大的坏账，以挽救银行危机。如1998年，日本国会曾批准60万亿日元的银行保护协议，其中25万亿日元专门划拨保护储户存款。但日本政府却从未通过一项旨在保护保险业者的类似动议，对保险业没有任何资金援助。

**（四）监管制度上的原因**

日本的比率监管方式的有效性值得怀疑。1996年日本修改了保险法，为了加强人寿保险公司的健全性实施了保证金界限预警比率管制，并从1998年3月决算开始公布该数据，从1999年3月末开始实施早期纠正措施。比率是将保险金支付风险和资产运用风险的推算值作为分母，将自有资金和担保金作为分子，以表示保险公司的支付能力。这一比率超过200%时表示经营是健全的，而低于200%是不健全的。但是，2001年10月破产的千代田保险和协荣两家人寿保险公司在当年3月末的保证金界限预警比率分别为263%和211%。2001年3月破产的东京生命保险竟然高达447%。

信息公开受到限制。日本保险监管当局出于稳定国内保险市场的需要，往往不公开保险公司的内部信息，以防止负面信息引起市场恐慌和波动。同时，日本还在保险市场施行“比较信息管制”，禁止保险公司用简明易懂的文字向普通老百姓提供各种保险商品的差异信息。这不仅扼杀了保险公司的创新积极性，同时也妨碍了投保人对保险商品的正确选择。由于日本实行“比较信息管制”，保险市场的信息披露是“内部”的，监管机构在市场中具有“超级信息主义”的地位，信息结构是控制导向型的，信息传递呈金字塔形的纵向垂直传递，横向水平传递的信息很少。

投资监管不力。日本各寿险公司为了获取高额的投资回报，在经济泡沫时期，大量投资于房地产和股市；当泡沫经济破灭后，房地产价格跌落，建成的楼宇出租率极低，在建的项目停工，大量的投资无法收回，从而形成大量的不良资产。与此同时，股市的长期低迷，也使得各寿险公司持有的股票等有价证券收益甚微。

**（五）具体经营管理上的原因**

（1）保险公司经营管理存在问题。在泡沫经济时期，日本寿险公司依靠高预定利率的标准保单来吸引投保人购买保单，而当时日本政府债券的收益率也一直高于保险公司保单的预定利率。这必然使寿险公司忽略专业化经营管理的重要性，实行了盲目扩张的经营决策，大打“价格战”，从而导致了破产的恶果。同时，由于过去日本政府对日本金融业的发展采取过度保护的做法，这也使寿险公司安于现状、应变能力较差。

（2）保费收入停滞不前。20世纪80年代中后期，日本保费收入高速增

长，1986 年实际增幅高达 22.6%。然而，随着“泡沫经济”的破灭，经济进入长期衰退期，困难的经济形势、减缓的家庭收入及持续的高失业率抑制了人们对保险的需求。自 1996 年至 21 世纪初，日本的保费收入一直处于低增长甚至负增长状态，一些年份的降幅还很大。保险公司出现的偿付能力不足动摇了公众对保险业的信心，预定利率下降导致的低回报也使保险产品失去了吸引力，这些都对保费收入增长产生了极为不利的影响。

**（六）投资收益大幅减少，泡沫经济时期进行的高风险投资给日本寿险业带来了巨额损失**

第一，有价证券投资带来巨额损失。1975～1986 年，日本寿险公司投资组合中一般贷款所占比重由 62.5% 下降至 35.9%，而有价证券则由 21.7% 上升至 41.5%，在各项投资中所占比重最高。日本泡沫经济崩溃后，股市一路下滑，给日本寿险公司带来巨大损失。日产生命倒闭时在有价证券投资方面损失 900 亿日元以上；千代田倒闭前一夜，日经指数在 16000 点左右，远低于其投资组合要实现盈亏平衡点的 22000 点；协荣在倒闭前 3 年的有价证券内含损失均在 1000 亿日元以上。

第二，房地产投资及贷款带来巨额损失。日本寿险公司一方面直接投资房地产，在泡沫经济时代大炒地产；另一方面将许多借贷资金也投资于楼市。日产生命倒闭时在房地产投资方面损失了 300 亿日元以上，千代田在 1988 年仅在投资新日本饭店一项就损失了 700 亿日元以上。

20 世纪 70 年代以后，日本保险企业投资于有价证券的比例一直呈上升趋势。在 1975～1986 年，日本寿险公司投资于“一般贷款”的比重从 62.5% 降低到 35.9%，减少了近 27 个百分点，而同期投资于有价证券的比重却从 21.7% 上升至 41.5%，提高了近 20 个百分点，有价证券成为各项投资中占比最高的项目。特别是在 1988 年、1989 年，日经平均指数一直在高位徘徊，保险公司投资股票的比重也达到了最高点。随着利率和日经指数一路走跌，日本保险公司重仓持有的大量股票资产也大幅贬值。在比重不断减少的贷款中，保险公司的许多资金都投向了楼市，结果随着楼价的下跌，这些贷款都沦为难以回收的不良资产。

**（七）利差损严重**

产品结构不合理，导致了严重的利差损问题。一方面，日本寿险业的保险产品以储蓄性、高预定利率的传统产品为主。在泡沫经济时代，日本寿险公司的保费收入，特别是储蓄性的年金产品保费收入都有了大幅度的增长，已倒闭的这 7 家保险公司在泡沫经济结束时（1989 年）的年金保费收入比泡沫经济开始时（1983 年）至少增长了 5 倍。而当时 10 年期以上寿险产品的平均预定利率都高达6%以上。另一方面，日本进入20世纪90年代以来，投资回报率却逐年下滑。特别是20世纪90年代末，日本10年期国债的利率在1.7%左右徘徊，日本寿险业的实际回报率为2%左右，如图2.3所示。

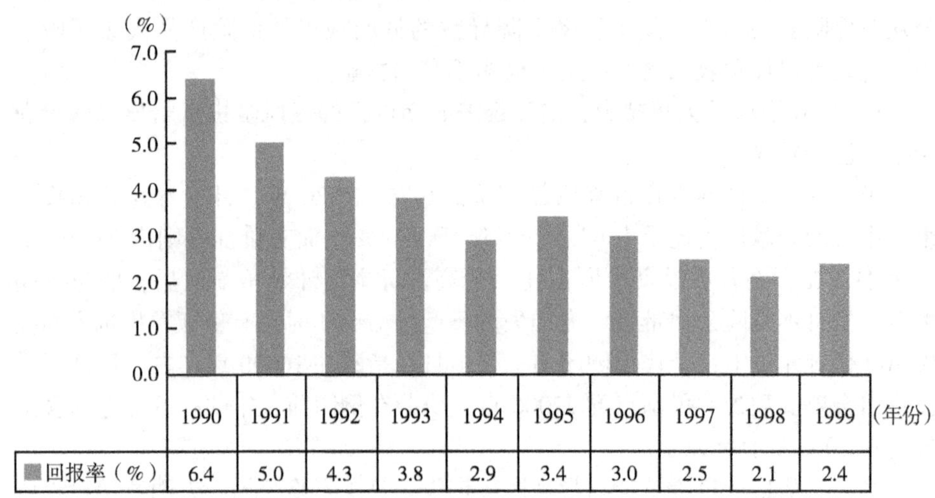


| | 1990 | 1991 | 1992 | 1993 | 1994 | 1995 | 1996 | 1997 | 1998 | 1999 |
|---|---|---|---|---|---|---|---|---|---|---|
| ■回报率（%） | 6.4 | 5.0 | 4.3 | 3.8 | 2.9 | 3.4 | 3.0 | 2.5 | 2.1 | 2.4 |

**图2.3　日本寿险业1990～1999年的投资回报率变化情况**

**（八）泡沫经济结束后，仍然存在重大投资决策失误，进行高风险投资，造成新的投资损失**

日产生命在破产前，为了缓解利差损问题，还曾投资外汇衍生商品和证券公司发行的与股票指数联动的债券，期望从高风险投资中得到高收益，当时上述两项投资方式出现时间不长，日本保险监管方对这些新型资金运用方式没有具体规定限额，日产生命在这方面投入了大量资金，造成了巨额亏损。大正在倒闭前也被发现将投保人托管的资金投资外国投资信托等高风险商品。

**（九）相互制保险公司难以通过资本市场融资**

保险公司从其组织形式上分为股份公司和相互制保险公司，两者相比，前者更容易通过上市方式从资本市场上获得必要的资金支持，而相互制保险公司基于其经营的性质和组织形式，扩充资本金的渠道比较窄，难以从资本市场融资，在不能通过银行融资的情况下，难以获得融资性的现金流入。而从已经倒闭的7家寿险公司看，其中日产生命、东邦生命、第百生命、千代田生命、东京生命都是相互制保险公司。从这些公司倒闭的分析中不难看出，资金短缺时，难以通过资本市场募集资本是其倒闭的一个重要原因。

**（十）日本寿险业危机的启示**

投资收益能够增加保险公司的偿付能力，提高保险公司的经营绩效，并创造保险公司的价值。但是，由于投资失误而造成保险公司经营困难或者亏损、倒闭的案例也非常多，如前面所提及的7家日本寿险公司，还有如美国的公平人寿由于投资房地产、美国的Colonia公司由于投资金融衍生产品以及First Executive公司由于投资垃圾证券而导致公司经营失败。而日本保险业的经验教训说明，投资组织管理的问题可能会导致投资风险加剧并引起寿险企业的破产。第二次世界大战后日本实行严格的金融管制和分业经营，各种金融业务之间不能相互渗透和互补，也不能相互竞争，这也成为日本金融业比西方金融业缺少创新能力和竞争能力的一个原因。日本保险业的资金运用一般交由保险公司内部设立的投资部进行管理，这样的组织结构给日本保险业带来两大负面作用：一是保险公司不能通过专业化的投资管理来实现资产的最大收益。由于在日本经济泡沫时期，日本政府债券的收益率一直高于保险公司的产品预定利率，保险公司没有动力通过自身专业化的投资管理来实现资产的收益最大化。二是保险公司内部投资容易产生“黑箱”操作，透明度差，这是日本保险业形成大量不良资产的一个重要原因。

## 第三节　次贷危机中的保险公司危机与金融稳定

2006年下半年，次贷危机随着美国房地产泡沫的破灭而逐渐显现，并在2007年之后愈演愈烈，持续发展。此次次贷危机中，银行受创最大。预计银行将很有可能承受所有损失的50%，达到5100亿美元。而仅2008年3月一个月，全球银行市场资本总值就减少了近7200亿美元。与此同时，相对于其他金融机构来说，保险业所受影响较小。但作为金融市场中重要的一分子，保险业承受的损失也不容小视，仅2008年3月，保险公司的市场资本总值减少了1050亿~1300亿美元。

保险业受次贷危机涉及程度较小的原因，在于其本身的业务特点。保险公司以收取保费进行投资作为主要利润来源，而法律法规往往对其投资领域有着诸多的限制，并且要求提取一定比例的赔偿准备金，以保证其赔付能力。加上此次次贷危机性质上属于信用危机，普通的人寿保险和财产保险受到的影响很小。但是，在这次危机中，主要进行信用抵押保险业务的债券保险公司遭受了严重损失，债务抵押债券及其他结构性金融资产成为危机传导的主要途径。

在金融危机形成利益关系链中，国际保险业扮演了多重角色①，其主要包括：

（1）作为金融市场的重要资金供给者和投资者，保险业购买了大量的次级抵押债券，成为次级债券的重要投资者之一。

（2）作为传统的抵押贷款保险提供者，保险公司在放贷机构放松贷款条件的前提下，仍然为信用程度和收入水平较低的贷款者提供按揭贷款保险，从而更加增强了放贷机构的信心。

（3）作为重要的信用担保机构，保险公司忽视潜在的巨大风险，为次级债券提供保险，主要包括单一风险保险（Monoline Insurance）和信用违约掉期（Credit Default Swap，CDS），从而在 ABS 和 CDO 等次级债衍生品华丽的包装上又贴上了“安全”的标志，这不仅大幅提高了次级债券的信用等级，而且大大增强了投资者的信心。

总之，在金融危机的形成机制和利益关系链条中，保险公司不仅担当了次级债券的重要投资者，成为次贷市场资金的重要来源之一；而且通过其提供的按揭贷款保险、单一风险保险和信用违约掉期等产品，大大增强了市场和投资者的信心，成为金融危机形成机制中的重要一环。

在此次危机中，全球保险业都受到不同程度的影响。AIG 遭受重创，瑞士再保险公司、荷兰全球人寿保险集团（AEGON）、英国英杰华（Aviva）等世界知名保险公司也都遭受了不同程度的损失。美国保险业集体受创，许多公司甚至陷入危机。在中国，中国人寿、平安、太平洋保险三家公司都明确表示未持有海外次级债券以及 AIG、雷曼、美林等公司出售的债券，但三家上市公司股票仍然连续急剧下跌，接连跌破发行价。根据保险公司 2008 年年报，A 股三大保险巨头净利润较 2007 年出现大幅缩水，平均减幅高达 73%。2008 年，中国人寿实现净利润 100.68 亿元，同比下降 64.19%。对于利润的大幅下降，中国人寿认为原因主要是国际金融危机的冲击，资本市场的深度下调，使得 2008 年投资收益出现了大幅下滑。中国平安则受伤更深。中国平安由于海外投资严重受损，对富通股票投资减值计提 227.90 亿元，导致净利润（按国际财务报告准则）由 2007 年的 192.19 亿元大幅降至 4.77 亿元（按中国会计准则为 8.73 亿元），同比缩水高达 97.52%，每股收益由 2007 年的 2.61 元降至 0.04 元。中国太平洋保险实现净利润（归属于母公司股东）13.39 亿元，同比下降 80.6%。

为了探讨保险公司在次贷危机中的作用，本节以美国第二大债券保险公司

① 孙祁祥，郑伟，肖志光．保险业与美国金融危机：角色及反思 [J]. 保险研究，2008（11）.

AMBAC 保险公司和美国国际集团（AIG）为案例，对保险公司如何参与次贷市场的风险传递以及保险公司在此次次贷危机中的损失进行分析，以对保险公司与次贷危机之间的关系有一个清楚的认识。

债券保险商是此次次贷危机中对银行影响最为广泛及深入的保险公司。债券保险是保险机制在金融创新中的具体运用。保险机制在金融创新中的作用和影响，是近年来引起理论界、金融机构和金融监管部门广泛关注的主要问题。近年来保险机制在金融产品创新活动中发挥了越来越大的作用，极大地推动金融创新活动和金融市场的发展，同时也增加了新的风险。尤其在此次次贷危机中，部分保险公司通过为次级债券提供保险（主要包括单一风险保险（Monoline Insurance）和信用违约掉期（Credit Default Swap，CDS））参与、传递甚至放大次贷市场的风险，成为金融危机形成机制中的重要一环。今后保险机制仍将广泛应用于结构化金融产品创新和其他金融产品创新活动中，也使金融创新和风险更为复杂，该问题也将继续是金融保险理论研究的前沿课题和金融监管部门重点关注的重要问题。要想了解保险与次贷危机的关系，就必须先了解债券保险公司。

## 一、债券保险与结构化金融

债券保险（Monoline Insurance）也称单一险种保险，指由专业的保险公司（债券保险公司）为债券发行人或承销商提供信用担保，保证被保险人（也就是债券发行人或承销商）按期偿还利息和本金；如果到期日被保险人无法偿还，保险人（即债券保险公司）就有责任代为向权利人（即债券投资人）进行支付。也就是说，债券保险只对债券投资人的经济利益进行担保。其投保人为债券发行人或承销商，权利人为债券投资人，保险标的为债券的信用风险。近年来，随着金融市场的飞速发展和不断地推陈出新，债券保险的保险标的趋向于结构化，例如资产支持债券和债务抵押债券。

投保人在债券发行时购买债券保险，由于有债券保险公司对其信用进行担保，其信用等级自然升级至与债券保险公司相同的等级，这就是信用增级的过程。信用增级减少了投保人的发行成本也就是利率成本，从而为投保人节省了融资成本。

由于管制的需要，债券保险公司要受到信用评级公司的审核。信用评级公司要求债券保险公司按照业务量提取一定比例的资本准备金，债券的等级越低，资本准备金率越高。当债券保险公司资本准备金不足时，它就会进入信用评价公司的观察名单，甚至遭到降级。

一般情况下，债券保险公司通过将部分债券保险业务再保险来保证其偿还能力，再保险的比例通常为其所有业务的10%～20%。因此，债券保险公司通常拥有一个强有力的靠山，也就是他们的母公司，他们通过向母公司再保险来达到债券保险业务准备金的要求。

结构金融产品是次贷危机中一个十分重要的名词，它的兴起与盛行伴随着次贷市场的发展。正是由于大量的结构金融产品，使得风险难以控制。

结构金融产品通过将不同风险的产品放到一个池子里，然后把将来可能发生的现金流分等级，然后为这些分等级的现金流寻求投资者。它和市场证券化的区别在于：市场证券化通过组合产品来分散风险，它的现金流是不分等级的；而结构金融产品则是按比例将不同等级的现金流出售，通过不同等级的投资者分散产品的风险。结构金融产品通常分为超高级品、高级品、中级品、普通品。

当次级贷款蓬勃发展的时候，银行通过将大量次级抵押贷款与其他的产品组合成结构金融产品，然后分等级出售。超高级品和高级品的评级通常能达到AA以上，由喜好低风险的投资银行和人寿保险公司持有。由于新《巴塞尔协议》对分散重大风险的要求，普通品高风险的特征决定了其必须寻求保险商的帮助。债券保险商为这些普通品的偿付进行了保证，既符合了巴塞尔协议的要求，又有效地减少了资本费用。追求高投资回报的对冲基金通常喜好高风险的普通品。在亚洲，结构金融产品的投资者主要是银行、社会保险基金、人寿保险公司以及小额投资者。

银行发起的结构投资工具也属于结构金融产品中的一种，为了增加结构投资工具的吸引力以及为投资者提供保障，银行通常会向保险公司（通常为债券保险商）寻求信用增级。

由于次贷危机发生前房地产市场的蓬勃发展，房屋抵押的次级贷款还款率优良，截至2007年7月，结构金融产品呈指数增长。欧美的精选结构信用产品发行量从2000年的5000亿美元增长至2007年的2万6000亿美元。全球的债务抵押权证（CDO）发行从2000年1500亿美元增长至2007年的1万2000亿美元。

直到房地产泡沫破灭，抵押贷款违约率急剧上升，最先发生普通品偿付危机，最后连高级品的偿付也发生危机，从而造成金融市场震荡。

## 二、保险公司与结构金融市场中的风险传递

如图2.4所示，在结构金融市场，风险通过结构金融工具在银行、保险公司、其他金融机构以及投资者之间传递。

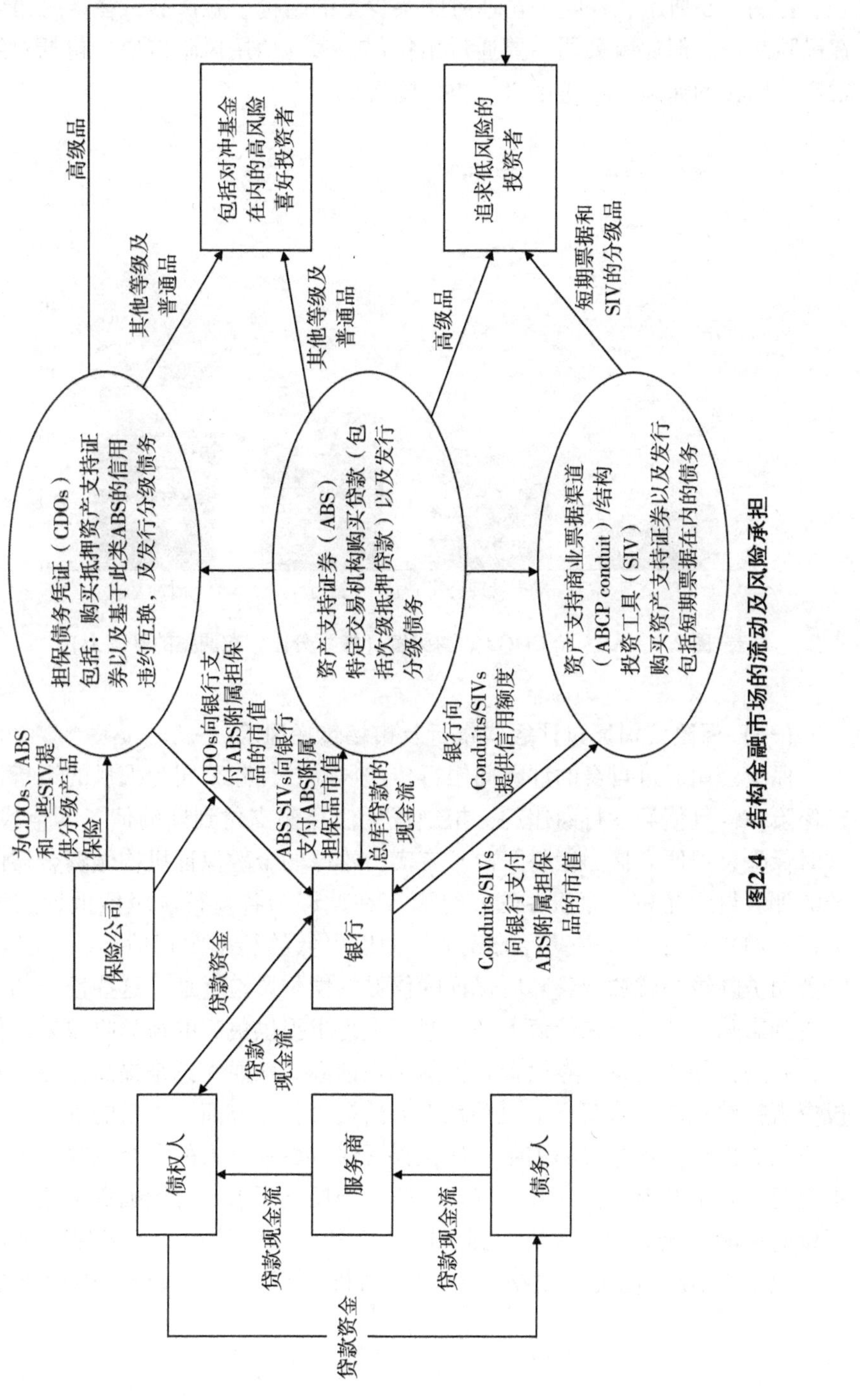

高级品
包括对冲基金在内的高风险喜好投资者
追求低风险的投资者
其他等级及普通品
其他等级及普通品
高级品
短期票据和SIV的分级品
担保债务凭证（CDOs）
包括：购买抵押资产支持证券以及基于此类ABS的信用违约互换，及发行分级债务
资产支持证券（ABS）
特定交易机构购买贷款（包括次级抵押贷款）以及发行分级债务
资产支持商业票据渠道（ABCP conduit）/结构投资工具（SIV）
购买资产支持证券以及发行包括短期票据在内的债务
为CDOs、ABS和一些SIV提供分级产品保险
CDOs向银行支付ABS附属担保品的市值
ABS SIVs向银行支付ABS附属担保品市值
总库贷款的现金流
银行向Conduits/SIVs提供信用额度
保险公司
银行
Conduits/SIVs向银行支付ABS附属担保品的市值
贷款资金
贷款现金流
债权人
服务商
债务人
贷款现金流
贷款现金流
贷款资金

图2.4 结构金融市场的流动及风险承担

如图 2.5 所示，保险公司通过购买少量的结构金融产品，在金融市场中存在风险敞口。但保险公司主要通过出售保险参与信用风险传递：包括对结构金融产品偿付的保险、信用增级、再保险等。

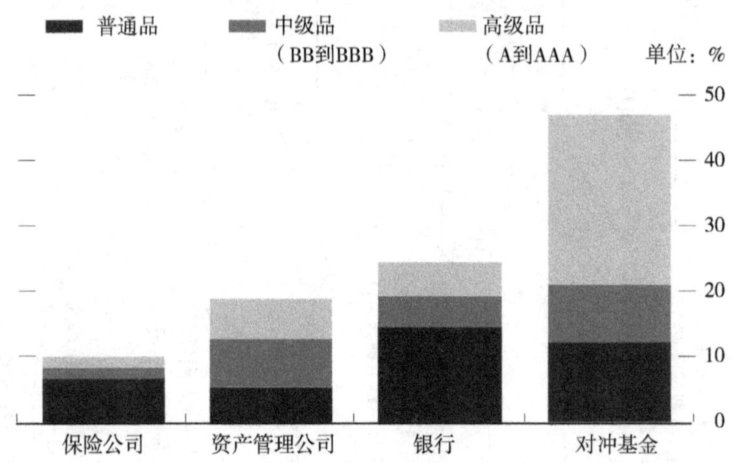


**图 2.5　ABS 和 CDOs 的购买者（按百分比，在调整的基础上）**

### （一）保险公司通过评级向银行及市场传递风险

保险公司通过自身的评级向银行传递风险。保险公司为大量的银行债券进行保险，一旦债券发行商违约，拒绝或无法足额支付到期的债务本金或利息，这时保险公司便需代为偿付。由于有实力雄厚的金融保证机构做资金靠山，债券的评级得到提高，而债券的发行商（在此即为各发行次级债抵押贷款的投资银行们）便可以节省发行的成本，即以更低的利率发行债券。一旦这些保险公司被降级，就意味着其所保证的债券的偿付风险增加，这些债券的等级便会受到影响，债券内在价值下跌，银行不得不提供更高的债券收益来留住投资者，否则会导致大量债券投资者提前兑现债券。然而无论是提高债券收益还是投资者提前兑现，对银行来说都是极大的损失：一方面是大量的资金需求，另一方面是次级贷款拖欠的不断增加，投资银行面临巨大的资金风险。出于对资本充足率要求及保证投资者的权益，监管当局会要求银行增加资本储备金，银行则有可能出现流动性危机。据国际货币基金组织估计，如果保险公司被降级，旗下近 8000 亿美元的结构金融产品将受到波及，银行将因此遭受高达

600 亿~900 亿美元的损失①。

与普通保险公司相比，债券保险商降级对其参与者的影响范围更大，对银行来说，最主要的金融保证公司就是债券保险商，债券保险商的保证程度直接确定了债券的等级。截至 2006 年底，债券保险商为面值为 25000 亿美元的债券进行了保险，其中包括 8000 亿美元的结构金融权证。2007 年底到 2008 年上半年，几家大的金融保证公司如 AMBAC、MBIA 和 FGIC，都先后被标准普尔和穆迪等评价机构降级，它们同时又是全球的大型债券保险商，它们的降级导致上千支资产抵押债券降级，银行不得不进行大额减记。因此，危机显现后，包括花旗集团、瑞银集团在内的 8 家银行曾计划向美国第二大债券保险商 Ambac 金融集团注资，以防止其遭信用评级下调对银行造成进一步的巨大损失。

债券保险商同时又参与了市政债券市场的还款保险。庞大的市政债券市场放大了债券保险商对金融市场稳定的影响。债券保险商的降级影响了市政债券的评级，原本低利率的市政债券为了继续吸引投资者，必须提高其回报率，政府的融资成本提高。

因此，债券保险公司一度被称为第二次金融风暴的导火索，人们害怕一旦债券保险公司评级的进一步下调会导致新一轮的银行倒闭高潮，进入恶性循环。为了防止危机进一步加剧，美国政府及华尔街银行机构对债券保险公司的"保级战争"倾注了很大的心血，而获取注资和拆分成为债券保险公司保级的唯一方法。

### （二）风险从银行向保险商传递

债券保险商反过来也要受到银行以及其下保险的债券的影响。无论是银行资本充足率遭到质疑，还是债务抵押债券的抵押标的债务出现偿付危机，都有可能导致债券最终无法偿还，债券保险商就有可能面临代为偿还的风险。为了保证赔付以及资本充足率的要求，监管当局必定要求债券保险商增加资本储备金。如果债券保险商的资本无法达到要求，就会面临被降级的危险。

对于债券保险公司而言，信用评级是其所有业务的基础。评级一旦下跌，他们将无法开展新的业务，其已承保的债券级别也将受到影响，债券保险公司将面临更高的索赔。评级的下跌还意味着资本准备金进一步的提高。索赔的增加和准备金的提高，对债券保险公司的流动性造成了严重的负面影响，同时，评级的降低提高了其借款的成本，债券保险公司无法得到评级机构所要求的注

① 如果评级从 AAA 降至 AA，损失将为 600 亿美元；如果评级从 AAA 降至 A，损失将为 900 亿美元。

资，意味着新一轮降级的到来。这样势必造成债券保险公司降级的恶性循环。在本次次贷危机中，美国主要的债券保险公司 MBIA 和 AMBAC 都已经进入了这样的恶性循环。

## 三、案例分析

### （一）案例 1：AMBAC

AMBAC 保险公司是美国第二大债券保险商，它成立于 1973 年，是最早的债券保险公司。2007 年，其承保业务的票面价值达到 1260 亿美元。

1. AMBAC 保险公司的结构金融产品业务

从 2000 年开始，由于美国科技泡沫的破灭。为了挽救其国内疲软的经济，缓解失业的压力，美联储开始了大规模的降息行动，最低利率一度降到了 1%。低利率政策，极大地刺激了包括次级抵押贷款者在内的美国房地产业的迅速发展，从而成为美国经济发展的主要拉动力量。2000 ~ 2004 年，美国房地产业蓬勃发展，楼市接二连三迎来一个又一个高潮。

2000 年，AMBAC 的承保票面价值为 731 亿美元，投资达到 83 亿美元，其中债务抵押和资产支持债券达到 2.6 亿美元。得益于市场利率的下降，AMBAC 的各个业务都有了上升，到 2001 年，AMBAC 的承保票面价值就达到了 901 亿美元，而债务抵押和资产支持债券的公允价值则增长了 180%，达到 7.3 亿美元。资产支持证券也在这一年开始成为了 AMBAC 的主要业务。2002 ~ 2005 年，债务抵押和资产支持债券的保险业务也逐年递增，2002 年为 8.5 亿美元，2003 年增长到 10.9 亿美元，到了 2004 年就已经达到了 13.8 亿美元。而在 2007 年危机肆虐的时候，AMBAC 手上的债务抵押和资产支持债券达到了 68 亿美元。而这些结构金融产品大部分以次级贷款为标的。

降息的措施使美国的经济持续复苏，2004 年初，美国的经济已经展露出了过热的势头，与 2000 年相反，经济过热和通货膨胀成为美国经济新的压力。为了稳定经济的发展，2004 年 6 月，美联储宣布了 2000 年来的首次加息。此后，美联储连续 17 次等幅度加息，2006 年 7 月，利率提升到了 5.25%。利率的大幅上升加重了购房者的还贷压力，尤其是次级贷款的无力还贷情况日益突出。次贷危机开始显现。

2004 年 12 月 31 日，AMBAC 低于投资级别的资产支持债券的风险敞口，已经达到了 4.26 亿美元。而这个数字在 2003 年仅为 0.68 亿美元。2007 年末，仅仅低于投资级别的债务抵押债券（CDO）敞口就达到了 30 亿美元，2008 年末，这个数字为 192 亿美元。2003 年，低于投资级别的债务抵押债券房产净值贷款为 7.7 亿美元，2006 年仍然保持在 8.4 亿美元，而 2007 年，这个数字

瞬间变为 41.8 亿美元。

2. 在巨大风险下，AMBAC 保险公司遭受巨额损失

2007 年，汇丰控股为在美次级房贷业务增加 18 亿美元坏账拨备。4 月 2 日，美国第二大次级抵押贷款公司——新世纪金融（New Century Financial Corp）宣布申请破产保护、裁减 54% 的员工。2007 年 10 月 24 日，受次贷危机影响，全球顶级券商美林公布 2007 年第三季度亏损 79 亿美元，此前的一天日本最大的券商野村证券也宣布当季亏损 6.2 亿美元。此时开始，次贷危机席卷全球。

2007 年末，AMBAC 低于投资级别的风险敞口合计达到了 71.4 亿美元。

2008 年 1 月 18 日，惠誉评级公司将 AMBAC Assurance 降至“AA”。2008 年 6 月 5 日，标准普尔评级服务公司将 AMBAC Assurance 和 MBIA Insurance 的财务实力评级由“AAA”下调至“AA”，AMBAC Financial 也由“AA”下调至“A”，并将二者列入负面信贷观察名单。2008 年 6 月 19 日，穆迪评级公司将 AMBAC Assurance 评等调降三个级距从“Aaa”至“Aa3”，为投资级别第四档；并把 AMBAC Financial 评等从“Aa3”调降三个级距至“A3”，为投资级别第七档。此后，2008 年 11 月 19 日、2009 年 6 月 24 日、2009 年 7 月 28 日，标准普尔逐步将 AMBAC 的评级降至 A、BBB、CC，并将其列入负面信贷观察名单。2008 年 11 月 5 日、2009 年 8 月 5 日，穆迪也一步步将 AMBAC 的评级降至 Bbbb1、Caa2。

评级机构对 AMBAC 的降级处理不可避免地导致了 AMBAC 必须增加约 5 亿美元的抵押资本金，其中标准普尔 0.76 亿美元，穆迪 0.7 亿美元，惠誉 3.6 亿美元。截至 2008 年 12 月 31 日，AMBAC 每被降一级（一个字母），衍生品负债就会增加 10.64 亿美元。

2007 年，AMBAC 净损失达 32.5 亿美元，相当于每股 31.56 美元。2008 年亏损则达到了 56 亿美元，相当于每股 22.31 美元；亏损主要来自于信用衍生品公允价值下跌，达到 40 亿美元。截至 2008 年 12 月 31 日，AMBAC 公司累计报告信贷衍生品负债减值达 82 亿美元，其中以资产支持证券为基础的担保债务凭证（CDO fo ABS）减值达 31 亿美元。2009 年上半年，AMBAC 公司持续亏损，金额达 28 亿美元。至此，AMBAC 公司因次贷危机累计亏损 116.5 亿美元，相当于其 2007 年末公司总资产 237.2 亿美元的 49%。2008 年 12 月 31 日，AMBAC 公司总资产与 2007 年相比减少了 27%，为 172.6 亿美元。

2007 年 7 月以来，由于次贷危机导致的资产减值以及被评级公司接连降级，AMBAC 的股票价格从 88 美元狂跌（超过 98%）至 2008 年 7 月的 1.2 美元，2009 年 1 季度末股价更是跌破 1 美元，低至 0.78 美元。

## （二）案例2：美国国际集团（AIG）

美国国际集团（AIG）是美国最大的保险公司。2007年，AIG位列《财富》500强企业第10位、全球500强企业第23位。2007年12月31日，AIG公司拥有总资产1.06万亿美元，股东权益958亿美元。2008年2月28日，AIG宣布2007年盈利62亿美元，合每股2.39美元。当天股市AIG股票收盘价为50.15美元。2008年9月16日，美国政府以850亿美元紧急贷款援助接管AIG。至此，美国政府对AIG的援助已经累计达1825亿美元，AIG的股价一度低于1美元。

是什么让一个资产实力雄厚的国际保险公司在半年间瞬间崩溃？最主要的原因仍是次贷危机中赚足了人们眼球的结构化金融产品，对AIG来说，最大的危害在于其5260亿美元的信用违约互换（CDS），大部分CDS的互换标的都是担保债务凭证（CDO），其中614亿CDS的标的是包含次级抵押贷款的房屋抵押支持证券。而起源于房地产市场的偿付危机直接导致的是AIG的CDS大额减值，2007年减值112亿美元，2008年前9个月减值达199亿美元。

和AMBAC公司的情况基本相同，AIG破产的直接原因在于缺乏流动性，体现为评级的下调。基于担保债务凭证（CDO）的信用违约互换（CDS）大额减值，引发评级机构对AIG资本充足率的观察并最终导致AIG的降级。降级意味着要求注入更多的资金。仅2008年7月和8月两个月，因为CDO减值和评级的下调，AIG追加了60亿美元的资金担保，这个数字相当于2008年7月1日AIG筹集的176亿救助资金的34%。

2009年9月15日，穆迪、标普和惠誉三大评级机构同时下调AIG的评级：穆迪把AIG的评级由Aa3下调两个级距至A2；标准普尔将评级下调三个级距，由AA-下调至A-；惠誉下调两个级距，由AA-调降至A。正是这一次降级将AIG推向了破产的深渊。此次评级的下降要求AIG必须筹集超过200亿美元资金。短时间内，如果AIG无法筹集大额救援资金，它将面临倒闭。9月18日，美国政府紧急给AIG贷款，正式接管AIG。至此，短短半年间，这个辉煌了半个多世纪的公司轰然倒下了。

简单地分析AIG陷入危机的原因，可以概括为以下几点［参见田辉（2009），王小罡（2008），郭金龙（2009）］：

（1）资产管理业务损失是重要诱因之一。复杂的金融衍生品是AIG危机的一大源头，流动性危机则是AIG陷于困境的直接推手。公开信息显示，AIG的主体保险业务相对正常，偿付能力充足，真正的危机来自于一系列信用违约交换等金融衍生品交易，以及流动性缺乏导致的额外信贷成本。

（2）抵押贷款证券化和信用违约掉期带来的巨额损失。AIG在多份财报

中指出，公司业绩亏损主要是因为住宅抵押贷款支持债券的市场价格下跌、信用违约上升以及资本市场疲弱。特别是旗下的 AIG FP（AIG 金融产品公司）出售的信用违约掉期合约产品（CDS）给公司带来了巨额亏损。只要购买了 AIG FP 的 CDS，AIG 就承诺，当承保的证券出现违约时，向买家进行赔偿。如果有违约，AIG 赔钱；反之则坐收合约保费收入。截至 2008 年 6 月 30 日，AIG 的 CDS 为高达 4410 亿美元的债券提供了信用违约掉期（CDS）。AIG 的年报显示，在 2008 年 CDS 损失 280 亿美元。2009 年 6 月 30 日，美国国际集团 AIG 召开股东大会，到会的股东发现，他们面临的亏损可能远远超过此前的预期。此前一天，AIG 在向监管机构上交的常规文件中，指出了 CDS 投资组合将因信贷市场继续下滑，可能面临合约价值的巨大损失。其名义价值为 1926 亿美元的 CDS 投资组合，截至 2009 年 3 月 31 日的公允价值仅 3.93 亿美元。

（3）不稳健的会计估值推波助澜。2008 年 2 月 11 日，AIG 向美国证监会（SEC）提交的文件中做出预亏修正，对信用违约掉期产品的估值方法进行更改，将损失由此前公布的 11 亿美元修正至 48.8 亿美元。该消息一经披露，AIG 市值立刻下降 150 亿美元，这是 AIG 开始恶化的转折点。此后，由于不断增加减值损失准备，AIG 的账面损失不断扩大。对信用违约掉期产品估值方法的变更大大增加了 AIG 的亏损额度，实为推动 AIG 陷入困境的加速剂。AIG 原有的估值方法高估了信用违约掉期合同的价值，而低估了潜在损失。AIG 没能在一开始采用较为谨慎的方法对衍生品交易进行估值，这对它破产起到了推波助澜的作用。

（4）过多涉足房地产金融市场。迫于利润下滑的压力，AIG 全面涉足了房地产金融的各个领域。AIG 在 20 世纪 80 年代的总资产收益率高达 4%，但以后逐步下降，到 2006 年则不到 2%。AIG 为了对抗下滑的总资产收益率，开始介入房地产金融、CDS 产品。具体来说，不仅 AIG 的保险和金融服务部门直接投资于按揭支持类证券和 CDOs（其中基础的抵押品全部或者部分由住房按揭贷款支持），而且 AIG 集团旗下的许多子公司专门经营某一类房地产金融业务。如 AGF 公司对住房的购买者和所有人发行第一层级贷款；UGC 对高贷款/房价比的房屋按揭提供按揭保证保险服务；AIG FP 则通过 CDS 对某些超高层级的 CDOs 提供信用保护。一旦房地产价格下滑，按揭违约率上升，一个领域的风险会迅速蔓延到另一个领域，导致损失呈几何级数增长。

（5）监管的缺位。AIG 前高管表示，相比于其他总部在美国的金融机构（例如投资银行、商业借贷公司）的类似子公司，总部位于伦敦的 AIG FP 受到的监管力度要更宽松一些。而且，AIG FP 进行的 CDS 等衍生品交易是不受监管的。OTS 对 AIG FP 只是进行“有针对性地审查”，而不像它通常对银行那般仔细地审查。

## 第四节　防范保险业危机的两大战略

总结历史与国际经验，我们认为，从根本上防范保险业危机，要同时实施两大战略：一是在宏观层面，推行以偿付能力监管为核心的保险业监管的现代化；二是在微观层面，要提高保险公司进行综合的、整合的、复杂的风险分析与预测的能力。就当前的国际、国内情况，我们对这两个战略的具体建议是：在监管层面上，要加强对 Solvency Ⅱ 的细致的、剖析性的研究，密切关注正在浮现的全球统一监管框架的趋势和应对策略；在微观层面，要加大公司层面新的分析工具——动态财务分析（DFA：Dynamic Financial Analysis）的研究、采用和发展。该方法本身灵活、全面、动态、多情景的特点，是它在近年来受到国际大型保险公司青睐的根本原因。DFA 能够处理包括偿付能力分析与预测、资本充足测试、资本配置、再保险决策等重大决策问题。可以说，DFA 是当前很多大型国际保险公司保持竞争力的重要工具之一，而在将来，它可能会成为各大保险公司必须掌握的分析手段之一。将会成为全面风险分析与管理的关键工具。本节将着重对这两个具体的战略的国际研究前沿以及发展做一个综述，为今后对这两个重要问题的研究做铺垫。

### 一、Solvency Ⅱ 的进展与前沿问题

从全球的眼光来看，保险公司的偿付能力监管存在着多种模式，如美国模式、欧盟模式、英国模式、德国模式、瑞士模式、新西兰模式。在各种模式中，最值得关注的是正在形成之中的 Solvency Ⅱ。它将会成为欧盟国家的统一保险监管框架。它的“前传”是 2004 年 1 月生效的 Solvency Ⅰ。Solvency Ⅰ 的主要目的，是欧盟多个监管组织之间的协调、建立起最小资本要求的基本框架；而 Solvency Ⅱ 的关键任务，是建立起以资本标准为核心的保险公司整体风险管理体系。Solvency Ⅱ 的基本时间表是 2007 年提出 Solvency Ⅱ 指令的讨论稿；2010 年之前完成细化工作并形成正式文件；大约在 2011 年左右正式实施。Solvency Ⅱ 受到研究者密切关注的原因不仅是因为它涉及多组织协调，激发了人们对当前世界上多样的保险监管模式的比较和反思，还因为它有可能在发展和完善之后成为类似 Basel Ⅱ 那样的非强制的、但又实质性的全球保险监

管遵循的“统一”标准。

### （一）SolvencyⅡ的程序与主体内容

SolvencyⅡ的制定和完善是在欧洲议会—欧盟委员会—CEIOPS（Committee of European Insurance and Occupational Pensions Supervisors）[①] 的领导下有组织地进行的，它的修改和制定遵从著名的 Lamfalussy 立法程序（具体程序见表2.2）。迄今，它的发展经历了两个阶段。第一阶段是 2001 年 5 月到 2003 年 4 月，建立总体框架；第二阶段是 2003 年 12 月到现在，细化规则和指导原则。已发布了两份重要的研究报告，一是 KPMG 报告（KPMG，2002），关键的结论是：建议采用类似 BaselⅡ的“三大支柱”框架。二是夏玛报告（Sharma Report，2002），提出“三点建议”（资本充足与偿付能力、早期预警、管理能力与内部控制保障），成为 SolvencyⅡ中第二支柱的实际指导原则（Linder、Ronkainen，2004）。经过多轮的讨论和意见征求，已于 2007 年 7 月 10 日发布了 SolvencyⅡ指令讨论稿（SolvencyⅡ Directive Draft）。

**表 2.2　SolvencyⅡ的立法程序**

| | 工作 | 内容 | 负责人 | 批准人 |
|---|---|---|---|---|
| Level 1 | SolvencyⅡ指令 | 总的框架原则 | 欧盟委员会 | 欧洲议会，欧盟理事会 |
| Level 2 | 实施方案 | 具体的实施方案 | 欧盟委员会 | 欧洲委员会，但须得到 EIOPC 和欧洲议会的同意 |
| Level 3 | 监管标准 | 日常监管工作的指导原则 | CEIOPS | CEIOPS |
| Level 4 | 评价 | 监督保险公司的守规和实施情况 | 欧盟委员会 | 欧盟委员会 |

注：EIOPC＝欧洲保险和职业养老金委员会；CEIOPS＝欧洲保险和职业养老金监管者委员会。

SolvencyⅡ的主体内容可以概括成为“三大支柱”与“双层资本计算”（Linder、Ronkainen，2004）。第一支柱采用定量的模型确定最低资本要求（Minimum Capital）和目标资本要求（Target Capital）。资本计算中考虑的风险主要分成四大类（European Commission，2004b；International Actuarial Association，2004）：承保风险（Underwriting Risk）；信用风险（Credit Risk）；市场风险（Market Risk）和操作风险（Operational Risk）。第二支柱主要是关于保险公司

① CEIOPS 目前分成四个专家组：资本要求组由法国的 Pauline de Chatillion 领导；保险集团监管组由爱尔兰的 Patrick Brady 领导；治理监管检查和报告组由意大利的 Garbriel Bernadino 领导；内部模型工作组由英国的 Paul Sharma 领导。

风险管理内部控制体系，实际上是确定建立起配套的保险公司内部风险控制的组织、制度、报告系统以及现场监管的指导原则。第三支柱是关于建立透明的信息披露制度的指导原则，即所谓的市场约束（Market Discipline）。而所谓的双层计算，是指最低资本要求和目标资本要求的计算采用不同的模型。最低资本通常采用基于标准准则的简单计算方法（EU Directive 2002/13/EC for nonlife insurers and EU Directive 2002/83/EC for life insurers）。以非寿险公司来说，计算最低资本要求的基准是基于保费的边界值：保费小于5000万欧元的，取18%；多于5000万欧元的部分取16%；两者求和。再计算基于赔付的边界值：赔付小于3500万欧元的，取26%；多于3500万欧元的部分取23%，两者求和。取两类边界值的大者作为最小资本要求。而目标资本在理论上等同于BaselⅡ中的经济资本，也就是要将风险控制在一个高的置信水平上（如99.9%），须设置多大的资本以应对该置信水平下的非预期损失。目标资本的计算可以采用两类方法：一是内部模型法，二是标准法。正如内部评级法是BaselⅡ的最大创新一样，内部模型法也是SolvencyⅡ的最大创新，它们的共同特征就是能够使得基于内部模型（或评级）计算得到的目标资本（或经济资本）是激励相容[①]（Incentive-Compatible）的，避免“监管套利”现象的出现。相对于BaselⅡ而言，SolvencyⅡ中目标资本计算的标准法还很不完善，目前甚至还没有一个统一的模型。德国保险协会开发的一套标准法模型被认为是目前最好的模型之一（German Insurance Association，2005）。

### （二）SolvencyⅡ的若干前沿问题

从方法论的角度来看，SolvencyⅡ有以下一些关键问题尚值得深入探索。第一个关键问题就是风险的整合问题。SolvencyⅡ区别于BaselⅡ的一个显著的特点是对多种风险进行整合计量、采用的是整体风险管理框架（Holistic Risk Management Approach），而不是对每类风险进行单独的计量和管理。这其实也是由保险公司的特点决定的，保险公司实际上经营的就是“风险”，它涉及的风险类型要比银行更加繁多，风险之间的关联也更加密切，采用风险整合的方法进行计量和管理更加合适。Rosenberg，Schuermann（2006）讨论了银行背景情况下，如何用Copula函数获得信用风险、市场风险和操作风险整合在一

① 所谓激励相容，就是说，在内部模型法下，保险公司的资本配置行为将会是最优的，不会出现风险不相同的资产而被要求配置等额的资本等非最优现象。如果采用统一标准配置资本（如旧Basel协议或SolvencyⅠ），就可能会出现上述的非最优现象。在那种情况下，金融机构很可能会采用资产证券化等手段将风险小的资产从资产负债表中转移出去，而将风险大的资产保留在资产负债表上，配置以相对于实际风险偏小的资本，这就是所谓的“监管套利”。

起的总体风险度量，可以借鉴。在保险研究领域，Wang（2002）也系统地讨论了如何使用 Copula 和蒙特卡洛模拟方法相结合度量整体风险。但是 Copula 方法涉及繁复的计算，这给操作层面的推广带来了较大的困难。

第二个关键问题就是如何保证资本要求的“激励相容性”。解决这个问题的关键是找到一个合适的风险度量指标。自 Artzner et al.（1999）的著名论文发表以来，人们开始对十分流行的风险度量指标 VaR（Value at Risk）特别小心，因为它不具备次可加性（Subadditivity）的性质，因而不是一个一致性（Coherent）的风险度量指标。一个一致性的风险度量是激励相容的风险管理行为的基本条件。然而，在最近的一个研究中，Dhaene et al.（2008）却又指出，一些常用的一致性风险度量方法（如条件 VaR）却因“太具有次可加性”而导致风险管理行为的效率降低。那么，次可加性、一致性与激励相容的风险管理行为之间存在什么样的关系呢？激励相容的风险管理是否一定需要一致性的风险度量指标呢？一致性与激励相容性在风险管理中谁的优先等级更高呢？这些基本的理论问题还没有答案，需要继续深入地研究。

Solvency Ⅱ需要继续深入研究的几个具体问题。第一个关键的问题就是合适的“监管度”应该如何确定。监管严格程度的把握是需要高度技巧和丰富经验的。如果监管过于严格，可能有利于市场效率的促进，但同时也可能会削弱保险公司的竞争力，因为需要多出“效率前沿”的资本。更重要的是，还可能会导致价格的上升，损害消费者的福利（Cummins、Nini，2002）。Harrington（2004）甚至指出：“基于风险的严格资本监管，即使在最好的条件下，也常常是不准确的，它的益处极其有限。”目前，还没有度量监管体系的实际成本与收益的正式研究（Eling，Schmeiser and Schmitt，2007）。

第二个问题是关于监管体系的比较。目前十分需要对几类典型监管体系（主要包括：美国的基于风险的资本监管体系、瑞士的体系、荷兰以及英国的体系、德国建议的体系）效率与效果的深入的、正式的比较研究。通过比较才可以看出 Solvency Ⅱ应该学习到什么样的经验和教训。现有的经验表明，美国式的基于风险的资本监管方法并不成功，而德国保险协会提出的模型、瑞士模型以及英国和荷兰使用的模型可能会更为成功（Eling，Schmeiser and Schmitt，2007）。同时，基于美国的实证研究证据，还可以得到一个很有意思的结论：监管的效果并不是与模型的复杂程度成正比（Cummins et al.，1995；Grace et al.，1998；Pottier and Sommer，2002）。

第三个问题是关于支柱 3，即如何建设与国际会计准则接轨的高质量的数据库，以提高保险公司信息披露的透明度。以提高透明度、及时披露为核心内容的第三支柱“市场约束”对提高监管的效力有着十分重要的作用。Harrington

(2004) 甚至指出：市场约束在创造一个强健的、偿付能力充裕的保险业方面发挥的作用常常比严格的监管更大，这是因为透明度的提高将会给保险公司带来很大的来自市场的压力，使它必须将风险控制在合适的水平上。提高信息的透明度，需要第三层次上三个监管委员会［Committee of European Securities Regulators（CESR），Committee of European Banking Supervisors（CEBS）以及CEIOPS］之间的协调和信息共享。

## 二、动态财务分析方法（DFA）的进展与前沿问题

为了应对新的监管要求、日益加剧的市场竞争和最优投资决策要求，DFA方法的重要性在近年来愈加凸显（Eling，Parnitzke，2007），是近年来保险公司管理研究的热点问题。动态财务分析方法的基本思想是在不同情景设置下，对保险公司的现金流建模，以分析保险公司的资产价值、负债的价值和损失概率以及整体盈亏情况（Casualty Actuarial Society，1999；Blum，Dacorogna，2004）。在过去几年中，越来越多的保险公司采用DFA作为强有力的分析工具。其关键原因是，DFA是一种能够解决偿付能力分析与预测、资本充足测试、资本测试、再保险决策等重大问题的有效手段。在目前监管者鼓励保险公司利用内部模型确定风险资本的背景下，DFA得到很多一流保险公司的青睐。可以预见的是，随着基于风险的资本监管逐渐得到世界各国监管当局的认同，并逐步付诸实践，保险公司在不久的将来将会更多地倚重于基于DFA等分析方法的内部模型。

关于DFA这个术语，有两个相近的词：资产负债管理（Asset Liability Management，ALM）和资产负债表管理（Balance Sheet Management，BSM）。它们实质是相近的方法，一般对非寿险保险公司，用DFA这个术语；对寿险公司用ALM这个术语；对银行用BSM这个术语（Blum，Dacorogna，2004）。这里主要对DFA进行综述。

DFA的发展起源于实际工作的需要，它的发展历史还很短，一般地将20世纪90年代末看成它的开端（Casualty Actuarial Society，1999；Blum，Dacorogna，2004）。它的主要推动者是北美非寿险精算协会（Casualty Actuarial Society，CAS），该协会成立了专门的动态风险研究委员会[①]（Committee on Dynamic Risk Modeling），致力于包括DFA在内的研究。该委员会已经发布了关于DFA的两本手册，第一本是1999年的《DFA研究手册》，第二本是正在进行中的新版《DRM研究手册》，可以说这两本手册是DFA研究和实际工作

① 该委员会的网页是：http：//www. casact. org/research/drm/，该委员会的绝大部分研究资料、论文和手册都可以免费下载。

的必备工具书。

**（一）DFA 的框架**

图 2.6 给出了一个 DFA 的一般框架。总体上，DFA 分为建模（Modeling）、模拟（Simulation）、分析/决策（Interpretation）、验证（Verification）四个主要的阶段（Eling，Parnitzke，2007）。

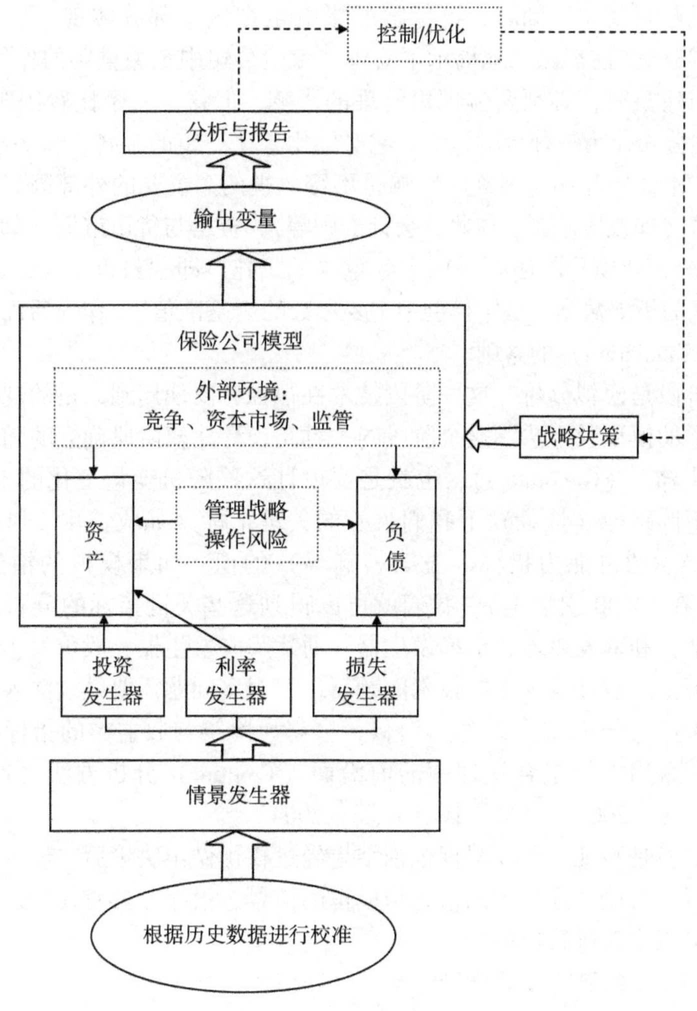


**图 2.6　DFA 的一般框架①**

① 根据 Blum，Dacorogna（2004）；Eling，Parnitzke（2007）两者的结合，图由本书作者绘制。

在建模阶段，须将保险公司简化成若干关键变量及其随机影响因素，同时还要考虑到外部环境因素。从财务的角度来看，保险公司可以抽象成资产和负债。资产方主要包括股票投资、债券投资、其他类型投资等，对应的随机影响因素有股价的波动、利率的波动与期限结构、通货膨胀。提供保险保障永远是保险公司第一位的职能，因此负债（主要是承保业务）方的建模是 DFA 的核心，也是区别于其他金融机构建模的关键。负债方建模的核心内容是损失分布、预期的赔付支出。同时，再保险的影响也在这个部分体现。夏玛报告和 Solvency Ⅱ 第二支柱都深刻地揭示了管理在保险公司中至关重要的作用。因此，在保险公司建模时，必须要体现出管理的影响，但这是一个比较困难的问题。同时，保险公司作为一种金融组织，它必然生长于一定的金融、经济甚至政治、文化生态之中，外部环境因素的影响是不容忽视的。主要的外部因素包括：竞争者、监管（如投资限制、税收、会计准则等）、资本与货币市场（如利率、汇率等）。另外，建模阶段还有一项十分重要的工作，即“校准”（Calibration），就利用可靠的历史数据，确定模型中主要参数的“基准值”，作为后面情景模拟（Scenarios Simulation）的基础。

第二阶段是模拟分析。这一阶段技术性很强，要使用到大量的现代金融工程和精算学的模型及方法。这个阶段的关键是设计建模阶段确立的随机影响因素的“发生器”（Generators），也就是要设计这些随机变量变化的不同路径，而后计算不同路径（情景）下我们关心的关键指标（如收益率、风险、经济附加值 EVA、偿付能力指标、决策影响等）的值。如果模拟的情景足够多（通常至少在 10000 次以上），我们就可以得到这些关键指标的分布。重要的发生器包括：利率发生器、汇率发生器、通货膨胀发生器、股价发生器、损失发生器。模拟阶段涉及很多的技术问题，还有很多问题需要继续深入地研究。

第三阶段是分析/决策。很多时候，会将风险类与收益类的指标结合起来综合权衡，采用类似组合管理中的前沿面（Frontier）分析方法（Kaufmann，Gadmer，Klett，2001；Blum，Dacorogna，2004）。

第四阶段是验证，即在根据模拟结果经过权衡做出决策后，经过一段时间的实际运行，对比实际发生的情景与模拟的情景，根据差异对模型进行优化设计，甚至可以重新进行模拟分析。

**（二）DFA 的若干重要问题**

第一个战略性的问题：DFA 作为一种方法，不可能是十全十美的，它的主要优缺点是什么？目前还没有专门的文章对这个问题进行论述，还需要十分深入的实证研究。本书根据以往研究中的一些片段的论述做一个粗线条的比较（见表 2.3）。

**表 2.3　DFA 的主要优缺点**

| 优　　点 | 缺　　点 |
| --- | --- |
| DFA 能够将保险公司的各项主要活动整合在一起进行综合的模拟分析（D' Arcy 等，1997；D' Arcy 等，1998） | 保险公司各项活动之间的关联是普遍和复杂的，如何以比较经济的方法来表示这些关联性是一个极大的挑战（Eling、Parnitzke，2007） |
| DFA 能够利用模拟分析提供一个可能结果的概率分布，而不仅仅是单一的预测值（D' Arcy 等，1997；D' Arcy 等，1998） | 概率分布的尾部性质是 DFA 研究中最为关注的，特别是负债部分，正确地描述尾部行为是十分困难的（Eling、Parnitzke，2007） |
| DFA 能够预测保险公司可能发生偿付能力不足的时点，这是其他方法不具备的（Cummins 等，1999） | 由于 DFA 在模型模拟的过程中，并没有考虑到公司可以向外部进行融资（如发行新股），故其所模拟的破产概率会偏高（Kaufmann 等，2001） |
| DFA 能够模拟不利宏观经济事件的影响，其预测能力比静态模型要强（Cummins 等，1999） | DFA 并不能帮助管理者找到最佳的管理策略，因为它只提供了可能的策略的比较，但不可能穷尽所有的策略。另外，由于工具的复杂性，要求使用者有较高的精算知识，否则无法很好地利用这个工具（Kaufmann 等，2001） |
| 与简单的情景分析方法相比，DFA 可以动态地模拟很多种情景，能够给管理者提供较多的多角度信息（Kaufmann 等，2001） | DFA 要依赖于历史数据进行校准，而历史数据可能存在着偏差。例如，如果未来发生的事件所造成的损失远远超过历史事件时（如巨灾损失），模型的模拟结果就不太合理（D' Arcy 等，1998） |
| 以前的模型是一个“黑箱”，与之前不同，DFA 给管理者提供了一个“流程清晰”的“玻璃盒子”，只要将参数或假设做适当改变，就可以清楚地看到它们是怎样影响结果的，这是以前的模型无法做到的（Sigma，2000） | DFA 是对保险公司的一个高度抽象和简化，它是否真的能够描述保险公司的真实情况，是一个问题。另外，模型风险也是一个重要的问题（Kaufmann 等，2001） |

第二个问题：负债建模。首要的难题是如何选择合适的损失分布。一个非寿险公司可能会有多条产品线，有的产品的损失比较一致（如车辆事故），但有的产品的损失却有可能有很大的特殊性（如自然灾害），不同产品线的损失服从不同类型的分布，这给负债的建模造成了极大的困难和复杂性。负债中损失分布建模的大致步骤是：首先产生［0，1］之间的均匀分布的随机数 U，用该随机数模拟损失 x 发生的概率 F(x)，通过求 F(x) 的反函数 $F^{-1}(U)$ 即可得到损失 x 的模拟值。这其中关键的问题有：第一，要保证 U 是真正相互独立的。由于 DFA 模拟的路径个数很大（有时会数以十万计），一些产生伪随机数的算法在这样的情况下容易出现循环的问题，因此需要进行伪随机数的

“循环长度”（Cycle Length）和“一步系列相关”（One-step Serial Correlation）的检验（Bratley et al.，1987）。第二，损失分布 F(x) 的选择。首先要尽量能找到能够很好拟合损失历史数据的统计分布，用极大似然等方法估计出它的参数，其次再用拟合检验的方法选择最合适的分布。如果不能得到有具体表达式的参数分布，可能尝试使用 Monte Carlo 模拟中的“分位点转换”（Quantile Transformation）方法（Frey，Nieben，2001）或非参数、半参数的方法。

巨灾损失的建模通常采用“频率—损失程度”（Frequency-severity）的设置，通过随机模型（Stochastic Models）进行模拟分析（Blum，Dacorogna，2004）。也可以考虑采用描述分布的尾部行为的方法对巨灾等极端损失进行模拟。常用的方法有 Hill 估计方法（Hill，1975）及一些非参、半参数方法（Embrecht，2003）。另外，目前已开发出一些专门的处理巨灾损失建模的软件，如 CATrader（www. airboston. com），RiskLink（www. rms. com），EQEcat（www. eqecat. com）。

负债建模的第二个难题是如何考虑再保险的影响。此时必须同时考虑比例型再保险和非比例型再保险。而再保险的建模与前面的巨灾损失的建模又是相互关联的。Lowe、Stanard（1997）专门讨论了如何利用 DFA 进行再保险的建模和决策。Blum，et al.（2001）采用 DFA 方法研究了汇率风险对再保险决策的影响。而 De Lange，et al.（2004）则采用了随机规划的方法研究了再保险的确定。

第三个问题：主要影响因素建模。资本与货币市场的主要变量（包括利率、汇率、股票价格等）对资产方有着至关重要的影响，是 DFA 中情景设计的重要发生器变量。对它们建模的第一个困难是怎样表达它们之间复杂的相关性？一个办法就所谓的“Cascada 模式”（Warthen Ⅲ、Sommer，2001）：即对这些变量进行逐步模拟。首先模拟一个主要变量（如短期利率）。其次，模拟其他变量，此时要考虑前面步骤中模拟的变量的影响（如 Kaufman，2001）。短期利率是最重要的影响变量，由于存在很多种利率模型，需根据数据的实际情况进行认真的选择。Rogers（1995）专门讨论利率模型的选择问题，提出了五条原则：灵活、简单、可估计、高拟合、均衡模型。利率模型的一个经典参考书是 Jarrow（2002），较新较全面的介绍可见于 Cairns（2004）。股票价格的模拟要充分体现出均值反转（Mean-reverting）、跳跃（Jump）等特征，才能较好地反映其实际的运行规律。对股票价格的模拟需要更多地借助于随机过程的分析工具。这方面可以参考 Rolski et al.（1999）和 Hull（2003）。

# 第五节　几点启示

第一，保险行业要始终将稳健、安全放在首位。保险业作为“谨慎性金融”行业，生存与安全永远是第一位的，只有在稳定经营基本业务、有效控制未来风险的基础上，才能追求金融的创新和收益的最大化。金融是整个国民经济的命脉，金融体系的稳定和效率对国家的繁荣与昌盛至关重要，对于保险、银行这些关乎国计民生的金融行业，国家及相关监管部门有必要进行较为严格而密切的监管，对市场加以正确的引导和规范，以保证其稳健发展，维护社会经济的稳定与安全。

第二，保险业要加强对资本市场的研究和投资的风险控制。众多老牌金融机构在危机中陷入困境，甚至破产倒闭，其实不是他们不会投资，不懂风险控制，而是低估了小概率事件发生的可能；雷曼兄弟的破产告诉我们，资本市场上没有不可能发生的事，对风险防范，要始终采取更为审慎的态度。这也适时给保险业敲响了一个警钟：在看到资本市场对保险业的积极影响时，更应居安思危，了解其对保险市场消极影响的一面；资本市场充满风险，但不能因此就望而却步，更要加强对资本市场的理论研究，掌握其运行规律并为我所用。

第三，保险经营要理性回归，保险的本质在于“保障”。全球保险巨头AIG身陷次贷危机，顷刻间出现巨额资金缺口而走到破产边缘，究其危机源头，不是保险业务自身出了问题，而是一系列的金融投资衍生产品出现了问题。可以看到，在资本市场火爆的情况下，许多保险公司在营销策略上，把保险当基金卖，热衷于投资型险种的销售，再加上市场营销员销售传达环节的误导，一段时间，甚至整个行业都在向外传达“投连就是保险”的错误信息，以致大多数购买投资型产品的客户是将保险视为投资工具，而且抱有相当高的投资预期。在全球金融危机的影响还没有完全消退的情况下，我们更应深刻认识到：保险经营与消费要回归理性，保障才是保险最基本的功能，这种功能是其他任何金融工具都无法代替的，这是保险行业存在的理由和价值。保险公司应该专注于保险主业。越来越多的国家高调步入金融市场完全自由化之列，金融混业经营的国际发展趋势也愈演愈烈。然而，中国的保险业发展有自己的特殊国情，应坚持自己的发展步调和特色。此次AIG因非传统保险业务陷入破产边缘，国内保险公司尤其是寿险公司更要深刻意识到：现阶段还需专注保险主业，我们本身经营时间还太短，对保险经营的规律认识还不够，从业人员也缺乏经验，现在不是盲目扩张领域的时候，而是需要大力推进保险专业化经营，加强从业人员专业知识培训和能力的提升。

第四，完善监管措施，防止保险业风险的传递和扩散。目前，保险资金已经成为我国资本市场的重要机构投资者。随着保险业的快速发展，保险业在整个金融体系中的作用也将进一步提高，对金融市场和金融稳定的影响也越来越大。目前，我国保险业存在着偿付能力不足的风险、运营风险、诚信风险、投资风险等。尤其是投资风险对整个金融市场的影响和冲击必须密切关注，加强防范。防范保险业所面临的风险，还要构筑金融风险传播的防火墙。既要防止保险风险向其他金融领域传递，影响国家金融稳定和安全，又要避免和降低其他金融领域的风险对保险业发展造成的影响。例如，加强监管部门的协同合作，防止风险在金融集团不同金融机构之间的传递等。

第五，监管模式的演进和企业行为的适应性调整，是全球保险业须认真研究的至关重要的战略性课题。Solvency Ⅱ 和 DFA 分别代表了这两个层面的发展动向。毫无疑问，对这两个问题做出及早的、细致的研究、探讨，直至借鉴性实施的战略部署，将会是高瞻远瞩的、具有深远影响的战略举措。关于 Solvency Ⅱ 的研究。从政策借鉴的层面上看，以 Solvency Ⅱ 为中心，展开多种监管模式正式的比较研究，梳理和总结不同模式的优缺点、经验和教训可能是当前最需要的。从学术研究的角度来看，最具吸引力的可能是多风险的整合度量及其对应的资本计算问题。关于 DFA 的研究，就我国保险公司的操作层面上看，目前比较现实的选择是进行一些试探性的实验（Pilot Experiments），通过这些实验分析 DFA 在我国实施的主要障碍，然后设法寻求解决的途径。从学术研究的角度来看，对我国而言，最大的挑战是外部随机变量发生器的设计，因为我国的资本与货币市场、外汇体制存在很大局限性，适用于成熟市场的利率、汇率模型，对我国的情况是否适用？不适用如何调整？这是一个充满着暗礁与漩涡的深水域。

# 第三章　债券保险业在金融危机中的角色分析

自2007年美国爆发次贷危机既而引发金融危机以来，众多学者及机构从不同的角度对此次危机的成因做了大量调查研究与分析。鉴于本轮金融危机与次贷产品链条及其机理缺陷直接相关，以下两章将探讨资产证券化中的两种保险机制有无产生系统性风险，是否造成本轮金融危机的原因之一。

## 第一节　文献综述

要探讨保险业在金融危机中的角色，就必须分析金融危机爆发的复杂背景及原因。美国国会于2011年1月公布的《对金融和经济危机原因的调查报告》(以下简称《调查报告》) 被公认为关于危机原因的权威文献。本节将以为此基础，结合其他文献，梳理此次危机的成因。在此基础上，进一步总结现有文献关于保险业在金融危机中角色的探讨，并指出现有研究存在的不足。

### 一、美国金融危机的成因分析综述

美国金融危机的爆发，有着复杂的原因。现有文献主要从以下六个方面进行探讨。

#### (一) 危机爆发与人们的作为与不作为

美国国会《调查报告》指出此次金融危机是可以避免的，原因在于这次危机是人们作为与不作为的结果，并不单单是模型乱用或是自然属性造成的。在危机爆发前，美国市场就出现了不断扩大的次贷及其证券化产品的风险敞口、非持续性上涨的住房价格、掠夺性贷款行为、显著增加的金融公司不受监管的衍生品交易以及其他出现警示标识的现象，但是这些并未引起金融高管及金融系统员工的警觉，从而未能及时地采取有效措施进行风险防范，尤其是金融市场的主要监管政策制定机构美联储的疏忽。E. M. Gralich (2007) 也认为次贷危机之所以会酿成现在的严重后果，美联储的监管错位要负很大的责任。另外，危机发生后，美国政府救助 Bear Stearns，托管 Fannie Mae 和 Freddie Mac，放弃救助 Lehman Brothers，继而又救助 AIG。上述对金融机构不连续的救助行为，反而加剧了金融市场的不确定性和恐慌情绪。

**（二）危机爆发与金融监管缺失**

美国国会《调查报告》指出：由于前美联储主席艾伦·格林斯潘（Alan Greenspan）及国会的支持，三十多年美国金融机构都处于放松监管和依赖自律的状态，使得防范风险灾难发生的关键措施都被移除。此外，政府允许金融机构自主选择监管机构，进一步削弱了监管力度。金融监管机构如纽约联邦储蓄银行、证券交易委员会并不是没有权力去保护金融系统，而是没有采取措施去防范这些风险的发生。《调查报告》还指出，金融机构本身在削弱机构、市场和产品方面的监管力度中扮演关键角色，它们凭借其雄厚的资金和卓越的能力对政策制定者和监管者施压，使其制定有利于金融机构发展的政策，一定程度上规避了应有的监管。科茨（2008）认为解除管制是新自由主义资本主义的一个重要特征，然而没有国家严密监管的金融市场是非常不稳定的。M. Hell Hwig（2008）认为次级抵押贷款危机给世人的教训之一就是有必要对审慎性监管原则进行反思。审慎性监管的任务不应只是保护投资者，还应包括金融系统本身的安全性。D. Daianu et al.（2008）通过对历次危机发生原因与后果的总结与比较，认为导致 2008 年金融危机的原因很多，其中最重要的原因是全球监管框架的不足与过时，以及过度依赖市场自律的美德。巴曙松（2009）指出，导致此次全球性经济金融危机的一个重要原因是金融监管的放松和经济金融全球化与金融创新下的监管不到位，这些助推了金融市场泡沫的形成。

**（三）危机爆发与全球经济失衡**

认为经济结构失衡导致此次金融危机，在理论界有着广泛的认同。M. Lim（2008）认为，从根本上来说，金融危机是以下三类不平衡的结果：财富和收入不平衡、经常项目不平衡、金融部门不平衡。美国巨大的贸易赤字使得经常项目长期不平衡，只能靠资本项目的盈余来填补，从而使得美国成为世界上最大的债务国，次贷危机一经爆发就被迅速放大形成世界的金融危机。巴曙松、李胜利（2008）在研究中指出全球经济结构失衡是金融危机之本。这种失衡主要体现在金融经济与实体经济的失衡和由于美国在金融市场上的霸主地位造成的全球经济增长模式的失衡。Caballero & Krishnamurthy（2009）从全球不平衡和金融体系的脆弱性论述了本次金融危机的根源，并指出世界其他国家对美国无风险资产的过度需求是导致这场危机的重要因素。

### （四）危机爆发与国际货币体系缺陷

中国人民银行行长周小川指出，此次金融危机的爆发并在全球范围内迅速蔓延，反映出当前国际货币体系的内在缺陷和系统性风险，而其内在缺陷主要表现在储备货币发行国的国内政策与储备货币本身应该具有的性质相矛盾。Caballero，Farhi & Gourinehas（2008）从国际金融体系缺陷的角度来审视此次金融危机，认为在美元占主导的国际货币体系里，世界各国对美国金融资产的依赖性太大，市场对美国金融资产存在长期过度的需求。段炳德认为全球化在20世纪下半叶开始就呈现阶段性加速的特征，全球化快速发展与国际货币金融体系的改革滞后之间的矛盾，导致小的金融危机的频繁发生和本次重大国际金融危机的全面爆发。

### （五）危机爆发与过度负债

美国国会《调查报告》指出，过度借款、风险性投资和缺乏透明度的联合作用导致金融危机发生。在危机发生的前几年，大量金融机构和个人过度借款，使得它们极易受到金融危机的损害或是即使它们的投资只是温和下降也会造成极大损失。产品头寸和资产负债表外资产的杠杆率，经常通过向投资公众公布的“粉饰”过的金融报告得到隐藏。在金融系统内，由于透明度不够，一些债务的危险性被放大。

### （六）危机爆发与道义坍塌

金融市场的诚信和这些市场中的公众信用对一个国家经济的顺利运行至关重要，但现阶段责任和道德标准正在不断下降，从而使金融危机恶化。美国国会《调查报告》指出，银行在知道借款者无法偿还贷款、会对投资于抵押债券的投资者造成巨额损失的情况下仍发放贷款，而且主要金融机构无法有效地对其购买并打包出售给投资者的贷款进行抽样检查，从而无法有效控制资产后续引发的风险。马斯金（2008）指出由于银行行为具有外部性，因此政府无法承受金融市场失败的严重冲击，从而银行经理层会预期当银行发生问题能够得到政府的拯救，基于资本逐利天性和经理层激励机制，经理层会忽视或者不顾风险约束，过度投资高风险产品。Blundell-Wignall & Atkinson（2008）认为，信用评级机构“发行方支付费用”的商业模式，无法避免道德风险的发生。消费者本身也存在道德缺失，美国总体上存在着过度消费的倾向，国家有着巨额的经常账户赤字和财政赤字。特别是2004年布什政府的零资产住房抵押贷款建议的实施，使得住房信贷市场上大量信用记录不良或者没有偿还能力的边缘消费者纷纷进入抵押信贷市场，导致次级贷款直线攀升。随着利率提升，次级贷款成本不断增加，次级贷款违约率也不断上升，并最终演化为危机。

## 二、保险业在金融危机中的角色

不同的保险业务具有不同的风险特性，讨论保险业在金融危机中的角色时，演绎的逻辑应当从区分保险公司的业务结构开始。

在本轮金融危机爆发时，保险公司在欧美发达市场的主要业务可分为四类：一是传统承保业务，包括人寿保险、健康保险、财产保险和责任保险等；二是投资业务；三是转移保险风险和市场风险至第三方，其中主要是再保险业务；四是出售信用担保，包括信用保险、按揭保险、债券保险、CDS 业务等。可把前三类业务归纳为保险公司的核心业务，也是通常谈到的传统保险业务。

按业务类别区分，关于保险业在金融危机中的角色，现有文献中主要观点大致有三类。

### （一）传统保险业务与此次金融危机爆发无关

传统保险业务没有产生系统性风险，并非本轮金融危机的原因之一（IAIS，2010）。Geneva Association（2010）指出，传统承保业务虽然面临巨灾损失、过高的退保率和变额年金业务过高保证收益等风险，但上述风险都不可能产生系统性风险，也达不到拖累整个金融体系的地步。在投资业务中，保险公司不太可能通过抛售资产引发系统性风险，保险公司以其负债规模所决定的基准对资产进行管理，其资产负债管理的目的，是复制久期与长期负债相匹配的长期资产。由于投资管理要考虑到负债，其重点并非绝对收益率。因而，保险公司的投资部门与其他以市场定基准（股票综合指数或是 LiBOR 等）的资产管理部门十分不同。此外，保险公司投资业务足够多样化，对股票的整体投资规模较为有限。再保险业务活动的本质及规模使其不具备系统相关性。

为何传统保险业务不产生系统性风险？瑞士再（2010）和 IAIS（2010）分析认为，保险公司在只经营传统业务时，具有与银行不同的风险特点。第一，保险公司的流动性风险低。保险公司的负债期限较长，而且赔付一般由保险事件所触发，负债流动性弱；而保险公司注重资产负债管理，资产流动性较好；加上保单持有人数量巨大而且比较分散，可以为其提供长期和稳定的保费流入，保险公司不用向金融市场获取批发性资金，因此，保险业务流动性风险低，基本不会出现挤兑的情况。第二，保险公司之间的风险不容易蔓延，关联性不强。保险公司之间除去再保险业务外，不会相互借贷，相互资金往来并不频繁也不庞大，风险不容易相互蔓延。第三，保险公司的杠杆率较低。保险业务的资产与权益的比率比银行低，行业总体看，寿险公司大约为 10，非寿险公司大约为 3。第四，保险公司的清算过程较长。即便出现破产等严重风险事件，保险业务的清算过程较长，拥有比较宽裕的时间来消化风险。

### (二) AIG FP 出售的 CDS 业务规模庞大，但 AIG FP 不是保险机构

AIG 金融产品公司（AIG Financial Products，以下简称 AIG FP）属于 AIG 集团的金融服务板块，于 1987 作为 AIG 的资本市场分部在伦敦注册。AIG FP 通过 CDS 交易等与主要金融机构形成高度内部关联，其接受美联储紧急援助计划后，对主要金融机构的赔付金额就高达 933 亿美元（J. David Cummins，2009）。

关于 AIG FP 的性质，美联储主席伯南克于 2009 年 3 月 3 日在参议院预算委员会听证会上指出“从根本上讲，是附属于一家大型且稳定的保险公司的对冲基金”。

### (三) 债券保险业务具有系统相关性

IAIS（2010）指出债券保险业务具有系统相关性。Geneva Association（2010）进一步分析了债券保险公司业务模式所具有的高度内部关联性、敏感性、损失转移快速性和业务单一性等特征；强调当债券保险公司规模足够大时，其业务具有潜在的系统相关性，应当和从事类似业务的银行受到相同的监管和规制。

OECD（2008）探讨了债券保险机制的内在缺陷：债券保险公司的信用评级依赖于所承保的结构化金融产品的价值，所承保的结构化金融产品的价值反过来依赖于债券保险公司提供的信用增级。

## 三、小结

本轮金融危机与包括次贷、次债、CDO 和 CDS 在内的次贷产品链条及其机理缺陷直接相关。上述文献虽然指出债券保险机构是引发次贷危机的原因之一，但并未深入探讨债券保险机构如何与次贷产品链条相关联。

在前述研究的基础上，本章进一步探讨了债券保险机构在次贷债券及其衍生品的规模扩张中所起的作用。按揭保险是保险业参与资产证券化的又一途径，属于优级房贷证券化中的增信环节，第四章将探讨按揭保险机构在金融危机中的角色之谜，并对资产证券化中的两种保险机制为何在金融危机中扮演了完全不同的角色做了比较。最后对照我国保险业发展阶段和保险监管实际，并给出结论性评述。

# 第二节 次贷产品链及其机理缺陷

美国的“次贷危机”并不是通常所说的次级住房抵押贷款危机，也不是次级债危机，它的全称应该是“次级住房抵押贷款证券化危机”（王国刚，2009）。

“次贷危机”于2006年春在美国开始逐步显现，以2007年4月美国第二大次级房贷公司——新世纪金融公司破产事件为标志，由房地产市场蔓延到信贷市场。2007年8月开始席卷美国、欧盟和日本等世界主要金融市场，进而演变为全球性金融危机。

“次贷危机”给美国带来了巨大冲击：2007年6月到2008年11月美国人就失去了其资产净值的1/4；住房资产净值从2006年的13兆亿美元下降到2008年中期的8兆8千亿美元，并继续下行；美国的储蓄和投资的资产、养老金资产两者损失总额达到惊人的8兆3千亿。到2008年8月，全球各地金融机构都相继减持其与次贷有关的债券共5010亿美元。据国际货币基金组织有关数据显示，全球金融机构最终将注销其1.5兆美元的次级MBS控股，时至2008年11月约7.5亿美元的损失已被确认，这些损失消灭了在世界银行系统里的大部分资本。

数额仅有1.3万亿美元左右的次贷为什么会引发如此大损失？本书将从次贷产品链的角度分析其原因，介绍次贷产品链中各个组成部分的原理与发展规模；分析次贷产品链的机理缺陷和其他缺陷。以上分析将有助于进一步探讨债券保险业如何与次贷产品链相关联。

## 一、次贷产品链

次级抵押贷款（简称“次贷”）（Subprime Mortgage Loan）、次级抵押贷款支持证券（简称“次债”）（Subprime Mortgage Loan Security）、担保债务凭证（Collateralized Debt Obligation，CDO）和信用违约掉期（Credit Default Swap，CDS）是次贷衍生产品链的主要组成部分。如图3.1所示，其中次贷是这条衍生产品链的基础，是房屋资产证券化的原始资产池；次级抵押贷款支持证券是特定目的机构（SPV）以次贷作为基础资产发行的债券资产，主要包括住房按揭支持证券（Mortgage Backed Securities，MBS）和资产支持证券（Asset Backed Securities，ABS）两大类，而CDO则是以次债作为基础资产的衍生证券，本质是将次债的风险分档卖给不同偏好的投资者；CDS是在CDO的基础上衍生出来的只需转移贷款中信用风险的创新产品，也是对CDO或次贷MBS等的违约保险产品。

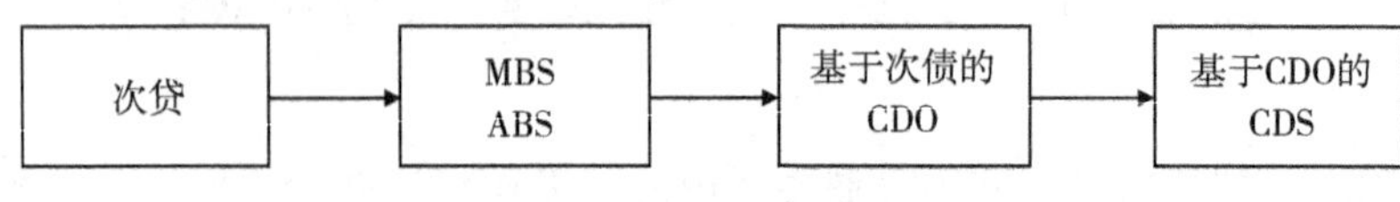


**图3.1　次贷产品链条**

### （一）次贷

次贷，又称次级抵押贷款（Subprime Mortgage Loan）或次级按揭贷款（Subprime Lending），是指向信用记录较差、拖欠率和取消抵押赎回权比率较高、收入和受教育水平较低、金融知识较匮乏的家庭和个人发放的抵押贷款。

美国房地产金融机构一般运用借款人的信用状况、借款人的债务与收入比率（Debt Service to Income，DTI）和借款人申请的抵押贷款价值与房地产价值比率（Loan to Value Ratio，LTV）三项指标来甄别贷款的质量，其中，借款人的信用状况是最重要的指标。借款人的信用状况主要通过信用评级公司得分来评估，评分范围在300～850分。美国的信用评级公司（FICO）将个人信用评级分为五等：优（750～850分），良（660～749分），一般（620～659分），差（350～619分），不确定（350分以下）。依据上述标准，美国的住房抵押贷款大致可分为三个层次：优惠级（Prime）、可供选择优惠级（Alt-A）和次级（Subprime）。

优惠级住房抵押贷款的借款人信用评分一般在720分以上，具有良好的信用记录因而能够取得较为优惠的抵押贷款利率，主要选用传统的30年或15年固定利率抵押贷款。

可供选择优惠级住房抵押贷款，又称“Alt-A”贷款，是介于“优惠级”与“次级”之间的住房抵押贷款，借款人的信用评分范围620～720分，也包括少数高信用度客户。这些贷款源于更为灵活的优惠级住房抵押贷款，主要面向满足优惠级住房抵押贷款借款人信用评分标准、DTI标准和LTV标准，但是不能提供完整收入证明的借款人。

次级住房抵押贷款的借款人信用评分一般在620分以下、DTI比率超过55%、LTV比率超过85%。这些借款人的信用评级得分较低或其他指标未达标，无法取得优惠级住房抵押贷款和Alt-A等贷款类型却又有着较高贷款需求，因而只能申请次级住房抵押贷款。由于信用程度不高，贷款利率通常比优惠级住房抵押贷款利率高2%～3%。

美国次级抵押贷款市场产生于1980年，联邦立法规定了利率上限。从1982年起放款人允许提供可调整利率按揭贷款，这段时间次级抵押贷款市场一直处于缓慢发展状态。20世纪90年代中后期和21世纪初，由于“IT”泡沫经济破灭和“9·11”事件的出现，美国经济呈现衰退趋势，政府采取低利率和减税等一系列措施来挽救经济，同时快速发展的证券化技术和自动授信技术也极大地降低了次贷的成本，这时候美国次级抵押市场进入了快速发展时期。

从图3.2可以看出，次贷总额在短短十来年里大起大落，1997年不足1000

亿美元，占整个抵押贷款市场10.6%，一直到2000年发展都较为平缓，总额在1000亿美元徘徊，所占比例在10%附近波动。从2001年开始，随着政府扩张性经济政策的实施与证券化的快速发展，次贷总额有了高速增长，证券化次贷占次贷总额的比例也快速上升，2005年次贷总额达到峰值超过6000亿美元，2006年虽有所下降，但仍有6000亿美元左右。2007年"次贷危机"征兆开始显现以及2008年的全面爆发，次贷总额猛烈缩减，到2008年只有200亿美元左右，仅为2005年峰值的1/30，且不存在证券化次贷。

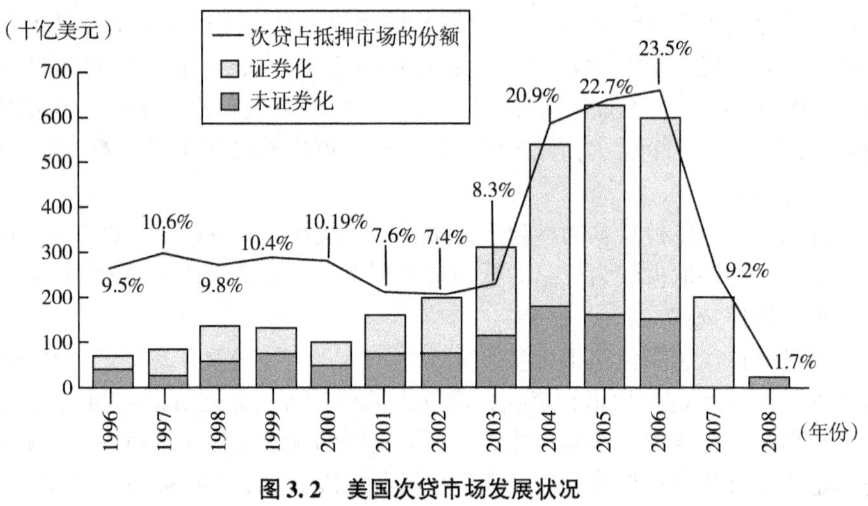


**图3.2　美国次贷市场发展状况**

从图3.3和图3.4可知，2001～2004年，由于担心经济复苏疲软，美联储的短期国债利率在相当长的时间内维持在1%的水平，2002年甚至低于1%，直到2006年底才恢复到正常水平。这些低利率措施激发了人们购买高收益抵押贷款的欲望，推动了次贷的快速增长，同时将次贷背后所隐藏的风险急速扩大，次贷的违约率开始上升。从2005年的10.8%迅速上升到2007年的15.6%，既而到2008年第二季度的18.7%。从图3.3也可以看出，不同类型的抵押贷款拖欠率从2006年底也有显著提高，特别是可调整利率次级贷款，2009年超过了40%。次贷违约率和拖欠率的快速上升导致了提供次贷的一级、二级市场的倒闭，并引发了更为广泛的金融市场危机。

表3.1显示了2006年美国九大次贷投放机构所占的市场份额。

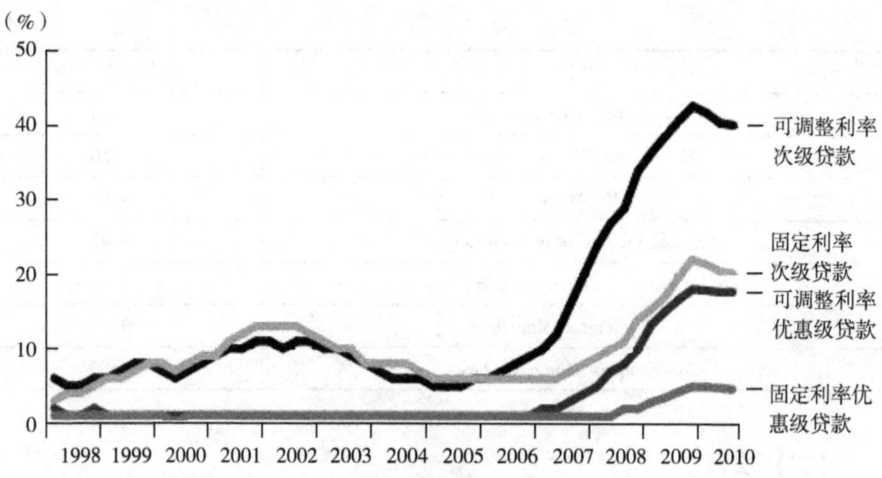


**图 3.3　不同类型抵押贷款的拖欠率**

资料来源：The Financial Crisis Inquiry Report，2011.

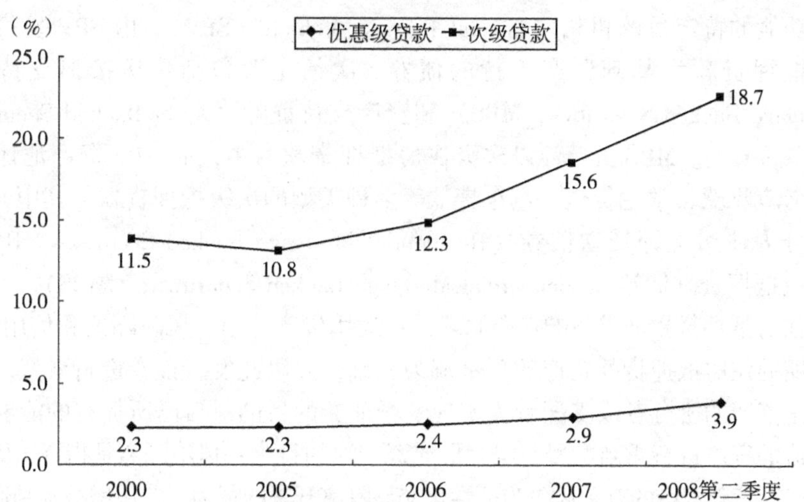


**图 3.4　2000～2008 年美国逾期债款比例（逾期债款总量）**

资料来源：美国住房和城市发展部历史数据。

**表 3.1　2006 年美国九大次贷投放机构**

| 机构 | 市场份额（%） |
|---|---|
| Wells Fargo Home Mortgage | 10.30 |
| HSBC | 7.30 |

续表

| 机构 | 市场份额（%） |
|---|---|
| New Century Financial Corp. | 7.10 |
| Countrywide Financial Corp. | 5.50 |
| WMC Mortgage | 4.50 |
| Fremont Investment & Loan Corp. | 4.40 |
| Option One Mortgage Corp. | 4.10 |
| Washington Mutual | 3.70 |
| Americaquest Mortgage Corp. | 3.50 |

### （二）次债

次债，又称次级抵押贷款支持证券（Subprime Mortgage Loan Security），是指发行次级抵押贷款的金融机构为了获得流动性，把自己所持有的流动性较差但具稳定未来现金流的次级抵押贷款重组为次级抵押贷款池，出售给具有风险隔离功能的特定目的机构（Special Purpose Vehicle，SPV），由 SPV 发行的以次级抵押贷款为基础资产支持的债券。次债主要包括住房按揭支持证券（Mortgage Backed Securities，MBS）和资产支持证券（Asset Backed Securities，ABS）两大类。MBS 资产池以次级住房抵押贷款为主，而 ABS 资产池还包括信用卡应收款、学生贷款、汽车贷款等多种类型的次级抵押贷款。其中，MBS 又可分为住房抵押贷款债券（Residential Mortgage Backed Securities，RMBS）和商业抵押贷款债券（Commercial Mortgage Backed Securities，CMBS）。

住房抵押贷款证券化的核心原理是：运用资产重组、风险隔离和信用增级，以预期的住房抵押贷款资产的现金流为基础，并以此发行证券进行融资。资产重组是资产的所有者或支配者为实现发行证券的目的对自己所拥有的能够产生现金流的资产进行重新配置与组合形成资产池的行为；风险隔离是指资产原始所有人持有基础资产的有关风险与证券化交易隔离开来的行为；信用增级则是通过担保等手段提高资产的信用度，实现分散风险和保护投资者利益的目的。RMBS 利用了分档技术（Tranche），产品结构为过手（Pass-through）结构，如图 3.5 所示。

最早的 MBS 是由美国政府代理机构于 1968 年发行的以优质房贷作抵押且有政府担保的风险性较低的债券，非政府机构代理发行和担保的私有标识 MBS 则开始于 1977 年，主要以次级房贷作抵押且无政府机构担保，因而是一种高风险产品。随着私有标识 MBS 所占比重逐步上升，整个 MBS 市场受次级贷款质量的影响愈来愈大，尤其是可调整利率的次级贷款。

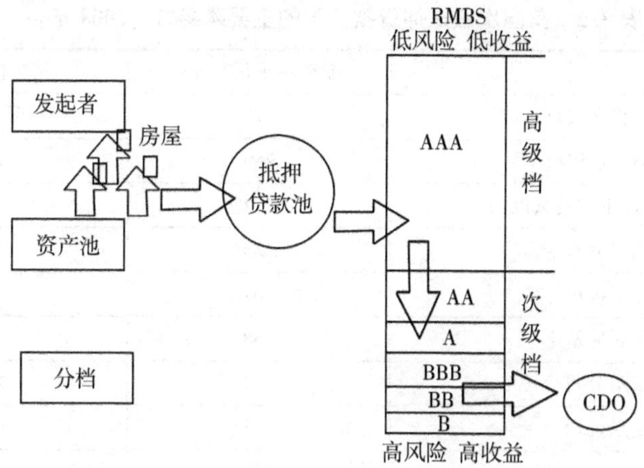


**图 3.5　RMBS 基本结构**

次债（MBS）属于结构性融资产品，结构性融资产品的三个特征使得次债具有相当的迷惑力，从而发展迅速。首先，次债的价值是以所打包资产的价值为基础，这让投资者觉得投资次债的回报具有综合实力；其次，在住房抵押贷款证券化中涉及债务评级，债务分层使得某些次债能够得到较高的信用等级，更易让投资者接受；最后，由于证券化中有特设机构操作，在一定程度上可以隔离风险，即原始债权人破产时，证券化的资产并不作为清算资产。受这三个特点的驱使，次债市场需求旺盛，人们抢着买，也抢着转嫁风险。

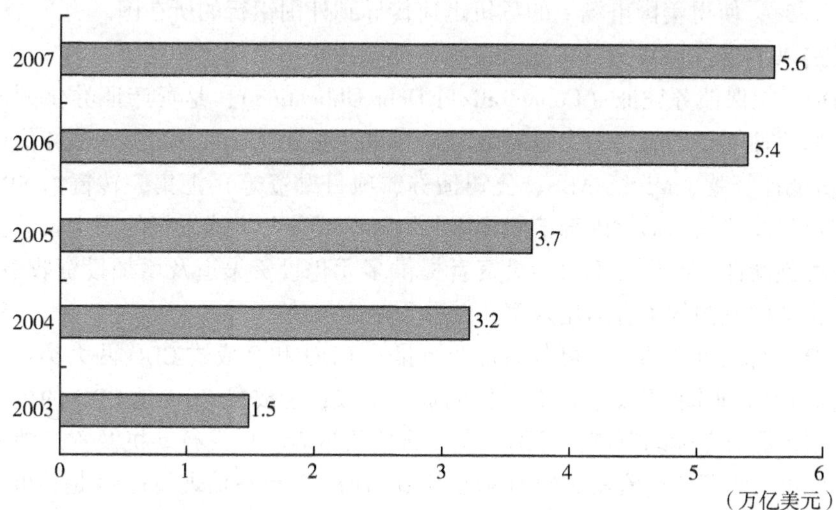


**图 3.6　美国 2003～2007 年次级抵押贷款支持证券总规模**

资料来源：ISDA 国际互换与衍生品协会。

**表 3.2 美国次级抵押贷款债券的主要购买方（2008 年）**

| | 金额（十亿美元） | 百分比（%） |
|---|---|---|
| 美国投资银行 | 75 | 5 |
| 美国商业银行 | 250 | 18 |
| 美国政府性抵押贷款机构 | 112 | 8 |
| 美国对冲基金 | 233 | 17 |
| 外国银行 | 167 | 12 |
| 外国对冲基金 | 58 | 4 |
| 保险公司 | 319 | 23 |
| 金融公司 | 95 | 7 |
| 共同基金和养老基金 | 57 | 4 |
| 合计 | 1366 | 100 |

据国际互换与衍生品协会的有关数据显示，2003 年美国的次级抵押贷款支持证券才 1.5 万亿美元，2007 年就达到 5.6 万亿美元，短短四年增加了 3.73 倍。尽管次贷所占比例不大，但基于次贷的 MBS 规模却相当可观。表 1.2 数据表明 2008 年美国购买 MBS 的主要是保险公司、美国商业银行、美国对冲基金和外国银行，这也在一定程度上解释了次贷危机发生时，保险公司、美国商业银行和美国对冲基金损失巨大，同时由于外国银行购买美国 MBS 的比例达 12%，使得美国市场上的危机迅速传导到外国银行的所在国。

**（三）CDO**

CDO，担保债务凭证（Collateralized Debt Obligation），是资产证券化领域最重要的两种创新产品之一，是创始银行将拥有现金流量的不同类别债券信用（如住房抵押贷款、MBS、ABS、公司债券、项目融资等）汇集，转售给 SPV 做资产包装及分割，通过内部信用评级，以私募或公开方式发行的固定收益证券。这种创新性金融产品不仅为投资者提供多元化投资渠道及增加投资收益，而且强化金融机构的资金运用效率，转移不确定风险。

CDO 依标的资产的不同可分为现金流量式 CDO 和合成式 CDO 两大类：现金流量式 CDO 通常由放款、债券等标的资产组成；合成式 CDO 是 CDO 的衍生品，以债权群组为标的资产，且不真实出售给投资者。依发行动机及资产池的来源不同可分为资产负债表型 CDO 和套利型 CDO，资产负债表型 CDO 是具可证券化资产的金融机构为了将债权资产从发行人资产负债表中移除，管理资产负债表的目的而发行的金融产品；套利型 CDO 则是基金公司或财务管理公司发行

的以获取买卖间利差的金融产品。依管理方式可以分为静态型 CDO（Static CDO）和管理型 CDO（Managed CDO）：静态型 CDO 是资产组合在 CDO 存续期间固定不变，主要风险是信贷风险；而管理型 CDO 则是有资产组合经理被授权对 CDO 的资产进行积极管理，可以根据策略自由组合信贷资产，因此管理型 CDO 除存在信用风险外，还存在委托—代理风险，目前大多数 CDO 是管理型 CDO。依所参考的资产可分为 CBO（Collateralized Bond Obligations）、CLO（Collateralized Loan Obligations）、CIO（Collateralized Insurance Obligations）、CDO squared、CDO 立方、SFCDO（Structured Financial Collateralized Debt Obligations）：CBO 的资产群组是以债券债权为主，是市场流通债券的再证券化；CLO 的资产群组是以贷款债权为主，是信贷资产的证券化；CIO 的资产群组是保险或再保险合同；SFCDO 的资产群组是结构性金融产品，如 MBS 和 ABS；CDO 的平方或立方的资产群组则是已经发行的 CDO 证券，是 CDO 的 CDO，比单层 CDO 有着更高的收益和更大的风险，其敏感性位于违约频率、回收率、违约风险的相关性、内部 CDO 的违约分布四个方面；CDO 的立方则是在 CDO 的平方上继续扩大风险和收益。单级 CDO（Single-Tranch CDO）产生于2003 年，属于合成式 CDO，与其他类型 CDO 不同的是单级 CDO 不存在 SPV，能为投资者提供更具个性化的证券化产品，满足其特定的投资需求，同时节省了 CDO 的发行时间和成本，但是发起人承担了部分信贷风险。标准普尔将 CDO 分为高评级（High-grade）、中间层（Mezzanine）和 CDO 平方（CDO Squared）三大类：高评级 CDO 是指资产池中债券评级以 AA 和 A 为主的 CDO；中间层 CDO 主要以资产池中 BBB 级和 A 级为主的 CDO；而 CDO 平方则是投资于其他 CDO 的 CDO。

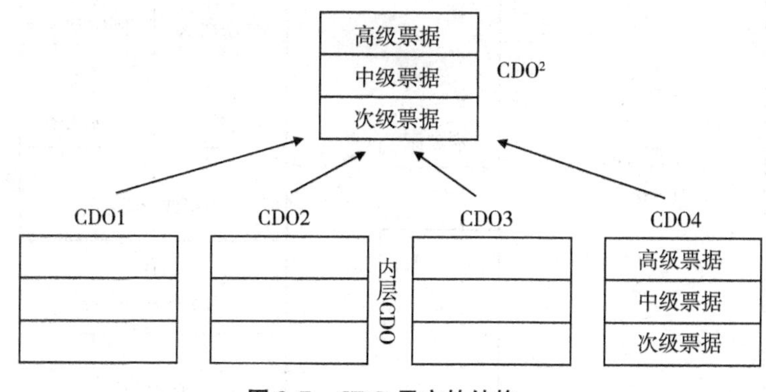


**图 3.7　CDO 平方的结构**

资料来源：中国平安期货。

表 3.3 CDO 的主要类型

| 分类标准 | 类型 |
|---|---|
| 标的资产 | 现金流量式 CDO |
| | 合成式 CDO |
| 交易目的 | 资产负债表型 CDO |
| | 套利型 CDO |
| 参考的资产 | CBO |
| | CLO |
| | CIO |
| | CDO 平方、CDO 立方 |
| | SFCDO（MBS、ABS） |
| 管理方式 | 静态型 CDO |
| | 管理型 CDO |
| 其他 | 单级 CDO |

资料来源：自行绘制。

CDO 产品结构是转付（Pay-through）结构，这与 MBS 的过手（Pass-through）不同，它以不同的 MBS 作为资产池，将资产池产生的现金流量重新安排后，出售给不同风险偏好的投资者，其典型结构有：①将 MBS 债券切割成不同的权益档次；②按照从上往下的顺序将提前偿还的本金分配给各档；③按照从下往上的顺序依次承担违约损失。

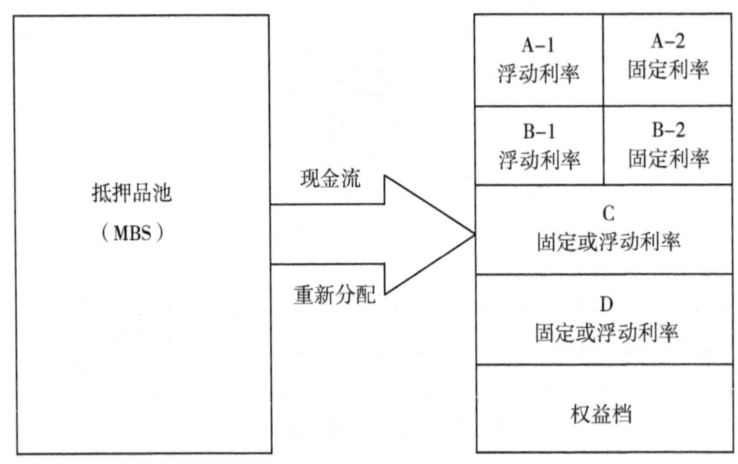


图 3.8 CDO 基本结构

为了弥补传统证券化产品对收益/风险重新分配的缺陷，最早的以重新分配违约风险为主的再证券化金融创新产品——CDO 是由 Drexel Burnham Lambert 在 1987 年发行的。特别是 2001 年 David X. Li 的 Gaussian Copula Models 能快速给 CDO 定价，促进了 CDO 在市场的广泛流通。1995 年 CDO 出现还少，到了 2006 年发行的 CDO 超过 5000 亿美元，其中 40% 的抵押品是 RMBS，RMBS 中又有 3/4 是次级抵押贷款和房屋净值贷款。根据 JP 摩根的数据 2006 年有 1730 亿美元的 CDO 的抵押品来自于次级贷款 MBS。

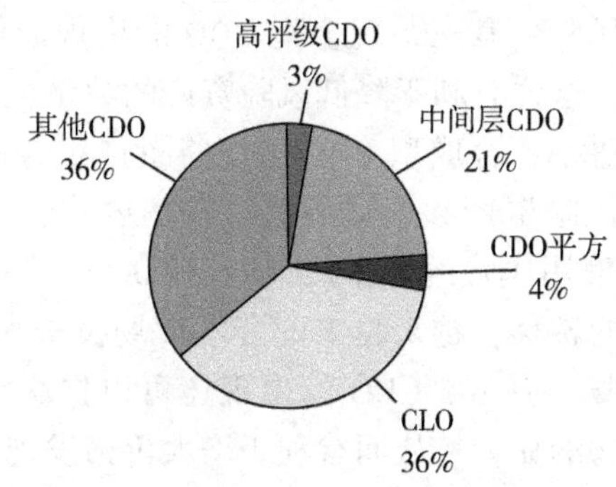


**图 3.9 美国 2007 年 7 月不同类别 CDO 的构成**

资料来源：International Monetary Fund。

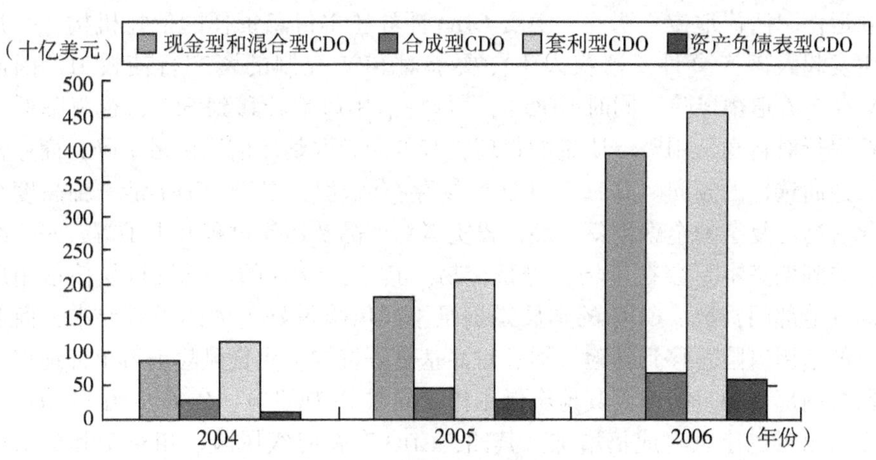


**图 3.10 不同类型 CDO 的发展状况**

资料来源：Securities Industry and Financial Markets Association（2007）。

CDO 市场发展迅速，有如下五点原因：其一，CDO 作为一种复杂的证券化产品和信用衍生产品，它的出现给投资者提供了投资信贷市场的机会。CDO未产生时信贷资产是商业银行资产负债表上的账目，投资者几乎没有机会通过承担信用风险来获取相应利益。随着合成型CDO的产生，商业银行有机会在不转移信贷资产所有权的前提下向投资者转移信用风险。其二，CDO为地区性商业银行或中小型银行提供了实施广泛多元化的机会。地区性商业银行由于贷款组合具有鲜明的地域性，中小型银行由于其贷款组合往往集中于特定行业，都具有风险集中度很高的特征，从而不能实现广泛的多元化运作。CDO的出现使得这些银行通过购买其他地区、其他行业商业银行发行的CDO，从而更加有效地管理信用风险。其三，现金型CDO的出现能使信贷资产从发起人的资产负债表中转出，这样有利于降低风险资产的数量，提高资金的周转速度以及提高发起人的收益率；合成型CDO可以将资产组合的信用风险转移给投资者，因而也可降低风险资产数、降低监管资本要求；而部分融资合成型CDO则有利于降低管理信用风险的成本。其四，CDO的产生促进了信用风险从银行系统向资本市场的转移，越来越多的资本市场投资者承担了信用风险，这样有利于稳定金融市场。其五，CDO的出现还可以提高信贷市场的流动性和深度，有利于信贷市场的完善，从而有利于增大价格发现的作用，愈加充分地发挥信贷市场的资金融通功能。

而此次美国次贷危机的爆发则彰显了CDO的潜在风险：其一，CDO的发行存在道德风险和逆向选择。CDO的发行一般涉及SPV，而SPV通常是一个独立运作、法律地位不明确、负责CDO证券还本付息责任的信托机构，一旦发生发起人破产事件，债权人不能要求对SPV控制的资产行使权力，因而SPV存在着道德风险。同时CDO的发行将信用风险转移到SPV，也就降低了商业银行对自身信用资产质量的管理，有可能导致整体信用质量下降，商业银行有逆向选择的倾向。其二，CDO市场存在流动性风险。CDO是一种高度个性化、高度复杂的金融创新产品，投资者对产品及运作过程并不了解，一旦购买除非到期基本不会在市场上进行交易。其三，CDO的广泛发行易使信用风险向其他部门扩散。CDO的本质是满足不同风险偏好主体的投资要求，商业银行的信用风险转移到保险公司、对冲基金等机构，次贷风险不再单纯地保留在银行内部，而是扩散到其他金融主体，同时CDO平方、CDO立方和CDO N次方的出现也让风险成倍增加。其四，CDO存在降级风险。相对于其他结构性金融产品，CDO的信用等级被降级（Downgrade）的概率更高，被升级的概率更低，这表明CDO的潜在风险高于ABS、RMBS、CMBS等证券化产品。表3.4和表3.5分别描述了CDO减值率估计和CDO减值估计。

**表 3.4　CDO 减值率估计**

单位：%

| | 2005 | 2006 | 2007 |
|---|---|---|---|
| 高评级 | 10 | 50 | 50 |
| 中间层 | 15 | 70 | 70 |
| CDO | 15 | 60 | 60 |

资料来源：标准普尔研究报告。

**表 3.5　CDO 减值估计**

单位：十亿美元

| | 2005 | 2006 | 2007 | 总计 |
|---|---|---|---|---|
| 高评级 | 52 | 92 | 82 | 226 |
| 中间层 | 29 | 87 | 81 | 197 |
| CDO | 7 | 9 | 18 | 34 |
| 预期核销额 | 10 | 112 | 109 | 231 |

资料来源：标准普尔研究报告。

据标准普尔的研究报告可知，在 2005 年，CDO 的减值率不高，高评级仅为 10%，中间层也只有 15%。2006 年次贷危机开始在美国显现，2006 年、2007 年的高评级 CDO 减值率增长了 5 倍，达到一半，中间层高达 70%，2007 年底 CDO 预期核销额就有 1090 亿美元。

**（四）CDS**

CDS，信用违约掉期（Credit Default Swap，CDS），又称信用违约互换，是信用衍生品的重要资产类型，是目前全球交易最为广泛的场外信用衍生品。它可以看作对存在信用风险资产（包括贷款、债权或其他衍生品）的担保，是一种价格浮动的可供交易保险合同。该保险合同是一份双边合同，约定若合同所涉及的金融资产未出现信用事件，购买信用风险保险的一方定期向承担风险的一方支付“保险费”，而一旦发生信用事件，则承担风险的卖出方需承担购买方的资产损失。所谓的信用事件根据国际互换与衍生品协会（International Swaps and Derivatives Association，ISDA）的定义主要包括如下五个方面：一是未履行债务；二是破产，但不包括主权国家的破产；三是重组；四是拒付或延期偿付；五是债务扩大或技术违约。CDS 最初的功能是降低债权人的信贷风险，用于套期保值，其后出现投机与套利交易。一般来说，CDS 的购买方是持有大量金融资产的银行或其他金融机构；CDS 卖出方为保险公司、对冲基金、商业银行和投资银行，在中国内地无论是购买方还是卖出方只能是具有中国银监会批准资格的商业银行。它与 CDO 共同成为资产证券化领域最重要的两种创新产品。图 3. 11 为基本 CDS 交易。

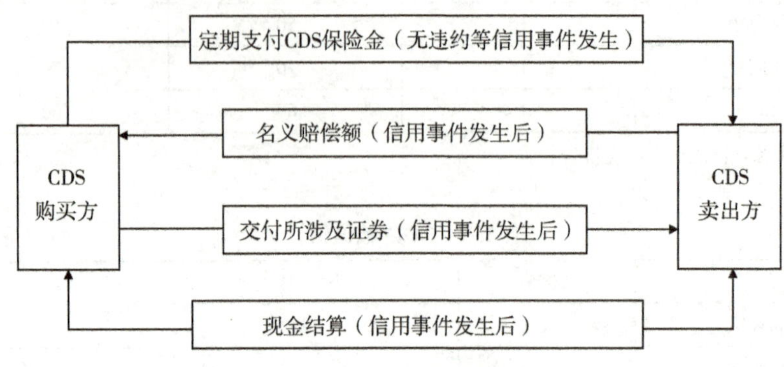


**图 3. 11　基本 CDS 交易**

资料来源：Credit Default Swaps and Counterparty Risk，European Central Bank，2009.

CDS 主要有三种类型：单一信用违约互换、一揽子信用违约互换和指数信用违约互换。单一 CDS 是只为一家公司或主权体提供信用保护；指数 CDS 包含一系列单一 CDS，每单一 CDS 所涉及的公司或主权体都具有相同的名义赔偿额，是这些金融产品中标准化程度最高的 CDS 类型；一揽子 CDS 包含多家公司或主权体，一般是 3 ~ 100 家，较指数 CDS 更加灵活，其数量和价格的确定更加模糊。

合成型 CDO 构筑在 CDS 的基础之上，可被划分为完全融资合成型 CDO（Fully Funded Synthetic CDO）和部分融资合成型 CDO（Partially Funded Synthetic CDO）。合成型 CDO 是次贷产品链中极其重要的创新型金融产品，也是引发本次次贷危机的关键金融创新产品之一。完全融资合成型 CDO 是发起人针对一资产组合向 SPV 购买一个 CDS，与此同时也将资产组合的信用风险转移给 SPV；SPV 则以签订的 CDS 合同为基础，发行各级 CDO 证券，并向机构投资者销售上述各级证券；之后将销售 CDO 证券获得的收入，再投资于一个独立的抵押资产池（Collateral Asset Pool），资产池中的资产均为 AAA 级无风险资产；若参照实体没有发生违约事件，那么 SPV 将利用 CDS 保费以及抵押资产池产生的现金流，向证券投资者支付利息；若参照实体发生违约事件，那么 SPV 将利用抵押资产池产生的收入或者利用出售抵押资产池中无风险资产的收入，向发起人进行赔偿；最后当 CDO 证券期限届满时，SPV 出售抵押资产池中所有资产，向投资者支付本金。图 3. 12 为完全融资合成型 CDO 的构造。部分融资合成型 CDO 和完全融资合成型 CDO 的构造大致相似，唯一不同之处在于发起人针对资产组合订立了两个优先次序不同的 CDS 合同来转移信用风险，因而不需要充分融资。图 3. 13 为部分融资合成型 CDO 的构造。

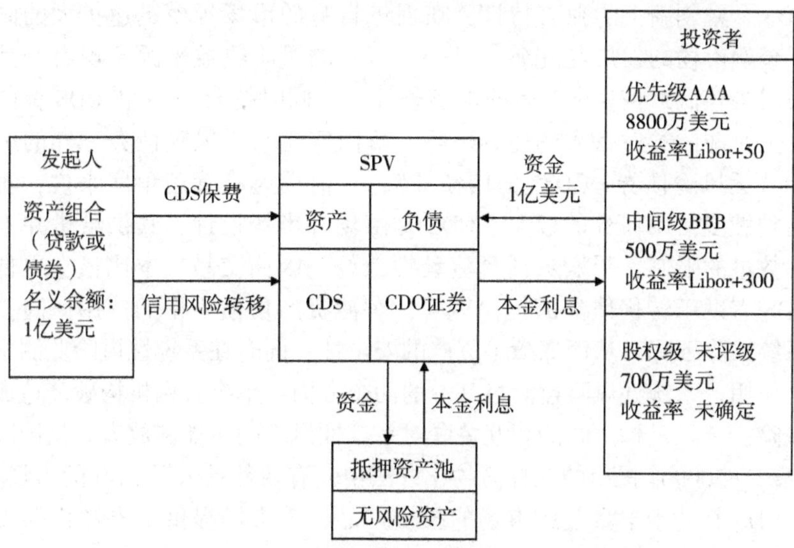


**图 3.12 完全融资合成型 CDO 的构造**

资料来源：Cousseran 和 Rahmouni（2005）。

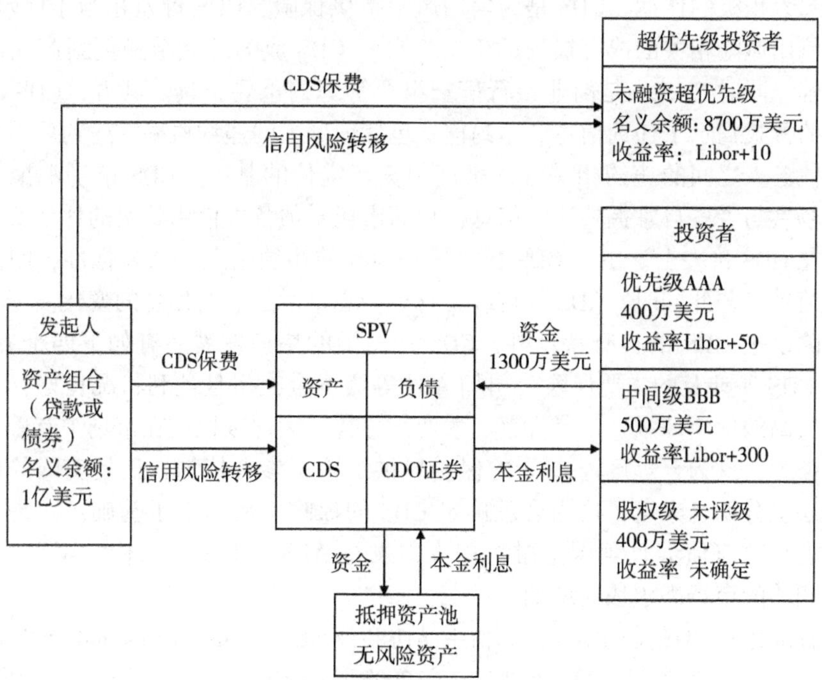


**图 3.13 部分融资合成型 CDO 的构造**

资料来源：Cousseran 和 Rahmouni（2005）。

CDS 金融创新上的独有特性，在促进自身的市场规模迅速扩大的同时也促进了金融市场的发展与完善。其一，CDS 的风险收益来源于现有产品组合且交易成本较低。在完全有效的市场条件下，同时持有 CDS 和 CDS 标的资产就能完全对冲债券发行人的违约风险，从而实现与无风险债券一样的风险收益，即“无风险债券=CDS+信用债券”，从信用风险管理角度来说，卖 CDS 就能达到做多信用债券的效果。CDS 是由场外市场设计，其供给量并不受标的债券数量的限制，买卖灵活且流动性较好，因而交易成本比债券更低。其二，CDS 有助于转移债券的担保风险，对冲资产负债表中的信用风险，使得金融系统风险下降，从而保障了资产的安全性；同时在系统性风险监测中发挥了较大作用。系统性风险监测最基本的两个方面：单个金融机构破产造成的系统性风险；金融机构之间的相互关联对系统性风险的传播和放大。从国际货币基金组织（2009）提出的三种简约化方法中就有两种是依据 CDS 的市场数据。其三，CDS 有助于丰富金融市场的投资产品，为市场提供了多样化的投资工具，从而可以满足投资者不同风险偏好的需求。其四，CDS 的价格反映了所涉及金融资产违约等信用风险的变动，这对创新金融产品、对市场信用风险定价都起着积极的作用。CDS 是为信用风险提供保险，CDS 价差相当于保险金，是与信用风险相关的或有损失的价格，自然 CDS 成为复杂金融创新产品的定价基础。同时 CDS 也是商业银行信贷组合管理的重要工具。其五，CDS 以社会化的方式揭示了违约信息。违约信息包括债务人的违约概率、违约后损失和不同债务人之间的违约相关性，是信用资产定价的基础。CDS 市场汇聚了信用市场参与者各自掌握的违约信息，从而市场对债务人信用状况的评估就集中反映在 CDS 价差上。由于 CDS 反映的是纯粹的违约信息且条款标准，因而精确、简单。与此同时，CDS 的持续交易也动态揭示了违约信息的变化。

除以上 CDS 的自身特性外，CDS 在美国的快速发展还有如下四个方面：一是 CDS 所涉及的主要保险公司如 AIG 等资本金充裕且盈利状况良好，能够获得较高的信用评级；二是标普、穆迪、惠誉三大评级机构在市场中有着较强的公信力，这为合理确定 CDS 的保费提供了重要参考依据；三是美国的债券市场层次分明且丰富，这为合理确定 CDS 的保险费率奠定了基础；四是美国大量发行政府债券且美国金融机构大力发行 ABS、MBS 等结构性金融产品，使得相关的市场需求快速增加。

标准化的 CDS 是国际互换和衍生品协会（International Swaps and Derivatives Association，ISDA）于 1998 年创立，在 2003 年后 CDS 交易得到了快速的发展，2007 年底达到最大值。图 3.14 为 CDS 市场规模和单名 CDS 占比。

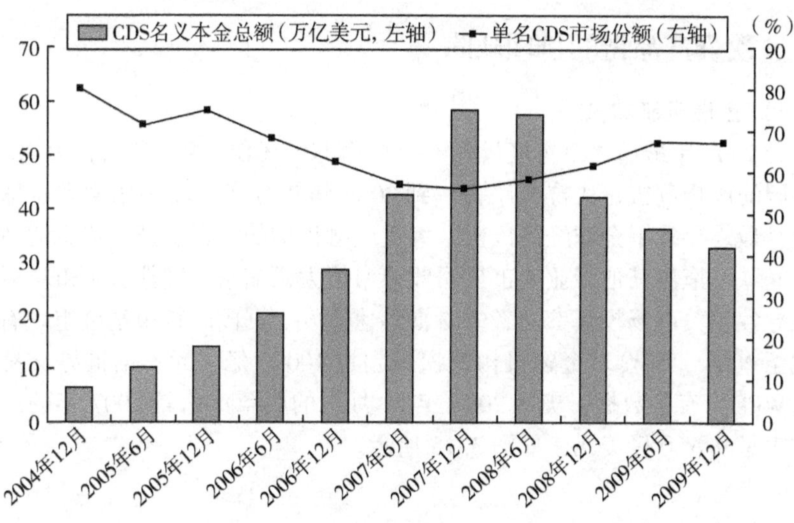


**图 3.14 CDS 市场规模和单名 CDS 占比**

资料来源：BIS。

尽管 CDS 的出现对金融市场的完善与发展产生了重要影响，但是其本身也蕴藏着相当大的缺陷。一是 CDS 与 CDO 关系密切，存在着较大的连带风险。在全球 CDO 市场中合成型 CDO 占较大比例，而合成型 CDO 是以 CDS 交易为基础的。次贷危机使得许多次级抵押贷款债权出现违约，大量超优先级投资者支付不了 CDS 赔付额而濒临破产，从而发起人也不支付 CDS 保费，使得 CDO 证券出现违约，最终导致 CDO 的投资者遭受巨额损失。二是 CDS 被商业银行用来规避《巴塞尔资本协议》管制。商业银行一般通过建立资产负债表外投资实体和通过购买 CDS 将风险资产转为无风险资产两种渠道来规避《巴塞尔资本协议》的管制，次贷危机爆发后保险公司自身出现问题，CDS 因而也不能获得相应赔付，商业银行由于购买 CDS 后变成无风险资产的资产又转为风险资产，一旦风险资产在市场上的价值下降，商业银行就得承受巨额亏损。三是 CDS 的交易缺乏透明度，存在着交易对手风险。大多数 CDS 是场外交易，其保险费率和赔付额都是由 CDS 合同双方协商确定，一旦 CDS 卖方出现违约或倒闭，CDS 的价值就可能大幅下降或跌至零，那么 CDS 的买方就得承受巨大的交易对手风险。美国规模最大的保险公司 AIG 濒临倒闭的主要原因是位于英国伦敦的子公司金融产品深陷 CDS 市场，随着次贷危机的爆发，基于次级抵押贷款的 CDO、公司债券等违约率全面上升，使得 AIG 面临巨大的赔付困境，若无美国政府巨资注入，AIG 本身的资本金将很快被侵蚀。

## 二、次贷产品链的机理缺陷

### (一) 止损机制缺失

随着2007年最后一个季度贝尔斯登的两只与CDO相关的对冲基金破产，始于美国的次贷危机正式拉开序幕。到2008年9月演变成一场席卷全球的金融危机，最终导致了全球经济危机。大量金融机构的亏损、破产或倒闭造成股票价格暴跌，拖累其他行业上市公司股票市值大幅缩水和其他资本市场巨幅调整，也导致相关市场投资参与者的财富迅速蒸发。据国际货币基金组织有关数据，截至2008年底全球金融机构的损失超过10000亿美元；据世界交易所联合会（WFE）有关数据，美国2008年11月末的股票市值较2007年的历史最高值减少了9.5万亿美元，如图3.15所示。

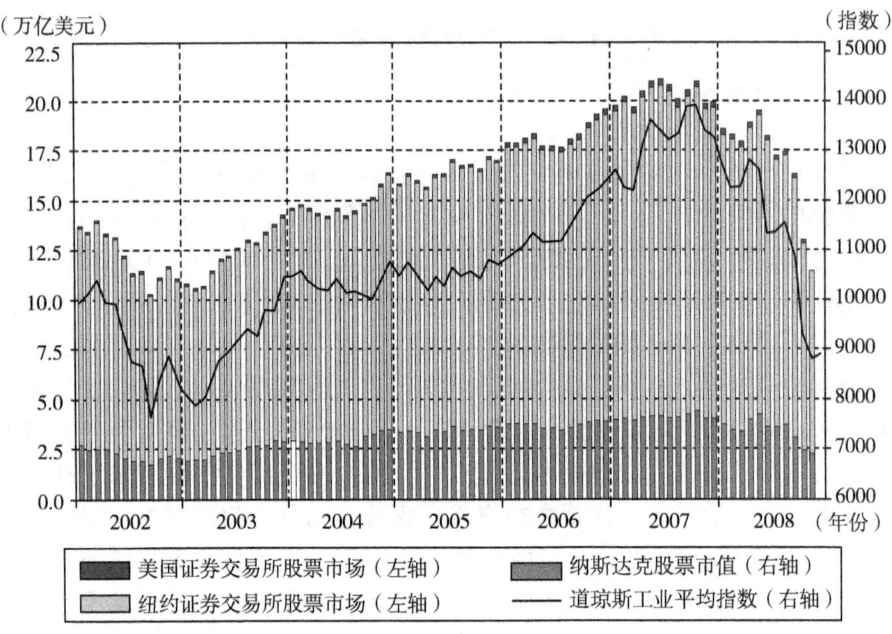


**图3.15 美国道琼斯股票指数与美国股票总市值（2002~2008年）**

资料来源：世界交易所联合会（WFE）网站。

数额仅有1.3万亿美元左右的“次贷”引发了如此大的国际性金融危机。从次贷产品链的角度分析，有关的金融机构将信贷资产卖给SPV的同时也将有关风险转移了出去，但是对应的止损机制却没有转移给SPV，因而实际上发售的衍生债券缺乏阻止损失的相关措施。

在住房贷款抵押中，住房贷款以住房作为基本抵押品，房价的下落常常导致住房贷款的价值损失，因此发放住房抵押贷款的放款机构通常拥有一系列阻止损失的措施：包括在贷款期限内借款人的资信发生变动情况，预期的抵押品价值可能小于贷款额时要求借款人增加抵押品，使抵押品价值继续保持在所贷款额上；或者是某笔贷款违约风险增大，可以通过强化贷款的内部评级和增提贷款坏账准备等措施减少对应年份的经营利润；或者是对不能按期还款的借款人采取收回住房并拍卖这些住房的措施来阻止住房贷款的进一步损失。从图 3.16 得知，2005 年以后，美国住房贷款的到期未付率不断走高，相关的金融机构却并没有采取相应的如出售这些住房、增加抵押品等阻止损失措施来避免住房抵押贷款的进一步恶化，更为奇怪的是在 2004 ~ 2006 年房价持续下跌的三年间，主要的次贷投放机构每年仍有着较高的盈利水平。

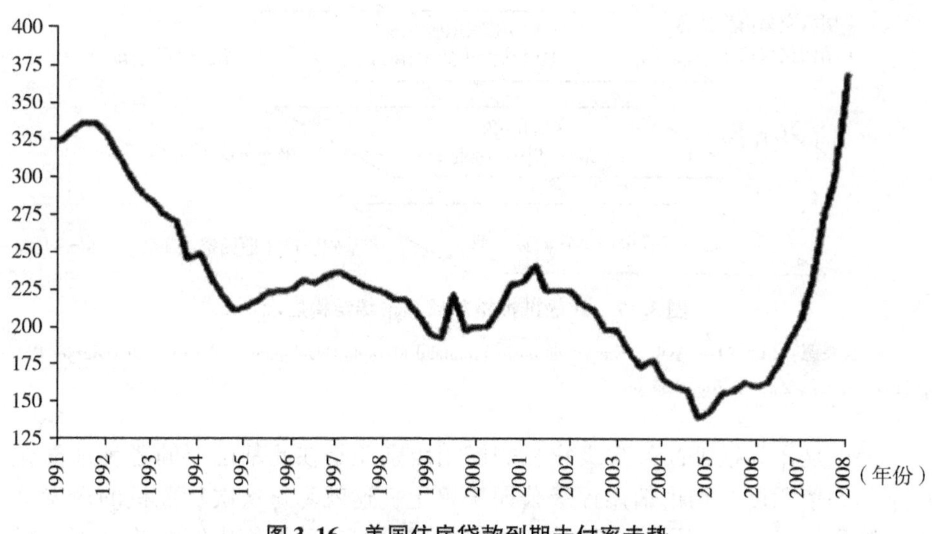


**图 3.16　美国住房贷款到期未付率走势**

资料来源：美国抵押贷款银行家协会。

在资产证券化中，发放次贷的金融机构沿着次贷产品链将次贷的本金收回，SPV 中的资产价值变化与其不相关，因而它们也不关注房价的走势。而债券的持有者却只拥有有限追索权，即只在这些债券出现本息偿付困难时，才能对 SPV 进行损失追偿，这导致债券持有人对 SPV 中的资产价值变化无作为；且 SPV 只是一个虚拟机构，并无一套完整的运作机制，同时也无监察房价走势的机制，从而无力关注房价走势。这也是美国房价指数持续 20 ~ 30 个月下落时，次贷产品链中相关各方没有关注且没有采取相应的阻止损失措施的原因。

### (二) 其他缺陷

1. 信用评级不可靠

次贷产品链除了缺乏止损机制外，从图 3.17 次级抵押贷款债券市场结构层次分析可知，次贷各种证券化衍生产品的出现都伴随着资信评级的出现。金融创新产品如 MBS、CDO、CDS 等通过内部或外部评级后销售给不同风险偏好的投资者。图 3.17 描述了次级抵押贷款债券市场结构层次。

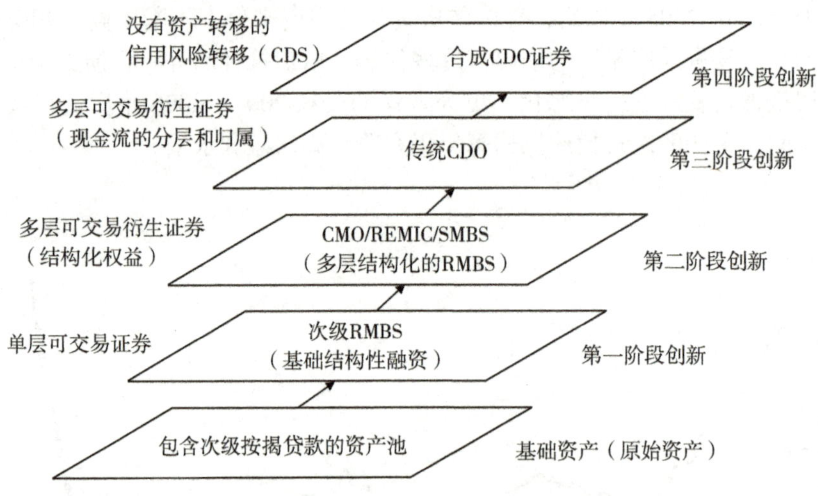


**图 3.17　次级抵押贷款债券市场结构层次**

资料来源：JAY SA-AADU，Securitization in Financial Markets Development：An Emerging Market Perspective，http：//www. africansea. org。

无论是作为抵押品的次级贷款的信用级别还是在此基础上的各种证券化衍生品的信用度，均由信用评级公司来评定，这就为这次次贷危机的爆发埋下了隐患。其一，信用评级机构与市场参与者并未就评级内容达成共识：投资者认为信用评级机构评估的风险包括信用风险和流动性风险，事实上信用评级只包括信用风险。在次贷产品市场中缺乏其他投资评判标准时，投资者就会过度依赖评级机构，使得评级机构发展迅速并出现巨大的道德风险。从图 3.18 可知，2002 ~2007 年三大评级机构：惠誉、标准普尔和穆迪的总收入逐年快速增长。

其二，信用评级机构的评级通常具有主观性、时滞性和利益性的特点。评级机构所使用的评级标准存在着大量的主观指标，这些主观指标权重的确定又由机构自己设定；同时评级机构也未对评级对象实行实时跟踪评级，其评级结论具有明显滞后性；最重要的是，评级机构有时会因各种利益因素出现不客观

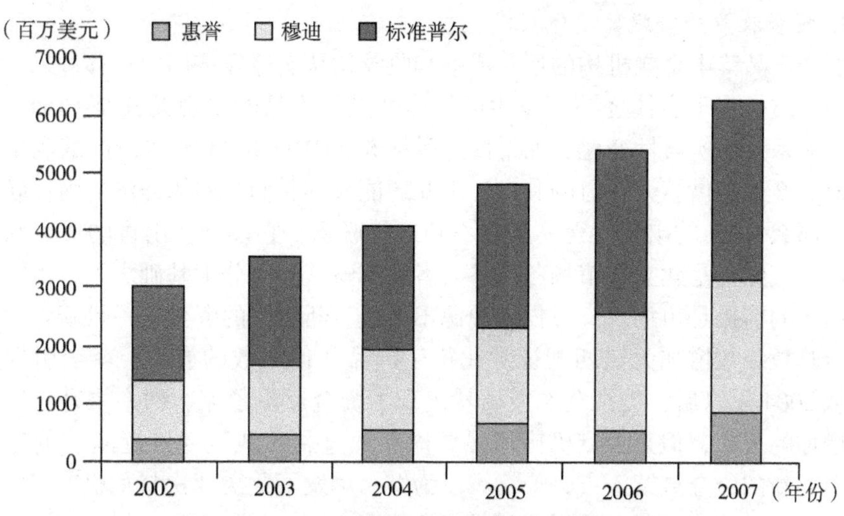

**图 3.18 2002～2007 年三大信用评级机构的总收入**

资料来源：众议院监管和政府改革委员会 2008 年报告。

特性或者是外部投资者对评级结论的过度依赖，使得评级机构被评级对象俘虏。因此，信用评级的过度依赖明显加剧和放大了次贷产品链的机理缺陷。从图 3.19 中，伴随着标准普尔对贝尔斯登评级的下降，其股价出现大幅波动，2008 年 3 月 14 日降至 BBB 级，股价迅速下挫，两天后被摩根大通以每股 2 美元的价格收购。

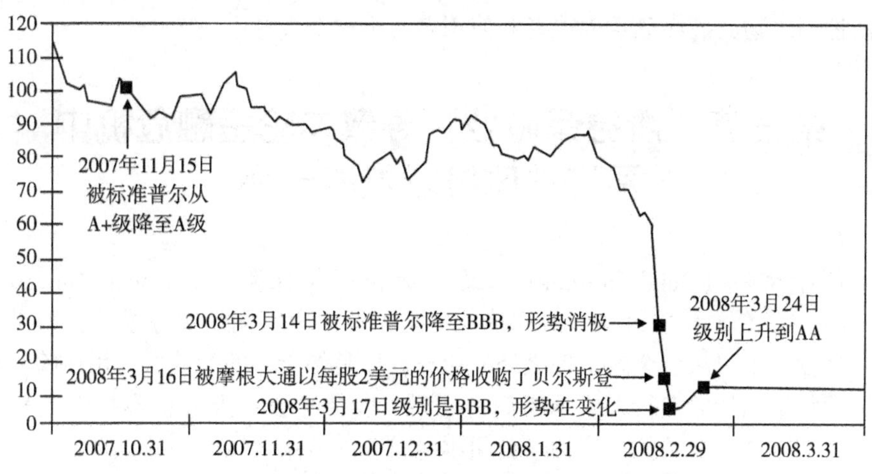

**图 3.19 贝尔斯登的股票价格和标准普尔的评级行为**

资料来源：彭博社。

2. 投资收益严重脱离实体经济

次贷产品链中金融机构的运营成本和收益均从实体经济部门转移过来，金融活动本质是基于实体经济而发生的。而金融衍生品的出现尤其是 CDO，使得这一关系发生实质性变化，如果说过手证券、CMO 和 MBS 等产品的利率收益可追溯至最初借款人支付的利息，由此还能找到它们与实体经济的内在联系的话，那么 CDO 的出现使得完全看不到这种联系。它设计、出售的成本和投资收益，实际上是建立在市场各方参与者已有财富的再分配基础之上，市场运行与周转的前提是市场投资者投入源源不断且不断增大的资金，一旦新入的投资资金算数级数增加无法匹配证券化衍生产品几何级数的放大，就会引致危机。从 2004 年以后，美国金融市场就出现了资金逐步紧缩、利率攀升、货币投放增加的现象，但是大量机构却强调流动性过剩（或流动性泛滥）的论调以期引导新的资金继续入市，最终难以为继，爆发了此次"次贷危机"。

3. 次贷产品链金融创新产品存在天然缺陷

在此次"次贷危机"中，次贷产品链中次贷这类流通性较弱的产品，在金融创新中存在着天然缺陷：模型定价替代了市场定价；价格在盯模与盯市之间由于市场环境的变化产生落差。股票或债券类衍生产品定价大都通过市场供求关系确定，次贷产品链中如 CDO 的定价由于二级交易市场缺乏流动性则通过盯模来实现，即由数学模型或评级来确定。而这些定价模型都存在许多假定条件，一旦模型所需的假定条件发生急剧变化，市场无所适从既而出现有价无市的局面。此外，金融机构借助复杂金融模型精心设计了各种规避风险和带来最大利润的创新类产品，而这些产品偏离预定目标，发展成为创造者和使用者无法控制之物，最终危及创造者和使用者乃至整个金融市场。

## 第三节　债券保险业：导致本轮金融危机中系统性风险爆发的一环

债券保险（Bond Insurance）又称金融担保保险（Financial Guarantee Insurance）。债券保险公司有着和传统保险公司完全不同的业务模式，一是专业化经营，不得从事金融担保之外的业务。二是保险标的为债券信用风险，保险公司承诺当债券发行人或承销商违约时，向债券投资人（债券持有人）支付利息和本金。三是严重依赖于公司本身较高的信用评级。

在美国，债券保险公司属于各州保险监管当局的管辖范围，但其 CDS 业务不受保险监管。在 1990 年之前，债券保险公司主要为地方政府发行的市政

债券承保。为了寻找更有吸引力的盈利增长点，债券保险业从20世纪90年代中期开始介入结构化金融债券的担保业务，并越来越多地介入到次贷MBS、ABS-CDO和CDO平方的金融担保业务之中。

2007年底，美国未清偿的次级住房抵押贷款大约在1.3万亿美元，占全部住房抵押贷款的比重约12%，占同期美国的各项未清偿债务的比重仅为2.65%。如果没有次贷债券及其衍生品的规模扩张，次贷若仅维持在银行账户，相关损失会止于贷款发放机构，这样的规模便难以引发系统性风险（王国刚，2009）。

## 一、债券保险业提供信用增级，刺激次贷债券及其衍生品市场的繁荣

债券保险业从供需两个方向刺激次贷债券及其衍生品市场的规模扩张。一是促进了次贷债券及其衍生品的供给，正是借助债券保险看来似乎“完美”的金融担保功能，次贷债券进而CDO、CDO平方等后续衍生产品才能不断投入市场，成为投资市场的“香饽饽”，风险敞口才不断放大，最终酿成金融危机。二是通过对商业银行主办的资产支持商业票据管道（ABCP Conduit）等提供信用增级，便利后者发行短期商业票据购买次贷债券及其衍生品，增加了次贷债券及其衍生品的市场需求。上述机理如图3.20所示。

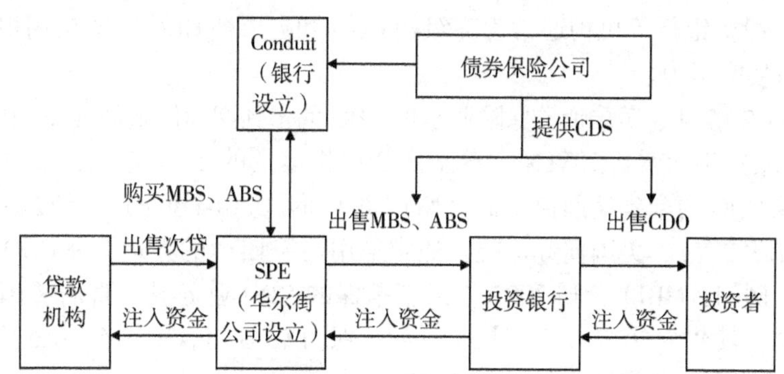


图3.20 债券保险业在次贷证券化及其衍生机制中的作用机理

### 1. 直接承保次贷RMBS，促进了其供给规模的扩大

次贷RMBS通常由华尔街公司设立的SPE发行。为了提高所发行次贷RMBS的信用等级，部分SPE向债券保险业购买了金融担保保险或者CDS。截至2007年底，美国债券保险业直接承保的次贷RMBS未到期面值余额（Net Par Value Outstanding）达到120.57亿美元（见表3.6）。

**表 3.6　美国债券保险业承保次贷 RMBS 未到期面值余额**　单位：亿美元

| 债券保险业主要公司 | 2005 年底 | 2006 年底 | 2007 年底 |
|---|---|---|---|
| FSA 公司 | 5.79 | 1.25 | 29.99 |
| Assured 公司 | 38.18 | 19.28 | 6.63 |
| MBIA 公司 | — | — | 43 |
| Ambac 公司 | 15.16 | 10.26 | 5.76 |
| FGIC 公司 | 34.89 | 4.14 | 21.52 |
| Radian 公司 | 0 | 0 | 0 |
| CIFG 公司 | 14.53 | 3.61 | 0 |
| Security Capital | 3.08 | 0 | 13.67 |
| 合计 | — | — | 120.57 |

注：数据统计截止到 2007 年 12 月 31 日。MBIA 公司未披露 2005 年、2006 年数据。

资料来源：MBIA 年报、Ambac 年报以及美国金融担保保险协会（AFGI）2008 年 3 月 12 日的国会证词。

2. 承保的 CDO 业务市场规模日趋庞大，间接拉动了 CDO 对次贷 RMBS 的需求

华尔街的投资银行和基金是次贷 RMBS 的主要购买者，它们将次贷 RMBS、非次贷 RMBS、ABS 等汇聚为资产池之后，又把后者的现金流切割成高级档（High Grade）CDO、夹层档（Mezzanine）CDO 和权益档（Equity）CDO 等。投资银行等机构通常为高级档 CDO 和夹层档 CDO 购买信用担保，以增加其市场吸引力。

2005～2007 年，美国债券保险业承保 CDO 的未到期面值余额（Net Par Value Outstanding）年均增长 29.1%，截至次贷危机爆发的 2007 年底，美国债券保险业承保 CDO 的未到期面值余额（Net Par Value Outstanding）达到 2256.93 亿美元（见表 3.7）。美国债券保险业通常采用销售 CDS 的方式，为 CDO 提供信用担保。例如，MBIA 公司 2005 年以来承保的 CDO 业务量一直居美国债券保险业首位，其截至 2007 年 12 月 31 日所承保的 CDO 组合中，有 90% 是通过销售 CDS 的方式来实现（MBIA，2007 年报）。

**表 3.7　美国债券保险业承保 CDO 的未到期面值余额**　单位：亿美元

| | 2005 年底 | 2006 年底 | 2007 年底 |
|---|---|---|---|
| MBIA 公司 | 816 | 1025 | 1463 |
| Ambac 公司 | 491.8 | 605.5 | 668.7 |
| FGIC 公司 | 20.91 | 38.85 | 49.58 |

续表

| | 2005 年底 | 2006 年底 | 2007 年底 |
|---|---|---|---|
| Radian 公司 | 1.5 | 5.11 | 0 |
| CIFG 公司 | 11.27 | 51.96 | 7.22 |
| Security Capital | 9.49 | 70.96 | 68.43 |
| FSA 公司 | 3 | 0 | 0 |
| Assured 公司 | 0 | 0 | 0 |
| 合计 | 1353.97 | 1797.38 | 2256.93 |

注：数据统计截至 2007 年 12 月 31 日。

资料来源：MBIA 年报、Ambac 年报以及美国金融担保保险协会（AFGI）2008 年 3 月 12 日的国会证词。

美国债券保险业为 CDO 提供信用增级，间接拉动了对次贷 RMBS 的需求。以 MBIA 公司为例，2004 年以来，在其每年承保的高级 CDO 和夹层 CDO 所对应的资产池中，次贷 RMBS 占比都在 31% 以上（见表 3.8）。

**表 3.8　MBIA 公司所承保 CDO 的资产池状况**

| 年份 | 年承保额（百万美元） | CDO 资产池中次贷 RMBS 占比（%） |
|---|---|---|
| CDOs of High-Grade U.S. ABS | | |
| 2004 | 1309 | 31 |
| 2005 | 600 | 33 |
| 2006 | 3273 | 31 |
| 2007 | 10919 | 37 |
| CDOs of Mezzanine U.S. ABS | | |
| 2000 | 40 | 2 |
| 2002 | 941 | 10 |
| 2003 | 930 | 25 |
| 2004 | 587 | 36 |
| 2007 | 468 | 43 |

资料来源：MBIA 2007 年报。

3. 对资产支持商业票据管道（ABCP Conduit）提供信用增级，以便利后者购买次贷债券及其衍生品

资产支持商业票据管道（ABCP Conduit）属于 VIEs（可变利益实体）的

一种。ABCP 管道通常为商业银行发起，目的之一是规避巴塞尔资本协议的监管要求。从 20 世纪 90 年代后期开始，商业银行开始设立主要购买投资级（Rated）ABS、RMBS、和 CDO 债券的管道，管道依靠发行短期商业票据进行融资。因为 ABS、RMBS 和 CDO 债券的利率远高于 Libor，而发行短期商业票据利率等于或低于 Libor，其中存在明显的套利机会。2004 ~ 2007 年全球新设立了 70 个可以发行美元计价商业票据的管道，其中有 40 个从事上述套利交易。2007 年 8 月，新发行的资产支持商业票据（ABCP）达到 1.2 万亿美元（Standard & Poor，2008）。

债券保险业对资产支持商业票据管道发行债务凭证提供金融担保保险（Financial Guarantee Insurance）。虽无全行业统计资料，但 2007 年底，仅 Ambac 公司为商业银行发起的 Multi Seller Conduits（多卖方中介机构）提供的金融担保余额即达到 556.97 亿美元（见表 3.9），上述管道的商业票据融资被用于购买次贷 RMBS 和 CDO 等（Ambac，2007 年报）。

**表 3.9　Ambac 公司为资产支持商业票据管道提供的金融担保余额**

（Net Par Amount Outstanding）　　时间：每年 12 月 31 日　　单位：亿美元

| | 2003 年 | 2004 年 | 2005 年 | 2006 年 | 2007 年 |
|---|---|---|---|---|---|
| 美国国内 | 271.26 | 288.58 | 325.05 | 348.15 | 364.07 |
| 国际 | 125.03 | 156.92 | 153.56 | 178.63 | 192.90 |
| 合计 | 396.29 | 445.50 | 478.61 | 526.78 | 556.97 |

资料来源：Ambac 公司 2003 ~ 2007 年年报。

## 二、CDS 放大了次贷损失，债券保险业是其主要销售方

只要不存在财务杠杆，销售 CDS 本身并没有比购买公司债券风险更高。但是在不断衍生的过程中，CDS 的功能和作用被异化，成为了金融危机爆发的重要一环。CDS 的负面效果①包括以下两个方面：

第一，放大了次贷损失。随着以 CDS 为基础资产的合成 CDO 持续发行，

① 虽然合成 CDO 具有赌博的属性、成了放大危机的工具之一，但是，对于单名 CDS（指只有一个标的机构的 CDS，是最简单的 CDS 产品）是否具有正面作用却存在争论，高盛高管认为其“社会价值（Social Utility）”有：增加个性化风险管理工具、提高市场的流动性等。高盛董事长 Gary Cohn 在 FCIC 作证时说：“这与每天成交量达几万手的美元与其他货币间的互换没有本质区别……这就叫金融市场。”谢平（2011）认为 CDS 在揭示违约信息和为违约事件保险方面有不可替代的功能，CDS 市场是一个非常有活力、创新力和自我修复能力的市场，不可能简单地一笔抹杀。

被纳入名义基础资产池而涉及金额被成倍放大的 MBS 债券和现金 CDO 债券越来越多：信用为 A 级的 Glacier Funding CDO 2006-4A 本来只有 0.15 亿美元，但合成 CDO 叠加在它之上的名义金额达到 0.85 亿美元；信用 A 级的 Soundview Home Equity Loan Trust 2006-EQ1 在 0.28 亿美元之上叠加了 0.79 亿美元的合成 CDO；等等。据统计①，高盛发行的合成 CDO 所纳入的名义基础资产中，有 610 档被两次叠加，其中 1 档债券之上竟然叠加了 9 只合成 CDO。而且，到后期 CDS 发展出无实体 CDS，或者叫做 CDS "裸头寸"（Naked CDS），也就是买卖双方都可以与需要信用担保的金融资产毫无关系，这样一份基础资产可以被许多支 CDS 作为标的，CDS 的名义规模远远超过其对应的基础资产的名义规模，这样风险就迅速地以几何量级地膨胀。

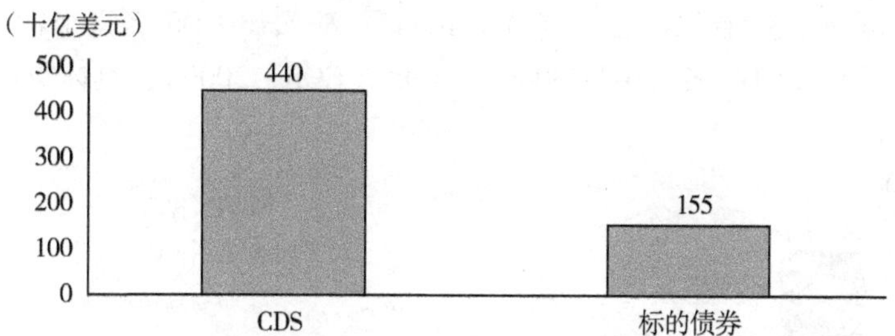


**图 3.21 2007 年雷曼公司 CDS 合同的名义价值和标的债券价值**

注：CDS 合同含单名 CDS 和多名 CDS。

资料来源：The Geneva Association（2010）。

第二，鼓励对赌投机，破坏结构化金融市场的信用安全机制。CDS 交易后来的发展已经远远超出 CDS 设计的初衷，实际上已经异化成为信用保险合约买卖双方的对赌行为，他们赌的就是信用违约事件是否会出现。典型情形就是一只对冲基金做多一只 CDO 权益档的同时，通过 CDS 做空该 CDO 的夹层档甚至安全档。这样，如果该 CDO 按期还本付息，该对冲基金会略有收益；但如果市场崩溃造成该 CDO 彻底违约，那么该对冲基金会赚得更多。FCIC 对 2010 年初 170 只对冲基金（交易名义金额超过 1.1 万亿美元）的调查表明，中等规模的对冲基金常用这种"对冲"策略。2006 年下半年发行的所有 CDO 中，一半以上权益档是由卖空了该 CDO 其他信用档的对冲基金所购买。

如此一来，结构化金融市场的信用安全机制受到了削弱。因为在无实体

① The Financial Crisis Inquiry Commission（2011）.

CDS 交易大量出现以前，CDO 和 MBS 的权益档及垃圾信用档投资者是次贷信用链的守门员。一旦出现违约，它们首当其冲。但通过大量的无实体 CDS 把高风险资产多头与“低风险”资产空头捆绑以后，投资机构似乎已经不担心危机的发生，反而担心危机不够迅猛。在大机构多数站到了空头一方之后，大危机的到来似乎已经不是偶然，而是“合乎逻辑的自然结果”。

对于内置 CDS 的合成 CDO 所具有的赌博属性，正如马里兰大学教授迈克尔·格林伯格（Michael Greenberger）所指出的那样，CDS 市场就是赌场（Casino），是“与房贷无关的双方就房主是否违约进行几十亿美元的合法赌博”。

虽然保险业参与的 CDS 规模并不是最大，但是从统计数据看，保险行业整体上是 CDS 净卖出者，而投资银行和商业银行则成为 CDS 的净买入者。截至 2006 年 12 月底，以 AIG FP 为代表的保险集团附属机构净卖出 CDS 名义金额 3950 亿美元，债券保险公司（Monoliners）净卖出 CDS 名义金额 3550 亿美元，银行净买入 CDS 名义金额 3040 亿美元（ECB，2009），具体见图 3.22。

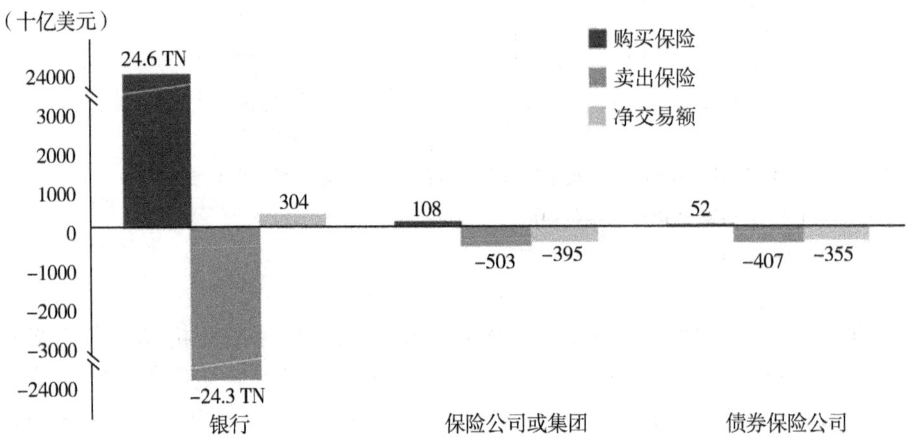


**图 3.22　各金融部门 CDS 的买入额（空头仓位）和卖出额（多头仓位）**

资料来源：The Geneva Association（2010），ECB（2009）。截至 2006 年 12 月底。

## 三、AIG 案例分析

美国国际集团（American International Group，AIG），世界保险和金融服务领导者，曾是全球市值仅次于花旗集团和美国银行的第三大金融机构，旗下的 AIG American General 更是全美最顶尖的人寿保险机构，同时 AIG 是个人和大型企业投资管理市场的翘楚，对美国乃至全球市场都有着无与伦比的影响。

AIG 为全球金融机构提供风险保险，其开发的 CDS 被全球范围内几乎所有主要银行持有，尤其是 AIG FP 的衍生产品合约面值为 1.6 万亿美元，交易对手包括 1500 家公司、政府机构和机构投资者。这些风险头寸高达数百亿美元，一旦崩溃后果不堪设想，因此它是一个典型的“大而不倒”的金融机构。由于几乎所有的美国大银行都大量持有和 AIG 相关的风险敞口，若 AIG 破产倒闭，美国的金融系统就有可能面临前所未有的大问题，并将极大提高市场的借贷成本，进一步削减国家家庭财富，对经济的增长也会产生实质性危害。此外，AIG 不仅担保次债，也担保市政债券，而在其资产业务中，主要投资大量的国债和地方政府债券。

次贷危机中 AIG 遭遇的困境有如下四个方面：一是次贷造成的影响：截至 2008 年 6 月 30 日，AIG 总资产为 1.05 万亿美元。由于持有大量与次贷相关的保险合约，截至 6 月底，AIG 信贷违约掉期业务累计亏损已达 250 亿美元，其他业务亏损也累计达 150 亿美元。到 2008 年底，AIG 因融资业务而蒙受的损失超过 182 亿美元。表 3.10 为 AIG FP 超高级 CDS 平方资产组合未实现市场的价值损失。二是债务方面的负担：在类似投资银行的业务上，无限地为一些公司债券提供偿债担保。这些担保都建立在信用评级上，当借贷人无力偿还借款时，债务负担就落到 AIG 身上，背负着沉重债务负担，导致其周转资金失灵，既而融资有一定难度。三是集团股价方面：股价一度暴跌，2008 年以来，该股累计下跌超过 90%，是道琼斯指数成分股中表现最差的一个。四是信用评级方面：集团的信用遭降级，穆迪投资公司把 AIG 评级由 Aa3 下调两档至 A2；标准普尔将 AIG 评级下调三档，由 AA-下调至 A-；惠誉对 AIG 评级也下调两档，由 AA-降至 A。这些状况使得 AIG 在破产边缘苦苦挣扎。表 3.11 描述了 CDS 资产组合是 AIG 亏损的根源。

**表 3.10　AIG FP 超高级 CDS 平方资产组合未实现市场的价值损失**

| | 季度数据（百万美元） | 当年累计数据（百万美元） |
|---|---|---|
| 2007 年三季度 | 352 | 352 |
| 2007 年四季度 | 11120 | 11472 |
| 2008 年一季度 | 9107 | 9107 |
| 2008 年二季度 | 5565 | 14672 |
| 2008 年三季度 | 7054 | 21726 |
| 2008 年四季度 | 6876 | 28602 |

资料来源：根据 AIG 网址公布的各季度财务报告整理。

表 3.11 CDS 资产组合是 AIG 亏损的根源 单位：百万美元

| | 2006 | 2007 | 2008 |
|---|---|---|---|
| 保费收入 | 74213 | 79302 | 83505 |
| 净投资收入 | 26070 | 28619 | 12222 |
| 已实现的资本利得 | 106 | -3592 | -55484 |
| CDS 未实现的市场损失 | — | -11472 | -28602 |
| 其他收入 | 12998 | 17207 | -537 |
| 总收入 | 113387 | 110064 | 11104 |
| 净利润 | 14048 | 6200 | -99289 |

资料来源：AIG 公司年报。

基于 AIG 在全球及美国举足轻重的地位，美联储在 2008 年 9 月 16 日向陷入财务困境的 AIG 提供了 850 亿美元的贷款，期限为两年，利率为 Libor+8.5%，与此同时美联储将获得 AIG 79.9% 的股权变相接管该集团，而 AIG 以出售资产来偿还这笔巨额债务。同年 10 月 8 日，美联储再次向 AIG 提供 378 亿美元贷款，为其证券出借业务提供资金支持。11 月，财政部向 AIG 注资 400 亿美元购买其优先股，美联储将原有的 850 亿美元贷款额度降至 600 亿美元，利率为 Libor+3%，期限延长到 5 年，并注入 525 亿美元购买抵押担保证券。2009 年 3 月，允许 AIG 将财政部的优先股转换为不付利息的优先股，为 AIG 提供新的 5 年期的股权资本投资，仍拥有取得纽约联邦储备银行信贷额度的权利。

AIG 在此次次贷危机中暴露出的问题，既有来自金融机构、信用评级机构、监管机构等外部的因素，也有其自身内部的因素（见表 3.12）。

表 3.12 导致 AIG 出现危机的因素分析

| 外部（宏观）因素 | 内部因素 |
|---|---|
| 在市场上对评级机构的依赖导致错误“信任” | AIG 强劲的保险业务经营提供了高信用评级。高信用评级使高度复杂的金融创新者在 AIG 控股公司之下创建 AIG 金融产品公司（即 AIG FP）。AIG 开始出售信用违约掉期（CDS）及其他衍生工具 |
| 住房市场的泡沫（权利思想），导致了次贷和贷款抵押贷款担保证券（MBS）（证券）的坏账的增长 | AIG FP 对 CDS 增加的需求做出回应，提供“面上的保险”。CDS 成为银行次贷证券化和债务增长的推动者。尽管 AIG FP 有严格的指导方针，但是循环运动使它覆盖了次贷。当房地产泡沫破灭，AIG FP 是许多银行的“面上的安全网”的持有人。流动性危机爆发 |

续表

| 外部（宏观）因素 | 内部因素 |
|---|---|
| 宽松的银行和储蓄监管使银行从高信用评级提供者处使用 CDSs。没有对金融衍生工具的监管（自由市场思想）。保险监管机构不包括对 AIG 控股公司非保险业务和 AIG FP 进行监管 | 2008 年 AIG FP 在 CDS 的业务规模增长到了 5000 亿美元。没有对该业务的经营情况的检查和制衡。储蓄监管者指出他们缺乏专业知识。没有对衍生品的监管法规，就无法使 CDS 透明化<br>CDS 合同的错误设计使 AIG 在信用降级时对现金抵押品的要求快速增长。AIG FP 的流动性危机对于整个集团来说都是不透明的。它们错误的金融模型忽略了对一些重要假设的解释。CDS 过去和现在都不是保险合同，因此，它缺乏"安全阀门" |
| 保险监管机构对于 AIG 经营保险业务的公司和保险产品的监管一直很严格 | AIG 保险单位的证券借贷业务和在 MBS 方面的投资均远超过监管指标。AIG 必须提供现金池以达到保险监管要求。公司并没有出售刚刚收购的有毒资产。这些业务同时继续使 AIG 逐渐耗尽现金，恶化了流动性危机。保险监管机构不允许动用保险公司 1 万亿美元的资产援助 AIG FP，一个非保险实体 |
| 金融市场危机的爆发和雷曼兄弟的倒闭。美国政府认识到 AIG FP 在全球范围的业务之间的相互联系 | 在资本市场找解决方案的努力失败，美国政府提供了 1820 亿美元的援助 |

资料来源：《保险业中系统重要性金融机构的考量识别》，日内瓦协会，2011 年 4 月。

从制度层面和技术层面两个方面分析，AIG 陷入财务困境的原因主要有以下几个方面：从制度方面看，其一，AIG 业务过多地绕着房地产展开使得风险过于集中。理论上多元化经营有利于分散风险，但是 AIG 全面涉足了房地产金融的各个领域，导致与房地产市场相关的风险过度集中。AIG 的保险和金融服务部门直接投资于按揭支持类证券和 CDO，集团旗下的许多子公司专门经营某一类房地产金融业务。一旦房地产价格下滑，按揭违约率上升，AIG 将承担 UGG 的抵押贷款保险和 AIG FP 的超高级 CDS 的巨额损失，成为次贷风险的最终承担者。

其二，AIG 多元化经营过度混业，导致风险蔓延。AIG 从传统的保险业务渗透到投资银行、商业银行、融资租赁、投资管理等多个领域，而不同业务领域的风险理念各不同，如保险追求稳健与安全，而金融衍生品则是在大风险创造大利润，这样使得风险管理难度加大。同时，AIG 不同子公司业务自成产业链，最基础的业务受损，风险迅速沿着产业链蔓延，而集团多元化的业务也使得整体风险错综复杂。

其三，AIG 在全球经营中风险管理缺失。曾经 AIG 以有效控制风险的能力著称，前总裁莫里斯·格林伯格（Maurice R. Greenberg）凭借对集团业务的整体把握能力和对各部门风险的敏锐感觉使得AIG发展迅速，成为最大保险集团。但继任者马丁·苏礼文（Martin Sullivan）对AIG FP的业务缺乏深刻理解，让其风险敞口不断扩大，而且AIG FP不在美国国内，有效管理其运作也存在着一定难度。将风险控制方面的问题总结则是AIG管理层对风险认识不深，风险意识不强；缺少运作良好的风险管理系统并盲目追求高利润、快发展。

其四，CDS等金融衍生品监管缺失。CDS交易属于柜台交易，因而不受任何证券交易所监管，尽管美国保险监管部门对保险公司的准备金拨备和资本充足率有严格的要求，但对于保险公司旗下从事“类保险业务”的公司，却没有明确的监管要求，而CDS更是没有列入保险监管机构的监管范围，CDS的松散监管直接造就了其低拨备、高杠杆的业务特性。自1998年起，美国监管部门放弃了对金融衍生品的监管权，从而进一步加剧了创新工具的滥用。在人们普遍认为保险行业难以有创新时，AIG却认为“创新是可以做到的”，集团的创新也确实带来了高速增长。但是AIG在创新的道路上却越走越远。为了追求高收益，AIG放松了承保条件，这使得其存在巨大的风险隐患，一旦金融衍生品出现问题，就不可避免地受到波及。

从技术层面来看，用经济资本模型配置风险资本导致资本面临较大的风险。经济资本是基于公允价值计算的，导致资产负债表外的潜在高负债无法体现在模型中，其次经济资本的计算依赖于信用评级的要求。AIG运用经济模型实际上削弱了在危机来临前对风险的控制。此外，模型的假设条件模糊也减弱了模型的持续有效性。

# 第四章　按揭保险业在金融危机中的角色分析

本章探讨按揭保险机构在金融危机中的角色。鉴于按揭保险在我国的实践尚处于空白，理论介绍亦鲜见。本章首先概括介绍按揭保险的概念、目的、类型及作用、产品类型、经营模式和监管等基本知识。其次，对资产证券化中的两种保险机制为何在金融危机中扮演了完全不同的角色进行比较，并对照我国保险业发展阶段和保险监管实际，给出结论性评述。

## 第一节　按揭保险概述

### 一、定义

#### （一）基本概念

按揭保险（Mortgage Insurance，MI）的定义：为贷款机构或投资者提供的防止住宅按揭贷款未付款保护的保险单。有时也称为"初级抵押保险"（Primary Mortgage Insurance）、"抵押违约保险"（Mortgage Default Insurance）、"抵押保证保险"（Mortgage Guaranty Insurance）。在实际经营中，抵押贷款的借款人需要按照抵押贷款合同的约定，按期履行还款义务，否则抵押权人可依法行使抵押权，从而获得补偿；同时，贷款人为抵押贷款向保险公司投保，若在出现保险事故后，保险公司应当向贷款银行赔付保险金。

从全球抵押保险的发展看，专业的保险形式对于住房行业来说至关重要。保险的主要对象是首付款在30%以下的贷款，以此提高住房拥有率。保险范围包括借款人因失业、死亡、疾病和婚变而不能付款。其目的旨在稳定经济，健全住房体系。

对于贷款而言，贷款人比较常用的是允许借款人的首批付款不到总贷款的20%。由于在房地产上，借款人只有非常少的资金，所以这些贷款具有比较高的风险性，也就是说，容易发生违约现象。为了补偿这种小数额收付款的风险，按揭保险规定贷款人可以要求抵押品。借款人在抵押贷款过程中要支付费用，这些费用包含在每个月的按揭付款中。与其他形式的高按揭贷款融资比较，按揭保险意味着较短的年份支付较少的付款，让借款人有一个更好的长期财务状况。对于20%的首付款而言，相比较其他形式按揭保险提供更多的可预测性，更大的灵活性，更多的贷款价值比例期权，节省更多的潜在费用。

按揭保险与按揭人寿保险（Mortgage Life Insurance）和偿付保护保险（Payment Protection Insurance）是不同的。前者是人身保险的一种形式，该保险在借款人死亡的情况下支付贷款总额。后者是信用保险的一种形式，在借款人非自愿失业或者失能的情况下，向其提供直接的收入支持。按揭保险保护了借款人违约情形下的贷款人，按揭人寿保险确保了死亡或残疾发生时借款人贷款豁免的权利。这两类保险常常彼此混淆，通常都被称为“抵押贷款保险”。

### （二）按揭保险的目标

①促进金融稳定。通过按揭保险的方式，使得风险能够在不同的资本来源之间进行分散。②为稳定的银行运营提供指导。为高贷款额与房价比（Loan-to-Value，LTV）贷款提供指导；要求以风险为基础的资本比重。③提高购房者的可支付能力，增加购房机会。④开发有效的证券化市场。在按揭保险实务中，贷款额与房价比率是主要风险的决定因素。

### （三）抵押贷款保险人类型

美国的房屋抵押贷款保险，就其内涵来说，是由官方机构或民营保险公司对于有经济能力购买房屋，但却没有足够的金额的家庭提供信用增强，在保险公司保证借款人有足够的还款诚信下，向银行申请更多的贷款。在美国个人抵押商品住房贷款保险分为两类：一是私人贷款保险，即商业保险公司提供的保险；二是政府担保，即政府相关部门提供的担保。

#### 1. 政府住房抵押贷款担保

美国住房抵押贷款的政府保险保证机构主要包括联邦住房管理局（FHA）、退伍军人管理局和农场主住房管理局，其任务是对个人的住房抵押贷款提供保险或保证。

美国大危机时期，采取了一系列措施用以刺激新住房的建造。联邦住房管理局根据《联邦住房法》成立于1934年，其宗旨主要是帮助居民改进住房条件和提高居住水平。联邦政府于1934年设立了联邦住房管理局，并承诺如果住房贷款的借款人违约将给予贷款人全额赔付。联邦住房管理局首先推出了长期、固定利率、自由住房贷款分期偿还。这些后来都成为购买单一家庭住房融

资的标准。通过由借款人支付保险费组成的“互助抵押贷款保险基金”，对居民重建、新建住房或购买新、旧住房的抵押贷款提供担保。联邦住房管理局为中低收入家庭住房抵押贷款提供100%的保险。也就是说，当借款人无力偿还债务时，联邦政府将承担未清偿的债务。通常，只有购房债务支出占家庭收入29%～41%的中低收入居民，才有资格获得这种住房抵押贷款保险。联邦住房管理局担保的贷款多为合格的常规住房抵押贷款，即固定利率、期限长达15～30年，抵押比率（借款人的借款总额占住房市场评估价格的比率）为70%左右，并必须符合一定的贷款上限。这样既解除了商业银行、互助储蓄银行和储蓄贷款协会等金融机构放款的后顾之忧，又提高了居民住房的购买力。但是该担保有十分严格的审查制度，申请者必须通过抵押比率、还贷收入比等三十多个项目的审查，而且规定了住房抵押贷款的发放标准，有最高贷款额限制。从1982年起，政府取消了对住房抵押贷款利率的限制，进一步降低了住房抵押贷款的风险。

退伍军人管理局成立于1930年，旨在帮助退伍军人在退伍后能够尽快适应普通社会生活环境。除了办理退伍军人的津贴外，还为参加过第二次世界大战、朝鲜战争、越南战争等的退伍军人及其未改嫁遗孀购买住房提供贷款保证，被担保者每月需缴纳一定的保险费。当借款人不能履行还款义务时，该管理局直接从借款人的补助金中扣除本息支付给银行。

农场主住房管理局的担保做法与前两者基本相同，其担保对象一般为农民。

以上几种住房抵押贷款担保都有最高贷款额限制，并经常进行调整。由于这几个机构都是政府机构，资信度非常高，再加上其规范的住房抵押贷款发放标准，在很大程度上降低了住房抵押贷款的风险，有力地增强了金融机构的贷款信心，因此由它们承保的住房抵押贷款，其抵押比率较高，贷款期限也比较长，极大地提高了广大居民特别是中低收入者的购房能力，从而促进了住房抵押贷款市场的稳定发展，并为住房抵押贷款的二级市场和住房金融的发展开辟了广阔的前景。

2. 私人贷款保险

在美国，住房抵押贷款额一般可达80%，如果借款人想减少支付首期款，获得更高比例的贷款，借款人必须对超过80%的部分投保。各保险公司推出的保险条款更为灵活，适应多变的情况，而且没有最高限额、费用低、手续简单。保险公司在承保时，特别重视贷款人的经营方针、估价程序、政府控制程度等。当由私人住房抵押贷款保险公司承保的贷款违约时，保险公司一般以两种方式对贷款人进行补偿：一是从贷款人那里购买该笔违约贷款，并获得住房的抵押权；二是按一定比例赔偿贷款人的损失。

美国的私营抵押保险公司与其他国家的不同，只能从事抵押保险，而不能从事其他保险（人寿保险或财产保险）业务。原则上，它们可以对各类抵押贷款提供保险，但保险的部分仅限于抵押贷款额的20%～30%。例如，抵押比率为80%～85%时，贷款保险为17%；抵押比率为90%～95%时，贷款保险则为25%～30%。这样大大降低了银行的抵押信贷风险。

政府抵押贷款保险和私人抵押贷款保险主要存在以下不同：政府抵押贷款保险（或政府担保）并不能满足所有购房者的需要，主要是由于对适合保险的单一房屋贷款的“最高限额”，或称之为最大贷款额。而私人抵押贷款承保者则承保了很多种类的房屋和更大范围内抵押贷款产品，只要贷款和财产符合保险业指导原则的要求。私人按揭保险并不追求最大化贷款数量，而且贷款人可以自由选择财产估价官。

3. 美国住房抵押贷款二级市场

该二级市场主要由三家机构组成：政府全国抵押协会、联邦国民抵押贷款协会和联邦住房贷款抵押公司。政府全国抵押协会是政府机构，不购买住房抵押贷款或者住房抵押贷款证券作为自身投资组合，而是使由政府担保（主要指由联邦住房管理局和退伍军人管理局担保）的住房抵押贷款证券化，以及为住房抵押贷款证券的发行提供政府信用担保。联邦国民抵押贷款协会（Fannie Mae）是“罗斯福新政”的产物，成立于1938年，目的是为以联邦住房管理局担保的住房抵押贷款为基础发行抵押支持证券。联邦住房抵押贷款公司（Freddie Mac）成立于20世纪70年代，组织结构和运作与联邦国民抵押贷款协会相似。这两个机构是由政府支持的私营上市公司，通过从抵押银行、商业银行、储贷协会等，购买无政府担保的住房抵押贷款并使之证券化，从而为贷款人能不断发放住房抵押贷款提供了新的资金来源。同时，他们为住房抵押贷款证券的发行提供担保，并且购买金融机构的住房抵押贷款或者持有住房抵押贷款证券作为自身投资组合。住房抵押贷款二级市场的发展，促进了初级住房抵押贷款市场的规范化。

尽管抵押贷款保险保证了巨额的保险有可能在二级市场上被投资者购买，联邦国民抵押贷款协会和联邦住房抵押贷款公司明确规定了最大贷款数额，并对其进行周期性的调整。至于FHA（联邦住房管理局），贷款人要求使用FHA认可的估价官。联邦国民抵押贷款协会和联邦住房抵押贷款公司——向抵押贷款贷款人购买贷款——在贷款的二级市场中起着重要的角色。由于他们购买了大量的初始贷款，他们就制定了他们自己的指导原则，这是几乎所有的投资者在决定一项贷款是否打包转售时都必须遵循的。这些指导原则确定了一个贷款的最高限额，针对联邦国民抵押贷款协会和联邦住房抵押贷款公司将要购买的抵押贷款而言（贷款越大，意味着风险越大），这些限额是经常变动的。

此外，当房屋所有者的房产净值一旦到达一定确定水平时，私人抵押贷款保险可以被取消。与此相反，FHA 保险必须针对贷款的期限而设立。最后，私人抵押贷款保险的上限通常是抵押贷款的 20%，而 FHA 对抵押贷款进行 100% 的担保。

**（四）按揭保险的受益方**

1. 按揭保险的受益方之一——借款人

借款人缴交较低的首付便可购房，购房面积可以增大，乔迁新居的速度可以增加，增加了首付的灵活性。

拥有住房是每个人的梦想。这触及到人类一个深层次的需求——不仅是为了栖身之所，同时也是为了获得安全感和社会的归属感。在美国，对于那些初次购房者而言，他们也许从未听说过抵押贷款保险。那些首付超过 20% 的购房者甚至也没有听说过抵押贷款保险，虽然这对于他们有明显的好处。抵押贷款保险提供商通过帮助人们获得抵押资金和提供抵押贷款保险，使那些希望拥有房屋的人们比起以往任何时候更容易实现梦想。

担保物抵押贷款保险，通常被说成“按揭保险”（MI），使贷款人可以仅支付适当的首付，而购得一套住房。这是因为抵押贷款保险保护贷款人，使其免受高贷款价值比率（LTV）下借款人违约风险增大的风险。抵押贷款通过在大的地域范围内分散风险而实现了这一过程。简言之，抵押贷款是把更多的钱贷给更多的人，并且更容易在二级市场上售出这些贷款。这在贷款人放贷给首付少于 20% 的借款人的贷款中最为常见。这类贷款通常被认为具有更高的风险，因为这类借款人具有最小的财产所有权，从而也就被认为更具违约的可能性。抵押贷款保险给贷款人提供了弥补较小首付比例时贷款风险的额外保障。在借款人按月抵押贷款的还款中包含了抵押贷款保险的保费。

2. 按揭保险受益方之二——贷款方和投资者

抵押贷款保险的一个重要功能就是，当借款人违约和贷款人丧失抵押品索取权时对贷款人的索赔进行支付。面对 20 世纪 80 年代的经济衰退，第一个挑战就是如何帮助购房者、贷款人、房地产商和建筑商应对两位数的利率和通货膨胀率。为了帮助借款人，贷款开始明显地降低首付比例，尝试调整利率，逐步降低分期支付额、增加阶段支付和提供抵押贷款保险。随着美国经济条件的恶化——特别是其国内与能源相关的地区——违约开始增加，导致出现了为数众多的抵押品索取权丧失的情形。20 世纪 80 年代中期，美国 MI 行业就贷款人和投资者，其中包括抵押贷款银行、储蓄机构、商业银行以及联邦国民抵押贷款协会和联邦住房抵押贷款公司等的要求权支付了超过6亿美元的赔付。抵押贷款保险使得20世纪80年代所有这些抵押贷款和资金提供者免受高比率贷款所导致的巨额损失。即使在20世纪90年代的繁荣时期，美国MI行业针对要求权也支付了超过8亿美元的赔付，再次证明了它的作用。

第二个挑战是减少损失。多数抵押贷款保险公司愿意考虑处理违约贷款发生时丧失索取权的任何合理的选择，包括借款人停止或延迟法律诉讼、修改抵押贷款备注中的条款、欠款的资本化、偿付计划甚至是部分的偿付要求权，从而使贷款得以追回。防止索取权丧失和减少损失对借款人和担保人都有益。当索取权丧失发生时，借款人、贷款人、投资者和抵押贷款保险者都有可能遭受损失。作为一个替代，减少损失使每个参与者能够节省时间和金钱——有时甚至是一栋住房。一些抵押贷款保险者雇用贷款顾问和拖欠贷款的借款人打交道，从而使他们的贷款能够追回。

总体来说，按揭保险公司可以通过独立评估，稳健的风险管理和差异化的产品以及采用被全球投资者广为熟知的信用管理工具，有效地提高资产证券化的效率和效益，从而使得按揭保险市场能够显著地降低信用风险暴露。

3. 按揭保险受益方之三——监管机构

按揭保险在不要求增加监管资源的情况下，鼓励进行更加负责任的贷款行为。按揭保险将信用风险转移到银行系统之外的资本实力雄厚并接受监管的第三方，即不仅介绍银行监管部门的监管，同时还受到保险监管机构、证券监管机构的监管，能增强不同监管机构的协作，提高监管效率。在经济衰退时期，按揭保险通过监管机构的有效监管，提高对金融体系的支持。不同监管机构的监管要求，促使贷款参与机构提高贷款和风险管理，更加注重提高房产价格评估体系，刺激对高质量信用报告的需求，并引进衡量违约贷款的新方法和减少损失的技巧。

4. 按揭保险受益方之四——国民经济

从美国按揭保险的发展历史看，按揭保险在无需政府补贴的情况下提高借款人的支付能力，促进了住房建设和家具用品消费，并提高就业机会。因此，按揭保险从总体上提高了国民经济的发展。

### （五）影响按揭保险经营的因素

从国外按揭保险发展的情况来看，影响一个国家和地区按揭保险发展的因素主要有：法律及监管、房产赎取、承保程序、贷款方风险管理和审批标准、借款人资信、有效风险管理体制以控制贷款违约风险以及是否存在促进公平竞争和减少逆选择的特别保险和银行监管规定等。

另外，二级市场对按揭保险发展也很重要。所有的抵押行为源于一级市

场，20 世纪 70 年代初期二级市场开始占据美国购房融资行业的主导地位，只有通过二级市场，存在的抵押才能在诸如政府部门、投资者等不同交易者之间被购买、出售和交易。美国为提供全国一级市场和二级（或金融）市场间直接的联系，联邦政府创造出两个政府资助机构实体——联邦国民抵押贷款协会和联邦住房抵押贷款公司，两者抵押贷款保险风险覆盖范围的典型标准遵循这些联邦二级市场机构的指导方针。他们都要求对于贷款价值比率超过 80% 的抵押贷款需要对贷款有一定比例的抵押贷款风险覆盖。基于抵押贷款购买计划（MPP）和抵押贷款购买融资计划（MPF）而成立的联邦住房贷款银行也满足了对住房贷款的需求并提供了贷款人除联邦国民抵押贷款协会和联邦住房抵押贷款公司以外的选择。联邦国民抵押贷款协会和联邦住房抵押贷款公司和其他投资者一起创造出了对于"投资质量"抵押贷款的巨大需求，从而扩大了作为低首付贷款增强信用的私人抵押贷款保险的需求。

特别法规也很重要，直接影响着按揭保险的发展。这些法规主要行该按揭保险承保的风险、监管体制的目标以及监管支持等。一般而言，按揭保险的风险包括：覆盖借款人因失业、死亡、疾病、婚变等原因而不能付款；低首付贷款的不付款风险更高；经济衰退时，索赔金额会增加，其影响可能源于灾难；索赔在相当长的一段时间内不会浮出水面以及保险的专门形式。按揭保险监管体制的目标包括：保证按揭保险公司在经济滑坡时有能力偿付索赔；鼓励贷款机构"谨慎"放款，将逆向选择的几率降到最低水平；投资者通过对"合格"的按揭贷款进行直接投资的方式，继续为住房贷款市场提供资金。具体的监管支持一般包括以下内容：①保险监管机构应该保证在索赔激增期间，能够保持承诺的保险责任。具体通过以下要求：严格的准备金和资本要求；对合格的按揭保险商最低的财务评级要求；按揭方面的经验和免除利益冲突。②银行监管机构应该确保谨慎贷款，消除逆向选择，并为谨慎的按揭贷款建立合理的 LTV 限制。

另外，从美国按揭保险业的发展看，其抵押贷款保险业指导原则也影响着该行业的发展。该原则一般指明贷款人提供的什么样的贷款将会被考虑，定义了抵押贷款保险者将为何种贷款提供保险。此外，该指导原则还包含：贷款人必须提供的保险申请过程所需文件清单；确定最大的贷款价值比率和房屋购买者金融状况的衡量标准；确定针对不同类别的贷款限制，诸如主要居住用房、第二居住房屋、再筹资贷款以及那些位于特定地区的住房贷款等；定义可调整的所有方面，诸如抵押贷款率（ARMs）、建筑贷和巨额贷款等；确定借款人标准，包括公民身份、信用、收入、资产净值和其他财产以及财产自身如何被保险，即评估和财产类别鉴定（一般包括公寓、居民区、工业用房、二至四人居房屋、第二居住房屋和投资房等类型)。

## 二、产品概览

### (一) 产品结构

通过按揭保险转移信用风险。在没有增加风险的情况下，提高贷款额度。下面通过一项贷款实例来说明按揭保险的产品结果：

例子：对于一套价值10万元的住房，在一般情况下，如果客户利用存款缴纳1.5万元的首付款，其余银行贷款支付8.5万元，那么银行将承担85%的风险。

如果银行通过按揭保险将其中的2万元转移给按揭保险商，银行自留65%的贷款风险。这样，客户就承担15%的风险，按揭保险商承担20%的风险，贷款银行承担65%的风险。

因此，采用按揭保险没有增加贷款人和借款人风险。事实上，在条件相同的情况下，按揭保险给贷款额度的增加提供了一个机会。

### (二) 按揭保险周期具体示范

一般来说，按揭保险的周期包括以下六步：

①高贷款额与房价比（LTV）率贷款的借款人申请按揭保险，并接受对借款人的分析；②若贷款符合资格审查和承保标准，放款后按揭保险随即生效；③若无提前付款、单方终止或者索赔的话，按揭保险持续生效；④若借款人因疾病、死亡或失业而遭遇经济困难，贷款即进入违约状态；⑤在上述情况下，贷款人发起赎取程序，获得房产拥有权；⑥贷款人士提出索赔，按揭保险商支付赔款。

### (三) 产品主要特征

按揭保险产品具有以下五个主要特征：

一是关于主保单。按揭保险的主保单是贷款机构和保险商之间的合同；受益方是贷款方，而不是借款人；在一方有理由停止合同之前保持有效。

二是每一笔贷款都将由保险商承保，若获批准将按照承诺发放贷款。

三是此类产品的保费要一次性缴清。

四是按揭保险产品暴露时间长（Long Exposure Period）。

五是在取消抵押品赎取权或者变卖房产之时才支付索赔。

### (四) 产品定价

贷款人根据贷款数据提供贷款，这些贷款数据包括借款人的相关信息和各种贷款假设，通过对这些数据进行认真分析，从而确定贷款价格。

按揭保险的定价是对整个经济周期按揭贷款表现的反应。在贷款过程中，

要考虑以下贷款假设（Loss Assuption）：历史组合表现、经济周期、地理分散、贷款标准、贷款方和法律程序、覆盖深度以及 LTV。

正常的违约曲线（年度索赔额）呈正态分布，按揭保险保费一般表示为基点（Basis Points），基础比率由房价比比率决定，当然也会受到其他因素的一些影响。

**（五）不同参与方的作用**

（1）贷款人。作为按揭保险存在的基础，贷款人在按揭保险业务中主要承担以下作用：一是通过一定手段完成按揭计划的销售工作；二是签署按揭贷款并提供相关服务；三是负责管理与借款人的关系；四是作为贷款的主体，保留大部分信用风险。

（2）按揭保险商。作为按揭保险的主体，其主要作用包括：一是充当第二抵押承保（Second Mortgage Underwrite）；二是接受顶层按揭的风险（Takes Top up Mortgage Risk），即接受贷款人分出的信用风险，在借款人违约的情况下首先进行赔偿；三是计划管理，主要包括保费收集和支付赔款两项工作；四是进行风险分析和组合评价，对借款人进行具体分析，并充分研究评估贷款人的贷款组合情况。

## 三、部分从事按揭保险公司情况简介

目前，美国很多保险公司开设了从事抵押贷款保险和保证业务的子公司。例如，美国国际集团下设多个从事保证和保证保险业务的子公司①，比较著名的公司有：联合住房保证保险公司（United Guaranty Residential Insurance Company），为传统的一次住房抵押提供抵押保证保险；北卡罗莱纳州联合住房保证保险公司和联合保证信用公司（United Guaranty Residential Insurance Company of North Carolina and United Guaranty Credit Insurance Company），为封闭式的二次抵押和家庭财产类信用产品提供违约保险。此外，美国国际集团还设立了北卡罗莱纳州联合商业保险公司等多家公司从事信用保证保险业务。其中，联合住房保证保险公司（United Guaranty Residential Insurance Company，UGRIC）是美国市场上一家重要的抵押保证保险公司，知名度和影响力都很大。

表 4.1 是美国主要的非国有的抵押带来款保证保险公司的基本情况，包括母公司及穆迪给予的评级。

① 参见美国国际集团联合保证网，http：//www.ugcorp.com/companies.html.

表 4.1　美国八家私营抵押贷款保险公司

| 公司名称 | 简称 | 母公司 | 穆迪评级 |
|---|---|---|---|
| Amerin Guaranty Corporation | Amerin | Amerin Corporation | Aa3 |
| Commonwealth Mortgage Assurance Corporation | CMAC | CMAC Investment Corporation | Aa3 |
| General Electric Mortgage Insurance Corporation | Gemico | General Electric Company | Aaa |
| Mortgage Guaranty Insurance Corporation | MGIC | MGIC Investment Corporation | Aa2 |
| PMI Mortgage Insurance Co. | PMI | PMI Group, Inc. | Aa2 |
| Republic Mortgage Insurance Company | RMIC | Old Republic International Corporation | Aa3 |
| Triad Guaranty Insurance Corporation | Triad | Triad Guaranty Inc. | N. A |
| United Guaranty Residential Insurance Company | UGRIC | American International Inc. | Aaa |

注：CMAC 与 Amerin 后来合并为 Radian Guaranty Inc.，简称 Radian。

资料来源：MICA & Moody's Investors Service。

## 第二节　私人按揭保险模式：风险管理及监管

### 一、按揭保险模式

按揭保险帮助贷款机构更安全地扩大按揭贷款业务，从而提高房屋拥有率。

购房者购房时，按照当地按揭贷款商的要求，如果拥有足够的首付款，并且满足贷款人的贷款要求，则比较容易地获得贷款人的贷款，从而获得购买住房所需要的款项。但是，购房者如果首付过低则需要购买按揭保险，具体情况是：

首先，借款人要向按揭贷款机构缴纳一定的保险费。

其次，按揭贷款机构购买按揭保险，向按揭保险商缴纳保险费，在发生贷款人不能归还贷款的情况下，按揭保险商向按揭贷款机构支付按揭赔款。

最后，按揭贷款机构将贷款资产出售给房贷证券化机构，后者发行 MBS，在二级市场上销售给投资者，投资者支付资金获得证券化产品，按揭贷款机构获得资金后，用于向借款人支付贷款。二级市场的投资者可以通过购买按揭贷款机构发行的证券化产品，从而参与信贷资产获得的收益，获得一定的投资收益。

## 二、经营中的风险管理

### (一) 一般做法

按揭保险商在经营过程中，通过加强对承保风险的控制，尽量降低经营风险。承保风险的控制主要是通过对贷款机构进行深入调查、数据确认和分析等工作来实现的。

对贷款机构的深入调查主要包括对承保、丧失抵押品赎回权和贷款收回的实务和程序的评价、与国际标准的对比等。

主要分析项目包括：现金流、信用、抵押物及其他。

(1) 现金流分析。通过分析借款人的现金流，评价借款人是否有能力按期付款。一般考虑以下内容：一是债务负担比例（Debt Burden Ratio，DBR），不同的按揭保险商实际评价标准会存在差异，但一般情况下要求该比例小于或者等于50%；二是负债比率，一般也要求小于或者等于50%；三是要求借款人提供严格的收入证明，这一证明需要按照统一严格的标准来提供；四是要确认借款人的所有债务，并做出综合评价。

(2) 信用分析。主要的工作包括：分析借款人历年偿还债务的表现；调查借款人的信用历史；坏支票报告（Bad Cheque Report）以及贷款机构的内部信用报告体系。

(3) 抵押物分析。主要包括：一是LTV比率是否基于地产的评估价格，必须记住价格一定要是市场价值的体现；二是银行的风险控制体系如何，这是因为合理的银行控制容易剔出利益冲突；三是选择合格的评估公司；四是要评估房地产市场的总体情况。

### (二) 要求权内容

按揭保险商必须要清楚贷款人的要求权是如何操作的，以加强风险管理。抵押贷款担保的一个重要方面就是要求权是如何操作的。贷款人事先在MI过程中选择多大程度的风险覆盖水平，这将决定借款人违约时抵押贷款保险者的赔付及贷款人所必须放弃的抵押品赎回权。

违约将产生一系列的费用，这些成本总共占到贷款总额的15%甚至更多。抵押贷款保险者的要求权包含以下：贷款本金及滞纳金利息索取权；丧失抵押品赎回权所导致的法律成本；房屋维护费用；贷款人支付的所有税收及保险预付款。

当一项由抵押贷款保险者承保的抵押贷款的借款人违约时，典型的情况是贷款人丧失抵押品的赎回权并占有房产。然后贷款人有权就损失部分向承保者行使要求权。此时抵押贷款保险者有两种选择：要么支付100%的贷款，然后在公开市场上出售所占有财产的所有权；要么基于贷款人风险覆盖比率而支付一定数量的赔付款，同时贷款人仍占有财产所有权，他可以通过之后的出售而弥补贷款损失的剩余部分。

由抵押贷款保险者针对贷款人制定的主要政策，区分了不同损失发生时要求权中所应包含的支付金额。

图 4.1 是一份要求权样本。

| 购买价格： | $ 150000 |
|---|---|
| 首　　付：10% | $ 15000 |
| 最初贷款净额：$ 135000 | |
| LTV：90%，风险覆盖率：25% | |
| 违约发生时的本金余额 | $ 127600 |
| 累积利息 | $ 9800 |
| 总　　计 | $ 137400 |
| 费　　用 | |
| 律师费 | $ 2000 |
| 财产税 | $ 1140 |
| 灾难保险 | $ 800 |
| 财产保存 | $ 1000 |
| 法定支付 | $ 1500 |
| 总　　计 | $ 143840 |
| 减去第三方偿付余额 | − $ 1100 |
| 总计或有要求权 | $ 142740 |
| 风险覆盖比率（25%） | x. 25 |
| 总计可选择要求权支付 | $ 35685 |

**图 4.1　要求权样本**

### （三）电子商务应用

随着电子商务的发展，国外一些按揭保险商开始尝试利用电子商务开展按揭保险业务，并以此提高自身的风险管理水平。例如，美国 AIG 下属的专门经营按揭保险的子公司就采用电子商务方式开展业务。

该公司网站上详细介绍了有关抵押贷款保险计划的内容，具体名称为 MI 指导。MI 指导致力于推动贷款形成、贷款审批、管理报告与分析及服务的高

效化。在抵押贷款保险行业这是一种最综合的途径，MI 指导为与抵押贷款保险相关的不同层次的申请者定制和提供了不同层次的贷款人运作，从知识分子到管理和主管层。

MI 指导的设定为顾客提供了和 AIG 进行商务洽谈的全新途径，其核心目标之一就是让使用者能够按照自己的方式而非强迫他们按照事先设定的方式进行操作。通过 MI 指导，使用者可以进行筛选并只选择他们需要的申请者。当前，MI 一系列的服务指导包括如下列示的申请程序：

（1）基本内容。直接的 AIM® ——为第二次抵押贷款制定抵押贷款保险计划。

直接递交® ——通过联邦国民抵押贷款协会的 Desktop Underwriter® 和联邦住房抵押贷款公司的 Loan Prospector® 自动提交所要求的领域，传送贷款申请并在数分钟内向使用者反馈结果。

DPI 保险业——通过运用数字化保险文件而非拷贝文件带来抵押贷款评估程序更高的效率和速度。用户通过该公司的 MI 入口的安全链接上下载文件仅仅是提交贷款申请数种选择中的一种。

Premier Compliance® ——遵循委托代理保险业原则，并能够减少保费和维持保险契约的收益。

快速连接® ——美国抵押贷款保险公司凭借 MI 计划让使用者可以在线申请 MI。

周到服务——即时获得包括审查、评估和在线搜索在内的一系列全套抵押贷款服务。

拥有住房之路® ——这一基于网络的购房者教育课程让使用者可以在线获得购房前的全程指导。拥有住房之路同时有英语、西班牙语和汉语等不同版本。

UG 指导® ——提供了获得 MICA 全面保险代理中介的途径，在此使用者能够从其他 AIG 公司购买产品。

（2）相关服务。Active Commitments® ——提供现行委托事项的及时更新使之能够保持最新，便于传送和打印。

Cert Finder® ——这一计划使客户能够找到并打印 AIG 联合担保 MI 的证书。

Claims Station® ——这是一个省却了填写文件和传真传送要求全的自动化的报告系统。

直接的 AIM 服务® ——为第二笔抵押贷款提供在线保险服务。

个人联合® ——在线交易服务系统，诸如服务变更、取消和贷款申请。

延迟支付® ——选择延迟支付 MI 保费直至您接受到借款人的首笔抵押贷款偿付。

便捷更改® ——对现存的 AIG 联合担保关于固定支付抵押贷款资融资证书的修改。

(3) 提供的信息。

ACU 评分® ——AIG 联合担保贷款的评分指数。

贷款状况——有关 AIG 联合担保贷款的最新信息，包括贷款总额、贷款历史和文件下载。

另外，还有以下一些内容：

MI 约束® ——允许顾客在线管理他们和 AIG 联合担保之间受约束的再保险合同。

MI 指导教师® ——互动，在线培训和综合维护 MI 指导应用者。

我的 MI 指导® ——使用者自我定制有关最新频繁使用产品的 MI 指导。

利率计算® ——基于基本点和美元的最新抵押贷款保险利率计算。

**(四) 确定按揭保险产品的风险因素①**

抵押贷款保险是一种合作契约——抵押贷款和保险业的一个合作安排——从而在最大程度上，使不同层次的人能够获得抵押贷款并实现有房的梦想，这是非常重要的。因此，对于按揭保险的参与者理解按揭贷款中的风险定义是非常关键的，对于贷款人，通过分析按揭贷款中存在的风险，在确定自身承受风险的前提下，利用按揭保险可以充分分散经营中的风险。

1. 计算贷款价值比率

对于借款人而言，理解 LTV 和风险的关系有点困难。两者之间本没有什么联系。出于众多的原因，低首付对于绝大多数借款人有着巨大的优势（对贷款人当然也是）；然而，它确实构成了一项高风险贷款。

向顾客解释 LTV 时，有人也许会说贷款价值比率就是贷款数额和房产价值之间的关系。房产的“价值”是房屋的售价或估价，取二者间的低者。价值和贷款数额间一个简单的比较可以通过将贷款分解成它的众多组成成分——首付和贷款数额。以下有关贷款的两个例子阐明了这一点。

(1) 贷款一。原始价值为 150000 美元的房屋，借款人利用自有资金支付其中的 20%，仅借入 120000 美元。在这一例子中，LTV 为 120000 美元的贷款除以 150000 美元的价值，为 80%。即：

① 本部分内容主要参考 AIG United Guaranty 公司网站（www. ugcorp. com）上的相关介绍材料。

$$\frac{\text{贷款：\$120000}}{\text{价值：\$150000}}=80\%\ (\text{LTV})$$

（2）贷款二。第二套住房，价值仍为 150000 美元，借款人利用自有资金支付其中的 5%，仅借入 142500 美元。该住房的贷款价值比率为 95%。

也就是说，如果首付为 5%，贷款价值比率为 95%；如果首付是 10%，贷款价值比率为 90%；如果首付是 15%，贷款价值比率为 85%；等等。

2. 计算未覆盖率

首先来定义贷款人的未覆盖率。未覆盖率定义为对于一项特定的贷款，贷款人所面临的风险程度。

当贷款人放出一笔高 LTV 比率的贷款，结果将是增加其违约风险。如果没有抵押贷款保险，那么贷款人将 100% 暴露于贷款风险中。抵押贷款保险覆盖了一定比例的风险，这取决于贷款人选择接受的暴露的比例或者风险程度。

3. 确定 MI 风险覆盖比率

购买的风险覆盖比率通常取决于贷款是否在二级市场上出售，或者持有该组合而不在二级市场上出售。联邦国民抵押贷款协会、联邦住房抵押贷款公司和私人机构，确定了针对他们所购买的抵押贷款最小的 MI 风险覆盖比率。在大多数情况下，贷款人主动要求为在二级市场上出售的贷款提供风险覆盖。对于贷款人或投资者在组合中将要持有的贷款，贷款人或投资者能够决定最能接受的风险暴露比率。

以下是一个例子：一栋房屋价值 100000 美元，购买者支付 10% 的首付。当贷款 90000 美元时，对于这一 LTV 为 90% 的贷款的风险暴露比率为 100%。一旦借款人违约，贷款人需要承担所有的风险。

对于组合中的贷款，贷款人也许会指定抵押贷款保险覆盖比率为 17%，贷款人风险暴露比率为 90%，贷款 LTV 比率为 83%，90% 乘以 83% 就得到贷款人的风险暴露水平，即 MI 后，为财产价值的 74.7%。

另外，如果使用联邦国民抵押贷款协会和联邦住房抵押贷款公司关于 90% 的 LTV，30 年固定支付贷款 25% 的覆盖比率。从 100% 中减去 25%，还剩余贷款数额的 75%。既然贷款数额为财产价值的 90%（90% 的 LTV），暴露水平为财产价值的 75%×90%=68%。因此，更高的风险覆盖比率导致了更低的风险暴露。

没人能确定贷款人应该购买多少风险覆盖。如果覆盖是通过二级市场要求而规定的，产品指导和覆盖要求由每一个二级市场的投资者确定。抵押贷款提供者熟悉这些指导原则是十分重要的，因为它们定义了覆盖水平的要求。

如果二级市场并不决定 MI 风险覆盖的数量，贷款人则自行决定适合他们的风险暴露水平。在决定稍后出售贷款的情形中，一些组合贷款人要求等同于二级市场风险覆盖水平要求的覆盖率。

4. 确定按揭保险的费率

首先，要确定 LTV。假如借款人的贷款数额为 102500 美元（这里包含一切融资费用），其房产购买价格为 115000 美元，房产评估价格为 117000 美元，则 LTV 为贷款数额除以房产购买价格和评估价格的最小者，即：

$$\text{LTV} = \frac{\text{贷款数额}}{\text{Min}\ \{\text{房产购买价格，房产评估价格}\}}$$

$$= \frac{102500}{\text{Min}\ \{11500,\ 11700\}}$$

$$= \frac{102500}{115000}$$

$$= 89.1\%$$

其次，确定需要的风险覆盖率。一般来说，美国的按揭保险经营商可以通过查询联邦国民抵押贷款协会和联邦住房抵押贷款公司有关风险覆盖率的要求，或者参考特定的有关非联邦国民抵押贷款协会/联邦住房抵押贷款公司风险覆盖要求的投资者指导原则，确定需要的风险覆盖率。

最后，确定月保费。贷款人可以根据自身的风险偏好确定采用月缴保费还是趸缴的方式缴纳保费。下面以 30 年，固定支付，95% LTV，30% 风险覆盖要求贷款为例来加以说明。

初始贷款数额 ………………………………… 100000 美元

年利率计算的月费率 ………………………………… 0.78

年保费 ……………… 100000.00 美元×0.0078＝780 美元

月保费（年保费/12） ……………………………… 65 美元

美国国际集团联合按揭担保保险公司（United Guaranty Residential Insurance Company）提供的 Constructlysm 计划对贷款人支付保费并不可偿还情况下的费率水平。Constructlysm 计划为具有最先留置权的借款人建筑贷款或建筑期中建筑—永久贷款提供了抵押贷款保险。贷款人将必须要具有抵押贷款风险覆盖以减少他们的信用风险和借款人违约时的损失。该计划给出了在为第一套住房提供按揭贷款的情况下，不同的 LTV、覆盖比率、暴露比率条件下，月缴保费费率和趸缴保费费率水平，对于第二套住房，费率要比第一套住房的费率高 0.05%（见表 4.2）。

表 4.2 不同 LTV、覆盖比率、暴露比率的费率水平

| LTV | 覆盖比率 | 暴露比率 | 月缴保费费率 | 趸缴保费费率 |
|---|---|---|---|---|
| 95.01%~100% | 35% | 70% | 0.64% | 0.59% |
| 90.01%~95% | 30% | 67% | 0.57% | 0.52% |
| 85.01%~90% | 25% | 68% | 0.47% | 0.44% |
| 80.01%~85% | 12% | 75% | 0.27% | 0.25% |
| 费率调整 | | | 第二栋住房 +0.05% | |

## 三、美国按揭保险的监管

近年来，美国个人抵押商品住房贷款保险行业的作用非常明显，它使美国的住房私有率有所提高。除了增强住房购买者的承受能力以外，个人抵押商品住房贷款保险公司严格的保险标准有助于促进贷款银行严格审查贷款，从而获得良好的住房抵押权。

美国的个人抵押商品住房贷款保险体系增加了信贷的平稳性。在经济萧条时期，它减轻了贷款银行发放贷款的风险压力；在经济繁荣时期，它通过使住房抵押标准化，促进了住房抵押贷款二级市场一系列投资工具的运用。而且，美国的个人抵押商品住房贷款保险体系，帮助贷款银行转移了借款人的信用风险和处理抵押物的损失风险。

美国保险监督官协会发布了《抵押保证保险示范法》（Mortgage Guaranty Insurance Model Act），对从事贷款保险公司的基本要求作出了明确的规定，其主要规定如下：

（1）资本与盈余（Capital and Surplus）。抵押贷款保证保险公司营业必须要符合以下标准：股份制保险公司已缴资本（Paid-in Capital）与已缴盈余（Paid-in Surplus）至少各达 100 万美元；相互保险公司最低原始盈余（Initial Surplus）达 200 万美元。而股份公司或相互公司在任何期间投保人盈余都应维持在至少 150 万美元。

（2）保险公司的监管机构。抵押贷款保证保险的成立与设立的章程与营业范围必须经保险监管机关核准。

（3）区域性集中。抵押贷款保证保险公司承保单一风险不得超过公司资本、盈余与特别理赔准备金（Contingency Reserve）总和的 10%。保险公司在美国商业部定义的任何一个标准行政统计区域（Standard Metropolitan Statistical Area，SMSA）的标准核保不得超过总保险金额的 20%。

（4）广告。贷款保证保险公司或其保险代理人不得散发或协助分散任何手册或广告单，声称任一金融机构的不动产投资为“保障投资”（Insured Investment），从而影响投资人。相反，广告只能载明其抵押贷款为经由州政府保险监管机构所核准的贷款保证保险公司所保险。

（5）投资限制。抵押贷款保证保险公司不得投资由抵押贷款担保或不动产抵押的证券或其他负有债务性质的投资。但此部分投资限制不适用经抵押贷款保证保险公司保证有良好信用的不动产证券化的负债或不动产销售合同。

（6）保险责任限制。抵押贷款保证保险公司应对扣除再保险后的保险金额予以限制。保险公司的责任最高不得超过对被保险人的全部债务或者其他义务的25%。保险公司可以选择偿还全部债务，并且获得不动产证券的所有权。

（7）抵押贷款保证保险公司不得兼营。抵押贷款保险公司只以抵押贷款保险为唯一专营业务，不得兼营其他保险。

（8）承保歧视（Underwriting Discrimination）。抵押贷款保险公司不得对放款者在审核贷款时对借款者所设置的合理要求有所设限，包括各种票证或债券的期限或由抵押贷款担保的其他负债。不得因性别、婚姻状况、种族、肤色、信仰和国籍而对投保人有所歧视。

（9）保单格式和费率表。所有的保单文本和批单文件应提交监管机构审批。保险公司应将按投保人不同分类的费率及包括所有修正的费率和费用列档保存，费率打印成表，表格应显示不同保险条款的保费总额。

（10）在外流通的负债总额。保险公司在任何时间依保险条款所载的负债，在扣除再保险部分后不得超过资本公积金和特别赔款准备金的25倍。当保险公司在外流通所有负债超过25倍时，应停止承保新的业务，直到低于资本公积金和特别赔款准备金的25倍。在外流通负债总额应合并计算控股公司下所有抵押贷款保险公司的负债。

（11）折扣、佣金和费用。保险公司不应直接或间接向贷款购买者、租赁人、承租者等人支付费用或提供折扣收受佣金。

## 第三节　按揭保险业：减缓了系统性风险对住房金融体系的冲击

美国的住房抵押贷款（以下简称“房贷”）市场大致可以分为三个层次，第一层次是优级房贷（Prime Loan），第二层次是次优级房贷（Alt-A Loan），第三层次是次级房贷（Sub-prime Loan）。

按揭保险（Mortgage Insurance）是以优级房贷为标的，由保险公司分担对

抵押品执行清偿以后依然产生的房贷损失，把房贷违约风险从房贷机构和住房按揭证券（MBS）的投资者转移给保险公司。

## 一、按揭保险是优级房贷证券化的重要环节

优级房贷包括合格或常规住房按揭贷款，面向信用评分高、收入稳定可靠、债务负担合理、收入证明文件齐全的优良客户，成为按揭支持证券（MBS）首选的基础金融工具。

（1）优级房贷证券化。优级房贷证券化由两家公营机构——联邦国民按揭协会（FNMA，简称房利美）和联邦房屋贷款按揭公司（FHLMC，简称房地美）主导，其他参与者包括：按揭购房者、商业银行或按揭贷款公司、按揭保证保险公司。美国优级房贷证券化的运作方式详述如下。

房利美和房地美只限于购买优级房贷，优级房贷的条件包括：一定的房贷限额标准；第一套自住房；LTV<80%或超额部分已投保；负债/收入上限33%；信用评分在一定水平以上；文件齐全。

LTV>80%的符合条件的按揭购房者支付保费后，将获得按揭信贷条件的优惠，并降低购房首付款比例，一般可以将购房首付款比例从房价的20%降低为房价的5%。

商业银行为贷款与房价比（LTV）>80%的客户购买按揭保险（保费一般由按揭购房者支付），并向MBS的发行人出售优级按揭贷款。图4.2为按揭保险对优级房贷证券化的参与图。

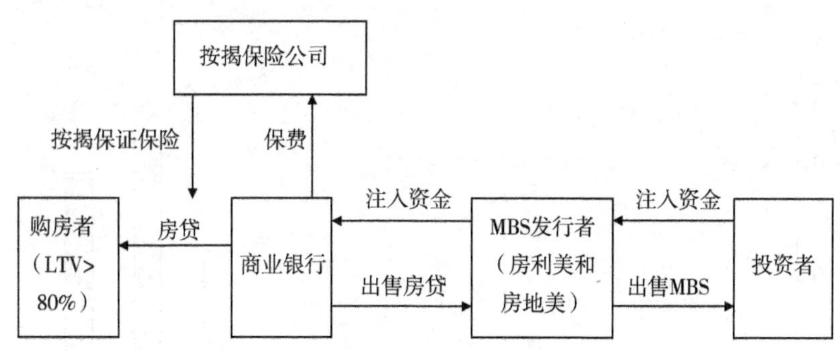


**图4.2　按揭保险对优级房贷证券化的参与图**

资料来源：根据黎晓静（2009）整理。

（2）按揭保险属于优级房贷证券化中的增信环节。一般而言，贷款与房价比（LTV）在80%以上的按揭贷款，一旦房价大幅下跌，住房的抵押功能

将下降，甚至无法为按揭贷款提供保护。按揭保证保险（Mortgage Insurance）正是针对上述风险，由保险公司或政府住房保险机构分担对抵押品执行清偿以后依然产生的银行按揭贷款损失，把风险从银行和住房按揭证券（MBS）的投资者转移给保险公司或政府住房保险机构，改变了按揭贷款资产库的风险收益特性，使得按揭贷款资产池的风险可以标准化。

按揭保险行业通过适当地降低按揭首付率，在没有降低贷款整体信用标准的前提下，为MBS的发行者提供更多的优级按揭贷款，促进了优级房贷二级市场（优贷MBS市场）的发展，成为房地产金融体系的重要组成部分。

## 二、按揭保险减轻了系统性风险引致的优级房贷损失，稳定了住房金融体系

在系统性风险面前，优级房贷同样蒙受了损失。从美国住房企业监督署价格指数（OFHEO）看，从2005年第三季度开始美国房价上涨出现了趋势性逆转，2007开始出现房价下跌，2007年8月美国次贷危机爆发，并引发银行信贷紧缩和房价进一步下跌，2008年底房价相比2006年底下跌近10%，导致优贷拖欠率从2006年一季度末的2.4%增加到2008年三季度末的超出12%（次贷危机研究课题组，2009）。

按揭保险减轻了优级房贷损失，稳定了住房金融体系。随着次贷危机的深化，美国按揭保险业对贷款机构优级房贷损失的赔付也急剧上升，如图4.3所示，2006～2009年共赔付303亿美元，减轻了具有系统重要性的机构——“房利美”和“房地美”遭受的优级房贷损失。

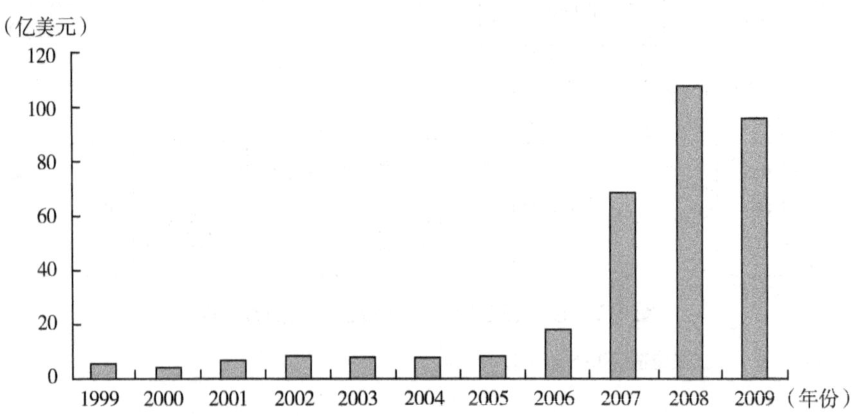


**图4.3　1999～2009年美国按揭保险业每年赔付额**

资料来源：MICA 2010～2011年Fact Book。

按揭保险促进了住房市场的复苏。2007～2009年，按揭保险业共签发新单379万份，承保优级房贷6263亿美元，继续帮助符合资信标准的客户以低于20%的首付比例购房，其中多数是首套房购买者。此举有助于增加住房需求，减少经济危机时期的住房库存，刺激住房投资扩大。

## 三、按揭保险为何能在金融危机中发挥稳定器功能

（1）逆周期的准备金精算规定。州监管当局要求按揭保险公司提取三种准备金，分别是意外损失准备金（Contingency Reserve）、个案准备金（Case Basis Loss Reserve）和未赚保费准备金，其中意外损失准备金用于抵御经济和房市萧条导致的大额赔付风险。按揭保险商依照要求把已赚保费收入的50%作为意外损失准备，并且一般情况下10年内不得动用；只有当某一年份的已发生损失率超过35%时，上述准备金方可释放出来用于赔付。与美国投资银行业在住房金融景气时期进行高额分红不同，按揭保险业在这一时期积累了高额的意外损失准备金，在1999～2005年的住房市场繁荣期，每年意外损失准备金都在已赚取保费的250%以上，并达到赔付额的10倍以上（见表4.3），上述逆周期的准备金积累方式"以丰补歉"，帮助行业渡过了2007～2009年的难关。从历史上看，保守的财务安排也帮助行业经受住了20世纪80年代中期另一次房市大衰退的考验。

**表4.3　1999～2009年美国按揭保险业每年财务状况**　　单位：亿美元

| 年份 | 1999 | 2000 | 2001 | 2002 | 2003 | 2004 | 2005 | 2006 | 2007 | 2008 | 2009 |
|---|---|---|---|---|---|---|---|---|---|---|---|
| 已赚取保费 | 30.4 | 33 | 36.5 | 38.4 | 33.9 | 34.8 | 34.5 | 43.96 | 48.7 | 49.5 | 46.1 |
| 赔付额 | 5.9 | 4.8 | 6.8 | 8.3 | 8.7 | 11.4 | 12.5 | 18.1 | 68.5 | 108.2 | 96.2 |
| 个案损失准备金 | 19.9 | 19.2 | 20.6 | 20.2 | 18.5 | 22 | 21.6 | 29.7 | 74.96 | 134 | 178.8 |
| 意外损失准备金 | 79.5 | 95 | 111.9 | 127.9 | 96.4 | 105.9 | 111.98 | 168.8 | 134.8 | 71.3 | 27.8 |

资料来源：MICA 2000～2011年各年度Fact Book，其中MICA对2006年和2007年数据进行了追溯调整。

（2）偿付能力充足。按揭保险业也受到保守的风险资本比例监管，州监管当局要求他们按照1∶25比例为所承保的房贷违约风险拨备资本。上述风险—资本比例在2006～2009年分别达到8.02%、11.87%、15.59%和18.55%，虽然上升较快，但仍在安全线之内，也低于行业在20世纪80年代

中期另一次房市大衰退时的风险—资本比例水平，后者在 1984 ~ 1988 年都在 20% 以上，1986 年的峰值达到 22.5%（MICA，2009）。

（3）重视房贷违约风险管理。一是产品设计，与联邦住宅管理局（FHA）不同，按揭保险商一般仅对按揭贷款提供部分保险，承保房贷金额的 20% ~ 25%，并根据房市趋势变动，调整对按揭首付比例的要求，与银行和按揭购房者一起分担违约风险。二是与相关各方的沟通机制，减少了丧失抵押品赎回权（Foreclosure）的借款人数。按揭保险商与银行、MBS 投资者和社区建立了针对房贷拖欠者的工作机制，并配合奥巴马政府 HARP 和 HAMP 计划的实施，后者旨在帮助借款人不丧失抵押品赎回权。在 2008 ~ 2009 年上半年，在按揭保险商的努力下，约 20 万名借款人没有丧失房屋（MICA，2009）。

（4）市场行为监管较为有效。一是按揭保险公司是专业化运作的，不能兼营其他商业保险业务。二是各州保险监督官对保险费率和保单格式实施监管，以防范过多、不足和歧视性的费率出现，并鼓励公平竞争。

（5）保险标的——房贷资产的优级质量。基础资产的优级质量和按揭保险业对产品特性理解到位，使得行业在百年一遇的金融危机中正常发挥了风险管理功能。

## 四、资产证券化中的两种保险机制为何在金融危机中扮演了完全不同的角色

从前面的分析可以看出，按揭保险与 CDS 等金融担保产品在金融危机中扮演了完全不同的角色，这反映出按揭保险和 CDS 具有不同的风险特征。

### （一）识别系统性风险的标准

2009 年，金融稳定委员会（FSB）、国际货币基金组织（IMF）和国际清算银行（BIS），共同给出了“系统性风险”定义：一种扰乱金融服务的风险，它首先是由全体或者部分金融体系损坏造成的，其次具有对实体经济造成严重负面后果的潜力。系统性风险包括了两个要素：一是对部分或整个金融体系造成损害，二是具有对实体经济造成严重负面影响的潜在可能。FSB、IMF and BIS（2009）制定了识别系统性风险的三项标准：规模（Size）、相关性（Interconnectedness）和可替代性（Substitutability）。规模是指金融系统中各个组成部分提供的金融服务数量（Volume）；相关性是指与其他组成部分的联系；而可替代性指的是在破产事件发生后，系统中的其他部门能够提供相同服务的程度。这一定义已得到二十国集团财长和央行行长的认可。

国际保险监督官协会（IAIS）在此基础上，建议增加“时间”（Time Horizon）作为第四标准，用来衡量风险传播速度。因为保险公司一般情况下不会发生银

行面临的“挤兑”现象，即使出现大规模集中退保，在接到退保申请和完成赔付之间也有一定的缓冲时间。

这里，需要强调三点。第一，系统性风险强调对整个金融体系或者对实体经济造成严重负面影响，而不是针对单个金融机构，也不是针对金融体系中个别行业造成的风险，关键看这些风险能否传染和蔓延，从而对整个金融体系造成严重影响。第二，系统性风险往往具有风险跨行业传递和顺周期性的特点，前者造成风险传递进而对整个金融体系造成巨大损失，后者造成危机发生时风险相互触发，如同原子弹的链式反应，可能瞬间形成恶性循环式的风险放大，造成巨大损失。第三，系统性风险的分析应落脚于对业务的风险特点，而不是笼统地针对整个金融机构。

**（二）按揭保险不易导致系统性风险，而 CDS 容易造成系统性风险**

第一，需求不同。按揭保险要求投保人必须对标的具有可保利益，标的违约投保人将遭受损失，投保人通过信用保险的赔付并不能获得额外收益，难以成为投机的工具，信用保险对真实风险的保障是与实体经济紧密相关的；而 CDS 可以把与买卖双方毫无关系的资产作为担保对象，变成一种投机对赌的工具，完全脱离了实体经济的真实需求，大量的无实体 CDS 成为纯粹的赌博。

第二，规模不同。按揭保险总体额度有限，2006 年，全球信用保险加上保证保险的保费只有 150 亿美元，占非寿险保险保费的比例不到 1%。而 CDS，特别是无实体 CDS 的泡沫化增大，规模达到几十万亿美元，符合系统性风险的“规模”条件。

第三，关联性不同。按揭保险面向大量的个人或者中小企业，客户比较分散，与金融机构的联系也不是特别紧密，对金融体系的影响不大；而 CDS 基本是金融机构之间的交易，风险容易在金融机构之间传递，“关联性”更高。

第四，蔓延速度不同。按揭保险只有当信用违约事件发生时才产生损失，而且有一套理赔的程序和控制；而 CDS 在信用违约事件发生的可能性增加时也会产生现金流，比如评级改变时就可能要求 CDS 卖出方必须及时增加抵押额，可能瞬间导致流动性风险。

第五，受到的监管不同。按揭保险受到严格的保险监管，需要对交易提取责任准备金。CDS 基本上处于监管缺失状态，没有准备金和最低资本的监管要求，只要提供定期调整的抵押品即可，而且基本上是场外交易，是监管的盲区。

债券保险公司承保业务的主要风险和一般银行业务一样，都是信用风险，需要像评估银行业中那些风险高度集中的信贷机构一样去评估风险，对债券保险公司的监管应更接近于银行监管。

因此，按揭保险与CDS是一个分水岭，也是金融危机爆发前保险监管的界限，在保险监管范畴内有效地防范了系统性风险。CDS业务在保险监管范畴外，没有准备金、最低资本和偿付能力监管的要求，而其他金融监管也未实施有效管辖，缺乏宏观审慎监管的全面覆盖，最终酿成系统性风险。

## 五、对中国保险业的启示

总结保险业在金融危机中的表现，分析国际保险监管的改革进展，对照我国保险业发展阶段和保险监管实际，我们能够从中获得许多有益的启发。

### （一）坚持核心业务不动摇

在规划我国保险业发展方向时，一定要坚持发展核心主业不动摇，也就是大力发展风险保障型和长期储蓄型业务。中国保险市场与西方成熟保险市场的发展阶段不同。西方成熟市场的风险保障型和长期储蓄型业务已经基本饱和。以美国为例，2009年的保险深度（保费占GDP的百分比）达到8.0%，保险密度（人均GDP）达到3710美元，分别是我国同期保险深度的2.35倍、保险密度的30.6倍。美国等国家的保险公司要拓展市场，就把金融属性较强的业务作为发展重点，进入了债券信用担保市场，强化了与金融体系的关联性，并在不断泡沫化的金融创新中偏离了实体经济，更偏离了保险核心业务，从而使系统性风险大大增加。

而我国保险业还处在发展的初级阶段，保险深度和保险密度与西方发达国家差距很大，消费者对财产保险、人寿保险、健康保险和养老保险的需求与日俱增，保险风险保障和长期储蓄型业务有巨大的发展空间。我国保险业在现阶段的当务之急不是盲目地去开拓非传统、非核心的业务，而是应集中精力首先发展好保险核心业务。近年来，我国一些保险公司为了保费规模和市场份额，也出现了追求趸交、短期、投资性业务，淡化风险保障，积极发展类似银行储蓄产品的业务，有偏离保险核心业务方向的倾向，且时有反复，这一现象值得研究和深思。因此，我国保险业应坚持推进结构调整，确保发展核心业务不动摇，确立保险行业在金融体系中的定位及其核心竞争力，突出保险行业在整个经济社会建设中的不可替代的作用和功能。

### （二）鼓励核心业务领域内的创新

此次金融危机源于脱离实体经济的金融创新。对比之下，中国保险市场不同于国外存在的金融市场创新过度问题，相反却面临创新不足的问题。

我国保险公司的产品供给和管理水平还不能满足市场日益增长的需求，保险公司只有积极创新，才能满足市场真实需求，才能提高防范系统性风险的能力，才能确立保险行业的核心竞争力。

正如Geneva Association（2010）所言，保险公司核心业务并不是此次金融危机的源头，相反，还具有天然的抗风险优势，并在一定程度上减缓了金融危机对实体经济的冲击，现有保险监管框架对风险的防范也是总体有效的。保险公司的核心业务不易造成系统性风险。基于这一基本判断，我国保险业在发展核心保险业务时，更应该大力创新，形成保险行业锐意创新的文化。建议监管当局以最大的力度来支持保险公司在核心业务上的创新，从政策上鼓励保险创新，法律没有禁止的，都可以探索和尝试；并以最大的宽容度来对待创新过程中出现的问题。

在鼓励核心业务创新的同时，也应当注意三点：第一，坚持以保险消费者真实需求为导向，避免保险创新脱离实体经济成为空中楼阁，避免保险公司以创新的名义损害消费者利益；第二，坚持保险核心业务，积极推进业务结构调整，确保保险行业创新发展的正确方向，对于非核心业务领域的创新一定要慎重和严格监管，比如对信用保险的监管一定要及时跟上和强化；第三，注重风险可控，避免保险公司在创新过程中出现重大风险的累积。

**（三）审慎对待保险公司金融混业**

在此次金融危机中，凡是专注于核心主业的保险公司都没有受到重创，凡是偏离核心主业、追求金融混业经营的保险机构都陷入了严重的危机，如AIG就是典型。

中国保险公司还处在发展的初级阶段，但已经出现了集团化发展的趋势。部分保险公司和保险集团积极介入证券、银行等领域。应当清醒地认识到，其他金融业务的风险特征与保险核心业务风险不同，也可能因为风险传递拖累保险集团。跨行业经营的保险集团更可能成为具有系统重要性机构，导致系统性风险的可能性显著增加。因此，保险监管机构应该审慎对待保险集团的综合经营，严格监管，避免监管盲点，避免保险集团在盲目追求混业经营中出现系统性风险。而金融集团在追求混业的便利和规模时，更要注意风险的传染和叠加效应，并意识到今日的监管改革正是要解决“大而不能倒”的难题。

# 第五章　中国保险业发展状况、问题及其在我国金融体系中的地位

保险业长期快速发展中积累的深层次问题和矛盾正在逐步显现，制约了商业保险规范发展，制约了保险对金融稳定的积极作用，制约了金融结构的优化。

## 第一节　中国保险业发展状况

### 一、保险业务快速增长

“十一五”期间，中国保险市场保持了较快的增长，保费收入从2006年的5641.4亿元增加到2010年的1.45万亿元，如图5.1所示，人身险保费收入达1.06万亿元，其中寿险9679.51亿元，财产险保费收入达3895.64亿元。财产险保费收入增长速度要高于人身保险（2008年除外），并且增长速度相对比较平稳，年度之间的波动程度相对较小，如图5.2所示。保险业是国民经济发展最快的行业之一，保费收入的国际排名上升到世界第6位，比2000年上升了10位。

### 二、保险密度和保险深度大幅度提高

在保费收入迅速提高的同时，中国保险密度和保险深度也大幅度提高。1980年保险密度为0.47元，保险深度为0.1%；2005年保险密度为375.64元，保险深度为2.7%，到2009年分别提高到834.42元和3.32%，其变化趋势如图5.3、图5.4所示。

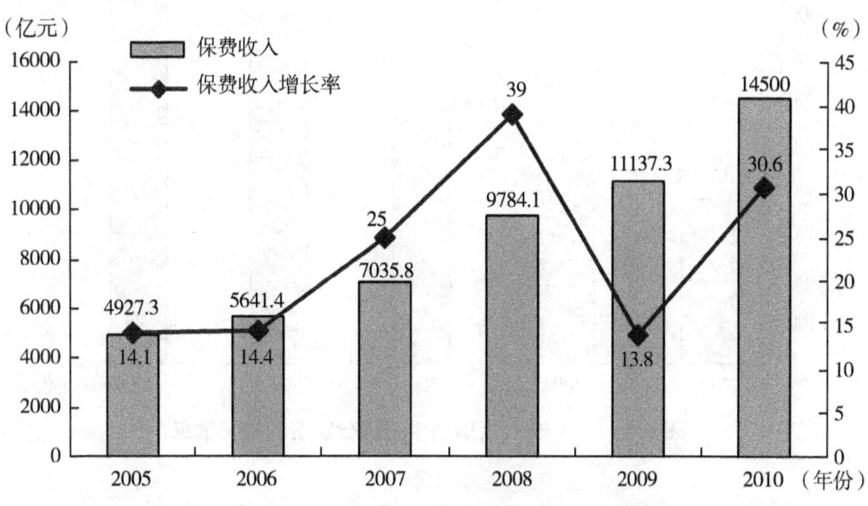


**图 5.1 “十一五”期间中国保费收入的增长情况**

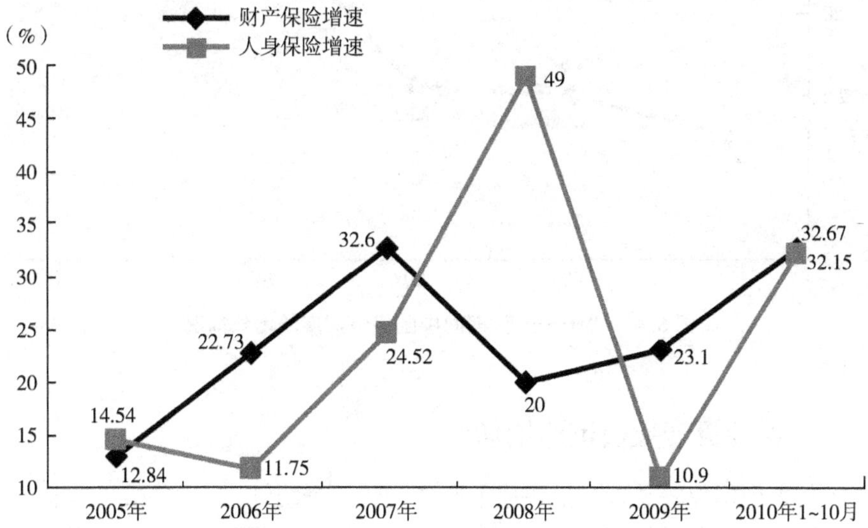

**图 5.2 “十一五”期间中国财产保险与人身保险增速比较**

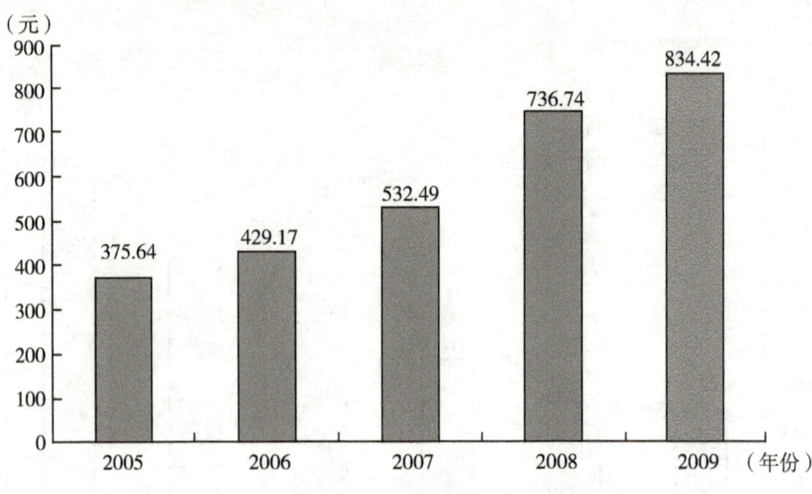


**图 5.3 “十一五”期间中国保险密度的增长情况**

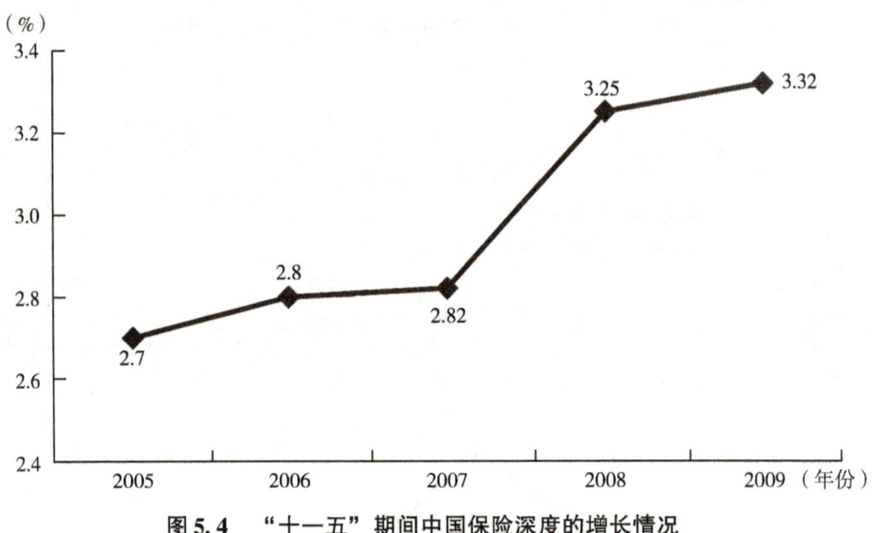


**图 5.4 “十一五”期间中国保险深度的增长情况**

## 三、保险资产规模迅速增加

近年来中国保险总资产呈快速上升的趋势。据统计，“十一五”期间，尽管遭到国际金融危机的不利影响，中国保险总资产还是保持了增长的势头。到2010 年底，保险公司总资产达到 5.05 万亿元，是 2002 年的 8 倍多、2005 年的 3 倍多，如图 5.5 所示。资本金超过 4000 亿元，是 2002 年的 12 倍。

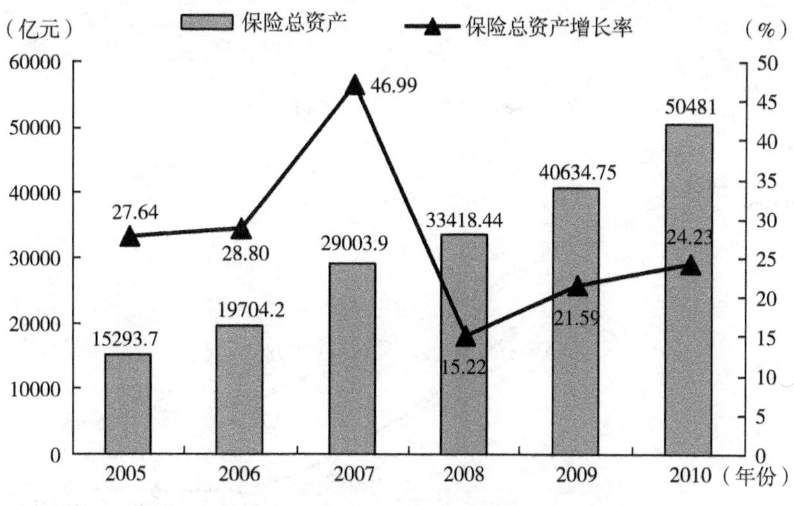


**图 5.5　2005～2010 年保险总资产及其增长率**

## 四、保险市场主体增加，市场集中度下降

保险市场主体增加，市场体系逐步完善。改革开放初期，中国保险市场由中国人保公司独家经营。中共十六大以来，相继成立和引进了一批保险公司。保险公司数量从 2002 年的 42 家增加到 2010 年的 146 家，已开展营业 131 家。其中：保险集团和控股公司 8 家，非寿险公司 53 家，寿险公司 61 家，再保险公司 9 家。另有保险资产管理公司 9 家。从保险公司资本国别属性看，中资保险公司 77 家，外资保险公司 54 家。此外，还相继成立了经营健康险、农业险、汽车险和责任险等专业保险机构。中国保险市场已经形成国有控股（集团）公司、股份制公司、政策性公司、专业性公司、外资保险公司等多种组织形式、多种所有制并存，公平竞争、共同发展的市场格局。

由于市场主体的增加，市场集中度也在进一步下降。2006 年底，最大的三家与四家产险公司市场份额占比分别为 67.26% 和 76.78%，2009 年底则下降为 64.21% 和 70.71%，如图 5.6 所示。2006 年底，最大的三家与五家寿险公司市场份额占比分别为 65.94% 和 79.42%，2009 年底则下降为 60.77% 和 77.20%，如图 5.7 所示。

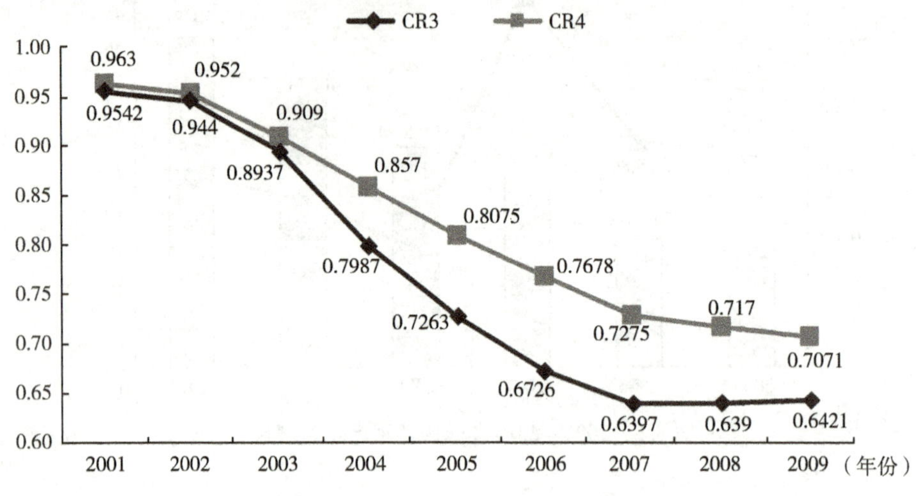


**图 5.6　寿险市场集中度 1（2007～2009 年）**

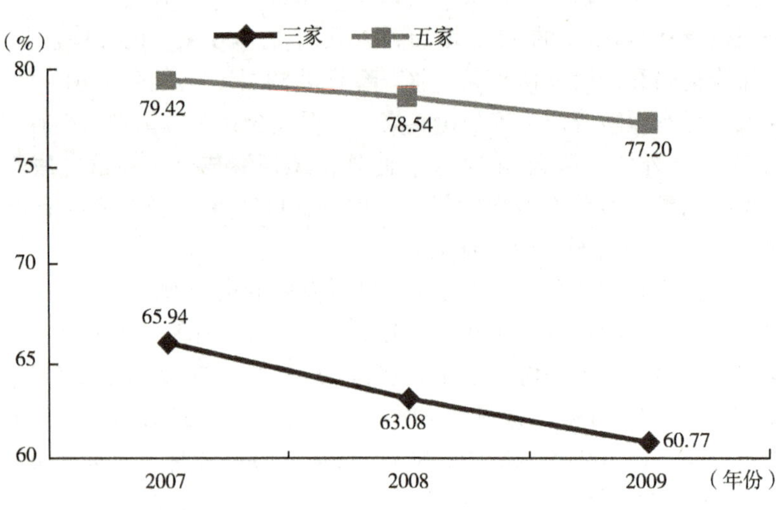


**图 5.7　寿险市场集中度 2（2007～2009 年）**

# 第二节　中国保险业发展面临的深层次矛盾和突出问题

## 一、中国保险业的阶段性特征与深层次矛盾

中国保险业的发展仍然处在初级阶段。尽管我国保险业发展取得了一定成绩，但由于起步晚、基础差，整体水平不高，与发达国家相比，与经济社会发展的要求相比，还存在着较大差距，保险业仍处于发展的初级阶段。在这个阶段，从经济增长的要素看，保险业的发展更多地依靠增加资本、劳动力等要素的投入推动。从行业层面上看，存在某些粗放的特征，如投入产出比低、人均产出不高、制度建设滞后、业务发展大起大落、出现经营性亏损、保险公司偿付能力不足等。

初级阶段的中国保险业深层次矛盾主要体现在“四个不适应”。一是与国民经济发展整体实力不相适应。2010 年，我国 GDP 在世界排名居第 2 位，但保费收入排名仅居第 6 位。保费收入占 GDP 的比重，世界平均为 8%，我国为 4%。二是与和谐社会建设不相适应。我国人均长期寿险保单持有量、医疗费用由商业健康保险承担的比例、财产和责任保险投保率、保险赔偿占灾害损失的比例，都远远低于世界平均水平，保险作用发挥得还比较有限。三是与人民生活水平不相适应。目前保险产品还不丰富，有许多人民群众迫切需要的险种还不能提供，不能有效地满足社会多层次、个性化的需求。保险服务跟不上，存在重销售、轻服务的现象，理赔难问题还没有得到根本解决。四是与金融体系改革发展的要求不相适应。我国保险资产占金融业总资产的比例仅为 4% 左右，甚至低于很多新兴市场国家。

## 二、中国保险业面临的突出问题

### （一）保险市场发展方式粗放问题

进入新起点新阶段，保险发展方式粗放问题也越来越突出，主要体现为“三高一低”，即高投入、高成本、高消耗、低效率。当前中国保险业的集约经营和内涵式增长能力不强，部分公司主要靠快速增设机构、铺摊子实现外延式扩张，总体经营成本居高不下，产品结构也过于单一。加之非理性价格竞争问题突出，致使部分公司往往采取大幅度提高手续费、账外支付等方式来争夺保费；销售误导、理赔难、弄虚作假等不诚信行为屡禁不止，严重挫伤了保险业的可持续发展能力。

### （二）自主创新能力不足问题

我国保险业自主创新最大的问题是动力不足。自主创新是保险企业寻求生存与发展、提高竞争力的重要手段。我国保险企业从总体上看仍然处于技术创新的低层次阶段，许多保险产品主要还是依靠从外部引进，企业主要还是在引进产品的基础上对产品进行局部的开发和改进。真正意义上的自主研究开发活动仅仅在少数大的保险企业中有所开展，大多数保险企业还没有感觉到离开了自主创新就无法生存，依靠低水平的技术创新活动基本能够维持保险企业的生存与发展。保险业自主创新能力不足主要表现为以下几个方面：首先是缺乏创新意识。如在产品开发中，照抄照搬国外的产品，不考虑中国国情，不重视吸收和再创新，使得产品脱离市场需求。其次是创新体制不健全。再次是创新的市场环境和政策支持有待完善。最后是缺乏创新管理和创新团队、缺乏创新型研究机构、运行机制和有利于自主创新的文化氛围。

### （三）保险资金运用问题

保险资金运用在结构、收益、管理模式等方面都面临着现实困境，潜在风险不断积累。从我国目前保险资金运用状况来看，由于缺乏具有稳定回报率的中长期投资项目，致使不论其资金来源如何、期限长短，基本都用于短期投资。这种资金来源和运用的不匹配，严重地影响了保险资金的良性循环和资金使用效果。据统计，我国寿险公司中长期资产与负债的不匹配程度已超过50%；且期限越长，不匹配程度越高，有的甚至高达80%。我国寿险业资产与负债的平均期间相差10～15年，远大于日本（8年）和韩国（6年）等国家寿险公司资产与负债的期限差距。美国资产平均期限更长。期限结构与数量的不匹配，特别是可供寿险公司投资的、收益率较高的中长期金融资产规模太小、品种过少，直接限制了我国寿险公司进行较好的资产与负债匹配，使得我国寿险业面临很高的资产负债匹配风险。

### （四）保护保险消费者利益问题

保护保险消费者的监管理念和目标有待建立和落实，保险监管者主要将精力用于保险公司，对投保人利益保护力度不够。消费者与保险公司的纠纷日益增多。有的纠纷是由于营销人员为了追逐高额佣金，以不如实告知等手法，误导消费者投保；有的保险公司不能恪守诚实信用的原则，应赔不赔，引发纠纷，使得消费者的合法权益受到损害，也严重地制约了保险业的发展。

### （五）保险区域发展问题

当前，保险区域发展上还存在着不平衡和不协调问题。一是保险业务水平不平衡。保险业务水平呈东—中—西梯度分布，东部保险发展水平明显高于中

部、西部，且差异性有扩大的趋势。二是市场主体区域布局不平衡。保险供给主体在地区分布上明显集中于东部及沿海发达地区，国内保险公司总部或外资、合资保险机构总共121家，其中设立于上海的共41家，设立于北京的有49家，广东12家，共计102家，其他27个省、直辖市、自治区总共只有19家。三是保险市场产品结构不平衡。在财险市场上，机动车辆险市场份额过大，其他险种比例太小。四是我国保险业发展区域间摩擦加剧保险区域间利益冲突。集中表现出的是对外的排他性，既要向外争利，打破地域经营限制，又要防止肥水外流，设置地方市场保护壁垒。

### （六）保险诚信问题

近年来，保险业得到了迅速发展，保险服务大有提高，但诚信问题在管理、经营方面仍然很突出。其主要表现在：设计的保单条款晦涩难懂，引诱消费者落入陷阱，待出险时逃避保险责任；夸大保险的保障功效；借助权力部门强制销售保险；通过热门产品搭配销售有关险种；通过协议或借行业协会名义联合限价；展业、理赔“两张脸”；无理拒赔、惜赔或少赔；等等。保险的不诚信行为正在影响着保险公司甚至影响着整个保险行业的形象。而与此相对应的一种现象是，在一些地区已经出现了保险客户偏好外资保险公司的现象。再加上中资保险公司无论在历史、实力，还是在市场开拓、经营管理、资金运营等方面，均弱于那些已经进入和正在进入中国保险市场的外资公司，导致客户依赖外资公司，这种心理偏好必然影响客户对保险公司的选择，使中资保险公司遭遇信誉危机。如果意识不到这一点，中国保险市场上中外资公司展开平等竞争后，中资公司所面临的局面将是非常严峻的。

### （七）保险产品交易模式面临困境

保险产品交易模式创新不足制约着保险业规范发展。传统保险产品交易模式在促进我国保险市场发展中发挥了巨大作用，但是也正遭受诟病。我国保险市场的突出矛盾是保险产品交易行为不规范，保险营销员制度面临效率下降、欺诈误导消费者、挪用侵占保险费、恶性无序竞争等事关保险业可持续发展的问题，银行邮政类保险兼业代理业务易受到监管政策的重大影响，保险产品交易市场的发展正面临着较大的挑战。适应保险消费者多元化、多层次需求的新交易模式探索进展缓慢。

### （八）保险理赔中的突出问题

随着监管力度的加大，保险市场秩序不断规范，但“理赔难”问题仍然未得到很好的解决，极大地影响了人们对保险的热情。造成“理赔难”的原因是多方面的。一是部分保险公司对分支机构和人员缺乏有效管理，导致销售误导、核保不严等情况，由于这些业务前期埋下的隐患，造成出险后理赔困难。二是理赔工作与保险业的快速发展不相配套，公司理赔专业人才缺乏，现有的理赔人员，大多数不具备专业的理赔知识和能力，办事效率低下，每当出现复杂赔案时，往往难以做出准确判断。三是市场的恶性竞争导致保费漏损，保险公司为了追求利润而只能拖赔、惜赔，竭力挤压被保险人的赔款，造成“理赔难”。此外，由于保险违法犯罪执法力度的不够，保险理赔工作的正常秩序受到了较大威胁，骗赔行为屡见不鲜，这对保险正常理赔造成了很大的影响。执法不严、司法不公导致赔款额逐年上升，助长了骗赔等保险欺诈行为的蔓延，严重损害了保险业的形象，客观上也助长了“理赔难”言论的泛滥。

# 第三节　我国金融业内部结构状况

## 一、银行、证券、保险三大产业在金融业的比重变化

我们选取储蓄存款和有价证券收入作为考量银行业发展的主要指标，股票发行额作为证券业的主要考量指标，保费收入作为保险业的主要考量指标，以1996~2008年为样本期间，对我国金融业内部的结构进行分析。相关数据见表5.1。

**表5.1　1996~2008年金融结构变化情况**　　单位：亿元，%

| 年份 | 货币和准货币（M2） | 储蓄存款 | 存款/M2 | 有价证券收入 | 有价证券收入/M2 | 股票发行额 | 股票发行/M2 | 保费收入 | 保费收入/M2 |
|---|---|---|---|---|---|---|---|---|---|
| 1996 | 76094.9 | 38520.8 | 50.62 | 588.2 | 0.77 | 425.08 | 0.56 | 777.1 | 1.02 |
| 1997 | 90995.3 | 46279.8 | 50.86 | 1106.5 | 1.22 | 1293.82 | 1.42 | 1087.9 | 1.20 |
| 1998 | 104498.5 | 53407.5 | 51.11 | 1663.7 | 1.59 | 841.52 | 0.81 | 1247.6 | 1.19 |
| 1999 | 119897.9 | 59621.8 | 49.73 | 1421.5 | 1.19 | 944.56 | 0.79 | 1393.2 | 1.16 |
| 2000 | 134610.4 | 64332.4 | 47.79 | 1917.5 | 1.42 | 2103.08 | 1.56 | 1595.9 | 1.19 |
| 2001 | 158301.9 | 73762.4 | 46.60 | 1644.6 | 1.04 | 1252.34 | 0.79 | 2109.4 | 1.33 |
| 2002 | 185007.0 | 86910.7 | 46.98 | 952.3 | 0.51 | 961.75 | 0.52 | 3053.1 | 1.65 |
| 2003 | 221222.8 | 103617.7 | 46.84 | 1124.3 | 0.51 | 1357.75 | 0.61 | 3880.4 | 1.75 |
| 2004 | 254107.0 | 119555.4 | 47.05 | 1148.0 | 0.45 | 1510.94 | 0.59 | 4318.1 | 1.70 |
| 2005 | 298755.7 | 141051.0 | 47.21 | 927.8 | 0.31 | 1882.51 | 0.63 | 4927.3 | 1.65 |
| 2006 | 345603.6 | 161587.3 | 46.76 | 833.0 | 0.24 | 5594.29 | 1.62 | 5641.3 | 1.63 |

续表

| 年份 | 货币和准货币（M2） | 储蓄存款 | 存款/M2 | 有价证券收入 | 有价证券收入/M2 | 股票发行额 | 股票发行/M2 | 保费收入 | 保费收入/M2 |
|---|---|---|---|---|---|---|---|---|---|
| 2007 | 403251.0 | 176213.0 | 43.70 | 3349.0 | 0.83 | 8432.00 | 2.09 | 7035.8 | 1.74 |
| 2008 | 475166.6 | 221503.5 | 46.62 | 1310.3 | 0.28 | 1066.00 | 2.24 | 9784.1 | 2.06 |

资料来源：中国人民银行网站（http：//www.pbc.gov.cn/）。

从表5.1可知，1996年以来，城乡居民存款在广义货币（M2）的占比逐渐下降，金融机构有价证券收入在广义货币（M2）的占比先升后降（1996~2000年期间这一比重逐年上升，2001~2006年这一比重逐年下降），这说明银行业在金融业的控制地位正在逐年减弱。股票发行额可以衡量企业通过证券市场融资的能力。1996~2008年，股票发行额逐年增加，其占广义货币的比重也逐年上升，说明证券市场为企业融资发挥了越来越重要的作用。保费收入逐年增加，保费占广义货币的比重也逐年上升，可见，保险业在金融业中的地位不断提高。

2008年末广义货币供应量（M2）余额为47.5万亿元，比上年末增长17.8%；狭义货币供应量（M1）余额为16.6万亿元，比上年末增长9.1%；流通中现金（M0）余额为3.4万亿元，比上年末增长12.7%。年末全部金融机构本外币各项存款余额47.8万亿元，比上年末增长19.3%；全部金融机构本外币各项贷款余额32.0万亿元，比上年末增长17.9%。全年农村金融合作机构（农村信用社、农村合作银行、农村商业银行）人民币贷款余额3.7万亿元，比年初增加5908亿元。全部金融机构人民币消费贷款余额3.7万亿元，比年初增加4609亿元。其中个人短期消费贷款余额0.4万亿元，比年初增加1035亿元；个人中长期消费贷款余额3.3万亿元，比年初增加3575亿元。全年上市公司通过境内市场累计筹资3396亿元，比上年减少3947亿元。其中，首次公开发行A股75只，筹资1066亿元，减少3487亿元；A股再筹资（包括配股、公开增发、非公开增发、认股权证）筹资1332亿元，减少1046亿元；上市公司通过发行可转债、可分离债、公司债筹资998亿元，增加587亿元。全年企业共发行债券20520亿元，比上年增加3437亿元。其中，金融债券11797亿元，比上年减少116亿元；企业（公司）债券2655亿元，比上年增加834亿元；短期融资券4332亿元，比上年增加982亿元；中期票据1737亿元，比上年增加1737亿元。全年保险公司原保险保费收入9784亿元，比上年增长39.1%，其中寿险业务原保险保费收入6658亿元；健康险和意外伤害险业务原保险保费收入789亿元；财产险业务原保险保费收入2337亿元。支付各类赔款及给付2971亿元，其中寿险业务给付1315亿元；健康险和意外伤害险赔款及给付238亿元；财产险业务赔款1418亿元。①

## 二、银行、证券、保险三大产业资产占比变化情况

进入21世纪以后，金融业的资产结构正在悄悄地发生变化。银行资产、证券资产和保险资产在全部金融资产中所占比重如表5.2所示。

表5.2　银行、证券、保险三大产业资产及占全部金融资产的比重

| 年份 | 2001 | 2002 | 2003 | 2004 | 2005 | 2006 | 2007 | 2008 |
|---|---|---|---|---|---|---|---|---|
| 总金融资产（万亿元） | 21.86 | 25.03 | 28.88 | 33.26 | 39.73 | 47.02 | 56.98 | 67.76 |
| 银行资产（万亿元） | 21.34 | 24.25 | 27.66 | 31.60 | 37.47 | 43.95 | 52.60 | 62.40 |
| 银行资产占比（%） | 97.60 | 96.90 | 95.80 | 95.00 | 94.30 | 93.50 | 92.30 | 92.10 |
| 证券资产（万亿元） | 0.05 | 0.15 | 0.31 | 0.46 | 0.73 | 1.10 | 1.45 | 2.02 |
| 证券资产占比（%） | 0.20 | 0.60 | 1.10 | 1.40 | 1.80 | 2.30 | 2.60 | 3.00 |
| 保险资产（万亿元） | 0.47 | 0.63 | 0.91 | 1.20 | 1.53 | 1.97 | 2.93 | 3.34 |
| 保险资产占比（%） | 2.20 | 2.50 | 3.10 | 3.60 | 3.90 | 4.20 | 5.10 | 4.90 |

资料来源：根据中国银监会网站（www.cbrc.gov.cn）、中国证监会网站（www.csrc.gov.cn）、中国保监会网站（www.circ.gov.cn）、《中国信息报》2008年5月28日数据整理。

从表5.2可以看出，2001～2008年，银行、证券、保险三大产业的资产都在增加，但在全部金融资产中所占比重变化趋势不同，银行资产在全部金融资产中的比重由97.6%降到92.1%，证券资产在全部金融资产中的比重由0.2%上升到3%，保险资产在全部金融资产中所占比重由2.2%上升到4.9%。金融业中三大产业资产排序依次是：银行资产、保险资产、证券资产，其中保险资产占第二位。

## 三、银行、证券、保险三大产业增速比较

我们仍然选取储蓄存款和有价证券收入作为考量银行业发展的主要指标，股票发行额作为证券业的主要考量指标，保费收入作为保险业的主要考量指标，以1997～2007年为样本期间，对我国银行、证券、保险三大产业的增长速度进行比较。相关数据见表5.3。

① 殷剑峰．中国金融产品与服务报告（2007）（金融蓝皮书）［M］．社会科学文献出版社，2007.

**表 5.3　金融产业内部增长速度比较**　　单位：%

| 年份 | 广义货币增速 | 储蓄存款增速 | 有价证券收入增速 | 股票发行额增速 | 保费收入增速 |
|---|---|---|---|---|---|
| 1997 | 19.58 | 20.14 | 88.12 | 204.37 | 39.99 |
| 1998 | 14.84 | 15.40 | 50.35 | -34.96 | 14.68 |
| 1999 | 14.74 | 11.64 | -14.56 | 12.24 | 11.67 |
| 2000 | 12.27 | 7.90 | 34.89 | 122.65 | 14.55 |
| 2001 | 17.60 | 14.66 | -14.23 | -40.45 | 32.18 |
| 2002 | 16.87 | 17.83 | -42.10 | -23.20 | 44.74 |
| 2003 | 19.58 | 19.22 | 18.06 | 41.17 | 27.10 |
| 2004 | 14.86 | 15.38 | 2.11 | 11.28 | 11.28 |
| 2005 | 17.57 | 17.98 | -19.18 | 24.59 | 14.11 |
| 2006 | 15.68 | 14.56 | -10.22 | 197.17 | 14.49 |
| 2007 | 16.68 | 9.05 | 302.04 | 50.73 | 24.72 |
| 2008 | 17.83 | 25.70 | -60.87 | -87.36 | 39.06 |

资料来源：中国人民银行网站（http：//www.pbc.gov.cn/）。

从表5.3可知，广义货币增长速度比较稳定，为12.27%～19.58%，呈缓慢下降趋势。储蓄存款增长速度与广义货币增长速度接近，也比较稳定，为7.9%～25.7%，波动幅度比广义货币稍有放大，总体也呈下降趋势。银行有价证券收入增长速度波动幅度较大，最小值为-60.87%，最大值为302.04%，极差达362.91%，说明银行的有价证券收入不稳定，时高时低。股票发行额增长速度波动幅度也比较大，最小值为-87.36%，最大值为204.37%，极差达291.73%，说明股票发行量不稳定。这与证券市场政策、宏观经济形势和企业的融资需求有关，主要是与企业上市政策有关，政策宽松时发行量大，政策偏紧时发行量小。保费收入增长速度相对稳定，为11.28%～44.77%，除1997年（39.99%）、2001年（32.18%）、2002年（44.77%）、2003年（27.1%）、2007年（24.72%）和2008年（39.06%）之外，其余年份基本在11.28%～14.68%，说明保费收入稳定增长，保险业的地位稳步提高。

为了便于观察三大产业增长速度的变化情况，特将表5.3中的数据转化为图5.8。

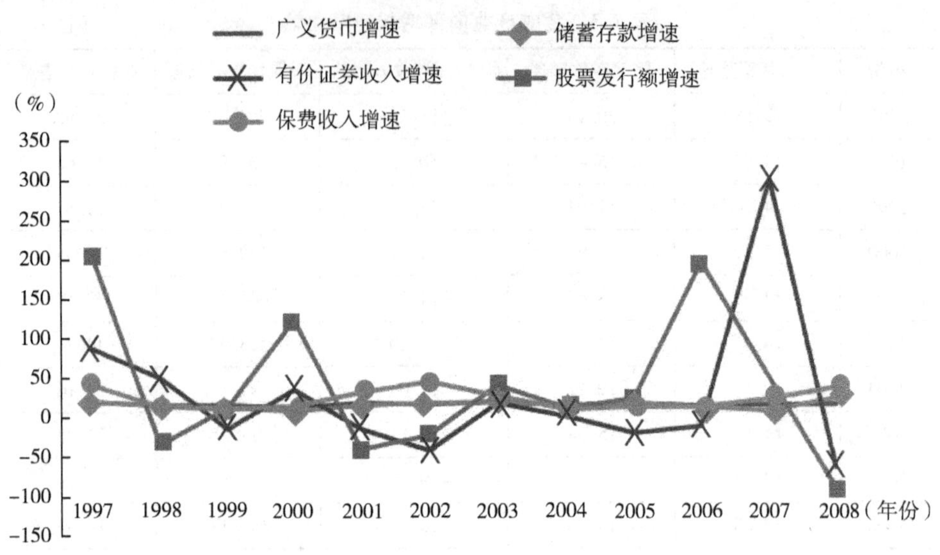


**图 5.8　金融产业内部增长速度比较**

## 四、银行、证券、保险三大产业经营效率比较

目前，国内共有 13 家上市商业银行，其总资产规模已超过中国银行业的 55%。2007 年和 2008 年上市银行净利润增速在 30% 以上。根据 2007 年 7 月中国工商银行、招商银行和民生银行发布的业绩公告，其上半年净利润分别同比增长超过 50%、100% 和 60% 以上，显示银行股的业绩延续了 2006 年的良好表现。2006 年，我国银行业金融机构资产总额达 43.95 万亿元，实现税前利润 3379.2 亿元；境内外上市的 10 家银行共实现净利润 1700 亿元，同比增长 34.5%。

证券业的利润波动较大。2006 年初～2007 年 10 月，股市的繁荣给中国券商带来不菲的收益，而 2007 年 11 月至今，证券市场大跳水导致券商收益大幅下降。2007 年 1～10 月沪、深两市股票、基金、权证总成交金额达到 48 万亿元，是 2006 年同期的 6 倍多。股票 IPO 及增发募集金额达到 5805 亿元，是上年同期的 3.5 倍。按佣金 1.5‰计算，1～10 月国内证券业佣金收入为 1440 亿元，是 2006 年同期的 6 倍。股票承销及保荐收入为 55.6 亿元，是 2006 年同期的 2.2 倍。上半年已披露的券商净利润为 2006 年同期可比数据的 5 倍左右，部分券商更是高达 10 倍以上。照此测算，2007 年国内证券业净利润总额超过 1200 亿元。2008 年，受美国和周边国家的影响，以及国内紧缩的经济环境和政策

面的作用，中国股市大幅缩水，证券业利润也出现了较大幅度的下滑。①

截至2008年底，我国保险业总资产达3.34万亿元。总投资达2.24万亿元，银行存款和各类债券占比86%，股票和基金占比11.7%，全行业实现投资收益930多亿元，收益率为4.2%。

由于证券业业绩不稳定，详细数据不便获取，加之考量指标与银行业、保险业不统一，所以，这里不再将证券业与银行和保险业放在一起进行比较，只对银行和保险进行比较。为了具体比较我国银行业和保险业的经营业绩，现选取三家上市银行和三家上市保险公司为样本，时间区间为2005~2007年，运用数据包络分析（Data Envelopment Analysis，DEA）方法对样本进行效率计算和分析。②

DEA方法使用数学规划模型比较决策单元（Decision Mak-ing Unit，DMU）之间的相对效率，对决策单元做出评价。各DMU需要具有相同类型的输入和输出。通过数学规划从总体上对各输入输出数据进行分析，可以得出每个DMU的综合效率，这个效率是相对效率，相对效率最高的DMU被确定为有效的DMU，其他DMU与这些有效的DMU之间的差距决定了它们的相对效率。③

由于数据可得性和计算需要，我们选取的投入指标有：分支机构数量、应付工资数额、管理费用和固定资产，选取的产出指标为：净利润、盈余公积和股东权益。从上市公司年报可以得到2005~2007年样本公司的经营数据，见表5.4。

**表5.4　金融机构经营业绩指标**

| 单位 | 指标 | 2005年 | 2006年 | 2007年 |
|---|---|---|---|---|
| 中国银行 | 分支机构（个） | 11000 | 11079 | 11203 |
| | 应付工资（百万元） | 23979 | 70010 | 72310 |
| | 管理费用（百万元） | 38518 | 53614 | 16682 |
| | 固定资产（百万元） | 53392 | 79138 | 81108 |
| | 净利润（百万元） | 27492 | 41892 | 13414 |
| | 盈余公积（百万元） | 5987 | 10642 | 15448 |
| | 股东权益（百万元） | 233842 | 430162 | 454993 |

① 任燕燕，徐晓艳．中国保险业发展与经济增长关系的研究［J］．山东大学学报（哲学社会科学版），2008（1）．

② 张伟，郭金龙，张许颖．我国寿险公司规模效率与内含价值的实证分析［J］．财贸经济，2006（3）．

③ 魏权龄．评价相对有效性的DEA方法［M］．北京：中国人民大学出版社，1988．

续表

| 单位 | 指标 | 2005 年 | 2006 年 | 2007 年 |
| --- | --- | --- | --- | --- |
| 中国工商银行 | 分支机构（个） | 16147 | 16997 | 17068 |
| | 应付工资（百万元） | 5126 | 6677 | 19206 |
| | 管理费用（百万元） | 61293 | 64469 | 16295 |
| | 固定资产（百万元） | 109976 | 104205 | 76628 |
| | 净利润（百万元） | 37405 | 48719 | 18892 |
| | 盈余公积（百万元） | 375 | 5464 | 13536 |
| | 股东权益（百万元） | 256947 | 466896 | 544252 |
| 中国建设银行 | 分支机构（个） | 13977 | 14031 | 14124 |
| | 应付工资（百万元） | 21986 | 22135 | 22747 |
| | 管理费用（百万元） | 73350 | 99327 | 66662 |
| | 固定资产（百万元） | 49961 | 53037 | 56421 |
| | 净利润（百万元） | 47096 | 46319 | 69142 |
| | 盈余公积（百万元） | 62890 | 105420 | 187288 |
| | 股东权益（百万元） | 287579 | 330109 | 420977 |
| 中国人保 | 分支机构（个） | 4482 | 4500 | 4568 |
| | 应付工资（百万元） | 4634 | 4665 | 4786 |
| | 管理费用（百万元） | 7003 | 6904 | 11311 |
| | 固定资产（百万元） | 16545 | 16468 | 17144 |
| | 净利润（百万元） | 1945 | 3800 | 4456 |
| | 盈余公积（百万元） | 6659 | 9585 | 14936 |
| | 股东权益（百万元） | 17798 | 20727 | 26078 |
| 中国人寿 | 分支机构（个） | 15120 | 15360 | 15500 |
| | 应付工资（百万元） | 1676 | 1762 | 3263 |
| | 管理费用（百万元） | 7237 | 9339 | 11798 |
| | 固定资产（百万元） | 12710 | 14565 | 16771 |
| | 净利润（百万元） | 9306 | 19956 | 38879 |
| | 盈余公积（百万元） | 37225 | 77368 | 114825 |
| | 股东权益（百万元） | 80378 | 139665 | 205500 |

续表

| 单位 | 指标 | 2005 年 | 2006 年 | 2007 年 |
|---|---|---|---|---|
| 中国平安 | 分支机构（个） | 3023 | 3145 | 3269 |
| | 应付工资（百万元） | 1998 | 2133 | 3381 |
| | 管理费用（百万元） | 8623 | 9759 | 6571 |
| | 固定资产（百万元） | 3538 | 6839 | 7894 |
| | 净利润（百万元） | 3338 | 5986 | 8236 |
| | 盈余公积（百万元） | 5526 | 6126 | 7629 |
| | 股东权益（百万元） | 32664 | 36668 | 109218 |

资料来源：新浪财经（http：//finance. sina. com. cn）。

通过运用 DEA 方法计算，各样本单位的效率值见表 5. 5。

**表 5. 5 部分金融机构的经营效率**

| 年份 | 中国银行 | 中国工商银行 | 中国建设银行 | 中国人保 | 中国人寿 | 中国平安 |
|---|---|---|---|---|---|---|
| 2005 | 0. 7431 | 1 | 1 | 0. 50790 | 1 | 1. 000000 |
| 2006 | 0. 6982 | 1 | 1 | 0. 47890 | 1 | 0. 909300 |
| 2007 | 0. 8438 | 1 | 1 | 0. 32880 | 1 | 1. 000000 |
| 三年平均 | 0. 7617 | 1 | 1 | 0. 438533 | 1 | 0. 969767 |

从表 5. 5 可知，银行和保险各有两家公司位于效率前沿，一家银行和一家保险公司的效率较低。这表明，上市银行和保险公司的经营效率相差不大。

所选样本公司具有一定的代表性，三家银行是主要的国有商业银行，三家保险公司是国内主要的保险公司，在国内银行业和保险业所占市场份额较高。

近几年的金融体制改革，金融机构总体实力和盈利能力得到明显提高，竞争力显著增强，金融稳定的微观基础不断夯实。银行业金融机构资产总额继续增加，资本充足率达标银行数量进一步增加，商业银行不良贷款率继续下降。证券公司基础性制度建设不断加强，综合治理实现既定目标，风险处置基本结束，客户交易结算资金第三方存管制度全面实施，证券公司资产和利润大幅增加。基金业发展迅速，基金规模和净值均有大幅增长，市场影响力显著提高。保险业整体实力进一步增强，保险服务领域进一步拓宽，政策性农业保险取得突破，保险公司资产规模、保费收入和保险资金运用收益均有大幅提高。①

2003年以来，按照“建立规范的公司治理结构，转换经营机制，成为产权清晰、资本充足、内控严密、运营安全、服务与效益良好、具有国际竞争力的现代商业银行”的目标，国有商业银行实施股份制改革，并选择中国银行、中国建设银行进行试点。目前，中国银行、中国建设银行、中国工商银行和交通银行的股份制改革已取得明显成效。促进银行业效率提升的原因主要有：一是存贷款业务稳定增长；二是中间业务高速增长；三是拨备金覆盖率趋降。

近年来，我国资本市场发生了转折性变化，资本市场建设迈上了新台阶：市场规模明显扩大，资本市场与国民经济的关联度不断增强；上市公司结构得到优化，市场运行基础进一步夯实；投资者数量快速增长，市场交投活跃；市场功能进一步发挥，市场效率明显增强。在推进资本市场改革、创新、发展过程中，我国经济和金融市场与国际市场的联系更加密切，我国资本市场与国际金融和资本市场的相互影响正在逐步显现。②

保险业改革取得了积极成效，保险公司建立了规范的公司治理结构。保监会积极推动保险公司改制上市，解决了公司资本金严重不足问题，偿付能力水平得到提高，为实施科学有效监管创造了必要前提。推进保险资产管理体制改革，促进保险资产管理监管的专业化，为防范保险投资风险提供了体制保障。现代保险监管框架逐步建立，在市场行为监管的基础上，偿付能力监管不断完善，公司治理监管从无到有，初步以公司治理和内控为基础、以偿付能力监管为核心、以现场检查为重要手段、以资金运用监管为关键环节、以保险保障基金为屏障，逐步建立起风险防范的长效机制。

## 第四节　保险市场与金融市场的互动关系

### 一、保险市场与金融市场互动关系分析

保险市场的发展与金融发展的互动关系，主要体现在保险市场或保险业中主要险种市场发展水平提高是否必然地促进了金融发展，或者金融市场发展水平的提高是否必然促进了保险市场的发展。研究变量间互动关系的方法很多，

① 韩景华．中国金融业国际竞争力分析［J］．金融与经济，2008（1）．

② 彭涛．我国金融发展和经济增长分析［J］．财经界，2007（10）．

较为成熟的方法是协整检验和基于向量误差修正（VEC）模型的因果关系检验，以及 Granger 因果关系检验。通过这些检验来分析我国保险市场发展水平和金融发展之间的长期与短期关系。

对保险市场与金融发展之间的潜在关系进行研究，首先需要确定保险市场发展水平和金融发展水平的衡量指标，一般将保险深度作为保险市场发展水平的衡量指标。而进行金融发展水平比较时，通常采用金融增长（Financial Growth）作为金融发展水平的替代指标。国际上通常采用戈氏和麦氏这两种指标来衡量金融增长水平。戈德史密斯（1969）对决定一国金融结构、金融工具存量和金融交易流量的主要经济因素进行了研究，从而创造性地提出了以金融相关比率（Financial Interrelations Ratio，FIR）作为衡量一国金融结构和金融发展水平的指标。通常，将其简化为金融资产总量（M2+L+S）与 GDP 之比，其中，M2 为货币供应量，L 为金融机构贷款余额，S 为有价证券存量。麦金农（1973）着重研究发展中国家的金融抑制与金融深化。在衡量一国的金融增长时，主要使用货币存量与国民生产总值的比重作为度量标准，通常，将其简化为 M2 与 GDP 之比，以衡量一国的经济货币化程度。①

本书以 1989～2007 年为数据样本区间，选用了 M2/GDP 变量作为金融发展的衡量指标，以保险深度和各类险种的深度作为保险市场和各主要险种市场发展水平的衡量指标，其中，货币供给量 M2、GDP 和各险种（寿险、产险）保费额数据来源于《中国统计年鉴》相关年份，金融机构贷款余额 L 和有价证券存量 S 根据国家统计局《统计公报》和中国人民银行《报告与统计数据》相关年份汇总计算得到。各变量的代号用其英语缩写表示，金融相关率用 FIR（Financial Interrelations Ratio）表示，保险深度用 ID（Insurance Depth）表示，财产保险深度用 PID（Property Insurance Depth）表示，人身保险深度用 LID（Life Insurance Depth）表示。各变量的数据见表 5.6。

**表 5.6　1989～2007 年金融相关率与保险深度**

| 年份 | M2/GDP（%） | 总保费收入（亿元） | 保险深度（%） | 人身险保费收入（亿元） | 人身险占 GDP 比重（%） | 财产险保费收入（亿元） | 财险占 GDP 比重（%） |
|---|---|---|---|---|---|---|---|
| 1989 | 83.21 | 97.63 | 0.89 | 19.58 | 0.18 | 78.05 | 0.71 |
| 1990 | 82.45 | 135.20 | 1.01 | 28.41 | 0.21 | 106.76 | 0.79 |

① 周四军，谢艳兵．中国商业银行效率的影响因素分析［J］．统计与决策，2008（1）．

续表

| 年份 | M2/GDP（%） | 总保费收入（亿元） | 保险深度（%） | 人身险保费收入（亿元） | 人身险占GDP比重（%） | 财产险保费收入（亿元） | 财险占GDP比重（%） |
|---|---|---|---|---|---|---|---|
| 1991 | 89.51 | 178.20 | 1.16 | 41.41 | 0.27 | 136.83 | 0.89 |
| 1992 | 95.36 | 211.70 | 1.51 | 64.29 | 0.46 | 147.40 | 1.05 |
| 1993 | 100.71 | 395.50 | 1.59 | 144.07 | 0.58 | 251.40 | 1.01 |
| 1994 | 100.35 | 500.40 | 1.37 | 163.45 | 0.45 | 336.90 | 0.92 |
| 1995 | 103.89 | 594.90 | 1.29 | 204.20 | 0.44 | 390.70 | 0.85 |
| 1996 | 112.09 | 777.10 | 1.14 | 324.62 | 0.48 | 452.49 | 0.66 |
| 1997 | 122.20 | 1087.90 | 1.45 | 601.96 | 0.80 | 485.99 | 0.65 |
| 1998 | 133.38 | 1247.60 | 1.46 | 747.70 | 0.87 | 499.60 | 0.58 |
| 1999 | 146.38 | 1393.20 | 1.67 | 872.10 | 1.05 | 521.12 | 0.62 |
| 2000 | 150.50 | 1595.90 | 1.80 | 997.50 | 1.13 | 598.40 | 0.68 |
| 2001 | 165.01 | 2109.40 | 2.20 | 1421.70 | 1.48 | 688.00 | 0.72 |
| 2002 | 175.91 | 3053.10 | 3.00 | 2274.60 | 2.24 | 778.30 | 0.77 |
| 2003 | 188.45 | 3880.40 | 3.33 | 3011.00 | 2.58 | 869.40 | 0.75 |
| 2004 | 158.94 | 4318.13 | 2.70 | 3194.00 | 2.00 | 1125.00 | 0.70 |
| 2005 | 162.48 | 4927.34 | 2.68 | 3649.00 | 1.98 | 1283.00 | 0.70 |
| 2006 | 163.17 | 5641.32 | 2.80 | 4061.00 | 2.02 | 1579.00 | 0.78 |
| 2007 | 163.51 | 7035.80 | 2.85 | 5037.80 | 2.04 | 1998.00 | 0.81 |

资料来源：中国人民银行网站（http：//www.pbc.gov.cn/）。

### （一）平稳性检验

首先，必须对变量进行平稳性检验。通常，统计量和F统计量不能用于判定某一序列是否存在单位根。Dickey和Fuller首先提出了DF检验，用于确定某一序列是否含有单位根、单位根附带漂移项，或单位根附带漂移项和时间趋势，Said和Dickey对DF检验进行扩展，提出了ADF检验。①

本书的检验方法是单位根检验中的ADF（Augmented Dickey Fuller Test）

① 张伟，郭金龙，张许颖，邱长溶．中国保险业发展的影响因素及地区差异分析［J］．数量经济与技术经济，2005（7）．

方法。检验时，先根据其基本时序图确定截距项和时间趋势项是否存在，即确定 ADF 检验的基本形式，再根据赤池信息准则（AIC）确定滞后阶数，最后根据 ADF 统计量判断是否平稳。ADF 检验的判断准则是，如果 ADF 统计量的绝对值大于临界值的绝对值，则该变量平稳；反之，则不平稳。检验结果见表 5.7。

**表 5.7　变量平稳性检验（ADF）结果**

| 变量 | 检验形式（I，T，P） | ADF 统计量 | 临界值（显著水平） | 平稳性 | DW 值 |
|---|---|---|---|---|---|
| FIR | （I，N，1） | -1.2869 | -3.8877 | 不平稳 | 2.0315 |
| △FIR | （N，N，1） | -1.9458 | -1.6269** | 平稳 | 2.0399 |
| ID | （I，N，1） | -1.0870 | -3.8877 | 不平稳 | 1.8412 |
| △ID | （I，N，1） | -3.2083 | -3.0659* | 平稳 | 2.0204 |
| PID | （I，N，3） | -3.4416 | -3.9635 | 不平稳 | 2.2379 |
| △PID | （I，N，2） | -3.3301 | -3.0818* | 平稳 | 2.1164 |
| LID | （I，N，1） | -0.9728 | -3.8877 | 不平稳 | 1.8517 |
| △LID | （I，N，1） | -3.3604 | -3.0659* | 平稳 | 2.0191 |

注：①检验形式中的 I 和 T 表示常数项和趋势项，P 表示根据 AIC 原则确定的滞后阶数，N 表示检验方程中此处对应项不存在；②表中的临界值是由麦金农（Mackinnon）给出的数据计算出来的，* 表示 5% 显著水平下的临界值，** 表示 10% 显著水平下的临界值，其余为 1% 显著水平下的临界值；③△表示对变量进行一阶差分。

表 5.7 的检验结果表明，变量 FIR、ID、PID 和 LID 都是一阶单整的，即它们本身都是非平稳的，而它们的一阶差分都是平稳的。

### （二）变量间协整关系检验

协整性检验可以用 EG（Engle-Granger）两步法，也可以用极大似然估计法，但 Gonzalo（1989）的研究发现，后一种方法优于前一种方法。这里用极大似然估计法（Johansen 法）检验 FIR、ID、PID 和 LID 四个变量与 PI 之间的协整关系。协整检验的判断准则是：若极大似然比大于临界值，则拒绝原假设，接受备择假设；反之，则接受原假设，见表 5.8。

表 5.8 保险深度变量与金融相关率关系的 Johansen 检验结果

| 检验变量 | 特征值 | 原假设(H0) | 备择假设(H1) | 似然比 | 临界值 | 结论 |
|---|---|---|---|---|---|---|
| FIR、ID | 0.6514<br>0.1430 | r=0<br>r≤1 | r=1<br>r=2 | 20.5401<br>2.6234 | 20.04<br>6.65 | 有一个协整关系 |
| FIR、PID | 0.7543<br>0.2419 | r=0<br>r≤1 | r=1<br>r=2 | 26.8913<br>4.4316 | 20.04<br>6.65 | 有一个协整关系 |
| FIR、LID | 0.6408<br>0.1993 | r=0<br>r≤1 | r=1<br>r=2 | 21.1848<br>3.7778 | 20.04<br>6.65 | 有一个协整关系 |

注：本表所有统计结果均由 Eviews 3.1 软件计算得出，r 代表协整关系个数或协整秩。

从表 5.8 可知，保险深度（ID）、财产保险深度（PID）和人身保险深度（LID）三个变量与金融相关率（FIR）之间均存在协整关系，即存在长期均衡关系。

### （三）量间因果关系（Granger）检验

经过协整检验我们知道，上述变量之间存在协整关系，但无法判断这种均衡关系是否构成因果关系及其方向，尚需进一步验证，这就需要进行格兰杰（Granger）因果关系检验。该检验的判定准则是：依据平稳性检验中的滞后期选定本检验的滞后期，根据输出结果的 P 值来判定存在因果关系的概率。结果见表 5.9。

表 5.9 保险深度变量与金融相关率的因果关系检验

| 因果关系方向 | 滞后阶数 | F-统计量 | P 值 | 因果关系 |
|---|---|---|---|---|
| FIR→ID | 2 | 3.6584 | 0.0575 | 存在** |
| ID→FIR | 2 | 9.3461 | 0.0036 | 存在* |
| FIR→PID | 4 | 8.4802 | 0.0121 | 存在* |
| PID→FIR | 4 | 3.1007 | 0.1355 | 存在*** |
| FIR→LID | 2 | 5.0028 | 0.0263 | 存在* |
| LID→FIR | 2 | 8.8932 | 0.0043 | 存在* |

注：① →表示因果关系方向，表示前一变量是否是后一变量的原因；②P 表示检验概率值，若 P<0.05，表示因果关系在 5%的显著水平下成立，*、**、***分别表示格兰杰因果关系在 5%、10%、15%显著水平下成立。

表5.9检验结果表明，金融相关率（FIR）是保险深度（ID）、财险深度（PID）和人身险深度（LID）的格兰杰原因，保险深度（ID）、财险深度（PID）和人身险深度（LID）也是金融相关率（FIR）的格兰杰原因。

通过对保险发展衡量指标与金融发展衡量指标进行协整检验和因果关系分析，可以得到以下主要结论：

（1）金融发展水平的提高对保险市场的发展具有显著的促进作用，而各类保险市场的发展对金融发展也有显著的促进作用。

（2）金融发展水平与保险深度之间不仅有短期的相互因果关系，而且有长期的相互因果关系。

简而言之，金融与保险之间相互影响、相互作用、相辅相成。

## 二、保险公司在金融市场的投资行为

随着保险资金的投资领域逐步拓宽，保险资金在资本市场中的重要作用日益显现。

### （一）保险资金投资的特征

保险资金特别是寿险资金具有储蓄功能，能积聚大量稳定、长期的货币资本，其投资遵循的首要原则是安全性，追求相对稳定的收益，是各国资本市场机构投资的重要来源。

保险公司的资金与一般的金融资产管理公司的资金相比，既有使用上的共性，也有保险资金本身的特征。其最突出特征在于，保险资金的收益性不仅要求有足够的累计量来满足越来越高的保险成本要求，而且需要未来现金流的长期稳定性，使资金收益折现价值最大化。也就是说，对应保险寿险市场上的长期负债，保险公司需要有利润稳定的长期资产来对应，最终实现总量匹配、期限匹配、速度匹配和资产性质匹配。我国保险资金尤其是寿险资金的平均负债久期在10年以上，而对应的资产中只有部分债券类产品达到此类要求。包括股票、基金、相当部分债券产品甚至协议存款的资产久期都难以达到此类要求，其他长期类保险投资产品尚处于试点阶段，因此提高保险长期投资的创新性相当重要。①

保险资金主要包括寿险资金与产险资金，两者资金性质不同，投资原则与方法就存在很大差异，因此更需要市场上有相对应的多元化投资产品来匹配。

财产保险是一种补偿性的契约安排，财产保险的保险费收入来源主要的要

① 谢志超，杜江．中国保险市场与金融发展互动关系的实证研究［J］．当代经济科学，2006（5）．

求是补偿性，保险企业要弥补其保险费收入与赔款之间的差额只能有两种途径：由其他被保险人所缴纳的保险费来填补，或者是通过投资运用使保险资金增值来补充。由于时间基本上是以一年期结算，因此财产保险合同和意外保险合同是短期性合同，而且理赔较为迅速，赔付率波动大，财产保险企业的资金来源就具有短期性和相对流动性等特点。而对于人寿保险而言，随着国际趋势和市场竞争的加强，寿险保单具有补偿与储蓄的双重功能，因而更加强调对收益率的要求。各种责任准备金及保费的结存是保险费的转化形式，因此资金来源具有稳定性和长期性特点，长期的资产负债匹配性要求更高。

从资产负债特点来看，我国保险资金存在着明显的期限错配和货币错配。特别是寿险资金的期限错配问题较为突出，寿险资金具有期限长、规模大的特点，20 年以上的资金占比接近 50%，而在保险可投资的金融工具中却缺乏与之相匹配的品种。在期限上，更是缺乏长期的投资品种，如国债、金融债以 3 年期、5 年期、7 年期、10 年期居多，超长期国债的规模较小，难以满足保险资金在期限上的需求，这就造成了保险资金“长钱短用”，保险长期资金运用的压力较大。

### （二）保险资金投资的制度环境

保险资金投资于资本市场的过程是一个渐进的过程，保险资金的运用范围逐步扩大。

1995 年之前的法规规定，保险公司的资金运用仅限于投资银行存款、国债、金融债和国务院规定的其他方式。1995 年 10 月实施的《保险法》，对我国保险资金运用的范围做出了大幅度调整，我国保险资金运用政策逐步放开。1999 年允许保险资金进入同业拆借市场，允许投资企业债券、证券投资基金和银行大额协议存款。2003 年 7 月允许保险资金投资中央银行票据。1999 年至 2004 年底，保险资金可间接投资股票市场。

2004 年是我国保险资金运用政策开始突破的一年。2004 年 1 月，国务院在《关于推进资本市场改革开放和稳定发展的若干意见》中明确提出“鼓励合规资金入市。支持保险资金以多种方式直接投资资本市场，逐步提高社会保障基金、企业补充养老基金、商业保险资金等投入资本市场的资金比例”。2004 年 3 月实施的《保险资产管理公司管理暂行规定》，允许保险公司投资银行次级定期债务；6 月允许投资银行次级债券，7 月允许投资可转换公司债，8 月允许保险外汇资金境外使用，10 月实施的《保险机构投资者股票投资管理暂行办法》允许保险公司直接投资股市。2005 年 2 月，《关于保险机构投资者股票投资交易有关问题的通知》、《保险机构投资者股票投资登记结算业务指南》、《保险公司股票资产托管指引》和《关于保险资金股票投资有关问题的

通知》等配套文件出台，保险资金直接投资股票市场进入实质性操作阶段。2005 年 8 月发布的《保险机构投资者债券投资管理暂行办法》规定，保险机构可按投资策略和监管标准的要求，自主配置债券资产，自担风险，自负盈亏；投资政府债券、央行票据、政策性银行债券等国家信用债券，可自主确定投资比例；投资企业债的比例则从当时不得超过当月末总资产的 20%，提高到按成本价格计算不得超过该保险机构上季末总资产的 30%。2006 年 3 月，保监会发布《保险资金间接投资基础设施项目试点管理办法》，允许保险资金间接投资基础设施建设，投资方式包括债权投资、股权投资和物权投资。允许 5% 的寿险资金和 2% 的产险资金将获准投资于基础设施项目。2006 年国务院首次批复了 120 亿元基础设施项目投资，其中中国平安有 100 亿元人民币的保险资金可被获准投资于基础设施项目，其余 20 亿元由中国人寿、中国人保与泰康人寿三家分配。2006 年 10 月，保监会进一步放开和允许保险公司股权投资非上市银行业务，甚至投资资金不仅包括资本金，也可以包括保险资金。入市比例由 1% 提高至 3%，后又上调至 5%。①

2007 年 6 月发布的《保险资金境外投资管理暂行办法》，对保险资金的运用范围和比例进一步放宽。一是投资比例有所提高，由原规定中的“可投资总额不得超过公司上年末外汇资金余额的 80%”，修改为“投资总额不得超过上年末总资产的 15%”，委托人可根据资产配置和风险管理需要，在中国保监会批准的具体投资比例内，自主确定境外投资比例。例如进行重大股权投资，则应报经保监会批准。二是投资区域和投资范围进一步拓宽，保险资金应投资全球发展成熟的资本市场，配置主要国家或者地区货币。投资形式或品种主要分为三大类，包括商业票据、大额可转让存单、回购与逆回购协议、货币市场基金等货币市场产品；银行存款、结构性存款、债券、可转债、债券型基金、证券化产品、信托型产品等固定收益产品；股票、股票型基金、股权、股权型产品等权益类产品。投资范围的拓宽，使得保险机构配置资产的灵活性得到进一步提高，增强了风险防范能力。三是将衍生产品作为风险管理手段，委托人可以授权受托人运用远期、掉期、期权、期货等金融衍生产品，进行风险对冲管理。不过，金融衍生产品仅用于规避投资风险，不得用于投机或者放大交易。关于运用金融衍生产品的管理办法，将由保监会另行制定。

### （三）保险资金投资的行为与影响

保险资金运用渠道的不断拓宽，无疑有力地推动了我国金融结构的转型，

① 卢爽. 现代保险的资金融通及社会管理功能［J］. 海南金融，2007（9）.

化解了蕴涵的巨大风险，促进了货币市场、资本市场和保险市场协调发展。随着保险业总资产的不断增加，保险机构作为资本市场的重要机构投资者，越来越多地发挥着提振市场信心、维护市场稳定、支持市场改革的积极作用。

2005 年底，我国保险可运用资金余额为 14092.7 亿元，其中投资国债 3590.7 亿元，金融债券 1804.7 亿元，企业债券 1204.6 亿元，保险公司成为债券市场上仅次于银行的第二大机构投资者。截至 2006 年末，保险总资产达 19704 亿元，较年初增长 28.9%；保险资金余额达到 17785 亿元，比年初增长 26.2%。其中，债券、存款、基金、股票（含股权）的投资余额，分别为 9452 亿元、5989 亿元、913 亿元和 929 亿元，各占 53.14%、33.67%、5.13% 和 5.22%。此外，保险资金还实现境外投资 24.6 亿美元；在投资基础设施建设方面也已经启动，比如，京沪高速铁路项目①。2007 年底，我国保险资金运用的 2.7 万亿元余额中，保险机构扩大了股票投资比重，资金运用收益大幅提高。

2007 年，保险资产管理呈现出增长速度高、规模扩张快、运行质量好的特点。截至 2007 年末，保险总资产达 2.9 万亿元，较年初增长 36.9%；保险资金运用余额达到 2.7 万亿元，比年初增长 37.2%；不良资产比率保持在 1% 以下。保险业整体资金实力和抗风险能力稳步增强，资产配置效能得到改善。从投资领域看，发布《保险资金境外投资管理暂行办法》和《保险机构基础设施项目债权投资计划管理指引》，保险资金投资基础设施和境外市场取得突破，分别达到 235 亿元和 600 亿元，标志着保险投资突破传统的固定收益产品和权益产品，向另类投资发展，初步形成跨国际与国内、金融与实体、传统与另类的多元化投资格局；从资产结构看，存款、债券投资减少，占比分别为 24.39% 和 43.98%，比年初下降 7.35 个和 4.76 个百分点；股票（权）、基金投资增加，占比分别为 17.65% 和 9.47%，比年初提高 7.57 个和 2.46 个百分点；基础设施、境外市场占比达到 0.9% 和 2.3%，资产结构逐步优化；从投资收益看，保险业抓住市场机遇，调整投资策略，提高投资收益，全行业实现投资收益 2791.7 亿元，平均收益率为 12.17%，同比提高 6.35 个百分点，为近几年来最好的一年，其中股票、基金投资对整体投资贡献率达到 80%。据上市公司 2007 年年报显示，保险机构的投资战线略有收缩，除了对金融、交通运输、煤电能源等核心行业保持较大兴趣外，对包括房地产业在内的其他领域关注度有所下降。保险机构的重仓领域主要集中在以下三方面：首先是金融

① 吴珏．我国保险资金刍议［J］．保险研究，2008（1）．

股。保险机构对金融股的偏好主要体现在商业银行。其中，人寿股份和人寿集团合计持有中信证券 5.74 亿股，占比 17.33%，仅次于中信集团；而且，两者还同时重仓中信银行、中国工商银行等股票。其次是交通运输、物流、仓储股。从航空公司到机场，从港口、高速路到物流公司，也挤满了大中型保险机构。其中，太平洋保险、人寿集团、人寿股份都是铁龙物流的大股东，人保财险持有中国国航 5000 万股股份。最后是煤电、能源股。对于这类经济社会发展所必需的常青行业，保险机构更是前十大股东。其中，人寿集团、人寿股份、泰康人寿三家投资者是建投能源的大股东。

2008 年，面对国际金融危机的不利影响，各保险机构根据形势变化，实时调整投资策略。截至 2008 年底，保险资金运用余额 30552.8 亿元，较年初增长 14.3%。其中，银行存款、债券等流动性较强、收益率相对稳定的资产所占的比例有所上升：银行存款 8087.55 亿元，较年初增长 24.11%，占资金运用余额的比例为 26.47%；债券 17684.17 亿元，较年初增长 50.47%，占比 57.88%。股票（股权）和证券投资基金占 13.3%，这一比例比 2008 年初下降 13.8 个百分点，其他投资占比 2.2%。各年数据见表 5.10。

**表 5.10　我国保险资金运用结构表**

<table>
<tr><th>年份</th><th>2006</th><th>2007</th><th>2008</th></tr>
<tr><td>运用余额（亿元）</td><td>17785.4</td><td>27000.0</td><td>30552.8</td></tr>
<tr><td>债券占比（%）</td><td>53.14</td><td>43.98</td><td>57.88</td></tr>
<tr><td>银行存款占比（%）</td><td>33.67</td><td>24.39</td><td>26.47</td></tr>
<tr><td>投资基金占比（%）</td><td>5.13</td><td>9.47</td><td rowspan="2">13.30</td></tr>
<tr><td>股票（%）</td><td>5.22</td><td>17.65</td></tr>
<tr><td>其他投资（%）</td><td>2.84</td><td>4.51</td><td>2.00</td></tr>
</table>

随着保险资金运用的不断规范和发展，我国保险机构成为金融市场的重要机构投资者，在促进社会经济发展、支持国内金融改革等方面发挥着日益重要的作用。①

同时，保险机构也积极参加货币市场交易，成为银行间债券回购市场的重要力量。作为金融业的一部分，保险业将会继续支持我国证券市场稳定、健康、持续的发展。保险机构积极参与了蓝筹大盘股的发行，中国银行、中国工

① 曲扬．保险资金运用的国际比较与启示［J］．保险研究，2008（6）．

商银行、招商银行、大秦铁路、国航等大盘股发行上市时，保险业都给予了相当大的支持。保险资金投资中国银行、中国工商银行、大秦铁路的A股，分别占其发行规模的23.2%、30.54%和25%。此外，保险机构还加大了对中石化、宝钢、浦发银行、民生银行等大型优质上市公司流通股的投资，成为资本市场大盘蓝筹股的重要投资力量。

## 三、银行与保险业务融合与促进

“银行保险”（Bancassurance）这一新的词汇，最早于1973年出现在法国。它产生于欧洲金融管制放松、税法和立法发生巨大变化的背景下，特别是1999年初，欧元起动，加快了欧洲一体化进程及各国金融立法的统一，进而引起银行保险最发达的法国、西班牙、奥地利等国业务的开拓，促进银行保险业务在整个欧洲的全面发展。银行保险是由银行、邮政、基金组织以及其他金融机构与保险公司合作，通过共同的销售渠道向它们的客户提供其产品和服务。狭义范围就是银行保险，是指保险公司通过银行和邮政网点、基金组织以及其他金融机构，依靠传统销售渠道和现有客户资源销售保单、代收代付保险费等。广义范围还包括银行、邮政等金融机构通过其保险分公司向自己或不属于该行的客户出售保险产品；保险公司向自己或不属于自己的客户出售其下属银行邮政等金融机构的银行产品、邮政产品等，也可以说，银行保险是将银行和保险两类性质不同的金融业务融合在一起，通过所创造的产品，“一揽子”的提供给客户，所有产品都是针对客户需求以及对金融业变化的分析而设计的。①

### （一）银行保险的发展沿革

20世纪70年代，随着布雷顿森林体系的解体，金融市场动荡、风险增大，西方发达国家通胀加剧，在治理通胀过程中，陆续发生了第二次世界大战后最为严重的经济衰退，欧洲、亚洲等地区金融危机波及整个世界，造成全球经济滞胀、动荡。同时，伴随金融全球化、自由化进程日益加快的趋势，激烈竞争的市场及多样化的客户需求，激发了金融技术和制度创新，推动了传统银行、保险业变革，促进了银行保险业务的发展。纵观国外银行保险的发展历程，银行保险经历了萌芽、起步、成长、成熟四个阶段。②

第一阶段：1980年以前——银行保险萌芽阶段。银行简单地充当保险的代理中介，纯粹合作关系，没有竞争，银行介入保险业务的分销环节，银行保险还没有真正出现，银行直接出售的保单仅作为银行借贷业务的补充，减少银

---

① 王倩．我国银行保险的合作与发展［J］．中国保险，2007（3）．

② 魏华林，杨霞．银行保险发展的国际经验［J］．武汉金融，2007（10）．

行贷款标的物的风险，但积累了从事保险业务的销售经验。

第二阶段：20 世纪 80 年代——银行保险起步阶段。银行利用自身的客户源、资金及网点优势，开始介入资本化产品开发，行业竞争由银行间转化为银行业与保险业的竞争，银行与保险是松散的协作关系，欧洲是此阶段银行保险的主要市场。

第三阶段：20 世纪 80 年代末到 90 年代——银行保险成长阶段。银行主动参与保险生产与销售，并采取协议、新设、并购、合资等方式相互渗透和融合，将多种金融服务联系在一起，通过客户资源、销售渠道共享，提供综合的金融产品服务，以一体化的经营形式满足客户多元化的金融需求。1999 年在法国、西班牙、奥地利等银行保险相对发达的欧洲国家，实现的银行保险保费收入占其寿险市场业务总量的 60%。同时，伴随着欧洲银行保险的发展，全球第五次并购浪潮的到来，1991 年荷兰保险公司与荷兰银行、比利时银行合并成立了第一家综合性金融集团—富通集团；1997 年瑞士信贷银行与丰泰保险合并为瑞士信贷集团；1998 年 11 月花旗集团兼并旅行者集团后共同组建花旗集团，开创了银行、证券、保险、信托、基金、资产管理等一体化服务的金融集团，形成了“集团混业、法人分业”的全能金融集团。

第四阶段：20 世纪 90 年代——银行保险成熟阶段。银行保险出现了两种经营趋势：一是金融集团化趋势，如富通集团实现了银行、保险的高度融合，在产品开发、销售推广、经营管理、技术支持、客户挖掘等方面一体化，能够向客户提供全方位服务。二是专业化经营，在银行主营业务专业化经营的同时，银保业务变为协议销售或战略联盟。如 1999 年开始决定做金融超市的花旗银行，为全球开创了银保混业经营金融新潮流的花旗集团，时隔 6 年后，因成本失控，不得不决定出售旗下旅行者寿险、年金业务以及国际保险业务（墨西哥除外），仅保留销售保险产品的权利，重回银行本业。2006 年 6 月美国通用电气（GE），将旗下安裕再保险卖给了瑞士再保险。

根据以上对银行保险发展的梳理可见，银行保险从产生到一体化、专业化的阶段的过程中，经营模式在协议代理、合资、金融集团、战略联盟之间不断博弈，银行、保险的合作，更好地满足消费者对金融服务和金融产品的需求，充分发挥。银行与保险公司资源共享、优势互补及利益共享的特点，又为金融业经营带来规模经济和范围经济效应。它的优劣和对银行业、保险业发展的影响，已经在西方很多国家的实践中得到了验证。

### （二）银行保险的经营模式

由于不同国家和地区金融体系的特殊性，从而在银行保险经营模式的选择上也呈现出较大的差异性。目前国际上普遍认可的银行与保险公司的合作模式

可分为以下四种：①

（1）分销协议（Distributional Agreement），指的是银行以获取手续费为目的，通过自身的渠道为一家或多家保险公司独立销售或与银行产品捆绑销售保险产品。这是银保合作的最初级阶段，也是目前中国银行保险所采取的主要模式。其具体特点有：银行主要获得手续费收入；客户资源的共享程度低；银行与保险公司合作的“多对多”模式，不具有排他性；银行只负责销售对保险产品的开发很少或没有介入。

（2）战略联盟（Strategic Alliances）是一种企业经营的新理念，最早由美国 DEC 公司总裁简·霍普兰德（J. Hopland）和管理学家罗杰·奈杰尔（R. Nigle）提出。对于战略联盟的定义，学术界存在着很大的分歧。一般认为，战略联盟是公司之间为了共同的战略目标而达成的长期合作安排，是一个通过各种协议而结成的优势互补风险共担的松散型组织。其主要特点有：比分销协议更稳定的合作形式；具有一定的排他性；银行和保险公司产品一定程度上的整合；共享或部分共享客户信息资源；在销售渠道和信息系统上共同投资、风险共担。

（3）合资公司模式（Joint Ventures），是指银行与保险公司共同建立合资公司，共同开发和销售保险产品、渠道、服务、系统。随着一体化程度的加深，合资公司模式已经被许多国家银保合作采用。其具体特点为：银保业务共同投资、共担风险、共享利润；银行与保险公司可以共享客户资源期；在企业内部实现银行与保险的融合；双方建立起长期、牢固的合作关系。

（4）金融服务集团模式（Financial Service Group），以子公司的形式直接进入或通过 M&A 的形式进入，使之成为金融服务（控股）集团的一个组成部分，完全整合产品、渠道、服务、系统，为客户提供一站式服务。作为银保合作一体化程度最高的模式选择，金融服务集团的特点主要表现为：产品与服务体系的高度整合，并实行内部专业化分工合作；充分利用银行现有资源及服务渠道；一站式金融服务；可以研发出更综合的产品。现阶段，成立金融服务集团是银保一体化过程中银行与保险公司融合程度很高的模式选择。

金融业最为发达的美国是分销协议模式的主要代表，以分销联盟为主要渠道。目前，美国有四千多家银行着手销售保险产品，在资产超过 100 亿美元的大银行中有 84% 参与分销活动中。银行销售的保险产品多为个人年金和信用保险。在竞争激烈的市场环境下，美国银行与保险业均从中获利。2002 年，

① 李烨，黄海峰．论银行保险发展模式的选择［J］．金融与经济，2007（12）．

美国寿险业的销售增长中有11%得益于银行销售的增长。同时，随着保险业务的迅猛发展，银行也保证了可观的中间收入。欧洲主要是以股权为纽带的一体化经营模式，目前500家大银行中，有46%的银行已拥有专门从事保险业务的附属机构。在英国和葡萄牙，银保合作模式大多采用的是设立保险公司、收购保险公司，以及组建合资公司。法国是银行保险整合得最彻底的国家之一，近几十年来，其银行在寿险市场上所占的份额增长惊人，并逐渐向非寿险领域扩展。银行或通过与保险公司建立合作伙伴关系及合资，或成立自己的保险子公司开展银行保险。在德国，由于银行业在整个金融体系中占据的重要地位，以及几家全能银行的存在，银行保险多为银行自己组建保险公司（如德意志银行），或以相互持股的形式与保险公司进行分销联盟（如德累斯顿银行与安联集团）。亚洲各国家地区的银行保险业务与欧美国家相比起步较晚，故大多采用的是分销协议、战略联盟等初级模式，同时由于受到一些监督限制，使得合资公司、控股公司等形式也得到不同程度的发展。其中印度和新加坡的银行保险的发展比较具有代表性。在印度相应的监管法律规定，外资只能通过与国内公司合资才能进入本国保险市场，但外资持有的股份不能超过26%，因此在印度除分销协议模式外合资公司也占较大的比例。而在新加坡银保合作采取的主要模式为银行与保险公司合作保险业务，或者银行将其保险业务出售给保险公司，签订排他性分销协议。由于亚洲银行与保险经营环境相似性非常强，使得其发展经验对我国的银行保险发展更具有借鉴意义。

### （三）我国银行保险发展情况

我国银行与保险业的合作历史可追溯到1980年，当时保险行业刚刚恢复，保险公司从银行体系中分离出来，在产品销售方面，与银行的信贷部门关系密切，但当时仍采取保险公司直销方式，银行仅是中介作用。从1991年工商银行与保险公司签署代理协议至今，已经经历了18年的发展，目前，我国银行与保险公司的合作还处于初级阶段，以销售协议为主要模式。虽然现在几家大型保险公司已经倾向于采用战略联盟模式，但其中多为外资公司。国内保险公司与银行所形成的战略联盟更多的还只是停留于形式上，银行并没有或是很少参与银保产品的开发及设计当中，银行与保险公司的合作主要还是体现在保险公司利用银行渠道销售保险产品上，且双方协议以短期居多，缺乏稳定性。1996年，国内的泰康人寿、新华人寿等一些人寿保险公司开始尝试涉足银行保险。当时，银行以兼业代理形式代理销售寿险业务，主要在商业银行和寿险公司基层网点之间开展合作，寿险公司没有针对银行销售渠道开发专门的保险产品。[①] 2000 年，银行保险在产品的开发创新方面取得了突破性的进展，例如，平安人寿保险公司推出了专门的银行保险产品“千禧红”。进入2004 年，部分寿险公司收缩银行保险业务，导致银行保险发展速度放缓。2001～2008 年我国银行保险保费收入情况见表 5. 11。

表 5. 11　2001～2008 年我国银行保险保费收入

| 年份 | 银行保险保费收入 | | |
|---|---|---|---|
| | 保费收入（亿元） | 同比增长（%） | 占总保费的比重（%） |
| 2001 | 47. 00 | — | 2. 23 |
| 2002 | 388. 00 | 725. 30 | 12. 71 |
| 2003 | 816. 00 | 110. 31 | 21. 03 |
| 2004 | 888. 00 | 8. 82 | 20. 56 |
| 2005 | 905. 00 | 1. 91 | 18. 37 |
| 2006 | 1175. 50 | 29. 89 | 20. 84 |
| 2007 | 1410. 19 | 19. 97 | 20. 00 |
| 2008 | 2912. 47 | 106. 52 | 29. 49 |

资料来源：中国保险监督管理委员会网站（http：//www. circ. gov. cn）。

从表 5. 11 可以看出，2004 年和 2005 年我国银行保险保费收入的增长速度大幅放缓。其主要原因是保险公司之间出现了以降低手续费为主的恶意竞争，导致保险公司的低利润或无利润运行，一些保险公司大幅度削减银行保险。

在三十多年的发展历程中，银行保险的快速扩张逐渐引起了金融服务领域的广泛关注。银行保险正在成为全球性的经济现象。在欧洲，银行保险的保费收入在部分国家的寿险保费收入中的比例已经达到 20%～35%，在法国、葡萄牙、西班牙，这一比例甚至超过 60%。在亚洲的一些国家和地区，近年来银行保险的发展也取得了长足的进步。例如，中国香港已经成为亚洲银行保险发展最为成功的地区之一，银行保险的保费收入占总保费收入的比重接近 25%；新加坡银行保险在寿险新契约加权保费收入中的占比在过去几年一直稳定在 20% 左右；而在马来西亚，2004 年银行保险在寿险新契约保费收入的占比已经超过了传统的代理人渠道。中国近几年银行保险的保费收入占全部保费

① 张汉萍．我国银行保险发展趋势与应对策略浅谈［J］．时代金融，2007（6）．

收入的20%左右。

我国银行保险的发展对金融体制改革影响深远。如前所述，中国的银行保险是市场主体在中国经济社会环境和法制条件下行为选择的结果，是中国金融市场发展过程中“内生”的，是中国金融体系演进过程中的主体行为选择的结果。银行保险可以看成是中国金融改革中产生的一种现象，看成是中国金融业综合经营改革的萌芽或雏形，也可能是中国金融业综合改革的突破口。随着我国金融业综合经营改革实践的不断深入，通过金融控股公司形态来实现不同金融业务的融合成为一种必然趋势。从现代金融体制的演变来看，金融控股公司是实践中较具一体化特征的金融组织，这种组织形式不仅有利于资本实力的扩大，构筑不同金融服务机构间的利益联系，有利于不同经营资源的整合。同时，金融控股公司也具有相应的风险阻隔功能。2006 年 6 月下发的《国务院关于保险业改革发展的若干意见》中也明确提出，“支持具备条件的保险公司通过重组、并购等方式，发展成为具有国际竞争力的保险控股（集团）公司”，这也为我国全能型金融集团的建立及发展奠定了基础。现阶段如以光大银行为核心的光大集团，以平安保险为核心的平安集团都已经向着金融集团的形式发展。然而在这些集团运作的过程中，值得关注的问题是如何使集团内部的银行和保险业务实现完全的融合，为顾客提供全方位、“一站式”金融服务，从而更有效地利用银行业与保险业的优势，发挥规模经济及范围经济效应。这将是我国在未来发展银行保险一体化业务过程中值得探索解决的问题。

## 四、我国保险业资金融资功能实证分析

保险资金具有长期性和稳定性的特点，可以为经济建设提供大量的资金来源，是政府和企业理想的长期融资渠道。近年来，随着我国金融市场的不断完善，保险业在集聚资金、金融中介和高效营运资金等方面发挥了重要作用。2005 年，商业保险公司持有国债3588. 3 亿元、银行存款5241. 4 亿元，持有证券投资基金 1099. 2 亿元，作为主要的机构投资者，商业保险公司在促进资本市场稳定发展方面起到了积极作用。2008 年上半年，保险资金运用余额为 27063. 3 亿元，较年初增长 1. 3%。其中，银行存款 6977. 8 亿元，占比 25. 8%；债券 14507. 7 亿元，占比 53. 6%；证券投资基金 1855. 4 亿元，占比 6. 9%；股票 2905. 4 亿元，占比 10. 7%。保险投资证券投资基金 1855. 4 亿元，占比 6. 9%；投资股票 2905. 4 亿元，占比 10. 7%。两者合计达到 17. 6%，根据保险资金投资股票和基金的上限共 20%推算，权益类投资仓位达到 88%。

保险公司作为金融市场上的机构投资者，对于金融市场的资金融通发挥了重要的作用。资金融通，是指资金的积聚、流通和分配过程，保险的资金融通

功能主要指保险资金的积聚和运用功能。具体来说：一是资金的积聚。保险公司主要通过销售保险产品等渠道，吸引、积聚社会闲散资金，促使社会资金从各个行业流向保险公司。保险资金的积聚功能，对社会储蓄具有一定的分流作用，有利于实现储蓄向投资的转化。二是资金的运用。保险经营的长期性，使得保险公司进行资金运用成为可能。为了确保未来偿付能力的充足性和保证经营的稳定性，保险公司必须进行资金运用以提高保险资金的收益率，这主要通过保险资金从保险公司流向资本市场而实现，保险公司成为资本市场的重要机构投资者。资金融通功能与金融市场的发达程度密切相关。在“银行主导型”的传统金融市场中，金融资源配置方式主要是通过银行的间接融资来完成的，保险对金融资源配置的功能受到极大的抑制。随着经济的发展，特别是金融创新的日新月异，保险资金融通功能发挥的空间非常广阔，保险业已在金融市场中占据非常重要的地位，是资产管理和股市的重要参与者，持有很大比例的上市公司股票，市值很高。①

机构投资者是以自有资金或通过各种金融工具所筹资金，并在金融市场对债权性工具或股权性工具进行投资的专业化机构，包括保险基金、养老基金、投资基金、信托基金、捐赠基金及进行投资交易的投资银行和商业银行。在成熟的资本市场，机构投资者占据主导地位，个人投资者比重趋于下降。从国际发展趋势看，20 世纪 80 年代以后，保险资金运用的资产证券化不断加强，美国保险公司的证券化资产已超过 80%。保险公司已成为发达证券市场重要的机构投资者，保险资金是证券市场的重要资金来源，是促进证券市场稳定发展的重要力量。在成熟的经济体，如美国和英国，保险公司一般持有 40% 左右的政府债券，作为主要机构投资者，帮助政府筹资和开展相关的经济活动。从美国机构投资者持有的证券资产结构来看，保险公司是美国债券市场上最大的公司债券持有人，是股票市场的重要持有人，为证券市场提供长期稳定的资金来源。

保险公司等机构投资者的发展，有利于引导资本市场投资者进行价值投资和长期投资。国外成熟证券市场的发展历程表明，散户比例大的市场投机倾向较强，而各类机构投资者占主体的市场则是一个崇尚长期投资的市场。以养老基金、保险基金、投资基金为代表的各类外部机构投资者持有的上市公司股票比重迅速增大，导致了机构投资者的投资策略从“保持距离”向“控制导向”的转变，极大地影响了上市公司的治理结构。它们凭借控制权直接参与公司决

① 李晟辉．保险资金入市与金融格局互动研究［J］．现代财经，2003（3）．

策并监督、制约经理阶层的经营行为，在某种程度上缓解了由于股权的分散化而导致的“内部人控制”，同时也在一定程度上提高了被投资的上市公司的经营业绩和机构投资者自身的收益。其中最为典型的是在20世纪80年代后期至90年代美国上市公司治理结构由于机构投资人行为变动所表现出来的显著变化。

保险公司等机构投资者，是提高市场效率和推动金融产品创新的原动力。保险资金运用强调收益稳定和安全性，必然对股票指数期货、期权等避险工具的需求表现强烈。保险基金、养老基金等追求收益稳定的机构对避险工具有大量需求，它们是稳定证券市场的重要力量。同时，它们也是推动金融创新的原动力。金融创新和衍生交易的活跃，提高了市场的流动性和金融资产的定价效率。①

保险公司能有效地配置金融资本和承担风险。保险公司作为机构投资者在资本市场上行使“用手投票”或“用脚投票”的权利，对于经营者具有举足轻重的影响，有力地制约着经营者的违规行为，形成有效的外部治理，有利于形成良好的公司治理结构，有利于强化激励约束机制，合理配置剩余索取权和剩余控制权，解决委托—代理难题，推进资本的合理配置，提高上市公司的经营绩效。

保险公司还为基础设施建设提供强大的资金支持。国务院批准保险资金间接投资基础设施项目和产业投资基金后，为保险业支持经济建设提供了更大空间。2006年8月，保险业已与有关部门达成保险资金投资京沪高速铁路意向，保险资金投资京沪高速铁路总额将达到800亿元，占京沪高速铁路建设总投资的50%左右。

① 吕志铭．保险公司与证券公司金融公司合作的前景［J］．经济论坛，2007（2）．

# 第六章　保险公司经济行为与金融稳定

由于中国保险业的发展仍然处于初级阶段，受中国经济发展阶段与国情的影响，我国保险公司的市场行为有着不同于其他国家和地区的表现形式，保险公司市场经营行为、投资行为、风险管理、竞争行为具有特殊性和复杂性。保险公司内控制度不健全，公司治理不完善，保险交易行为与竞争行为不规范，影响了保险业规范发展。与发达国家相比，保险公司的内部管控能力与水平差别还比较大。对外开放、偿付能力约束等因素可以改变保险公司的经济行为，有利于提高保险公司经营效率，促进金融稳定。

## 第一节　中国保险公司行为分析

### 一、中国保险业对外开放历程

我国保险业对外开放历程可以分为四个阶段（见表 6.1）：准备阶段、试点阶段、过渡阶段、全面开放阶段。我国保险业现处于第四阶段，即全面开放阶段，目前我国的保险市场上保险业务经营增长迅速，保险产品品种也在不断丰富，并且随着众多保险公司尤其是外资保险公司加入中国保险市场，市场上保险品种数目大幅增加。消费者选择保险产品范围增大，保险市场由卖方市场向买方市场转化，另外，中国保险市场的保险产品营销及保险业的管理有了较大程度的改观。由于外资寿险公司首先使用的个人营销员制度，适应了中国个人寿险市场的发展，因而引入后迅速被中资保险机构采用，成为目前寿险业务最主要的展业方式之一。由此可见，中国保险市场经过三十多年来的发展，基本上已形成了以国有保险公司为主体、中外保险公司并存、分支机构遍布全国各地、各家保险公司相互竞争的、具有一定规模的市场格局。

表 6.1 我国保险业的开放历程

| 第一阶段：准备阶段 | |
|---|---|
| 时间：1980～1992 年 | 关键点：允许一些外国保险公司设立代表处 |
| 第二阶段：试点阶段 | |
| 时间：1992 年到我国加入世贸组织之前 | 关键点：上海作为第一个对外开放保险业务的试点城市 |
| 重要事件：1992 年 9 月友邦保险公司作为第一家外资公司在上海设立分公司，1995 年对外开放试点城市从上海扩大到广州。 | |
| 第三阶段：过渡阶段 | |
| 时间：2001 年底至加入世贸组织后的三年 | 关键点：外国保险公司获准进入我国保险市场 |
| 重要事件：2004 年底，已有 14 个国家和地区的 37 家保险公司进入我国市场。外资保险保费占总保费收入的 2.3%。 | |
| 第四阶段：全面开放阶段 | |
| 时间：加入世贸组织过渡期结束后 | 关键点：允许外资寿险提供健康险等业务，寿险除外资持股不超过 50% 及设立条件限制外，没有其他限制 |
| 重要事件：中国人保、中国人寿、中国平安三家最大的保险公司先后在境外上市，共筹集资本金 487 亿元。 | |

目前我国保险业发展的总体目标是到 2010 年，保险在促进经济发展、保障经济稳定运行、完善社会保障体系、优化金融资源配置和参与社会管理等方面的作用显著增强；风险得到了有效防范和化解，行业整体偿付能力充足，自我救助能力和抵御系统性风险能力显著增强；主体多元化、竞争差异化的市场格局基本形成，培育一批具有国际竞争力和自主创新能力的大型保险集团和专业性保险公司；基本建成一个业务规模较大、市场体系完善、功能作用突出、服务领域广泛、偿付能力充足、综合竞争力较强、充满生机和活力的保险市场。

## 二、中国保险公司经济行为特点分析

保险公司作为法人企业，它的经济行为必然具有一般企业行为的特征。它以保险服务来参与市场，必然要求以一定的成本获取最大的利润。保险公司与其他企业一样：追求利润、依法经营，独立承担经济责任。但保险公司毕竟不是一般的普通企业，它以风险为经营对象，以提供保障获得利润，因此，它的行为具有独特的特点。

### （一）经营行为

第一，保险公司的经营行为与金融市场联系密切。保险公司通过向投保人收取保险费，建立保险基金来保障被保险人的风险损失，被保险人的风险损失通过保险公司而分摊给所有未遭受风险损失的投保人承担，所以它充当着融资人的作用。同时，保险公司为了保险基金的增值保值，还对保险基金进行投资运用，直接参与金融市场。

第二，保险行业具有风险性。保险公司本身以风险为经营对象，风险的发生及其发生所致损失的大小具有不确定性和偶然性．从而决定了保险公司经营本身的风险性。

第三，保险公司经营活动主要体现在保险公司产品的质量上。保险公司经营是根据保险市场的需要，通过设计保险条款，规定保险责任等来制定符合实际的保险险种。另外，保险公司的经营活动还依赖于保险公司全体人员的专业素质。

第四，与一般商品成本计算相比较，保险经营成本具有未来性。保险公司经营的预期成本是在过去的平均成本基础上，通过预期分析得到的。而保险公司经营的实际成本，随保险风险发生在未来而不确定性较大，这使得保险公司经营的预期成本与实际成本在绝大多数情况下是不—致的。因此，保险公司在成本核算上必将面临精确性与偶然性两方面的因素。保险公司经营中的各项准备金是保险公司对全体被保险人的负债，其金额大小将直接影响保险公司的经营成果。

第五，保险公司涉及的行业和领域范围广泛，具有分散性和广泛性的特点。如果保险公司经营陷入危机，将会在一定程度上影响到投保人的利益甚至整个社会的安定。保险责任范围内的损失出现时，保险公司通过各个投保人缴纳的保险费等形成的资金让全体投保人或被保险人承担，或部分由其他保险公司或再保险公司承担，以实现保险的经济补偿或经济给付。

**（二）投资行为**

保险投资又称保险资产运用或保险资金运用，是保险经营的核心内容之一，是保险企业维持其偿付能力的重要保障。它是指保险人将暂时闲置的保险资金以有偿返还方式重新投入社会再生产过程，从而扩大社会再生产规模。保险投资是一种融资活动，它与工商企业的固定资产或流动资产投资有着本质的区别，保险投资以取得盈利或租金收入而使保险基金增值为目的，并不增加保险公司自身的资本存量。保险公司的投资行为有以下特点：

第一，保险投资包括直接投资和间接投资两类，其中由于间接投资具有较高的流动性和安全性，同时保持一定的收益水平，所以在保险投资中所占比重较大。而直接投资由于资本流动性差，风险较大，管理复杂而占有较小的比重。

第二，保险公司在进行投资行为时会遵循以下原则：①保持资金来源与资金运用的对称性，即在进行保险投资时，要保持所投资的资产在期限、收益率、风险方面与资金来源的相应要求大体上一致；②保证资金的分散性，不将资金过分地集中，而是把资金投入不同的行业、部门或地区以分散风险；③保险企业在进行资金运用时，可以通过一定的方式将资产的风险转移给他方，从而降低自身的风险。

第三，随着保险业的快速发展和金融工具的创新，保险投资方式趋于多样化、证券化，保险公司也作为重要的投资机构，在金融市场甚至全国经济发展中发挥越来越重要的作用。

第四，投资结构对保险投资起到至关重要的作用。投资结构管理的目的，是使各种资产形成最佳组合，实现投资结构合理化。各种保险投资形式的收益率、变现性和风险性是不同的，投资结构管理要按照保险投资原则，在兼顾收益、变现、风险的条件下，确定最佳投资结构。

通过投资资产的有效组合，使一部分资金投向风险大但收益高的项目，另一部分资金投向收益低但风险小的项目，可获得有效的投资收益。因此，保险投资强调投资结构管理，运用资产组合原理控制投资的总体风险，并保证适当的投资收益。另外，保险投资结构管理也是满足承保业务经营要求、保证企业的偿付能力的需要。

**（三）风险管理**

第一，由于保险经营的特殊性，保险经营风险除具备一般风险的特点：客观性、不确定性和损失性外，还具有三个特殊特点：①保险期限长，反映滞后。②隐蔽性强，由于各保险公司精算水平不同等原因，经营管理者对某一险种经营结果好坏心中无底，风险隐蔽性较强。③事后影响大，危害性严重。如果保险公司承担的风险不能有效地得到控制、造成偿付能力不足，不仅使保险公司本身受损，还会影响被保险人的生产生活和整个社会的安定，后果严重。

第二，按照风险的性质和来源可将保险经营风险分为三类：环境性风险、经营性风险和人为性风险。其中环境性风险是指由于保险公司的外部环境，包括宏观经济环境、市场环境、经济政策的调整，以及经济体制的变革等给保险公司带来的风险。经营性风险是指保险公司在市场预测、产品设计、产品营销、承保、理赔和资金运用等整个过程中，因管理水平不高或决策不当而出现的风险。经营性风险贯穿于保险企业内部经营活动的各个环节，是保险企业面临的最重要的风险。人为性风险是指由于投保人、被保险人、受益人以及保险企业的从业人员的人为因素而导致的风险。

第三，保险企业风险管理的目标是通过经营风险的防范化解，实现财务稳定、持续发展和盈利，在保证财务稳定的基础上，平衡好发展和盈利的关系。并且，保险公司在实施风险策略时，要严格遵守全面细致、量力而行和经济效益的原则。

第四，在保险公司风险管理过程中，要严格注意保险投资的风险控制、保险产品创新的风险分析、防范保险营销中的风险和再保险问题。

#### （四）竞争行为

首先，与一般制造业的产品不同，保险商品往往是销售在先，制造在后，即保险人先行向投保人销售其承诺，而这一承诺产品只有在约定保险期间保险事故发生时才履行偿付。如此一来，所有关于保险企业的价值实现、保险企业资金运营业务等，都必须有赖于产品市场的发展，必须强化并突出产品市场对保险企业治理的竞争约束效应。在目前初级阶段的竞争中，各家保险公司几乎将主要精力放在市场扩张中，无论是寿险业还是非寿险业，通过专业、兼业代理人方式积极增加销售，扩大保费运营规模成为其最主要的竞争内容。在经济周期处于上升阶段的背景下，这一竞争形式出现有其必然的内涵。但与此同时，一种有秩序的、规范的、诚信的保险产品市场的竞争，将会成为未来发展的趋势。

其次，研究国内保险经理市场的竞争性制衡机制主要涉及两方面的内容。其一是通过中国保监会对经理层人员资格的要求可以看出，国内保险经理市场经理人供给质量的确定，必须充分考虑政府监管部门的相关要求，这一强制性基础条件构成了经理市场运营中外在竞争性制衡的底线。其二是通过市场本身的竞争激励和约束效应。目前，就中国保险经理人市场来看，总体的情况是市场化程度不高，缺乏对经理层和员工的有效的、市场化的、公开透明的选择、监督机制；缺乏完善的、清晰的、市场化的激励约束机制；职业经理人的忠诚度也不高。

最后，目前国内保险公司的竞争已从价格竞争、产品竞争和个体竞争开始转向价值竞争、服务竞争和网络竞争，保险公司虽然在个人营销制度、银保合作，以及在分红产品、责任险产品等方面做了不少创新，但综合来看创新能力仍然比较薄弱。保险公司要通过创新体制和发展模式、创新产品和服务、创新经营管理、销售方式、创新保险监管和调控手段等途径来提高自身的竞争力。

## 三、中国保险公司经济行为现状分析

#### （一）中国保险公司市场行为具有特殊性与复杂性

中国保险业经过三十多年的恢复发展，走出了一条立足国内、面向世界的改革之路，取得了令人瞩目的成绩。但是不可否认的是，我国保险业尚处于发展的初始阶段，其保险公司的市场行为与其他发达国家相比，存在着较多的差异性。我国保险业无论保险市场规模、保险市场主体数量、市场行为种类和功能发挥程度以及保险深度、保险密度与社会公众保险意识等方面，都远远落后于西方发达国家。当前，我国保险业发展存在“四个不成熟”：①保险市场不成熟，市场对保险资源的配置效率比较低，市场供给不足与局部业务领域过度竞争的现象并存；②保险公司不成熟，基础管理较弱，创新能力不强，发展战略不够稳健；③保险监管不成熟，与我国保险业快速发展的形势相比，监管经验尚显不足，监管整体水平尚待提高；④保险消费者不成熟，保险知识少，风险意识差，不能根据自身特点进行理性的保险消费。

从保险规模看，现阶段中国保险公司保费规模偏小。2007 年中国 GDP 世界排名为第 4 位，而保险公司全部保费收入为 7035.8 亿元，在世界保费收入排名中仅位列第 9 名，年保费规模尚不足西方发达国家一个大型公司的保费收入规模。从保险行业总资产看，2007 年末，全国保险公司总资产共计 29003.92 亿元，约占当年中国金融资产的 5%，低于发达国家的水平，其中外资保险公司资产共计 1256.42 亿元，增长幅度 38.39%，占比 4.33%，占比与上年同期比较下降 0.04 个百分点。从保险深度与保险密度看，2007 年保险深度为 2.85%，保险密度为 533 元，远低于发达国家的水平。另外，保险产品和服务难以满足社会公众日益增长的保险需要。中国保险公司推出的产品品种较少，国民保险意识淡薄，居民和企业购买保险的意识和水平也远远低于发达国家，普遍缺乏主动购买保险的意识。而购买保险的客户，除本身被动购买保险外，连简单的保险条款与自身的保险权益都未必了解，保险事故发生后，维护自身保险权益显得非常困难。

我国服务业占 GDP 份额不大，而保险业在服务业中的比重总体水平也不高。与发达国家的保险业在管理水平、管理经验和调控手段等方面相比，我国保险业尚有差距。目前我国保险业的发展主要表现在发展速度较快，但是发展的质量和效益相对不高。目前，现实的情况是，保险业市场主体不断增加，有的领域和业务竞争尤其恶性竞争增加，费率的“市场化”行为超越了市场化的真正含义。保险诚信还有一定的缺失，保险业没有在发展与增长中呈现出经济效益的同步增长；而且，个别保险公司不是在真正意义上又好又快，没有正确处理速度与质量、规模与效益的关系，没有把质量和效益放在首位，而是在极其粗放地经营，只管保险费规模，不顾公司利益尤其是公司的长远利益。

综上所述，中国保险公司的发展尚处于发展的初始阶段。基于所处发展阶段的限制，中国保险公司市场行为具有特殊性与复杂性。我国经济体制由计划经济向市场经济转轨过程中，由于中国保险公司内控制度不健全，公司治理不完善，保险交易行为与竞争行为不规范，影响了保险公司职能作用的发挥。受中国经济发展阶段与国情的影响，我国保险公司的市场行为有着不同于其他国家和地区的表现形式，我国保险公司的内部管控能力与水平和发达国家水平差别还比较大。

### （二）保险公司具体经济行为现状

目前，我国国内保险公司出资人对经理层的控制难以做到及时到位，委托人与代理人之间的问题始终困扰着公司的内部治理结构。出资人与经理层的指导思想难以有效统一，行业普遍存在短期行为与浮躁心理，追求规模与追求效益的争论远未停止。保险公司认为应该以效益为中心，对投保人的保险需求视而不见，引发局部地区的投保人购买保险难的问题，如农业保险问题。保险公司认为应该以规模为中心，在市场上恶意竞争，违规经营，行业地位与形象受到严重影响。保险公司的市场行为，除受到市场运行机制不健全因素影响，并存在其他行业共同的不理性表现外，还存在着保险业自身特有的非理性行为。这些非理性行为影响了中国保险业的地位、形象与作用的发挥。

在交易行为中，保险公司采取何种交易行为策略，受到公司利润目标、市场细分、产品类型等诸多因素影响，从而使交易行为具有多样性。在竞争行为中，受到目标客户、竞争对手与业绩考核等因素影响，竞争策略与竞争行为表现为众多保险公司的竞争行为集合。依此类推，保险市场同样存在投资行为集合、组织调整行为集合、监督管理关系行为集合，而不同类型的市场行为集合交织在一起，形成了一个复杂的市场行为总集合。若不细分市场行为种类与类型，很难根据不同的市场行为进行不同的制度与机制设计，不分析市场行为变异的类型与差别，同样较难寻找变异行为的矫正措施。

另外，目前我国保险公司还存在行为自律性较差的问题。保险公司行为自律，是指保险公司在各自企业的整个业务经营过程中，依照国家的保险法律、法规和国家保险监管部门的有关规定，通过对自己企业内部的管理和控制，有效地规范自己的经营行为，在有序的竞争中进行经营活动。但是由于我国保险市场发育还不够成熟，市场垄断及利用行政手段介入保险市场搞不正当竞争的行为仍然存在，保险消费者缺乏有关保险法律知识及对保险商品的认识和保险监管力度不够等原因，导致许多家保险公司把追求保费的增长点作为当前业务工作的第一目标，乱降费率、高回扣，滥用“无赔款优惠”、以赔促保、吃单、埋单、假保单、阴阳单、利用行政手段强行搭车买保险等招数屡禁不止。虽然保险监管起到了一定的限制作用，上述情况有所收敛，但是市场无序竞争却仍然存在。随着我国社会主义市场经济的不断深入发展，保险领域的扩大，保险规模的拓展，保险险种的增加，保险消费者越来越多，目前保险公司的行为自律滞后，将会制约我国保险业的发展。

# 第二节　开放条件下中国保险公司经济行为对金融稳定的影响

## 一、世界贸易组织中关于保险业的法律规定的简单介绍

我国已于2001年底正式加入了世界贸易组织，这就意味着中国保险市场作为世界保险市场的组成部分，在国际经济贸易大环境的促进下，也必须开始选择融入国际保险市场的道路。在世贸组织的众多协议中，有关保险业的条款主要规定在《服务贸易总协定》金融服务的文件中，其内容涉及保险业的每一方面，包括产险、寿险、再保险、保险中介组织等。这些条款的核心问题，是保险市场自由化的问题。其中主要包括《金融服务附件》和《对金融服务承诺的谅解》。

《金融服务附件》主要有以下规定：第一，规定了成员国采取审慎措施的权利，这是一个事关金融服务全局性的重要规则，实际上规定了如何处理金融服务贸易自由化与保持足以防范金融危机与风险的稳定与周密的金融体制这一对主要矛盾的指导原则；第二，规定了一个成员方对别的成员方的审慎措施的承认问题，它力主在双边或多边基础上“使用协调方式”，以清除服务自由化的障碍；第三，对有关争端解决，要求解决关于审慎措施和其他金融事项争端的专家组必须具备必要的专门知识；第四，有关定义，其中对“金融服务”做了具体明确的界定，即成员国金融服务提供者所提供的任何金融性质的服务，包括保险、银行和证券在内共16项服务。

《对金融服务承诺的谅解》主要规定了四个方面的内容：第一是关于维持现状的规定，它明确了任何对该谅解协议中承担义务的限制，都应当限于现有的不符合规定的措施；第二是有关市场准入的规定，它从垄断权、公共实体购买的金融服务跨境贸易、商业存在、新的金融服务、信息传送和信息处理、人员的暂时进入以及非歧视措施七个方面做了规定；第三是关于国民待遇的规定，根据规定，成员国应当允许其他成员国的金融服务提供者使用由公共实体经营的支付和清算系统，允许其在普通业务的正常过程中获得官方筹资和再融资的便利；第四是定义，对“商业存在”、“新的金融服务”以及“非居民金融服务提供者”的含义加以解释和限定。

## 二、我国保险业“入世”后的承诺和具体行为表现

加入世界贸易组织极大地推动了中国保险业的国际化与现代化进程。从开放的步骤看，我国主要采取逐步推进的方式，首先，开放国际货物保险、再保险、保险中介及辅助性保险服务。其次，开放财产保险、人寿保险。从监管的角度看，要求各成员国提高透明度，公开其对保险业监督管理的有关法律法规和行政命令；从成员国享有权利、承担义务的角度看，涉及面也很广，包括市场准入、国民待遇、透明度、最惠国待遇以及发展中国家的特殊待遇等方面。2005 年底，外资保险公司的保费收入是 341.2 亿元人民币，比 2001 年底增长了约 9 倍。并且从外资公司占全国市场的份额角度上看，2006 年初的份额为 6.92%，较加入世界贸易组织前的 1.58% 增长了 5.34 个百分点。由此可见，加入世界贸易组织后我国保险市场的开放速度较快。

我国对外国保险机构的准入没有地域限制，营业许可的发放不设经济需求测试或许可数量限制，也就是理论上外资可以在任何一个城市投资开设保险机构。不过设立条件仍必须符合“五、三、二”规定：投资者应为在世界贸易组织成员境内有超过 30 年经营历史的外国保险公司；必须在中国设立代表处连续 2 年；在提出申请前一年的年末总资产不低于 50 亿美元。保险监管部门主要将依据 2004 年 6 月实施的《外资保险公司管理条例》及其实施细则进行审批。

从业务领域看，在寿险方面，除了公司设立形式必须为合资且外资股比不得超过 50% 外（但不包括 1992 年以独资身份进入的美国友邦保险公司），没有其他限制。外资寿险可以向中国公民团体和个人提供任何人身保险服务，完全享受国民待遇。非寿险方面，外国非寿险公司的准入形式可以是分公司、合资公司或独资子公司三种，设立条件与寿险公司完全相同。只是在业务范围上外资产险公司不允许经营汽车第三者责任险、公共汽车和其他商业运载工具驾驶员和运营者责任险等法定保险业务。

再保险方面，允许外国再保险公司以分公司、合资公司或独资子公司形式提供寿险和非寿险的再保险业务，没有地域限制或发放营业许可的数量限制。保险中介方面，加入世界贸易组织谈判中我国只对保险经纪业务做了相关承诺。从 2006 年 12 月 11 日起，已允许总资产不低于 2 亿美元的外国保险经纪公司在我国设立独资公司，允许外资保险经纪公司从事大型商业险经纪、再保险经纪、统括保单经纪业务等。

## 三、对金融市场稳定的影响

### （一）保险业与证券业的相互关联

我国证券业与保险业是分业经营、分业管理的。我国于 1992 年、1998 年、2003 年分别成立证监会、保监会和银监会，形成所谓分管证券业、保险业和银行业的“三驾马车”，形成了中国金融监管的三个并列系统。银监会与证监会、保监会处于同一层次上，分别监管银行、证券和保险业。在我国目前的经济状况下，采取分业经营制度，是比较符合我国国情的。不过虽然采取混业经营，使业务范围扩大，形成规模经济，能够提高经济效益，但同时也使大量资金置于高风险之中，一旦证券价格下跌，势必牵连银行与保险公司的其他业务，甚至面临支付困难的境况。目前我国对银行、证券、保险实行分业经营、分业监管，是出于对稳定金融市场的考虑。适当的分业虽有利于保险业、银行业自身的安全，但完全将证券业与保险业、银行业人为阻断，不利于金融业的繁荣。

在资本市场方面，发展我国的资本市场，放宽保险资金的运用限制是必然趋势。我国金融管理部门对保险基金的运用限制过多，严重削弱了保险基金的自行增值能力，还导致其在高速增长的通货膨胀中被动贬值。由于考虑被保险人的利益以及我国资本市场发育不成熟的现状，金融管理部门长期以来只允许保险基金投资于国债、银行储蓄和金融债券。这种资金投向虽然在一定程度上保证了基金的安全，但是这些投资收益低，很难保证保险基金的增值。不过，近年来保险基金的投资渠道已大为拓宽。

从保险业角度来看，当前国际上保险业进入证券市场投资已十分普遍。现代保险业的发展趋势，就是增加保险收益、降低费率、减轻投保人负担，从而扩大保险覆盖面。但是自 1990 年之后，我国连续 8 次降低银行的存款利率，由于保险资产有 40% ~60% 的资金沉淀在银行里，经历多次降息之后，中国保险公司的经营成本不断扩大，保值能力却不断缩小，与外资保险企业的竞争力也相应有所减弱。为此，国务院于 1999 年 10 月批准保险公司购买证券投资基金。保险基金目前已经进入股市，投资渠道已大为拓宽，适当综合经营是有其优势和合理性的，顺应金融业发展潮流，我国今后必然要向这一趋势发展。从保险业监管的角度来看，引入混业经营的有关做法，必然会对监管的法治化提出更高的要求。同时应当进一步完善自律组织及新闻传媒等市场监管的配套建设。保险业、银行业、信托业与证券业的适当融合是符合国际金融市场发展需要的，因此与之相配套的混业监管体制在将来的某个时期也会成为我国保险监管必须要考虑的改革方向。

### （二）开放条件下保险公司的经济行为对金融市场的具体影响

保险资金的运用范围拓展到全球范围，有利于缓解高额外汇储备的巨大压力。赋予保险资金进行跨境、跨市场的投资和资本运作的资格，不仅能够从一定程度上缓解迅速累积的外汇储备，并能开拓保险外汇资产的全球配置机会，分享中国优质海外上市公司的利润，在全球范围内分散风险；进一步丰富外汇保险产品，通过保险渠道实现对部分外汇储备的分流，为扩大资本输出提供更多的资金管理和增值手段；同时，外汇储备的快速增长实质上反映了过高的国民储蓄率，反映了本土的金融体系不能吸收和有效配置这些金融资源，保险资金投资渠道拓展，有助于金融市场深度和广度的拓展，提高金融市场吸收储蓄的能力。

2007 年保险公司直接或间接投资股票市场的资金约 850 亿元，已经成为证券市场的重要投资者，随着下一步保险资金更积极地融入资本市场，其面临的系统性风险也在逐步加大。保险资金对利率、股值、汇率等风险因素敏感性的增强，客观上已经提出了对金融衍生品的现实需求，需要运用衍生工具进行系统风险的对冲和锁定，确保保险资金运营的安全稳健。同时，不断探索保险多元化的非金融投资渠道也有助于分散保险资金的金融运作风险。

随着保险公司进行海外融资以及境内保险公司海外业务的扩展，稳步扩大保险资金投资资产证券化产品的规模和品种，开展保险资金投资不动产和创业投资企业试点，扩大保险公司的海外投资范围，能够改善保险资金运用中存在的货币错配和期限错配。创新和拓宽保险资金的运用范围，有利于推动金融多元化经营的探索，保险公司入股商业银行缔造出了融合银行和保险的新金融产业，将银保合作由松散的业务合作方式推向股权合作方式，充分利用银行完善的网络和分销渠道、客户资源等，建立更深层次的交叉销售和代理合作关系，在推动我国金融多元化经营方面做出了有益的探索。

## 第三节　现代保险监管约束与保险公司行为

保险是受到严格监管的行业，保险监管对保险公司的经营行为不可避免地产生一些影响①。如前所述，保险监管大致可以分为市场行为监管和偿付能力监管等。市场行为监管主要是针对保险机构的具体经营行为，通过逐步建立完

① 张仕英．保险公司的风险、外部监管与资本结构的决定［D］．复旦大学博士学位论文，2008.

善市场行为准则，采取有效监管措施，及时监督检查保险公司经营状况，以支持合法经营和公平竞争，促进保险公司完善经营管理和保持经营的可持续性。从理论上来讲，偿付能力监管主要包含两个层次：一是正常经营年度，只要厘定的费率水平合理，各项准备金提取充足，保险公司就应能够具有正常的赔偿或给付能力；二是非正常经营年度，针对可能发生的巨额风险，或费率测算、资金运用和准备金提取出现的较大偏差，要求保险公司经常保持一定的法定偿付能力额度（类似于银行业中的最低资本金充足率要求）。有效的偿付能力监管体系通常具备以下基本内容：审慎的资产负债评估制度；最低偿付能力额度计算标准；以财务、业务真实性和事后监督为目标的现场监管制度；以动态趋势分析和风险预警为目标的非现场监管制度；保险公司退出以及保险保障基金使用的法规和处理机制。

## 一、信息不对称与保险保障基金制度的出现

在全球范围内，每年都有一些保险公司破产。随着经济全球化和金融一体化，以及金融管制放松趋势的增强，保险市场的竞争日益加剧。市场竞争给保险消费者带来诸多好处，如低廉的保费、优质的保险服务以及多样化的保险产品等。但是，市场竞争在发挥有效资源配置作用的同时，也带来一些负面的影响。在竞争性的保险市场上，部分保险公司的破产在所难免，这将导致保单持有人的利益遭受损失。此外，保险公司更加易于受到巨灾风险的打击。从20世纪80年代后期以来，自然灾害造成的保险损失大幅增加。金融市场的变化如利率的持续走低，也导致保险公司面临失去偿付能力的危险。保险公司破产风险的存在，促使很多国家更加关注偿付能力监管并建立了一些预防性措施。

在本质上，与其他金融机构一样，保险公司的主要业务大都属于向客户提供或有支付业务，比如年金、保险等。在这些业务中，金融机构的信誉好坏是一个必须关注的核心因素。一旦金融机构履行偿付义务的前景不乐观，其经营就会遭受到很大的冲击。对于投保人而言，预测保险公司无力偿付的概率及成本是十分困难的，特别是对大多数个人保险客户而言。此外，大部分保险合同是长期合同，保险公司的客户根本无法控制保险公司未来的财务安全水平。考虑到投保人的信息不充分，很多国家建立了旨在保护被保险人的保证机制，如破产保证协会或基金。

## 二、保险保障基金的代理成本与保险公司的冒险行为

Merton（1977）针对银行、Cummins（1988）针对保险公司，分别证明了：对于金融机构的债务提供某种收费统一的保障，将为它们提供激励加大风

险。当保险公司采取风险行为时，如果结果是有利的，保险公司的所有者将获得收益；如果结果是不利的，损失由保障基金和客户来承担。由于保障基金的保护，保障基金对保险公司的收费与该公司的风险无关，保险公司的所有者没有因为冒险而受到惩罚。Lee、Mayers 和 Smith（1997）称此为风险补贴假设。他们通过研究美国保险公司在州保障基金实施前后资产组合的变化，验证了风险补贴的存在。1969～1981 年，随着美国各州先后实行了有关保证基金的法律，股份制保险公司的资产组合发生了显著的变化：普通股所占的比例大幅增加而政府债券所占的比例相应减少。

期权效应并不是对保险公司冒险行为产生影响的唯一因素，保障基金的事后融资方式也有一定的影响。在采用事后征收方式时，保险公司有动机进行互相监督，并将潜在的高风险行为报告给监管当局。这种监管效应将阻止保险公司采取过高的风险行为，Lee、Mayers 和 Smith（1997）称此为监督假设。除了由同行来进行监督外，也存在来自其他来源的监督，如监管当局的监督、消费者本身与通过保险中介的监督、来自评级机构的评估、来自再保险公司的监督等。但是，在实证检验中，没有发现明显的证据证明监督假设的成立。

为了说明保险保障基金制度对保险公司的冒险行为的激励效应，在此建立一个简单的模型。假设在期初，保险公司的股东投入初始资本 S，通过销售保单得到保费收入 R，保险公司对保单持有人的总负债为 L。保险公司将（S+R）全部进行投资。假设在期末的投资结果只有两种：$A_1$ 或 $A_2$（折算为现值），其发生的概率分别为 $p_1$ 和 $p_2$，显然 $p_1+p_2=1$。当投资结果为 $A_1$ 时，保险公司具有偿付能力（$A_1\geqslant L$）；而当投资结果为 $A_2$ 时，保险公司将丧失偿付能力（$A_2<L$）。假设保险公司为风险中性。

当不存在保障基金的保护时，保险公司股东权益的价值为 E。它应该等于投资组合的期望值减去对保单持有人负债的期望值，即

$$E = p_1A_1 + p_2A_2 - (p_1L + p_2A_2)$$

如果资产市场与保险市场都是完全竞争的，则

$$p_1A_1+p_2A_2=S+R;\quad R=p_1L+p_2A_2$$

联系上式，可得：$E=S$ (6-1)

$E=S$，说明股东权益的价值将刚好等于其初始贡献。保单持有人支付的保费刚好反映其在未来保单的回报，即精算公平的费率。

假设存在保障基金且其费用采取事后征收的模式，保单持有人将得到全额赔偿，即无论保险公司最后的投资结果如何，保单持有人都能得到全部赔付，这种保证使得保险合同成为无风险合同。同时，假设保障基金的资金最终来源于保单持有人，则保险公司在期初收取的总保费为：$R'=p_1L+p_2L=L$。保险公

司股东权益的价值为：

$$
\begin{aligned}
E' &= \frac{S+R'}{S+R}(p_1A_1+p_2A_2)-\left[p_1L+p_2\min\left(L,\ \frac{S+R'}{S+R}\cdot A_2\right)\right] \\
&= S+R'-\left[p_1L+p_2\min\left(L,\ \frac{S+R'}{S+R}\cdot A_2\right)\right] \\
&= S+(p_1L+p_2L)-\left[p_1L+p_2\min\left(L,\ \frac{S+R'}{S+R}\cdot A_2\right)\right] \\
&= S+p_2\max\left[0,\ \left(L-\frac{S+R'}{S+R}\cdot A_2\right)\right] \\
&\geqslant S
\end{aligned}
\tag{6-2}
$$

由式（6-2）知，当 $L>\frac{S+R'}{S+R}\cdot A_2$ 时，$E'>S$。差额部分 $p_2\left(L-\frac{S+R'}{S+R}\cdot A_2\right)$ 可解释为保障基金的期权价值或者代理成本。当保险公司破产时，股东的权益价值将超过其初始资本。这样，保险公司就有动机冒更多的险，在保持偿付能力时得到超额的收益，而将可能发生的不利结果由保障基金来承担。保证基金的存在加强了股份制保险公司的冒险行为。有了保障基金的保护，股份制公司更倾向于冒更高的风险。在股份制保险公司中，股东与保单所有者的利益存在冲突。由于增加资产的风险有利于股东要求权价值的增加；同时，股份制保险公司的经理层能够获得股票期权这样的激励，这就为他们增加风险提供了激励。所以，股份制保险公司有更强的动机增加资产的风险。

如果保障基金由事后征收改为事前征收，同时保障基金的资金最终来源于保单持有人的假设不变。假设对所有保险公司征收保障金额为保费收入的一定比例 $\theta(0<\theta<1)$，则保险公司的初始投资总金额为 $S+(1-\theta)R'$。由于 $(1-\theta)R'<R'$，与式（6-2）相比，保障基金的代理成本会降低。当 $(1-\theta)R'>R$ 时，并不能彻底消除代理成本。但是当保障基金的征收金额改为与风险挂钩，即事前征收额为 $R'-R$ 时，则保险公司的初始投资额为 $S+R$，从而可重新得到式（6-1）。这说明，当保障基金的定价方式完全由保险公司的风险决定时，保障基金的代理成本可彻底消除。

降低保障基金的补偿标准，也有助于减少代理成本。当保障基金提供的补偿能力降低时，就意味着征收费用越少，代理成本将越少，将有助于约束保险公司的冒险行为。对前面的模型加以改进。假设保障基金的最高限额为 $H(H<L)$，则保单持有人在期末时得到的期望赔偿现值为：$p_1L+p_2\max(A_2,H)$，这也是在竞争性的保险市场中，保险公司收取的保费 $R''$。此时，保险公司的股东权益价值为：

$$E'' = \frac{S + R''}{S + R}(p_1A_1 + p_2A_2) - [p_1L + p_2\min(L, \frac{S + R''}{S + R} \cdot A_2)]$$
$$= S + [p_1L + p_2\max(A_2, H)] - [p_1L + p_2\min(L, \frac{S + R''}{S + R} \cdot A_2)]$$
$$= S + p_2[\max(A_2, H) - \min(L, \frac{S + R''}{S + R} \cdot A_2)] \quad (6-3)$$

将式（6-2）中的代理成本与式（6-3）的代理成本进行比较，

$$E' - E'' = p_2[L - \min(L, \frac{S + R'}{S + R} \cdot A_2)] - p_2[\max(A_2, H) - \min(L, \frac{S + R''}{S + R} \cdot A_2]$$
$$= p_2[L - \max(A_2, H) + \min(L, \frac{S + R''}{S + R} \cdot A_2) - \min(L, \frac{S + R'}{S + R} \cdot A_2)]$$
$$\geqslant p_2[L - \max(A_2, H) + \frac{R'' - R'}{S + R} \cdot A_2]$$
$$\geqslant \frac{p_1p_2A_1}{S + R}[L - \max(A_2, H)]$$
$$\geqslant 0$$

由此可得到结论：当保障基金存在赔偿限额时，代理成本将减少，即对保险公司的冒险动机有一定的约束。进一步分析式（6-3）可发现：当 $L>H>A_2$ 时，随着 H 的变化，代理成本也发生变化。具体来说，保障基金的限额越高，代理成本也越大，对保险公司的冒险动机的约束也就进一步降低。

保险保障基金的存在虽然有助于维护和增强消费者的信心，减少恶性退保潮发生的概率。鉴于保险公司退出市场可能引发过高的社会成本，保险保障基金制度的建立有利于减少倒闭的保险公司对于整个保险行业的冲击，以维持保险市场的稳定和健康发展。但是，就像所有的安全保障制度一样，它必然会遭遇道德风险的问题。由于保障基金这张安全网的存在，导致投保人从对未来保障可获得性的关注，转向对价格这个单一指标的比较，这种变化必然会对保险公司的行为产生影响。通过在模型中分析保障基金的代理成本可以看出，保障基金的存在将助长保险公司的冒险行为，诱发道德风险。这种冒险行为可能体现在增加资产组合的风险上，也可能体现在恶性价格竞争上。由于保险产品的生产过程不同于一般商品，其价格的制定都建立于一系列的预测与假定之上。保险公司的财务状况是否安全具有相当的隐蔽性。当涉及长期性产品时，这种危险性更加难以察觉。保险保障基金制度对保险公司的冒险激励，必然会影响到保险公司的资本水平决定问题。

## 三、现代保险监管与其他金融监管合作的必要性分析

伴随着金融创新和金融自由化的发展，保险业在资产和负债方面都进行

了大量的业务创新，这些新的业务模式使得保险业与银行业及其他金融中介之间的关联加强，各种金融机构之间日益成为一个风险的共同体，金融业的系统性风险不断增加，任何一个行业的风险都会波及金融业的其他部门，因此加强保险业与其他金融部门之间的监管合作，对于促进金融稳定具有重要的意义。

保险公司拟银行化经营行为及与银行或其他金融机构之间发生的各种关联经营活动，都使得整个金融体系的系统性风险增加。任何一个部门或者公司出现危机，都将影响到整个金融体系的稳定和安全，而这其中又以保险公司和银行之间的安全关联度为最高，如果保险业出现危机，首先波及的就是银行业。

保险公司拟银行化经营行为是指随着对保险业管制的放松，保险行业内部竞争的加剧，各保险公司为了吸引投保人投保，许诺给投保人的投保金给予一定的报酬，类似于银行的存款。保险公司的这种拟银行化经营行为一方面加重了保险公司负债业务的风险，面临着利率波动和流动性的风险；另一方面保险公司为了应付这种高负债又不得不投资于高风险的资产，又使得保险公司面临着资产价格波动的风险。一旦经济发生波动或者资产价格大幅缩水，保险公司的资产方和负债方就会同时出现问题，进而危机会很快传导到其他相关金融机构，从而破坏整个金融系统的信用体系，对金融稳定产生影响。

随着金融管制的放松，保险业与其他金融机构之间的关联交易增加，由于不同金融机构之间的监管存在差别，就会产生风险在不同金融机构之间的重新分配，从而增加金融业的系统性风险。比如，由于银行和保险业之间对于资本充足率的不同要求，银行体系就可以通过某种渠道将一些高风险的产品打包给保险公司，从而成功地将风险转嫁给保险公司，同时由于保险公司还没有像银行那样有《巴塞尔协议》的约束，保险公司自然就承担了这部分风险。这也就是最近几年国际上各种金融衍生品大行其道的原因。这些高风险的金融衍生品在降低某一个具体行业的风险的同时，却使得整个金融体系的系统性风险增加，而导致这种风险增加的原因也在于，不同部门之间监管与合作的缺乏。

根据 IMF 的研究，20 世纪 90 年代金融业之间收购和兼并的规模大大增加，保险业和其他金融之间的融合和关联经济行为越来越密切，如表 6.2 所示。

表 6.2 20 世纪 90 年代 13 个国家金融机构之间的兼并和收购情况

| 年份 | 总体情况 | | 不同行业设计金融比重（%） | | | 不同行业交易数量比重（%） | | |
|---|---|---|---|---|---|---|---|---|
| | 金额（十亿美元） | 交易数量（个） | 银行 | 保险 | 证券及其他 | 银行 | 保险 | 证券及其他 |
| 1990 | 38.00 | 324.0 | 81.7 | 13.3 | 5.1 | 61.4 | 16.7 | 21.9 |
| 1991 | 38.20 | 549.0 | 82.6 | 8.9 | 8.5 | 56.6 | 16.2 | 27.1 |
| 1992 | 38.36 | 616.0 | 69.5 | 23.5 | 7.0 | 61.9 | 16.6 | 21.6 |
| 1993 | 65.28 | 682.0 | 45.5 | 26.0 | 28.5 | 67.6 | 12.8 | 19.6 |
| 1994 | 53.40 | 773.0 | 64.7 | 21.5 | 13.8 | 67.9 | 10.3 | 21.7 |
| 1995 | 151.61 | 856.0 | 89.9 | 4.6 | 5.5 | 62.1 | 14.4 | 23.5 |
| 1996 | 96.68 | 842.0 | 47.8 | 34.0 | 18.2 | 57.0 | 17.7 | 25.3 |
| 1997 | 292.97 | 9.1 | 63.9 | 18.8 | 17.4 | 59.3 | 16.1 | 24.6 |
| 1998 | 495.12 | 874.0 | 75.3 | 18.0 | 6.6 | 61.0 | 16.7 | 22.3 |
| 1999 | 353.17 | 887.0 | 76.5 | 12.6 | 10.9 | 55.0 | 11.6 | 33.4 |
| 总计 | 1623.09 | 7304.0 | 71.9 | 16.9 | 11.2 | 60.8 | 14.8 | 24.4 |

资料来源：BIS（2001），Report on Consolidation in the Financial Sector，Group of Ten，IMF and OECD，January，pp. 32-34，333-338.

表 6.2 揭示了 20 世纪 90 年代 13 个国家金融部门之间兼并和收购的情况，从表中的数据可以看出兼并与收购的数据和金额呈现出上升的迹象，共发生了 7304 起兼并和收购交易，涉及 1.6 万亿美元的金额。银行部门涉及的兼并和收购金额占总金额的 72%，交易数量占总数量的 61%。

为了揭示不同金融机构之间的关联经济行为，IMF 也对这期间兼并和收购所涉及的行业情况进行了调查，如表 6.3 所示。

表 6.3 揭示了金融机构之间的兼并和收购情况，从发起收购的保险公司来看，对除保险公司以外的其他部门的收购金额为 1248 亿美元，收购的目标公司中证券以及其他部门的金额却为 565 亿美元，这期间的差额就是保险公司收购银行的金额，从中可以看出保险公司与银行之间的关联度相当密切。

表 6.3 20 世纪 90 年代 13 个国家金融机构之间的兼并和收购情况——分行业

| 部门 | 发起收购公司 | | | | 目标公司 | | | |
|---|---|---|---|---|---|---|---|---|
| | 发起金额（十亿美元） | | 交易数量 | | 收购金额（十亿美元） | | 数量 | |
| | 总量 | 对其他部门 | 总量 | 对其他部门 | 总量 | 对其他部门 | 总量 | 对其他部门 |
| 银行 | 1085.38 | 58.90 | 4423 | 531 | 1166.49 | 158.16 | 4444 | 646 |
| 保险 | 364.96 | 124.78 | 1182 | 213 | 274.68 | 38.42 | 1078 | 219 |
| 证券及其他部门 | 205.70 | 77.80 | 2029 | 715 | 181.92 | 56.46 | 1782 | 511 |
| 总计 | 1656.04 | 261.48 | 7634 | 1459 | 1623.09 | 253.04 | 7304 | 1376 |

资料来源：BIS（2001），Report on Consolidation in the Financial Sector，Group of Ten，IMF and OECD，January，pp. 32-34，333-338.

同时表 6.3 还揭示了证券以及其他部门对银行的收购，总收购金额为 394 亿美元（等于证券及其他部分发起收购金额 778 亿美元减去保险公司对其他部门的收购金额 384 亿美元），其规模达到了证券及其他部门发起收购金额的一半。由于对证券公司的监管弱于对银行的监管，这种趋势进一步加大了整个金融体系的系统性风险。

随着金融管制的放松以及全球化进程加快，保险业与其他金融机构之间的关联业务日益密切，保险业的稳定发展与整个金融体系的稳定越来越相关，这成为金融危机乃至经济危机的主要根源之一。因此，加强各个金融部门之间的监管与合作，对金融稳定具有重要意义。

## 第四节 保险公司在偿付能力监管和追求内含价值目标条件下经济行为选择的实证分析①

从目前国内保险公司偿付能力的发展状况来看，保险公司总体偿付能力状况良好，2003 年以后我国保险公司偿付能力充足率已经有了明显好转，但仍然有不少保险公司的偿付能力未能达到规定标准。本部分使用 2008 年以前数据。

① 考虑数据的可得性以及保险公司行为一致性，这里选择 2008 年以前的数据进行实证分析，分析标准依据 2008 年以前的相关标准。

目前国内一般利用DEA模型来分析保险公司的绩效问题。本书主要借鉴Patric L. Brockett、William W. Cooper和Linda L. Golden的思想，利用DEA模型，分析自从2003年《保险公司偿付能力额度及监管指标管理规定》颁布后2004~2006年我国境内53家保险公司（包括20家中资、18家合资、15家外资保险公司）偿付能力与绩效的关系，意在对偿付能力和经济效益之间进行具体分析，进而根据分析结果对保险公司在偿付能力监管环境下的市场行为提出相关建议。分析得出以下结果：近几年来在保险监管部门的监管下，我国保险公司对偿付能力的重视程度有了改善，但就现已有的条件和资源，保险公司的偿付能力并没有达到最优化，仍然可以在技术改革、优化内部结构等层面上加大自身的偿付能力额度，而不需要付出多余的代价。

目前国内一般利用DEA模型分析保险公司的绩效问题，对偿付能力监管的应用较少，本书的创新点主要在于将偿付能力作为一个产出指标利用DEA实证分析偿付能力与保险公司效率的关系，另外本书选取了53家保险公司作为研究对象，数据范围较广，增强了实证结果的客观性和可信度。

## 一、理论模型设定与数据处理

### （一）CRS与VRS模型构造

DEA方法主要通过保持决策单元（Decision Making Units，DMU）的输入或者输出不变，借助于数学规划和统计数据确定相对有效的生产前沿面，将各个决策单位投影到DEA的生产前沿面上，并通过比较决策单位偏离DEA前沿面的程度来评价它们的相对有效性。本书主要运用CRS和VRS模型分析53家保险公司的偿付能力与效率的关系。

CRS（Constant Return to Scale Model）模型：假设有N个决策单位（DMU），每个决策单位有K个投入，M个产出。$x_j$、$y_j$分别表示第j个决策单位的投入产出向量$[x_j=(x_{1j}, x_{2j}, \cdots, x_{Kj})\ y_j=(y_{1j}, y_{2j}, \cdots, y_{Mj})]$。投入矩阵用X表示，输出矩阵用Y表示。如果以第$j_0$个决策单位为目标，

$$\text{绩效最大化问题为：}\begin{cases} \max_{u,v}(u'y_{j_0}/v'x_{j_0}) \\ \text{s.t.}\begin{cases} u'y_j/v'x_j \leqslant 1 \\ j=1, 2, \cdots, N \\ u, v>0 \end{cases} \end{cases}$$

其中，u是M×1的产出权重向量，v是K×1投入权重向量。

Charnes 于 1952 年通过引入非阿基米德无穷小量 ε①、并加入松弛变量 $s^-$，$s^+$ 的基础，改善了这个模型，得到以下公式：

$$
\begin{cases}
\min\left[\theta - \varepsilon \sum_{j=1}^{m} s^- + \sum_{j=1}^{r} s^+ )\right] \\
\text{s. t.} \begin{cases}
\sum_{j=1}^{N} x_j\lambda_j + s^- = \theta x_{j0} \\
\sum_{j=1}^{N} y_j\lambda_j - s^+ = y_{j0} \\
\lambda_j \geqslant 0 \\
s^+ \geqslant 0,\ s^- \geqslant 0
\end{cases}
\end{cases}
\tag{6-4}
$$

最优解为 $\theta'^*$，$\lambda'^*$，$s^-$，$s^+$。

其中，$x_{j_0}$ 表示第 $j_0$ 个决策单位的投入向量，$y_{j_0}$ 表示第 $j_0$ 个决策单位的产出向量。θ 为一数值，介于 0 和 1，当 θ=1 时，表示决策单元是有效的，θ 表示的是 DMU 离有效前沿面或包络面的一种径向优化量或"距离"。λ 是 N×1 常数向量，$s^-$ 为投入指标的松弛变量，$s^+$ 为产出指标的松弛变量［在实际运用中，对松弛变量的研究是有意义的，因为它是一种纯的过剩量（$s^-$）或不足量（$s^+$）］。

随着保险体系的发展，保险行业越来越可能面对规模报酬变化的状态，并且当决策单元不是全部处于最佳规模时，规模报酬不变的假设把技术效率与规模效率混在一起。为解决上述问题，本书引入 VRS（Variable Returns to Scale Model）模型，Banker、Cooper（1984）在原有的 CRS 模型中加入 $\sum \lambda_j = 1$ 这一限制条件，构建了可变规模效率模型（VRS，也称为 BCC 模型）。

模型的假设条件：①为避免高估效率值，样本机构的数量应该大于等于两倍的投入和产出指标数量之和；②投入产出变量必须满足单调性要求，即投入要素的增加不可以导致产出数量的减少。

通过上述 CRS 和 VRS 模型，我们可以分别得到样本机构的技术效率 $TE_{CRS}$（TE）和纯技术效率 $TE_{VRS}$（PTE）（技术效率取出规模效率的影响即为纯技术效率），并且进一步得到规模效率② $SE = TE_{CRS}/TE_{VRS} = TE/PTE$。通过对于技术效率和规模效率的分析，可以进一步分析相对无效率决策单元的投入及产出是

---

① 对于 $\forall \partial > 0$，$\forall N > 0$，都有 $N \cdot \varepsilon < \partial$，则我们称 ε 为非阿基米德无穷小量。

② 纯技术效率表示当规模报酬可变时，被考察企业与有效生产前沿之间的距离。规模效率表示的是规模不变与规模可变的有效生产前沿之间的距离。规模效率 SE 等于 1 表示决策单位正位于最优规模效率水平；SE 小于 1 时则表示决策单位处于非最优规模效率的状态。

否不当，再结合差额变量及效率值，将相对无效率之投入、产出做适当之调整，即缩减过多的投入及增加不足的产出，以改善其经营效率。

**（二）曼奎斯特（Malmquist）模型构造**

接下来我们再来介绍一下基于面板数据的 DEA 分析：Malmquist 效率分析法。Fare（1994）提出了 Malmquist 效率分析模型：

$$m_0(y_{t+1}, x_{t+1}, y_t, x_t) = \left[\frac{d_0^t(x_{t+1}, y_{t+1})}{d_0^t(x_t, y_t)} \times \frac{d_0^{t+1}(x_{t+1}, y_{t+1})}{d_0^{t+1}(x_t, y_t)}\right]^{1/2} \quad (6-5)①$$

其中，d 表示各投入产出要素的实际数值与最优数值的距离，式（6-5）表达了第 t+1 期的生产率相比较第 t 期的生产率的效率，表示随时间增加的实际产值的优化程度。式（6-5）中的四个拉格朗日（LP）问题分别为：

$$\begin{cases} [d_0^t(x_t, y_t)]^{-1} = \max_{\theta,\lambda}\theta \\ s.t.\begin{cases} -\theta y_{it} + \sum_{j=1}^{N} y_{jt}\lambda_j \geqslant 0 \\ x_{it} - \sum_{j=1}^{N} x_{jt}\lambda_j \geqslant 0 \\ \lambda_j \geqslant 0 \end{cases} \end{cases} \quad (6-6)$$

$$\begin{cases} [d_0^{t+1}(x_{t+1}, y_{t+1})]^{-1} = \max_{\theta,\lambda}\theta \\ s.t.\begin{cases} -\theta y_{i,t+1} + \sum_{j=1}^{N} y_{j,t+1}\lambda_j \geqslant 0 \\ x_{i,t+1} - \sum_{j=1}^{N} x_{j,t+1}\lambda_j \geqslant 0 \\ \lambda_j \geqslant 0 \end{cases} \end{cases} \quad (6-7)$$

$$\begin{cases} [d_0^t(x_{t+1}, y_{t+1})] - 1 = \max_{\theta,\lambda}\theta \\ s.t.\begin{cases} -\theta y_{i,t+1} + \sum_{j=1}^{N} y_{jt}\lambda_j \geqslant 0 \\ x_{i,t+1} - \sum_{j=1}^{N} x_{jt}\lambda_j \geqslant 0 \\ \lambda_j \geqslant 0 \end{cases} \end{cases} \quad (6-8)$$

① 式（6-5）中没有选择 CRS 还是 VRS 的必要，因为该模型中两种情况都会计算并有所比较，式（6-6）、式（6-7）、式（6-8）、式（6-9）是 CRS 即固定回报的状态，VRS 时只需将式（6-6）和式（6-7）加入限制条件 $\sum\lambda_j = 1$。

$$\begin{cases}[d_0^{t+1}(x_t, y_t)]-1=\max_{\theta,\lambda}\theta \\ \text{s. t.}\begin{cases}-\theta y_{it}+\sum_{j=1}^{N} y_{j,t+1}\lambda_j \geqslant 0 \\ x_{it}-\sum_{j=1}^{N} x_{j,t+1}\lambda_j \geqslant 0 \\ \lambda_j \geqslant 0\end{cases}\end{cases} \tag{6-9}$$

通过对式（6-6）、式（6-7）、式（6-8）、式（6-9）四式的计算，可最终得出式(6-5)的结果，从而得到随时间增加实际产出的优化程度。

## 二、数据处理与投入产出指标选择

本书选取了2004～2006年我国境内53家保险公司（包括20家中资、18家合资、15家外资保险公司）的数据作为样本，这53家保险公司占中国保险业务的90%以上，能够代表目前我国保险市场的总体情况。本文所有的数据处理用DEA-Solver Pro 5.0和DEAP 2.1软件完成，数据皆来自2005～2007年的《中国保险年鉴》，数据单位为百万元人民币。

对于这53家保险公司，本书设定三个投入变量、三个产出变量。投入要素选取应付工资加应付福利（$X_1$）、实收资本（$X_2$）、固定资产（$X_3$）。其中应付工资加应付福利代表劳动力的费用，实收资本代表金融资本，固定资产用来代表物质资本费用。这与国外大都把劳动力费用、信息技术费用、其他的物质资本费用和金融资本费用作为投入变量的选择较一致。至于决策单元的产出，本书选取保费收入（$Y_1$）、投资收益（$Y_2$）和偿付能力（$Y_3$）作为变量。保费收入和投资收益是投资者关注的，代表了保险公司的运营效率。而偿付能力是保险监管者和投保人关注的，它在一定程度上代表了保险公司的信誉和发展潜力，并且公司管理层应该协调好各方面的利益，这是本书选取这三项作为产出要素的原因。

假设条件的检验：本书将选取53家保险公司做具体的分析，投入产出要素都是3个，所以满足第一个假设要求。为验证投入产出变量的单调性要求，本书计算投入产出变量的相关系数，结果见表6.4。

**表6.4　2006年各投入产出要素相关系数**

| | 工资福利 | 实收资本 | 固定资产 | 保费收入 | 投资收益 | 偿付能力 |
|---|---|---|---|---|---|---|
| 工资福利 | 1 | 0.7136761 | 0.9179708 | 0.7620002 | 0.7785693 | 0.7129315 |
| 实收资本 | 0.7136761 | 1 | 0.7873481 | 0.7531654 | 0.5684288 | 0.9046893 |

续表

| | 工资福利 | 实收资本 | 固定资产 | 保费收入 | 投资收益 | 偿付能力 |
|---|---|---|---|---|---|---|
| 固定资产 | 0.9179708 | 0.7873481 | 1 | 0.8989188 | 0.7577002 | 0.7396722 |
| 保费收入 | 0.7620002 | 0.7531654 | 0.8989188 | 1 | 0.885745 | 0.8337952 |
| 投资收益 | 0.7785693 | 0.5684288 | 0.7577002 | 0.885745 | 1 | 0.7972777 |
| 偿付能力 | 0.7129315 | 0.9046893 | 0.7396722 | 0.8337952 | 0.7972777 | 1 |

由表6.4可以看出，各投入产出要素之间高度正相关，具有相当的显著性，这说明各要素满足单调性假设，证明投入产出要素选择合适，可以用来描述保险公司的经营状况。

## 三、实证结果及分析

首先使用DEA分析软件DEA-Solver Pro5.0的CCR-I、BCC-I模型进行数据分析，在考虑偿付能力和不考虑偿付能力的情况下分别讨论并做比较。首先我们来看把偿付能力作为产出要素的分析结论。表6.5为2006年53家保险公司的差额变数分析。

**表6.5　2006年53家保险公司的差额变数分析**

| 决策单位 | 纯技术效率 | 技术效率 | 规模效率 | 冗余 | 冗余 | 冗余 | 短缺 | 短缺 | 短缺 |
|---|---|---|---|---|---|---|---|---|---|
| | | | | 工资福利 | 实收资本 | 固定资产 | 保费收入 | 投资收益 | 偿付能力 |
| | | | | S-(1) | S-(2) | S-(3) | S+(1) | S+(2) | S+(3) |
| 人保控股 | 0.3412 | 0.3379 | 0.9903 | 0.00 | 0.00 | 0.00 | 0.00 | 8700.66 | 0.00 |
| 人保财险 | 0.3761 | 0.3526 | 0.9374 | 0.00 | 0.00 | 0.00 | 0.00 | 9141.00 | 1657.60 |
| 国寿集团 | 1.0000 | 1.0000 | 1.0000 | 0.00 | 0.00 | 0.00 | 0.00 | 0.00 | 0.00 |
| 中国人寿 | 1.0000 | 1.0000 | 1.0000 | 0.00 | 0.00 | 0.00 | 0.00 | 0.00 | 0.00 |
| 太平 | 0.2413 | 0.2409 | 0.9984 | 1.35 | 0.00 | 0.00 | 0.00 | 135.97 | 0.00 |
| 太平人寿 | 0.3725 | 0.3462 | 0.9294 | 0.00 | 0.00 | 0.00 | 0.00 | 375.62 | 331.62 |
| 中国信保 | 1.0000 | 0.5340 | 0.5340 | 0.00 | 0.00 | 0.00 | 0.00 | 0.00 | 0.00 |
| 民生 | 0.2321 | 0.1473 | 0.6346 | 5.15 | 0.00 | 67.73 | 771.50 | 0.00 | 0.00 |
| 太保产险 | 0.5567 | 0.5431 | 0.9756 | 0.00 | 0.00 | 0.00 | 0.00 | 1887.91 | 0.00 |
| 太保人寿 | 1.0000 | 1.0000 | 1.0000 | 0.00 | 0.00 | 0.00 | 0.00 | 0.00 | 0.00 |
| 中国平安 | 1.0000 | 1.0000 | 1.0000 | 0.00 | 0.00 | 0.00 | 0.00 | 0.00 | 0.00 |
| 华泰财产 | 0.7756 | 0.6059 | 0.7812 | 13.14 | 0.00 | 0.00 | 1420.89 | 0.00 | 0.00 |

续表

| 决策单位 | 纯技术效率 | 技术效率 | 规模效率 | 冗余 | 冗余 | 冗余 | 短缺 | 短缺 | 短缺 |
|---|---|---|---|---|---|---|---|---|---|
| | | | | 工资福利 | 实收资本 | 固定资产 | 保费收入 | 投资收益 | 偿付能力 |
| | | | | S－(1) | S－(2) | S－(3) | S＋(1) | S＋(2) | S＋(3) |
| 泰康 | 1.0000 | 1.0000 | 1.0000 | 0.00 | 0.00 | 0.00 | 0.00 | 0.00 | 0.00 |
| 天安 | 1.0000 | 0.9644 | 0.9644 | 0.00 | 0.00 | 0.00 | 0.00 | 0.00 | 0.00 |
| 大众 | 0.4892 | 0.4685 | 0.9577 | 0.00 | 0.00 | 34.79 | 0.00 | 61.80 | 0.00 |
| 华安 | 1.0000 | 1.0000 | 1.0000 | 0.00 | 0.00 | 0.00 | 0.00 | 0.00 | 0.00 |
| 永安 | 1.0000 | 1.0000 | 1.0000 | 0.00 | 0.00 | 0.00 | 0.00 | 0.00 | 0.00 |
| 生命 | 0.4138 | 0.3972 | 0.9599 | 0.00 | 0.00 | 0.00 | 0.00 | 90.32 | 0.00 |
| 永城 | 1.0000 | 0.5796 | 0.5796 | 0.00 | 0.00 | 0.00 | 0.00 | 0.00 | 0.00 |
| 安信 | 1.0000 | 0.3521 | 0.3521 | 6.28 | 0.00 | 0.00 | 1751.55 | 172.28 | 60.01 |
| 中宏 | 1.0000 | 1.0000 | 1.0000 | 0.00 | 0.00 | 0.00 | 0.00 | 0.00 | 0.00 |
| 太平安泰 | 0.5620 | 0.4682 | 0.8330 | 0.01 | 92.03 | 0.00 | 0.00 | 0.00 | 0.00 |
| 中德安联 | 0.3923 | 0.3836 | 0.9777 | 5.98 | 0.00 | 0.00 | 0.00 | 32.64 | 0.00 |
| 金盛 | 0.3229 | 0.3154 | 0.9767 | 0.80 | 0.00 | 0.00 | 0.00 | 0.00 | 0.00 |
| 中保康联 | 1.0000 | 1.0000 | 1.0000 | 0.00 | 0.00 | 0.00 | 0.00 | 0.00 | 0.00 |
| 信诚 | 1.0000 | 0.4943 | 0.4943 | 0.00 | 0.00 | 0.00 | 0.00 | 0.00 | 0.00 |
| 恒康天安 | 1.0000 | 0.3868 | 0.3868 | 0.00 | 0.00 | 0.00 | 0.00 | 0.00 | 0.03 |
| 中意 | 1.0000 | 1.0000 | 1.0000 | 0.00 | 0.00 | 0.00 | 0.00 | 0.00 | 0.00 |
| 光大永明 | 0.3333 | 0.2071 | 0.6213 | 0.00 | 0.00 | 2.89 | 63.16 | 0.00 | 49.92 |
| 首创安泰 | 0.4821 | 0.4793 | 0.9943 | 0.00 | 0.00 | 0.00 | 167.80 | 0.00 | 0.00 |
| 海尔纽约 | 0.4762 | 0.1885 | 0.3958 | 0.00 | 0.00 | 0.65 | 22.62 | 25.59 | 63.14 |
| 中英 | 0.4290 | 0.3669 | 0.8554 | 8.46 | 0.00 | 0.00 | 0.00 | 27.91 | 0.00 |
| 海康 | 1.0000 | 1.0000 | 1.0000 | 0.00 | 0.00 | 0.00 | 0.00 | 0.00 | 0.00 |
| 招商信诺 | 1.0000 | 1.0000 | 1.0000 | 0.00 | 0.00 | 0.00 | 0.00 | 0.00 | 0.00 |
| 广电日生 | 0.7504 | 0.5099 | 0.6796 | 0.00 | 0.00 | 0.00 | 75.36 | 0.00 | 38.91 |
| 恒安标准 | 1.0000 | 0.4875 | 0.4875 | 0.00 | 0.00 | 0.00 | 0.00 | 0.00 | 0.00 |
| 瑞泰人寿 | 1.0000 | 1.0000 | 1.0000 | 0.00 | 0.00 | 0.00 | 0.00 | 0.00 | 0.00 |
| 中美大会 | 0.4000 | 0.2148 | 0.5371 | 4.66 | 0.00 | 8.21 | 0.00 | 16.24 | 28.12 |
| 友邦上海 | 1.0000 | 1.0000 | 1.0000 | 0.00 | 0.00 | 0.00 | 0.00 | 0.00 | 0.00 |
| 友邦广州 | 1.0000 | 1.0000 | 1.0000 | 0.00 | 0.00 | 0.00 | 0.00 | 0.00 | 0.00 |
| 友邦深圳 | 1.0000 | 1.0000 | 1.0000 | 0.00 | 0.00 | 0.00 | 0.00 | 0.00 | 0.00 |

续表

| 决策单位 | 纯技术效率 | 技术效率 | 规模效率 | 冗余 工资福利 S-(1) | 冗余 实收资本 S-(2) | 冗余 固定资产 S-(3) | 短缺 保费收入 S+(1) | 短缺 投资收益 S+(2) | 短缺 偿付能力 S+(3) |
|---|---|---|---|---|---|---|---|---|---|
| 友邦北京 | 1.0000 | 1.0000 | 1.0000 | 0.00 | 0.00 | 0.00 | 0.00 | 0.00 | 0.00 |
| 友邦苏州 | 0.9985 | 0.4477 | 0.4483 | 0.00 | 0.00 | 1.47 | 259.77 | 27.97 | 19.26 |
| 友邦东莞 | 1.0000 | 0.6453 | 0.6453 | 0.00 | 0.00 | 0.00 | 0.00 | 0.00 | 0.00 |
| 友邦江门 | 1.0000 | 0.7668 | 0.7668 | 0.00 | 0.00 | 0.00 | 0.06 | 0.01 | 0.00 |
| 美亚上海 | 1.0000 | 0.8152 | 0.8152 | 0.00 | 0.00 | 0.00 | 0.00 | 0.00 | 0.00 |
| 美亚深圳 | 1.0000 | 0.8461 | 0.8461 | 0.00 | 0.00 | 0.00 | 0.00 | 0.00 | 0.00 |
| 东京海日 | 1.0000 | 1.0000 | 1.0000 | 0.00 | 0.00 | 0.00 | 0.00 | 0.00 | 0.00 |
| 皇家太上 | 1.0000 | 0.9421 | 0.9421 | 0.00 | 0.00 | 0.00 | 0.00 | 0.00 | 0.00 |
| 三井住上 | 1.0000 | 0.7036 | 0.7036 | 0.00 | 0.00 | 0.00 | 0.00 | 0.00 | 0.00 |
| 三星上海 | 1.0000 | 1.0000 | 1.0000 | 0.00 | 0.00 | 0.00 | 0.00 | 0.00 | 0.00 |
| 安联广州 | 1.0000 | 0.6031 | 0.6031 | 0.00 | 0.00 | 0.00 | 0.01 | 0.00 | 0.00 |
| 慕再北分 | 0.6659 | 0.5500 | 0.8260 | 0.47 | 0.00 | 0.00 | 0.00 | 53.24 | 79.25 |

表6.5中的松弛变量S-表示最优效率时投入要素的多余量，松弛变量S+表示最优效率时产出要素的不足量。通过对松弛变量的考察，可以分析出保险公司提高效率的优化方向。本书着重分析偿付能力的松弛变量的情况，从表6.5我们可以看到，43家保险公司偿付能力的松弛变量为零，说明目前我国保险公司偿付能力的发展比较有效。但是仍然有10家（2家中资，8家合资或外资）偿付能力的松弛变量非零，意味着在不增加任何投入的前提下，可以通过提高经济效率来提高自己公司的偿付能力。另外从这10家保险公司的分布情况来看，目前就偿付能力而言，中资公司的效率高一些，具有相对优势。表6.5简单地说明我国境内保险公司偿付能力的发展有所改善，但仍有较大进步的空间。

表6.6显示的结果是这53家保险公司的规模效率处于哪一个阶段。结合表6.5，我们可以发现偿付能力的松弛变量非零的10家保险公司除了人保财险、太平人寿、友邦苏州和慕再北分这4家处于规模报酬不变的阶段，其余6家均处于规模报酬递增的阶段。在偿付能力监管的背景下，这六家保险公司可以从适当的增加规模提高经济效益，并能从同时增加本身的偿付能力这方面入手。规模效益不变的公司，可以积极改善管理理念、提高员工素质等，从多层次提高自己的偿付能力和效率水平。

表 6.6 53 家保险公司规模报酬统计

| 人保控股 | 固定 | 天安 | 递减 | 恒康天安 | 递增 | 友邦广州 | 固定 |
|---|---|---|---|---|---|---|---|
| 人保财险 | 固定 | 大众 | 固定 | 中意 | 固定 | 友邦深圳 | 固定 |
| 国寿集团 | 固定 | 华安 | 固定 | 光大永明 | 递增 | 友邦北京 | 固定 |
| 中国人寿 | 固定 | 永安 | 固定 | 首创安泰 | 递增 | 友邦苏州 | 固定 |
| 太平 | 递减 | 生命 | 递减 | 海尔纽约 | 递增 | 友邦东莞 | 递增 |
| 太平人寿 | 固定 | 永城 | 递减 | 中英 | 递减 | 友邦江门 | 递增 |
| 中国信保 | 递减 | 安信 | 递增 | 海康 | 固定 | 美亚上海 | 递增 |
| 民生 | 递增 | 中宏 | 固定 | 招商信诺 | 固定 | 美亚深圳 | 递增 |
| 太保产险 | 固定 | 太平安泰 | 递减 | 广电日生 | 递增 | 东京海日 | 固定 |
| 太保人寿 | 固定 | 中德安联 | 递减 | 恒安标准 | 递减 | 皇家太上 | 递增 |
| 中国平安 | 固定 | 金盛 | 固定 | 瑞泰人寿 | 固定 | 三井住上 | 递增 |
| 华泰财产 | 递减 | 中保康联 | 固定 | 中美大会 | 递增 | 三星上海 | 固定 |
| 泰康 | 固定 | 信诚 | 递减 | 友邦上海 | 固定 | 安联广州 | 递增 |
| 慕再北分 | 固定 | | | | | | |

结合表 6.6 和表 6.5，可以看出大部分中资企业已经处于规模效率不变的阶段，合资企业和外资企业则比较多样，其中很多还处于规模报酬递增的阶段。并且，通过简单计算可得中资保险公司规模效率的平均值为 0.8797，合资与外资保险公司的规模效率为 0.8132，说明目前我国境内中资保险公司的规模效率优于合资和外资保险公司，具有竞争优势。

接下来我们可以通过比较支出变量有偿付能力和无偿付能力两种情况下的效率来进行具体的分析。

表 6.7 中效率是纯技术效率，可以看到考虑偿付能力时，保险公司的平均效率与 2004 年相比，2005 年有所下降，2006 年又上升到 0.803982。不考虑偿付能力时，与 2004 年相比，2005 年和 2006 年的增幅分别为 18.3% 和 37.8%。由此可知：总体上讲保险公司的效率水平在逐渐提高，表示我国保险行业正在不断的完善和成熟，说明 2004 ~ 2006 年三年我国保险行业偿付能力方面的监管起到了一定的作用，大部分保险公司把偿付能力作为产出，都在不同的程度上提高了效率水平，但由于效率值未达到最优值 1，说明目前仍然存在一定的资源浪费。

表 6.7　2004 ~ 2006 年保险公司的平均效率

| | 考虑偿付能力 | | | 不考虑偿付能力 | | |
|---|---|---|---|---|---|---|
| | 2004 年 | 2005 年 | 2006 年 | 2004 年 | 2005 年 | 2006 年 |
| 公司数量 | 53 | 53 | 53 | 53 | 53 | 53 |
| 平均值 | 0.798643 | 0.745184 | 0.803982 | 0.540542 | 0.639438 | 0.744585 |
| SD 值 | 0.235346 | 0.287242 | 0.276910 | 0.334206 | 0.330905 | 0.321248 |
| 最大值 | 1 | 1 | 1 | 1 | 1 | 1 |
| 最小值 | 0.284399 | 0.162698 | 0.232132 | 0.072885 | 0.079046 | 0.153608 |

不过在另一个层面上，我们也可以看出与把偿付能力当作产出相比，在只把偿付能力看作外生监管条件的状态下，53 家保险公司的平均效率水平在 2004 ~ 2006 年都有明显的降低，2004 年降低了 0.258，2006 年降低了 0.06。一方面说明各家保险公司在兼顾偿付能力的前提下，不断地通过各种方法提高本身的经济收益；另一方面也显现出评价保险公司的效率问题时，是否考虑偿付能力所带来的差别越来越小，说明大部分保险公司的保费收入和投资收益方面发展的速度较快，偿付能力方面相对于总体发展来讲有所落后。

表 6.8 是把我国境内的合资和外资保险公司单独拿出来分析得到的数据，通过比较可以看出，不论是否考虑偿付能力作为产出，合资、外资保险公司的平均效率都比中资保险公司的效率高，表示就目前市场环境下，基于本书的研究方法和考察角度，我国国有或者股份制中资的保险公司与合资外资保险公司相比在经济效率方面较为落后，这可能与国外先进的管理水平和销售模式等有关。中资保险公司应该尽快改善自身结构，学习合资、外资公司先进的管理模式和经营手段，尽快提高效率来应对国际化大环境下的各种竞争。

表 6.8　2004 ~ 2006 年合资与外资保险公司的平均效率

| | 考虑偿付能力 | | | 不考虑偿付能力 | | |
|---|---|---|---|---|---|---|
| | 2004 年 | 2005 年 | 2006 年 | 2004 年 | 2005 年 | 2006 年 |
| 公司数量 | 33 | 33 | 33 | 33 | 33 | 33 |
| 平均值 | 0.818118 | 0.798521 | 0.845138 | 0.529745 | 0.730980 | 0.798070 |
| SD 值 | 0.229307 | 0.266716 | 0.245766 | 0.316510 | 0.292443 | 0.291878 |
| 最大值 | 1 | 1 | 1 | 1 | 1 | 1 |
| 最小值 | 0.342522 | 0.288767 | 0.322878 | 0.117453 | 0.135281 | 0.153608 |

表6.9反映的是，是否把偿付能力作为一个产出的比较下，这53家保险公司在经济效率和规模效率方面的区别。考虑偿付能力后效率水平明显增加的公司（如太平、华泰财产、中英、三星上海等），说明它们比较重视偿付能力的发展，并且从经济效率方面考虑对偿付能力的控制也比较有效，但在投资收益等方面需要提高效率。而对于两者相差不大或者没有差别的公司（人保财险、国寿等），偿付能力对整个公司的经济效益并没有太大的影响，公司的各种利益能够比较均衡的发展。从表6.9也可以看出由于考虑偿付能力这个因素，部分公司的规模效率也有所变化，保险公司可以根据我们分析的结果采取相应的规模变化的策略，以提高偿付能力。

**表6.9 53家保险公司具体指标比较**

| 保险公司 | 不考虑偿付能力 | | 考虑偿付能力 | | 保险公司 | 不考虑偿付能力 | | 考虑偿付能力 | |
|---|---|---|---|---|---|---|---|---|---|
| | 纯技术效率 | 规模报酬 | 纯技术效率 | 规模报酬 | | 纯技术效率 | 规模报酬 | 纯技术效率 | 规模报酬 |
| 人保控股 | 0.3348 | 递减 | 0.3412 | 递减 | 中意 | 1.0000 | 递减 | 1.0000 | 递减 |
| 人保财险 | 0.3761 | 递减 | 0.3761 | 递减 | 光大永明 | 0.3333 | 递增 | 0.3333 | 递增 |
| 国寿集团 | 1.0000 | 递减 | 1.0000 | 递减 | 首创安泰 | 0.4000 | 递增 | 0.4821 | 递增 |
| 中国人寿 | 1.0000 | 递减 | 1.0000 | 递减 | 海尔纽约 | 0.4762 | 递增 | 0.4762 | 递增 |
| 太平 | 0.2000 | 递增 | 0.2413 | 递减 | 中英 | 0.2223 | 递增 | 0.4290 | 递减 |
| 太平人寿 | 0.3725 | 递减 | 0.3725 | 递减 | 海康 | 1.0000 | 递减 | 1.0000 | 递减 |
| 中国信保 | 1.0000 | 递减 | 1.0000 | 递减 | 招商信诺 | 1.0000 | 递减 | 1.0000 | 递减 |
| 民生 | 0.2291 | 递增 | 0.2321 | 递增 | 广电日生 | 0.7504 | 递增 | 0.7504 | 递增 |
| 太保产险 | 0.5130 | 递减 | 0.5567 | 递减 | 恒安标准 | 0.1536 | 递减 | 1.0000 | 递减 |
| 太保人寿 | 1.0000 | 递减 | 1.0000 | 递减 | 瑞泰人寿 | 1.0000 | 递减 | 1.0000 | 递减 |
| 中国平安 | 1.0000 | 递减 | 1.0000 | 递减 | 中美大会 | 0.4000 | 递增 | 0.4000 | 递增 |
| 华泰财产 | 0.1922 | 递减 | 0.7756 | 递减 | 友邦上海 | 1.0000 | 递减 | 1.0000 | 递减 |
| 泰康 | 1.0000 | 递减 | 1.0000 | 递减 | 友邦广州 | 1.0000 | 递减 | 1.0000 | 递减 |
| 天安 | 0.9420 | 递减 | 1.0000 | 递减 | 友邦深圳 | 1.0000 | 递减 | 1.0000 | 递减 |
| 大众 | 0.4762 | 递增 | 0.4892 | 递减 | 友邦北京 | 1.0000 | 递减 | 1.0000 | 递减 |
| 华安 | 1.0000 | 递减 | 1.0000 | 递减 | 友邦苏州 | 0.9985 | 递增 | 0.9985 | 递减 |
| 永安 | 1.0000 | 递减 | 1.0000 | 递减 | 友邦东莞 | 1.0000 | 递减 | 1.0000 | 递增 |
| 生命 | 0.2908 | 递减 | 0.4138 | 递减 | 友邦江门 | 1.0000 | 递增 | 1.0000 | 递增 |
| 永城 | 0.2000 | 递增 | 1.0000 | 递减 | 美亚上海 | 0.9991 | 递增 | 1.0000 | 递增 |

续表

| 保险公司 | 不考虑偿付能力 | | 考虑偿付能力 | | 保险公司 | 不考虑偿付能力 | | 考虑偿付能力 | |
|---|---|---|---|---|---|---|---|---|---|
| | 纯技术效率 | 规模报酬 | 纯技术效率 | 规模报酬 | | 纯技术效率 | 规模报酬 | 纯技术效率 | 规模报酬 |
| 安信 | 1.0000 | 递增 | 1.0000 | 递增 | 美亚深圳 | 1.0000 | 递增 | 1.0000 | 递增 |
| 中宏 | 1.0000 | 递减 | 1.0000 | 递减 | 东京海日 | 0.9926 | 递增 | 1.0000 | 递减 |
| 太平安泰 | 0.4270 | 递减 | 0.5620 | 递减 | 皇家太上 | 1.0000 | 递增 | 1.0000 | 递增 |
| 中德安联 | 0.3640 | 递增 | 0.3923 | 递减 | 三井住上 | 1.0000 | 递增 | 1.0000 | 递增 |
| 金盛 | 0.3200 | 递减 | 0.3229 | 递减 | 三星上海 | 0.8333 | 递减 | 1.0000 | 递减 |
| 中保康联 | 1.0000 | 递减 | 1.0000 | 递减 | 安联广州 | 1.0000 | 递增 | 1.0000 | 递增 |
| 信诚 | 1.0000 | 递减 | 1.0000 | 递减 | 慕再北分 | 0.6659 | 递减 | 0.6659 | 递减 |
| 恒康天安 | 1.0000 | 递增 | 1.0000 | 递增 | | | | | |

下面我们来看一下利用 Malmquist 方法效率分析得到的结果（见表 6.10）。

**表 6.10　考虑偿付能力 2006 年与 2005 年各项指标变化率**

| 保险公司 | (1) | (2) | (3) | (4) | (5) | 保险公司 | (1) | (2) | (3) | (4) | (5) |
|---|---|---|---|---|---|---|---|---|---|---|---|
| 人保控股 | 1.25 | 0.87 | 0.89 | 1.40 | 1.09 | 中意 | 1.00 | 0.35 | 1.00 | 1.00 | 0.35 |
| 人保财险 | 1.22 | 0.89 | 1.07 | 1.14 | 1.08 | 光大永明 | 0.68 | 1.02 | 0.40 | 1.69 | 0.69 |
| 国寿集团 | 1.00 | 1.63 | 1.00 | 1.00 | 1.63 | 首创安泰 | 1.42 | 0.82 | 1.07 | 1.33 | 1.16 |
| 中国人寿 | 1.33 | 1.00 | 1.00 | 1.33 | 1.33 | 海尔纽约 | 0.50 | 0.97 | 0.50 | 1.01 | 0.49 |
| 太平 | 1.57 | 0.73 | 1.38 | 1.13 | 1.14 | 中英 | 1.63 | 0.69 | 1.62 | 1.01 | 1.12 |
| 太平人寿 | 1.30 | 0.92 | 1.05 | 1.23 | 1.20 | 海康 | 0.65 | 2.82 | 1.00 | 0.65 | 1.84 |
| 中国信保 | 2.13 | 0.88 | 1.00 | 2.13 | 1.88 | 招商信诺 | 1.09 | 1.58 | 1.00 | 1.09 | 1.72 |
| 民生 | 0.47 | 0.87 | 0.31 | 1.53 | 0.41 | 广电日生 | 0.64 | 1.17 | 0.53 | 1.20 | 0.75 |
| 太保产险 | 1.43 | 0.82 | 1.40 | 1.02 | 1.17 | 恒安标准 | 0.80 | 1.12 | 1.00 | 0.80 | 0.89 |
| 太保人寿 | 1.15 | 1.04 | 1.00 | 1.15 | 1.20 | 瑞泰人寿 | 3.22 | 1.07 | 2.78 | 1.16 | 3.43 |
| 中国平安 | 1.00 | 1.15 | 1.00 | 1.00 | 1.15 | 中美大会 | 0.42 | 0.76 | 0.53 | 0.80 | 0.32 |
| 华泰财产 | 1.62 | 0.79 | 1.10 | 1.47 | 1.28 | 友邦上海 | 1.00 | 0.60 | 1.00 | 1.00 | 0.60 |
| 泰康 | 1.00 | 1.08 | 1.00 | 1.00 | 1.08 | 友邦广州 | 1.00 | 0.66 | 1.00 | 1.00 | 0.66 |
| 天安 | 1.33 | 0.72 | 1.38 | 0.97 | 0.96 | 友邦深圳 | 1.00 | 1.41 | 1.00 | 1.00 | 1.41 |
| 大众 | 0.88 | 0.81 | 0.80 | 1.10 | 0.71 | 友邦北京 | 1.00 | 0.69 | 1.00 | 1.00 | 0.69 |
| 华安 | 3.00 | 0.66 | 2.90 | 1.04 | 1.97 | 友邦苏州 | 0.45 | 1.04 | 0.58 | 0.78 | 0.47 |

续表

| 保险公司 | (1) | (2) | (3) | (4) | (5) | 保险公司 | (1) | (2) | (3) | (4) | (5) |
|---|---|---|---|---|---|---|---|---|---|---|---|
| 永安 | 1.58 | 0.72 | 1.42 | 1.11 | 1.14 | 友邦东莞 | 0.81 | 0.84 | 1.03 | 0.79 | 0.68 |
| 生命 | 0.98 | 0.74 | 0.56 | 1.73 | 0.72 | 友邦江门 | 0.77 | 0.79 | 1.00 | 0.77 | 0.60 |
| 永城 | 0.87 | 0.82 | 1.00 | 0.87 | 0.71 | 美亚上海 | 0.95 | 0.67 | 1.00 | 0.95 | 0.63 |
| 安信农险 | 1.12 | 0.72 | 1.87 | 0.60 | 0.80 | 美亚深圳 | 0.85 | 0.75 | 1.00 | 0.85 | 0.64 |
| 中宏 | 2.06 | 0.83 | 1.21 | 1.70 | 1.72 | 东京海日 | 1.00 | 1.46 | 1.00 | 1.00 | 1.46 |
| 太平安泰 | 2.09 | 0.88 | 2.82 | 0.74 | 1.83 | 皇家太上 | 0.94 | 0.84 | 1.00 | 0.94 | 0.80 |
| 中德安联 | 2.74 | 0.69 | 4.12 | 0.67 | 1.90 | 三井住上 | 0.70 | 1.49 | 1.00 | 0.70 | 1.05 |
| 金盛 | 2.06 | 0.72 | 2.43 | 0.85 | 1.49 | 三星上海 | 1.00 | 0.65 | 1.00 | 1.00 | 0.65 |
| 中保康联 | 1.29 | 0.81 | 1.00 | 1.29 | 1.04 | 安联广州 | 0.93 | 0.91 | 1.46 | 0.63 | 0.84 |
| 信诚 | 1.61 | 0.88 | 1.41 | 1.14 | 1.41 | 慕再北分 | 0.69 | 0.27 | 0.60 | 1.15 | 0.19 |
| 恒康天安 | 1.24 | 0.92 | 3.06 | 0.41 | 1.15 | 平均值 | 1.10 | 0.87 | 1.08 | 1.01 | 0.95 |

**表 6.11 不考虑偿付能力 2006 年与 2005 年各项指标变化率**

| 保险公司 | (1) | (2) | (3) | (4) | (5) | 保险公司 | (1) | (2) | (3) | (4) | (5) |
|---|---|---|---|---|---|---|---|---|---|---|---|
| 人保控股 | 1.45 | 0.79 | 1.07 | 1.36 | 1.14 | 中意 | 1.00 | 0.35 | 1.00 | 1.00 | 0.35 |
| 人保财险 | 1.33 | 0.84 | 1.07 | 1.25 | 1.12 | 光大永明 | 2.02 | 0.75 | 1.57 | 1.29 | 1.51 |
| 国寿集团 | 1.00 | 1.70 | 1.00 | 1.00 | 1.70 | 首创安泰 | 2.04 | 0.97 | 1.92 | 1.07 | 1.97 |
| 中国人寿 | 1.63 | 0.71 | 1.00 | 1.63 | 1.16 | 海尔纽约 | 0.32 | 0.85 | 0.34 | 0.92 | 0.27 |
| 太平 | 2.33 | 0.58 | 3.21 | 0.73 | 1.34 | 中英 | 1.46 | 0.67 | 2.13 | 0.69 | 0.98 |
| 太平人寿 | 1.50 | 0.87 | 1.15 | 1.30 | 1.31 | 海康 | 0.79 | 4.25 | 3.32 | 0.24 | 3.37 |
| 中国信保 | 3.76 | 0.91 | 7.17 | 0.53 | 3.44 | 招商信诺 | 1.48 | 2.65 | 1.35 | 1.09 | 3.92 |
| 民生 | 0.52 | 1.21 | 0.64 | 0.81 | 0.63 | 广电日生 | 0.68 | 2.26 | 0.48 | 1.40 | 1.53 |
| 太保产险 | 1.64 | 0.75 | 1.51 | 1.09 | 1.22 | 恒安标准 | 1.86 | 0.72 | 2.27 | 0.82 | 1.33 |
| 太保人寿 | 1.15 | 1.04 | 1.00 | 1.15 | 1.20 | 瑞泰人寿 | 54.02 | 0.70 | 34.94 | 1.55 | 38.05 |
| 中国平安 | 1.58 | 1.11 | 1.00 | 1.58 | 1.74 | 中美大会 | 0.24 | 0.75 | 0.31 | 0.76 | 0.18 |
| 华泰财产 | 1.62 | 1.31 | 1.97 | 0.82 | 2.12 | 友邦上海 | 1.00 | 0.60 | 1.00 | 1.00 | 0.60 |
| 泰康 | 1.00 | 1.08 | 1.00 | 1.00 | 1.08 | 友邦广州 | 1.26 | 0.57 | 1.04 | 1.21 | 0.71 |
| 天安 | 1.49 | 0.64 | 1.66 | 0.89 | 0.95 | 友邦深圳 | 1.00 | 1.41 | 1.00 | 1.00 | 1.41 |
| 大众 | 1.48 | 0.55 | 1.33 | 1.11 | 0.82 | 友邦北京 | 1.00 | 0.69 | 1.00 | 1.00 | 0.69 |
| 华安 | 3.76 | 0.55 | 3.48 | 1.08 | 2.08 | 友邦苏州 | 0.29 | 0.88 | 0.31 | 0.94 | 0.26 |
| 永安 | 1.74 | 0.70 | 1.42 | 1.22 | 1.22 | 友邦东莞 | 2.40 | 0.27 | 0.87 | 2.75 | 0.66 |

续表

| 保险公司 | (1) | (2) | (3) | (4) | (5) | 保险公司 | (1) | (2) | (3) | (4) | (5) |
|---|---|---|---|---|---|---|---|---|---|---|---|
| 生命 | 1.69 | 0.56 | 2.35 | 0.72 | 0.95 | 友邦江门 | 0.45 | 0.60 | 0.33 | 1.38 | 0.27 |
| 永城 | 6.52 | 0.65 | 9.30 | 0.70 | 4.23 | 美亚上海 | 1.24 | 0.51 | 0.28 | 4.49 | 0.63 |
| 安信 | 2.02 | 0.76 | 1.46 | 1.38 | 1.54 | 美亚深圳 | 4.58 | 0.27 | 0.29 | 15.62 | 1.22 |
| 中宏 | 2.15 | 0.76 | 2.03 | 1.06 | 1.64 | 东京海日 | 0.70 | 2.56 | 1.35 | 0.52 | 1.80 |
| 太平安泰 | 1.80 | 0.95 | 2.10 | 0.86 | 1.71 | 皇家太上 | 0.40 | 2.63 | 1.46 | 0.28 | 1.06 |
| 中德安联 | 2.92 | 0.68 | 3.99 | 0.73 | 2.00 | 三井住上 | 0.39 | 2.87 | 1.13 | 0.35 | 1.13 |
| 金盛 | 4.54 | 0.51 | 5.92 | 0.77 | 2.29 | 三星上海 | 3.17 | 0.17 | 0.32 | 10.00 | 0.53 |
| 中保康联 | 7.77 | 0.28 | 1.00 | 7.77 | 2.13 | 安联广州 | 3.23 | 0.41 | 1.63 | 1.99 | 1.31 |
| 信诚 | 2.64 | 0.62 | 2.67 | 0.99 | 1.64 | 慕再北分 | 0.91 | 0.22 | 0.60 | 1.53 | 0.20 |
| 恒康天安 | 5.74 | 0.38 | 8.34 | 0.69 | 2.15 | 平均值 | 1.56 | 0.77 | 1.38 | 1.13 | 1.20 |

注：表6.10和表6.11利用DEAP 2.1软件完成。

(1) Effch：Technical Efficiency Change；技术效率变化率（CRS）。

(2) Techch：Technological Change；技术变化率。

(3) Pech：Pure Technical Efficiency Change；纯技术效率变化率（VRS）。

(4) Sech：Scale Efficiency Change；规模效率变化率。

(5) Tfpch：Total Factor Productivity Change；总效率变化率。

表6.10和表6.11分别显示了是否考虑偿付能力时，2006年与2005年53家保险公司生产率和效率的变化。从中可以看出，不论是否把偿付能力作为一个产出，2006年与2005年相比，保险公司的平均效率水平都有所进步，只有技术水平有所下降。这表明在技术创新上，2006年大部分保险公司在技术运营上没有什么明显的改善。但从总体上看，保险公司取得了较好的发展，效率水平在不断的提高。

通过比较表6.10和表6.11，可以明显看出在不考虑偿付能力作为产出的状况下，2006年保险公司在技术效率、规模效率等方面的平均效率比考虑偿付能力时的发展速度快很多。这说明总体上我国保险公司偿付能力的发展水平并没有保险业务方面发展得快，它仍是制约保险公司均衡发展的一个因素。但是也有少数公司在不考虑偿付能力的时候与考虑偿付能力发展速度大体一致甚至低一些，如天安、海尔纽约、三井住友上海等公司，表明这些公司偿付能力的发展速度是与整个公司的整体发展相协调的。经过简单计算，对于总体效率变化率这一项而言，不考虑和考虑偿付能力两种状况下的差值几乎为0（以1%为幅度）或者小于0的共有19家保险公司，其中中资的只有4家，这说明

目前中资保险公司在偿付能力方面虽然有一定优势（前面分析结果），但是发展的速度却落后于合资和外资保险公司，如果不加大力度，竞争优势便会很快丧失。

结合表6.10和表6.11通过简单计算，在不考虑偿付能力时合资和外资保险公司规模效率变化率的均值为2.053，远远高于中资的均值1.0675和总体的平均值1.13。这说明不考虑偿付能力情况下合资外资保险公司的规模效率发展速度明显的快于中资企业。而在考虑偿付能力时，外资合资保险公司的规模效率变化率均值为0.973，小于总体均值1.01和中资保险公司的均值1.1975，进一步验证了目前中资保险公司偿付能力效率略高于合资外资公司。

## 第五节　非寿险保险公司偿付能力约束下行为分析

保险公司作为经营风险产品的一种特殊企业，发挥着经济补偿、融资、社会管理和稳定的功能，在我国的经济发展中起着越来越重要的作用。所以，保险公司的偿付能力受到大多数投保人员和监管当局的关注。一方面，监管部门制定的最低偿付能力额度和保险公司实际偿付能力的关系，成为评价一家保险公司偿付能力的关键指标；另一方面，现金作为保险公司收取保费和支付理赔的主要形式，现金持有量的多少也在很大程度上影响着保险公司的经营，能够影响到公司整体财务的稳定性。本书便从这两个方面入手，着重研究非寿险业保险公司最低偿付能力额度制定的合理性与有效性，以及目前影响我国境内非寿险业保险公司现金持有量的影响因素（为了剔除规模的影响，本书所指的现金持有量皆指比率）。

非寿险公司偿付能力是指非寿险公司对其所承担风险而具备的赔偿或给付能力，反映的是其资产和负债的一种关系。我国目前实施的偿付能力监管规定，是在借鉴欧盟的比率法的基础上确定非寿险公司最低偿付能力额度的计算方法。计算偿付能力额度的理论模型主要有：比率法、风险理论法、破产概率法和综合模型法。欧盟的监管规定是基于比率法计算得出的，比率法是基于自留保费收入、净赔款支出和最低偿付能力额度的逻辑关系，在一定的破产概率假设下，确定最低偿付能力额度与自留保费收入或者净赔款支出的一定比例关系。本书就是通过比较通过监管规定的最低偿付能力额度和通过比率法得到的结果，以对我国非寿险业保险公司的最低偿付能力额度规定进行分析评价，进而提出相关的建议。

现金管理对保险公司的经营和发展起着重要的作用。一方面，保险公司需要一定的现金量来维持正常的运作，包括支付赔偿；另一方面，持有过量的现金，会导致保险公司丧失利用这笔资金进行投资获利的机会。本书拟在借鉴前人研究成果的基础上，综合考虑9个指标作为解释现金持有量的变量，利用2002~2007年各年的《中国保险年鉴》上的数据，运用平行数据模型进行实证分析，并以此为基础探讨提高保险公司现金管理水平的途径。

## 一、非寿险保险公司最低偿付能力额度评价

本文基于保监会颁布的非寿险公司最低偿付能力额度确定方法和基于比率法理论模型的最低偿付能力额度确定方法，来分析我国非寿险公司偿付能力评价方法的合理性和有效性。

### （一）设定方法

目前，我国保监会给出的非寿险公司偿付能力额度的计算公式是借鉴欧盟费寿险公司最低偿付能力额度的评价方法，计算公式如下：

$$\text{非寿险公司最低偿付能力额度} = \max(A, B) \tag{6-10}$$

$$A = [0.18 \times \min(P_0, PYNP) + 0.16 \times \max(0, PYNP - P_0)] \tag{6-11}$$

$$B = [0.26 \times \min(L_0, PYNL) + 0.23 \times \max(0, PYNL - L_0)] \tag{6-12}$$

其中，$P_0=1$ 亿元人民币；$L_0=7000$ 万元人民币；PYNP=上一年自留保费减营业税及附加；PYNL=过去三年平均综合赔款金额，综合赔款金额为赔款支出、未决赔款准备金提转差、分保赔款支出之和减去摊回分保赔款和追偿款收入。经营年度不到三年的公司，采用公式（6-11）来确定法定最低偿付能力额度。

比率法原始的理论方法包括自留保费法和净赔款法，理论模型计算公式为：

$$\text{取非寿险公司的最低偿付能力额度} = \max(C, D) \tag{6-13}$$

$$C = (r^* - 1 + c) \times (1 + g_1) \times NP_{t-1,\ i} \tag{6-14}$$

$$D = \frac{(r^* - 1 + c) \times (1 + g_2)}{r^*} \times NL_{t-1,\ i} \tag{6-15}$$

其中，$NP_{t-1,i}$、$NL_{t-1,i}$分别为i保险公司在第t-1年的自留保费和净赔款支出，自留保费等于保费收入加再保险收入减去分出保费，净赔款支出等于赔款支出总额减去摊回分保赔款；$g_1$、$g_2$ 分别为i保险公司在第t年的自留保费和净赔款支出增长率；c为非寿险公司第t年的费用率，等于第t的总费用/第t年的自留保费，总费用等于手续费支出（含佣金收入）、再保险费用支出、营业费用、营业税金及附加和提取保险保障基金之和；$r^*$ 为在保险公司出现偿

付能力不足的概率等于 ε 的情况下，赔付率分布的临界点。

**（二）实证分析**

本书利用国内非寿险保险公司 2001 ~ 2006 年的数据，计算各公司的赔付率（净赔款支出/自留保费），然后用 SPSS 统计软件中的单样本 K-S 检验对赔付率序列进行非参数检验。结果显示，其均值、方差分别为 0.352878、0.2134344，最大绝对差值为 0.75，最大正值为 0.67，最小负值为-0.75，统计检验量大于 D 的概率为 0.585，大于 0.15，检验结果表明赔付率序列服从正态分布，则

$$x=\frac{r^{*}-0.315678}{0.2175335}\sim N(0,1)$$

其中，$r^{*}$ 为赔付率。

取 $\varepsilon=0.001$，查正态分布表，得到 $x=3.08$，则 $r^{*}=0.9857$。

通过计算得出的 $r^{*}$，再利用 2002 ~ 2007 年各年的《中国保险年鉴》的数据，结合式（6-13）、式（6-14）和式（6-15）用 Excel 进行运算，可以得到基于比率法的国内 20 家非寿险保险公司 2006 年的最低偿付能力额度。

通过 2002 ~ 2007 年各年的《中国保险年鉴》的数据，结合上面介绍的公式（6-10）、式（6-11）和式（6-12），用 Excel 可以计算得出基于我国保险监管规定的 20 家非寿险保险公司最低偿付能力额度，两者的比较见表 6.12。

**表 6.12 非寿险公司最低偿付能力额度不同确定方法的结果比较（2006 年）**

| | 比率法 | | | 监管规定 | | | 比值① |
|---|---|---|---|---|---|---|---|
| | A | B | max(A, B) | A | B | max(A, B) | |
| 人保财险 | 17047.74000 | 10700.510000 | 17047.74000 | 7979.27500 | 8728.464000 | 8728.464000 | 1.9531 |
| 太平 | 708.50540 | 305.007700 | 708.50540 | 173.83840 | 134.860600 | 173.838400 | 4.0757 |
| 中国信保 | 215.33990 | 109.790800 | 215.33990 | 290.46720 | 183.455000 | 290.467200 | 0.7414 |
| 中华联合 | 4395.75900 | 2102.794000 | 4395.75900 | 1351.76000 | 962.163700 | 1351.760000 | 3.2519 |
| 太保产险 | 4649.85300 | 2367.278000 | 4649.85300 | 1691.50200 | 1425.375000 | 1691.502000 | 2.7489 |
| 平安产险 | 4278.70100 | 2101.976000 | 4278.70100 | 1376.87000 | 1160.954000 | 1376.870000 | 3.1076 |
| 华泰财产 | 505.41950 | 195.487200 | 505.41950 | 115.36000 | 97.613630 | 115.360000 | 4.3812 |
| 天安 | 1858.15100 | 1223.964000 | 1858.15100 | 671.24320 | 563.790700 | 671.243200 | 2.7682 |
| 大众 | 483.47680 | 270.366400 | 483.47680 | 130.03200 | 144.834200 | 144.834200 | 3.3381 |

① 比值等于基于比率法计算得到的最低偿付能力额度/基于监管得到的最低偿付能力额度。

续表

| | 比率法 | | | 监管规定 | | | 比值 |
|---|---|---|---|---|---|---|---|
| | A | B | max(A, B) | A | B | max(A, B) | |
| 华安 | 1140.66700 | 569.298400 | 1140.66700 | 269.14080 | 196.302000 | 269.140800 | 4.2382 |
| 永安 | 1098.57000 | 465.611000 | 1098.57000 | 231.56640 | 271.998100 | 271.998100 | 4.0389 |
| 阳光 | 104.38600 | 70.532640 | 104.38600 | 37.94400 | | 37.944000 | 2.7511 |
| 美亚上海 | 81.01539 | 10.204160 | 81.01539 | 20.08960 | 6.668133 | 20.089600 | 4.0327 |
| 美亚广州 | 35.98923 | -1.313140 | 35.98923 | 12.07980 | 6.623067 | 12.079800 | 2.9793 |
| 美亚深圳 | 20.60445 | 2.269115 | 20.60445 | 6.10560 | 1.677000 | 6.105600 | 3.3747 |
| 东京海上 | 97.27085 | 35.803740 | 97.27085 | 41.49600 | 31.879630 | 41.496000 | 2.3441 |
| 丰泰上海 | 26.97501 | 5.295638 | 26.97501 | 7.99740 | 2.729133 | 7.997400 | 3.3730 |
| 皇家太阳 | 73.93436 | 6.181853 | 73.93436 | 11.51820 | 6.763467 | 11.518200 | 6.4189 |
| 三井住上 | 54.18675 | 12.249070 | 54.18675 | 29.79680 | 22.951030 | 29.796800 | 1.8185 |
| 安联广州 | 21.66670 | -0.225550 | 21.66670 | 0.24120 | 4.886267 | 4.886267 | 4.4342 |

从表6.12可以看出，利用比率法计算得到的2006年最低偿付能力额度，明显高于基于监管规定得到的结果，并且两种方法的结果都是基于自留保费的最低偿付能力额度高于基于净赔款支出得到的额度。

具体到各家保险公司来讲，除中国信保外，其余公司的比值都大于1，说明目前我国最低偿付能力额度制定偏低。比值最大的是皇家太上，高达6倍多，这说明目前我国的保险监管制度低估了偿付能力风险，非寿险保险公司偿付能力最低额度设置过低。

## 二、非寿险保险公司现金持有量影响因素分析

### （一）模型设定和变量选择

本书着重研究非寿险保险公司持有现金量的影响因素，对于解释变量的选择，是在根据国内外已有研究成果的基础上结合我国实际情况进行选择的。本书在选择解释变量的时候，从理论上讲，考虑到保险公司费用支出、赔款支出、投资状况、业务发展速度和规模等因素都会对现金持有量存在一定的影响，并且对于财险公司来讲，再保险比率、流动资产和非投资性资产也都会在一定程度上影响现金的持有量。另外，为消除保险公司规模的影响，本书的指标大多数选择比率形式。

分析中国27家非寿险保险公司现金持有量的影响因素。所选取的样本为9

个指标的27家非寿险保险公司的2001~2006年的数据（来自2002~2007年各年的《中国保险年鉴》）。利用各个保险公司的现金持有量对9个指标进行回归：

$$xj=\beta_0+\beta_1 fy+\beta_2 pf+\beta_3 zcfz+\beta_4 cb+\beta_5 tzsy+\beta_6 zbx+\beta_7 ftz+\beta_8 gsgm+\beta_9 ldzc+\mu$$

通过回归系数的估计值量化各个指标对保险公司现金持有量的影响程度。

xj代表现金持有量。本书的现金持有量实际上是一个比率值，等于（现金+银行存款）/总资产，作为这个模型的因变量。

fy代表保险公司的费用率，费用率=总费用/保费收入，其中总费用=营业费用-摊回分保费用+手续费支出+分保费用支出+营业税金及附加+提取保险保障基金，一般来讲，费用率越高的保险公司的现金持有量的需求就越大，与因变量的关系应该是正相关。

pf代表赔付率，本书的赔付率的计算公式是：赔付率=（赔款支出-摊回赔款支出+分保赔款支出+未决赔款准备金提转差-追偿款收入）/(自留保费-未到期责任准备金提转差-长期责任准备金提转差)，当保险公司的赔付支出较大时，保险公司需持有更多的现金来应对，所以我们在理论上推测，赔付率与现金持有量正相关。

zcfz代表保险公司的资产负债率，它等于总负债/总资产，从代理理论上讲，负债率越高，外部监督程度越高，保险公司倾向于持有较少的现金，但是从另一个层次上讲，负债率高的公司财务风险较大，在需要现金时融资比较困难，应该持有较多的现金以备需要。所以，无法简单推测负债率与现金持有量的关系。

cb代表承保能力比率，等于自留保费/所有者权益，承包能力的高低代表着保险公司偿付能力的高低，承包能力越高的公司偿付能力也就越高，而偿付能力较高的公司则不需要持有较多的现金，所以理论上推测承保率与现金持有量呈正相关关系。

tzsy代表投资收益率，本书关于投资收益的计算公式为：投资收益率=(利息+投资净收益)/[年初(存款+投资)/2+年末(存款+投资)/2]，投资收益率低的保险公司，需要较多的现金来应对平常的支出，而投资收益率高的公司则不必，所以认为投资收益率与现金持有量存在负相关关系。

zbx代表保险公司的再保险率，等于分出保费/(保费收入+分保业务收入)。鉴于财险公司经营业务的特点，再保险已经成为各家保险公司的一项重要业务，也在很大程度上影响着保险公司对现金的需求量。如果保险公司的再保险比率较高，也就是把较多的风险转移出去，就不需要持有较多的现金，所以理论上推测再保险比率与现金持有量负相关。

ftz代表保险公司的非投资比率，等于非投资性资产/总资产，其中非投资性资产本文用总资产-固定资产-长期投资-短期投资-现金-银行存款来表示。

非投资性资产的流动性较低，如果保险公司的非投资性资产比率较高，说明它的资产的流动性较低，就需要较多的现金来维持一定的流动性。所以认为非投资性资产与现金持有量是正相关。

gsgm 代表保险公司的公司规模，本书的公司规模由总资产的对数来表示，一方面大规模的保险公司融资成本较低，所以不需要持有很多现金；另一方面代理理论则预期公司规模越大，现金持有量越高。所以理论上对公司规模和现金持有量的相关关系并没有定论。

ldzc 代表流动资产比率，等于流动资产/总资产。简单地讲，保险公司的资产流动性越高，应对风险的能力就大，对现金这种资产的需求就越小。所以流动资产比率与现金持有量存在负相关的关系。

m 代表残差项。

**（二）实证分析**

考虑到每家保险公司的样本数据只有 6 个，进行回归分析的样本偏小，分析结果的可靠性难以保证。因此，对中国 27 家非寿险保险公司数据利用平行数据模型方法进行分析。这样可以克服样本偏小的局限性，得到参数及模型的更加优良的估计值，从而对各个指标对保险公司现金持有量的影响程度的估计更加客观、准确。

本书利用 Eviews 6.0 对面板数据进行分析，首先进行 F 检验，分析建立混合回归模型还是个体固定效应回归模型，得到以下结果：

$S_1 = 2.215308 \qquad S_2 = 0.896701$

则 $F = \dfrac{(S_1 - S_2)/(N-1)}{S_2/(NT - N - K)} = 7.126313$

而 $F_{0.05(26,126)} = 1.69$

由于 $F = 7.126313 > 1.69$，所以得出的结论是，建立个体固定效应模型更合适。

接下来进行 Hausman 检验，通过 Eviews 6.0 的 Hausman 随机效应检验显示，采用随机效应模型优于固定效应模型的概率约等于 0，固定效应模型更能较好地反映解释变量和因变量的关系。所以最终我们选择模型可变截距、斜率的个体固定效应模型。表 6.13 为 27 家非寿险公司平行数据分析结果。

**表 6.13　27 家非寿险公司平行数据分析结果**

| 变量 | 系数 | t 统计量 | 概率 | 截距的固定效应 | | | |
|---|---|---|---|---|---|---|---|
| 常数 | 0.540310 | 4.091829 | 0.0001 | 人保财险 | -0.038010 | 美亚上海 | -0.116950 |
| 费用率 | 0.000377 | 0.800675 | 0.4251 | 太平 | 0.012231 | 美亚广州 | 0.107100 |
| 赔付率 | 0.005440 | 0.634451 | 0.5272 | 中国信保 | 0.051930 | 美亚深圳 | 0.121204 |

续表

| 变量 | 系数 | t统计量 | 概率 | 截距的固定效应 | | | |
|---|---|---|---|---|---|---|---|
| 资产负债率 | -0.104370 | -1.546680 | 0.1249 | 中华联合 | 0.024168 | 东京海上 | 0.116311 |
| 承保率 | 0.000225 | 0.911398 | 0.3642 | 太保产险 | 0.059776 | 丰泰上海 | 0.062444 |
| 投资收益率 | -0.308900 | -1.531910 | 0.1285 | 平安产险 | -0.081760 | 皇家太阳 | 0.127639 |
| 再保险率 | -0.097700 | -1.178810 | 0.2411 | 华泰财产 | -0.216320 | 联邦上海 | 0.030487 |
| 非投资资产率 | -0.505100 | -5.691680 | 0 | 天安 | -0.184920 | 三井住友上海 | 0.028701 |
| 公司规模 | -0.037560 | -0.778370 | 0.4381 | 大众 | -0.211610 | 三星上海 | 0.115130 |
| 流动资产率 | 0.443082 | 6.819134 | 0 | 华安 | -0.155040 | 中银深圳 | 0.186843 |
| DW值 | 1.964128 | | | 永安 | -0.200730 | 安联广州 | 0.058226 |
| 样本可决系数 | 0.895993 | | | 永城 | 0.044789 | 日本财产 | 0.124936 |
| 修正样本可决系数 | 0.861651 | | | 安信农险 | -0.199740 | 利宝重庆 | 0.115663 |
| 概率 | 0 | | | 民安（中国） | 0.075080 | | |

表6.13显示，样本可决系数为0.895993，说明我们设定的模型能够较好地拟合实际情况，具体到各家保险公司截距项差别较大。通过分析得知，大多数影响因素与现金持有量的相关关系与理论分析的结果一致，对于资产负债率和公司规模来讲，目前国内非寿险保险公司资产负债率与现金持有量呈负相关关系，公司规模也与现金持有量呈负相关关系。显示的结果中与理论分析不一致的是非投资性资产比率，与现金持有量显著负相关，这说明目前我国保险公司在现金持有量和非投资性资产之间的搭配上尚存在许多不合理之处，需要加强规划和管理。

各公司的截距差别较大。外（合）资保险公司的截距明显比中资保险公司大。这说明外（合）资保险公司的现金持有量受各项阶级变量的影响幅度较小，呈现较为稳定的状态。

对非寿险保险公司，现金持有量影响较大的是非投资资产率和流动资产率，但是从t检验来看，除了非投资资产率和流动资产率外，其他因素都不显著。这说明内外资保险公司的影响因素有可能存在较大差异，下面我们分别分析中资和外资（合资）保险公司。

首先来看中资保险公司。与上面类似，中资保险公司通过计算后的F值为2.5894，$F_{0.05(13,61)}=2.3$，由于$F=2.5894>F_{0.05(13,61)}=2.3$，所以对于中资非寿险保险公司而言，个体固定效应更加合适，Hausman 随机效应检验显示，采用随机效应模型优于固定效应模型的概率约等于 0.0038，所以固定效应更加合适。

通过表 6.14 可以发现，除资产负债率、投资收益率、非投资资产率和流动资产率四个因素显著外，其余皆不显著。第 5、第 6、第 7 列是在剔除掉非显著因素后用 Eviews 进行分析的部分分析结果。表 6.14 显示上述四个因素和常数都通过了 T 检验，样本可决系数也没有明显的变化，可见资产负债率、投资收益率、非投资资产率和流动资产率是影响中资非寿险保险公司现金持有量的主要因素。

**表 6.14　14 家中资非寿险保险公司平行数据分析结果**

| 变量 | 系数 | t 统计量 | 概率 | 系数 | t 统计量 | 概率 | 截距的固定效应 | |
|---|---|---|---|---|---|---|---|---|
| 常数 | 0.311423 | 1.250175 | 0.2169 | 0.343922 | 4.630226 | 0 | 人保财险 | 0.03475 |
| 费用率 | 0.001163 | 0.429637 | 0.6693 | | | | 太平 | 0.07532 |
| 赔付率 | 0.025462 | 0.537342 | 0.5934 | | | | 中国信保 | 0.08761 |
| 资产负债率 | -0.296480 | -2.175270 | 0.0343 | -0.304320 | -3.294230 | 0.0017 | 中华联合 | 0.11790 |
| 承保率 | 0.000350 | 1.122748 | 0.2668 | | | | 太保产险 | 0.12386 |
| 投资收益率 | -0.653920 | -2.360190 | 0.0221 | -0.550930 | -2.329880 | 0.0234 | 平安产险 | 0.03164 |
| 再保险率 | -0.049040 | -0.255530 | 0.7993 | | | | 华泰财产 | -0.10860 |
| 非投资资产率 | -0.244110 | -1.759280 | 0.0845 | -0.268850 | -2.263010 | 0.0275 | 天安 | -0.07020 |
| 公司规模 | 0.008132 | 0.095196 | 0.9245 | | | | 大众 | -0.12340 |
| 流动资产率 | 0.519036 | 4.992389 | 0 | 0.538838 | 6.465582 | 0 | 华安 | -0.07650 |
| DW 值 | 2.178358 | | | DW 值 | 2.137022 | | 永安 | -0.08710 |
| 样本可决系数 | 0.842848 | | | 样本可决系数 | 0.837137 | | 永城 | 0.00768 |
| 修正可决系数 | 0.775057 | | | 修正可决系数 | 0.787696 | | 安信农险 | -0.10000 |
| 概率 | 0 | | | 概率 | 0 | | 民安（中国） | 0.08550 |

外（合）资保险公司的分析结果如下：外（合）资保险公司通过计算后的 F 值为 91.5483，$F_{0.05(12,\ 56)} = 2.4$，由于 $F = 91.5483 > F_{0.05(13,\ 61)} = 2.4$，所以对于中资非寿险保险公司而言，个体固定效应模型比混合模型更加适合，Hausman 随机效应检验显示，采用随机效应模型优于固定效应模型的概率约等

于0.0013，所以固定效应模型比随机效应模型更加合适外（合）资保险公司。

本书所选择的解释变量对外（合）资保险公司的拟合程度要明显优于中资保险公司，通过表6.15可以看出，除赔付率和非投资资产率显著外，其余都不显著。第5、第6、第7列是在剔除掉非显著因素后用Eviews进行分析的部分分析结果。显示常数、赔付率和非投资资产率都通过了T检验，并且样本可决系数没有明显变化，说明赔付率和非投资资产率是影响外（合）资非寿险保险公司现金持有量的主要因素。

**表6.15　13家外（合）资非寿险保险公司平行数据分析结果**

| 变量 | 系数 | t统计量 | 概率 | 系数 | t统计量 | 概率 | 截距的固定效应 | |
|---|---|---|---|---|---|---|---|---|
| 常数 | 0.862691 | 7.728339 | 0 | 0.953117 | 84.393870 | 0 | 美亚上海 | -0.320790 |
| 费用率 | -0.000110 | -0.361090 | 0.7199 | | | | 美亚广州 | 0.026773 |
| 赔付率 | -0.004450 | -1.722100 | 0.0926 | -0.005027 | -2.232807 | 0.0298 | 美亚深圳 | 0.039580 |
| 资产负债率 | -0.005600 | -0.182260 | 0.8563 | | | | 东京海上 | 0.005959 |
| 承保率 | 0.045974 | 1.306736 | 0.1986 | | | | 丰泰上海 | 0.026730 |
| 投资收益率 | -0.361230 | -1.184470 | 0.2430 | | | | 皇家太上 | 0.025777 |
| 再保险率 | 0.008496 | 0.207062 | 0.8370 | | | | 联邦上海 | 0.013922 |
| 非投资资产率 | -0.951440 | -17.923700 | 0 | -0.980297 | -27.927570 | 0 | 三井住友上海 | 0.012469 |
| 公司规模 | 0.009635 | 0.241398 | 0.8104 | | | | 三星上海 | 0.020256 |
| 流动资产率 | 0.064524 | 1.527709 | 0.1343 | | | | 中银深圳 | 0.042319 |
| DW值 | 1.302020 | | | DW值 | 1.232669 | | 安联广州 | 0.037865 |
| 样本可决系数 | 0.987048 | | | 样本可决系数 | 0.984619 | | 日本财产 | 0.052625 |
| 修正可决系数 | 0.978834 | | | 修正可决系数 | 0.980556 | | 利宝重庆 | 0.047370 |
| 概率 | 0 | | | 概率 | 0 | | | |

由于外（合）资保险公司模型的残差项之间存在着自相关，我们在解释变量中加入现金持有量的滞后一阶AR（1）。表6.16为13家外（合）资非寿险保险公司平行数据分析结果。

表 6.16　13 家外（合）资非寿险保险公司平行数据分析结果

| 变量 | 系数 | t 统计量 | 概率 | 系数 | t 统计量 | 概率 | 截距的固定效应 | |
|---|---|---|---|---|---|---|---|---|
| 常数 | 0.862691 | 7.728339 | 0 | 0.964740 | 48.791320 | 0 | 美亚上海 | -3.114680 |
| 费用率 | -0.000110 | -0.361090 | 0.7199 | | | | 美亚广州 | -0.144900 |
| 赔付率 | -0.004450 | -1.722100 | 0.0926 | -0.005454 | -3.136147 | 0.0033 | 美亚深圳 | -0.144930 |
| 资产负债率 | -0.005600 | -0.182260 | 0.8563 | | | | 东京海上 | 0.756472 |
| 承保率 | 0.045974 | 1.306736 | 0.1986 | | | | 丰泰上海 | -0.246210 |
| 投资收益率 | -0.361230 | -1.184470 | 0.2430 | | | | 皇家太上 | 0.480104 |
| 再保险率 | 0.008496 | 0.207062 | 0.8370 | | | | 联邦上海 | -0.131220 |
| 非投资资产率 | -0.951440 | -17.923700 | 0 | -1.006533 | -24.882850 | 0 | 三井住友上海 | -0.131810 |
| 公司规模 | 0.009635 | 0.241398 | 0.8104 | | | | 三星上海 | 0.916115 |
| 流动资产率 | 0.064524 | 1.527709 | 0.1343 | | | | 中银深圳 | 0.112514 |
| AR（1） | 1.017413 | 3.644127 | 0.0010 | 0.803905 | 3.015984 | 0.0045 | 安联广州 | 0.159939 |
| DW 值 | 2.166839 | | | DW 值 | 1.970703 | | 日本财产 | 0.150566 |
| 样本可决系数 | 0.986925 | | | 样本可决系数 | 0.985300 | | 利宝重庆 | 1.008847 |
| 修正可决系数 | 0.977646 | | | 修正可决系数 | 0.979497 | | | |
| 概率 | 0 | | | 概率 | 0 | | | |

加入现金持有量的滞后一阶作为解释变量后自相关现象消除了，并且提高了样本可决系数。说明后者更适合外资非寿险保险公司的实际情况。另外，通过比较各表，我们发现赔付率对外（合）资保险公司的影响是负的，对中资保险公司的影响是正的。这说明外资保险公司在现金的持有量这一方面管理不够完善，可能与进入中国市场长时间不够长有关，应该加强现金管理，考虑各因素来确定自己的现金持有量。

## 第六节　几点结论

第一，偿付能力是保险监管部门重点关注的，也是与投保人息息相关的。保险公司拥有充足的偿付能力，不仅可以提高公司的信誉，也可以扩大自己的

客户范围。近几年来我国境内保险公司总体的偿付能力发展较快，总体状况有所改善，但仍有待进一步提高。目前这53家保险公司中仍有10家公司可以在不增加任何投入的情况下只通过增加经济效率来提高偿付能力的额度。

另外，不论是否考虑偿付能力作为产出变量，合资、外资保险公司的平均效率都比中资保险公司的效率高，中资保险公司应该积极学习外资公司的先进经验，改善自身结构，提高效率，以增加竞争优势。有实证分析的结果证实，目前我国中资保险公司已经较好地实现了规模经济，技术效率问题是关系日后中资保险公司发展的关键问题，所以中资保险公司应该在技术创新方面投入更多的精力和财力。

第二，目前就现有投入的利用情况上讲，对偿付能力而言中资公司的效率高一些，具有比较优势，但是合资和外资保险公司在偿付能力方面发展的速度比较快，如果不加大这方面的力度，竞争优势便会很快丧失。中资企业在提高自身经济效率的同时，更应该注重公司本身的偿付能力，使其能够配合公司整体的发展速度。

目前我国大多数保险公司偿付能力的发展速度，并不能与保费收入、投资收益等保险业务的发展速度保持一致，而是有不同程度的落后，在某种程度上也说明了偿付能力仍是制约公司均衡长期发展的因素之一。保险公司应该从长远考虑，加强对偿付能力方面的重视程度。偿付能力是保险监管者和投保人最为关注的，而投资收益和保费收入是投资者主要关注的，保险公司的经营管理层在做公司决策时必须兼顾各方利益，使公司可以持续地良好发展。

第三，对于在考虑偿付能力后效率水平明显增加的公司（例如太平、华泰财产、中英、三星上海等），它们比较重视偿付能力的发展，但投资收益和保费收入方面的效率水平可提升空间较大，应该采取各种有效措施加快这两个方面的发展。而对于两者相差不大或者没有差别的公司（人保财险、国寿等），公司的三个产出要素之间的发展比较均衡，结构比较合理。

本书的实证分析结果显示，目前我国境内保险公司的规模效率水平参差不齐。对于非规模报酬固定的公司，可以通过改变公司的经营规模，在实现效率优化的同时促进偿付能力的发展。而对于规模效益不变的公司，公司经营者应该更侧重于合理配置内部资源，重点加强技术创新和管理创新，优化内部结构，全面提高管理水平与经济效益，使偿付能力与公司业务发展相一致。目前我国境内中资保险公司的规模报酬相对稳定，规模效率值也优于合资和外资保险公司，在规模效率上具有竞争优势，这可能与中资保险公司起步较早、对国内市场比较了解等原因有关，但是在不考虑偿付能力的情况下，外资合资保险公司的规模效率发展速度明显快于中资企业，说明外资合资公司在这方面的优势正在逐渐显现。

第四，通过前面的分析，我们不难发现不论是基于比率法还是就目前我国的监管规定来讲，几乎每家公司按照保费收入设定的最低偿付能力额度，都大于按照赔款支出设定的最低偿付能力额度。这说明目前在我国非寿险业，基于净赔款支出的最低偿付能力额度设定方法尚没有起到明显的风险评估作用。一方面反映出我国非寿险公司赔款支出的特征与国外差别较大；另一方面表示我国保险监管就最低偿付能力额度的制定上在借鉴国外经验的同时，需要结合我国非寿险业保险公司的实际情况，进一步检验和改进，使之切实有效地规范保险公司的行为。

第五，基于比率法理论模型的最低偿付能力额度高于基于监管规定的数值，差别最大的皇家太上，前者是后者的6倍多，平均各家公司也能达到3倍左右。这表明监管规定得到的最低偿付能力额度要求偏低，并没有很好地契合我国境内非寿险业保险公司的经营状况，不能够起到较好的规范和管制的作用。

保险监管部门制定的非寿险公司偿付能力监管指标，应该充分发挥监管指标所应起到的规范、预警的作用。另外，我国也可以在不断完善现有静态偿付能力评价的基础上，加大对非寿险公司动态偿付能力评价方法研究的力度。动态评估方法作为一种新型的研究方法，能够对保险公司所处的经营环境特别是金融环境的各种状况进行假设。比如确定不同的利率水平、资产价值波动水平和负债价值波动水平等，然后使用计算机技术对各种情况进行模拟，从而确定不同状况下寿险公司的偿付能力水平。动态评估方法已经被世界上越来越多的国家研究和运用。我国可以利用动态偿付能力评价方法，不断提高非寿险公司偿付能力评价的准确性。

第六，影响内外资非寿险保险公司现金持有量的因素差异较大。中资保险公司现金持有量主要受资产负债率、投资收益率、非投资资产率和流动资产率四个因素的影响，而外（合）资保险公司的现金持有量则主要受赔付率和非投资资产率的影响，差异较大。这可能与内外资保险公司不同的经营模式和管理理念有关，并且保险公司经营时间的长短和对本土环境的适应程度也能起到一定作用，不同的公司可以根据本书的实证结果合理规划现金持有量，提高资金管理水平。

在本书的实证结果中可以发现，无论是中资还是外资非寿险保险公司，承保能力比率对现金持有量都没有显著的影响，而承保能力比率是衡量一家保险公司偿付能力的重要指标。这说明目前我国境内大多数保险公司在制定公司现金持有量的大小时并没有考虑到偿付能力这一重要因素，与预期差距较大。在

这方面保险公司应该进行改善，在规划现金流量考虑承包能力这一因素。

从模型的截距项上来看，外（合）资保险公司的截距项的平均值为0.862691，中资保险公司的仅为0.311423，与外（中）资保险公司的现金持有比率的均值比中资大有较大关系。这也说明外资保险公司的现金持有比率相对稳定，受各项因素的影响程度较小，而中资保险公司则是在比较多地考虑了影响因素后而做出公司现金持有量的决定。并且外资保险公司当期的现金持有量明显受到上一期现金持有量的影响，影响系数达到0.8，而中资保险公司则不明显。

第七，除承保能力比率外，费用率、资产负债率、投资收益率、公司规模和再保险率都没有对保险公司产生明显的影响。在实际运作中，保险公司可能就会遇到由于这些原因而导致流动资金不足或者资金闲置而致使盈利减少的状况，保险公司应该加强这方面的管理和规划。另外，非投资性资产比率与内外资保险公司都呈现负相关关系，这也与我们理论上的分析不一致。非投资性资产比率越高的公司资产流动性越差，而模型显示这样的公司现金持有量较低，这加剧了公司资产流动性差的问题，会影响公司的实际运作和经营。在这方面保险公司也亟须改善。保险公司可以借助与银行业的战略合作，借助银行的通存通兑功能，强化自身的现金管理制度，实现资产管理的效率最大化。

第八，在保险公司的经营过程中，保险行业应倡导人人合规有责、合规应从高管人员做起的理念，推动保险行业合规文化建设，防止合规风险；努力发挥公司治理结构和内部管控的作用，使保险公司自我纠错能力不断得到提高，并加大分支机构市场行为的管理力度；保险监管制度能有效地抑制防范保险公司的不当行为，国家应加强市场交易行为、竞争行为、监督管理关系行为的立法，并明确区分需要进行监管和不监管的行为；通过保险公司市场行为的有效调整，可以引导保险公司的市场行为沿着保险监管部门期待的方向发展，由于保险监管部门将本可调节使用的工具固定化、具体化，使保险公司市场行为的宏观调控出现困难，因此，加强保险公司市场行为的宏观调控是十分重要的；信息公开化有助于规范保险公司的市场行为。对出现问题的保险公司应该将其信息公开，使社会公众监督其市场行为，起到较好的监督规范作用，因此推进信息披露工作，是规范保险公司市场行为、提高内部管控能力和水平的有效措施之一。

# 第七章 现代保险监管对促进金融稳定的作用

任何保险监管模式都对金融稳定发挥着重要作用。完善保险监管将促进金融稳定。现代保险监管的实践证明保险监管跟不上金融创新的步伐，存在空白领域，缺乏对保险衍生品的监管、缺乏对保险投资风险的监管、缺乏有效的系统风险应对机制，监管滞后和监管部门行动过慢，直接导致各类高风险衍生产品市场无序发展，危及金融稳定。

## 第一节 现代保险监管的基本理论

### 一、定义及渊源

保险监管是指政府对保险业的监督管理，是保险监管机构依法对保险人、保险市场进行监督管理，以确保保险市场的规范运作和保险人的稳健经营，保护被保险人利益，促进保险业健康、有序发展的整个过程。保险监管的定义有广义和狭义之分。广义的保险监管是指保险监管机构、行业组织、公司内控机制对保险业的监管活动；狭义的保险监管仅是指保险监管机构依法对保险业实施监督和管理，以维护正常的保险市场秩序及被保险人的合法权益。

保险监管由来已久①。早期的保险监管体现了政治模式，这一模式持续到了 20 世纪。第一次巨大的市场监管集中于保险公司的破产问题，要求保险公司提供财务报告状况。早在 1799 年美国马萨诸塞州就要求保险公司提供一些财务报告，纽约州于 1828 年采用了报告制度。但是这些做法对保险公司偿付能力的影响微乎其微，因而要求对保险公司的破产进行监管。素有“现代保

① 张志诚．发达国家商业保险监管的发展趋势——以美国为例［J］．传承，2008（16）．

险监管之父”之称的伊莱泽·赖特（Elzur Wright）向马萨诸塞州议会游说，要求人寿保险公司维持保险储备金。1855 年，该州成立了保险监督机构，赖特成为首位保险监督官。1871 年，美国保险监督官保险大会召开，在第二次大会上起草了一部有关保险监管的样本法。18 世纪，英国人寿保险业遍布各个阶层。为了监管人寿保险的经营，使其置于稳健的基础之上，去除投机行为，人寿保险法于1774 年开始实施。随着时间的推移，保险业于 19 世纪变成了有组织的活动，演变为所有国家关注的重点。其中一个重要方面就是政府参与日益增多。政府不仅对其进行严格的监管，而且当保护公众利益成为社会关注的事情时，政府还扮演着保险公司的角色。

## 二、监管目标与原则

保险业是现代金融体系的一个重要组成部分，保险监管的目标是维护和促进保险业的持续、健康、稳定发展。从微观监管方面看，保险监管的目标是确保保险经营机构的偿付能力，以维护投保人和被保险人的合法利益。偿付能力是保险监管的核心内容，其在保险公司经营中具有举足轻重的地位和作用。从宏观监管方面看，保险监管的目标是维护保险市场的健康稳定发展。在市场经济体制下，保险市场的健康稳定发展依赖于市场参与者尤其是保险经营机构之间的公平竞争。保险行业的特殊性意味着，保险市场不能成为一个垄断的市场，也不够完全适合自由竞争的市场机制。垄断会损害保险消费者的利益，使其不能以合理的价格获得他们所需的保险产品和服务，而完全的自由竞争可能会造成保险人之间不合理的恶性竞争，进而导致其偿付能力的丧失，最终损害保险消费者的利益。因此，保险监管通过防止市场独占和过度竞争，以达到监管的目标。

保险监管原则与监管目标相一致，两者相辅相成。具体的监管原则为具体的监管目标服务，并且常常体现在有关保险的法规中。保险监管原则主要包括以下五项①：

第一，依法监管原则。法律是国家意志的体现，是靠国家机器的强制力来实现的。任何个人和单位的行为都不能超越法律。在市场经济条件下，保险经营机构必须依法接受保险监管者的监管，同时保险监管者也必须依法进行监管。在保险市场上，为了维护保险消费者的利益，为了保险业的整体利益，必须保持监管的权威性、严肃性、强制性和一贯性，以确保保险监管的有效性。

① 裴光. 中国保险业监管研究［M］. 中国金融出版社，1999.

第二，适度竞争原则。由于“市场失灵”的现象普遍存在，为了保持市场的健康发展，就必须借助外部的适当干预，即政府的适度监管。为了维护保险市场的正常运行，防止“市场失灵”造成破坏，保险监管的重点应放在创造适度竞争的市场环境上，放在对形成和保持适度竞争格局和程度的监测上，防止出现过度竞争、破坏性竞争、恶意竞争从而危及保险业的健康发展。

第三，自我约束与外部强制相结合原则。保险监管不能代替一切，监管应注意使用有效的监管手段，一方面消除保险机构不正当的经营行为，化解经营中存在的风险，另一方面，要把培养保险机构自我管理和约束的能力作为监管工作之一。监管好比输血，自我管理和约束好比造血，保险监管要逐步由输血过渡到帮助保险机构造血上，以达到保险监管事半功倍的效果。

第四，稳健经营与风险预防原则。保险业是经营风险的特殊行业，稳健经营是最基本的目标。而要达到这一目标，必须进行系统的风险预防和监测，要做到无险防险，出险化险。要把稳健经营与风险防范和化解紧密结合起来。

第五，不干预保险机构内部经营管理原则。保险公司是自主经营、自负盈亏的独立企业法人，它有权在法律法规规定的范围内，独立地决定自己的经营方针和政策。尤其是在市场经济条件下，只要保险公司不违反国家有关法律法规和政策，不违反社会公共利益和公共道德，保险监管者就不应当干预保险公司的经营行为。干预保险公司正常的、合法的经营行为，实际上是保险监管者的一种越权行为，也是不合法的行为。

## 三、监管理论及评述

### （一）公众利益论

在公众利益论中，监管是为了保护消费者的利益免遭损害，是服务于公众利益的。基本的出发点是：政府出于防止和矫正“市场失灵”而存在，监管的目标是实现经济效益的最大化。公众利益论产生于20世纪20年代自由市场经济和30年代全球性金融危机的大背景之下，当时市场的参与者没有放弃对自由市场的不懈追求，他们提出监管就是一种减低或消除市场失灵的手段。按照微观经济学的观点，在完全竞争的状况下，市场上“看不见的手”会使厂商在提供产品时按最低价格出售。竞争的结果是每一个厂商的要价（边际收入）等于边际成本，在这一点上实现社会利益最大化。当市场不能够在竞争方式下运转，或者自由市场机制的结果不为社会所需要时，市场失灵就会发生，这时就需要政府的干预以防止市场失灵对社会利益的侵蚀。

按照公众利益论的观点，维持保险人的偿付能力符合公众的利益，内在的逻辑是：如果保险人偿付能力不足，被保险人在遭受损失时就得不到应有的保

障，投保人和被保险人的利益将受到损害。为此，保险监管的最主要目标就是保证保险人的偿付能力充足。为了防止保险人偿付能力不足而采取的保险监管措施包括：要求保险公司提存各种责任准备金；要求保险公司定期接受财务状况检查；要求保险人的主要投资限于低风险证券等①。

**（二）私人利益论**

20 世纪 70 年代到 80 年代，公众利益论一直占据着监管理论的核心地位。但是，由于长期政府管制所产生的庞大财政支出和政府预算，以及监管政策与实际效果之间的巨大偏差，人们不得不开始对监管的必要性及形成机理进行重新审视，私人利益论就是这一趋势下最具代表性的一个观点。

私人利益论认为，监管的存在是为了私人团体的利益，监管者本身也是自私的，他们在监管活动中会不断追求政治支持的最大化。一方面，为了获得业界的资金支持和其他支持，监管者在监管活动中可能会偏向业界的利益；另一方面，为了获得消费者（选民）的支持，监管者又会压制产品的价格，即使从长远看可能是有害的。

最著名的私人利益论是“捕获论”，该理论认为监管者常常被监管的业界“捕获”，意即监管常常为被监管的业界利益服务。组织严密、资金雄厚的特殊利益集团会为了自身利益而不断去“寻租”，即对监管行为施加影响。寻租行为本身是非生产性的，他们会造成社会福利的净损失及市场的扭曲，从而降低社会效益。保险业中的特殊利益集团，包括保险公司、再保险公司、代理人、银行、证券公司、经纪人，以及为行业参与者提供服务的各种公司。消费者由于非常分散、不易组织，一般来说较难形成特殊的利益集团，在监管政策出台与实施过程中，很难发挥其决策权和监督的作用。因此，保险监管的实践操作在很大程度上往往不能代表投保人和被保险人的利益。

**（三）政治监管论**

政治监管论者认为，监管是不同私人利益集团在所有政治和行政管理框架内相互讨价还价而达成的结果。利益集团包括消费者、监管者、立法者、司法者及被监管的业界。不同的利益集团的政治资源不同，对于不同的监管事件，讨价还价的结果不同。在讨论政府监管的文献中，许多学者还提出了“政府调控失灵”的问题。政府通常愿意并且能够矫正市场失灵，但是，正如市场失灵不可避免一样，政府调控失灵同样在所难免。比如，有的监管者经不起寻租者的诱惑被“捕获”了，开始滥用职权；又如，有些保险监管者希望在退

① 薛生强，何风隽．保险监管的理论分析［J］．宁夏大学学报（人文社会科学版），2004（3）．

职后到业界工作，这与有时被称作“转门”的问题是密切相关的，而且，即使政府雇员有纯正的公众利益服务，同样也可能存在政府失灵的问题，因为政府同样存在信息失真的问题。

**（四）评述**

从以上分析我们可以看出，公众利益论阐述了监管的必要性，但存在两个自身难以解决的问题：一是该理论是一种不完全竞争理论。监管的前提是公众为得到社会福利而产生的监管要求。这就存在如何将公众潜在的监管需求转化为现实的监管机制问题。由于监管要通过立法行为、司法行为、行政管理行为，以及一定形式的监管机构来实现，因此公众利益论在转化为实践操作和制度设计上存在着一定的困难。二是该理论缺乏事实的支持。大量的事实与该理论不符，许多产业被监管既不是由于垄断也不是由于外部效应。理查德·伯斯纳曾指出，经过大约15年的理论和实证研究，经济学家得出的结论是监管与外部性的存在、自然垄断市场结构不是正相关的。

私人利益论通过强调管制代价或机制作为一种对抗，指出为保护利益而实施的监管实际上只是保护了少数集团的特殊利益，且往往侵害公众利益，因此监管本身并无存在的必要，呼吁放松监管。该理论中著名的“捕获论”有其独到之处，其中的一些观点也已被我国保险业的发展所证实。回顾我国保险业的发展历程，监管与被监管的相互作用是促进保险业健康快速发展的主要原因之一，当然也是一些弊端产生的主要原因。

政治监管论反映了保险监管中存在的政治因素，正如私人利益论指出了保险监管中实际存在的成本因素一样，都有其合理的一面，但这两种理论也存在一定的片面性。一些与凯恩斯主义政府干预理论相对立的学说，从各自角度对政府干预学说提出了质疑和批评。例如，现代货币学派认为政府干预并不能解决市场失灵，且往往得到相反的结果；理性预期学派认为政府监管的目的会因被监管者的理性行为而被抵消，政府监管往往是无效的。这些理论分析说明了国家干预（政府监管）自身也存在失灵的问题，且往往还会在某种程度上阻碍社会经济的发展。尽管如此，各市场经济国家并没有完全回归到自由市场经济，因为国家干预对于市场失灵的纠正，以及对于社会经济的促进作用仍然是现实存在的，并不可低估，为此各国都在探寻一条国家“适度”干预的道路，这也正是“现代市场经济”最为主要的特征。

## 四、监管内容

在不同的国家、不同的经济模式和社会背景下，保险监管的内容有所不

同，但归纳起来主要有市场准入监管、保险经营监管和保险市场退出监管①。其中，保险市场准入与退出监管包括保险机构设立、整顿、接管、分立、合并以及破产清算等方面的监管。保险经营监管包括保险业务监管、财务监管、保险资金运用监管和偿付能力监管等。在保险业务监管中，各国一般侧重于对保险公司业务范围、保险条款、保险费率及保险合同格式进行监管。财务监管主要从资本金、负债、资产、资产负债匹配及财务制度等方面进行监管。保险资金运用监管内容大致为规定保险资金运用的方式以及规定每一资金运用方式的限额。偿付能力监管是一个综合性的评估、判断保险公司的实际偿付债务的能力，并在此基础上实施强制性的监管措施的一种监管方式。它主要包括：对保险业务的风险进行基本的假定、偿付能力额度的计算方法和标准、规定最低资本充足率和规定相应的监管法律，并授权监管当局对偿付能力严重不足的保险公司实施接管或强制退出市场的措施。

### （一）美国偿付能力监管的经验

美国对保险公司偿付能力监管实行的是固定的最低资本限额制度②。一些州既不考虑保险公司的经营业务，也不考虑经营规模，只订立一个最低的资本额。这一额度由立法者主观制定，通常在 50 万～600 万美元，并时有修正。在保险发展初期，由于保险公司数量不多，投资策略保守，投资管理严格，很少有保险公司因投资失败而破产，固定的最低资本限额制度没有受到冲击。但是，随着保险公司业务规模的扩张，其所承担风险的绝对值也相应增加。为了维持保险公司的偿付能力，其资本加盈余的要求必然上升，否则保险公司就会陷入偿付能力危机。由于保险公司的规模不同及其所承担风险的差异，固定的最低资本限额的监管效力往往不足。

随着保险公司数目的增加，各州保险监管机构的人力日益不足。为此，在 20 世纪 70 年代，美国保险监督官协会（NAIC）开发了财务比率体系来测定和监督保险公司的财务状况，以便尽早发现财务有问题的保险公司。每年，NAIC 用保险公司提供的法定财务报表计算 IRIS（保险监管信息系统）指标。这些指标共有 12 个，由 NAIC 确定。依据财务报表信息对指标进行计算的过程，称为 IRIS 统计阶段。所有美国寿险公司的年度财务报表都要经过 IRIS 统计阶段。如果某个保险公司有 4 项以上的财务比率不在规定的合理区间内，该公司将被列入优先检查对象，监管部门需要进一步对其检查。此后的 FAST（财务分析与偿付能力跟踪系统）对 IRIS 进行了一定修改。这些只是对保险公

① 马卫华．WTO 与中国金融监管法律制度研究［M］．中国人民大学出版社，2002.

② 崔冬初．美国偿付能力监管对我国保险监管的启示［J］．经济视角（下），2009（4）.

司偿付能力状况的粗略描述，脱离了保险经营的实际细节，不能揭示经营风险的真正来源。

随着资本市场不断发展，金融创新层出不穷。1999 年美国通过《金融服务现代化法案》，其指导思想是既要允许保险公司进行更多的产品和经营方式创新，又要确保保险公司的偿付能力得到有效维持。为此，NAIC 发展了风险资本金（RBC）标准。它是借鉴《巴塞尔协议》对商业银行资本充足性的要求，按保险公司面临的风险分别规定风险资本额，将一些根据资产负债表、损益表的数据和表外财务数据得出的风险因子相乘，得出一个假设的最小资本金数额，然后将这个数额与保险公司经过调整的资本金比较，以确定该公司的资本金是否充足，并授权监管部门采取干预措施。RBC 比率用于识别处于财务危机边缘的公司时具有一定的可靠性，却不能作为衡量公司综合财务品质的指标，其不宜作为公司稳健性排序的依据。

**（二）英国寿险公司的监管措施**

英国对保险的监管主要着眼于对消费者公平、改善行业经营状况和灵活性主动性三个方面，由此形成了议会立法、金融服务局（FSA）全面监管和保险行业协会自我管理相结合的保险监管体系①。随着金融服务业的现代化，英国于 2000 年通过了《2000 年金融服务及市场法案》，由 FSA 对金融业实施统一的监管。

对寿险公司的监管，FSA 首先通过处理寿险公司业务范围的变化、主要新产品的发展和分析寿险公司的财务状况来识别与评估存在的风险，并根据出现问题的可能性及造成的预期影响来确定处理不同风险的优先顺序。在进行风险排序时，一般会考虑寿险公司的市场占有率、公众对寿险公司的认知程度、寿险公司的客户数和赔偿等因素，来决定要采取的监管措施，分配监管资源，最后使用相应的监管措施来消除风险。

1. 对寿险公司面临的风险进行监测

考虑到保险监管的成本和可操作性，FSA 将确保寿险公司的偿付能力作为寿险业监管的核心，具体操作上主要从寿险公司的资产负债状况、资本充足性监管、保险业务结构和业务增长速度对寿险公司盈余的影响、经营行为的重大变化和欺诈行为的出现五个方面进行监测。

非现场监管是实施日常保险监管的重要方式。保险监管部门通过检查寿险公司的各类报表等资料，来分析判断公司的经营风险、偿付能力和业务情况。

① 蒋建华，方荣军．英国寿险公司风险监控对我国非现场监管的启示［J］．保险研究，2006（4）．

偿付能力监管是英国保险监管的重点和核心内容。其实施细则有：规定寿险公司实际偿付能力的构成、寿险公司“最低偿付能力保证金”的计算、寿险公司必须具有的法定最低偿付能力额度等。在这种监管模式下，所有英国寿险公司被要求每年完成并递交一份审计过的反映公司经营业绩和财务状况的报告。

另外，FSA 除对寿险公司的偿付能力实施监管外，还使用其他工具和手段实施非现场监管。主要包括：第一，对寿险公司所承保风险进行分类规定。即对于不同种类的风险进行分组，根据公认的会计准则，计算这些可能发生的理赔。第二，规定市场准入条件与资格。第三，信息公开要求。监管者要求寿险公司的高管层必须对其所提交的信息进行复核签字，并对隐瞒信息和误导监管者做出判断的高管人员进行相应处罚。第四，追踪寿险公司的业务以及审核公司过去经营业绩的真实性和合法性。第五，使用专业人员对寿险公司的经营数据进行复核。FSA 建立了指定精算师制度，针对寿险公司可能出现的偿付能力不足问题普遍采用实时监控制度，而且 FSA 对指定精算师具有处罚权。

2. 对处于不同风险等级的寿险公司采取不同的监管措施

当寿险公司的实际偿付能力大于法定最低偿付能力额度时，FSA 认为其具有偿付能力，不予监管介入；当寿险公司的实际偿付能力小于法定最低偿付能力额度但大于零时，FSA 就认为其偿付能力有问题，需要监管介入，促其整改；当寿险公司的实际偿付能力小于零时，FSA 认为其偿付能力不足，予以破产清算。

3. 注意非现场监管与现场监管的连接

FSA 要求寿险公司定期向其报送各项报表用于常规的检查。首先，FSA 利用一系列财务比率来检查寿险公司的偿付能力、业务增长率、流动性、盈利性等，以发现早期的预警信号；其次，检查寿险公司其他可能存在风险的领域，如再保险是否充足和是否有额外的资本来源等。

为了防止偿付能力不足问题的出现，监管部门有权要求可能存在偿付能力问题的寿险公司提供附加信息。与财务报告不同的是，这些附加信息不对外公开。这些附加要求的信息通常包括：季度财务报告、与关联方的交易或投资、精算师做出的精算报告、经营计划的改变和其他针对不同公司所要求的特殊信息。根据对这些信息分析的结果，监管部门决定是否对公司采取进一步的措施。

对于附加的信息存有疑问或认为该寿险公司存在风险隐患，FSA 便与寿险公司的管理层进行接触。与公司管理层的接触并非只是对寿险公司进行详细的现场检查，而是为了给监管者提供一个与公司高层管理人员沟通的机会，监管者因此可以了解到公司的管理水平和公司未来的计划。通过定期的接触，监管者能及时了解保险市场的发展情况，发现一些报表中不能及时反映的信息，从而为处理寿险公司可能出现的偿付能力问题提供时间安排。

如果在对寿险公司的非现场检查中发现其实际偿付能力额度小于法定最低偿付能力额度，则说明寿险公司的偿付能力不足。这时，FSA 就有权对这类公司进行干预，以恢复其偿付能力。

**（三）IAIS 对偿付能力监管的要求**

自国际保险监管协会（IAIS）于 1994 年在瑞士的巴塞尔成立以来，IAIS 根据经济环境以及保险业发展的变化，不断地对保险监管原则、方法进行修订。为构建新金融环境下以偿付能力和风险管理为核心的新国际保险监管体系，IAIS 于 2005 年 10 月和 2006 年 1 月先后颁布了三个文件：《保险监管的新框架：评估保险人偿付能力的通行准则》、《评估保险人偿付能力的通行准则：财务要求的基本准则》以及《评估保险人偿付能力通用准则的路线图》。

国际保险监管“新框架”对偿付能力的监管分为两方面的内容：一是偿付能力监管的财务要求。新框架制定了财务要求的八个原则：原则一：保险人要有充足的资金满足其短期负债和长期负债；原则二：能够对保险人的风险状况及可能获得的规避风险方式做出灵敏的反映，即能将单个风险和复合风险对保险人财务状况的影响直接地反映出来；原则三：应能审慎地反映每一种风险如何影响保险人对资金的要求；原则四：应该包含一套资产计价方法，这种方法以金融市场和有关保险业的专门风险信息为基础，同时必须确保对保险人偿付能力评估工作的透明性和信息的连续性；原则五：应包括对一些保险人资产及负债计算标准的专门条款的界定，专门条款的界定必须是审慎的、可靠的、客观的、可在全球范围进行比较；原则六：应根据保险业务总量并考察货币时间价值来确定资本的“最佳估计”；原则七：应建立一系列的偿付能力控制标准以及与之相对应的监管手段，监控标准将有助于监管机构对未预见的不利情形及早进行矫正；原则八：应容许保险人使用新框架之外的更先进的标准对其偿付能力进行评估。二是偿付能力监管的公司治理要求。偿付能力监管要求保险人具有健全的公司治理机制。其中就包括风险管理的过程和内部控制机制、稳健的内部管理体系、会计制度和报告程序、定期评价战略与方针政策的制度和决策机制。风险监控系统必须融入日常的经营管理之中，所采用的方法必须确保风险的测量、评价、监督、报告、控制能够被完整、连续地进行。

## 五、监管模式

经过两百多年的发展，保险监管在不同的国家形成了不同的风格、不同的

模式。按照监管侧重点的不同，大致可以将其划分为两种类型：一种以保险公司偿付能力为主要监管对象，赋予保险公司较大自由发展空间的松散监管模式，英国是这种模式的典型代表；另一种以保险公司市场经营行为为主要监管对象，保险公司在经营过程中受到诸多法律限制的严格监管模式，美国是这种模式的典型代表。

**（一）以英国为代表的松散监管**

英国是世界保险大国，被公认为是全球最发达、最富有竞争力的国际保险和再保险中心之一。经过长期发展，形成了一套独特的保险监管法律体制。在英国，保险市场分为保险公司市场和劳合社市场。针对保险公司管理设有专门的保险监管机构及监管方式，而对劳合社则依据专门立法赋予其自律的权利。英国实行议会立法全面监管与保险行业自律机构自我管理相结合的管理体制。监管实行"公开性自由原则"，通过立法规定保险人偿付能力的最低标准和计算方法，严格的偿付能力要求和公开信息义务下的自由经营模式，使得保险人必须公开接受监督。

英国是松散监管模式的代表。松散监管模式是一种强调对保险人的偿付能力进行监管，而相应地放松了对保险产品费率、保险业务甚至市场准入条件的约束。保险监管机构对保险业的管理强调保险公司的自律性，除保证偿付能力外，保险监管机构不对保险公司的具体经营、费率制定和业务状况作特别规定。如果保险公司发生偿付能力不足或财务不健全的情况，英国保险监管机构金融服务局会要求保险公司提供更详尽的信息，包括按季度送报表和随时提供投资、业务活动情况、精算报告等项内容，甚至停止承保新业务。

这种监管模式保证了英国保险监管的及时、准确、到位，便于发现和解决问题。另外，英国保险监管机构重视对保险公司信息的披露。他们认为，向社会公开的保险公司信息越多，越能帮助投保人正确选择保险公司以转嫁风险，就越能减少市场失灵所造成的经济损失，因此，保险监管部门每年都向社会公开保险公司报送的保险监管报表，凡是需要了解保险公司信息的单位和个人都可以自行查阅。

**（二）以美国为代表的严格监管**

美国保险监管法律体系适应了保险发展的需要，形成了一套比较完整的保险监管法律理论体系，其独特的保险监管框架有效地支撑了世界上最强大的保险市场体系。

美国是联邦制，这决定了美国的州法律与联邦法律具有同样的法律效力。根据1945年美国国会第15号法令规定，保险业的管理权归于各州。因此，美国实行两级金融监管，即联邦和州政府两级平行监管体系，两级监管无垂直领导关系。美国各州有适合本州的保险法，整个国家也有协调各州保险法规的法律，美国保险业以州政府为主体的监管体系，就是在美国联邦法律体制的基础上逐步建立和发展起来的。

美国以州政府为主体的监管体制明显的缺陷在于缺乏监管的统一性，同时也使联邦政府与州政府之间产生了摩擦与矛盾。为了加强各州政府监管的协调性和加快统一化进程。1871 年，它们共同创立了美国保险监管官协会，即所谓的必要的、适当的、统一的论坛。该协会的主要工作职责是：召开全国会员大会，制定全国性的监管政策和决议；讨论保险立法和有关问题，制定示范性的监管规定，以供各州保险立法参考；建立保险市场信息系统，财务分析系统，偿付能力分析与检测系统等。美国保险监督官协会并非政府机构，而只是一个由指定和选举的政府官员组成的民间组织，但其作用远远不只是一个交换信息和意见的论坛。在许多方面它实际上相当于一个全国性的联邦机构或其替代机构。从另外的角度看，可以将其看成一个顾问委员会，虽然它没有实权，但是对各州的立法机构有很大影响力。

美国是严格监管模式的代表。在这种监管模式下，所有保险活动的过去和现在都受到全面监管，包括对市场准入的限制，对保险条款、费率条件、保单利率、红利分配、一般保险条件等均有明文规定，并在投放到市场前受到监管部门严格和系统的监管。

### （三）两种监管模式的评价

严格监管是一种传统的监管方式，在这种监管模式下，保险监管机构具有较大的权威和权力，保险公司的经营活动几乎受到保险监管者的全面监管，如对市场准入的限制，对保险产品条款和费率的管理，以及对涉及偿付能力方面的资金监督等。实行严格监管有利于保证保险公司的财务稳健，有利于规范和控制保险市场，防止恶性竞争，通常被保险发展处于起步阶段、社会保险意识缺乏的发展中国家采用。但是，过于严格的监管会限制很多保险经营活动，同时由于管的过多会降低监管的效率，在一定程度上会妨碍保险的创新，减缓保险的发展速度。

相对于严格监管而言，松散监管在很大程度上给予了保险公司经营的自由度，如保险公司在确定费率和保险条款时享受很大的余地。在保险经营环境自由宽松的条件下，可以更多地发挥保险公司的积极性，促进保险市场产品的多样化。但是，采用这种监管模式的前提条件是监管法律相当健全，运行体制比较完善，市场发展相对成熟，特别是要求保险人具有健全的内控机制、良好的信用意识和职业道德，消费者有较高的文化水准和参与意识，有能力对保险公司及其产品进行优劣判断。所以它多为保险市场发展较为成熟的国家或地区采

用。同时，它要求加强对保险中介机构的监管，因为中介机构承担了保证市场透明度，指导消费者选择最能满足其需要、适合其收入特点的产品类别和费率的任务。

# 第二节　保险监管理论分析

## 一、全球背景下的三种主要监管模式

目前保险监管模式的变革主要体现在三个方面：市场行为监管向偿付能力监管转变；机构监管向功能监管转变；严格监管向宽松监管转变。下面简单地介绍国际上有代表性的监管模式：

**（一）宽松监管型（代表：英国）**

宽松监管模式是一种强调对保险人的偿付能力进行监管，而相应地放松对保险产品、保险费率、保险业务甚至市场准入条件的约束。英国是这一模式的代表。英国保险市场具有高度垄断性，国家对保险业的监管较为宽松。采取的主要做法是：通过计算保险公司的法定偿付能力准备金，将保险公司实际偿付能力准备金与法定偿付能力准备金比较，评价保险公司偿付能力状况。而保险公司只要具有足够的偿付能力，其经营是相当自由的，无论是寿险还是非寿险，费率都不受约束，保险公司可以自己划分风险类别，并据此来制定保险条款。

**（二）严格监管型（代表：美国）**

严格监管模式是一种传统的监管模式，在这种监管模式下，所有保险活动的过去和现在都受到全面监管，包括对市场准入的限制，对保险条款、费率条件、保单利率、红利分配、一般保险条件等均有明文规定，并在投放到市场前受到监管部门严格和系统的监管。美国是这一模式的代表。

**（三）偏行政型（代表：日本）**

日本对保险业的监管以行政手段为主，金融厅作为日本金融行政监管的最高权力机构，对金融业实施统一的全面管理，具有检查、监督和审批备案的功能，一方面对保险机构的流动资本比率、自有资产率等做出具体规定；另一方面拥有对保险机构的设立、经营资格取得、名称变更、资本增加、合并、解散、机构增加与撤并、新险种经营等的批准权。这使得保险业非常发达的日本市场始终是一个对外开放度并不高的市场。日本的这种监管模式可以使保险企业具有足够的偿付能力，因而不必对企业的偿付能力额度进行直接的规定。

由于各国的国情不同，对保险公司的监管也不尽相同。但是三种形式其实没有实质性差异。因为保险经营的各环节如果处理不当，如费率定得不当、保险准备金不充足、保险投资不符合法规，那么实际偿付能力额度就必然受到影响，就可能不符合法定偿付能力额度的要求，偿付能力的状态也就难以保证。这样实际上是间接地对偿付能力额度做出规定。反之，通过对偿付能力额度的具体规定而不对保险经营的各环节做直接规定，也同样会影响保险经营的具体操作，因为偿付能力额度的保证是在各项业务合法合规的基础上实现的。由此可得：三种不同形式的监管只在于采用的是直接控制，还是间接控制而已，从本质上来说并无根本性差异。这种根本上的一致性是由偿付能力本身的内在特性所决定的。

保险监管是经济发展的结果，是保险市场发展的结果，其成熟和完善是由实践经验不断积累而成的。监管由严格监管转变到宽松监管，是保险市场发展的必然趋势和发展方向。随着保险公司的成熟，监管必然会逐步将重心只放在偿付能力监管上。这样可以增加保险公司的活力和竞争能力，更有效地参与大环境的竞争。

## 二、偿付能力监管分析

### （一）保险公司偿付能力监管的理论分析

偿付能力指保险公司对所承保的风险在发生超出正常出险概率的赔偿和给付数额时的经济补偿能力，是反映保险公司保险给付或理赔能力的重要指标。因为风险发生的随机性、随着时间推移的事故不确定性以及风险计算的技术误差，实际发生的损失额与预计的损失概率之间通常存在偏差。当前者大于后者，通常称为出现负偏差时，该保险公司就面临着偿付能力不足的风险。偿付能力是保证保险公司稳健经营的关键所在。

我国保险业的偿付能力监管大致经历了三个阶段：1995 年我国第一部《保险法》开始实施到 1998 年保监会的成立，是偿付能力监管发展的第一阶段。我国保监会成立后，保险监管进入了第二阶段，保险业的监管开始走向专业化、规范化和法制化的道路。保监会成立之后，在加强和完善偿付能力监管方面进行了积极探索，制定了一系列关于保险公司偿付能力监管的文件，正式确立了我国偿付能力监管模式。2000 年 1 月 13 日颁布的《保险公司管理规定》，对偿付能力监管方面做出具体的规定。2001 年 1 月，保监会制定了《保险公司最低偿付能力及监管指标管理规定》。这是中国第一部比较系统、全面的关于偿付能力监管的保险规章，为偿付能力监管提供了更为准确的标准。2003 年 1 月实施的《保险法》，针对偿付能力监管的主要环节和监管制度基础

等方面作了详细规定，为加强偿付能力监管提供了法律依据。第三阶段是从2003年中国保监会正式出台《保险公司偿付能力额度及监管指标管理规定》至今，该规定在《保险公司最低偿付能力及监管指标管理规定》的基础上，对原有的财务监管指标体系进行修正，综合了最低偿付能力额度和财务指标的比率分析两种偿付能力监管方法，对原有部分指标的计算和指标值的正常范围作了变动。

近年来，我国保险业整体偿付能力不足的问题日益显露。为了顺应市场发展的需要，中国保监会确立了以偿付能力监管为核心的监管目标。但由于我国某些监管制度仍存在缺陷，保险公司的内控制度也不完善，我国的保险公司偿付能力监管模式实施的是正常层次和最低偿付能力额度两个层次全方位的偿付能力监管。我国现行的对法定最低偿付能力管理的规定，参考了英国及欧洲大部分国家的偿付能力额度的监管方式。如果保险公司实际偿付能力额度低于法定最低偿付能力额度，则监管部门要求保险公司采取适当措施加以整改，如果被保险监管机构列为特别监管对象甚至可以对保险公司进行接管。具体规定如下：

1. 财产保险公司应具备的最低偿付能力额度为下述两项之和

（1）最近会计年度自留保费减营业税及附加后50亿元人民币以下部分的9%和50亿元人民币以上部分的8%；

（2）最近三年平均综合赔款金额25亿元人民币以下部分的2.5%和25亿元人民币以上部分的12.5%。综合赔款金额为赔款支出、未决赔款准备金提转差、分保赔款支出之和减去摊回分保赔款和追偿款收入。经营不满三个完整会计年度的保险公司，应具备的最低偿付能力额度为第（1）项的2倍。

2. 人寿保险公司最低偿付能力额度为长期人身险业务最低偿付能力额度和短期人身险业务最低偿付能力额度之和

长期人身险业务是指保险期间超过1年的人身保险业务；短期人身险业务是指保险期间为1年或1年以内的人身保险业务。

（1）长期人身险业务最低偿付能力额度为下述两项之和。

第一，投资连结类产品期末寿险责任准备金的1%和其他寿险产品期末寿险责任准备金的4%；第二，保险期间小于3年的定期死亡保险风险保额的0.1%，保险期间为3～5年的定期死亡保险风险保额的0.15%，保险期间超过5年的定期死亡保险和其他险种风险保额的0.3%。在统计中未对定期死亡保险区分保险期间的，统一按风险保额的0.3%计算。风险保额为有效保额减去期末责任准备金，其中有效保额是指若发生了保险合同中最大给付额的保险事故，保险公司需要支付的最高金额；期末责任准备金为中国保监会规定的法定最低责任准备金。

(2) 短期人身险业务最低偿付能力额度的计算适用于财产保险业务的规定。

偿付能力监管的综合性指标主要是偿付能力充足率，对其取值的影响来自于实际偿付能力额度和最低偿付能力额度两个方面，前者反映了保险公司认可净资产的实际情况，而后者则是保险监管部门对偿付能力额度的最低要求。其计算方法为：

$$偿付能力充足率=\frac{实际偿付能力额度}{最低偿付能力额度}\times 100\%$$

其中实际偿付能力额度=认可资产-认可负债，最低偿付能力额度按照上述财产保险公司和人寿保险公司的不同标准分别来确定。

按照新《保险法》规定，对偿付能力不足的保险公司，国务院保险监督管理机构应当将其列为重点监管对象，并可以根据具体情况采取下列措施：责令增加资本金、办理再保险；限制业务范围；限制向股东分红；限制固定资产购置或者经营费用规模；限制资金运用的形式、比例；限制增设分支机构；责令拍卖不良资产、转让保险业务；限制董事、监事、高级管理人员的薪酬水平；限制商业性广告；责令停止接受新业务。如果保险公司实际偿付能力出现问题，中国保监会会采取相应措施（见表 7.1）。

**表 7.1 中国保监会处理措施**

| 实际偿付能力额度 | 处理措施 |
| --- | --- |
| 低于法定最低偿付能力额度 | 向中国保监会做出说明，并采取有效措施 |
| 低于法定最低偿付能力额度的 50%，或连续三年低于法定最低偿付能力额度 | 将该公司列入重点检查对象，不得申请设立分支机构或支付红利、分红。中国保监会可以责令其采取办理再保险、业务转让、停止接受新业务、增资扩股调整资产结构等方式 |
| 低于法定最低偿付能力额度的 30%，或重点监督检查对象的财务状况继续恶化 | 中国保监会对该公司进行接管 |

理论上讲，影响保险公司偿付能力的主要风险因素大致上有四个。第一是资产风险，是指导致保险公司资产损失的风险，主要表现为资产市场价值降低，或者无法收回投资利息或本金。保险公司的资产主要有：股票、债券、银行存款、房地产、直接投资等。由于资产结构不合理，资产流动性差和资产质量低，不良资产比例过高等多种原因，资产随时存在着贬值的风险。第二是信用风险，信用风险是财产与责任保险公司的重要风险。主要内容包括不可获得

的再保险佣金和其他应收账款，对财产与责任保险公司而言，应收保费、应收分保账款等应收账款到期不能收回，是财产保险公司的重要风险。第三是承保风险，承保风险主要是指财产与责任保险公司的产品定价、损失率、准备金充足率风险，即保险公司收取的保费不足以支付赔偿或给付的责任。由于发生不利于保险公司的随机波动，导致预期的期望损失率可能和实际损失率之间发生偏差；损失误差（对损失频率的估计偏低）；当实际损失偏大时就会使得此前的产品定价过低以及宏观经济形势受影响等。第四是增长风险及其他表外业务风险，如业务规模扩张太快，为其他公司做担保等事件和其他表外业务风险及其他的日常管理风险等。

**（二）保险公司偿付能力的实证分析**

就目前国内的保险市场来讲，由于从 2008 年以来，资本市场不景气，股市债市都很疲软，股指持续走低，房地产市场也在徘徊或走低，保险公司的投资收益不高。这种情况就是保险资金运用的收益率不高。2008 年上半年我国保险公司平均投资收益率只有 2.4%，相比 2007 年的 12.17% 低了很多。据统计，截止到 2008 年 6 月底偿付能力不足的保险公司为 12 家，比年初增加了 2 家，其中个别公司偿付能力严重不足。行业偿付能力总体水平下降，除了受股票市场不断走低的影响外，关键原因还在于部分公司发展模式粗放，产品结构不合理，公司盈利能力不强甚至长期亏损，主要依赖股东增资或发行次级债维持偿付能力。同时，部分公司的治理结构存在缺陷，没有建立有效的内部风险管理机制，经营中的短期行为比较突出。

当然，偿付能力不足并不意味着保险公司资不抵债，也不意味着保险公司会破产。偿付能力是一个动态变化过程，某些保险公司可能会在发展过程中由于未及时补充资本、业务发展较快等因素出现偿付能力不足的现象，但保险监管部门及时采取监管措施，保险公司迅速整改，各项措施到位，偿付能力不足的状况就会得到有效解决。

根据保监会有关规定，保险公司如果出现偿付能力不足，保监会可以采取的监管措施有九类，例如，责令增加资本金或者限制向股东分红，限制董事、高级管理人员的薪酬水平和在职消费水平，限制业务规模，调整负责人及有关管理人员，接管等。保险公司除了必须按照保险监管部门的监管措施进行整改外，还可以采取其他一些措施改善偿付能力，如公司自我调整机构数量和业务发展速度，加强内控，控制成本费用支出等。

根据赔付率=净赔款支出/自留保费，本书利用《中国保险年鉴》上的数据通过计算得到部分非寿险保险公司的赔付率（见表 7.2）。

表 7.2　26 家非寿险保险公司赔付率　　单位:%

| 年份 | 2006 | 2005 | 2004 | 2003 | 2002 | 2001 |
|---|---|---|---|---|---|---|
| 人保财险 | 61.87 | 65.60 | 61.85 | 47.62 | 54.75 | 51.79 |
| 太平 | 42.43 | 39.35 | 30.83 | 36.46 | 13.82 | |
| 中国信保 | 50.26 | 42.78 | 48.41 | 99.67 | | 104.46 |
| 阳光财险 | 14.84 | 2.11 | | | | |
| 中华联合 | 47.15 | 43.05 | 30.48 | 23.13 | 45.87 | |
| 太保产险 | 50.18 | 50.07 | 45.63 | 54.89 | 51.84 | 46.55 |
| 平安产险 | 48.42 | 45.66 | 46.29 | 51.82 | | 7.88 |
| 华泰财产 | 38.13 | 45.55 | 46.93 | 42.58 | 45.50 | 54.44 |
| 天安 | 64.93 | 51.26 | 28.06 | 29.00 | 37.91 | 40.23 |
| 大众 | 55.12 | 67.66 | 64.18 | 57.45 | 37.45 | 26.44 |
| 华安 | 49.20 | 54.81 | 40.49 | 36.03 | 55.40 | 34.40 |
| 永安 | 41.78 | 60.69 | 27.63 | 32.24 | 37.52 | 30.93 |
| 永城 | 9.30 | 2.46 | 0.00 | | | |
| 安信农险 | 27.15 | 70.21 | 1.51 | | | |
| 美亚上海 | 12.42 | 16.62 | 18.88 | 22.66 | | 13.98 |
| 美亚广州 | 0.00 | 22.18 | 8.81 | 50.05 | 45.06 | -3.86 |
| 美亚深圳 | 10.86 | 17.45 | 22.73 | 57.24 | 70.34 | 11.21 |
| 东京海上 | 36.28 | 31.84 | 14.98 | 24.43 | 14.12 | 19.44 |
| 丰泰上海 | 19.35 | 4.61 | -5.99 | 24.22 | 26.26 | 45.65 |
| 皇家太阳 | 8.24 | 15.79 | 12.61 | 14.16 | 1.04 | 8.12 |
| 联邦上海 | 6.04 | 1.96 | 4.62 | 6.25 | 6.02 | 0.37 |
| 三井住友上海 | 22.28 | 15.18 | 14.04 | 18.09 | 12.34 | 0.89 |
| 三星火灾 | 21.82 | 44.58 | 20.74 | 36.51 | | |
| 中银深圳 | 7.37 | 11.70 | 3.47 | 6.69 | 0.17 | |
| 安联广州 | 0.00 | 2.23 | 2.46 | 0.16 | | |
| 日本财产 | 2.38 | 5.78 | 2.74 | | | |
| 平均值 | 28.76 | 31.97 | 23.70 | 35.06 | 32.67 | 29.00 |

由表 7.2 可以看出，保险公司的赔付率 2001 ~ 2005 年大体上呈增长的趋势，但在 2006 年又有所下降，基本都维持在 25% 以上，而作为与保险公司偿

付能力息息相关的重要因素，较高的赔付率代表对各家保险公司偿付能力的要求也比较高，这样才能确保广大投保人的切身利益，发挥保险稳定和保障的作用。

## 三、市场行为监管分析

我国保险业的市场行为监管主要分为三个阶段。第一阶段，市场行为监管为主阶段，体现在1998年以前的保险监管中，在中国保险监督管理委员会成立以前，对保险公司的监管主要体现为市场行为监管。监管部门主要开展全国范围的清理整顿，规范保险公司的市场行为，并查处了一批保险市场的违法违规行为。第二阶段是1998～2003年，监管部门将保险公司市场行为监管与偿付能力监管进行了有机结合，保险监管进入了市场行为监管与偿付能力监管并重阶段。第三个阶段是2003年至今，保险监管的重心逐步转移至保险公司偿付能力监管上，保险公司市场行为监管成为保险监管的三个重要支柱之一。

从长期和宏观上看，保险公司是否具备赔付投保人或者本保险人的损失是一个关键问题，也是关系社会民生的问题。但是从我国的实际情况出发，保险公司是否愿意赔偿也是非常重要的。在一个成熟的保险市场，保险监管机构的主要职责是监管保险公司的偿付能力。而我国保险业发展时间短，尚处于初级阶段，从市场行为监管和偿付能力监管并重逐步过渡到以偿付能力监管为核心，这个过程比较缓慢，目前市场行为监管仍占有比较重要的地位。所以，保险公司市场行为监管同样需要引起重视，并具有重要的研究价值与实际意义。

市场行为的监管包括市场行为的制度建设与市场行为变异的检查与矫正。市场行为的制度建设，只有保险监督管理部门才能制订，而市场行为变异的检查与矫正除了中国保监会外，中国保监会的派出机构应该承担主要任务。因此，市场行为的监管应当由中国保监会及其派出机构共同承担。中国保监会主要承担市场行为的制度设计，而派出机构主要负责市场行为变异的查处与矫正。

保险公司市场行为按照不同的标准可以有多种分类，市场行为方式和保险监管方式也有不同的对应关系，按照保险公司准入、经营与退出市场行为分类，保险公司行为与对应的监管方式划分见表7.3、表7.4。

表 7.3　按照保险公司准入、经营与退出市场行为分类

<table>
<tr><td colspan="6">保险偿付能力监管</td></tr>
<tr><td colspan="3">市场行为监管</td><td colspan="2" rowspan="2">治理结构监管</td><td>市场行为监管</td></tr>
<tr><td>治理结构监管</td><td colspan="2"></td><td></td></tr>
<tr><td rowspan="4">准入行为</td><td rowspan="4">公司外部行为</td><td>保险交易行为</td><td rowspan="4">公司内部行为</td><td rowspan="4">内控行为</td><td rowspan="4">退出行为</td></tr>
<tr><td>应付监管行为</td></tr>
<tr><td>保险资金运用行为</td></tr>
<tr><td>保险竞合行为</td></tr>
<tr><td>准入过程</td><td colspan="4">存续过程</td><td>退出过程</td></tr>
</table>

表 7.4　按保险公司行为类别与监管关系划分

<table>
<tr><th>按存在阶段分类</th><th>按公司行为表现分类</th><th>监管类型</th><th>前提</th></tr>
<tr><td>市场准入</td><td>准入行为</td><td>治理结构监管<br>市场行为监管</td><td rowspan="9">偿付能力监管</td></tr>
<tr><td rowspan="7">市场存续期间</td><td>内控行为</td><td>治理结构监管</td></tr>
<tr><td>交易行为</td><td rowspan="7">市场行为监管</td></tr>
<tr><td>竞争行为</td></tr>
<tr><td>保险资金运用行为</td></tr>
<tr><td>应付保险监管的行为</td></tr>
<tr><td>其他行为</td></tr>
<tr><td>市场退出</td><td>清算行为</td></tr>
</table>

从上面分析中不难看出，保险公司偿付能力监管是保险公司市场行为监管与治理结构监管隐含的前提。尽管有些保险公司市场行为与保险偿付能力的关系不大，但作为保险公司存在的最基本条件就是拥有足够的偿付能力，即作为保险主体存在的条件是偿付能力充足。伴随偿付能力问题，保险偿付能力监管贯穿于保险公司从进入市场到退出保险市场的全过程。但是不论在保险偿付能力充足或者不足的条件下，都离不开市场监管，否则就会影响投保人或者被保险人的利益，从而影响保险市场健康的发展。保险监管部门要在不断完善市场行为监管制度的同时提高监管的执行力，要加大对违法违规问题的查处力度，严肃处理有关人员和机构，该撤职的一定要撤职，该罚款的一定要罚款。要建立健全“黑名单”制度，不仅要把严重违规人员纳入“黑名单”，还要向社会公布并发挥社会的监督作用。

随着保险竞争的加剧和保险信息化的发展，保险与银行、证券相互渗透的趋势正在加快，由此产生了监管交叉和监管真空问题。对此，在处理市场监管问题时，保险监管部门首先可以加强与银行业、证券业等监管部门的协调和合作，定期进行业务磋商，交流监管信息，解决混业经营趋势下的分业监管问题，支持保险公司拓宽业务。另外，还可以加强与其他国家保险监管部门的交流与合作，积极加入国际保险同业监管体系，通过该体系监管国内保险市场中的外资保险公司、国际保险市场中的本国保险公司以及接受本国分保业务的国外再保险公司，进一步提高监管能力，保护被保险人的利益。

## 四、公司治理监管分析

公司治理结构，又称为法人治理结构或者公司治理等，基本包括了两方面的内涵：一个是组织架构方面，包括股权结构、董事会、监事会、经营班子等；另一个是治理机制方面，包括用人机制、监督机制和激励机制等。

随着中国保监会的成立，我国不断加大改革力度和深度，全面推进保险业各项改革，着力解决束缚保险业发展的体制和机制性障碍。探索并建立符合社会主义市场经济发展要求的现代保险企业成为整体工作的重心，从而将保险公司治理提高到了一个极其重要的层面。公司治理结构的建设成为公司制改造的关键。建立符合社会主义市场经济发展要求的现代保险企业，应该抓住完善公司治理结构这个关键。各家保险公司要研究切实转换经营机制，建立规范高效的内部运作机制，从而形成权力机构、决策机构、监督机构和经营管理者之间的制衡机制。制衡机制的中心便是关于董事会的建设，包括董事会成员机构、董事素质教育等。为了提高公司风险控制能力与资产运营质量，如何建立责任追究制度，强化高级管理人员的领导制度，强化保险公司对分支机构和代理人的管控责任等内控制度安排问题，也成为这一时期公司治理范畴要关注的重要事项。

《国资委关于国有独资公司董事会建设的指导意见》初步确定了保险公司治理结构监管有四个框架体系。一是资格审查和培训。不仅对投资保险公司的主要股东进行资质审查，对董事、监事和高管人员要进行任职资格管理，而且还要对股东进行风险提示，对董事、监事和高管人员进行教育和培训。二是非现场检查。保险公司要定期报告公司的内控、风险、合规状况和治理结构方面的情况。三是现场检查。通过列席保险公司股东大会、董事会及其专业委员会的会议及开展专项现场检查，可以深入地了解保险公司在治理结构方面存在的问题，有针对性地提出整改措施。四是沟通机制。保险监管机构与保险公司之间充分的信息交流和沟通，对于改善公司治理结构具有重要作用。

目前保险公司治理结构建设业已取得了一定成效，公司治理结构框架已经逐步建立，各保险公司都按照《公司法》和《保险法》的要求，建立了股东大会、董事会、监事会和经理层的组织架构，初步形成了公司治理结构的基本框架。董事会制度不断健全，各保险公司都制定了较为完备的股东大会、董事会和监事会议事规则，对各机构的主要职能、议事和决策程序作了较为详细的规定，初步形成了分权制衡机制。

在我国保险业处于发展的初级阶段这个大背景下，建立符合我国国情的保险公司治理监管制度框架势在必行。加强保险公司治理监管可以从以下几个方面入手：首先，按照《公司法》和《保险法》等相关法律的规定，完善相关配套措施，加强制度建设，为保险公司治理结构建设创造良好的法律环境，明确我国保险公司治理结构建设的主要内容。其次，治理结构监督需要完善，将保险公司治理结构监管纳入保险监管机构的日常工作，组织专门力量，定期对保险公司的章程、议事规则、会议决议和内控制度等方面的执行情况进行定期检查或抽查，强化制度执行，督促公司改进。再次，完善高管人员激励约束机制，督促保险公司建立经理人的绩效评价体系和激励约束机制，促进高管人员的工作积极性同时规范他们的行为。最后，加强保险机构的信息披露，规范保险公司信息披露程序，增强公司透明度，发挥外部监督的作用，使其成为消费者与保险公司沟通的工具。

## 第三节　保险公司偿付能力预测实证研究

### 一、保险公司金融稳健性评价的要点

保险公司总的财务实力依赖于许多因素，其中有些因素很难量化，包括管理能力的水平、组织结构等。对金融稳健性的评价需要综合考虑定性和定量的指标，以达到一个可接受的可靠程度。

资本充足性可以被看作评价保险公司金融稳健性的关键指标。在实践中，监管当局通常主要使用两种模型测度资本充足性，固定比率模型和基于风险的资本模型。在固定比率模型中，根据风险暴露的一个固定比例来决定资本要求，而在基于风险的资本模型中，最低资本要求根据一些更低层次反映单个风险要素的比率来决定，例如不同的保险级别和资产风险。欧洲监管当局现在使用固定比率模型，而美国、加拿大、澳大利亚和日本则使用基于风险的资本模型。从理论层面上来说，基于风险的资本模型要优于固定比率模型，因为它更精确地反映风险，但是固定比率模型的简单性则使它更加吸引人，因为利用固

定比率模型可以很容易地进行国际间的指标比较。当今的趋势潮流是从固定比率模型过渡到基于风险的资本模型。

在对保险公司的稳健性进行详细评价时，仅使用定量信息会造成偏差，但是，定量指标的使用可以使监管当局优化工作，能够把精力集中在最具风险的保险公司，因此能够达到最有效率地使用极其有限的信息。定量信息被划分为三类：①金融稳健性指标（建立在资产负债表和损益表的基础数据之上）；②压力测试/风险模型信息；③其他的表外信息。

但是，即使所有的定量信息都可以获得，还是有必要认识到，保险机构的稳健性依赖于许多难以或根本不可量化的信息。这些信息可能包括前面已经提到的管理质量或组织结构合理性等方面，还包括风险管理系统、集团问题以及在保险市场上的相对实力位置。因此，对保险公司或保险行业相关定性信息进行详细分析，对于准确评价金融稳健性具有非常重要的作用。

## 二、保险公司金融稳健性评价的具体指标

探索评价保险公司和保险行业稳健性指标的定量指标，确认与保险公司的健康和稳健性最相关的指标。保险公司的经营失败取决于许多因素，但是冰冻三尺非一日之寒，它们的失败并不是突然发生的。尽管非寿险公司可能会突然倒闭（如飓风区的财产破坏风险暴露），但这也是因为承接的业务超出保障风险的能力，以及再保险不恰当所致。对于寿险公司来说，同样如此。

### （一）选择标准

存在两组定期监控保险公司的指标集，金融稳健性核心指标集以及补充建议性指标集，补充建议性指标集包括对于监控脆弱性的更为特定领域有用的其他指标。保险风险和前面提到的保险失败原因是建立这两种金融稳健性指标的出发点，同时也借鉴了金融系统评价项目（FSAP）的保险评价结果以及被监管当局、信用机构、股票分析师和投资者所使用的保险公司指标。建立这些指标要符合下列标准：①分析的显著性；②概括性，利用有限的指标囊括绝大部分的信息；③数据可得性；④普遍使用性，绝大多数情况下都适用（不适用于特定国家或特定行业）。

其中一些所选择的指标对于寿险公司和非寿险公司以及再保险公司都是一样的。所建议的指标对于发达国家和发展中国家都是一样的，尽管一些特定指标在国家之间存在微小的差异，但这取决于国家之间的发展程度水平。尽管指标的选择和定义是相同的，但是应该有必要意识到不同的经营行业应该独立分析，采纳不同的基准。尤其是对于寿险公司来说，应该集中在压力测试以及随时间变化发展新指标，而不是进行静态分析。

当编制和解释指标时，需要考虑一些其他方面的东西，包括会计数据的质量、保险公司的治理结构、监督和管理的质量。这些因素在不同国家相差甚大。对金融稳健性指标的分析和解释，可以参考国际保险监督官协会（IAIS）发布的保险核心原则。前面已提到，因为一些相关信息的定性性质，金融稳健性指标并不能囊括对于金融稳定有重要作用的方方面面。为了了解如何更好地解释金融稳健性指标（FSIs），结合更精确地描述数据性质的信息，金融体系结构以及组成系统的机构特征等方面进行补充分析是非常有用的。

所选择的指标被概括为 CARAMELS 框架，在 CAMELS 评级体系（资本充足（Capital Adequacy）、资产质量（Asset Quality）、管理素质（Management Quality）、盈利（Earnings）、流动性（Liquidity）、对市场风险的敏感度（Sensitivity to Market Risk））的基础上增加了精算（Actuarial）和再保险问题（Reinsurance）。银行与保险之间存在着差异，所以银行所使用的一些指标在用到保险公司时存在差异，其中许多指标需要对其给予不同的解释。

### （二）核心指标

#### 1. 资本充足性

前文已经提到，资本充足性可以当作保险公司稳健性的关键指标。保险公司稳定性的最大风险产生于，要么由于承接业务量太大或资本库波动太大，要么由于最终的结果难以确定。而且，还没有存在一个国际通行的资本充足性指标，既然需要进行国际间的比较，就使用固定比率法建立核心指标于风险的资本模型上，在建立建议指标时使用，表 7.5 描述了保险行业金融稳健性指标。

表 7.5　保险行业金融稳健性指标（核心指标）

| 标准类别 | 指　标 | 非寿险保险公司 | 寿险保险公司 |
|---|---|---|---|
| 资本充足性 | 净保费/资本 | X | |
| | 资本/总资产 | X | X |
| | 资本/业务准备金 | | X |
| 资产质量 | （房地产+未上市股权+债权）/总资产 | X | X |
| | 应收款项/（毛保费+再保险追偿金） | X | X |
| | 股权/总资产 | X | X |
| | 不良贷款/毛贷款 | | X |
| 再保险和精算问题 | 风险自留率（净保费/毛保费） | X | X |
| | 净业务准备金/最近 3 年的平均净赔款支出 | X | |
| | 净业务准备金/最近 3 年的平均净保费 | | X |

续表

| 标准类别 | 指 标 | 非寿险保险公司 | 寿险保险公司 |
|---|---|---|---|
| 管理稳健性 | 毛保费/总员工数 | X | X |
| | 员工人均资产（总资产/员工人数） | X | X |
| 收益与盈利性 | 损失率（净赔款支出/净保费） | X | |
| | 费用率（支出/净保费） | X | X |
| | 混合率=损失率+费用率 | X | |
| | 业务准备金订正额/业务准备金 | | X |
| | 投资收入/净保费 | X | |
| | 投资收益/投资资产 | | X |
| | 股本回报率（ROE） | X | X |
| 流动性 | 流动资产/流动负债 | X | X |
| 市场风险敏感度 | 未平仓净外汇头寸/资本 | X | X |
| | 资产和负债的久期 | | X |

对于非寿险公司，包括两个资本充足性核心指标，净保费/资本和资本/总资产，前者反映的是承接保单业务产生的风险，后者反映的是资产风险。净保费表征是在进行再保险后保险公司自留的风险，只能用保险公司自有资本覆盖的风险。这些指标易于计算，而且信息容易获得。另外，它们需要根据保险公司或保险行业所承接业务的风险特征进行解释。

对于寿险公司，使用了两个指标，资本/业务准备金和资本/总资产，这两个指标的作用与非寿险公司的两个指标相同。因为寿险公司的业务周期长，而且通常资产更密集，因此在比较寿险公司和非寿险公司的资本/总资产指标时有必要持谨慎态度。

由于缺乏国际通用的标准，以及为了简化的目的，把资本定义为总股权，也就是净资产价值减去无形资产，但这并不会消除进一步研究资产质量的需要。对资本充足性的分析主要依赖于保险公司资产和负债的现实价值，因为对资产负债表的两端调整直接影响资本。

2. 资产质量

在资产负债表的资产方面，应该探究资产的结构、资产受损的潜在可能性以及保险公司实行的信用控制。在核心指标中，观察总资产中的房地产的份额（功能性的和投资性质的），未上市股票以及应收款项，因为这些资产具有最大受损的可能性。房地产和未上市股票都是低流动性资产，在不发达国家房地产价值很难估计。应收款项会导致保险公司增加信用风险以及过高估计资产。

第二个指标，应收款项/(毛保费+再保险追偿金)，该值越大意味着保险公司的信用越弱，尤其在应收款项占总资产很大比重时应该特别关注。第三个指标，股权/总资产，该值反映保险公司对股票市场和经济波动的风险暴露程度，那些列示在资产负债表上但是已经经过风险转嫁的股票应该排除在外。如果股权所占比重非常大，对投资组合构成的剖析是有必要的，应该特别关注资产风险暴露和负债风险暴露之间的相关性。

对于寿险公司来说，它们通常经营银行性质的活动，例如借款给金融和非金融公司，这时使用贷款质量指标——不良贷款/总贷款。表 7.6 显示，在一些国家（例如日本、韩国），除按揭贷款之外的贷款占据了寿险公司投资的巨大份额。而在前面的保险公司失败事件中，这部分资产是导致保险公司失败的重大问题所在。同时，表 7.6 的数据显示，国家之间存在巨大差异。对于股权份额，英国寿险公司的持有比例为62%，而土耳其的寿险公司则少于1%。

**表 7.6　直接保险公司的未偿还外部投资（2000 年）**　　单位：%

| | 德国 | 韩国 | 日本 | 卢森堡 | 波兰 | 土耳其 | 英国 | 美国 |
|---|---|---|---|---|---|---|---|---|
| 人寿保险公司 | | | | | | | | |
| 房地产 | 3.1 | 9.0 | 4.3 | 0.1 | 1.2 | 2.5 | 5.9 | 1.1 |
| 按揭贷款 | 10.2 | 8.4 | — | 0.0 | 0.7 | 0.0 | 0.1 | 11.5 |
| 股票 | 6.6 | 5.1 | 17.5 | 46.2 | 2.9 | 0.9 | 62.6 | 6.8 |
| 债券 | 7.4 | 28.9 | 37.7 | 45.8 | 73.4 | 92.3 | 27.3 | 69.6 |
| 除按揭贷款以外的贷款 | 46.3 | 28.0 | 26.1 | 0.1 | 2.0 | 0.6 | 1.0 | 5.0 |
| 其他投资 | 26.4 | 20.6 | 14.4 | 7.8 | 15.2 | 3.9 | 3.1 | 5.6 |
| 人寿保险公司总投资 | 100.0 | 100.0 | 100.0 | 100.0 | 100.0 | 100.0 | 100.0 | 100.0 |
| 非寿险保险公司 | | | | | | | | |
| 房地产 | 3.7 | 12.1 | 5.4 | 2.6 | 3.9 | 23.9 | 2.1 | 1.1 |
| 按揭贷款 | 2.0 | 5.4 | — | 0.1 | 0.2 | 0.0 | 0.4 | 0.2 |
| 股票 | 13.9 | 8.4 | 34.7 | 21.3 | 12.2 | 28.6 | 30.6 | 30.6 |
| 债券 | 9.7 | 36.3 | 30.3 | 57.7 | 53.9 | 44.9 | 59.5 | 60.3 |
| 除按揭贷款以外的贷款 | 44.8 | 10.4 | 14.4 | 0.0 | 1.3 | — | 2.3 | 0.0 |
| 其他投资 | 25.9 | 27.4 | 14.6 | 18.4 | 28.5 | 2.8 | 5.0 | 7.8 |
| 非寿险保险公司总投资 | 100.0 | 100.0 | 100.0 | 100.0 | 100.0 | 100.0 | 100.0 | 100.0 |

3. 再保险和精算问题

风险自留率指标对寿险公司和非寿险公司都适用，它表示多大程度上的风险已经转移给再保险机构。如果保险很大程度上依赖于再保险机构，则应该检查再保险机构的金融稳健性。在行业层次上，该指标反映保险部门的总体风险承受能力，然而如果要进行国际比较则应该考虑到，许多国家规定应该把预先确定比例的业务向国有再保险机构进行投保。

表 7.7 显示经济合作和开发组织部分国家所选择的自留率。平均来说，与寿险公司相比，非寿险公司严重依赖于再保险，非寿险公司把大约 20% 的业务进行再保险，而寿险公司则 5%。

**表 7.7　自留率（净签单保费/总的毛保费，2000 年）**

| | 总共 | 人寿保险公司 | 非寿险保险公司 |
|---|---|---|---|
| 德国 | 84.0 | 92.8 | 78.0 |
| 韩国 | 95.3 | 99.0 | 85.5 |
| 日本 | 95.5 | 98.5 | 87.0 |
| 卢森堡 | 87.6 | 90.5 | 68.2 |
| 波兰 | 84.1 | 97.9 | 77.1 |
| 土耳其 | 87.4 | 99.4 | 85.0 |
| 英国 | 90.8 | 97.0 | 74.6 |
| 美国 | 89.6 | 91.4 | 87.8 |
| 经济合作与开发组织的平均值 | 88.5 | 95.9 | 0.5 |
| 经济合作与开发组织的最小值 | 78.4 | 82.2 | 68.2 |
| 经济合作与开发组织的最大值 | 96.5 | 100.0 | 89.9 |

关于业务准备金，寿险公司和非寿险公司都各自有一个指标，对非寿险公司，净业务准备金/最近 3 年的平均净赔款支出，被叫做生存率，显示保险公司对已汇报赔款和未汇报赔款支出估计的质量程度。净业务准备金/最近 3 年的平均净保费指标，适用于寿险公司，总的来说，随着所承接长期业务的量增大，业务准备金也会相应提高。

4. 管理稳健性

很难找到直接的定量指标来测度管理的稳健性。因为经营效率很可能与整个管理稳健性相关，因此使用经营效率的两个指标来反映管理稳健性，分别是毛保费/总员工数和员工人均资产。毛保费用来反映业务活动的总体规模，在进行分析时有必要考虑到单个保费和年度保费对指标所造成结果的影响差异。此外，应该考虑到保险机构会使用不同的分销渠道，而通过内部分销或自动系统分销则比通过经纪人或代理机构更便宜，在进行解释时应该考虑该问题。如果寿险公司和非寿险公司该指标相同，则应该注意到基准和对应人群是不同的。

5. 收益与盈利性

收益是资本的关键而且是唯一的长期来源。低盈利性意味着保险公司存在基础性问题，这可以被看作偿债能力问题的主要指标。对于非寿险公司来说，损失率是评价定价策略是否正确的重要指标，费用率则把经营成本加以考虑。混合率指标，混合率=损失率+费用率，它是测度盈利性的常用指标。该指标衡量承接业务的业绩，但并没有考虑到投资收益。投资收入/净保费指标，则集中考虑收入的第二大来源——投资收益。股权回报率则表示盈利的总体水平。

6. 流动性

对于保险公司来说，与银行负债的流动性相比，负债的流动性并不那么紧要，因为保险公司的负债流动性相对来说是可以预测的。但是如果保险公司出现流动性问题，那么投保人会对保险机构失去信心，从而会导致投保人要求收回未到期保费。对于寿险公司来说，那些投保人有可能放弃保单，要求支付现金的保险产品，在流动负债中相当重要，因为之前发生的保险失败事件中，提供存款性质的产品会面临到期日错配风险暴露。

7. 市场风险敏感度

保险公司出售的一些产品会把风险转移给投保人，因此有必要在考虑市场风险时把这些产品的特征考虑进去。保险公司所持有的资产对资产价格的变化非常敏感，股票价格的下跌、利率的突然变化、房地产价值的突然变化、货币贬值都可能导致损失。用未平仓净外汇头寸/资本及资产和负债的久期来衡量保险公司的外汇风险暴露和利率风险暴露。

### （三）补充指标

补充指标中的指标提供了一些非常重要的信息，应该被尽可能地使用。表7.8简单地概括了这些指标。同核心指标一样，这些指标同样落在CARAMELS框架内，此外还包括了基于股票市场信息的指标和与集团暴露相关的指标。

表 7.8　保险行业金融稳健性指标（推荐指标）

| 标准类别 | 指　　标 | 非寿险保险公司 | 寿险保险公司 |
|---|---|---|---|
| 资本充足性 | 赔偿能力覆盖率 | X | X |
| | 基于风险的资本充足率 | X | X |
| 资产质量 | 资产/金融衍生工具的负债头寸 | X | X |
| | 投资：地理分布 | X | X |
| | 投资：部门分布 | X | X |
| 再保险和精算问题 | 承接业务：地理分布 | X | X |
| | 承接业务：部门分布 | X | X |
| | 承接业务：按主要营业项的分布 | X | X |
| 管理稳健性 | 运营费用/毛保费 | X | X |
| | 员工费用/毛保费 | X | X |
| 收益与盈利性 | 人均收益（净利润/员工人数） | X | X |
| | 资产回报率（ROA） | X | X |
| | 收益回报率（Net Income/Total Revenue） | X | |
| 流动性 | 流动资产/总资产 | X | X |
| | 流动负债/总负债 | | X |
| 市场指标 | 市场价值/账面价值 | X | X |
| | 市盈率 | X | X |
| | 价格/毛保费 | X | X |
| 集团暴露 | 集团债权/总资产 | X | X |
| | 集团（保费+赔付）/总（保费+赔付） | X | X |

在资本充足率指标中，使用基于风险的资本模型和使用赔偿能力覆盖率指标，即实际资本/监管当局的最低资本要求，同样可以提供关于资本化水平的信息。

关于资产质量、再保险和精算问题，投资与承接业务的地理和部门分布能够提供关于保险公司风险暴露的重要信息，另外，关于在金融衍生产品上头寸的指标，可以进一步显示保险机构的风险管理策略。

关于管理稳健性，两个费用率指标，运营费用/毛保费和员工费用/毛保费指标，是关于管理稳健性的间接性指标。此外，人均收益（净利润/员工人数）、资产回报率（ROA）和收益回报率（Net Income/Total Revenue）进一步提供关于收益与盈利性的信息。关于流动性指标，引进了另外两个指标，流动资产/总资产和流动负债/总负债。

对于上市的保险公司来说，股票市场能够提供有用的信息，尤其是低的市场定价意味着收益的质量相对较差，因此资产、负债和业务暴露需要重新检查。有三个基于市场的指标，分别是市场价值/账面价值、市盈率和价格/毛保费。

保险公司通常是大金融集团的一部分，与集团中的公司进行的交易通常会扭曲保险公司的财务实力。

## 三、保险公司偿付能力预测的实证研究

我们利用全世界范围内的两百多家保险公司数据，运用 Logistic 模型对保险公司的偿付能力预测进行实证研究，对相关的预测指标进行解释，对模型的预测能力进行分析。同时在运用 Logistic 模型做实证分析时，分别使用偿付能力评级 1 年前的数据和偿付能力评级 2 年前的数据，以研究该模型对于预测保险公司偿付能力的准确性动态变化。

偿付能力预测研究的方法可以分成三大类：统计方法（主要包括判别分析、离散选择模型、破产概率模型）、决策分析方法（递归分类树）、智能计算方法（神经网络、支持向量机）和模拟分析方法。Chen，Wong（2004）对以往的方法做了很好的总结。我们结合最近的一些研究，对该表进行了重新的分类整理（见表 7.9）。

表 7.9　保险公司偿付能力预测方法

| 方法类型 | 具体方法 | 代表文献 |
| --- | --- | --- |
| 统计 | 多元判别分析 | Trieschmann and Pinches（1973），Ambrose and Seward（1988），Hershbarger and Miller（1986），Carson and Hoyt（1995） |
| | 非参数判别分析 | BarNiv and Raveh（1989） |
| | 破产概率模型 | Barth（2000） |
| | Logit 与 Probit 模型 | BarNiv（1990），BarNiv and Hershbarger（1990），Carson and Hoyt（1995），Lee and Urrutia（1996），Ambrose and Carroll（1994），Browne，Carson and Hoyt（1999），Cummins，Harrington and Klein（1995），Baranoff，Sager and Witt（1999） |
| 决策分析方法 | 递归分类树 | Frydman，Altman and Kao（1985），Scrinivasan and Kim（1987），Carson and Hoyt（1995） |
| 智能计算方法 | 人工神经网络 | Duett and Hershbarger（1990），Huang，Dorsey，and Boose（1994），Brockett，Cooper，Golden and Pitaktong（1994） |
| | 支持向量机 | Gestel 等（2007） |
| 模拟分析方法 | | Cummins，Martin and Phillips（1999） |

资料来源：Chen，Wong（2004），由本研究重新整理分类。

### (一) 研究的假说

假说1：资产管理能力越强，偿付能力越强。

一个保险公司的财务状况受多方面因素的影响，例如出现投资问题，没有对资产组合实行合理的分散化等都会严重危及保险公司的财务状况。Stewart Economics (1988) 指出资产管理不善是造成保险公司失去偿付能力的关键原因之一。保险公司的投资结果对保险公司的偿付能力也产生重要影响。这里选取了两个有关资产管理能力方面的指标。

V1：净投资收入/净赚得保费（Net Investment Income/Net Premiums Earned)。该指标用来测量保险公司的投资效益，Harrington 和 Nelson (1986) 认为投资收入对保险公司的稳健经营至关重要。因为随着保险公司负债期限的延长，长期投资收益可以抵消不利的承保结果。

V2：投资收益率（Investment Yield)。投资收益率衡量了保险公司盈利性的重要部分，反映了保险公司投资组合的质量。它反映了税前投资收入与平均被投资资产之间的关系。NAIC、IRIS 认为该比率低于6%是不寻常的，应该引起注意。

假说2：在较短时间内，杠杆越高，保险公司偿付能力越强。

长期负债并不需要在短期内支付，相反还会提高保险公司的现金流，故在较短时间内，杠杆较高，保险公司偿付能力也会有一定程度的增强，当然也适合本节较短时间（1~2年）的预测。

V3：净承保保费/盈余。该杠杠比率，是衡量保险公司承保能力的传统指标。

V4：毛承保保费/盈余。该指标与净承保保费/盈余类似。

假说3：流动性越强，则保险公司偿付能力恶化的概率越低。

许多文献资料都认为，流动性是衡量保险公司为到期债务提供资金能力的指标，用来评价保险公司短期内能否用其资产偿还债务、弥补赔款和应付退保，或者用于判断保险公司举债经营的安全程度。分析短期偿债能力，有利于判断保险公司负债数额是否适当。

V5：流动资产/负债。保险公司希望保持适度的流动性以偿还到期的债务。流动资产比率越高，则在短期债务到期前可以变现用于偿还债务。

V6：承保费用/净承保保费。该指标用来衡量现金流管理，因为它把可控制现金费用和来自销售的现金流连接起来。这个指标是 Pinches 和 Trieschmann (1974) 判别函数中的六个指标之一。

假说4：保险公司的资本越充足，保险公司的偿付能力越强。

如前文所述，资本充足性可以被看作评价保险公司金融稳健性的关键指标。保险公司稳定性的最大风险产生于要么由于承接业务量太大或资本波动太大，要么由于最终的结果难以确定。

V7：盈余增长率。盈余的增长率通常被当作保险公司有效的偿付能力预测指标。如果一个保险保持盈利必然会出现盈余增长，但是如果保险公司的经营增长过快，就会相应地承担过多的风险，对保险公司来说，偿付能力也会削弱，因此该指标对偿付能力的预测应谨慎。

V8：未被支付的损失赔偿金/盈余。该指标可以被当作债务/股权比率，把保险的损失准备金与保单盈余联系起来。该比例越高，说明公司责任提取比较充分，则此时公司偿付能力也不易恶化。

此外，对于非寿险公司还有另外两个资本充足性指标，资本/总资产（V9）和净保费/资本（V10），前者反映资产风险，后者反映承接保单业务产生的风险。如前所述，净保费表征在进行再保险后保险公司自留的风险，只能用保险公司自有资本覆盖的风险。这些指标易于计算，而且信息容易获得。另外，它们需要根据保险公司或保险行业所承接业务的风险特征进行解释。

假说5：业务准备金的充足率越强，则偿付能力不易恶化。

净业务准备金/盈余（V11），被叫作生存率，显示保险公司对已汇报赔款和未汇报赔款支出估计的质量程度。此外还有业务准备金/净承保保费（V12）。

假说6：保险公司的盈利能力越强，则保险公司偿付能力恶化的概率越低。

收益是资本的关键而且是唯一的长期来源。低盈利性意味着保险公司存在基础性问题，可以被看作偿债能力问题的主要指标。一般来说，保险公司的盈利能力越高，为获得较高盈利能力所付出的费用代价就相对越少，则保险公司留存收益增加的可能性也就越大。

对于非寿险公司来说，损失率是评价定价策略是否正确的重要指标，费用率则把经营成本加以考虑。混合率指标，混合率=损失率+费用率，是测度盈利性的常用指标。该指标衡量承保业务的业绩，但并没有考虑到投资收益。净收入/盈余（资产）指标，则集中考虑收入的第二大来源，股权回报率则表征盈利的总体水平。综合上面的分析，可以选取以下几个指标。V13：净收入/盈余，该指标可以当作对保险公司股权回报率的衡量；而净收入/总资产（V14）则可以看作是对资产回报率的测量；此外还有综合率（V15）、综合率的变化率（V16）以及损失率（V17）。

假说7：在一定范围内分出保费比率越高，则保险公司的偿付能力越强。

风险自留率指标，表示多大程度上的风险已经转移给再保险机构。如果保险很大程度上依赖于再保险机构，则应该检查再保险机构的金融稳健性。在行业层次上，该指标反映了保险部门的总体风险承受能力。保险公司接受业务的

多少必须根据自己的偿付能力来确定，把自己的承保责任控制在适度的范围内，制定合理的分保方案。在一定的比率范围之内，分出保费会把高风险的业务转移给再保险公司，可以提高保险公司的偿付能力。但是如果保险公司过度依赖再保险公司，分出保费占保费收入的比例较高，意味着保险公司承保风险较高，而且自留保费降低，其偿付能力恶化概率相应提高。再保险的指标有分出给关联企业和非关联企业的保费/毛承保保费（V18）和分出给关联企业和非关联企业的保费/盈余（V19）。

假说8：公司承保收入的增加在一定程度上会增强保险公司的偿付能力。

V20：净承保保费的增长率。NAIC、IRIS认为如果该增长率超过33%或者低于-33%，都应引起监管当局的注意。AICPA（1996）暗示如果保险公司在进入新的、波动性更大的保险领域而使净保费收入增长加快，应该小心谨慎。

V21：净承保保费/净赚得保费。该指标同样衡量保险公司内部收入的增长速度。

假说9：保险公司规模越大，偿付能力越强。

按照现有文献的经验性结论，规模大的公司发展更为成熟，具备规模经济的优势，并具有充裕的现金流，而这正是那些小公司所缺乏的。因为监管当局不太可能清算大型保险公司，因此预期小型保险公司更容易陷入偿付危机。我们仿照相关文献，用总资产（V22）作为公司规模指标。

### （二）样本选取

我们选取了两百多家世界范围内的非寿险公司作为研究样本，时间跨度为2004~2006年，经过数据整理，最后得到94家保险公司的样本。对于如何界定保险公司失去偿付能力，西方大多数研究以“破产”要件为基础，即认为当一个保险公司处于“无力偿债或未能在法庭之外与债权人达成协议，而依据破产法进入诉讼程序”时，保险公司偿付能力就陷入实质恶化状态。而国内的研究则认为，保险公司偿付能力恶化实质上是一种渐进式的积累过程，可表现为不同的轻重程度。保险公司的违约、无偿付能力、亏损和持续性亏损等，都可视为偿付能力恶化的一种前期表征，破产只是保险公司经营失败历程中的最终结果（吕长江等，2006）。我们综合国内外的研究成果，以2006年末的惠誉评级公司的评级结果作为区分偿付能力好坏的标准，确定BBB级以上（包括BBB）的保险公司为偿付能力较强的保险公司，而低于BBB级的保险公司偿付能力较弱。最后得到偿付能力较强的公司有78家，其余16家保险公司的偿付能力较弱。

### （三）预测指标的因子分析

我们首先研究利用保险公司偿付能力评级两年前的数据进行偿付能力预

测，选取了22个反映保险公司偿付能力的预测指标（见表7.10），初步发现一些指标存在着一定的相关性，因而在一定程度上出现了信息重叠。但是如果仅仅依靠几个指标来预测保险公司的偿付能力会面临指标难以确定的问题，而不能反映保险公司偿付能力的综合情况。因此我们采用因子分析法来处理这个问题，将选出的预测保险公司偿付能力的指标重新组成几个新的相互无关、信息不重叠的公共因子，以代替初始的预测指标。必须使提取的几个较少的因子指标应该尽可能多地反映初始的预测指标信息，并且能够从不同的角度预测保险公司的偿付能力，不出现多重共线性问题。

**表7.10 解释变量的描述性统计（偿付能力评级两年前的数据）**

| | 均值 | 标准差 | 最大值 | 最小值 |
|---|---|---|---|---|
| V1 | 0.1365892 | 0.2052151 | 1.8529412 | -0.285714 |
| V2 | 3.8342553 | 2.6554385 | 7.55 | -19.2 |
| V3 | 1.2259313 | 1.4754354 | 14.095238 | -0.071429 |
| V4 | 3.3693355 | 6.6458382 | 62.142857 | 0.0168224 |
| V5 | 0.764515 | 0.1538531 | 0.984375 | 0.0496575 |
| V6 | 1.102379 | 0.9035273 | 7.125 | 0.4066924 |
| V7 | 21.830645 | 59.92901 | 481.11 | -31.28 |
| V8 | 1.3593843 | 1.4958787 | 13.357143 | 0 |
| V9 | 0.2187153 | 0.3461319 | 3.0495868 | 0.0001172 |
| V10 | 22.114711 | 108.06522 | 839 | -0.072581 |
| V11 | 1.8917527 | 1.7834483 | 16.333333 | 0.0079365 |
| V12 | 2.1478417 | 2.8263688 | 20 | -0.111111 |
| V13 | 0.122405 | 0.2735788 | 1.6904762 | -1.11976 |
| V14 | 0.0374886 | 0.0556505 | 0.1646989 | -0.183237 |
| V15 | 100.61702 | 25.305066 | 257.19 | 42.94 |
| V16 | 0.0389708 | 0.3759839 | 3.1903796 | -0.420764 |
| V17 | -0.02599 | 0.2471012 | 0.7650336 | -0.933764 |
| V18 | 0.5022298 | 0.5020084 | 4 | 0 |
| V19 | 2.1842479 | 5.4074329 | 48.02381 | 0 |
| V20 | 2.1842479 | 5.4074329 | 48.02381 | 0 |
| V21 | 1.0199329 | 0.2769652 | 3.201909 | 0.2285714 |
| V22 | 67266.734 | 185812.96 | 1606800 | 31 |

我们首先对标准化处理后的变量进行 KMO 和 Bartlett 检验，以判断其是否适合运用因子分析。我们发现 KMO 测度大于 0.5，还发现 Bartlett 球体检验拒绝了总体相关矩阵是单位矩阵的零假设。因此可以认为因子分析是可取的。

接着运用主成分分析的方法求解初始因子，选取特征值大于 1 的主成分，确定因子的个数，结果显示因子个数为 7 个。前 7 个因子的累积贡献率已经达到 75.02%，即基本保留了原来指标的信息。这样由原来的 22 个指标转化为 7 个因子指标，起到了降维的作用。

为了使因子之间的信息更加独立，对因子负荷矩阵进行最大方差正交旋转，这种方法会使在一个公共因子上有高负荷的变量数目减至最少，增强因子的可解释性。

由旋转后的因子载荷矩阵可以看出，公共因子 $F_1$ 在 V4（毛承保保费/盈余）、V19（分出给关联企业和非关联企业的保费/盈余）、V20（净承保保费的增长率）、V11（净业务准备金/盈余）和 V8（未被支付的损失赔偿金/盈余）上有较大的载荷，这几个指标是从准备金、承保保费等方面衡量保险公司偿付能力的重要指标，因而 $F_1$ 为反映保险公司责任提取方面的公共因子。在这个因子上的得分越高，说明公司责任提取比较充分，偿付能力越强。

公共因子 $F_2$ 在 V13（净收入/盈余）（符号为负）、V14（净收入/总资产）（符号为负）和 V15（综合率）等指标上有较大的载荷，该因子反映了保险公司的盈利能力（其实是反映盈利的相反方面，因为符号为负），盈利能力越强，偿付能力越好。

公共因子 $F_3$ 在 V8（资本/总资产）、V7（盈余增长率）、V18（分出给关联企业和非关联企业的保费/毛承保保费）上载荷较大，它反映了保险公司的资本充足性，是评价保险公司金融稳健性的关键指标。

公共因子 $F_4$ 主要反映负的 V21（净承保保费/净赚得保费），F4 数值越大，保险公司的偿付能力越弱，因为 V21 衡量保险公司内部收入的增长速度。

公共因子 $F_5$ 反映 V17（损失率）的相反面，因此该因子的数值越大，保险公司的偿还能力越弱。

对于公共因 $F_6$，其在 V2（投资收益率）和 V5（流动资产/负债）上负载较大，因此它反映了保险公司的流动性和投资盈利能力，所以在这个因子上的得分越高，说明公司流动性比率越高、盈利能力越强，短期偿付能力越好。

最后，公共因子 $F_7$ 反映负的总资产，该因子反映保险公司的规模因素，因此该公共因子的得分越高，公司的偿付能力越弱。

使用保险公司偿付能力评级 1 年前的数据进行因子分析，得到的公因子与利用保险公司偿付能力评级 2 年前的数据得到的公因子类似，具体不再赘述，见表7.11。

表7.11 解释变量的描述性统计（偿付能力评级一年前的数据）

| | 均值 | 标准差 | 最大值 | 最小值 |
|---|---|---|---|---|
| V1 | 0.175359 | 0.332505 | 2.827586 | -0.094 |
| V2 | 4.145957 | 2.727998 | 21.18 | -12.69 |
| V3 | 1.204962 | 1.384012 | 12.48 | -0.01418 |
| V4 | 3.229689 | 6.046432 | 55.84 | -0.00709 |
| V5 | 0.776629 | 0.150408 | 1.031008 | 0.006015 |
| V6 | 0.315739 | 6.293174 | 2.119961 | -60 |
| V7 | 13.94021 | 33.05417 | 275.9 | -43.22 |
| V8 | 1.29592 | 1.328691 | 11.5 | 0.017784 |
| V9 | 0.206763 | 0.297761 | 2.589201 | 0.000104 |
| V10 | 24.56134 | 125.2119 | 1032 | -0.00345 |
| V11 | 1.874874 | 1.91479 | 13.58 | 0.021138 |
| V12 | -1.75204 | 34.34117 | 6.304348 | -331 |
| V13 | 0.152376 | 0.250833 | 1.78 | -0.65 |
| V14 | 0.049573 | 0.04853 | 0.211488 | -0.08764 |
| V15 | 98.34096 | 22.71838 | 199 | 30.01 |
| V16 | -0.02713 | 0.250918 | 0.778992 | -1.8102 |
| V17 | -0.0652 | 0.855344 | 3.102757 | -7.33733 |
| V18 | 0.416475 | 0.348525 | 1.034302 | -1 |
| V19 | 2.045588 | 4.96756 | 43.36 | -0.31579 |
| V20 | 17.0336 | 84.04297 | 664.2 | -71.4 |
| V21 | 1.03122 | 0.23158 | 2.714286 | -0.11765 |
| V22 | 77075.39 | 213704 | 1817868 | 53 |

## （四）Logistic 回归分析

根据上面的分析，预期各个公共因子（前两年数据得到的）对保险公司偿付能力的影响作用，见表7.12。

表 7.12　保险公司偿付能力预测指标的影响假说

| 假说 | 因子 | 预期符号 |
| --- | --- | --- |
| H1 | $F_1$ | - |
| H2 | $F_2$ | + |
| H3 | $F_3$ | - |
| H4 | $F_4$ | + |
| H5 | $F_5$ | - |
| H6 | $F_6$ | - |
| H7 | $F_7$ | - |

对于保险公司偿付能力预测的实证研究，我们采取 Logistic 回归分析方法，构建的方程如下：

$$\log\frac{p_i}{1-p_i}=\beta_0+\beta_1F_1+\beta_2F_2+\beta_3F_3+\beta_4F_4+\beta_5F_5+\beta_6F_6+\beta_7F_7$$

其中，$\log\frac{p_i}{1-p_i}$是 Logistic 函数（被解释变量取 1 和 0 的概率，分别为 $p_i$ 和 $1-p_i$），以各保险公司 2006 年末的惠誉评级结果当作划分偿付能力强弱的标准，具体划分结果前面已经提及，偿付能力强的保险公司取值为零，反之取值 1；$F_1$、$F_2$ 等变量的定义如前文所述，根据各保险公司 2004 年和 2005 年的数据计算，也就是说分别用两年前的数据预测两年后的偿付能力情况和利用一年前的数据预测一年后的偿付能力情况。

Logistic 回归分析的结果见表 7.13。

表 7.13　Logistic 回归分析结果（偿付能力评级两年前的预测）

| 变量 | 预期符号 | 回归分析结果 |
| --- | --- | --- |
| $F_1$ | - | -0.582166<br>(0.6884) |
| $F_2$ | + | 0.591579 *<br>(0.0575) |
| $F_3$ | - | -1.613085 **<br>(0.0324) |
| $F_4$ | + | 0.270608<br>(0.3217) |

续表

| 变量 | 预期符号 | 回归分析结果 |
|---|---|---|
| $F_5$ | – | -0.014705<br>(0.9756) |
| $F_6$ | – | -1.599043***<br>(0.0098) |
| $F_7$ | – | -0.091698<br>(0.7640) |
| 常数 | | -2.345311***<br>(0.0000) |
| LR statistic (7 df) | | 25.03622 |
| McFadden R-squared | | 0.2919 |

注：括号内表示 p 值，*表示在 10% 的显著性水平下显著，**表示在 5% 的显著性水平下显著，***表示在 1% 的显著性水平下显著。

表 7.13 所示的回归结果基本上印证了我们的假设，所有因子的符号与我们的预期相同，但是一些因子不显著，需要谨慎分析。

公共因子 $F_1$ 反映保险公司的责任提取方面，结果中显示符号为负，与我们的预期相同，但是不显著。该公共因子说明公司的责任提取越充分，保险公司的偿付能力越强，偿付能力恶化的概率就越低。

公共因子 $F_2$ 反映的是保险公司的盈利能力特征（注意为负的盈利能力），结果显示符号与预期一致，且在 10% 的显著性水平下显著。

公共因子 $F_3$ 反映的是保险公司的资本充足性，结果显示与我们的预期相同，而且在 5% 的显著性水平下显著。

此外，公共因子 $F_4$ 衡量保险公司的内部收入的增长速度特征，$F_5$ 反映的是保险公司的损失率，符号与我们的预期相同，但结果不显著。Browne 和 Hoyt（1995）发现损失率越高，意味着承保结果越糟糕，因此会降低盈利能力，进而危及保险公司的偿付能力。Doherty 和 Garven（1995）给出了损失率和偿付率之间关系的理论证据。

对于公共因子 $F_6$，其反映的是保险公司的流动性和投资盈利能力，结果与我们的预期完全一致。Lee 和 Urrutia 发现，流动性比率与保险公司的财务稳健性存在正相关关系，该结果说明公司流动性比率越高、盈利能力越强，短期偿付能力越好。因此流动性指标是预测保险公司偿付能力的一个重要指标。

公共因子 $F_7$ 反映的是保险公司的规模因素，Cummins、Harrington 和 Robert

(1995) 发现，保险公司的规模与保险公司的偿付能力存在正相关关系，我们的结果也进一步验证了他们的分析，但是结果不显著。总的来说，公司的规模是保险公司稳健性的一个重要决定因子。

表 7. 14 中的数据，其中 HL 是 Hosmer 和 Lemeshow 提出的拟合优度检验指标，可以看到 p 值不显著，表明模型的总体拟合效果好。

**表 7. 14　模型拟合 HL 检验（偿付能力评级两年前的预测）**

| Logistic 回归分析 | 卡方 | 自由度 | Sig. |
| --- | --- | --- | --- |
| 模型 1（两年前数据） | 6. 645 | 8 | 0. 5754 |

利用 1 年前的数据进行偿付能力预测，得到的结果见表 7. 15 所示。

**表 7. 15　Logistic 回归分析结果（偿付能力评级一年前的预测）**

| 变量 | 预期符号 | 回归分析结果 |
| --- | --- | --- |
| $f_1$ | – | 0. 010482<br>(0. 9862) |
| $f_2$ | – | -2. 634917 **<br>(0. 0422) |
| $f_3$ | – | -1. 070858 ***<br>(0. 0047) |
| $f_4$ | – | 0. 292339<br>(0. 2892) |
| $f_5$ | – | -0. 790742 **<br>(0. 0213) |
| $f_6$ | – | -0. 030000<br>(0. 9184) |
| $f_7$ | – | -0. 224023<br>(0. 6553) |
| 常数 | | -1. 799354 ***<br>(0. 0000) |
| LR statistic (7 df) | | 19. 43130 |
| McFadden R-squared | | 0. 227547 |

其中，$f_1$ 表示保险公司责任提取方面的公共因子，$f_2$ 反映保险公司的收入充足性程度，$f_3$ 反映保险公司的盈利能力，$f_4$ 表征保险公司的资本充足性程度，$f_5$ 表示保险公司的再保险活动，$f_6$ 反映投资收益率情况，$f_7$ 表征保险公司的规模。因此该7个公因子与前面的基本相同，实证分析结果也大致一样，在此不再详细论述。对于HL检验（见表7.16），发现p值不显著，因此表明模型的总体拟合效果好。

**表7.16　模型拟合HL检验**

| Logistic 回归 | 卡方 | 自由度 | Sig. |
|---|---|---|---|
| 模型1（一年前数据） | 13.2919 | 8 | 0.1022 |

### （五）模型的预测能力评价与比较

国内外文献对于偿付能力不足的相关研究，大部分把 $P_i = 0.5$ 作为临界值，但是本书中偿付能力较强的样本数与偿付能力较弱的样本数不相等，则应该将偿付能力较强样本数占全部样本数的比率作为临界值或阈值点，将预测值小于临界值的样本归类为偿付能力较强公司；反之，则归类为偿付能力较弱公司，结果如表7.17所示。

**表7.17　模型的正确识别能力检验**

| 模型 | 正确预测 | | 错误预测 | | 百分比 | | |
|---|---|---|---|---|---|---|---|
| | 偿付能力正常 | 偿付能力异常 | 偿付能力正常 | 偿付能力异常 | 整体准确率 | 正常准确率 | 异常准确率 |
| 两年前预测模型 | 59 | 13 | 19 | 3 | 76.60 | 75.64 | 81.25 |
| 一年前预测模型 | 57 | 13 | 20 | 3 | 75.57 | 74.03 | 81.25 |

注：阈值点为0.17。

结果表明，模型的整体正确率在76%左右，说明模型整体的预测准确率不错。仔细观察可以发现，使用两年前的数据对两年后的偿付能力进行预测，其正确性要略高于使用一年前的数据对一年后的偿付能力进行预测。这说明预测因子对偿付能力的预测具有滞后性。

### （六）小结

实证研究结果发现，保险公司的盈利能力特征、资本充足性、流动性和投资盈利能力等都是对保险公司的偿付能力具有显著影响的因子，对于保险公司

偿付能力恶化具有明显的预警作用。认识到这一点，有助于保险公司的管理层密切关注这几个预测保险公司偿付能力的因子，及时发现问题和采取措施，防患未然。此外，认识到这一点，也有益于各国保险监管机构对本国保险业的监管，有助于保险业有效发挥稳定社会、促进经济发展等功能。

通过使用两年前的数据对两年后的偿付能力进行预测和使用一年前的数据对一年后的偿付能力进行预测，分析比较后发现两年前的数据预测正确性要略高于一年前的数据，这说明预测因子对偿付能力的预测具有滞后影响。

## 第四节　现代保险监管对金融稳定影响的实证分析

### 一、次贷危机与美国的保险监管

2007 年爆发于美国的次贷危机，对全球金融业造成了巨大的损失①。但是，具体到保险业则影响相对较小（与其他金融机构相比），究其原因主要有以下两点：一是保险行业的特殊性赋予其较强的抗金融危机风险的能力。保险业是经营风险的行业，提供风险保障的产品与服务，保险产品受金融市场波动的影响较小。二是具有金融特征的寿险产品容易受到金融市场波动的影响，但由于寿险产品往往期限较长，且多采用期缴保费的形式，因此可以通过分散现金流将短期的投资波动在一个较长时间内予以“熨平”，从而拥有比其他金融产品更强的抵御危机的能力。然而，在这次危机中，美国的保险业却受到了严重的影响，美国国际集团（AIG）、美国大都会人寿保险等先后出现严重的危机。特别是美国国际集团（AIG），在美联储的两笔累计高达 1228 亿美元的贷款资助下，依然岌岌可危。

#### （一）美国保险业危机的监管原因

美国保险业受到重创的原因很多，从保险监管方面来看，主要有以下三点：

一是对保险公司旗下的衍生品缺乏监管。美国国际集团（AIG）濒临倒闭，主要是旗下衍生产品投资出现问题。在 AIG 的账面损失中，相当大的一部分来自于信用违约掉期合同（CDS）。信用违约掉期是一种类似于保险的担保业务，经营者不限定于保险公司。当投资者购买了信用违约掉期，就相当于为其

① 崔冬初．美国保险监管制度的现存问题及发展趋势分析［J］．知识经济，2009（4）．

投资的证券购买了保险。当证券被信用评级机构降低评级时，任何相关的违约风险不再由投资者自己承担，而由出售信用违约掉期的机构承担。AIG 为抵押贷款债券（CDOs）提供了大量信用违约掉期合约，风险敞口巨大。正是这种"过度"涉足 CDO/CDS 等复杂的金融衍生品交易，导致 AIG 最终遭遇严重的财务困境，而这与美国的保险监管缺失不无关系。美国的保险监管制度并未对过度进行金融衍生品交易行为制定相应的监管措施，因此，难以制止保险公司追求高额利润的投资冲动，从而埋下了危机的祸根。

二是对保险投资风险的监管机制不够完善。虽然美国的监管制度已经纳入了对风险的管理，但是这种管理还不够严格。以 AIG 为例，其业务领域涉足房地产金融的各个层面，导致与房地产市场相关的风险过度集中。具体来说，不仅 AIG 的保险和金融服务部门直接投资于按揭支持类证券和 CDOs（其中基础的抵押品全部或者部分由住房按揭贷款支持），而且 AIG 集团旗下的许多子公司专门经营某一类房地产金融业务。如 AGF 公司对住房的购买者和所有人发行第一层级贷款；UGC 对高贷款房价比的房屋按揭提供按揭保证保险服务；AIG FP 则通过 CDS 对某些超高层级的 CDOs 提供信用保护。可以说，AIG 全面涉足房地产金融的各个领域，一旦房地产价格下滑，按揭违约率上升，一个领域的风险会迅速蔓延到另一个领域，导致损失呈几何级数增长。事实上，AIG 涉足房地产金融的各个环节并没有违背现行的监管框架，并且有必要的风险隔离措施。例如从事按揭保险业务的子公司采取了单产品线的经营方式，并没有同时经营其他保险业务，但最终仍然出了问题。这说明现行的监管体系存在漏洞，现行的风险隔离措施是远远不够的。

三是缺乏有效的风险应对机制。事实表明，审慎经营保险业务的公司，受到金融危机的冲击较小。例如，纽约人寿，标准普尔和惠誉两家评级机构都在金融危机期间给予其最高财务评级。而追求高额利润、偏好风险的公司，都出现了很大的危机，例如 AIG。值得注意的是，在保险公司意识到或者发现问题时，如果监管机构缺乏有效的风险应对机制，将难以及时制止危机的发生或者减少风险的影响。2007 年次贷危机愈演愈烈之际，AIG 已经暴露出了一些受损的苗头，由于监管机构没有及时对该保险公司进行监管，采取相应的应对机制，使得 AIG 的账面损失不断扩大，最终造成难以挽回的损失。

### （二）经验与教训

一是要加强对衍生品的监管。随着综合经营和金融创新的发展，保险衍生品的发展将越来越迅速。保险监管机构应加强对金融衍生品的监管，建立相应的监管机制或体系，对保险衍生品的不同种类和数量进行严格的控制，以促进保险业的健康稳定发展。

二是要加强对风险的监管。风险保障型保险产品和长期储蓄型保险产品，抵抗金融危机风险的能力较强，是保险行业的优势业务和核心业务。然而，高风险行业往往伴随着高额的利润，对保险市场来说，高额利润的吸引会使部分企业忽视风险。保险监管机构特别是在信用风险、市场风险、流动性风险以及资产集中风险的管理方面，内部控制上仍有严重缺失。对于保险监管机构来说，需要改进对各类风险的评估，要有一套严格的风险管理政策与程序，对市场风险与流动性风险要做压力测试，加强资本充足率管理，对各种可能风险出现后要有处理的预案。

三是要建立有效的风险应对机制。保险监管机构应当建立完善的风险应对机制。在风险发生前，能够对可能发生的风险进行有效的预期，尽量避免风险的发生；当风险发生时，能够及时采取相应的措施制止风险的蔓延，尽量减少损失，从而使保险机构即便在发生风险时，也能够迅速地作出调整，不至于陷入严重的财务困境中，面临倒闭或破产的风险。

## 二、日本大和生命保险倒闭案成因分析

日本大和生命保险公司（简称“大和生命”），成立于1911年，是一家未上市的中小型人寿保险公司，在行业内位居第33名，有着将近百年的经营历史。2008年10月10日因深陷经营困境而正式宣布破产，成为美国次贷危机后第一家破产的日本金融机构，也是日本战后倒闭的第8家生命保险公司。

20世纪90年代后期，受泡沫经济破灭、经济萧条的影响，高利率保单造成利差损过大，日本经历了保险业的破产风潮，相继有千代田生命（Chiyoda Mutual Life）、协荣生命（Kyoei Life Insurance）等曾位列世界500强的多家大型保险公司宣布破产①。为了遏止更大规模的破产风潮，日本政府曾修改《保险业法》以稳定保险市场，存活下来的保险公司变得更加谨慎，抵御风险的能力大大提高。然而，在日本经济基本复苏的前提下，面对美国金融风暴的冲击，大和生命却是如此不堪一击，最终面临破产的境地。

### （一）保险投资不当埋下祸根

保险投资与承保业务是现代保险公司经营的两大支柱，大和生命在保险投资上的不当行为为破产埋下了祸根。该公司社长中园武雄曾在日兴证券任副社长，到大和任职之后，一改谨慎的投资策略，大肆投资高风险、高回报的房地产和海外债券，过分激进的投资行为导致资本风险大大高于同类企业。在债券

① 杨文生，孙乐．日本大和生命保险倒闭成因分析及启示［J］．上海保险，2009（1）．

投资方面，大和生命热衷于风险较大的公司债券且投资比例达到68%，相比之下，日本最大的寿险公司日本大和保险仅有20%投资于公司债券，而将大部分资金用于国债和地方债投资；在外汇投资方面，澳元较之美元和欧元风险更大，而大和生命却将资金的9%投资于澳元，以至于受到最近澳元大跌的影响；在股票投资方面，大和生命在房地产和其他金融板块的投资比例都高达7%，而其他寿险企业则在电力燃气板块上稳中求胜。大和生命这种激进冒险的投资策略早已为其倒闭埋下了祸根。

**（二）过分逐利忽视风险控制**

①大和生命在高风险经营模式下无视风险的存在。经过20世纪90年代破产风潮的洗礼，日本保险业在经营上都表现得十分谨慎，重视投资风险的规避，日本的监管部门对保险业也一直采取保守有效的监管和控制。但大和生命在同行业中却属于高成本经营，为了追求利润而过度依赖高风险、高回报的金融产品。在其投资组合中，对冲基金和房地产投资信托（REIT）等另类资产所占比例偏高，约占其投资组合的30%，而日本其他寿险公司对此类高风险投资多占投资总量的5%以下。眼前的丰厚利益导致其忽视了巨大的投资风险。②管理层的盲目自信葬送了大和生命的性命。社长中园武雄具有多年资本运作经验，对其投资策略过于自信。即使在次贷危机爆发导致财务陷入困境时，公司仍自信能够自救。然而正是这种自大思想，致使大和生命的投资组合策略近乎于“把鸡蛋放在同一个篮子里”的一场豪赌。但是，金融市场的连续动荡早已注定了赌徒的下场。

**（三）评级机构调整评级火上浇油**

2008年10月1日，日本评级公司R&I（株式会社格付投资情报中心）在其发表的报告中，将大和生命的保险金支付能力级别从“BB-op”下降到了“Bop”。此时评级机构降低大和生命的支付能力级别，无异于宣告该公司的财务状况已经岌岌可危，大和生命再想试图通过借贷等其他融资渠道摆脱困境已经不太可能。至此，大和生命陷入绝境，只得放弃自主重建，宣告破产。

**（四）监管机构行动滞后**

早在2007年美国次贷危机发生时，大和生命的经营问题就已经暴露出来，而且在2007年财务年度的报表中，已经出现了海外保险资产运用大幅度赤字的记录。但是，直到2008年9月3日，日本的金融监管机构（金融厅）才开始派遣调查组进驻大和生命进行调查。这种滞后动作，对于病入膏肓的大和生命来说已经为时过晚了。

**（五）经验与教训**

大和生命的倒闭教训很多，从保险监管的角度来看，有两点值得重视：

1. 监管机构监管效率的问题

美国的金融监管体系曾经是许多国家学习和模仿的榜样，但在次贷危机中其监管问题却暴露无遗，主要包括以下五个方面：

①监管领域存在空白，跟不上金融创新的步伐，直接导致各类高风险衍生产品市场无序发展；②监管部门繁杂重叠，标准不一，造成没有任何一个监管机构能够有力控制金融风险的局面；③过于注重套利行为而忽视对金融风险的控制，弱化了金融监管的职能；④监管滞后和监管部门行动过慢，进一步引发危机蔓延；⑤规则导向下对被监管行为描述过细，难以适应金融市场的瞬息万变。

日本大和生命倒闭的教训表明，我们应当辩证地对待美国的监管模式，在制定适合自己的监管体系，尤其是保险监管制度时，要综合考虑自身的实际情况，更加强调政府监管职能的有效性。

2. 评级机构需要规范

从次贷危机的传导进程，到保险业巨头 AIG 破产危机，再到日本大和生命瞬间倒闭，无一不是与评级机构的信用评级紧密相连。在这场金融风暴中，评级机构扮演了掩盖真相、推波助澜的角色。首先，评级机构是相关次级债券的设计参与者。在进行信用评级的同时，评级机构为此类债券提供有偿的结构化设计服务，通过提供分层、信用增级等相关建议获得收益。从而在复杂的衍生金融产品面前，为其保驾护航的高信用评级成为其掩盖风险的帮凶，导致投资者非理性投资买到了所谓“低风险、高收益”的债券。其次，评级机构在短时间内调整评级造成市场恐慌。在没有预警信息的情况下，美国三大评级机构在短时间内对大量次贷产品降低信用级别，从而引发大量低价抛售行为，市场预期加速恶化。这又促使评级机构采取进一步的降级措施，形成恶性循环。反观日本大和生命倒闭案，在评级公司调低大和生命的保险金支付级别后仅十天，大和生命就破产倒闭了，这足以显示评级机构对危机的放大效应。

# 第八章　国际保险业发展趋势对金融稳定的影响

国际保险发展趋势使得现代商业保险发展与金融稳定的关系日趋复杂。新兴风险不断出现，巨灾风险日益加大，使保险业发展面临巨大挑战。国际保险业的并购、重组，以及保险业与银行业的渗透和融合、保险集团与混业经营趋势，都会通过资金市场、资本市场对金融稳定产生不确定性，保险业对资本市场的影响越来越大，国际保险监管的协调合作趋势对保险业发展起着积极作用。

## 第一节　当前国际保险业发展概况和特点

### 一、当前国际保险业发展概况

经济全球化是21世纪世界经济的鲜明特征，世界贸易组织的成立使得各国经济交往更加密切，货币资本等生产要素相互融合渗透的趋势不断增强，保险市场进入障碍大幅减弱甚至消除，保险公司跨国并购风生水起，不断扩大公司规模，拓展经营地域，提升市场份额。

从大的地域范围比较，众多保险强国由于经济发展滞缓，保险市场趋于饱和，承保能力过剩，纷纷放宽限制，价格竞争加剧，保费增长速度下降；发展中国家则由于其经济增长速度加快，保险业起点较低，正处于加速发展的上升阶段，发展潜力很大，发展中国家保险业发展速度远远超过发达国家。但衡量国家保险业发达程度的指标比较中，发展中国家与发达国家的差距依然很大。

表8.1中使用了衡量国家或经济体保险业发展程度的三大指标：保费收入、保险密度（全国或全地区统一计算的人均保险费，保险密度=总保费收入/总人口数量×100%）与保险深度（某国或某地区总保费收入占该国或该地区国内生产总值GDP的比率，保险深度=总保费收入/GDP）。由表8.1可清楚

地看到无论从保险收入的数量上还是从保险密度与保险深度的比例上，发展中国家都远远落后于发达国家，但随着发展中国家经济的飞速发展，差距是在逐渐缩小的。

表 8.1　2007 年世界各经济集团的指标概况

| | 样本量 | 平均人均 GDP（美元） | 平均保费收入（百万美元） | 平均保险密度（美元） | 平均保险深度（%） |
|---|---|---|---|---|---|
| 发达国家 | 32 | 44047 | 114031 | 3107 | 7.68 |
| 其中：七国集团 | 7 | 40575 | 407520 | 3815 | 9.22 |
| 发展中国家 | 61 | 8796 | 6637 | 237 | 3.08 |
| 其中：新兴市场 | 18 | 5818 | 16342 | 207 | 3.22 |
| 其中：金砖四国 | 4 | 4871 | 53873 | 132 | 3.23 |
| 世界各国平均 | 93 | 20925 | 43590 | 1224 | 4.66 |

资料来源：联合国“National Accounts Main Aggregates”数据库，瑞士“Sigma”世界保费数据库等。

在得到了一个固定时间点的数据后，再以各大洲为单位，考虑数据的可得性及分析可行性原则后选择 1999 年、2001 年、2004 年三年的数据进行比较，见表 8.2。

表 8.2　世界各大洲保险业基本数据

| 地区 | 保费收入（百万美元） | | | 保险密度（美元） | | | 保险深度（百分比） | | |
|---|---|---|---|---|---|---|---|---|---|
| | 1999 年 | 2001 年 | 2004 年 | 1999 年 | 2001 年 | 2004 年 | 1999 年 | 2001 年 | 2004 年 |
| 北美洲 | 837070 | 949334 | 1167576 | 2766 | 3084 | 3601 | 8.42 | 8.8 | 9.17 |
| 拉及加 | 35670 | 41208 | 49323 | 71.3 | 80 | 91 | 1.99 | 2.17 | 2.47 |
| 欧洲 | 761645 | 762398 | 1198184 | 930 | 919 | 1428 | 7.57 | 7.84 | 7.89 |
| 亚洲 | 621204 | 595124 | 736036 | 174 | 163 | 194 | 7.38 | 7.6 | 7.40 |
| 非洲 | 26258 | 24551 | 37609 | 32.4 | 30 | 43 | 4.60 | 4.54 | 4.89 |
| 大洋洲 | 42177 | 35637 | 55177 | 1443 | 1173 | 1737 | 9.20 | 8.56 | 7.65 |
| 世界 | 2324025 | 2408252 | 3243906 | 387.3 | 393 | 502 | 7.52 | 7.83 | 7.99 |

注：拉及加指拉丁美洲及加勒比海地区。

资料来源：2001 年、2003 年、2006 年《中国保险年鉴》。

从表 8.2 的数据可以看出，世界保费收入呈现逐年递增态势。具体到各大洲的情况，可发现洲际间保费收入差异较大，且大格局基本稳定。北美洲、欧洲、亚洲保费收入稳居世界保险业前三位，且三洲保费收入占世界总保费收入的95%左右；而大洋洲、拉丁美洲及加勒比海地区和非洲保费收入仅占世界保费收入的5%左右；保费收入最少的非洲所占比例仅略高于1%。

从以国家为单位也可得出相对应的结论，目前世界约有90%的保险业务集中在北美、日本和欧洲等经济发达国家，其中美国、日本、德国位居世界保险市场份额的前三位。

北美保险中无论保险业务规模、经营主体、业务人员数量及经营形式之多样化皆居世界首位。

欧洲众多保险强国同样占有了相当数量的保险业务；德国作为第一个建立了社会保障制度的国家；英国是世界上最大的再保险输出国；瑞士的本地保险业务量相当小，却承担了庞大的国际保险与再保险业务；法国强力进行海外并购，积极拓展海外保险市场且成绩斐然。

亚洲保险市场中的佼佼者日本，其保险市场有着相当内向且封闭的特点，外国保险公司很难进入该国保险市场。日本保险业的经营较为集中，且多由国内消化再保险业务。一是由于日本国内保险费率相对较高，日本保险公司不愿接收外国再保险；二是由于日本国内保险公司实力一般比较雄厚，自留额高，以及日本国内承保容量较大足以消化保险业务。

中国内地与中国香港保险市场也成为世界保险市场的重要组成部分，其地位不可忽视。

在讨论过各洲所占保险市场的绝对份额后，再进一步分析各洲保险市场的发展速度，见表8.3和表8.4。

**表8.3　1999～2004年各大洲保费收入累计增长率**　　单位：%

| 地区 | 1999～2001年累计增长率 | 2001～2004年累计增长率 | 1999～2004年累计增长率 |
|---|---|---|---|
| 北美洲 | 13.4 | 23.0 | 39.5 |
| 欧洲 | 0.1 | 57.2 | 57.3 |
| 亚洲 | -4.2 | 23.7 | 18.5 |
| 大洋洲 | -2.3 | 33.9 | 30.8 |
| 拉及加 | -0.1 | 38.4 | 38.3 |
| 非洲 | -6.5 | 53.2 | 43.2 |
| 世界 | 3.6 | 34.7 | 39.6 |

注：拉及加指拉丁美洲及加勒比海地区。

资料来源：2001年、2003年、2006年《中国保险年鉴》。

**表 8.4　世界各大洲保险密度及其累计增长率**

| 地区 | 保险密度（美元） | | | 累计增长率（百分比） | | |
|---|---|---|---|---|---|---|
| | 1999 年 | 2001 年 | 2004 年 | 1999 ~ 2001 年 | 2001 ~ 2004 年 | 1999 ~ 2004 年 |
| 北美洲 | 2766 | 3084 | 3601 | 11.5% | 16.8% | 30.2% |
| 大洋洲 | 1443 | 1173 | 1737 | -18.7% | 48.1% | 20.4% |
| 欧洲 | 930 | 919 | 1428 | -1.2% | 55.4% | 53.5% |
| 亚洲 | 174 | 163 | 194 | -6.6% | 19.5% | 11.7% |
| 拉及加 | 71.3 | 80 | 91 | 11.9% | 13.9% | 27.5% |
| 非洲 | 32.4 | 30 | 43 | -7.1% | 43.2% | 33.0% |
| 世界 | 387.3 | 393 | 502 | 1.5% | 27.7% | 29.6% |

注：拉及加指拉丁美洲及加勒比海地区。

资料来源：2001 年、2003 年、2006 年《中国保险年鉴》。

1999 ~ 2004 年间各大洲保险密度变动与保费收入的变动态势类似，绝大多数洲（北美洲除外）的保险密度大多也经历了 1999 ~ 2001 年的下挫，然后 2001 ~ 2004 年得以快速增长。

2001 年是国际保险业艰难的一年，“9・11”事件给保险业造成了约 400 亿美元的损失。美国和国际的非寿险公司以及国际再保险公司，承担了世贸中心恐怖袭击事件所造成的绝大部分损失；安然公司的破产事件和其他公司会计丑闻的披露，动摇着投资者对市场的信心。2001 年保险公司保费收入严重减少，众多保险公司采用非常的冲销手段，大量释放隐藏准备金，保险公司股本资本与投资回报明显降低，国际保险业如履薄冰。

此后的 6 年里，国际保险业摆脱了各种不利的因素，实现了保险业自身的稳步发展。寿险公司摆脱了 2001 年的经营赤字后，2002 年开始恢复盈利状态。受金融市场动荡和伊拉克危机的影响，保险业该年的承保能力和在资本市场的表现仍然不尽如人意。2003 年是国际保险业全面复苏的年份，世界经济复苏和经营环境的好转改善了保险公司的处境，保险公司的股本基础基本得到稳定，投资减值趋势得到了控制，动荡不安的金融市场以及巨额损失事件给保险业造成的创伤逐渐痊愈。根据瑞士再保险公司 2007 年 5 月份发布的调查显示，2006 年全球保险费达到 37230 亿美元。其中寿险保费为 22090 亿美元，比过去年份增长 7.7%；非寿险保费为 15140 亿美元，比过去年份增长 1.5%。

全球经济的稳步上涨与国际资本市场的健康发展，为国际保险业的发展提供了充足的动力。截至 2006 年，全球国民生产总值增长率在 4% 水平上波动，各大主要股票市场均有不俗表现，各国政府也纷纷出台政策推动保险需求。较为典型的例子是英国改善养老金监管并允许大量资金投向保险基金，德国对人寿保险业务实施了一系列税收优惠促使保费的降低。许多人口老龄化国家的政府，都在努力实现从公共养老保险计划向商业养老保险计划的转变，这大大增加了对寿险产品的需求。发展中国家更是大刀阔斧地进行保险业改革，中国开始调整保险税制和优化保险业的税收结构，并且加强保险监管力度和进一步提高监管水平。仅2006年7月份中国实行的机动车第三者强制责任险，便为2006年的中国非寿险保费收入创造了将近20%的增长率。

发展中国家成为国际保险业发展的强大动力。发展中国家强劲的经济增长和发展后劲带来的积极影响，极大地促进了全球保险业的整体发展。1996～2006年的十年里，发展中国家的寿险与非寿险保费实际年增长率分别为10.4%和7.3%，而发达国家的相对增长率则为3.4%和2.6%。在东亚和南亚，市场的自由化极大地促进了保险业的发展；欧盟东扩推动了中欧和东欧的保险业发展；南非的发展拉动了非洲保费收入的增长；得益于经济增长、低通货膨胀和社会保险体系的私有化，拉丁美洲的保险业发展迅速。2006年，发展中国家中的新兴市场保费总额达到了3330亿美元，占全球保费的8%。其中寿险业务占53%，非寿险占47%。

总体而言，世界保险业发展迅速，在整个世界经济中的作用日益突出。1990年全球保费收入仅为1.406万亿美元，2005年增加到3.426万亿美元，实现了年均5.72%的增长速度，呈现出持续增长的势头，并远高于同期全球GDP约2.9%的增长速度。保险业在世界经济中的地位进一步提高，作用进一步加强。从保险密度看，进入20世纪90年代以后，世界保险业保险密度出现快速增长的局面，从1990年265.3美元到2005年518.5美元，实现了近一倍的增长。从保险深度看，1990年世界保险业的保险深度为6.5%，2005年达到了7.52%。国际保险业正处于稳定高速的发展中。

## 二、当前国际保险业发展特点

进入21世纪后，随着全球经济景气周期的回落，尤其是“9·11”事件的冲击，国际保险业呈现出新的发展特点：

### （一）国际保险业发展迅速，在金融业和经济发展中的地位不断提升

国际保险业发展迅速，在金融业和经济发展中的地位不断提升。新兴市场国家保险业发展迅速，发达国家保险市场趋于饱和，发展放缓，但全球保险业基本格局尚未改变。

国际保险业的增长速度远远超过全球GDP的增长速度。保险业的迅速发展使其在国际金融业的地位快速提升。国际金融业资产结构的一个重要变化，

是银行资产占金融业资产的比重逐年下降，保险与其他非银行金融机构资产占金融业资产的比例大幅度提高，而保险业又快于其他非银行金融机构。如经合组织（OECD）国家保险公司的资产总额，从1990年不到6万亿美元增长到1999年的12万亿美元。截止到2006年，经合组织国家保险资产占金融总资产的比例平均为20%。保险公司日益成为金融业重要的组成部分。

从表8.5中的数据可以发现，美国家庭自20世纪80年代开始金融资产中存款所占比例不断下降，其他各种非银行金融资产持有比例上升，而又以寿险与养老金等保险类金融资产上升幅度最为明显。

**表8.5　美国家庭的金融资产结构**

| 内容＼年份 | 1980 | | 1990 | | 2000 | | 2003 | | 比重增减 |
|---|---|---|---|---|---|---|---|---|---|
| | 数量（现价，十亿美元） | 比重（%） | 数量（现价，十亿美元） | 比重（%） | 数量（现价，十亿美元） | 比重（%） | 数量（现价，十亿美元） | 比重（%） | |
| 金融资产 | 6638 | 100.0 | 14861 | 100.0 | 33950 | 100.0 | 34341 | 100.0 | |
| 存　款 | 1521 | 22.9 | 3259 | 21.9 | 4352 | 12.8 | 5253 | 15.3 | 减 |
| 信用市场工具 | 425 | 6.4 | 1556 | 10.5 | 2473 | 7.3 | 2510 | 7.3 | 增 |
| 公司普通股 | 875 | 13.2 | 1781 | 12.0 | 7474 | 22.0 | 5709 | 16.6 | 增 |
| 基　金 | 46 | 0.7 | 457 | 3.1 | 3036 | 8.9 | 3292 | 9.6 | 增 |
| 寿险/养老金 | 1191 | 17.9 | 3768 | 25.4 | 9890 | 29.1 | 10309 | 30.0 | 增 |
| 非公司形态股 | 2219 | 33.4 | 3183 | 21.4 | 4847 | 14.3 | 5414 | 15.8 | 减 |
| 其　他 | 361 | 5.4 | 857 | 5.8 | 1879 | 5.5 | 1854 | 5.4 | 持平 |

资料来源：U. S. Census Bureau，Statistics Abstract of the United States：2004～2005，No. 695，p. 458.

近年来，新兴市场国家的保险业增长强劲，在国际保险业中的占比也逐年提高。2005年新兴市场国家保费收入4270亿美元，增长率为7%，其中寿险增长7.5%，非寿险增长6%，新兴市场国家保险业的年平均增长率达到了9%。在寿险方面，得益于经济增长和赶超过程，以及对养老金的需求，过去十年新兴市场国家寿险的平均增幅为10.9%；非寿险方面，过去十年新兴市场国家的平均增长率为6.9%，虽然低于寿险的增长速度，但仍然是同期GDP增长速度的1.5倍。而2005年发达国家保费收入的增长率只有1.9%，近十年平均增长率也只有3.1%，远低于同期新兴市场国家保险业的增长速度。

另外，虽然新兴市场国家的保险业得到了长足的发展，但其总量还较小，世界保险业的整体格局尚未发生明显的变化。发达国家保险市场虽然已经接近饱和，增长速度逐渐放缓，但其绝对主导地位并未动摇。2005 年，发达国家的保费收入达 2.998 万亿美元，占全球保险业保费收入的 88%，保险密度达 3286 美元，保险深度 9%；而同期新兴市场国家的保险密度和保险深度分别为 77 美元和 3.6%，与发达国家相比，尚存在巨大差距。

**（二）新兴风险不断出现，巨灾风险日益加大，保险业面临巨大挑战**

电脑系统故障、环境污染、老龄化带来的养老医疗负担、恐怖主义袭击、全球气候变化以及金融危机，新型的风险不断涌现，而传统的风险也在不断发生变化，保险业面临着巨大的挑战，也面临着广阔的发展机遇。

国际保险业面临的另一个挑战，是巨灾发生频率和损失程度不断上升。2005 年全球共发生了 397 起灾害事故，造成 97000 多人遇难，财产损失总额超过 2300 亿美元。发生在克什米尔地区的 7.6 级地震造成 73000 多人死亡；发生在美国的一连串飓风造成了巨大的财产损失，卡特里娜 1350 亿美元、威尔玛 200 亿美元、丽塔 150 亿美元。全球保险公司的赔付总额达到 830 亿美元，仅卡特里娜飓风造成的赔付就达到了 450 亿美元。2005 年是自 1906 年美国旧金山大地震以来，国际财产险保险公司损失最大的一年。

2005 年发生的灾害及损失，是近年来巨灾发生频率、强度及造成的损失不断攀升的生动写照。20 世纪 70 年代，自然灾害造成的赔偿金额约为 30 亿美元，1997 ~2003 年增长到 160 亿美元，2004 年、2005 年则分别猛增到 450 亿美元和 780 亿美元。

据瑞士再保险公司发布的一期研究杂志《Sigma》中的初步估算数据显示，2008 年全球超过 23.8 万人在自然巨灾或人为灾难中丧生，为 1970 年以来人身伤亡第四惨重的年份。相关灾难造成的社会损失为 2250 亿美元，其中 500 亿美元得到财产保险的保障。2008 年 5 月初，热带风暴“纳吉斯”重创缅甸，导致 13.84 万人死亡，成为近年导致人身伤亡最为惨重的灾难之一。2008 年 5 月末，中国四川发生 7.8 级超强地震，夺走 8.74 万条生命，超过 1000 万人无家可归。遗憾的是，这两大灾难所造成的大部分损失没有在保险保障的范围内。

2008 年，巨灾使保险业赔付超过 500 亿美元，2008 年成为保险史上的第二大赔付年。在这总额 500 亿美元的赔付中，自然巨灾赔付占 430 亿美元，而风暴就使保险业赔付了 390 亿美元。美国和加勒比地区发生的多起飓风造成了创纪录的损失，其中飓风“艾克”的赔付就达 200 亿美元；其次为飓风“古斯塔夫”，相关赔付为 40 亿美元，包括财产、车辆、离岸损失及由美国国会制定的“国家洪水保险计划”（NFIP）所承担的洪灾损失。

2008 年的巨灾对社会造成 2250 亿美元的损失，包括投保及未投保的建筑

物、基础设施和车辆。四川大地震造成的损失最高，达850亿美元；其次是飓风“艾克”，损失约400亿美元；再次是席卷中国的暴风雪和冻雨，损失接近200亿美元。

大量事实表明，巨灾发生频率越来越高，这种发展趋势还在继续。

**（三）保险市场自由化、国际化程度日益提高，其他金融机构逐渐渗入保险市场**

世界保险市场发生了急剧变化，随着新兴市场国家的经济发展和全球化的进展，新兴市场国家普遍放松了对外资准入的限制，加速了本国保险市场的开放。

菲律宾于1997年开始开放保险市场，市场开放后保险业取得了良好的发展，投保人口比例由2000年底的11％增至2004年的15％。投保人数上升的主要原因是保险市场开放后保险公司数量和质量的增加：2004年，菲律宾保险公司的总数达到了101家，占主导地位的有6家，其中多半是外资保险公司。泰国的保险业自1993年起开始逐步对外开放，至2007年允许外资在合资企业中拥有50%以上的股权，即保险市场实现完全开放。印度保险业从1999年起对私营资本开放，同时也对外资开放。2005年上半年，外资寿险保费收入市场份额约占6.69%，外资产险保费收入市场份额约占6.89%。

某些险种风险太大以至于一国的国内保险市场难以独立承担，所以保险市场的国际化趋势显著提高。例如欧洲经济的一体化开始将保险企业从严格的价格和险种管制中解放，允许他们进入其他欧洲国家保险市场开拓自己的业务。更具有竞争性的市场结构正在形成。

不同类型金融服务企业的业务界限越来越模糊，在北美，银行已进入保险市场参与保险活动，尤其是人寿保险。而财产责任保险由于严重的逆向选择和道德水平危险，要求保险人具有丰富的承保经验，同时要求的资本化水平比银行部门要求的高得多，因此极少涉及。

**（四）创新成为保险业发展的主要手段，积极开拓新的产品及产品销售渠道，引入新方法强化对资产运营的风险控制**

面对传统风险不断变化、新型风险不断出现及巨灾频繁发生等挑战，国际保险业在保险理念、技术、产品等方面进行了大量的创新，如专属自保、整合项目、期满中止（runoff）解决方案、承诺资本解决方案、保险证券化等。风险保障的内涵和外延不断变化和扩大，一些传统不可保风险和新型的风险正在成为可保风险。

目前，在国际保险市场上，非传统风险转移方式（Alternative Risk Transfer，ART）的发展非常迅速。ART产品的主要特点为：针对客户制定方案；多年期、多险种的保障；在时间上与投保人自身风险组合内分散风险，承担传统方式无法承担的风险；处理风险的主体多元化。ART产品主要包括：①有限风险型产品（FR），重点是风险融资，主要针对再保险业务，为保险公司的融资再保险服务；②综合性多年度/多险种保险方式（MMP），已将多种风险结合在一起，在多年内进行分散的产品；③多触发型产品（MTP），即对至少两种以上触发原因所致保险损失进行赔偿；④应急资本（Contingent Capital），在保险损失发生后依照事先约定为被保险人筹措资金或出售期权；⑤保险证券化，这是继20世纪80年代银行证券化后，20世纪90年代创新出来的保险风险证券化产品，如巨灾保险期货、巨灾债券、巨灾互换、GCCI巨灾指数期权、PCS巨灾指数期权或资本票据等；⑥保险衍生产品，即利用金融市场工具来控制保险风险，其最早的尝试是1992年芝加哥交易所推出的自然灾害风险期货和期权。

近二十多年来，西方发达国家金融市场发生的引人注目的创新，是金融衍生工具数量和交易额的爆发性增长，以衍生工具为核心的金融创新正在改变着全球的金融系统。巨灾债券、保险期货、指数期权等创新产品不断涌现，成为保险业新的工具。

同时，为了压缩销售成本和扩大市场份额，抵减经济发展速度放缓的不利影响，保险公司在维持传统的公司销售和代理销售的同时，开始加大对银行、邮政等机构销售网点的利用程度，并充分利用电话、互联网等现代化手段，实现保险产品销售渠道的多样化，提高经营效率和经济效益。

在激烈的国际保险市场竞争中，保险公司尤其是经营长期人身险的寿险公司，保费差对利润的贡献十分有限。有的保险公司的保费差甚至为负，保险公司的经营利润变为主要来源于对保险资金的合理运用。但经历了2000年美国网络泡沫的破灭，2008年世界金融危机，保险公司资产中股票、证券基金等资产严重缩水，很多保险公司的财政状况正面临巨大的压力，偿付能力不断下降，保险资金的有效管理与运用从未显得如此重要，保险公司正在重新审视原有的投资策略和组合结构，尝试进行更有效的资产组合管理，降低投资业务的风险，合理提高收益水平。

**（五）保险公司之间购并，重组频繁，混业经营方兴未艾，经营战略不断调整**

进入20世纪90年代，国际保险业掀起并购的浪潮，产生了一批巨型保险集团，反映了保险业面对全球经济一体化，全球经济增长及竞争态势所做出的战略调整。由于面临日趋激烈的全球市场竞争，发达国家的保险公司从增强资金实力和扩大市场份额的考虑出发，采取收购、兼并和重组，甚至是跨国界、

跨领域的兼并重组，以求壮大公司资金实力，增强市场竞争力。一方面是全球经济一体化在保险领域的延伸，另一方面也是保险业在面对不利的经营环境进行的战略调整。

面对国际保险市场的严峻形势，特别是众多巨灾事件后，世界保险业的资金实力受到打击，保险公司保障能力有所下降。为了保障公司业务的稳健运营，部分保险公司开始进行业务范围的战略调整，收缩非主要业务领域，以保护公司主要经营业务的安全性和健康发展。

2001 年后，不少欧美保险公司关闭或转卖了其在亚洲的分支机构，逐渐退出亚洲保险市场，金融危机爆发后，更是加速了欧美保险公司的战略计划及业务活动调整，纷纷将业务重点放在其本土的主要客户和市场上，放弃在亚洲及境外筹建分公司的决定。一些保险公司收缩经营业务范围，退出部分保险业务市场，专注经营主要保险业务。

**（六）保险供给效率不断提高**

在传统保险中，许多保险人由于险种的复杂性及对投保人提供的价格和质量信息不全面，从而可以避开有效的价格竞争，形成对卖方有利的不合理市场。随着技术的进步，社会对保险知识的普及，投保人可以利用网络技术从非传统的途径，轻而易举地得到所需要的价格与质量信息。这促使保险公司运用新的技术即时获得所需信息，快速准确地核算各种管理费用与保险费，分析保险服务业的收入结构，提高经营管理效率，促进保险市场的合理发展。

**（七）保险监管因各国国情不同而形成多种模式，国际合作加强**

由于保险行业的快速发展和其在经济、社会中的地位日益提高，多数国家设立独立的保险监管机构，但也有一些国家尝试混业监管、综合监管的模式。不管采用何种监管模式，对保险公司偿付能力的监管一直是保险监管机构的监管重点。

近年来，发达国家在改革保险监管方面的主要趋势是：适应混业经营的发展，变分业监管为混业监管；放松费率、条款监管，强化偿付能力监管；加强国际监管合作。

为了适应金融业混业经营的趋势，解决混业经营所产生的新问题和新需要，不少国家都对本国的金融监管法律进行了修订，对保险监管体制进行了相应的改革。由分业监管向混业监管转变，目的在于加强对保险业的监管，防范和化解金融市场波动对保险业造成的冲击。美国首先在《1998 年金融服务法》中创立了“金融控股公司”这一新的法律范畴，同时废除了《1956 年银行控股公司法》中禁止银行控股保险公司的条款。之后在《1999 年金融服务现代化法》中又提出了“联合经营”这一全新的法律概念，并且废除了延续半个世纪的《格拉斯-斯蒂格尔法》。从此美国放弃了金融分业制，开始了金融业联合经营的混业制。从这个意义上讲，《1999 年金融服务现代化法》所确立的混业经营和混业监管体制，是美国联邦储备体制建立以来最重大的一次金融监管创新。

保险监管变化的另一个趋势是保险合同自由化、保险费率市场化，同时强化偿付能力监管。1994 年欧共体第三代保险决议最重要的内容，就是保险人和被保险人可以自由决定费率和条件，监管当局的监管目标只限于保险公司的偿付能力。在放松对市场行为管制的同时，偿付能力监管和风险监管的力度不断加大。“英国型”的偿付能力额度监管已经成为欧共体保险市场一体化的一项基本法律，在欧共体国家推行，澳大利亚、新加坡及中国香港也采用“英国型”偿付能力额度监管的基本思路，北美风险资本 RBC 型的偿付能力监管额度监管也在不断完善和赋予新的内容。

各国保险监管的基本目标主要有以下几点：保持社会公众对保险制度体系和机构体系的信任；增进社会公众对保险体系的了解和理解；保护保险消费者的合法权益；减少和打击保险行业的犯罪。

保险资本和服务的国际化所引致的保险监管国际化，日益成为各国监管界和业界关注的焦点，除了需要解决监管的协调化和相互认可问题，跨国保险企业在世界不同地区钻法律空当、通过国际避税谋求自身利益、甚至从事洗钱等国际犯罪的问题，也促使保险监管的国际合作不断加强。如何确保各国监管机构辖区内的所有保险机构均得到有效监管，成为保险监管国际化的核心问题。1994 年在瑞士巴塞尔成立的国际保险监督官协会，由 108 个国家和地区的保险监管机构组成，其宗旨是通过制定全球保险监管的指导原则和标准，提高成员国保险业的监管水平，维护国际保险市场的稳定和保护投保人的利益。欧盟、经合组织国家以及美国等国家和地区都已经开始推动保险监管协调化。

## 第二节 保险业与银行业的融合与渗透

### 一、保险业发展对金融市场的影响

金融市场是指，资金供应者和资金需求者双方通过信用工具进行交易而融通资金的市场。广而言之，金融市场是实现货币借贷和资金融通、办理各种票据和有价证券交易活动的市场。金融市场又被称为资金市场，包括货币市场和资本市场，是资金融通市场。

风险性或不确定性（如股票市场的风险、外汇市场的风险），是金融市场中所有子市场的共性，同时也是社会家庭正常生活与投资的最大隐患，而保险则是规避风险的主要手段。用确定性来代替不确定性，即风险；用确定性的损失来代替不确定性的损失，即不利的风险。

最早的保险业只经营人身保险与财产保险，即主要针对居民家庭与商品市场，而后责任保险、信用保险与再保险随着社会的进步形成并发展壮大，影响力不断提升。

从保险业的经营范围来看，责任保险（承保生产者或销售者因产品缺陷引起的依法承担赔偿责任的保险）与信用保险（权利人向保险人投保债务人的信用风险的一种保险，是一项企业用于风险管理的保险产品）的出现，为商品生产者提供了转移生产风险，变不确定性损失为确定支付的金融手段，商品生产者可以在无后顾之忧的情况下在货币市场和资本市场中进行各种金融活动，扩大再生产能力。

保险种类的不断发展，保障了社会再生产的正常进行，推动了商品的流通和消费，有利于受灾企业及时恢复生产，促使企业加强经济核算，从而间接地保障了金融市场中货币市场的稳定，促进了资本市场的活跃，使得金融市场健康发展。

保险业的发展对于金融市场的直接影响，则更为明显且重要。

首先，由于保险市场的发展完善，激烈的市场竞争要求保险公司尽量压缩成本，降低保险费率以提高市场占有率。在这种趋势下，保险公司利用自身所持有的保险资金进行投资，这成为保险业发展的主流。在经济合作与发展组织国家（OECD）中，保险资产占金融资产的比重在20%～30%，这说明保险业在完善金融体系、促进金融市场发展方面肩负着重要责任。

保险资金作为一种长期资金，它的资金主要来源于其承保业务，主要是负债。一般来说，这种负债平均期限是比较长的，所以和一般的散户资金以及投资基金是不一样的，它的投资更多地关注长期收益。因为保险公司经营很重要的方面，就是要考虑资产和负债的匹配，匹配其中有很重要的一个方面就是它的资产和负债期限要匹配，这样可以降低风险。因此，从保险资金的特点来说，他们会更倾向于选择未来成长较好的上市公司。这对股票市场的短期影响虽不明显，但对股票市场的长期稳定发展有着积极意义，保险业的发展将促进其在金融资源配置中的作用，更好地健全金融体系。

对于大多数国家而言，投资仍将发挥其经济增长“领头羊”的作用，而投资要求长期占用大量资金，需要长期而稳定的资金来源与其相匹配。银行市场中的短期资金对于投资的支持在期限的匹配上是有矛盾的，这种期限不匹配将给金融体系带来风险，而保险业发展所积累的长期资金可以缓和甚至解决这种问题，保险业的发展有助于形成多层次、多支柱的现代金融体系。金融市场的发展之所以在银行和资本市场之外还需要保险机制，是因为不同的机构由于资金来源不同，它们的市场行为方式不同，从而对市场发展的稳定作用也不相同。一个成熟的金融体系，必须拥有多样化的能够发挥不同作用的金融机构和金融机制。

在现有的金融机构中，从存款类机构到投资类机构，包括同样被称为机构投资者的各种基金等，或受困于资金来源的短期性，或受困于运作方式的易变性，基本上只能成为短期投资者，难以成为稳定市场的基本力量，甚至只可能成为放大经济和金融波动的因素。

保险业由于其资金来源的长期稳定性，尤其以养老基金与人寿保险为最，他们的最终目的就是在市场的平稳增长中追求利润的长期化。所以，保险业资金进入金融资源的配置过程，一方面可以为金融市场提供更多的资金，另一方面还可为金融体系的发展提供一种强大的稳定力量，保险业的发展将促使金融体系走向成熟稳定。

其次，随着金融创新的不断发展，各种新型金融工具层出不穷。种种高风险、高收益的金融衍生证券纷纷出现在金融市场中。衍生金融在为投资者带来高回报率的同时，也导致了一系列的灾难事件，如英国巴林银行破产，1997年东南亚金融危机，2008年全球金融危机等。具有一百多年历史的传统银行，经济蓬勃发展的国家在衍生金融的冲击下变得不堪一击。在全球金融市场中，衍生金融的市场份额正在不断扩大，每年的交易额已经超过150万亿美元。

金融市场一方面需要金融衍生品来促进金融活动的活跃，吸收社会闲散资金；另一方面，投资机构面临着高风险，需要某种措施来保障其避免因投资亏损而面临破产的危险。这对保险业的发展提出了新的要求，而保险业从中也发现了扩展业务范围的机会。

CDS（信用违约掉期），理论上可解释为一种对银行间债券业务的保险，买方（被保险方）同意在一段期间内支付费用给卖方，而卖方（保险方）仅在特定情况发生时（如违约）才支付一笔金额给买方。但签订合约的两方都可以把CDS转售给其他人。

CDS的出现为保险公司提供了新的发展机会，尤其在金融市场大形势一片大好之时其收益率极高，而投资机构在购买了CDS后可以在金融市场中扩大杠杆率，大量增加市场投资，极大地促进了金融市场的活跃度。

保险产品的创新不仅加快了保险市场的发展速度，而且提高了投资机构在金融市场中的投资信心，促进了金融市场的繁荣，或可以称为过度繁荣。在社

会过度投资或投机的情况下，该类保险产品会加剧金融市场风险的危害程度。但在经济形式走软甚至陷入萧条之时，保险产品又成为经济复苏所必需的良药，市场信心不足导致投资者与投资机构收紧钱包，唯恐在投资中遭受损失，以往追求利润最大化的目标变为追求风险最小化，这时适当的保险产品是促进市场恢复繁荣的重要手段。

保险业本身作为金融市场中的一部分，其自身的发展快慢将影响金融市场的发展速度，保险业作为稳定社会再生产的关键因素，保障了金融市场中货币市场与资本市场的持续发展，而其做特有的长期投资资金又可健全金融市场的投资结构。保险业针对金融产品尤其是各种高风险的金融衍生品的保障服务，又极大地促进了金融市场的发展，同时其对金融市场走出低迷，重塑投资者信心发挥了重大作用，保险业发展对金融市场的影响不容忽视。

## 二、保险业发展对资本市场的影响

中国的资本市场是社会主义市场经济的有机组成部分。其发展水平直接关系到各种金融资源配置效率的高低，从而对整个经济体系的高效运行发挥重要的影响。作为资金的盈余部门，持有巨额资金的保险业的参与程度及其行为对资本市场规模的扩大、功能的实现、稳定性的保持以及效率的提高，都有着不容忽视的作用。因此，对两者的联系进行深入的研究，不但可以帮助我们更为全面、深刻地了解它们的联系所在，更能够指导我们充分利用这种联系，促成两者的协同发展和共同完善，从而为中国社会主义市场经济的发展创造一个良好的金融环境。主要还是针对二级市场。

资本市场是整个金融市场的重要组成部分，它最重要的功能就在于最大限度地将储蓄转化为长期投资，实现资金从盈余部门向亏损部门的流动，从而为整个国民经济的持续发展提供资金保证。能否最大限度地动员资本、最有效率地配置资本，是评价一个资本市场成熟与否的重要标准。资本市场的功能是通过交易主体在一定的交易规则下，对交易客体进行投资而实现的。寿险公司作为持有巨额盈余资金的机构参与者，对资本市场功能的实现、稳定性的保持和效率的提高都有着重要的作用。图 8.1 直观地反映了保险业对资本市场的影响，讲述资本市场资金流动性。

从保险市场与资本市场的关系看，主要体现在以下三点：

（1）资本市场功能的实现需要保险业的参与。主要体现在以下几个方面：

一是保险产品的双重功能有助于资本市场功能的实现。居民部门是整个国民经济中最大的资金盈余部门，能否实现资金从居民部门流向政府、企业等具有长期资本需求的部门，直接关系到资本市场的功能能否顺利实现。但资金的

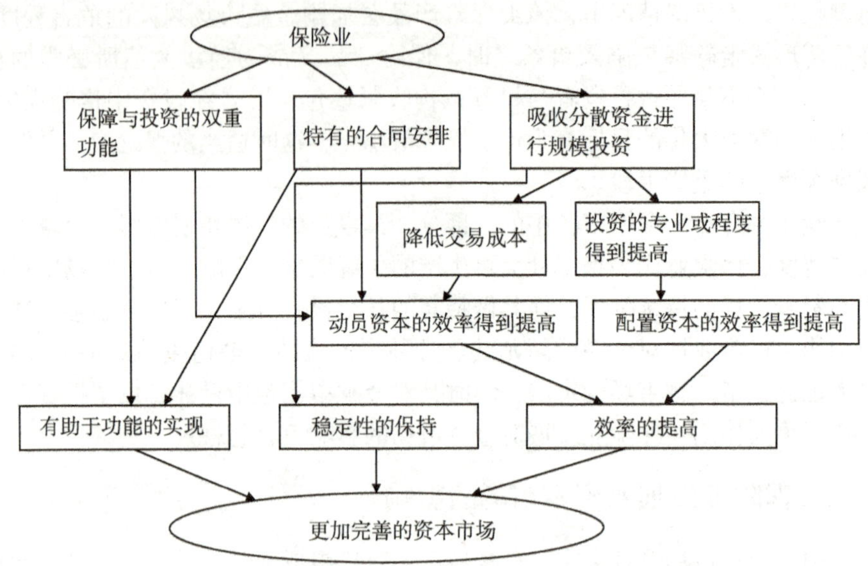


**图 8.1　保险业与资本市场的关系**

流动并不是自发形成的，而是需要外在的“动力”，这个动力就是资金的流出要能够给资金的所有者带来一定的利益，也就是资本的“趋利性”。只有当金融工具所提供的经济利益的最大值大于资金所有者对利益期望的最小值时，才能够真正促成资金的流动。然而资金所有者的期望受到许多因素的影响，在有些情况下上述条件无法得到满足，因而会阻碍资本的流动和资本市场功能的实现。保险产品在解决这一问题上具有十分显著的优越性。无论是哪种寿险产品，它首要的功能都是保障；其次也具有一定的投资收益功能，也就是说寿险公司出售保单、吸收保费的同时，可以为资金所有者提供除经济利益以外的更为广泛的利益。这一点可以更好地满足资本的“趋利性”。寿险产品保障和收益的双重功能，决定了它有能力吸收大量闲散资金，使其成为架在居民部门和资本市场之间的一座桥梁，引导居民部门的盈余资金进入资本市场，可以促成资本市场功能的实现。可以说，资本市场不断的健康发展离不开一个有序、高效的保险业的支持。

二是保险合同的特有安排有助于资本市场功能的实现。资本市场是进行长期资金融通的市场，当投资于股票、债券等长期工具时，要求盈余资金也必须是长期性的。如果盈余资金在短期内有或可能有变现的需求，由于对流动性具有较高的要求，则只能进入交易短期金融工具的货币市场。因此持有盈余资金并不是居民部门参与资本市场的充分条件而只是一个必要条件。如何使这个必要条件最大限度地转化为充分条件，是有效实现资本市场功能中必须解决的一个问题。寿险公司业务经营的特有方式决定了，在使上述必要条件向充分条件的转化中可以发挥积极的作用。投保人在购买寿险产品时的投资大多是长期性的，但寿险合同特有的一些安排为投保人提供了一定的流动性便利，从而能够将一部分无法进入资本市场的盈余资金吸引进来。能够直接提供流动性便利的合同安排包括：保单贷款（Policy Loan）和保单提款（Policy Withdrawal）。当投保人在合同期内出现短期资金需求时，可以以保单作为抵押，从寿险公司取得贷款或者直接从保单的现金价值中提款，从而可以在保持合同有效性、不丧失被保障利益的条件下获得一定的融资便利。能够间接提供流动性便利的合同安排包括，一些新型保单对分期付款的投保人提供的“弹性保费”的缴费方式。在这种缴费方式下，投保人可在一定范围内自由决定每期所缴保费的数额，从而当遇到短期资金需求时可以通过少缴保费的途径，间接地“融通”资金。寿险合同为投保人提供的直接和间接的流动性便利安排，在一定程度上将居民出于流动性考虑而手持或投资于货币市场的资金吸引到资本市场，从而有助于资本市场规模的扩大，为资金欠缺部门筹集更多的资金。

（2）资本市场稳定性的保持需要保险业的参与。资本市场的稳定需要有牢固的投资者为基础，如果资金的供给方具有很大的不确定性，就必然会影响资本市场的稳定性。前面已经多次提到，居民部门和各种金融机构是资本市场上主要的资金供给者。虽然居民部门持有的盈余资金数量从整体上看非常巨大，但分散性也很强。由于不同的投资者在获取信息、投资取向、影响因素等方面存在差异，其投资行为也是千差万别，这种巨大的分散性和不统一性，必然会影响资本市场稳定性的保持。因此，资本市场稳定和完善的基础，在很大程度上要由需要长期金融工具的机构投资者构成。发达国家资本市场发展的经验已经表明，“资本市场的机构化”趋势不断增强，机构投资者作为一个整体正在形成对资本市场的支配地位，投资者结构尤其是机构投资者所占的比重，已经成为一国资本市场稳定性和成熟度的重要标志。

寿险公司通过出售产品、收取保费，实际上起到了聚集社会上分散的盈余资金的作用。作为盈余资金所有者个人和资本市场之间的桥梁，寿险公司就好像一个“转化器”，将居民个人持有的规模小、分散性强的盈余资金转化为规模大、期限长、稳定性强的资金。寿险资金追求长期稳定的投资回报，使得寿险公司能够成为资本市场上最为稳健的机构投资者，为维护市场的稳定起到重要作用。一方面，寿险公司自身的长期投资行为可以为资本市场提供稳定的资金来源，促进市场价格的稳定；另一方面，其雄厚的资金实力对于平抑由套利行为引起的市场波动也能起到不可忽视的作用。因此，资本市场稳定性的保持，需要一个具有一定规模的、成熟的保险业的参与和支持。

（3）资本市场效率的提高需要保险业的参与。资本市场的效率从根本上讲就是在完成动员资本、配置资本的功能过程中所体现出来的效率。资本市场功能的实现只达到了其存在的最低标准，而功能完成的如何则关系到一国储蓄和投资的总量、结构、配置和经济发展的稳定性。因此，作为金融体系的重要组成部分和长期投资形成的重要场所的资本市场，其效率的高低将直接影响金融体系为一国经济的发展提供动力源泉的程度。资本市场的效率，可以大体上划分为动员资本的效率和配置资本的效率，保险业的参与对于这两方面效率的提高都起着重要作用。

综上所述：资本市场从它最初建立时功能的实现，到发展过程中稳定性的保持，再到其不断成熟完善过程中运行效率的提高，都离不开一个具有一定规模、成熟完善的保险业的积极参与和有力支撑。一国保险业发展的程度，必然影响着其资本市场的发展水平。因此，为保险业的参与创造条件、积极地吸引其加入并最大限度地使其发挥作用，资本市场自身才能够不断地走向完善、成熟，为一国的经济发展创造一个有序而高效的资金流动、配置的环境条件。

## 第三节　保险集团化与混业经营发展历程及案例分析

### 一、保险集团化概念

控股集团公司，是指持有其他公司达到决定性表决权的股份，并对之实行控制权或经营管理权的公司。一般来讲它都拥有子公司的财务控制权、经营决策控制权、下属公司的人事任免权等，有些甚至直接派人进行经营管理。拥有其他公司股份并能够实际控制其经营活动的公司就是控股公司，也称为母公司。资产全部或部分地隶属于母公司，但法律上和经营上相对独立的公司称为子公司。

巴塞尔银行监管委员会、国际证券联合会、国际保险监管协会共同组织的金融集团联合论坛，将金融控股公司界定为：“在同一控制权下，完全或主要在银行业、证券业和保险业中至少两个不同的金融行业大规模地提供服务的金融集团公司”。

综上所述，金融控股公司是对银行、证券公司、保险公司拥有绝对控股权的一种公司，其本身经营金融业务的称为事业型金融控股公司，其本身不经营具体业务的称为纯粹型金融控股公司。金融控股公司可以根据其子公司从事的

业务进行分类，子公司主业为银行的称为银行控股公司，子公司主业为保险公司的称为保险控股公司，子公司主要从事两种以上金融业务的称为金融服务控股公司。如果金融控股子公司从事的主业是保险业，那么金融控股公司及其子公司共同组成保险控股集团。由于保险控股集团本身具有极大的竞争优势，因此全球最大的几家跨国保险公司都采用集团经营的模式。

保险集团公司，是保险公司发展到一定阶段而采取的一种创新组织形式。从国际保险业的发展情况来看，保险集团公司是保险企业集团化的产物。也就是说，保险公司的发展经历了从专业化向集团化发展的轨迹。目前全球排名靠前的保险企业均以集团的方式存在。

## 二、国际保险集团产生背景

保险集团产生的基础是金融业的综合经营与混业经营。然而在世界范围内，金融业的实践经历了分分合合的曲折历程，从混业到分业，又从分业走向综合，其中充满了分业经营与综合经营制度的博弈。

1929 年开始的大萧条中，美国银行的相继倒闭，使得信用体系遭到毁灭性的打击，最终导致经济全面崩溃。经济学家们认为，银行、证券、保险业在机构、资金和操作上的混同，对这次大危机起了推波助澜的作用，使经济陷入了经济状况恶化—投资者抛售股票和债券—股市危机—银行危机—经济危机的恶性循环，如果断开银行、保险业与证券市场的联系，危机的循环链条就可以被打断，证券市场的危机就不一定会演化成整个国家信用机构和制度的危机。因此，美国于 1933 年颁布了《格拉斯—斯蒂格尔法》，导致了保险公司、银行、证券公司等金融机构在全世界范围内的分业经营。它不仅奠定了美国的分业经营格局，而且成为许多国家，如日本、加拿大、新西兰等重建金融体制时的主要参照。

随着金融自由化，一体化的程度不断加深，科学技术与信息技术的发展使得金融服务方式出现大的变革，严格的分业经营降低了金融业的竞争程度和市场效率，世界各国逐步放松了对综合经营的管制。澳大利亚和新西兰于 20 世纪 80 年代废止了分业经营制度，英国通过 1986 年的金融大爆炸改革完成了分业经营向综合经营的转变。发达国家加快了金融制度创新的步伐。

1999 年 11 月 12 日，美国废除了已使用了 66 年的《格拉斯—斯蒂格尔法》，颁布了《金融服务现代化法》，推动了银行、证券和保险业的综合经营。这标志着美国金融业分业经营时期的结束和混业经营的开始，也标志着世界金融业进入了以金融集团为主的混业经营时代。对《银行控股公司法》及其他法律的修改，促进了银行控股公司向金融控股公司的转变。一些国际组织，如巴塞尔金融监管联合论坛、欧盟市场一体化委员会，也出台了关于金融集团监管的指导性文件。这些法规与制度的调整，直接促成了金融控股集团的发展。表8.6描述了部分国家（地区）从分业经营到综合经营的演变。

**表8.6　部分国家（地区）从分业经营到综合经营的演变**

| 国家（地区）＼模式 | 过去经营模式 | 现在经营模式 | 现在监管模式 |
|---|---|---|---|
| 美国 | 分业经营 | 综合经营（1999年11月4日） | 分业监管 |
| 英国 | 分业经营 | 综合经营（1986年） | 综合监管，由金融服务局统一管理 |
| 日本 | 分业经营 | 综合经营（1997年） | 综合监管趋势，1998年7月成立金融监督厅，统一监管金融各业 |
| 德国 | 综合经营 | 综合经营 | 综合监管（2002年成立德国联邦金融管理局） |
| 瑞士 | 综合经营 | 综合经营（只与保险业分业） | 综合监管 |
| 荷兰 | 综合经营 | 综合经营 | 综合监管 |
| 法国 | 分业经营 | 分业经营（可持有不超过30%非银行公司股份） | 分业监管 |
| 韩国 | 分业经营 | 综合经营 | 综合监管 |
| 中国香港 | 综合经营 | 综合经营 | 保险与证券综合监管，与银行分业监管 |
| 中国台湾 | 分业经营 | 综合经营（2001年） | 综合监管（2004年金融监督管理委员会成立） |

资料来源：李殿君．保险业九大课题［M］．中国金融出版社，2004.

20世纪末期以来，国际金融结构发生了重大变化。金融机构的界限逐渐模糊，银行、证券、保险业的界限已逐渐消除，金融机构跨行业进行综合经营的发展趋势已势不可当，并朝着大型化和集团化的趋势发展。国际金融业经历了重大变革，规模空前的兼并、收购浪潮席卷而来，各国政府纷纷放松金融管制，银行、保险、证券三者之间相互整合，全能性的金融服务集团应运而生。金融服务集团是指，由处于共同控制之下的两个或两个以上的法律实体组成的至少从事两种以上金融业务的企业集团。

在这一趋势的影响下，保险控股金融集团作为全球保险业经营体制的重要创新，已受到越来越多国家和地区的重视和采用。目前国际上成功的保险企业在经营上几乎一致采用综合经营方式，在组织形态上也几乎都采用集团化形式，并采用集团控股的模式进行经营。在此背景下，综合经营和集团化已经成

为全球保险业目前及未来发展的主流趋势。

从经营上来讲，保险金融集团与一般意义上的保险公司最大的差别，就是其经营范围至少涵盖了包括保险业务在内的至少两种金融业务，表现为保险与银行业务的结合、保险与证券业务的结合或者是保险与银行、证券等金融业务的广泛结合的形式。从组织形式上来看，保险金融集团是以集团化的组织形式来实现金融混业经营的。所谓集团就是以资本为纽带的多法人联合体，呈现出股权分散的管理状态和多层次、多维的复杂管理结构。所谓集团的企业资本和资产规模都很庞大，通过以资本或其他多种纽带联结起来的多单位主题，来实现产品和业务的多元化经营。保险金融集团从内容和形式上至少包括以上两个方面，是二者的有机结合体。

经验证明，金融控股公司这一组织形式不仅有利于监管，而且是金融机构实现规模扩张和资源整合的较好方式。通过组建金融控股公司，可在较短的时间内形成规模大、业务多样化的金融集团，实现规模经济、范围经济、风险分散和协同效应的优势。名列全球500强的一些大型保险公司，如法国安盛、荷兰国际集团、日本生命、美国AIG、德国安联、英国英杰华等都是综合性金融集团，业务范围几乎涵盖所有金融领域。

## 三、美国保险集团化发展过程

美国是保险集团化进程很快的国家之一，但是在一直到20世纪90年代美国还在对保险业实行分业监管，混业经营只是在20世纪快要结束时才出现的。

随着金融业的发展，美国出现了集团化经营的趋势。1969年颁布了对保险控股公司进行规范的《保险控股公司法（模型）》（NAIC Model Insurance Holding Company Act 1969），主要规范保险业通过控股公司实行集团化经营的模式，规范集团内部交易准则与相关企业信息披露制度的构建。

美国金融业混业经营的发展经历了一个渐进的过程。20世纪80年代以来，金融国际化使美国银行业面临前所未有的竞争，分业经营模式给美国金融企业带了巨大的竞争压力和挑战。美国金融业界和监管部门认识到现存的体制不能适应技术革命、金融创新、金融国际化快速发展的要求。一系列改革措施相继出台。

1989年6月，美联储允许商业银行通过控股子公司从事证券公司业务。1995年美国众议院通过了《金融服务竞争法》，允许以现有银行控股公司为基础，建立一个金融服务控股公司。1998年美国众议院通过《金融服务现代化法》，该法案允许金融控股集团公司所属子公司拥有包括商业银行、保险承销、证券公司等在内的更广泛的金融业务范围；允许商业银行、证券公司、保险公司之间相互收购和持股。该法案创立了“金融控股集团”这一新的金融法律范畴，金融控股集团的母体可以是商业银行、证券公司、保险公司，并可以从事全方位的金融业务。

1999年11月，美国废除了已经使用了66年的《格拉斯—斯蒂格尔法》，通过了《金融服务现代化法》，标志着美国金融业分业经营时期的结束和混业经营的开始。《金融服务现代化法》的立法目的，是建立银行、证券、保险及其他金融服务提供者之间综合经营的现代金融体系，加强金融服务业的竞争力，体现金融效率与竞争的新理念，成为美国金融发展史上一个重要的里程碑。该法案的核心内容，是促进银行、证券公司与保险公司之间的综合经营并加强对综合经营活动的监管，具体包括：①废除银行业和证券业分离的制度，鼓励银行业、证券业之间综合经营，并为此提供组织和人员保证。②扩大银行控股公司的业务范围，规定银行控股公司可以依法经营各类金融业务，包括传统银行产品服务、证券服务、投资咨询、保险经纪、收购兼并由证券公司、保险公司本身或其联营公司控制的非金融机构，以及附属于这些金融业务的活动。③已投保的存款子公司应当资本充足，管理良好。未达到条件的银行控股公司擅自经营上述扩大的金融业务，美联储将予以警告，并采取强制纠正措施。④允许本法颁布后成立的银行控股公司继续经营或控制商业子公司，条件是商业子公司的资产不超过总资产的5%，但不得与已投保的存款子公司交叉经营。⑤在沿用由各州制定保险法律、发放保险经营牌照的前提下，鼓励银行业与保险业之间综合经营，允许已投保的存款机构及其附属机构从事任何保险销售活动。同时赋予各州采取限制或强制履行特定行为的权利。⑥规定州保险监管部门不得对依法从事保险活动的存款机构或其关联机构采取歧视政策，不得限制保险公司收购存款机构并成立银行控股公司，不得阻止合伙制保险公司重组为股份制公司等。

美国保险集团化经营采取金融控股公司的模式。在这种模式下，控股公司不得从事实际金融业务，通过股权控制银行、证券、保险等金融子公司，在各金融业务间建立“防火墙”，商业银行与证券、保险部门的一体化程度受到限制。由于不同的子公司从事不同类别的金融业务，每个子公司都有独立的法人资格，拥有独立的资本金、管理团队等，信息、人力资源或其他投入要素在集团内的流动受到限制，降低了规模经济和范围经济效应，削弱了银行开发和利用信息优势获得协同效应的能力。

## 四、国际保险集团案例——荷兰国际集团

1991年，荷兰国际集团（Internationale Nederlanden Groep N. V.，ING）是

由荷兰国民人寿保险公司和荷兰邮政银行集团合并组成的综合性财政金融集团。据美国《财富》杂志统计，以资产净值计算，荷兰国际集团位居全球500家大企业的第7位。在提供综合性金融财经业务方面（银行与保险业务），居世界第3位。目前，该集团在世界上65个国家和地区设有分支机构，雇员超过10万人。2000年，该集团取得税后净利润49亿欧元，同比增长24%。截至2000年底，集团资产总额达5030亿欧元。2008年度全球企业500强第7位，收入2015.16亿美元，净利润126.49亿美元，2008年《福布斯》2000强排名第9。

1991年3月，荷兰国民保险公司（Naionale Nederlanden，NN）与NMB邮政银行集团（NMB Postbank Group）合并，成立了荷兰国际集团。荷兰国民保险公司成立于1963年，它是由荷兰保险公司（Netherland Insurance）与国民保险银行合并而成的。而NMB邮政银行集团是1989年10月邮政银行（Postbank）与NMB银行（Nederlan－dsche Middenstandsbank）合并而成的。ING集团的成立是荷兰第一大保险公司和第三大银行的合并，引起了国际金融业众多的关注。

荷兰国际集团的组建原因之一，是为了实现银行业和保险业之间的协同效应。20世纪90年代，欧洲许多全能银行集团大力开展销售标准化人寿保险业务，而单一经营的金融机构不会取得这种范围经济。荷兰国际集团还开创了提供“一站式”服务的先河，通过其保险业的分支机构经营银行业务，通过其银行的分支机构销售保险产品。这样荷兰国际集团就可以为客户提供“量身定做”的金融服务和产品，满足客户的各项需求。

荷兰国际集团认为，银行业和保险业是同一个金融服务市场的组成部分，因此传统的将银行和保险业分开的组织结构已经过时，1994年为了更好地对这种国际金融服务集团的多样化业务进行管理和控制，荷兰国际集团进行了战略转变，将管理结构改变成一个执行委员会。委员会下设立5个分管具体业务和区域的执行委员会——ING荷兰管理中心、国际金融管理中心、投资银行管理中心、ING资产管理中心、ING比利时管理中心。1995年，荷兰国际集团合并霸菱集团。2000年，合并安泰全球金融服务公司与安泰国际公司，完成荷兰国际集团于美洲及亚洲完整金融服务体系。2006年，荷兰国际集团将取得台湾荷银投信100%股权。目前荷兰国际集团在国内市场上通过所有类型的销售渠道，为各种类型的顾客提供服务，巩固其在国内市场上的地位，而且集团还建立了明确的加强核心市场地位的战略，积极向新兴市场扩展。另外，荷兰国际集团对其子公司进行严格的金融监管，这使得子公司的收入能够稳定地增长。

荷兰国际集团为了增强在国际金融市场中的竞争实力，大胆变革与创新，开创了银行与保险业整合的新纪元，同时进行了上述的一系列跨国收购金融机构活动，逐步成为了最具有国际竞争力的全能金融服务集团。

## 五、中国银行业与保险业合作提速

2007 年 12 月，银监会和保监会联合递交了关于商业银行投资保险公司股权问题的请示文件，并获得国务院批准。该文件原则性地允许商业银行投资已设立的保险公司，并计划先行在三四家银行开展试点。

2008 年 1 月 22 日，银监会和保监会同时发布消息，商业银行参股保险公司正式开闸。在 1 月 16 日，双方就正式签署了《关于加强银保深层次合作和跨业监管合作谅解备忘录》，提出“经国务院同意，商业银行和保险公司在符合国家有关规定以及有效隔离风险的前提下，按照市场化和商业平等互利的原则，可以开展相互投资的试点”。

在备忘录中，银监会和保监会就准入条件、审批程序、机构数量、监管主体、风险处置和市场退出程序及信息交换 6 个方面达成一致意见，同时明确了监管主体及其分工和责任，确立了审慎监管的基本原则，确定了风险处置与市场退出的程序，约定了信息交换的内容、方式和渠道等。但是，该备忘录对诸如银行投资保险公司的投资限额、投资方式、入股范围等核心问题尚未予以明确。按照保险公司现行相关股权管理办法的规定，单一企业法人投资一家保险公司的股权比例不得超过 20%，且须达到成立 3 年以上，财务状况良好、最近 3 个会计年度连续盈利等硬性指标。

在保险公司投资银行业方面，监管部门基于“稳步推进综合经营试点”的改革思路，明确了要“探索保险机构投资商业银行、基金公司和证券公司等金融机构，提供多元化和综合性的金融保险服务”，“支持具备条件的保险公司通过重组、并购等方式，发展成为具有国际竞争力的保险控股（集团）公司”。

2006 年 12 月，中国人寿保险股份有限公司投资 56. 71 亿元，收购广东发展银行 20% 的股权；2007 年 1 月，中国平安保险（集团）公司投资 49 亿元，收购深圳商业银行 89. 2% 的股权，并成立平安银行。

从保险公司入股银行的市场表现看，中国人寿入股广东发展银行后，基于中国人寿自身的发展策略和业务要求，由广东发展银行代理销售的保险业务以期缴型产品为主，使得中国人寿无论在保险产品的业务量上还是在业务品质都有了明显的提升。

2009 年 4 月保监会批准北京银行和交通银行入股保险公司，将分别入股

中保康联人寿和太平洋安泰保险，这意味着中国银行业与保险业混业经营取得了实质性的进展。银行入股保险公司，以金融控股的形式发展混业经营，对我国金融业的发展产生了积极的影响。

具体而言，银行入股保险公司，将有利于银行中间业务的发展，扩大银行的盈利渠道，打造全方位的服务平台，实现盈利的多元化。同时，对保险公司而言，一方面能够提高公司的偿付能力，突破保险公司因偿付能力不足而导致业务发展瓶颈的困境；另一方面，保险公司可以借助银行成熟的网点和客户资源，实现自身的跨越式发展。

银行入股保险公司，意味着银行和保险公司之间的合作由原来的低层次的松散的代理合作，转变为以股权为基础的更加紧密的合作方式。银行入股保险公司之后，将更注重银保渠道的深层次开发，推出更具针对性、功能化的产品，以创新性和差异化的经营策略实现自身核心竞争能力的提升。

一般来说，银行入股保险公司可以有两种选择：一种是投资大型保险公司，实现强强联合，从而可能导致保险市场的垄断程度进一步提高；另一种是投资于中小型保险企业，有助于中小型的保险公司利用银行完善的网点渠道和丰富的客户资源，实现自身的快速发展。

但是其他的中小保险公司或主要依靠银保渠道的保险公司，无疑将面临巨大的竞争压力。因此，只有在产品和服务上实现创新，在市场中寻找新的定位，采取差异化的经营策略，才能在激烈的竞争中立足并有所发展。随着我国保险业的进一步发展，部分保险公司需要调整经营策略，打破目前采取的“综合性保险公司”的思维，转为专业化、功能化的保险公司，提供有特色的产品和服务。

银行入股保险公司将对目前寿险的竞争格局，尤其是银保市场，产生冲击。银行是保险公司仅次于个险的第二大销售渠道，通过银行在客户和渠道上的优势，通过银行理财中心，可能将会对保险公司的个险销售渠道形成较大的威胁。在推进金融混业经营的同时，监管部门也需要加强对金融集团风险的监管，避免集团内部风险的交叉传递及放大，影响到企业的发展和整个行业的稳定。

## 第四节　国际保险业并购重组的状况和趋势

20 世纪 90 年代以来，全球保险业经历了史无前例的大规模并购和重组，涌现出一批保险业中的“航空母舰”。进入 21 世纪，国际保险业并购浪潮更是此起彼伏，可谓一浪高过一浪，保险企业并购的范围之广、金额之大、效果之明显令人震惊，并购浪潮不但迅速改变了世界保险业的地区和业务格局，而且对今后保险业的发展方向产生重大而深远的影响。

## 一、国际保险业并购重组原因

### （一）经济全球化的发展

进入20世纪90年代中期以来，以世界贸易组织的运作为标志，世界各国经济交往更加密切。各国经济、资本间的相互融合、渗透愈益明显，欧盟成立、欧元诞生、东南亚国家联盟、亚太经合组织年度会议等，越来越多的迹象表明，世界正在制定一些新的管理全球经济的规则。而这种经济动力是全球市场、全球公司和全球通信的迅速发展，这一切都不受单个国家法律和边界的限制。经济全球化表现在保险领域，意味着保险市场进入障碍减弱甚至撤除，这就是自由化的表现。而伴随着自由化趋势的出现，保险公司跨国兼并、收购案此起彼伏。一些发达国家实力雄厚的保险公司，通过并购扩大规模，拓展经营地域借以增加自身的市场占有份额。

### （二）国际保险市场发展不平衡

从1999年世界保险费收入的构成状况来看，国际保险市场呈现出明显的不平衡发展态势：①从国际保险市场的增长速度来看，人寿保险业比非寿险业增长速度高；从保险市场发展前景看，寿险业发展前景比非寿险业占优势，在国际保险市场，寿险市场的规模超过非寿险市场。寿险市场的保费收入为14123.57亿美元，占全世界保费收入的60.8%。非寿险市场的保费收入为9116.68亿美元，占全世界全部保费收入的39.2%。寿险保费收入较上年增长6.9%。非寿险保费收入增长1.2%。②发展中国家保险发展速度远远超过发达国家。从整体上看，发达国家保险发展速度放缓，主要原因是这些国家的经济发展滞缓，保险市场趋于饱和，承保能力过剩，放宽限制，价格竞争加剧，保费增长受阻。发展中国家由于经济增长速度加快，保险业正处于发展的上升阶段，保险市场发展潜力很大。③发展中国家的保险业与发达国家相比仍然存在很大的差距。在世界保费收入中，发达国家占据了绝大多数的市场份额。从保险密度来看，大多数发达国家的人均保费支出在1000美元以上，而发展中国家平均在100美元以下。从保险深度来看，大多数发达国家的保险深度在5%以上，而发展中国家平均在1%~2%。保险市场发展不平衡，促使保险业发达国家的保险公司通过并购重组其他国家保险公司而进入保险市场潜力巨大的发展中国家。

### （三）市场竞争加剧

20 世纪 90 年代以来，发达国家的发展空间极为有限，国内保险市场已趋饱和。由于世界各国利率水平持续走低，限制了保险费率的下调空间，国际保险市场保费收入与资本金的比率从 20 世纪 80 年代中期以来一直呈下降趋势。1985 年保费收入与资本金的比率为 1.70；到 1990 年，这个指标降至 0.88；1995 年降至 0.78；1996 年又降到 0.71。众多资本追逐相对有限的保费，竞争日益加剧。由于保险商品具有非渴求性及差异性不明显等本质特征，尽管各保险公司在产品设计、开发和服务上费尽心机，但经营效果仍不尽如人意。在这种情况下，通过保险公司之间的兼并和收购，以规模优势来获取市场份额的稳定和扩大成为一种必然选择。

### （四）监管自由化的发展

进入 20 世纪 90 年代以来，由于欧盟经济出现活力，欧盟市场更趋向于朝统一的方向发展。1990 年欧盟颁布了第四代资本移动自由化指令，原则上所有的资本可以自由转移，已经具备保险市场自由化的条件。之后，欧盟相继于 1993 年颁布银行第二代指令，1994 年颁布财产保险第三代指令以及人寿保险第三代指令，通过单一许可证所象征的保险市场自由化的框架已经形成。1999 年 11 月由美国废除了统治美国金融业长达 60 年的《格拉斯—斯蒂格尔法》，为美国金融业塑造了一种全新的、名副其实的、自由的混业经营环境。该法案对美国已有的保险公司、银行等金融机构的经营和监管作了重大调整，加强了不同金融机构之间的竞争，精简了监管程序，并特别强调对消费者利益的保护。

### （五）巨灾发生的频率与造成的损失逐年提升

巨灾的发生呈明显的增长趋势，由 20 世纪 50 年代的 20 起增至 20 世纪 90 年代的 80 多起，增加到 4 倍；经济损失由 3800 亿美元增至 5350 亿美元，增加到 1.4 倍。根据对全球保险损失的统计，对巨灾保险赔偿的增加速度几乎是经济损失增加速度的两倍。巨灾造成的保险损失不断上升，也给国际直接保险业以及再保险业造成了相当大的影响，直接促进了国际保险业的兼并、收购以及业务的联合。

### （六）信息技术的革新

保险公司通过采用新的信息技术，可以高速处理大量数据，对顾客信息进行检索或者对金融市场信息进行加工，开发销售技术含量高的保险商品，以满足保户的需要。另外，可以进行与国外的远离保险交易和使用互联网的交易，逐渐克服交易时间和距离上的障碍，信息技术的革新成为保险市场环境变化的催化剂，为保险业并购重组提供了技术上的支持。

## 二、国际保险业并购重组的状况

1997~2001年的五年间是国际保险业并购重组的高峰期，全球保险业的并购高达5114宗，涉及金额达1100亿美元。

20世纪90年代国际保险业的并购首先发生在保险业发达的地区和国家。在欧洲，德国安联保险公司于1999年收购了法国第三大保险公司AGF，一跃而成为世界上最大的非寿险公司（见表8.7）。紧接着，安联通过已成为其子公司的AGF于当年10月收购了荷兰ZWOL SCHEAL GEMEN·V的全部股份，使其成为荷兰财产险和责任险市场上的领先保险人。美国由于保险业内的并购，全美最大的25家保险公司新控制的资产占整个保险业的比重，从20世纪90年代末的63%上升到2002年的70%左右。

**表8.7　发生在欧美发达保险地区的并购案**

| 年度 | 合并与被收购公司所在国家 | 兼并方 | 被兼并方 | 兼并后效果 |
|---|---|---|---|---|
| 1996 | 法国 | 法国安盛保险集团 | 巴黎联合保险集团 | 成为当时世界第二大保险公司 |
| 1996 | 英国 | 英国皇家保险公司 | 太阳联合保险公司 | 当时英国最大的保险公司 |
| 1998 | 英国 | 英国商业联盟保险公司 | 保众保险公司 | 英国规模最大，地域最广的保险集团 |
| 1999 | 欧洲 | 德国安联保险公司 | 法国AGF | 世界最大的非寿险公司 |
| 2000 | 美国 | 荷兰国际集团 | 美国安泰保险集团 | |
| 2000 | 美国 | 荷兰全球人寿保险集团 | 全美人寿保险公司 | |
| 2000 | 美国 | 瑞士再保险公司 | 马里兰保险公司 | 扩展其在美国中北部的业务 |
| 2000 | 德国 | 法国AXA | 德国科隆保险公司和ALBINGIA保险公司 | 抢占德国市场 |
| 2000 | 欧洲 | Euereko公司 | 葡萄牙商业银行保险业务 | |
| 2000 | 荷兰 | 法国AGF | 荷兰 ZWOL SCHEAL GEMEN·V | 荷兰财产险和责任市场的领先保险人 |
| 2004 | 美国 | 安盛金融公司 | 纽约MO—NY保险公司 | |
| 2004 | 美国 | 美国白山保险集团 | 西雅图Safeco保险公司人寿与投资业务 | |

续表

| 年度 | 合并与被收购公司所在国家 | 兼并方 | 被兼并方 | 兼并后效果 |
|---|---|---|---|---|
| 2005 | 美国 | 美国大都会保险公司 | 花旗银行旗下旅行者人寿 | |
| 2005 | 瑞士 | 瑞士再保险公司 | GE Insurance Solutions 再保险公司 | |

资料来源：1996 ~ 2004 年相关中国保险报与国际金融报，www. google. com/www. china - insurance. com 相关资料整理。

即使实在保险业不太发达的亚太与中东欧地区，国际保险公司也同样掀起了并购重组的高潮。表 8. 8 描述了亚太地区与中东欧地区的保险并购案。

**表 8. 8　亚太地区与中东欧地区的保险并购案**

| 地区 | 兼并方 | 被兼并方 | 兼并后效果 |
|---|---|---|---|
| 南太平洋 | 新西兰塔澳保险公司 | 澳大利亚 BRDGES（为信托及金融策略集团） | 在澳大利亚零售金融服务市场占据有利地位 |
| 南太平洋 | 新西兰塔澳保险公司 | 澳大利亚 CUSCAL | |
| 日本 | 美国 GEC 保险公司 | 日本东邦生命保险公司 | |
| 日本 | 法国阿克萨保险公司 | 日本团体生命保险公司 | |
| 日本 | 第一生命相互保险公司（日本第二大寿险机构） | 安田火灾海上保险公司（最大财险公司） | 成为日本最大的保险联盟，开日本国内跨产，寿险业务领域合作的先例 |
| 日本 | 东京海上火灾 | 朝日生命、日动火灾 | |
| 墨西哥 | 荷兰保险集团 | 墨西哥 COMERCIAL AMERICA | 参股该国最大的保险公司 |
| 阿根廷 | 安联保险 | 阿根廷 CAJA DE SEGUROS | 收购该国最大的保险机构 |
| 罗马尼亚 | 安联保险 | 罗马尼亚一家保险公司 51% 的股权 | 加强其在东中欧最大保险人的位置 |
| 马来西亚 | 安联保险 | 马来西亚 MBA 公司 77% 股权 | |
| 中国香港 | Mass mutual | 香港 CRC Protective | 全资收购 |
| 中国台湾 | Mass mutual | Mercuries Life 38% 股权 | |
| 中国香港 | ING Group NV | 安泰人寿香港 50% 股权 | |
| 中国台湾 | ING Group NV | 安泰人寿台湾 | 19 亿美元全部股权 |

续表

| 地区 | 兼并方 | 被兼并方 | 兼并后效果 |
| --- | --- | --- | --- |
| 马来西亚 | Great Eastern Holdings | OAC | |
| 中国香港 | Lend Lease | CEF Life 51%股权 | |
| 中国香港 | National Mutual | 安盛中国区26.4%股权 | |
| 新加坡 | 新加坡发展银行 | Insurance Corp of Singapore 49.2%股份 | |
| 印度 | 瑞士再保险公司 | TTK Healthcare Sevices 私人有限公司26%股份 | |

资料来源：1996~2004年中国保险报与国际金融报相关内容整理。

保险产业内兼业并购，即寿险与非寿险之间、再保险与直接保险之间、再保险之间的并购不断发生。

从表8.7、表8.8中所列出的并购中看出，保险产业内并购也时有发生。2000年，日本安田火灾海上保险公司与第一生命相互保险公司，达成了以保险领域为中心的全面业务协议，意在日本财险与财险可相互兼营的大背景下，构筑日本“最强大、最优秀的综合性保险集团”。这是日本普通保险业和人寿保险业历史上第一次合并。在消息宣布后不到一个月，东京海上火灾保险公司、朝日生命相互保险公司和日动火灾海上保险公司宣布结成强大的联盟，以组成日本最大的保险集团。2000年6月，慕尼黑再保险公司宣布调整战略，希望通过购并或者机构增长等方法，成为所有重要并盈利的再保险领域尤其是寿险再保险市场的“领头羊”，同时直接进入直接保险市场。为此慕尼黑再从安联收购卡尔斯鲁厄人寿保险公司36.1%的股份以及美高救助公司39%的股权，使其在这两公司的股权分别提高到90%和63%。2000年9月，荷兰ACHMEA保险集团和葡萄牙商业银行宣布，他们的保险业务将与EUREKO公司合并，成立一家金融服务集团，并计划在2年内上市，使之成为南欧最大的保险公司之一。日本的三井海上保险公司与樱花银行的合并，使银行、保险加经纪人联合经营的倾向进一步明显与强化，从而使其成功地超越了已饱和的保险市场。

2006年12月11日，瑞士再保险公司宣布，已就收购TTK Healthcare Services私人有限公司（TTKHCS）26%股权的事宜与TTK集团和印度Value Funds Advisors（IVF）达成协议。再保险业的并购使再保险业务更趋集中，据统计，在21世纪初，世界再保险费的67%为排名前25位的再保险公司所控制，照此下去，在未来一段时间里，全球90%以上的再保险业务将由10家单独的再

保险集团控制，再保险将真正成为开放性和国际化的业务。

国际保险业并购潮中的另一大特点是工商产业资本广泛涉足保险业，其中尤以建立自保公司以及参股保险企业两种方式为代表。截至2005年底，全球范围内自保公司的数量已超过5000家，总保费收入接近260亿美元，总投资已逾1400亿美元。国际上越来越多的企业拥有自保公司。据统计，目前在世界财富500强企业中有超过70%的企业设立了专业自保公司。表8.9描述了部分国际拥有专业自保公司的企业比例。

**表8.9　部分国际拥有专业自保公司的企业比例**

| 国　家 | 自保公司重要性 |
| --- | --- |
| 美国 | 500家最大的公司中有90%拥有自保公司 |
| 瑞典 | 50家最大的公司中有90%拥有自保公司 |
| 英国 | 200家最大的公司中有80%拥有自保公司 |
| 法国 | 200家最大的公司中有10%拥有自保公司 |
| 德国 | 200家最大的公司中有5%拥有自保公司 |
| 意大利 | 100家最大的公司中有5%拥有自保公司 |

资料来源：Paul Bawcutt，Risk and Insurace Research Group（U. K），转引自王晓曦的《专业自保公司发展研究》。

保险行业的并购重组，无疑将加速形成新的竞争格局。在这个进程中，一部分规模大、资本实力较强的保险公司将掌握更多金融资源，牢牢抓住主导地位；一部分非保险公司也会出于多种目的进入保险行业，为保险业增添新的发展力量。

第一，并购重组适应金融混业经营的发展趋势。通过并购，保险公司可以向新的产业领域或相关领域进行扩张；反之亦然。尤其是银行、证券与保险资本的互相融合，将有效扩展三者的服务范围，使金融控股公司涉足银行、投资、保险等经营范围。第二，并购重组有助于提高市场份额，增强市场控制能力，实现规模经济，提升企业价值。第三，防范和化解经营风险。如果资本有限，保险公司的抗风险能力就比较差，一旦出现问题就可能破产。而并购可以实现经营多元化、产品多样化，有效分散风险。第四，优化资源配置。保险公司与其他机构之间的并购行为，不仅能使双方资源重新组合，还能使原有公司某些资源存在的问题和不足之处，被另一方相对优良的资源替代，实现优势互补。

在国际保险市场需求相对饱和，供给能力相对过剩，经济全球化、国际市场不平衡发展、监管自由化、巨灾风险不断增长以及信息技术不断革新等影响下，国际保险市场的并购活动将会更加频繁，跨国保险公司将对世界经济发挥日益显著的影响。

鉴于以上多重原因，尽管目前经济形式与金融大环境并不理想，但国际保险业并购很可能在未来一段时间内继续下去。

## 第五节　国际保险业发展趋势及其对我国保险业稳定的影响分析

### 一、国际保险业发展趋势

对于目前国际保险业面临的宏观环境，前文已经做出了一些介绍，这里再简单地总结一下仍在影响并将继续影响保险业发展的各种因素，以及近年出现的新因素。①发达国家人口结构继续向“高龄、少子”化方向发展，部分发展中国家人口老龄化有加速趋势。②经济全球化和金融自由化的进程尚未完结，发展中国家保险业面临发达国家和市场竞争的双重压力。③巨灾风险和人为事故的频率和损失程度上升的趋势更加明显。④法律和消费者环境的变化对保险业提出了更高的要求。⑤受美国金融危机等因素的影响，保险业在产品定价、经营成本、保险资金运用等方面都面临新的压力。

针对目前国际保险业面临的大环境，在未来一段时间内国际保险业将以解决上述问题为主要的发展方向。

(1) 人口老龄化趋势不可逆转，只能顺应其做出变化。由于人口老龄化的深刻影响，在未来十年乃至更长的时期内，人口老龄化带来的“银色商机”可能会给保险业发展带来新的动力，特别是对于一些保险市场高度成熟的国家来说更是如此。近年来，发达国家养老保障体系的一个显著变化是：为了减少财政压力和提高社会资源效率，政府逐渐改变原来将所有社会成员养老保障全部承担的做法，转而通过引导、规范和监管的形式，推动市场化运营的企业补充养老保险和个人储蓄性养老保险的发展，从而形成三支柱的养老保障模式。20 世纪 90 年代以来的健康保险制度改革，也在一定程度上加大了患者自己负担医疗费的比重。人口老龄化和社保体制改革，带来了新的保险需求，为商业保险公司提供了新的市场空间。针对保险需求的变化，保险公司将积极开发各种年金型商品以提高客户退休后的生活保障。与此同时，医疗保险和健康服务产业也将得到较快发展。

（2）由于老牌保险强国市场已经饱和，新兴保险市场则拥有巨大潜力，使得保险巨头将加剧竞争新兴市场份额。从国际保险市场的角度出发，未来不同地区的保险市场将呈现出不同的发展态势。日本有关机构预测，发达国家的寿险市场将保持不高于4%的增长率，其中传统寿险将保持平稳或继续萎缩，其增长主要依靠投资连结险产品销售的较快增长；发达国家的非寿险保费市场将增长缓慢或零增长，受激烈竞争的影响，部分国家的保费收入甚至会有所下降。在发展中国家，由于市场远未饱和，估计寿险市场将有8%以上的快速增长，非寿险市场也将呈现强劲增长势头，特别是汽车第三者险和医疗保险市场都将有很好的增长表现。

随着新兴市场对外开放力度加大，未来国际保险集团巨头将在新兴市场上发挥更大的影响力。近年来，美、欧、日等国家和地区的国际保险集团的力量进一步增强，呈现出“越大越强、越强越大”的发展格局。例如美国AIG集团的全球市场占有率从1998年的1.8%提高到2004年的3.6%，6年时间内就翻了1倍。根据瑞士*Sigma*杂志的统计结果，2003年左右，在东欧的部分地区，大约80%以上的保费收入都是属于外国保险公司；在拉丁美洲，外国保险公司拥有的市场份额为30%～75%；在亚洲，除中国、印度和韩国之外，外国保险公司的市场份额也相当显著。1999年，韩国人寿保险市场上外国保险公司的份额只有5.8%，2003年则达到了13.5%。

（3）保险业的购并重组现象将显著增加，综合经营、混业经营、保险集团化将成为国际保险业发展的主流趋势，但专业化经营也将站在时代的舞台之上，关键在于保险公司管理风险的能力和采用何种管理风险的方式。

自20世纪后半叶以来，保险公司的数量和市场集中度都发生了相应的变化：从整体看，世界范围内保险业的组织机构数量呈缓慢减少趋势，其中寿险公司减少的数量显著大于非寿险公司和再保险公司。分地区看，发达国家和发展中国家在组织机构数量上呈现出相反的变化趋势，即发展中国家保险市场的主体数量不断增多，而发达国家保险业组织机构数量缓慢下降。

发达市场上保险主体逐渐减少的原因在于购并活动活跃，而新兴市场由于市场处于起步发展阶段，新公司不断涌现，加上外国保险公司大举进入，都使得保险公司的数量大幅增加。但是过去的经验已经证明，保险公司的数量增长是存在着自然限制的。一旦新兴国家保险主体增长的速度超过了市场容量的增长速度，竞争必然加剧。由于购并重组在提高保险公司的规模和竞争实力、提升资产运用效率和节省费用等方面具有突出的效用，当保险公司数量相对饱和时，出于提升效率和竞争实力需要，购并重组活动必然会在市场中兴起。

从前面的分析可以看出，20 世纪 90 年代和 21 世纪上半期的购并重组活动主要发生在发达国家，相信在未来的 5～10 年内，发达国家保险市场的兼并重组会再度加速，同时战场将向新兴保险市场转移，并将以追求规模效益和跨地区、跨国并购为主要特征。

在全球经济一体化日趋深入的今天，保险机构面对的市场风险更加复杂，威胁保险业的风险类型增多，危害程度加深。一是跨越本行业的混业经营在分散风险的同时也加速了其他行业风险的传递。目前金融综合化经营已成为一股蔓延全球的风潮，通过金融产品交叉销售、金融控股公司等形式，保险业与银行、证券等金融服务行业的联系显著加强。从排名世界 500 强前列的 11 家国际顶级保险集团 2005 年的业务分布状况看，一般都覆盖保险和非保险金融领域，有的还涉足金融以外的领域。显然，这种跨越本业的经营活动所带来的风险和风险控制的难度更大。二是随着产品创新活动的继续发展，一些满足客户需求的特色产品将被创造出来，例如与恐怖活动相关的保险、特色医疗产品等。而保险公司对这些特殊风险产品并无经验，一旦出现问题将无法在短时间内拿出调整方案。三是销售渠道将继续由代理店为主渠道向银行、网站等新渠道同步发展，电话、邮件、互联网、独立财务顾问等新型销售渠道将贡献更多的市场份额，一些新保险公司甚至将不再使用代理店而只利用互联网等工具销售。同时银行保险将继续侵蚀传统代理店市场，销售渠道的多样化将帮助其市场份额快速增长，但同时无疑会影响到销售、理赔、人才管理等多个方面，加大保险公司内部管理的复杂性。

面对复杂的市场环境，保险公司能否适应市场需求结构变化的形势，及时调整策略，提升产品创新和市场服务能力；能否通过精细化管理控制成本，减少费用；能否提高经营流程中各个环节的协调性，适时整合系统，完善风险控制机制，决定着保险公司未来竞争的成败。因此，风险管理能力和系统整合能力将越来越受到保险公司的重视。正是出于对风险控制的考虑，目前在综合化经营蓬勃发展的同时已经出现了“归核化”倾向。保险公司更加注重专业化经营，对非核心业务实施战略性剥离，从而实现对自身核心竞争力的培育和发展。如美国大都会、恒康、纽约人寿等公司，都剥离了管理性护理业务，专注于寿险和资产管理业务的发展。

（4）巨灾保险市场将得到较快发展，针对巨灾的风险分散将成为保险业发展的重要方向。由于全球自然环境不断恶化，各种巨灾发生的频率和严重程度不断上升。2005 年全球共有灾害事故 397 起，财产损失总额超过 2300 亿美元。全球保险公司的赔付总额达到 830 亿美元，是百年来国际财产保险公司损失最大的一年。2008 年是史上第二大赔付年，仅次于 2005 年，全年超过 23. 8

万人在自然灾害或人为灾难中丧生，社会总损失为2250亿美元，巨灾导致全球保险业赔付超过500亿美元。但这还是在热带风暴“纳吉斯”重创缅甸，中国四川大地震中大部分损失没有在保险保障范围内的赔偿额。

在巨灾发生频率越来越高与损失程度越来越重的情况下，世界各国对发展巨灾保险的需求明显增加。如何建立政府、商业保险机构、行业互助组织共同参与的巨灾保险机制，正在成为不少国家面对的重要课题。与此同时，各国保险界都在研究如何应对巨灾风险。加强预测预防工作、完善相应设施、提高民众的防灾意识，将成为世界保险界的共同行动方向。此外，随着经营风险的加大，保险公司转移风险的需求增加，通过证券化转移和分散巨灾风险，必将成为今后保险业的努力方向。

（5）保险监管将进一步由事前监管转向事后监管，市场将更加开放，但监管也将更加严格。在当前各国的保险监管体系中，监管机构对保险公司经营行为的干预逐渐减少，保险业的市场化机制普遍发挥着越来越大的作用。包括降低市场准入门槛，减少审批环节，简化审批手续；取消保险条款和费率的事前审批制度而代之以事后备案制度，给予保险人更多产品开发和定价的自主权以鼓励自由竞争和产品创新；鼓励保险公司采用多元和新型的营销渠道销售产品；放宽保险资金的投资领域；等等。

但是为了更有效地保护消费者利益，监管部门对保险公司行为规制也在不断加强。2007年9月，日本实施的新《金融商品销售法》，对金融机构的行为准则提出了更高的要求。该法规定，金融机构的营业场所必须有明确的标识；在广告中必须发布其营业执照的编号，并且不得发表容易引起误解的广告语；禁止各种虚假诱导行为，也不得在顾客没有要求时推销产品等。同时该法还对民事损失的索赔做出了新规定。日本《民法》第799条规定，对以下四种情况需要消费者举证：①销售方违法行为；②销售方过失；③销售方行为与消费者损失存在因果关系；④损失额。而《金融商品销售法》对第②③④项做出了特例规定，将举证义务由消费者转移至销售方，只要后者不能提供证据，即由金融机构承担赔偿本金的责任。显然，此项法律大大提升了消费者的诉讼地位，对金融机构的责任要求是相当严厉的。

（6）金融危机影响下保险公司经营风险加大，再保险市场将加快发展。美国金融危机的影响尚未结束，未来一段时间内可能还会有更多的保险公司发生损失，由此促使保险公司购买再保险的需求上升，并进而导致再保险费率的上升。一些保险业人士认为，这样的循环将影响到全球保险业的发展趋势，极大地影响着保险业的未来发展格局。但可以肯定的是，由于保险公司的经营风险加大，而再保险具有转移风险的特性，再保险的市场需求将会不断增加。随着再保险市场的较快发展，兼营再保险的保险公司可能增加，也可能会产生一些专营的再保险公司（如地震、水灾再保险公司）。同时为了转移和分散再保险市场风险，一些与再保险相关的债券和股票的新型产品可能会被研发并投入交易。

## 二、金融危机对世界保险业及我国保险业的影响

### （一）对美国保险业的影响

2007 年，以次级房贷违约率上升为导火索，次贷危机在美国爆发，对冲基金、投资银行、商业银行、政府住宅代理机构等都受到了强烈冲击。随着其影响在全球金融市场的扩散，一场令全球金融体系都摇摇欲坠的金融危机爆发了。

美国作为金融危机的起源地，其遭受的损失也最为严重，但保险业作为对投资限制最为严格的金融行业，大部分美国保险公司由于严格控制次贷相关债券的投资只受到较小的直接冲击，少数大保险公司则蒙受了巨额亏损。

近年来，投资收益在保险公司的利润结构中占据越来越大的比重，投资活动对保险行业而言变得越来越重要。随着资本市场的发展和金融创新活动的频繁，保险公司对于各种层出不穷的衍生工具投资也多有涉猎。但是受到本身业务性质和监管法规的限制，大多数美国保险公司仍然遵循了非常谨慎和保守的投资策略，将投资资产主要分布于高等级债券上，严格控制对高风险证券的投资比例。

2006 年，美国寿险公司平均 53% 的资产投资于最高等级的债券，19% 投资于次高等级的债券，股票投资只占到净认可资产的 4.6%；非寿险公司投资于最高、次高等级债券以及股票的比例分别为 67%、4% 和 16%。尽管许多保险公司持有次贷相关资产，但由于比例很小，投资风险处于可控范围内，因此受到此次次贷危机的直接冲击远远小于商业银行。

另外，少数大的保险公司由于采取了相对激进的投资策略，在次贷支持类债券上进行了大量投资，从而遭受了巨额亏损。如全球最大的保险公司美国国际集团（AIG）在住宅抵押市场的投资额占公司全部投资资产的 11%，远远高于行业平均水平，在次级房贷违约率上升的情况下，形成了巨额的投资亏损。2008 年初，AIG 宣布对次级抵押贷款支持债券相关衍生品冲减 111 亿美元，从而使得 2007 年第四季度亏损高达 52.9 亿美元，创造了自 1919 年成立以来最大的季度亏损纪录。然而更令人震惊的是 2008 年第四季度 AIG 亏损达 617 亿美元，创下了美国公司历史最大季度亏损纪录。

在 AIG 的账面损失中，相当大的一部分来自于信用违约掉期合同（CDS）。

信用违约掉期是一种类似于保险的担保业务，经营者不限定于保险公司。当投资者购买了信用违约掉期，就相当于为其投资的证券购买了保险。当证券被信用评级机构降低评级时，任何相关的违约风险就不再由投资者自己承担，而由出售信用违约掉期的机构承担。AIG 为抵押贷款债券（CDO）提供了大量信用违约掉期合约，风险敞口巨大。AIG 涉足 CDO/CDS 等复杂的金融衍生品交易，是导致如今泥潭深陷的主要原因。

就被 AIG 大量涉足的 CDO 业务而言，在最终危机出现以前一直被各方包括信用评级机构，视为高信用等级业务。风险接近于零，而收益又高于相同信用等级的传统资产支持类证券，AIG 进行大量投资以及进行担保也不能不说是公司的理性决策，CDO 业务也曾经为公司的业绩增长作出显著贡献。毕竟投资政策的保守与激进只是相对而言，并没有绝对的对错之分，不能因为市场好时就鼓吹开展积极创新，在市场不好的时期就一味指责“冒进”。问题的根源不在于 AIG 涉足这类复杂的衍生品交易，而是在于不该“过度”投资。

由于保险业赔偿给付的特殊性质以及保险资金的相对低成本，投资冲动可以被轻易地调动起来。保险资金从收益因素的考虑，当然可以在仔细评估风险的基础上进行高风险资产的配置，但也必须从首要的安全因素考虑，抑制投资冲动，严格控制这类资产的比例。AIG 在高风险资产方面的过度涉足，一味贪图收益，而忘却潜在的风险，应是导致今日局面的首要原因。

自金融危机爆发后，AIG 股票直线下降，从 100 美元以上一路下滑至几十美分，截至 2009 年 2 月，其股价始终在 1 美元左右徘徊，尽管美国政府已经连续为 AIG 提供了 1500 亿美元借款，但退市的深渊并未远离 AIG。

无奈之下，AIG 只能选择以低价位打包出售资产，用以冲抵账面损失。但在全球金融危机尚未见底的大背景下，要想以满意的价位成功售出并不是一件容易的事情。

与 AIG 情况类似，受累于投资收益减少，全美排名第一的人寿保险公司美国大都会，2008 年第三季度的营业利润由 2007 年同期的 11.6 亿美元下滑至 6 亿美元，每股盈利由 1.52 美元跌至 83 美分，同时宣布全球裁员，但公司坚称自己的资产负债表依旧强劲，不会出现破产的危险。

**（二）对日本保险业的影响**

日本大和生命保险公司于 2008 年 10 月宣布破产，成为日本第一家受美国金融危机拖累而破产的金融机构。大和生命保险公司拥有价值 101.3 亿美元的个人保单账户，公司负债总额约 27.3 亿美元。对于破产原因，大和生命社长中园武雄的解释是“由于全球金融市场动荡，公司所持有价证券跌幅超出预想”。

大和生命表示，2008 年以来，公司已为弥补运营成本、减少财务损失采取了积极措施，包括寻求战略投资者，但最终未果。全球金融市场的动荡不断加剧，股市下跌、信贷紧缩等一系列问题，使该公司的证券投资等资产管理业务严重下跌，致使 2008 年以来的净亏损达到 110 亿日元，负债超过 114.9 亿日元。

大和生命保险公司是日本保险业规模最小的公司，高度负债的独特商业模式导致其破产，但保险公司的破产市场迅速出现了恐慌情绪，日本中央银行当天便紧急向金融市场注资超过 450 亿美元，保险业在金融稳定方面的作用由此可见。

日本寿险业上一次公司倒闭事件发生在 2001 年。当时，Tokyo Mutual Life Insurance Co. 申请破产保护，债务达 9800 亿日元，此外，Kyoei Life Insurance Co. 于 2000 年申请破产，为日本第二次世界大战后最大的公司倒闭案，债务更高达 4.5 兆日元。

**（三）对欧洲保险业的影响**

欧洲市值第二大的保险公司安联集团，在 2008 年第三季度中亏损 20 亿欧元，虽然已经优于此前的市场预期，但由于金融市场动荡，安联公司表示 2010 年前恐怕都不能达到预期的盈利水平。在 2007 年的第三季度中，集团有着近 19 亿欧元的净利，安联集团除去停业部门外的持续经营部门在 2008 年第三季度的运营收入由 2007 年同季的 219 亿欧元降至 211 亿欧元，盈利也从 26 亿欧元降至 16 亿欧元。

欧洲第二大保险商法国安盛保险公司发布财报声称，金融市场动荡导致其 2008 年上半年业绩大幅下滑，净利润锐减三成。瑞士第三大保险商瑞士人寿 2008 年 11 月 12 日公布其第三季度保费收入减少了 11%，为 30.8 亿瑞士法郎，公司预期已无法达到全年的利润目标，股份回购计划也已叫停。更大的打击来自苏黎世资产管理公司，将瑞士人寿的股份预期从 233 瑞士法郎降至 73 瑞士法郎，市场上对于瑞士人寿的盈利能力预期下降。

受全球股市萧条的影响，各保险公司的投资收入受到严重冲击，甚至严重亏损。荷兰国际集团（ING）在 2008 年第三季度首报亏损，净损失达 4.78 亿欧元，主要是由于股票和债券、资产减记等抵消了公司的收入，2007 年同季度的净盈利为 23.1 亿欧元，但之后接受了荷兰政府 100 亿欧元的现金注资，使得荷兰国际集团的资本充足率保持在较高水平。但集团表示由于资产价格（公司股票价格）压力将影响公司业绩，疲软的经济状况对公司业绩影响将延续到 2009 年。此外，挪威最大的金融和保险公司 Storebrand ASA 也报出第三季度超出预期的损失，目前公司正在努力恢复投资者信心，期望他们相信公司

的资本是充足的。

标准普尔信用评级公司表示，由于所涉及的次贷衍生证券较少，全球保险业凭借良好的定位可能经受住此次金融危机的考验，标准普尔表示欧洲和太平洋地区保险业资本充足率很高，所持有次贷较少，保险业受次贷影响相关损失预期将占总资本1.3%，但寿险业预期损失将超过总资本5%，尽管有人对保险业持消极观点，但只要保险公司资本实力和流动性保持在较好水平，在此次金融危机中平稳度过就不是问题。

**（四）对中国保险业的影响**

美国金融危机不断冲击全球金融体系，中国的保险企业也未能独善其身。在3家A股上市保险公司中，保监会仅批准了中国人寿和中国平安的QDⅡ额度分别为相应上市公司上年末总资产的2%和15%，中国人寿和中国太保都未投资与雷曼兄弟、AIG、美林的相关债券。而中国平安由于投资于富通集团，遭受了巨大损失。

2008年10月6日，中国平安发布公告将对富通集团股票投资中约合人民币157亿元变动为损失。富通集团是荷兰、比利时和卢森堡低地三国最大的金融机构之一，同时也是欧洲最大的金融机构之一，在金融危机中遭受了巨额损失。

考虑了减值损失后，中国平安2008年第三季度亏损78.07亿元，2008年前三季度净利润由2007年同期的盈利116.79亿元降至亏损7.05亿元。中国平安总共投资富通集团人民币238.7亿元，虽然进行了大幅度减值，但是公司资本金充足，财务与偿付能力稳固，不会对公司业务的发展形成障碍。同时，中国平安旗下保险业务仍然取得较好增长，2008年前三季度实现保险业务收入994.08亿元，同比增长30.5%。

由于全球经济形势不利，A股市场同样出现缩水，将股权投资作为主要盈利手段的保险公司损失也十分巨大。中国人寿投资损失最小，在其投资的上市公司股权中，民生银行市值损失约6.3亿元，工商银行A股市值损失6.3亿元，建设银行损失约5.5亿元，中国神华损失达到6.5亿元，而中国银行、宝钢股份、大秦铁路的市值缩水总计也达到3亿多元。2008年下半年，中国人寿证券投资浮亏预计超过25亿元。

太平洋保险股权投资市值也大幅度缩水，损失相当大。太平洋保险在2008年第二季度末所持有的前十大市值股票中，2008年下半年海通证券市值损失高达5.53亿元，工商银行市值减少2亿元，深发展市值缩水2.7亿元，攀钢钢矾股权投资价值减少0.87亿元，太保持有的中国神华A股、H股市值共缩水1.7亿元，而其购买的50ETF股权投资损失高达1亿元。由于2008年下半年 A 股市场剧烈下跌，其在下半年的浮亏接近 13.8 亿元。

在 2008 年 7 月，中国保监会主席吴定富表示，截至 2008 年 6 月底，偿付能力不足的保险公司为 12 家，比年初增加 2 家，其中个别公司偿付能力严重不足。由于证券市场的大幅波动，保险公司投资账户发生了较大幅度的缩水，导致综合收益亏损，有的甚至高达几十亿，甚至上百亿。

2008 年，中国保险业实现原保险保费收入 9784.1 亿元，同比增长 39.1%。其中寿险业务的保费收入增长了 49.2%，健康险业务则增长了 52.4%，都达到了一个相当高的水平。2009 年第一季度，全国保费收入 3272.5 亿元，同比增长 9.9%，保险业继续保持平稳增长的势头，业务结构调整稳步推进，保险资金运用结构得到改善。总体来看，尽管国际金融危机对保险业带来了一定的冲击和影响，但我国保险业偿付能力充足、经营稳健，风险处于可控范围。

随着我国保险业开放力度的不断扩大，市场化程度提升，金融危机的蔓延不可避免地给我国保险业带来影响：

（1）跨国金融保险集团可能会将其自身存在的风险，通过我国境内的分支机构或持股公司向国内保险市场传递。

（2）原有保险风险的防范措施不足以应对新风险，防范化解保险风险的工作需要加强。

（3）保险业的平稳增长受到金融危机的挑战，保险产品需求出现变化。由于利率、投资回报率等影响保险产品定价的关键指标出现波动，保险产品定价更加困难，保险公司保险资金的运用风险增加，投资难度提升，分保压力加大。金融危机可能影响保险人对保险公司的信心，部分保险产品的收益下降可能会导致退保增加。

（4）转变保险业发展方式的要求增强。部分保险公司粗放的发展方式暴露的弊端可能导致，公司从盈利转为亏损，重者甚至危及公司的正常经营。粗放发展的问题已经持续很久，解决难度较大，成为保险业发展的一个重要问题。

金融危机尚在蔓延，我国保险业应该抓好防范保险风险，服务社会经济发展的主要任务，努力维护好保险市场的稳定，支持国家经济政策，大力发展社会保险与责任保险等关系民生的领域，积极为经济发展与社会服务。

# 第六节　国际保险监管的协调合作趋势及其对中国保险业的影响

## 一、国际保险监管协调合作现况

1994 年国际保险监管协会（IAIS）成立于瑞士的巴塞尔，目前在 130 多个国家和地区拥有 180 多名会员，会员的保费收入占全球总保费收入的 97%。自成立以来，IAIS 顺应国际经济环境的发展变化，适时地对一些前期颁布的原则、方法进行了修订。该协会的宗旨是：加强联系与合作，鼓励成员国之间的信息交流，更好地保护消费者权益，促进高效率保险市场的发展，加强与其他金融部门和国际金融机构的合作。

随着金融保险服务的日益国际化，国际监管规则、标准及其相关方法得到了更多国家的承认和采纳。国际保险监管协会相继颁布了保险核心原则（1997 年）、国际保险公司保险集团及其跨境经营的监管原则（1997 年）、保险经营行为原则（1999 年）、互联网保险业监管原则（2000 年）、资本充足率和偿付能力原则（2002 年）等原则；制定了保险经营执照监管标准（1998 年）、现场检察监管标准（1998 年）、金融衍生产品监管标准（1998 年）、保险公司资产管理监管标准（1999 年）、集团协作监管标准（2000 年）、信息交流监管标准（2002 年）、保险公司再保险安排及再保险安全性监管标准（2002 年）等保险监管标准；形成了新兴市场经济保险监督管理指导性文件（1997 年）、保险从业人员竞业资格条件指导性文件（2000 年）等监管指导性文件，在一定范围内统一了国际保险监管的技术性标准，促进了成员国和非成员国保险监管与国际合作，加强了保险经营服务的进一步国际化。

2005 年 10 月与 2006 年 1 月，国际保险监管协会又先后发布了“保险监管的新框架：评估保险人偿付能力的通行准则”、“评估保险人偿付能力的通行准则：财务要求的基本准则”与“评估保险人偿付能力通用准则的路线图”，勾勒出了 IAIS 关于新金融环境下国际保险监管的框架结构。它是以偿付能力和风险管理为核心的新国际保险监管体系。

IAIS 建立国际保险监管新框架的目标，是通过国际合作提高各国国内和国际间的保险业整体监管水平，维护一个高效、公平、安全、稳定的保险市场以确保保单持有人的利益。为此，IAIS 确定了八个实现目标的途径：

一是协助保险行业和保险监管机构对保险人、再保险人、相关金融组织的偿付能力进行判断和评估。

二是通过自身工作的开展，增强世界范围内保险人运作的透明度和可比性，从而保障客户、投资人、保险经营者以及其他利益相关者的利益。

三是提高保险市场的稳定性。

四是增进保险监管的国际一致性。

五是提供更多的国际合作机会。

六是减少监管套利。

七是增强公众对保险业的信心。

八是使相关资源能被保险行业和监管机构有效地利用。

根据保险核心原则以及长期国际保险监管经验的总结，在"新框架"下，IAIS 把对保险业的监督管理划分为三个方面内容：财务、公司治理和市场行为。每一方面又都包含了与此相关的三个不同的层次：监管的先决条件、合规性要求和监管行动。为了保证监管框架的长期稳定和高效运作，这三个层次的监管活动是相互协调、互为补充的，但又具有一定的独立性，某个层次的松懈就意味着其他层次必须采取更严格的措施。因此，"新框架"中的内容即使是最细小的方面都是经过细致、谨慎的权衡后再确定的，然后再作为一个国际性的统一标准在全球推广实施。

IAIS 关于国际保险监管原则及标准要达到的协调目的，在于改善各会员国国内保险监管，逐步消除各个会员国保险监管技术和水平的差异以及全球范围内保险监管发展的不平衡；协调各会员国保险监管政策、原则和制度的不一致以及由此引起的冲突，确保跨境保险活动，保证全球保险市场公正、有序、高效的运行及健康发展。

在国际保险监管的协调合作方面，IAIS 依靠三大支柱来贯彻监管原则：一是制定统一的国际监管原则和标准。二是依靠各个会员保险监管机构的自觉遵守，以及自评制度与 IAIS 评估制度有机结合。本国与东道国遵循主动自愿、保持充分沟通与交流原则；在 IAIS 核心原则的平台上，落实相互承认、协商协调、共同合作的操作模式。三是由 IAIS 提供支持，帮助会员有效地贯彻 IAIS 制定的统一原则，以及由 IAIS 组织标准的技术咨询或培训、学习和交流。IAIS 通过对成员贯彻实施统一监管原则和对实际情况的评估标准，督促成员贯彻实施这些原则和标准，并通过组织培训、研讨会、提供技术援助，加强成员间的监管合作与交流，提高保险监督官员理解进而贯彻统一原则和标准的能力。由保险专家提供技术援助是一项旨在帮助 IAIS 会员保险监管机构贯彻实施统一监管原则和标准，并解决其在对跨境保险监管过程中遇到具体问题的重要措施。IAIS 列出了能够提供技术援助的保险专家清单，IAIS 下设的机构广

泛与国际货币基金组织、世界银行及其他国际金融监管组织合作，通过组织国际论坛以及其他方式向成员特别是新兴市场的会员监管机构提供技术援助。

IAIS 制定的跨境保险监管的核心原则及其他原则和标准，对各会员监管机构不具有强制法律约束力，各会员监管机构协调贯彻核心原则、标准和要求属于自愿行为，各会员监管机构可以自主选择协调贯彻实施的方式。

## 二、国际保险监管发展趋势

（1）区域性保险监管组织与国际性保险监管组织同步发展，区域性保险组织在国际保险监管合作与传导中将发挥更加重要的作用。由于区域性保险监管组织与其成员国的法律文化及保险发展水平具有较好的适应性，区域性保险监管标准在协调成员国保险监管制度差异、加强成员国保险监管机构的合作、实现监管信息资源的共享具有重要的指导作用。区域性保险监管机构能够在 IAIS 与各国保险监管机构中更好地发挥中间传导机制和调适机制，整个保险监管组织是由国际保险监管组织、区域性保险监管组织与各国保险监管机构构成的一种有效结合体。

（2）IAIS 与其他监管组织的合作范围更加广泛，合作深度愈加拓展。随着国际保险服务交易的规模扩大和开放度进一步深化，对国际保险服务交易进行有效监管是发达国家与发展中国家共同面临的问题。这将促进 IAIS 在协调国际保险服务活动、促进国际保险监管合作协调，IAIS 与各成员国就保险监管的共同标准、基本准则等问题将进行更为广泛的交流。

由于银行、保险与证券的混业经营趋势，金融并购与金融市场集中呈现强势，既定的保险单一监管制度已经不能完全适应金融发展现实。一方面，这无疑会导致金融监管机制的根本性变革，统一监管、功能性监管在一些发达国家已经成为新型的金融监管制度；另一方面，在目前实行保险单一监管制度的国家，保险监管机构与银行、证券监管机构的合作将从表层合作逐步演化为实质性整合。对国际金融保险集团、金融持股公司等不同的公司制度的监管，将受到各国监管机构和国际监管组织的重视。立足于国际金融监管视角，IAIS、国际证券监管机构、国际银行监管机构、国际会计准则协会与国际精算协会等机构的合作将越来越密切。

（3）IAIS 的监管标准还将在一定程度上发挥指导性作用，IAIS 与各国保险监管组织的合作与冲突并存。前文已经提到，IAIS 已经形成一系列的保险原则、监管标准、监管规则与监管指导意见书，IAIS 与国际证券监管机构、国际银行监管机构已经就金融保险集团、离岸金融服务提供了一些可借鉴的监管标准。但 IAIS 的监管标准对各国保险监管通常仅有指导意义，还不能形成像欧盟保险单一市场的指令性具有一定强制性质的监管制度。由于发达国家之间、发展中国家之间以及发达国家与发展中国家之间既存在着既定的经济发展水平、社会政治制度、历史文化法律方面的差异，又在金融保险开放度及监管制度方面有些不同，IAIS 的监管标准与各国的具体现实监管标准存在差距，必然导致 IAIS 与各国保险监管组织间的合作与冲突的矛盾。这需要在尊重各国政治经济利益的前提下加强国际保险监管的协调与合作，IAIS 及其制定的监管趋同标准必须充分考虑到发展中国家的国情。

## 三、国际保险监管对中国保险业影响

在相当长的时期内，金融监管的国际合作将主要在目前的合作框架内，各国金融监管当局在着眼本国利益的基础上，在有关国际金融组织的协调下，求同存异，既斗争又合作，从而推动金融监管的国际合作不断向前发展。我国应该积极参与金融监管的国际合作，但必须以增进国家利益为前提来决定参与金融监管国际合作的程度，并制定相应的对策。

我国的保险监管发展已经历了二十多年的发展，经历了起步、以市场行为监管为主、市场行为监管与偿付能力监管并重等主要阶段，并逐步向以偿付能力监管为核心的阶段过渡。在 2005 年维也纳的 IAIS 大会上，中国保监会主席吴定富阐述了未来的监管重点，即“参照国际保险监督官协会的三支柱监管框架——偿付能力监管、公司治理监管和市场行为监管，建设具有中国特色的保险监管体系。努力构筑以公司内控和治理结构监管为基础，以偿付能力监管为核心，以现场检查为重要手段，以资金运用监管为关键环节，以保险保障基金为屏障的防范保险业风险的五道防线，促进中国保险业稳定、持续、协调、健康发展”。虽然我国的保险监管实践经历了二十多年，有了一定的发展，但是尚没有形成完整的监管模式，与国际保险监管的现代模式相比更是相距甚远。而且，由于市场机制存在缺陷，在缺乏完备的保险立法保证的情况下，市场竞争的无序使得我国行政监管一度变得更为严厉。但由于市场秩序的不完善，严厉的行政监管又造成了保险人的“道德风险”。也就是说，保险公司会由于保险监管的严厉而放松自身的风险控制，造成新的无序。因此，面对飞速成长的中国保险业，保险监管机构需要改变传统的保险监管模式，吸收国际保险监管的先进经验，综合考虑风险管理和资本充足，逐渐向以风险为基础的保险监管模式转变，探索建立一个适应中国国情的、富有效率的、以风险为基础的监管体系。

随着国际保险集团逐渐进入中国保险市场，中国国内市场竞争将更加激烈，同时中国保险公司也必将走出国门，在国际保险市场中争取一席之地。当

其他国家保险公司在中国或中国保险公司在国际上由于保险监管制度的不同发生冲突时，IAIS 的标准将成为解决问题的关键，在节省保险公司处理成本的同时，将间接支持保险业的发展壮大，而 IAIS 提供的技术咨询、培训、交流及援助则将缩小中国与其他保险强国的差距，直接提升中国在国际保险业中的竞争力。在国际保险监管的协调合作中，中国可以更加清楚地看到自己在国际保险业中的位置，在直接对比之下找到更适合的保险监管方式，而不是简单跟随发达国家的发展模式。

# 第九章　我国保险业发展和金融结构演变的未来趋势研究

本章通过对中国金融结构变迁与发展趋势、中国保险发展在金融结构调整中效应、保险发展影响因素和发展趋势，以及“十二五”中国保险业发展面临的机遇、挑战、趋势分析，探讨如何加深保险业对金融市场的参与度，促进保险与金融体系（含货币市场、资本市场）协调发展，构建结构合理、制度健全，具有国际竞争力且能抵御风险的现代金融体系。

## 第一节　我国经济发展趋势与金融结构变化趋势分析

### 一、我国经济发展的趋势分析

2008 年以来，受国内外各种因素的影响，我国国民经济发展遇到前所未有的困难。我国经济运行出现较大波动，一定时期内经济增速出现下降。同时，我国经济发展的外部环境还存在多种风险，如果国内没有适当的应对措施，有可能导致我国经济增速出现深度回调。这些因素主要有：一是美国次贷危机远未结束，预计美国房价下跌和次贷违约率的上升势头要经过相当长时期才能结束，美国政府采取适度干预政策，能在一定时期内遏制房价的下跌趋势和次贷违约率的上升势头，但短期内次贷危机对美国经济的负面冲击较大，对我国经济增长的直接和间接负面影响会持续一段时间。二是美国次贷危机向系统性金融危机演化，一旦应对不利，就会引发美国系统性金融危机，将对全球金融与经济产生巨大冲击，有可能形成全球性经济严重衰退。三是全球需求增速减缓预期影响下，短期铁矿石、原油等初级产品价格波动较大，即使欧美经济衰退，初级产品价格回落较大的可能性很低，我国经济发展也将进入长期生产成本不断提高的时代。四是我国主要贸易伙伴经济增速减缓，将进一步加剧

与我国的贸易摩擦，未来人民币升值的压力还会持续加大，中国出口形势将会日趋严峻。

但是，经过改革开放三十多年的持续快速发展，我国积累了雄厚的物质基础，金融体系总体稳健，拥有两万多亿美元的外汇储备，财政资金充裕，国内储蓄率较高，宏观经济政策调整拥有较大余地，抵御经济风险的能力显著增强。作为一个拥有13亿人口的发展中国家，我国工业化、城镇化快速发展，基础设施建设、产业发展、居民消费、生态环境保护等方面具有巨大的发展空间，扩大内需潜力巨大。

因此，尽管我国经济发展面临着来自国际、国内的严重困难和严峻挑战，但我国经济发展的基本面和长期趋势并没有改变，我国经济整体正处于上升通道。高储蓄、高投资、高顺差、高增长格局还会持续数年。虽然我国经济恢复到以往的高增长水平需要时日，但由于投资拉动、出口增长恢复等因素的影响，2009年下半年出现经济较快增长趋势，全年GDP应该能够较快增长的目标。目前中国经济的基本面较好，中国经济的主导支撑力量是工业化和城市化，这两大力量的支撑作用没有变化。这两大主导支撑力量，加上社会问题的解决以及对外开放的深化，决定了未来一定时期内我国经济发展的任务和走向。

**（一）工业化与转变经济增长方式**

"十七大"报告指出："实现未来经济发展目标，关键要在加快转变经济发展方式、完善社会主义市场经济体制方面取得重大进展。"经济增长方式是经济发展方式的重要方面。我国能否在经济总量不断增加的同时，实现质的提高和持久的发展，将关系着中国的工业化进程和未来的经济前景，也将对世界经济产生重要的影响。

20世纪80年代以来，随着我国经济多年的高速增长与快速发展，我国的国内生产总值及人均GDP都有了很大的提高。"九五"以来，我国单位产出的能耗和资源消耗总体上呈现下降趋势。1995～2005年，我国按照2000年不变价计算的万元GDP能耗由1995年的2.04吨标准煤下降到2005年的1.43吨标准煤，10年间下降幅度为30.3%，年均下降率为3.5%。从国际范围来看，我国的进步是明显的。

但是，迄今为止，我国经济增长方式仍然以粗放型为主。这种明显成绩是以过去经济增长粗放程度过高为基数的。近几年来，我国在国内生产总值年均增长9.7%的同时，煤炭消耗由12.6亿吨增加到21.4亿吨，年均增长13.9%，比国内生产总值增幅高4.2个百分点。2006年，我国国内生产总值按当年汇率计算约占世界的5%，但与之相伴的却是消耗了世界石油的7.8%、原煤的39.6%、粗钢的31.8%和水泥的47.7%。近5年来，电力消耗由1.46万亿千瓦时增加到2.47万亿千瓦时，年均增长12.8%，比国内生产总值增幅高3.1个百分点。5年间，我国能源消费总量从13.9亿吨标准煤增加到22.5亿吨标准煤，增量远远高于过去20年能源消费增量的总和。目前我国能源总效益比世界平均水平约低了10个百分点，能源消费弹性系数也由20年前的0.5迅速增长到现在的1.0以上。资源的过度消耗导致资源短缺日益加剧。2006年我国人均耕地拥有量是1.4亩，相当于全球人均水平的40%；人均水资源量2098立方米，仅为世界人均水平的25%；2006年我国消费42.9%的石油、53%的铁矿石和一半以上的氧化铝依靠进口。

我国在资源严重约束下推进现代化建设，转变增长方式是唯一出路。近年来在经济高速增长中人们已经强烈地感受到，传统的高投入、高消耗、低产出的老路，已经走到了尽头。占现今世界人口不到15%的发达国家，是依靠消耗全球60%的能源、50%的矿产资源实现工业化和现代化的。另外85%的人口正陆续进入工业化阶段，全球性的人口、资源、环境矛盾尖锐，我国在国际资源竞争中面临着严峻挑战。即使国际市场能够弥补我国资源的不足，生态和环境破坏的沉重代价也难以承受。国际竞争的压力，许多出口商品在国际产业链条中处于低端而收益比较低的严酷现实，也使人们痛感转变增长方式很有必要。

经济增长方式是经济发展阶段性的重要标志，技术进步直接对其起作用并且构成其物质基础。从人类社会经济不断进步的意义上说，增长方式的转变是永无止境的。从发展的阶段性来说，我国目前的增长方式转变，肩负着双重任务：一是通常所说的传统工业的提高，二是实现从二元经济结构向现代社会经济结构的转变。走新型工业化道路包括这两个方面技术进步的过程。

经济结构不合理是增长方式粗放的重要原因。在产业结构升级过程中，技术含量更高、附加值更大、环境代价更小的产品或者产业发展起来，表现出更高的生产率和社会效益，这就是增长方式的转变。发展高新技术产业，用新技术改造传统产业，发展第三产业以提高整个经济的社会化水平，都是增长方式转变所必需的。

经济增长方式粗放和转变困难，有着深刻的体制和政策上的原因。除了投资体制不合理导致的低效甚至无效的投资外，价格扭曲是重要原因。低水价政策导致水资源的过度消耗和浪费，低价征用造成土地的大量浪费，能源价格不能反映全部成本而使能源消耗增加。质量、特耗、环境等方面社会规制不严格，政绩考核方法的偏差，也是造成粗放式增长延续的原因。为增长方式转变创造体制和政策环境，是深化改革面临的迫切任务。

还有许多问题需要研究。例如：当前转变增长方式要解决的突出矛盾是什么？在不同的产业领域，如何确定转变增长方式的着重点？处于不同发展阶段的地区，增长方式转变的目标和任务如何确定？如何促进技术含量高和附加值大的产业更快发展？如何在传统产业中推广新技术，同时淘汰产出低、消耗高、污染严重的产品和技术装备？转变增长方式在技术、管理以及企业和政府行为等方面有哪些困难？如何看待关于重化工业发展问题的讨论？其实践的和政策的含义是什么？如何形成企业技术引进、消化吸收和自主创新的机制？如何开发和推广共性技术、特别是开发推广对增长方式转变有直接效果的节能降耗技术和环保技术？如何通过体制和政策的调整，促进循环经济的发展？如何处理采用新技术、发展资本密集型产业和发展劳动密集型产业、扩大就业的矛盾？如何动员全社会力量建设节约型社会，当务之急是什么？政府、企业、社会中介组织，在转变增长方式中应当扮演什么角色，当前存在的问题是什么？

在经济全球化和发展开放型经济的条件下，增长方式转变有哪些新的情况？如何适应新的情况？

还有一些理论问题需要讨论。例如，关于增长方式转变的含义，关于外延型增长和内涵型增长、粗放型增长和集约型增长的概念，关于增长方式转变的普遍规律和现阶段中国增长方式转变的特殊规律，等等。理论探讨对于增长方式转变是有实际意义的。

### （二）信息化与发展现代产业体系

信息化是指培养、发展以计算机、互联网为主的智能化工具为代表的新生产力，并使之造福社会的历史过程。信息化与经济全球化相互交织，推动着全球产业分工深化和经济结构调整，重塑着全球经济竞争格局。信息化水平已成为衡量一个国家、一个城市或地区的综合实力、国际竞争力和现代化程度的重要标志。胡锦涛在“十七大”报告中提出，要“全面认识工业化、信息化、城镇化、市场化、国际化深入发展的新形势新任务，深刻把握我国发展面临的新课题新矛盾”。在此基础上，他又提出“发展现代产业体系，大力推进信息化与工业化融合，促进工业由大变强”。这充分体现了党中央推进我国信息化建设的坚强决心。信息化在国民经济和社会发展中同样具有覆盖全局的重要作用。加快实施信息化战略，是培育和发展新兴产业的基础，是全面落实科学发展观、进一步提升我国经济社会发展水平、增强综合实力和竞争力的客观要求，是转变经济发展方式、加快社会建设、提高社会管理科学化水平的迫切需要和必然选择。

### （三）城镇化与“三农”问题的解决

城市化是走向现代化的必由之路。20 世纪 80 年代中期特别是 90 年代中期以来，城市化进程加快。以大城市为中心的城市群、城市带不断发展壮大，一些小城镇成为当地经济的中心。基础设施建设使城市面貌大为改观。这是经济快速发展的重要推动力。目前我国城市化仍然明显低于世界平均水平和同等工业化水平的国家，未来5~15年甚至更长时间，是城市化迅速扩张时期。按照20世纪80年代以来的平均进度，2010年城市化率将达到47%，2020年达到55%；按照1995年以来的平均进度，2010年将超过50%，2020年将达到64%。城市化滞后是历史包袱，同时也为经济增长提供了空间。

城市化是涉及几亿农业人口转入非农产业的社会结构的根本性变迁，是伴随着现代化进程逐步实现的渐进过程，最乐观的估计也要延续到2020年以后。在工作部署上既要积极，又要稳妥。目前一些地方片面追求城市化率，存在急于求成和盲目无序的偏差，城区规模扩张过猛，拆迁规模过大。全国182座城市提出要建成“国际大都市”，不少中小城市提出要建成大城市。不少城市规划缺乏特色，甚至造成所谓“建设性破坏”。另外，大量因城市建设而失去土地的农民生活没有着落，进城农民不能长期稳定留下的问题也很突出。这不仅影响城市化的健康发展，还会危及社会稳定，目前一些地方的社会矛盾与城市化的盲目扩张有关。关于这方面也有许多理论和政策问题需要研究。例如：如何认识世界城市化的规律和艰巨性，把握城市化的适当进度？如何形成大中小城市和小城镇协调发展的格局，使之都能够扬长避短？如何做到城市的空间布局更为合理，超越行政区划的局限发挥城市功能？如何根据地区发展不平衡的实际情况，提出符合本地区实际的城市化目标和政策？等等。

保证城市化健康发展的一个根本性问题，是把城市化和解决“三农”问题结合起来，使之成为实现城乡协调发展、改变二元经济结构的推动力，关键是为农民转入非农产业创造就业机会和生存条件。目前，需要着重研究解决的是以下两个方面的问题：

一是长期进城务工农民变为城市居民的问题。据人口普查资料，农民工占第二、三产业就业人口的比重高达46.5%，其中第二产业占56.7%，建筑行业占80%，绝大部分处于流动不定的状态。每年有大量农村人口进城就业。要对城乡隔离政策进行清理，放宽农民进城就业和定居条件，建立城乡劳动者平等的就业制度；同时要引导农民工适应城市生活秩序。这涉及城市公共服务资源重新分配的问题，对城市建设和管理的影响需要观察和研究。肯定的是，这样做有利于保护农民工的权益和社会文明的发展，客观上或许会对城市规模的盲目扩张起到某种抑制作用。

二是失地农民的生计问题。目前全国完全失去土地或者人均耕地0.3亩以下的农民多达4000万~5000万人，2003年国家统计局对其中2942户的抽样调查显示，完全失去耕地的占43%，耕地被征占后收入下降的占46%。失地农民每年增加的数量以二三百万计，补偿费用过低而且容易坐吃山空。廉价征用土地，“以地生财”、“以乡养城”成为原始积累的新形式。矛盾正在日积月累，有的地方已经酿成严重社会不安，现行土地政策和制度不足以从根本上解决目前的问题。如何安定失地农民，改革和完善土地制度，保护农民的土地权益，是必须研究解决的大问题。

在城市化、工业乃至整个现代化进程中，始终不能放松对农村问题的关注。即使城市化进展顺利，2010年农村人口还有7亿左右，2020年至少还有5亿，这仍然是个庞大的人群。“三农”问题过去主要是粮食生产问题，现在不仅要解决全国十多亿人口吃饭的问题，而且要解决在全国农村全面建设小康社会和逐步实现现代化的问题。要通过“三化”——工业化、城市化和市场化，促进“三农”问题的解决。仍然有许多问题需要研究，例如：如何切实保护和稳定提高粮食生产能力？如何促进粮食市场发育和完善政策调控政策？如何推进农业结构调整和提高农业综合利益？如何扶持农村二、三产业，加快县域经济发展，促进农业劳动力就地转移？如何解决退耕农民生计问题，巩固退耕还林还草政策成果？如何应对农产品进口的冲击，扩大我国优势农产品出口？如何摆脱县、乡财政的困境？如何把握继续推进农村改革的切入点和着重点？在农业税免除后，国家可以采取哪些普惠的政策帮助农民减负增收？例如，是否完全由财政负担农村义务教育的支出？等等。

在全国农村如何普遍实现全面建设小康社会的目标，现有的经验还不能提供完整而清晰的答案，需要在实践中继续探索。在全国农村实现现代化还需要更长的时间，现在不少方面还没有破题。

**（四）市场化：注重解决社会问题**

根据社会矛盾突出的实际情况，“十一五”和2020年规划要把解决社会问题放在重要位置。经济是基础，经济不发展不可能实现现代化；但如果社会问题不解决，不仅直接危及经济发展，国家也不会太平。“五个统筹”的一个重要出发点，就是注重解决社会问题，实现经济、社会协调发展。近年来中央到地方都顺时应变，加大了这个方面工作的力度。

社会领域的问题错综复杂，往往带有更加浓厚的中国特色，必须根据中国国情，有针对性地采取政策措施。梳理归纳，当前影响最大并且会长期存在的，是以下几个方面的问题：

第一，就业问题。我国人口多，适龄劳动人口持续增长，加上大量农民离乡进城，隐性失业变为显性失业，经济结构调整又带来劳动力市场动荡，未来5～15年就业压力很大。发展规划和政策要把解决就业问题放在更加重要的地位。影响劳动力需求的是两种起相反作用的因素：一方面，技术进步和资本有机构成效率提高，国有企业改革，产业结构升级，是减少劳动力需求的因素；另一方面，随着技术进步和社会分工深化，新的成分发展，是扩大就业容量的因素。但从总的发展趋势看，我国就业问题将是长期存在的大问题。发达国家人口比我国少得多，它们不断缩短工作时间，还长期受到失业问题的困扰，我国就业压力之大可想而知。要认真研究扩大就业与经济增长、产业结构调整和技术进步的关系，研究扩大就业与国有企业改革、发展多种所有制经济和多种就业形式的关系，研究扩大就业与保障劳动者权益、增强企业社会责任的关系，研究政府、企业、社会中介组织和劳动者各自的责任，研究完善劳动力市场和扩大就业的政策措施。提高劳动者就业能力也是当务之急。要把普及义务教育作为提高国民素质和促进就业的根本大计，同时在农村和城市普遍开展职业技术培训。目前农村劳动力受过专业技术培训的只有9%，绝大部分初、高中毕业生没有接受过职业技术教育。城市职业技术教育也很薄弱。随着高等教育进入大众化阶段，普通高校毕业生也面临着就业难的问题。

第二，收入差距问题。收入差距扩大问题已经由低收入群体的牢骚和研究者的忧虑，变成政策切实关注和解决的重要社会问题。对于反映社会收入差距的基尼系数的计算方法、适用范围及其对中国现阶段的实际社会意义，理论界虽有不同的认识，但差距持续扩大是公认的事实。对于收入差距的现状和趋势，可以大体上从两个层面做出判断。

在初次分配领域，差距明显扩大的主要是私营部门和外资部门。随着私营经济发展、经济市场化和国际化加深，收入差距是继续扩大的趋势。而在所谓“体制内”部分，平均主义仍然普遍存在，公务员系列收入的平均主义甚至比过去还要严重，但在某些垄断行业和一般行业之间、不同地区的公务员之间，也存在差距过大的问题。群众不满意的，主要是非法暴富者和体制不合理造成的灰色收入。

在再分配领域，由于税收和社会保障体制不健全，对收入差距扩大的势头调节不力。基本方针过去是三句话“保护合法收入，打击非法收入，调节过高收入”；应该变为四句话，加上“救助贫困群体”。四个方面都需要加强。

需要研究的问题很多。例如，现阶段我国收入差距的发展趋势和合理界限是什么？如何处理公平和效率的关系，以实现社会公平和保护经济发展活力的双重目标？怎样采取更为透明、公正的分配方式，消除灰色收入的体制根源？怎样使“体制内”的收入分配改革在不同行业和不同地区之间能够统筹兼顾？如何调节投资和消费的关系，适当提高目前过低的最终消费率，以增加城乡居民消费？舆论引导也是需要研究的问题。

第三，社会保障。健全的社会保障是市场经济体制的重要支柱。改革初期社会保障制度改革作为国有企业改革的配套措施，某些措施着眼于减轻财政负担而缺乏健全的制度规范，历史欠账和积累矛盾不少。加之老龄化快速发展，城乡庞大失业人群存在，传统家庭养老方式趋于解体，社会保障的压力与日俱增。清欠旧账和建立新的比较规范的社会保障体制，都是“十一五”时期要办的大事。如何实现城市社会保障体制的平稳过渡？如何根据城乡之间、不同地区之间的发展水平实行不同的办法而又有利于逐步走向统一？如何改善农村卫生医疗条件，解决农民基本医疗问题？在农村，是建立最低生活保障，还是建立社会救济制度？农村社会保障如何起步？如果从“五保户”的社会救助做起，“十一五”时期能发展到什么程度？健全的社会保障是现代社会文明的标志。第二次世界大战之后，西方国家普遍建立了社会保障制度，对于缓和阶级矛盾发挥了重要作用，20 世纪 70 年代以来由于保障标准过高而难以为继，不得不进行改革，但困难重重。我国经济不发达而社会保障任务又很艰巨，只能坚持“低水平、广覆盖”的方针逐步推进，但一经承诺就决不能食言。

第四，健全社会流动机制。社会流动和社会分层加剧是社会结构变化的反映。这种发展趋势有以下影响：一方面，诸如创业门槛降低，受教育程度提高、就业和居住地选择余地扩大，城乡流动障碍破除，使得身处下层者有可能通过自身努力改革变社会处境，有利于激发社会活力和财富创造。另一方面也蕴涵着新的社会矛盾，例如，一些人可能丧失既得利益而地位骤然下降，经济地位上升的人又可能提出政治诉求。如何分析社会流动和社会分化的现状、发展趋势及其社会经济影响？怎样从体制和政策上疏通社会流动渠道，促进社会的有序流动，做到“能进能出”、“能上能下”？怎样处理危机应急机制和常规制度建设的关系，以利于处理社会危机？怎样推进社会的管理体制和管理方法创新，发展多元化的社会沟通渠道，包括加强基层组织建设，发挥传统组织优势，同时发挥基层群众自治组织、社团、行业组织和社会中介组织的作用，以利于维护社会稳定和构建和谐社会？在这些方面都有许多理论问题和政策问题需要研究。

**（五）国际化：提高对外开放水平**

全球化是当前国际经济发展的基本特征，随着更多国家逐步融入经济全球化，国际经济正在经历一场深刻变革。在这个过程中，尽管国际经济总体上持续看好，世界各国也都面临产业结构调整、技术创新加速、人口结构变化和资源环境压力等共同问题，但各国之间特别是发达国家与发展中国家之间也存在复杂矛盾。发展中国家特别是新兴市场国家，在世界经济中扮演越来越重要的角色，但发达国家仍然决定国际经济发展的基本趋势。作为世界上最大的发展中国家，我国市场化改革不断深化，对外开放不断扩大，国内外因素之间互动关系也不断增强。尤其是未来10年，国际经济对我国正反两方面影响并存，并不断扩大，怎样抓住机遇，规避风险，促进我国经济社会稳定健康发展，是一个具有重大意义的战略问题。①

外部环境和中国的国际经济地位正在发生深刻的变化，需要用全球战略眼光谋发展，在统筹国内发展与对外开放中，实现全面建设小康社会和现代化的目标，关键是提高对外开放水平，在更大范围、更广领域、更高层次上参与国际合作与竞争。

近年来国内有关于我国对外贸易依存度是否过高和利用外资是否过度的忧虑。怎么看待这个问题？恐怕不能从“进出口总额/GDP”公式简单得出结论。据国务院发展研究中心外经部的研究，用世界银行的“货物贸易出口额/商品GDP”公式，再以购买力平价加以修正，修正后的对外贸易依存度中国只有20%左右，远低于德、美、日等发达国家。如果考虑到我国加工贸易占进出口50%以上，简单计算的外贸依存度显然高估了我国对国际市场的依赖程度。进入21世纪以后，全球FDI继续保持较大规模，然而中国这个阶段实际利用外资的增长速度降低，同时国内投资迅速增长，虽然我们还保持着最大的发展中东道国的地位，但是实际使用外资占国内固定资本形成总额的比重持续下降。2001年FDI占中国的全社会固定资产投资比重为10.33%；之后逐年下降，到2004年已经降至7.05%。这个比例，低于同年发展中国家FDI与东道国国内投资之比10.5%的平均水平和中东欧国家19.1%的平均水平。到了2006年，中国的FDI占当年全社会固定资产投资比重只有4.24%。现在全球吸收外资的竞争越来越激烈，即使发达国家也在积极吸收外资，我国更应该继续积极吸收外资。关键是提高利用外资水平，优化对外贸易结构。

未来5~15年我国经济保持快速增长，必须继续积极发展对外经济贸易关系，处理好国际社会出现的矛盾与问题，创造良好的外部环境。以下四个方面是很重要的：

第一，保障外部资源的稳定供给。在对外部资源依赖程度越来越高的情况下，我国不断推进现代化建设。目前我国在世界主要资源市场上所占份额还不大，但在需求增量中所占份额相当可观，2004年占世界石油新增需求量的1/3。全球资源供需基本平衡，我国支付能力没有问题，主要问题是如何保障

① 虞爱华. 国际经济发展趋势与我国的战略对策［J］. 理论视野，2007（7）.

稳定供给，降低采购成本。我们要研究通过国际市场获得外部资源的多种方式。例如：如何与能源和其他重要资源输出国建立稳定的合作与供给关系？如何加强与能源输入国的合作，提高我国在国际能源市场上的谈判能力？如何保证海外资源的运输安全？随着我国资本实力日渐雄厚，未来对外投资是迅速增长的趋势。对外投资不仅是获取外部资源的重要形式，也是取得市场、技术和知识产权，加强我国与投资东道国关系的有效途径。对于体制转轨中处于起步阶段的对外投资，如何去引导？如何在简化审批程序的同时加强监管？如何将企业对外投资行为与国家的对外经济战略有效结合？如何扶持企业通过跨国投资获取研发能力和海外营销渠道，通过海外投资保障能源和其他重要资源的供给？如何在风云变幻的国际投资市场防范风险？等等。

第二，提升我国在国际分工中的地位。我国已经成为世界第三贸易大国，但在国际分工中的低端地位并没有发生根本改变。要实现这样的目标，还有许多问题需要研究解决。例如，如何协调外资政策、外贸政策和产业政策，发挥外资在提升我国产业结构、技术水平方面的作用？如何推进加工贸易的结构升级？如何使具有自主知识产权和自有品牌的产品成为我国出口的主导产品，形成我国企业控制的国际营销渠道？如何吸引资本与技术密集程度更高的企业来华投资？如何引导外商投资于中西部地区、东北等老工业基地，以促进中西部发展和老工业基地的振兴？如何实现内外资的平等竞争，防范跨国公司形成商业垄断？等等。

第三，创造良好的外部环境。中国经济迅速壮大，打破原有利益格局，势必引发错综复杂的国际矛盾；主要大国间围绕着能源和其他重要资源的争夺、制定国际规则的主导权之争、区域经济集团化的利益之争、具有重要战略意义与经济意义的技术及其标准之争，都将愈演愈烈。如何加强各个领域的对外交往，包括政治和经济，外交和文化，官方和民间，服务于全面建设小康社会和现代化的目标，是一项长期的任务。当前需要着重研究解决的问题是：如何处理与主要贸易对象国特别是美国的关系？如何估计美国经济发展的不确定性、风险及其对我国的影响程度？如何积极参与和有序推进东亚区域经济一体化和其他区域经济合作？如何协调对外贸易、对外援助、对外投资和经济合作，加强与发展中国家的关系？等等。

对中国经济地位提升所引起的国际经济关系调整，世界没有准备，我们也准备不足。世界和中国都需要有一个适应过程。我国要高度重视对外宣传工作，树立负责任大国的形象，让国际社会理解中国提出的可持续发展、建设节约型社会的发展战略，理解中国追求合作共赢和共同发展的理念，消除国际社会对我国发展的疑虑。

第四，健全开放型经济的风险防范机制。我国迅速从封闭型经济转为开放型经济，经济风险随增长活力增加而加大，而我们对开放型经济风险的防范经验不足，机制很不健全。健全风险防范机制是保证经济持续增长和国家经济安全的重要条件。开放型经济的主要风险是什么？在国际资本流动加剧的情况下，如何保持国际收支基本平衡，避免短期资本流动的冲击？在国际金融市场动荡的形势下，如何避免巨额外汇储备的风险？如何顺利度过已开始的贸易摩擦高发期，使之不致成为大规模的贸易战，影响国家的经济关系甚至政治关系？这些都是需要研究的问题。

我国经济的国际化程度日益提高，需要采用更灵活的汇率机制作为调节国际收支的政策工具，国际上对于人民币汇率问题的炒作各怀心思。如何完善汇率形成机制，使人民币汇率稳步走向有管理的弹性汇率制度？人民币汇率大幅波动的影响是什么？这些都是值得研究的问题。

以上四个大的方面，实质是工业化（走新型工业化道路）、城市化（走中国特色的城市化道路）、市场化（完善社会主义市场经济体制）和国际化（融入世界经济贸易体系），以及在这“四化”进程中实现社会稳定与和谐的问题，可以说是今后5～15年中国经济的基本走向。

## 二、未来十年内我国金融结构演变的趋势

借鉴国际先进经验，优化调整金融结构，加快发展保险和资本市场，无疑是我国抓住机遇、规避金融风险的重要方面。

戈德史密斯（Goldsmith，1993）曾在其《金融结构与金融发展》一书中，提出了“金融结构”的概念，并指出金融结构合理性对金融体系竞争力的重要性。戈德史密斯认为，各种金融现象都可以归纳为两个基本方面，即金融工具和金融结构。他采用金融中介的资产对GNP的比重代表金融发展的水平，其前提是金融系统的规模正相关于金融服务的供给与质量，戈德史密斯运用35个国家1860～1963年的有关数据，得出的分析结论是：经济增长与金融发展是同步进行的，一般经济快速增长的时期金融都会以超常水平发展。同时，金融经济的发展，与金融的结构和布局息息相关。结构和布局的不合理，会导致金融体系竞争力缺乏竞争性，失去核心的比较地位。经济发展能够带动整个金融体系质量的总体提升，而金融体系完善的步伐仅靠局部的发展是不够的①。

① 陆岷峰，张越．促进金融经济发展要以优化金融结构为突破口［J］．经济师，2008（10）．

我国现行投融资格局导致货币性资产主导，风险向银行集中；储蓄存款非均衡分布，制约了对保险等非货币性金融资产的需求；保险与银行资金来源和运用错配，源于资本市场不发达和信贷需求结构的调整。作为我国国民经济重要内容的保险业，在当前世界金融危机的大背景下，如何适应当前世界经济环境的变化和世界金融结构调整的变化，不断增强自身的实力和国际竞争力，是一个亟须深入研究的课题。

“银行主导”和“分业经营”是我国金融体系的两大特征，也是我国金融结构在宏观和微观两个层面上的具体反映。从宏观层面上看，我国金融结构的主要特点是，由银行体系主导，融资结构向间接融资倾斜，以证券市场为代表的直接融资的发展相对滞后。而从微观层面上来看，1993 年以来，我国金融业采取了严格的分业经营、分业监管的发展模式，金融机构内部资产结构和业务结构相对单一。

不可否认，长期以来银行主导的金融体系在动员储蓄和投资方面发挥了巨大的作用，而严格的分业经营体制也在一定时期内为我国金融业的风险管理做出了贡献。然而，随着经济的全面转轨和金融的日益深化，现有金融结构的局限性也逐渐有所体现。不太合理的金融结构在一定程度上制约了我国金融效率的提高，影响了我国金融体系的稳定，这已经成为了理论界的共识。党的“十七大”已经将形成“功能完善、结构合理、高效安全的现代化金融体系”，作为深化金融体制改革的重要目标，这标志着一场深刻变革已经来临。它将改变我国金融结构，对各类金融机构、金融市场和金融工具的相对地位和比例进行再配置。

“直接融资比重上升”和“金融业混业经营”，是当前我国金融结构演变的两大主要趋势。这两大趋势在我国当前的金融发展中已经有所显现，我们将借助新古典经济学理论，从理论和实证两方面论证这两个趋势的合理性，并指出在这两个趋势不断发展的同时，只有适时推动金融监管结构的转变，才能提高监管效率，保证金融结构变革所带来的效率改进得到充分发挥。当前我国金融结构演变的重要趋势表现在如下三个方面：

### （一）发展直接融资与宏观金融结构变革

从宏观金融结构来看，近年来直接融资取得了较快的发展，其中以股票市场的发展最为迅猛，图 9.1 给出了近年来我国股票市值的快速增长趋势①。2007 年我国 A 股市场发行新股筹资 6984.05 亿元，而中小板市场发行 453.79

① 《中国金融年鉴》和万得金融数据库（www.wind.com）。

亿元，开放式基金发行3717.21亿元。截至2007年12月31日，沪市总市值为267811亿元，流通市值为63539.04亿元；深市总市值为56197亿元，流通市值为28017亿元。资本市场总市值达到354396.96亿元，超过了GDP的总量，资本化比率赶上了发达国家水平。

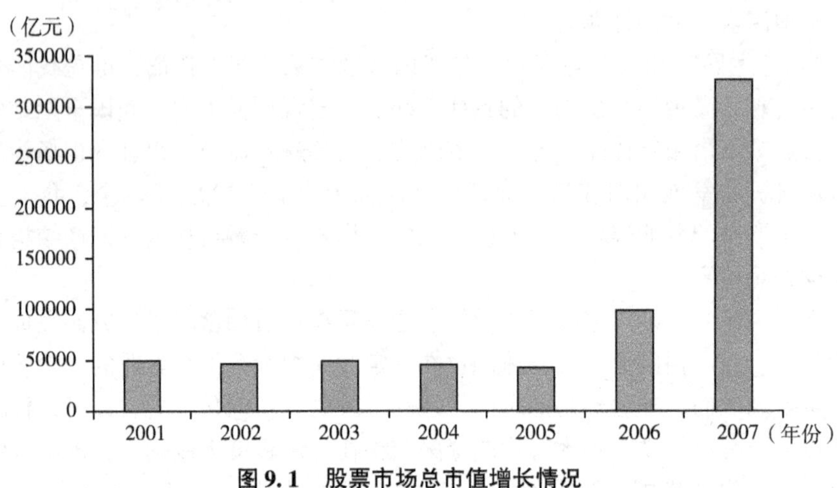


**图9.1　股票市场总市值增长情况**

虽然从融资规模来看，间接融资仍然处于优势地位，但融资结构发生根本变化的趋势已经形成，直接融资规模必将逐步超过间接融资。

短期来看，企业融资必将以较快的速度和较大的幅度向直接融资倾斜。另外，在人民币持续升值压力的背景下，社会资金仍然十分充裕。加之我国很多产业的发展尚未饱和，仍然有大量优质企业等待上市或发行债券。因此，从资金的供给和需求两方面来看，直接融资获得快速发展的条件都非常充分。

长期来看，直接融资快速发展也具有诸多有利条件。由于我国经济已经形成健康发展的长期趋势，加之逐步富裕起来的居民将出于财富管理需要而产生日益增加的证券投资需求，我国的主板股票市场仍然有稳步发展、“又好又快”的充足空间。

同时，建立多层次的资本市场，也已经成为我国金融体制改革的一个重要任务。近年来深交所中小板市场已经取得了良好的发展势头，为主板市场提供了有益的补充。而正在酝酿的中、西部证券柜台交易市场，将更加进一步丰富我国资本市场的层次，使资本市场配置金融资源的效率得到进一步的提升。

与股票市场的情况相似，随着债券发行制度的日趋完善，我国的债券市场

也迎来前所未有的发展契机，图 9.2 给出了近年来我国债券发行规模的增长趋势①。2007 年我国债券市场上共发行各类债券 42211.89 亿元（不含央行票据 40390 亿元，具体数字见表 9.1）。目前“公司债试点”工作已经展开，这为企业债市场的发展提供了条件。而地方政府债券近年来也得到了理论界和实务界的关注。在条件成熟时，中央政府完全可能有限制地允许地方政府发行债券。

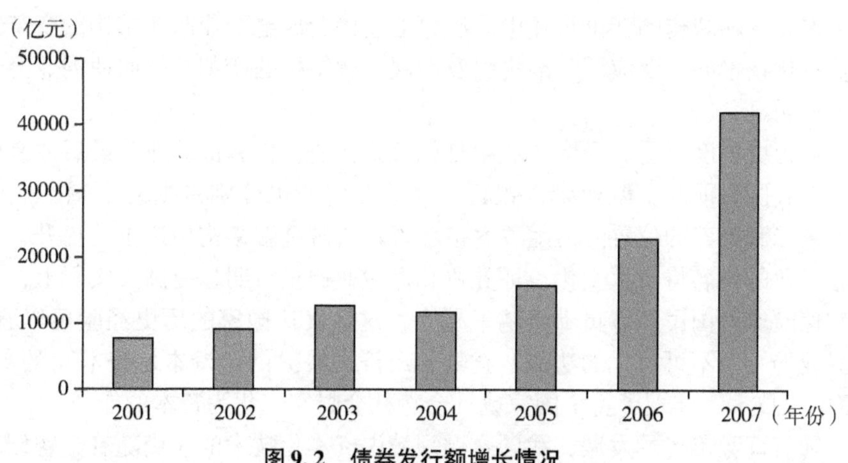


**图 9.2　债券发行额增长情况**

**表 9.1　2007 年中国债券实际发行规模增长情况**　　单位：亿元

| 债券类型 | 2006 年 | 2007 年 | 同比增长（%） |
|---|---|---|---|
| 国债 | 8883.30 | 24455.08 | 175.29 |
| 政策金融债 | 9496.00 | 11191.20 | 17.85 |
| 商业银行债 | 525.00 | 815.70 | 55.37 |
| 非银行金融债 | 30.00 | 150.00 | 400.00 |
| 普通企业债 | 1015.00 | 1777.45 | 75.12 |
| 可转换债券 | 142.87 | 295.28 | 106.68 |
| 短期融资债 | 2919.50 | 3349.10 | 14.71 |
| 资产支持证券 | 171.84 | 178.08 | 3.63 |
| 合计 | 23183.51 | 42211.89 | 82.08 |

资料来源：《中国金融年鉴》和万得金融数据库（www.wind.com）。

① 资料来源：全景网（www.p5w.net）和万得数据库（www.wind.com）。

总体来看，随着直接融资的发展，我国宏观金融结构已经开始发生明显的变化。截至2007年，证券市场直接融资总额达到53366.94亿元，占银行贷款余额的比例已达19.21%，占银行贷款增加额的135.22%。可以预见，随着宏观经济的健康发展、居民投资意识的觉醒以及证券市场相关制度的不断健全，直接融资在我国融资结构中的地位必将得到不断提升。我们预计，两年内直接融资就将超过间接融资，直接融资将在我国金融结构中占据主导地位。

### （二）混业经营与微观金融结构变革

宏观金融结构的变革将在中观层面上直接造成金融业产业结构的变革，推动资本化技术的广泛应用，最终引发微观金融结构的变革，从而使混业经营趋势更加明显。

从历史角度来看，金融产业中是先有银行业，再有证券业，最后才有保险业。在我国目前的金融业中，银行、证券和保险也分别占据着金融产业中第一、第二和第三的位置。但随着直接融资在宏观金融结构中比重的提升，三大金融产业的排名将发生变化，证券业和保险业比重将明显提高。实际上，证券业和保险业对国民经济贡献将越来越大，这从发达国家的历史经验可以看出。证券业的一个不可替代的功能，就是为经济发展提供“资本化技术”的支持。“资本化技术”体现了整个国家或社会将社会财富转化为资本的能力。

随着证券市场的发展，我国金融领域中资本化技术的应用随着金融创新而不断增加，跨市场的金融产品创新（通常也被称为交叉产品创新）日益活跃。各种创新产品在满足了客户的多元化金融服务需求的同时，也使得货币信贷市场与其他金融市场之间的隔离被打通，为银行业、保险业、信托业的金融机构进入证券市场创造了条件。

在资本化技术的支持下，各类金融机构的资产结构和业务结构将日趋多元化，最终使金融业由分业经营转变为混业经营。

事实上，作为重要的金融业混业经营形式——金融控股集团在我国已经出现，并在金融领域中扮演着日益重要的角色。秦立莉总结了我国（大陆范围内）三类已经出现的和一类即将出现的金融控股集团形式。

我国已出现的第一种类型的金融控股集团，是以金融机构身份同时控制着银行、证券、保险、信托等机构的金融集团，如中信、光大、平安等属于此类；第二类是由三大国有商业银行通过在境外设立独资或合资投资银行向金融控股集团转变而成的；第三类是近几年来在金融机构增资扩股中，产业资本控股银行、证券等多类金融机构的企业集团；还有一类即将出现的，是一些地方政府通过对控股的地方城市商业银行、信托公司、证券公司进行重组组建的金融控股公司。表9.2列出了目前我国已经出现的比较有代表性的金融控股集团

以及各集团所控制的主要金融子公司的情况。

**表 9.2　当前我国已出现的部分金融控股集团及其主要金融子公司**

<table>
<tr><th>金融控股（集团）公司</th><th>控股金融子公司</th><th>金融控股（集团）公司</th><th>控股金融子公司</th></tr>
<tr><td rowspan="4">中信集团</td><td>中信实业银行</td><td rowspan="2">中国银行</td><td>中银集团保险有限公司</td></tr>
<tr><td>中信证券</td><td>中银国际控股有限公司</td></tr>
<tr><td>诚信保险</td><td rowspan="3">中国建设银行</td><td>建银国际（控股）有限公司</td></tr>
<tr><td>长盛基金管理公司</td><td>建信基金管理有限责任公司</td></tr>
<tr><td rowspan="3">光大集团</td><td>中国光大银行</td><td>中国国际金融有限公司</td></tr>
<tr><td>光大证券</td><td rowspan="2">工商银行</td><td>工商东亚金融控股有限公司</td></tr>
<tr><td>光大永明人寿</td><td>工银瑞信基金管理有限公司</td></tr>
<tr><td rowspan="6">平安集团</td><td>平安寿险</td><td rowspan="3">山东鑫源控股有限公司</td><td>鲁能金穗期货经纪公司</td></tr>
<tr><td>平安财险</td><td>英大国际信托</td></tr>
<tr><td>平安信托</td><td>蔚深证券</td></tr>
<tr><td>平安海外公司</td><td rowspan="3">海尔集团</td><td>海尔财务公司</td></tr>
<tr><td>平安证券</td><td>青岛商业银行</td></tr>
<tr><td>平安银行</td><td>海纽寿险</td></tr>
</table>

资料来源：秦立莉．中国大陆金融控股公司发展研究［J］．经济经纬，2006（5）．

除了金融控股集团这种形式以外，近年来我国也出现了一些新型的混业经营形式。如 2007 年 11 月，由深圳平安银行发起 23 家中外资银行（含 5 家外资银行）参与的“跨区域中小银行银团联合会”正式启动。该银团联合会将在银团合作的范围、机制、对象等方面进行创新和突破。特别引人注目的是，本次银团合作突破了传统信贷领域的限制，将保险、证券、信托等金融业务的交叉销售也纳入了合作的范围。这为我国金融业实现混业经营提供了一种全新的载体。

**（三）金融结构演变与监管结构演变**

显然，提高直接融资的比例和推进金融业混业经营，可以使我国的金融体系更好地为经济发展服务。但我们同时也不能忽视，当前金融结构的演变有可能会对金融体系的稳定性产生冲击，这对金融监管提出了新的要求。随着金融结构的转变，我国的金融监管结构也将由严格分立的监管结构向一体化的监管结构转变。

世界范围内金融监管结构主要有分立与整合两种类型，严格分立的监管结构以中国为代表，完全整合的监管结构（即一体化的结构）以英国为代表。美国采用的是介于二者之间的“伞型”监管结构。按照巴塞尔有效监管的全面性原则，无论是分立还是整合，不同监管领域之间的协调都是最重要的，只不过在整合体制下表现为同一个机构内部不同部门的沟通，而分立体制则表现为不同机构之间的沟通。

一般来说，金融监管结构必须要与金融结构相适应。这是因为不同的金融结构会引致不同的金融风险结构，而风险控制是金融监管的首要任务，适应金融结构和风险控制的需要，金融监管也必须形成相应的分工结构。

随着银监会的分设和《银监法》的颁布实施，我国正式确立了“一行三会”（中国人民银行、中国银监会、中国证监会、中国保监会）分立的金融监管结构。有人把这种监管结构的特征形容为“铁路警察，各管一段”。表面上看，这种划分似乎是十分清楚的：银行、证券、保险和货币政策，界限分明。但是从有效金融监管的全面性原则来看，却并非如此。

如果“一行三会”不能形成全面监管的协调机制，将很容易引发监管过度、监管真空等不良现象，还可能诱发金融机构的监管套利行为，不利于监管效率的提高。在金融结构变迁的背景下，严格分立的监管结构，使金融监管很难有效防范证券保险行业风险向银行渗透，积聚为系统性风险。这就要求监管者针对监管效率和监管成本作出新的选择。

事实上，“十七大”报告已对此提出了明确要求：强调要“加大机构整合力度，探索实行职能有机统一的大部门体制，健全部门间协调配合机制”。按照这一要求，有可能会产生一个统领“三会”的大部门机构。① 因此，一体化监管取代分业监管已是大势所趋。

## 三、金融结构与经济增长关系的实证研究

随着中国经济的持续快速增长，金融部门的重要性日益凸显，对金融结构和经济增长之间关系的研究日渐成为关注的焦点。尽管如此，金融结构对经济增长是否存在作用在理论上和实证上至今都尚未定论，实有进一步探讨的必要。

关于金融发展与经济增长关系的理论研究和实证研究很多。理论上，研究者讨论了金融通过动员资金、配置资源、分散风险等方式来提高投资的效率和提供创新的激励，进而影响经济增长的各种可能机制（如 Greenwood 和 Jovanovic，

① 阙方平，张鹏．当前我国金融结构演变趋势［J］．银行家，2008（4）．

1990；Bencivenga 和 Smith，1991；等等）。实证文献则分别从跨国、产业和行业等各个层次上寻找金融影响经济增长的证据（如 Goldsmith，1969；Rajan 和 Zingales，1998；Levine、Loayza 和 Beck，2000；等等）。

然而，金融部门并非一个简单的实体，其实现形式在各国间存在着显著的差异：股票市场是英国、美国金融活动的主要形式，而德国、法国的金融结构则以银行为主体。不同的金融结构对于一个国家的经济增长具有不同的作用。然而金融结构与经济增长到底存在着什么样的关系？这是一个在理论和实证上都没有达成共识的问题（Levine，2005）。发达国家的金融结构相对稳定，各个发达国家之间经济增长绩效难以分较。因而，关于发达国家的金融结构和经济增长之间关系的理论和实证研究相对较少。发展中国家的金融结构处于快速变化之中，而发展中国家的经济绩效也千差万别。理解发展中国家的金融结构与经济增长的关系，对于发展中国家的经济持续快速发展就显得格外重要。

中国正处于经济高速发展过程，金融部门也在蓬勃发展，已成为经济增长的主要支撑力量之一。[①] 然而，中国金融部门的脆弱性也是一个不争的事实。如何培育、发展一个有效的金融部门，已成为一个迫切需要解决的现实问题。此外，到底是以股票市场为主体的英、美模式，还是以银行为主体的德、法模式更有利于中国经济持续快速增长，也值得从理论和实证上进行深入的研究和探讨。

对金融结构与经济增长的关系进行实证分析发现，伴随经济的发展，金融结构也在不断深化：随着经济的增长，股票市场对经济增长的作用会越来越大，而银行对经济增长的作用会相对降低。同时，金融结构在经济增长过程中的作用，会随着经济的发展而逐渐趋于弱化。

下文首先对相关的文献进行综述，并在此基础上提出待检验的关于金融结构与经济增长的理论假说，为下一步的实证研究提供一个理论基石；其次，通过建立计量模型来验证上述理论假说；再次，报告计量结果并对结果进行分析；最后，对本文的结论进行评述。

**（一）文献综述与理论假说**

研究金融结构与经济增长之间的关系主要涉及分析不同金融制度（股票市场、银行中介）的特性，进而讨论其影响经济增长的不同方式。本书主要从理论上分析股票市场和银行中介之间的区别和联系，并在此基础上提出金融结构与经济增长的分析框架，为实证研究提供一个理论基石。

---

① 张鹏飞，张晓岚．金融结构与经济增长——基于动态面板数据的研究［J］．浙江学刊，2008（2）．

金融是一个降低交易成本、缓解信息不对称的制度安排，从具体功能上讲，它包含动员资金、配置资源和分散风险三个功能（林毅夫等，2006）。股票市场和银行中介在实现以上三个具体功能上各有利弊。市场的有效性主要体现在，价格信号对资源配置的引导作用（Rajan 和 Zingales，2001），但由于“搭便车”问题，（股票）市场在事前收集信息和事后监督经理人上都存在着明显的劣势（Shleifer 和 Vishny，1997）。而银行可以有效地克服“搭便车”问题，更好地进行信息收集和监督，但由于价格信号无法发挥作用，可能导致资源的无效配置（Rajan 和 Zingales，2001）。

金融所具有的三个功能到底哪一种功能对于经济增长更为重要？迄今为止，这个问题还没有一致的答案。Tong 和 Xu（2004）认为经济发展过程中，不确定性会随之不断增加，事前收集信息越来越困难，从而市场的作用将不断加强。Chakraborty 和 Ray（2006）则认为，事后监督的作用会随着经济增长而减弱，从而市场的作用会趋于加强。林毅夫等（2006）指出金融制度的重要性不在于金融制度本身，而是取决于实体经济的特性。Allen 和 Gale（1999）分析了经济实体与不同金融制度的关系，认为股票市场能够更好地表达项目的不同特点（Diversify Opinion），因而更适合于为新技术融资；银行中介收集信息能力更强，因而更适合成熟技术融资，但他们没有进一步讨论金融结构在经济增长过程中的作用。本书的理论假说是：在经济发展的初期，发展中国家的技术进步以模仿为主，行业相对成熟，市场风险相对较小，企业家风险相对较大，因此，银行监督的功能更为重要，从而银行中介更有利于经济增长。随着经济的发展，发展中国家与技术前沿的距离越来越近，经济逐步转变为以研发为主，市场风险逐渐变大，因而价格信号对资源配置的作用会越来越大，从而使得股票市场融资变得越来越重要。本书的实证部分将对这个理论假说进行检验。

**（二）计量模型构建与数据来源**

为检验金融结构与经济增长的关系，我们基于面板数据构建如下计量模型：

$$\log Y_{it}-\log Y_{it-1}=(\alpha-1)\log Y_{it-1}+\beta_0 FS_{it}+\beta_1 FS_{it}^2+\beta_2 FS_{it}\cdot RIKS_{it}+\beta_3 FS_{it}\cdot SIZE_{it}+\delta contrs_{it}+\gamma_i+\varepsilon_{it} \quad (9-1)$$

其中，$Y_{it}$为国家 i 时期 t 的人均真实产出，从而式（9-1）左边代表国家 i 在时期 t-1 与 t 之间的经济增长率，$FS_{it}$为国家 i 时期 t 的金融结构，$RIKS_{it}$和 $SIZE_{it}$分别代表国家 i 时期 t 经济实体面的风险结构和企业规模，$\gamma_i$ 是不可观察国别因素。$\varepsilon_{it}$为残差项。$contrs_{it}$为控变量 f。根据现有增长文献，我们的控制变量包括：投资占 GDP 的比重（Inv），进出口总额占 GDP 的比重（Openness），政府支出占 GDP 的比重（Gov），通货膨胀率（Inflation），汇率（Exchange

Rate)，利率（Interest Rate)，政府价格指数（Price Level of Gov)，投资价格指数（Price Level of Inv）和金融发展程度（Financial Depth)。

对式（9-1）进行转换，我们得到了用于本文检验的计量模型（9-2）：

$$\log Y_{it}=\alpha \log Y_{it-1}+\beta_0 FS_{it}+\beta_1 FS_{it}^2+\beta_2 FS_{it}\cdot RIKS_{it}+\beta_3 FS_{it}\cdot SIZE_{it}\delta contrs_{it}+\gamma_i+\varepsilon_{it} \quad (9-2)$$

模型（9-2）中，经济发展程度和控制变量基本来自 Heston，Summers 和 Aten（2006)。金融发展与金融结构变量来自 Beak，Demirguc-Kunt 和 Levine（2000)，其中金融结构以（股票市场价值/银行信贷总额）作为其代理变量。$RIKS_{it}$为 Zhang 和 Qian（2007）所构造的一组衡量企业风险结构的指标，$SIZE_{it}$为企业平均雇员人数。

**（三）实证结果与分析**

在计量模型（9-2）中，我们发现 $\log Y_{it-1}$ 与不可观测的国别因素 $\gamma_i$ 是相关的，从而使得直接使用普通最小二乘法（OLS）得出的估计结果是不一致的。鉴于此，我们使用动态面板的技术来估计模型。我们沿用 Arellano 和 Bond（1991）的方法。其基本思想是先对式（9-2）进行一阶差分，以消除不可观测国别因素的影响，然后为解释变量寻找合理的工具变量，使用 GMM 方法进行估计。Arellano 和 Bond（1991）证明，当残差序列不相关、且除滞后变量以外的其他解释变量满足序贯外生性（Sequential Exogenous）时，如下关系满足：

$$E[\log Y_{it-j-2}\cdot(1-l)\varepsilon_{it}]=0 \qquad \forall t,j\geqslant 0$$

$$E[X_{it-j-2}\cdot(1-l)\varepsilon_{it}]=0 \qquad \forall t,j\geqslant 0$$

这意味着滞后变量是有效的工具变量，GMM 可以一致地估计模型参数。表 9.3 报告了 GMM 一步法估计的结果。

**表 9.3　金融结构与经济增长估计结果**

| | D(Log($Y_{it}$)) | | | | | |
|---|---|---|---|---|---|---|
| | (1) | (2) | (3) | (4) | (5) | (6) |
| D(Log($Y_{it}$)) | 0.7804398 | 0.779375 | 0.794891 | 0.793821 | 0.775581 | 0.735772 |
| | (0.00)# | (0.00)# | (0.00)# | (0.00)# | (0.00)# | (0.00)# |
| D(FS) | 0.0098196 | 0.020329 | 0.020941 | 0.021950 | 0.023751 | 0.025659 |
| | (0.07)* | (0.01)# | (0.01)# | (0.01)# | (0.02)** | (0.01)# |
| D(FS2) | -0.002293 | -0.00332 | -0.003480 | -0.003472 | -0.003510 | -0.001752 |
| | (0.00)# | (0.04)** | (0.03)** | (0.04)** | (0.06)* | (0.33) |

续表

| | D(Log($Y_{it}$)) | | | | | |
|---|---|---|---|---|---|---|
| | (1) | (2) | (3) | (4) | (5) | (6) |
| D(Government) | -0.0019463 | 0.000187 | 0.000123 | 0.000084 | 0.000362 | 0.001203 |
| Share of RGDPL | (0.01)# | (0.88) | (0.92) | (0.94) | (0.80) | (0.38) |
| D(Investment) | 0.0022197 | 0.002527 | 0.002807 | 0.002850 | 0.003069 | 0.004794 |
| Share of RGDPL | (0.00)# | (0.00)# | (0.00)# | (0.00)# | (0.00)# | (0.00)# |
| D(Openness) | -0.000208 | 0.000676 | 0.000298 | 0.000308 | 0.000477 | 0.000652 |
| | (0.10)* | (0.00)# | (0.13) | (0.13) | (0.02)** | (0.02)** |
| D(Exchange Rate) | 0.0000559 | 0.000067 | 0.000025 | 0.000025 | 0.000161 | 0.000124 |
| | (0.45) | (0.52) | (0.81) | (0.81) | (0.18) | (0.26) |
| D(Value Traded) | 0.26488 | 0.00771 | 0.006661 | 0.007404 | 0.0088187 | 0.015373 |
| | (0.00) | (0.16) | (0.25) | (0.25) | (0.19) | (0.01) |
| D(Net Interest Margin) | -0.70726 | -0.50659 | -0.516209 | -0.50725 | -0.09295 | -0.17069 |
| | (0.00)# | (0.00)# | (0.00)# | (0.00)# | (0.74) | (0.56) |
| D(FSL·RISK) | | -0.00422 | 0.0213291 | 0.020032 | 0.019568 | -0.037596 |
| | | (0.89) | (0.62) | (0.56) | (0.59) | (0.26) |
| D(Price of Gov) | | -5.56e-06 | -0.00012 | -0.00014 | -0.00009 | -0.000011 |
| | | (0.97) | (0.62) | (0.58) | (0.74) | (0.96) |
| D(Price of Inv) | | 0.0001694 | 0.000336 | 0.0003522 | 0.000183 | 0.000153 |
| | | (0.55) | (0.31) | (0.29) | (0.62) | (0.66) |
| D(Financial Depth) | | -0.013066 | -0.00596 | -0.004287 | -0.00458 | -0.012885 |
| | | (0.27) | (0.65) | (0.77) | (0.76) | (0.37) |
| Inflation | | | -0.000085 | -0.00009 | -0.001549 | -0.001250 |
| | | | (0.74) | (0.73) | (0.01)** | (0.02)* |
| D(Capitalization) | | | | -0.00288 | -0.01199 | -0.012292 |
| | | | | (0.78) | (0.30) | (0.26) |
| D(Interest Rate) | | | | | 0.000147 | 0.000381 |
| | | | | | (0.75) | (0.49) |
| D(FSL·EMP) | | | | | | -2.25e-06 |
| | | | | | | (0.25) |
| Constant | 0.0044394 | 0.0020128 | 0.003246 | 0.0032727 | 0.003634 | 0.004772 |
| | (0.00)# | (0.00)# | (0.00)# | (0.00)# | (0.00)# | (0.00)# |

续表

| | D(Log($Y_{it}$)) | | | | | |
|---|---|---|---|---|---|---|
| | (1) | (2) | (3) | (4) | (5) | (6) |
| Observations | 755 | 276 | 249 | 249 | 211 | 201 |
| Number of id | 88 | 37 | 36 | 36 | 31 | 3 |

注："*""**""#"分别代表在10%、5%和1%的显著性水平上显著；括号内为P值，D()表示一阶差分，L()表示滞后变量。

从表9.3我们可以发现，金融结构（FS）与经济增长的关系实证显著为正，说明经济增长过程中，股票市场份额的相对作用会越来越大，而银行的相对作用会越来越小。这与我们的理论假说相一致。除模型（6）以外，金融结构的平方项实证显著为负，说明随着经济的增长，金融结构的作用会越来越小，这在一定程度上说明金融结构对发展中国家的作用比对发达国家的作用大。

模型（1）~（6）分别使用了不同的控制变量来对结论的稳健性进行检验，我们发现当对投资占GDP的比重（Inv），进出口总额占GDP的比重（Openness），政府支出占GDP的比重（Gov），通货膨胀率（Inflation），汇率（Exchange Rate），利率（Interest Rate），政府价格指数（Price Level of Gov），投资价格指数（Price Level of Inv）和金融发展程度（Financial Depth）进行不同程度的控制以后，金融结构的符号始终是稳健的，这说明金融结构与经济增长的关系始终是存在的。

控制变量的影响方向与经典增长模型的结论相一致：投资对经济增长有正向关系，对外开放对经济增长有正向作用等。然而，FSL · RISK和FSL · EMP的影响均不显著，但我们依然把它们留在回归方程中，这是因为它们可以缓解模型内生性问题。

**（四）结论性评述**

基于跨国动态面板数据，利用GMM方法，我们实证分析了金融结构与经济增长的关系。研究发现，伴随着经济的发展，金融结构也在不断深化：随着经济的增长，股票市场对经济增长的作用会越来越大，而银行对经济增长的作用会相对降低。同时，金融结构在经济增长过程中的作用会随着经济的发展而逐渐趋于弱化。选择适宜的金融结构对发展中国家经济能否实现持续快速经济增长具有重要的意义。

金融结构会随着经济的发展而进行深化，原因在于经济实体面对金融的需求会随着经济的增长而发生变化：在经济发展的初期，技术进步以模仿为主。行业相对成熟，市场风险相对较小，企业家风险相对较大，银行监督的功能更为重要，从而银行中介更有利于经济增长。随着经济的发展，发展中国家与技术前沿的距离越来越近，经济逐步转变为以研发为主，市场风险增大，价格信号对资源配置的作用会越来越大，从而使得股票市场融资变得更加重要。

本研究结果对于中国金融结构选择也有着非常重要的意义。中国现在的技术进步以模仿为主。技术相对成熟，技术风险相对较小，相对于股票市场银行可以更有效地配置金融资源。然而，随着中国经济的飞速增长，自主研发对于中国经济的拉动作用将变得越来越重要，股票市场的重要性将逐渐凸显。因此，为了促进我国经济的持续快速健康发展，我们应该适应经济发展的需要，适时、适度地发展我国的股票市场。

## 四、保险发展对金融结构调整的效应

在金融发展过程中，总量增长和结构协调同等重要。金融发展理论认为：一个优化协调的金融结构可以降低交易成本和投资风险，提高储蓄投资转化效率，金融结构是影响金融发展和经济增长的重要因素。目前国外对金融结构的研究主要有两大类比较有影响的观点：第一类是以“金融结构”概念的提出者戈德史密斯（Raymond W. Goldsmith）为代表的金融结构观。该类观点认为“一国现存的金融工具与金融机构之和构成该国的金融结构，并包括不同类型金融工具与金融机构的性质、规模和特征等。金融结构还会随着时间的推移而改变”。[①] 第二类是当前流行的“两分法”观。该类观点将一国金融体系划分为两类：以金融市场为主的金融体系和以银行中介为主的金融体系，进而考察不同金融结构在经济中的比较优势。[②]

20 世纪 80 年代末国内学者开始从宏观角度定性地考察我国金融结构问题。在借鉴国外研究成果的基础上，许多学者在金融结构的实证研究方面取得了新的成果。如谢平（1992）较早地对 1978 ~ 1991 年中国金融资产结构的变动状况进行了分析；易纲（1996）对中国金融资产结构分析后，发现引起广义货币与国民生产总值之比迅速上升的原因；赵志君（2000）从流动性出发，将金融资产分为货币、债券和股票三类，分析了这三类金融资产的内部结构、金融资产与实物资产关系的外部结构和金融资产总量、结构增长与经济增长的关联性。

本节在总结国内外学者对金融结构的主流研究后，发现存在两大问题：第一，缺乏动态的眼光看待我国金融结构变迁与经济发展的适应性。我国经济处

---

① 戈德史密斯．金融结构与发展［M］．中国社会科学出版社，1993．

② 舒廷飞，曾召友．金融结构调整中的保险效应分析［J］．财经科学，2006（12）．

于转轨和发展时期，不能静态或片面地追求一个最优金融结构。金融资产结构的调整要以能够适应经济和金融发展为原则。第二，在对优化金融结构的定性和定量分析中，更多地从金融理论角度描述货币性金融资产的变动，而随着保险业日益发展壮大，尤其是我国保险业对金融市场参与度不断提高的背景下，如何提高保险业在金融结构中的地位、通过加快保险发展促进金融结构调整的研究还很不完善。

**（一）改革开放以来我国金融结构变迁概况**

在经济快速发展的同时，金融结构也出现了变迁。金融结构按资产类型主要划分为：银行体系作为持有主体的货币性资产和以保险保障性资产和证券性资产为主的非货币性资产。我国金融结构的变迁主要表现在：①金融资产总量的增长。金融资产总额从1978年的1512150亿元增长到2004年的383045130亿元，增长了23517倍。②不同类型金融资产增幅波动相差较大。货币性金融资产的增长与宏观经济运行相关度较高，GDP快速增长时，货币性资产也呈现快速增长；保险保障性资产由于历史原因经历了较长时期平稳增长后，在1999年后出现爆发式增长，年平均增速居各类金融资产之首；证券类资产在经历了短时期高速增长后，增速放缓。③主要金融资产的相对比重的变迁。总体趋势表现为：货币性金融资产的比重在缓慢降低，保险保障类和证券类非货币性资产的比重在稳步提高（见图9.3）。

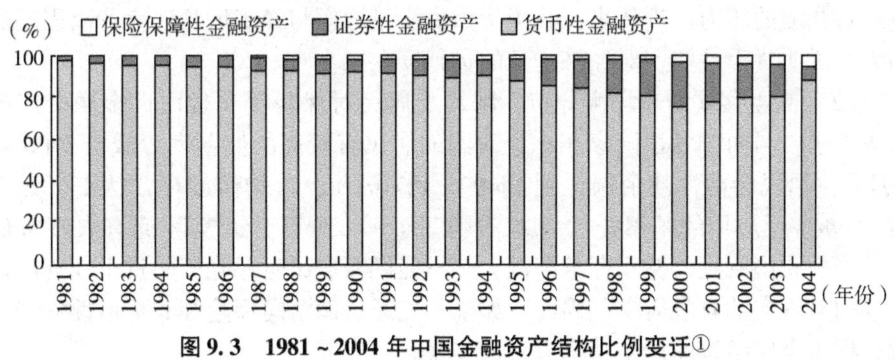


**图9.3 1981～2004年中国金融资产结构比例变迁①**

改革开放后，我国金融结构变迁中既有以市场为导向，适应经济发展规律的变迁，也有以政府主导的人为推动型的“跨越式”变迁。这种混合型的外

① 所列数据为年底余额，来源于《中国金融年鉴》、《中国保险年鉴》、《中国证券期货年鉴》、《劳动和社会保障事业发展统计公报》相关各期。

部诱因，导致了我国与西方发达国家在金融结构变迁过程中的差异。

### （二）当前金融结构变迁的主要问题和原因

1. 金融结构变迁的主要问题

考察我国金融结构是否合理，首先要选择合适的评价标准。虽然世界上不存在普遍适用的金融结构模式，但借鉴发达国家金融结构变迁的经验和规律非常重要，可以使之为参考的评价标准之一。从定性的角度考察，合理的金融结构可概括为金融功能的发挥和金融效率的提高。ZviBodie 和 Merton（1992）认为合理的金融结构包括：资源转移、风险管理、支付清算、资源储备和产权划分、提供信息和代理人激励六方面职能。① 对于金融效率，R. I. 罗宾逊和 D. 怀特曼（Roland I. Robinson，Dwayne Whiteman，1974）认为金融效率表现为操作效率与配置效率。操作效率可以用成本效益比来衡量，配置效率则用储蓄资金转化为投资的有效性来衡量。在金融经济时代，所有的金融活动都与货币有关。货币不仅是重要的金融资产，而且其他形式的金融资产的功能发挥和效率都要借助于货币来实现。因此判断我国金融结构的合理性还可以通过货币－经济比率（M1/GDP 和 M2/GDP）进行定量分析。

依据上述标准进行分析，我国金融结构变迁主要存在以下三个问题：

（1）在我国间接融资和直接融资比例严重失衡的金融结构下，货币性资产的垄断地位加剧了金融风险向银行的过度集中，增加了爆发金融风险的可能性，造成了经济增长过多依赖于货币性金融资产的推动，增大了潜在通货膨胀或通货紧缩的压力。近年来，我国货币供应量增幅与经济增长速度背离程度的增大，说明货币性资产对经济增长的贡献度在减小。

（2）储蓄存款的非均衡分布，制约了居民对保险等非货币性金融资产的有效需求。与西方发达国家相比，我国的居民有较高的储蓄率。截至 2006 年 6 月我国居民储蓄存款余额达到 154996.187 亿元，人均储蓄存款达 1 万元左右。② 被广泛应用的帕累托“二八法则”证明：少部分人实际拥有大多数储蓄。当前我国巨额的储蓄存款余额，并不能说明居民对保险等非货币性资产在短期内有现实的有效需求。因此，如果不能通过储蓄向保险等非货币性资产转化，促进金融结构的调整就难以自动实现。

（3）保险与银行在资金来源和运用上的错配。保险与银行等金融中介按照负债是否是货币，可分为非货币类和货币类两种。金融结构观的创始人——戈德史密斯（Raymond W. Goldsmith）在对金融机构进行分类后认为：寿险公

---

① ZviBodie，Robert C. Merton. 金融学［M］. 中国人民大学出版社，2000.

② 中国人民银行 2006 年存款性公司概览。

司的资金主要来源于长期不可转让负债，资金运用应以长期债权为主；财产保险公司的资金来源于预付保费（投保人短期内不能索回的负债），其大部分资金应该用于长期证券投资。[①] 但我国保险公司的大量存量资产配置在期限较短、收益不断走低的存款产品以及十年期内国债、金融债和证券投资基金等短期债权上。同样，理论上，银行的主要负债即资金来源主要是存款，资金运用应该以短期和中期债权为主。但我国银行一直存在着资产长期化、负债短期化的结构错配问题，孕育着较大的金融风险。首先，由于中长期贷款依靠短期资金来源支撑，一旦银根紧缩，储蓄分流加剧，银行就会面临流动性风险；其次，商业银行积累了大量的中长期资产利率正缺口，潜藏了较大的利率风险。

2. 主要原因

（1）历史形成的投融资格局对我国金融结构变迁有着较大影响。改革开放前，我国取消了商业信用和金融市场，银行为代表的间接融资是唯一的融资途径，货币性资产成为唯一的金融资产类型。改革开放后，以保险、证券为代表的非银行金融机构发展较快，带动了非货币性资产的快速增长。特别是随着我国保险业市场化程度的提高，保险的功能和作用不断深化拓展，社会对保险的需求不仅逐渐渗透到政府社会管理和企业经营管理之中，还在个人和家庭的养老、医疗、教育等方面发挥着日益积极的作用。

在经济转轨时期，居民对未来收入和支出的不确定性增加，对预防性动机的货币需求增强，因此更愿持有以国家信用为支撑的银行存款等货币性资产。我国 M1/GDP 稳步上升，从 1978 年的 0.116 上升到 2003 年的 0.1721，这表明我国金融结构中货币对经济增长的短期贡献增强。M2 中绝大部分是作为金融资产而非支付手段的准货币，加上我国非货币性资产总量有限，M2 基本能代表金融资产的总量水平，因此可用 M2/GDP 来衡量金融结构运行效率。我国 M2/GDP 比率也迅速上升，这说明改革开放后我国居民收入水平提高后，由于金融市场不发达和可选择的非货币性金融资产较少，居民只能把银行存款作为首选，导致储蓄存款大幅增长，M2 大幅攀升，作为外生变量的货币供应量对经济增长的拉动效果在减弱。

（2）储蓄存款的非均衡分布，制约了居民对保险等非货币性金融资产的需求。储蓄存款的非均衡分布主要表现在：城乡差距、城市内部不同收入阶层的差距和不同地区的差距。储蓄存款的非均衡分布，使储蓄向保险分流面临两大难题。首先，保险资产增长的潜力取决于全体居民的财富增长，而不仅仅取

① 戈德史密斯．金融结构与发展［M］．中国社会科学出版社，1993．

决于巨大的储蓄余额。因为拥有大部分储蓄的少数高收入人群有现实的保险消费能力，但保险消费意愿低，而低收入人群虽有较强的保险愿望但有效需求不足。其次，保险和银行在居民储蓄服务领域存在着相互替代和竞争。由于居民可支配收入的增加和金融市场的不发达，因而安全性高、收益稳定的银行储蓄就成为首选。经过改革开放三十多年的发展，我国大多数居民的消费处在转型期，在基本解决了吃、穿、用的需求外，正朝着住、行和养老、医疗、教育等更高消费类型过渡。但受传统文化影响，储蓄仍然成为相当部分普通居民财富积累的方式。

（3）当前我国保险与银行的资金来源和运用上存在错配。究其原因：①尽管保险资金的投资领域已经介入了三大市场。在债券市场上可以投资银行次级债、可转债和保险公司次级债；在股票市场上可以直接投资股票，从事一级市场和二级市场交易；在国际金融市场上，保险自有外汇资金可以投资于债券、存款和货币市场产品。但由于保险资金的特性决定了保险资产在配置上需要寻求各种投资工具进行资产负债匹配，如长期寿险资金需要一个具备长期稳定现金流回报的投资品种与之相匹配，但受制于目前金融市场的发育程度，现有的投资品种很难匹配，需要从更广的投资领域寻求匹配的品种和投资渠道。②当前银行业信贷结构以中长期贷款为主的原因是以下三个：第一，直接融资渠道狭窄，无论是企业融资还是国家重点建设项目融资，都过度依赖银行贷款。第二，从商业银行股份制改造，降低不良贷款比例、增加贷款利息收益等因素考虑，更愿意发放中长期贷款。第三，居民收入水平提高，消费需求发生变化，个人住房和汽车等中长期消费贷款快速增长以及商业银行实施信贷集中战略等多种因素，都导致了中长期贷款比例持续上升。①

### （三）与发达国家保险业促进金融结构调整的比较

近十多年来，7 国集团（以下简称 G–7 国家）的保险业在金融业中发挥的作用日益增强。G–7 国家金融资产规模增长的同时，金融结构也经历着深刻变革，由银行主导阶段逐步转向多种金融机构共同主导金融市场发展的阶段。在银行主导阶段下，实体经济部门融资主要依靠银行，金融资产以货币性资产为主；在多种金融结构共同主导发展阶段，保险公司、证券经营机构等非银行金融机构迅猛发展。在金融资产构成中，银行资产等货币性资产逐步减少，保险等非货币性资产迅速增加，保险公司成为最重要的融资中介和机构投资者之一。如果把保险公司资产和养老基金合并测算，在非货币性资产中的保

① 中国人民银行 2005 第四季度货币政策执行报告。

险保障性资产在全部金融资产中占比已达到40%左右。① 另从金融资产的平均增长率看，1990～1999 年，G-7 国家保险公司资产增长了 150%，达到 100 万亿美元，而银行资产增幅仅 50%，规模为 250 万亿美元。在绝大多数国家，保险公司持有的证券资产已超过银行业。1990～1998 年，OECD 国家保险资产保持了年均 10% 的增幅，远高于银行资产的增幅。② 日本和中国融资格局传统上都是以银行融资为主，但日本保险公司持有的金融资产份额从 1990 年的 15% 增长到 1999 年的 28%，而同期日本银行业持有的金融资产份额却从 67% 下降为 55%。③

从上述国家保险资产对金融结构优化的变迁看，日本的金融结构是以间接融资的银行体系为主体。保险公司的资产主要包括：贷款和国债。G-7 国家中的欧盟国家，2002 年保险业资产中股票占 25%、政府债券占 22%、贷款占 20%。美国和英国的资本市场发达，债券和股票占的比重较大。美国保险业资产更多是公司债券，2002 年占到总资产的 61%，同期英国保险资产中股票占到 43%。发达国家尤其 G-7 国家保险业在金融结构中的地位和优化金融结构中主要表现出两大特点：第一，保险业资产都表现出增幅快于银行资产，对金融市场参与度加深和金融结构优化贡献加大。第二，由于各国金融市场结构的差异，不同国家保险业资产在本国金融结构中的地位和表现形式不同。

**（四）几点思考**

*1. 以动态的调整观审视金融结构的变迁*

坚持以保险等非货币性资产的增量增长促进金融结构的调整，是符合金融业渐进式改革路径的"动态调整观"。我国金融结构正处于转轨和发展时期，难以确定一个最优或完美的金融资产结构。金融结构的优化却是一个螺旋式的上升过程，只要能够发挥金融业应有的功能、提高金融效率就是金融结构优化的正确路径。金融资产的总量可以在短期内变动，但金融结构的优化却是一个长期并受到多种因素影响的过程。这些因素既包括产业发展、融资结构、居民资产投资偏好，还包括保险等非货币性金融资产面临的发展机遇等。

*2. 借鉴国际经验，主动加深我国保险业对金融市场的参与度*

由于我国金融市场为保险资产提供的可选择的金融工具有限，保险业必须主动参与金融市场的发展，实现保险资产长期稳定的投资收益回报，具体做法：①设立证券投资保险基金。不仅可以直接通过保险公司设立开放式的证券

---

① 王一佳，马泓，陈秉正等．寿险公司风险管理［M］. 中国金融出版社，2003.

② OECD，Institutional Investors Statistical Year book，2001.

③ 孟昭亿．保险资金运用国际比较［M］. 中国金融出版社，2005.

投资基金，还可以和证券公司或基金公司合资成立新的保险基金管理公司。这将有利于保险业的长期负债证券化，增加流动性和收益性，满足投保人更广泛的理财需求。②国家面向保险公司发行定向的长期特种国债或金融债。③保险公司以战略投资者身份参与国有股、法人股减持和国有商业银行的股份制改造。分享金融市场快速成长带来的资本收益。④推动保险资金介入个人住房按揭贷款业务，促进人民生活水平和质量的提高，扩大保险业的社会影响。⑤加大对国有和股份制商业银行、邮政储蓄、证券公司等其他金融机构和优质大型企业集团的股权投资，支持国家金融体制改革。⑥积极参与信贷资产证券化产品的试点和资产管理公司不良资产处置工作。

3. 发挥保险在金融资源配置中的重要作用，促进货币市场、资本市场与保险市场协调发展

保险公司应成为货币市场和资本市场重要的媒介，它既是货币市场的重要参与主体，也是资本市场活跃的交易主体。保险公司要参与货币市场和资本市场间的资金融通，成为两个市场间资金交换的媒介。保险公司资产配置应以国债、金融债券、股票和股票型基金等资本市场工具为主，以中央银行票据、回购和短期融资债券等货币市场工具为辅，逐步减少对存款和债券等利率敏感性资产投资余额，降低保险资产组合的利率风险。保险公司应主动提供跨市场的保险产品，使货币市场和资本市场的资金通过保险产品交易实现自由流动。并且根据现有监管规定，在信用债券、抵押贷款、房地产物业和企业股权等领域进行积极创新：放宽保险资产投资信用债券种类，具体包括企业债券、抵押贷款支持证券（MBS）、资产支持证券（ABS）、资产支持商业票据（ABCP）和担保抵押证券（CBOs）等；允许保险公司开展长期的抵押贷款包括房屋抵押贷款和保单质押贷款，缓解当前银行“短存长贷”和保险公司“长钱短用”局面。具体模式选择：一是保险公司自己开展抵押贷款业务，二是保险公司购买银行的抵押贷款争取证券化产品。保险资产的房地产物业投资可采用房地产信托（REAT）和房地产投资信托（REITs）方式。以私人股权投资和创业企业投资（Venture Capital）为主的企业股权投资，应成为保险资产进行长期战略性投资的新途径。① 另外，允许保险资产透过 QDII 渠道投资境外，实现保险资产在全球范围的配置和风险分散，形成保险市场、货币市场和资本市场良性互动机制。

4. 组建保险集团公司实现以保险资产为核心的跨业联盟

美国的保险集团以持股公司、设立子公司或业务员兼售商品的方式兼营

① 根据中国人寿资产管理公司陈东在第十二届两岸金融学术研讨会发言整理。

产、寿险或其他产业；德国允许以保险集团或合作策略联盟等方式经营非保险业；日本允许保险集团与邮政储金机构和外国保险公司建立策略联盟。在国际综合化经营的大背景下，我国保险业不仅要以集团公司为背景，实现产、寿险、其他金融产品的交叉行销，探索保险业与银行业、证券业在更深层次和更广领域的合作，还应该拓展更广泛的行业间策略联盟。第一阶段可以在保险集团公司架构下，推广保险与金融结合的产品。譬如联名卡、代销基金、ATM保单贩售、与证券公司推出投资组合套餐等。第二阶段逐步实现保险集团跨金融业联盟，把保险渗透到普通居民衣食住行中去。譬如财险公司可以与房屋中介业开展储蓄型不动产火险、与汽车厂、零售业、餐饮业合作购机动车辆保险送指定商家购物券或折扣券；寿险公司可与酒店业联合购终身寿险或长期健康险，可选择指定酒店度假，与非营利性娱乐事业单位进行公益事业和保险宣传；[①] 保险公司和房地产开发商联合开发、购买或抵押债权回收等途径获得房地产商品的所有权，然后出租获得收益即“置业—出租”模式。

## 第二节　我国保险发展机制模型与未来趋势研究

保险是金融体系、社会保障体系的组成部分，它对经济、社会起到重要的稳定、调节作用。要充分发挥保险业的功能作用，需要保险业持续健康的发展。为此，一方面，我们要了解影响保险业发展的因素，认识阻碍我国保险业发展的障碍和瓶颈；另一方面，要站在国际化的视角，准确把握国内外保险发展的规律与趋势。然后从实际出发，采取有效措施，开创中国保险业持续、快速、健康发展的新局面。

我国保险业自1980年恢复以来，其整体实力与核心竞争能力日渐提升、经济社会功能不断增强，但中国保险业仍处于发展的初级阶段。为了进一步提升中国保险业的整体实力与核心竞争力，促进保险业全面协调可持续发展，中国保监会主席吴定富多次强调，中国保险业的首要任务是加快发展，努力实现又好又快，正确处理速度与质量、规模与效益的关系，把质量和效益放在首位。为此，应立足中国保险业发展的具体国情，密切结合实际情况，科学分析中国保险业面对的形势和遇到的问题，深刻认识影响中国保险业发展的因素，努力突破阻碍保险业发展的瓶颈，为保险业的发展扫清障碍，开创保险业全面

---

① 凌氤宝，洪敏．保险业跨业经营之研究［Z］．财团法人保险事业发展中心，1999（6）．

协调可持续发展的新局面。

## 一、影响我国保险业发展因素的理论分析

我国保险的发展受到众多因素的影响，既有历史因素，也有现实因素；既有政策因素，也有市场因素。众多因素错综复杂、交织在一起。① 根据保险理论，对影响和制约我国保险业发展的若干因素进行分析，并运用计量经济方法构建影响我国保险业发展因素的计量模型，有助于为保险业发展政策的制定提供支持。

影响保险业发展有许多方面的因素，大致可分为四类：一是经济发展状况、社会财富积累及人们的生活水平；二是社会政治制度、政策及法律环境；三是人口数量及人口结构的变动；四是社会文化结构及传统习惯和观念。②

1. 经济发展水平、社会财富积累及人们的生活水平

从保险经济学理论和保险发展历史来看，经济增长和发展是保险需求总量增加和结构升级的根本源泉。当经济增长不断推动人类经济活动范围扩大时，各种风险也就随之增加，与此相对应，经济活动主体的保险需求也会随之上升。由于 GDP 的快速平稳增长，不论是保险费收入还是保险深度或保险密度，都呈现出较快的增长趋势。通过 GDP 增速和保费收入增速作出的散点图可以发现，两者之间存在明显的正相关性。可以预见，随着中国经济的持续平稳增长，中国保险市场将会继续快速发展。

从微观角度讲，购买保险的市场主体是个人。即使个人有购买保险的欲望，但必须有能力购买。目前，保险是一种奢侈品，无论是基于保险的考虑，还是基于投资的考虑，购买保险都必须有充足的资金，否则，保险只能是一种奢望品。因此，财富与收入状况也成为影响保险发展的重要因素。

2. 社会政治制度、政策及法律环境

社会保障制度中覆盖面广、影响力大的社会保险与商业保险，作为现代保险的两个支柱，两者的发展密切相关。它们之间既有联系又有区别，从而在一定制度条件下互为补充，成为社会经济保障制度的重要组成部分。过去长期形成的“铁饭碗”的潜意识，已经使职工缺乏风险意识，从这一意义上讲，社会保险可能对商业保险的需求造成负面影响。此外，随着市场经济体制的完

---

① 梁纪尧．我国保险业发展影响因素的实证研究［D］．“落实科学发展观，又快又好发展山东保险业”论文评选，2006.

② 杜聪慧，崔永伟，崔玉杰．我国保险业发展影响因素的实证分析［J］．北方工业大学学报，2006（3）.

善，社会保障制度的改革，职工原来受益于政府的支持，表现出了一定程度的保障水平的下降，这就有可能向商业保险转移自己面对的风险。

保险产业政策对保险业发展的影响，主要表现在市场主体结构的变化。我国保险市场结构从完全垄断到垄断竞争的转变，对保险业的发展具有深刻的影响。发展尤其是可持续发展是保险产业政策的重要主题，要尤其注重发展的规范和可持续性。保险业发展的产业政策必须与政治、经济环境一致，从制度层面上保证与经济基础相适应。市场化、国际化、公正化、透明化，是保险产业政策发展的趋势，是国际经济一体化的结果，也是保险业走向高级阶段的必然要求。

3. 人口总量、结构的变动

人口数量、质量以及结构与保险业发展密切相关。作为一个拥有 13 亿人口的快速发展的大国，我国保险市场发展的潜力和空间是十分巨大和广阔的。第一，我国经济的快速发展，为保险需求的扩大提供了经济基础。第二，与社会主义市场经济相适应的新的社会保险制度的建立，使得人民生活要以商业保险为补充，必将引起保险需求的增加。第三，人口的增长及人口老龄化趋势和家庭结构小型化，都将进一步刺激保险需求。第四，人口受教育程度与结构也向着有利于保险业发展的方向发展。

4. 社会文化结构及传统习惯和观念

社会结构、文化背景、伦理道德、历史传统等，都将对保险业的发展产生一定的影响。中国独特的以家庭、家族为核心，以伦理为本位的特殊文化传统，决定了中国的社会功能与保险的核心功能不相吻合，使得我国并不具备产生保险的内在条件①。另外从中国的传统看，人们历来都很重视教育，为子女上学不惜举债，这就可能使相关的保险产品的销售前景看好，而且随着教育的发展和人们受教育水平的提高，人们相应会提高其保险意识，增加对保险的需求。

结合以上分析我们认为，影响保险业发展水平（以保费收入、保险密度和保险深度来衡量）的变量主要有：经济收入变量（GDP、固定资产投资总额、社会消费品零售总额、进出口总额、居民消费总水平、城乡储蓄存款余额、对外贸易及投资、通货膨胀率、城镇失业率、城乡家庭人均收入、城乡居民人均支出、职工工资总额等），经济结构变量（产业结构、经济金融化程度等），城市化水平（城市人口比重），经济市场化程度（M2 占 GDP 的比重），

① 孙祈祥．中国保险业的经营环境及世界保险业的发展动向［Z］．21 世纪保险论坛，中国保险网．

人口结构（年底人口总量、家庭户规模、劳动年龄组人口、赡养率或抚养率等），社会历史人文（离休、退休退职工保险福利费总额，每万人大学生数等）等。

## 二、保险业发展影响因素的实证研究

1. 变量与模型关系形式的选择

前面从理论上分析了影响我国保险业发展的因素，在此要通过构建模型对影响我国保险业发展产生影响的因素进行实证分析，这需要有反映我国保险业发展的指标。衡量一国、地区保险发展水平的主要指标有保险密度与保险深度。为此，我们用这两个指标反映我国保险发展状况。关于影响保险业发展的因素，我们基于定性分析的基础，考虑指标的可量化性与数据资料的可得性来选择解释变量。因此，我们得到如下指标：

IDS：保险密度（元/人）。该指标由保费支出除以人口总数得到，反映了人均保费支出状况。

IDP：保险深度（%）。该指标由保费收入除以国内生产总值得到，反映了保费收入占国内生产总值的比重。

$X_1$：每万人口中大学生数（人）。这一指标反映人口受教育水平以及素质状况。

$X_2$：人均年底存款余额（元）。由于没有专门涉及居民财富状况的指标，在此，我们以人均年底存款余额代表财富状况。因为，一般而言，人们的余钱存到银行，形成存款，构成了家庭财富，因此，以此指标代表财富状况在现有的条件下还是比较科学、合理的。

$X_3$：二、三产业产值占国内总产值的比重（%）。该指标代表产业结构。

$X_4$：人口总数（亿人）。

$X_5$：城市化水平。该指标以城镇人口占总人口比重表示。当然我国的城镇人口统计是建立在户籍制度基础上的，有部分城镇居民没有城镇户口，以此测算的数据来反映城市化水平可能低估了城市化水平，但由于资料的限制，没有比这更合适的指标予以替代。

$X_6$：负担系数。这里的负担系数是指非就业人口（总人口减去就业人口）占就业人口的比重。负担系数越大，就表明就业人员抚养的非劳动人口多，购买保险能力将受到限制，不利于保险的发展。

$X_7$：二、三产业非国有单位职工人数占总就业人口比重。该指标反映我国的经济所有制结构，通过该指标可以看出参与我国保险业的主体力量是国有单位还是私营单位。

$X_8$：人均收入（元）。该指标通过以城乡人口比重为权重而求得的城镇居民人均可支配收入、农村居民人均纯收入的加权平均数。

对上述所涉及变量进行数据搜集并做相应处理后，根据样本数据做出被解释变量与解释变量的散点图，从散点图可以判断被解释变量与解释变量之间存在直接的线性关系，于是采用如下的关于保费收入影响因素分析模型：

$$y_t = \beta_0 + \beta_1 x_{1t} + \beta_2 x_{2t} + \cdots + \beta_k x_{kt} + \mu_t \qquad (t=1,\ 2,\ \cdots,\ n)$$

2. 影响我国保险业发展主要因素的实证研究

依据选择的指标，查找相关数据[①]资料，我们分别建立以保险密度、保险深度为被解释变量的计量模型，考察影响我国保险业发展的主要因素。

（1）保险密度与影响因素。前面尽管我们从理论上分析了各个指标对保险发展的影响，为了进一步考察我们前面的分析是否合理，选择的各个指标是否与保险发展真正有关，我们先对选择的指标进行简单的相关分析（见表9.4）。

**表9.4　保险密度与各影响因素相关系数**

| IDS | $X_1$ | $X_2$ | $X_3$ | $X_4$ | $X_5$ | $X_6$ | $X_7$ | $X_8$ |
|---|---|---|---|---|---|---|---|---|
| Pearson Correlation | 0.951 | 0.992 | 0.903 | 0.937 | 0.994 | -0.469 | 0.931 | 0.975 |
| Sig.（2-tailed） | 0.000 | 0.000 | 0.000 | 0.000 | 0.000 | 0.078 | 0.000 | 0.000 |

注：相关系数为皮尔逊相关系数，下边为双尾检验的显著性。

分析表9.4可知，保险密度与人口素质（$X_1$）、财富（$X_2$）、产业结构（$X_3$）、人口总数（$X_4$）、城市化水平（$X_5$）、所有制结构（$X_7$）、收入水平（$X_8$）等因素相关程度较高，相关性检验通过了1%的显著性检验，它们对保险发展产生正向影响；保费收入与负担的相关性也较高，通过了10%的显著性检验，但其影响方向为负。

为了更精确地从众多因素中提取影响我国保险业发展的主要因素，以保险密度为被解释变量，将选定的影响保险业发展的指标作为解释变量，利用Eviews 5.0进行逐步回归（与向前回归结果一致），采用F检验的概率值（系统默认值：Sig. ≤0.05引入，Sig. ≥0.10剔除）作为变量的引入、剔除模型的判据，由此得到多元回归模型：

$$IDS = -229.892 + 8.114X_5 + 1.083X_1 + 0.015X_2 \qquad (9\text{-}3)$$
$$(-4.183^{\#})\ (3.685^{\#})\ (6.874^{\#})\ (3.460^{\#})$$

① 本书所用资料，如没有特殊说明都来源于《中国统计年鉴》（2001～2007）。

$R^2=0.998$ Adjusted-$R^2=0.997$ S. E. =4. 8546 DW=2 F=1851. 358#①

其中，IDS 表示保险密度；$X_5$ 表示城市化水平；$X_1$ 表示人口素质指标；$X_2$ 表示财富状况。

对于回归结果，从各项系数看，它们都通过了显著性检验；从整个方程看，回归方程通过了显著性检验，其对应的 P 值为 0。调整后的可决系数 Adjusted-$R^2=0.997$，表明我国保险业的发展有 99.70% 可以由上述三个变量的变化做出解释。从回归系数的符号看，它们都符合理论分析。因此，回归结果有效。

式（9-3）表明：我国保险业的发展主要受城市化水平、人口素质以及财富状况的影响，并且与它们呈正相关。

（2）保险深度与影响因素。前面通过保险密度指标考察、提取了影响我国保险业发展的主要因素，为了进一步验证、确定影响我国保险发展的主因素，我们再用保险深度指标为被解释变量考察之。我们选择的各个指标是否与保险发展（保险深度）真正有关，我们先对选择的指标进行简单的相关分析（见表 9.5）。

**表 9.5 保险深度与各影响因素相关系数**

| IDS | $X_1$ | $X_2$ | $X_3$ | $X_4$ | $X_5$ | $X_6$ | $X_7$ | $X_8$ |
|---|---|---|---|---|---|---|---|---|
| Pearson Correlation | 0. 954 | 0. 979 | 0. 917 | 0. 933 | 0. 985 | -0. 502 | 0. 918 | 0. 962 |
| Sig. （2-tailed） | 0. 000 | 0. 000 | 0. 000 | 0. 000 | 0. 000 | 0. 057 | 0. 000 | 0. 000 |

分析表 9.5 可知，保险深度与人口素质（$X_1$）、财富（$X_2$）、产业结构（$X_3$）、人口总数（$X_4$）、城市化水平（$X_5$）、所有制结构（$X_7$）、收入水平（$X_8$）等因素相关程度较高，相关性检验通过了 1% 的显著性检验，它们对保险发展产生正向影响；保险深度与负担的相关性也较高，通过了 10% 的显著性检验，但其影响方向为负。这表明居民负担越重，越不利于个人购买保险，从而不利于保险业的发展。这与前面的分析基本一致。

为了进一步验证、确定影响我国保险发展的主要因素，以保险深度为被解释变量，将选定的影响保险业发展的指标作为解释变量，为了消除方法对变量提取的影响，我们仍然利用前面的方法，得到多元回归模型：

---

① #表示通过 $\alpha=0.01$ 的显著性检验。

$$IDP=-6.020+0.096X_5+0.018X_1+0.056X_3 \quad (9-4)$$
$$(-5.103^{\#})\ (3.866^{\#})\ (4.795^{\#})\ (2.662^{*})$$
$$R^2=0.991 \quad Adjusted-R^2=0.988 \quad S.E.=0.1106 \quad DW=2.777 \quad F=395.008^{\#}$$①

其中，IDP 表示保险深度；$X_5$ 表示城市化水平；$X_1$ 表示人口素质指标；$X_3$ 表示产业结构。回归结果各项指标都通过了显著性检验。方程调整后的可决系数 Adjusted-$R^2$=0.988，表明我国保险业的发展有 98.80% 可以由上述三个变量的变化做出解释。从回归系数的符号看，它们都符合理论分析。式（9-4）表明：我国保险业的发展与城市化水平、人口素质以及产业结构呈正相关。

（3）结论。从以上保险密度与保险深度两个角度的考察可以看出，城市化水平、人口素质状况指标都同时被引入模型，这表明从长期趋势看，城市化水平、人口素质状况是影响我国保险业发展的主要因素。但在式（9-3）中引入的第三个变量是财富状况，而在式（9-4）中引入的第三个变量是产业结构。从理论上讲，人们的财富越多，节余越充足，人们无论是基于保险还是投资目的，都可能促使保险购买的增加；就保险开办以来的统计显示，参与保险的主要是二、三产业职工。二、三产业比重越大，从事二、三产业的工人越多，保险的购买力也越强。

3. 对影响我国保险业发展主因素的深化研究

（1）财富。前面我们在回归分析过程中，财富因素只是在式（9-3）中被引入，通过回归结果可以看出财富对保险业的发展影响是正向的。即居民财富越多，越有利于保险业发展，这从理论上解释也是合理的。从影响程度看，式（9-3）表明：居民人均财富每增加 1 元，保险业的保险密度将增加 0.015 元，也就是说，居民人均存款余额每增加 1 元，保险业的人均保费支出将增加 1.50 分。财富因素是否与我国保险业的发展存在长期均衡关系？下面我们以保险密度（IDS）为被解释变量，以财富状况（WE）为解释变量，进行协整分析。

第一，单位根检验。

从理论上讲，如果两个变量存在长期的均衡关系，则两者可能存在协整关系。为了对保险业发展与财富进行协整分析、建立误差修正模型，我们首先对 IDS、WE 进行单位根检验。

利用 Eviews 5.0 对 IDS、WE 进行单位根检验，其结果见表 9.6②。

---

① #表示通过 $\alpha=0.01$ 的显著性检验，*表示通过 $\alpha=0.05$ 的显著性检验。

② （c，t，n）分别表示在 ADF 检验中是否有常数项、时间趋势、滞后阶数。其中，滞后阶数根据 AIC、SC 准则确定。

表 9.6　保险密度与财富状况的单位检验结果

| 变量 | 检验类型（c，t，n） | ADF 值 | 临界值（$\alpha$=0.1） | 结论 |
|---|---|---|---|---|
| IDS | （c，t，2） | 1.4005 | -3.3820 | 不平稳 |
| DIDS | （c，t，2） | -1.8568 | -3.4104 | 不平稳 |
| DDIDS | （c，0，1） | -6.3223 | -2.7349 | 平稳 |
| WE | （c，t，5） | 0.2733 | -3.4901 | 不平稳 |
| DWE | （c，t，4） | -2.5082 | -3.4901 | 不平稳 |
| DDWE | （c，0，3） | -1.8158 | -1.6357 | 平稳 |

分析表 9.6 可知 IDS、WE 都是二阶单整。

第二，协整检验。

由于 IDS、WE 都是二阶单整 I（2），因此，两者可能存在协整关系，可以进行协整检验。首先，作 IDS 关于 WE 的协整回归方程：

$$IDS_t = -18.7691 + 0.0400WE_t + \mu$$

$$(-3.2594^{\#})\ (28.1974^{\#})$$

$R^2 = 0.9839$　Adjusted-$R^2 = 0.9827$　S. E. = 12.7396　DW = 0.5029　F = 795.093#①

其次，利用 Eviews 5.1 对 $\mu_t$ 进行单位根检验，其结果见表 9.7。

表 9.7　$\mu_t$ 的单位根检验结果

| 变量 | 检验类型（c，t，n） | ADF 值 | 临界值 | | 结论 |
|---|---|---|---|---|---|
| | | | $\alpha$=0.05 | $\alpha$=0.1 | |
| $\mu_t$ | （0，0，3） | -2.2359 | -1.9755 | -1.6321 | 平稳 |

表 9.7 显示：$\mu_t$ 是 I（0），即 $\mu_t$ 是平稳的，因此，接受 IDS 与 WE 是协整的假设。误差修正项为：

$$ECM_{t-1} = (IDS + 18.7691 - 0.0400WE)_{t-1}$$

第三，误差修正模型。

以 IDS 的差分 DIDS 为因变量，以 WE 的差分 DWE，滞后一期的误差修正项 $ECM_{t-1}$，以及 $DIDS_{t-1}$、$DWE_{t-1}$ 为自变量 9，利用 OLS 法，通过 Eviews 5.0 进行回归，得到误差修正模型：

① #表示通过显著水平 $\alpha$=0.01 的检验。

$DIDS_t = 3.1395 + 0.5520 DIDS_{t-1} + 0.0595 DWE_t - 0.0539 DWE_{t-1} - 0.6588 ECM_{t-1} + \nu_t$

（0.5497）（1.6729）　（2.4407**）（-1.5311）（-1.9369*）

$R^2 = 0.7286$　Adjusted-$R^2 = 0.5929$　DW=2.4389　S.E.=8.9064　F=5.3690**①

通过对保险密度与财富状况的协整分析表明：从长期趋势看，保险密度与我国保险业发展存在协整关系。这表明，财富因素与保险业发展存在长期均衡关系。

（2）产业结构。在前面的回归分析过程中，产业结构因素只是在式（9-4）中被引入，通过回归结果可以看出产业结构因素对保险业的发展影响是正向的，二、三产业所占比重越大，越有利于保险业发展。这从一个侧面反映了我国保险业参与主体的特征：二、三产业工人是我国保险业的目标市场，或者说我国保险业并不注重开发农村市场。从相关程度看，保险深度与产业结构的简单相关系数为0.92，两者相关程度非常高，其成为主要影响因素之一也是情理之中的事情。从影响程度看，二、三产业所占比重每提高1个百分点，保险业的保险深度将上升0.056个百分点。

（3）城市化。无论是式（9-3）还是式（9-4），城市化因素都是首先被引入的变量，并且从符号可以看出城市化对保险业的发展影响是正向的，也就是说城市人口越多，购买保险的人越多，越有利于保险业发展。这也从一个侧面反映出这么一种现象：我国参与保险的主要群体是城市人口，农民似乎与保险无缘。从影响程度看，城市化水平每提高1个百分点，保险密度将增加8.11元/人［式（9-3）］；保险深度将提高0.096个百分点［式（9-4）］。

经过进一步分析，我们发现：保险业的发展（保险密度IDS）与城市化水平（UR）都是二阶单整I（2），两者存在协整关系，其误差修正模型为

$DIDS_t = 5.2705 + 0.6244 DIDS_{t-1} + 3.3800 DUR_t - 0.6529 ECM_{t-1} + \nu_t$

t=（0.7854）（2.4749**）（0.4203）（-2.1364*）

$R^2 = 0.6960$　Adjusted-$R^2 = 0.5946$　DW=1.9727　S.E.=8.8872　F=6.8677**②

这表明，城市化水平与保险业发展存在长期均衡与短期动态关系。

（4）人口素质。无论是式（9-3）还是式（9-4），人口素质因素都是第二个被引入的变量，并且从符号可以看出人口素质因素对保险业的发展影响是正向的，也就是说高素质人才越多、人口素质越高，购买保险的人越多，越有利于保险业发展。从理论上讲，这是合情合理的，因为保险业的发展受人们保

①②　*表示通过显著水平 $\alpha = 0.1$ 的检验，**表示通过显著水平 $\alpha = 0.05$ 的检验，无*表示没有通过显著水平 $\alpha = 0.1$ 的检验。

险意识、对待保险的态度影响。而人们的保险意识、对待保险的态度受人们的科学、文化素质的影响。从相关程度看，无论是保险密度还是保险深度，它们与产业结构的简单相关系数皆为0.95（相关程度非常高，其成为主要影响因素之一也在情理之中。从影响程度看，人口素质每提高1个单位，保险密度将提高1.08元/人［式（9-3）］，保险深度将提高0.018个百分点［式（9-4)］。也就是说如果每万人口中大学生数每增加1个人，人均保费支出将增加1.08元，保费收入占国内生产总值的比重将提高0.018个百分点。

## 三、几点结论

1. 财富

在实证研究中，我们也有收入指标，但收入指标并没有成为影响我国保险业发展的主因素，财富却被引入了模型。这表明，尽管改革开放以来我国居民收入水平、生活水平有了巨大提高，也只能说居民口袋里有了钱，但口袋还不殷实。收入高并不能保证财富多，财富状况是影响人们购买保险与否的根源性因素。因此，要实现我国保险业的快速发展，就应加快我国经济发展，全面落实新农村建设，加大、深化改革，全面提高居民收入，增加居民财富，使居民的保险购买欲望变成现实。由于保险业与财富状况存在协整关系，因此，有以下三点结论建议：

第一，中国保险业与居民财富之间存在长期协整关系，这说明财富是影响我国保险业长期发展的重要因素，因此，要加快我国保险业的发展，就需要考虑从长期着手，增加居民收入，增加居民财富积累，加快我国保险业的健康发展。

第二，长期动态均衡、短期动态关系密切。从长期看，我国保险业与城市化建设之间存在长期动态均衡；从短期看，财富状况每提高1个单位，保险密度将提高1.50分/人。

第三，误差修正项的系数为负。这个结论不仅与误差修正机制理论一致，而且与中国近年来保险业发展的实际是相适应的。-0.6588表明误差修正项以-65.88%的权重对下一年的保险密度增量产生影响，财富与保险发展之间的均衡机制对保险有较强的制约作用，这也从另一个侧面反映了我国保险发展的“富民基础”。

2. 产业结构

二、三产业工人是我国保险事业的“主力军”，我国保险事业的这一产业特征表明，要想加快我国保险事业发展，做大、做强我国保险事业，一方面，必须加快产业结构调整，提升二、三产业比重，以增加二、三产业就业量，从

而扩大保险市场的潜在顾客；另一方面，要调整我国保险事业目标市场的定位，努力开拓农村保险市场，挖掘农村购买保险的潜力。

3. 城市化

城市人口是保险事业的“主力军”，城市化水平直接影响我国保险业的发展状况与规模。我国保险业与城市化水平存在协整关系表明以下三点：

首先，中国保险业与城市化之间存在长期协整关系，这说明城市化是影响我国保险业长期发展的重要因素，因此，要加快我国保险业的发展，就需要考虑从长期加快城市化建设入手，以扩大保险业发展的参与保险业的“潜在人口”的基数，成就加快我国保险业发展的根基。

其次，长期动态均衡、短期动态关系密切。从长期看，我国保险业与城市化建设之间存在长期动态均衡；从短期看，城市化水平每提高 1 个百分点，保费密度将提高 19.75 元。

最后，误差修正项的系数为负。这个结论不仅与误差修正机制理论相一致，而且与中国近年来保险业发展的实际是相适应的。-0.6529 表明误差修正项以-65.29%的权重对下一年的保险密度增量产生影响，城市化与保险发展之间的均衡机制对保险有较强的制约作用，这也从另一个侧面反映了我国保险发展的城市战略导致的后果：保险成为“城市人的事情”，农民无缘保险事业。因此，为了获得我国保险事业的长足发展，有必要考虑在维系城市化发展战略的基础上实施新农村战略。

4. 人口素质

人口素质对我国保险事业发展的影响，要求我们努力搞好我国教育建设，努力提高国民整体素质，破除保险事业发展在素质、意识方面的障碍。总之，财富状况、产业结构、城市化水平、人口素质等因素，是影响中国保险业发展的主要因素。要加快、实现我国保险业的健康发展就应该加快经济发展，增加居民收入，调整产业结构，改变我国保险事业目标市场的产业特征。中国保险业发展与财富、城市化之间存在着长期协整关系，表明财富、城市化程度与保险业发展存在长期均衡关系，并对保险业的发展有很强的制约作用。因此，为了实现我国保险业的快速、健康发展，一方面要加快城市化建设进程；另一方面要将保险事业推向农村，开拓农村保险市场，抛弃保险业发展的“城市偏向战略”。

另外，在我国保险业的发展过程中，政府的宏观经济政策和各种制度因素（如社会保障制度的改革、保险发展的产业政策等）有着非常大的影响。[①] 因

① 杜聪慧，崔永伟，崔玉杰．我国保险业发展影响因素的实证分析［J］．北方工业大学学报，2006（3）．

此，保险业在发展的增长时期，更应该抓住发展机遇，同时应该对当前即将出现的通货膨胀有所警惕，在产品设计和费率设定上加以注意。

总之，中国经济的持续高速发展，为保险业的未来发展创造了相当大的空间，但中国保险业要走上可持续发展的道路，还需在产品创新、保险服务质量的提高、保险资本的扩大、经营管理水平的提高、人才培养等方面下功夫，使我国保险业在加入世界贸易组织和经济全球化，保险市场的不断开放，保险参与国际竞争带来“双赢”的结果中受益。

## 第三节 “十二五”我国保险业发展面临的机遇、挑战和发展趋势

### 一、“十二五”期间保险业发展面临的机遇

“十二五”规划的建议，为中国今后五年经济社会发展指明了方向。建议指出，要以科学发展为主题，以加快转变经济发展方式为主线，坚持把加快转变经济发展方式贯穿于经济社会发展全过程和各领域，实现中国经济社会从外需向内需、从高碳向低碳、从强国向富民的三大转型提高发展的全面性、协调性、可持续性，实现经济社会又好又快发展。作为现代金融三大支柱之一的保险业，自然也将融入改革与发展的大环境。从“十二五”规划建议看，“十二五”期间我国保险业发展将面临前所未有的重大机遇。

#### （一）保险业发展领域进一步拓宽

(1) 服务民生领域。“十二五”规划建议把民生问题提到空前的高度，给予了前所未有的关注，相关政策为保险业发展带来了机遇。如何突出社会建设，让人民群众共享发展改革成果，从而更好地保障民生、服务民生、改善民生，是“十二五”规划的重点内容。一方面，国家的重视和政策的倾斜为保险业发挥社会管理职能、参与和谐社会建设与民生工程创造了良好的外部环境；另一方面，收入分配机构的调整，必然促进广大人民群众收入的增加，从而为保险业的快速发展提供经济保障。群众手中可供支配的资金多了，保险市场自然也就扩大了。因此，服务民生领域将成为“十二五”期间保险业最重要的业务增长点之一。在这一领域，保险业自身需要做和可以做的还有很多，如参与社会保障体系建设、平安社会建设和灾害管理机制建设等，通过发挥保险业在风险管理和防灾防损方面的专业技术优势，协调政府部门开展灾害预警、预防和救灾工作，广泛开展各类防灾检查和宣传，提高广大人民群众的防

灾、减灾意识，最终形成事前预防、事中施救、事后补偿等灾害管理体系。

（2）节能环保领域。“十二五”期间的节能环保领域也为保险业发展提供巨大的空间。保险业在针对低碳经济的新型保险产品研发、环境污染责任险服务拓展、森林保险发展等方面大有可为。资源相对短缺、环境承载能力低是我国的基本国情，协调好资源环境对经济发展的支撑力，加快建设资源节约型、环境友好型社会，提高生态文明水平，已经成为“十二五”期间的重要任务。“十二五”期间将着重发展低碳经济、环保经济、循环经济。对于保险业来讲，除了自身属于环保低碳产业外，还能够在促进低碳经济发展中起到“保险阀”、“助推器”和“催化剂”作用。

（3）支持“三农”领域。“十二五”规划建议提出“必须坚持把解决好农业、农村、农民问题作为全党工作的重中之重”。把加快发展现代农业、拓宽农民增收渠道、加强农村基础设施建设和公共服务作为“十二五”期间“三农”工作的重点任务，同时，将提高农业抗风险能力作为一个专门的命题提出，这就给保险业在支持“三农”领域有所作为，提供了有力的政策保障。保险业可以利用此机遇开展以下工作。一是进一步加强与政府相关部门的沟通协调，完善政府主导、保险公司商业运作的农业保险经营体系。二是强化金融对“三农”的资金支持和风险保障作用，进一步提高保险业与农村银行、邮政、农信社等机构的合作层次和深度，建立起融资与保险配套合作机制。三是积极创新“三农”保险产品，着力扩大农村保险覆盖面。四是不断健全面向农村的保险服务网络，努力提高“三农”保险服务水平。

（4）科技创新领域。“十二五”规划建议提出“加快转变、赢得先机，最根本的依靠是科技，最关键的措施是大力提升自主创新能力”，从而为保险业的发展提供了需求空间和资金投入渠道。“十二五”期间，我国将下大力气，推进自主创新与产业升级，提升发展品质和产业竞争力，推动产业由规模优势向技术优势转变。科技创新产业投资大、周期长，其中蕴涵着巨大的风险和不确定性因素。这也为保险业发挥经济补偿、资金融通功能，参与科技创新产业的提供了市场需求基础。在这一领域，保险行业也大有作为。保险业可以通过大力发展科技保险，针对科技企业研发、生产、销售、售后服务等多个环节提供新的保险产品，开辟新的服务领域，改进保险服务。同时可以通过适当的渠道和方式，扩大保险资金投资运用领域，能够增加科技企业资金供给，形成多元化的资金运用渠道。

### （二）“十二五”时期保险业仍处于快速发展期

我国保险业在“十二五”期间仍将保持快速发展的势头。从外部环境看，“十二五”时期是全面建设小康社会的关键时期，保险作为市场经济条件下风险管理的基本手段，将得到更为广泛的运用。特别是发展方式的加快转变，扩大内需战略的实施，经济结构和分配格局的调整，将进一步释放城乡居民消费潜力，为保险业带来新的发展空间。同时，我国人口老龄化快速发展，社会建设和公共服务体系建设深入推进，保险业可以在满足人民群众养老、医疗保障等方面发挥更大的作用。从行业自身看，保险业的发展潜力还没有完全发挥出来。人均长期寿险保单持有量、医疗费用由商业健康保险承担的比例，以及家庭财产保险、各种责任保险等主要险种的投保率，远低于成熟保险市场的平均水平。保险赔偿占灾害损失的比例远低于全球30%的平均水平。从国际经验看，人均GDP为3000~10000美元，是保险业的加速上升期。目前我国人均GDP已经达到4000美元，人们的消费需求开始升级，对养老保健、医疗卫生、汽车住宅、文化教育等改善生活质量的需求将明显提高。这些消费领域都与保险业息息相关，需要保险业提供更加丰富的产品和服务。

总之，“十二五”期间，中国保险业将在完善经济保障、优化经济发展、增进社会和谐等方面发挥重要而独特的作用，经济社会发展离不开保险业的参与；经济社会发展也会给保险业发展带来了前所未有的重大机遇。在未来的五年里，保险业只要能够抓住关键领域，练好自身内功，践行科学发展，就一定会大有可为。“十二五”期间，中国保险市场仍将保持较为快速的发展势头。

## 二、“十二五”期间我国保险业面临的挑战

从保险业发展的内外部环境来看，保险业的发展将面临更为复杂的经济社会局面。“十二五”时期保险业处于矛盾和问题凸显期。目前，我国保险业快速发展中积累的深层次问题和矛盾在逐步显现，一些短期问题和长期问题相互交织。

一是世界和中国经济周期的变化。经济周期波动对保险的经营行为也产生了很大的影响，市场经济的发展不可避免地存在着周期性的波动，保险业的发展也随着经济周期的波动而起伏。面对经济周期的冲击，保险业应该在偿付能力、资产负债管理、公司经营管理等方面，采取积极的战略和对策，增强抵御经济周期性的波动能力。同时，我国将进一步深化金融体制改革，稳步推进利率市场化，逐步完善以市场供求为基础的有管理的浮动汇率制度。这些都对我们准确把握形势、驾驭复杂局面提出了更高要求。

二是市场的竞争进一步激烈。可以预期在“十二五”期间，随着市场主体的急剧膨胀，市场竞争更加激烈，过度竞争将有可能造成对保险资源破坏性的开发，降低保险业整体服务水平，加大行业的经营风险，最终将影响消费者的利益，对此我们也应当保持一定的警惕。市场竞争中存在的很多问题，如果

得不到有效治理，不仅会造成市场秩序混乱、破坏行业形象，严重的话还会影响行业的可持续发展。

三是保险业自身发展的能力仍需提高。虽然经过“十一五”期间的快速发展，行业能力发展的实力也有明显的增强，但是诸多保险公司在资本金、内部管理、基础建设、专业人才队伍等方面还存在着差距和不足，尤其是中国保险业应对巨灾风险考验能力还不强，迫切需要我们在发展中积累经验，壮大实力。

四是保险业的风险防范能力面临考验。现阶段，我国人均寿命逐年提高，影响利率长期趋势的因素增多，重大自然灾害频发，对长寿风险、利率风险和巨灾风险这三种宏观风险不能掉以轻心。同时，公司补充资本金和改善偿付能力，将是一个长期的、持续的过程，防范偿付能力不达标风险始终是我们的一个工作重点。随着我国保险资金总量的持续增长和投资渠道的逐步放开，保险资产管理面临着严峻考验和新的挑战。

## 三、“十二五”期间保险业发展趋势

### （一）保险市场发展方式转变将迈出实质性步伐

中国保险市场发展正处在关键时期，需要从根本上转变发展方式。未来中国保险业发展也存在变数与不稳定性，中国保险业发展或将是充满忧患的。事实上，在人均 GDP 达到 3000 美元时，并非所有的国家保险业发展就此迈上新台阶。从国际经验看，3000 美元是个分界线，有些国家发展非常快，也有些国家保险业发展就此停滞不前。保险业发展要实现质的突破，就需要密切关注经济发展的变化，适时转变发展方式。

未来中国保险业发展将从制度推动转向经济拉动。发达国家的保险业增长主要依靠经济要素的拉动，而中国等新兴发展中国家的保险业增长则主要依靠制度要素的推动。随着国家经济的发展，制度要素对保险业增长的贡献度将逐渐降低，保险业增长将更多地依靠经济要素的拉动。“十二五”期间，这一转向趋势将逐渐显现，强调中国保险业增长模式的更新升级显得尤为重要。2010 ~ 2020 年，在 GDP 年均增长 6% ~ 10% 的假设下，中国保险业年均实际增长率可能为 14. 8%。预计 2020 年，中国保险业保费水平将为 2010 年的 3. 9 倍，保险深度将为 6. 3%。

### （二）保险区域发展将进入快车道

“十二五”规划建议关于“促进区域协调发展”的论述，为未来五年中国的区域协调发展战略确定了总体基调，也为各行业区域的发展指明了方向，是各行业区域发展的重要参考。作为区域协调发展的重要内容，保险业区域协调发展要始终以区域协调发展战略为导向，考虑各个区域的人口、资源、环境、产业、经济社会发展水平等因素，因地制宜地制定促进保险业发展的政策措施，充分发挥保险业经济补偿、资金融通和社会管理的职能，服务地方经济、促进民生发展。“十二五”期间保险业区域发展的总体格局是：保险实验区建设取得初步成效，保险业比较发达的中心城市在保险改革开放中积累了经验，影响和辐射效应正在逐步释放。未来，我国保险区域发展将进入快车道，逐步建成一批规模较大、结构良好、效益突出、风险可控、稳健发展、影响广泛的现代区域保险中心，实现保险区域发展与经济社会发展的良性互动，形成保险业务与地区经济均衡快速发展的格局。

**（三）参与国家宏观风险管理体系建设将有实际举动**

尚未完全退去的全球金融危机留给人们最重要的反思之一，就是要对社会经济发展中出现的风险进行及时有效的管理。保险业在“十二五”期间需要发挥行业优势，参与和推动国家宏观风险管理体系建设，承担起风险管理的重任。

我国保险业将在宏观风险管理体系建设中扮演重要角色。未来五年，我国宏观层面将面临更为复杂多变的风险。这些可能的风险源包括：一是高度复杂、联系广泛且脆弱的金融体系；二是具有潜在威胁的“三农”问题；三是恶化的生态环境；四是不协调的发展和失衡的结构；五是不健全的基本公共服务体系风险；六是腐败和商业贿赂的蔓延。鉴于风险的综合性、交叉性、动态性特点，应当尽快建立起一套国家宏观综合风险指标体系和风险预警管理系统。运用现代风险管理技术，分析中国经济社会发展过程中的各种潜在和显性的风险因素，建立经济、社会、政治、环境等风险指标子系统。作为专门以应对风险作为主业的保险业来讲，无论是从服务经济社会发展的角度，还是从自生生存的角度出发，都必须要在国家宏观风险管理体系建设中迈出实质性步伐，发挥应有的作用。保险业需要对各种风险的载体、主要风险诱发因素、风险的传导机制、风险的容忍度等进行认真研究，探讨防范、控制和管理风险的各种有效措施，由此为国家发展规划与决策提供系统的思维框架和可靠的科学依据。

**（四）将更加强调依法科学监管，更加注重保护消费者利益**

保险业转变发展方式必然要求在监管理念、监管制度及监管方式等方面做出相应转变，以科学监管来促进保险业发展方式的转变。2011 年及未来“十二五”期间，坚持科学监管就是要重点做好以下四个方面的工作：第一，树立依法监管理念，维护法律尊严和监管权威。既要建章立制，又要严格执法。第二，树立有效监管理念，提高监管效率。根据监管职责和保险市场变化，合理配置监管资源，创新监管方式，改进监管手段，提高监管工作效能。第三，树立适度监管理念，做到监管“不缺位、不越位、不错位”。要遵循保险市场

规律，切实发挥市场配置资源的基础性作用，有所为，有所不为。第四，树立为民监管的理念，正确处理监管者与被保险人、保险人之间的关系，切实地保护保险消费者利益。这是坚持以人为本科学发展观的具体体现，也是《保险法》赋予保险监管部门的职责。“十二五”期间，要认真做好保险业“十二五”规划制定工作和执行，继续推进保险业的战略性调整和转型，深入推进保险业改革创新，全面提升保险业服务能力，认真谋划和促进行业科学发展。

### （五）保险资金运用理论研究与实践探索会不断强化

“十二五”期间，必须重视资金运用问题。我国在资金运用上缺乏理论研究，在实践中也没有把长期投资的理念真正地建立起来。在实践中目前多引用国外市场的经验，但国外经验与国内差别很大。目前很多投资策略是经不起理论推敲的，需要强化对保险资金运用理论的研究。可以预见，保费收入的高速增长将为保险资金运用供给大批的资金起源，加上保险资金运用的证券化趋势，保险业对证券市场的资金供给会不断加大，在政策容许的情况下，保险公司在证券市场合占的份额会不断提升。顺应保险资金运用的现实需要，不断探索保险资金运用的理论与实践探索，是我国保险业未来发展的必然选择。

### （六）商业健康保险发展模式创新将迈出新步伐

商业健康险发展模式创新需从社区医疗突破。“十二五”期间最被关注的民生工程中，养老、健康、医疗是三大关键词，对应三大关键词，保险业有许多发展机会。一是老百姓需要在社区医疗机构中得到更好的医疗保障，目前社会基本医疗保障没有涉入，商业保险可以进去。未来社区医疗可以作为商业医疗保险创新和模式创新的领域，有可能把社区养老、健康整合起来，更好地为百姓实施健康管理、慢性疾病管理。二是在护理领域，商业保险可以把老年社区、护理保险、护理保障结合起来。三是国家医疗保障体系建设。目前，商业保险介入社会保障经办领域的支持政策也愈来愈明晰，补充医疗保险和社会基本医疗经办管理，将是健康保险未来发展和探索的主战场之一，商业保险和社会基本医疗保险之间的链接将会迈出新步伐。

### （七）参与破解社会养老难题

供需矛盾，即经济发展对保险的需求和落后的保险业供给之间的矛盾，仍然是“十二五”期间保险业发展首要解决的问题，重要方面之一是目前养老保险的开发和发展太滞后，保险业需要抓住这个矛盾，参与破解社会养老难题，使保险发展规划更加贴近市场的需求。保险业参与破解社会养老难题，需要改变增长方式，建立起新的经营模式。需要在抓住市场机会的同时，重视培养市场。比如企业年金市场、养老公司模式的探索。从国家层面来说，需要出台制度激励措施，鼓励社会应成立跨界的养老协会等协调养老问题的解决。

# 第十章　现代商业保险规范发展与金融稳定关系的相关对策研究

本章按照研究现代商业保险发展与金融稳定关系“三个角度+两大问题”的分析框架得出的研究结论，结合我国保险业发展存在的突出问题和深层次矛盾，提出促进商业保险规范发展的十条建议，提出防范保险业风险的七条措施，提出发展现代商业保险、促进金融稳定等十个方面的对策。

## 第一节　促进商业保险规范发展的建议

### 一、把握好保险业科学发展的方向，服务经济发展和社会管理

为了在经济社会发展中切实承担起行业责任，当前和今后一个时期，保险业要深化改革，开拓创新，落实科学发展观，全面提升科学发展的能力，坚持“五个服务”的发展方向。

#### （一）为经济发展服务

我国要不断扩大保险的覆盖面，完善我国灾害防范和救助体系，建立市场化的灾害补偿机制和事故补偿机制，增强全社会抵御风险的能力，促进经济又好又快发展；积极发展包括政策性农业保险在内的“三农”保险业务，以有效放大财政补贴对“三农”的支持效应，促进城乡和区域经济协调发展；发展出口信用保险，落实国家“走出去”战略，保障企业出口收汇安全，促进出口产品结构优化升级。

#### （二）为社会进步服务

发达的保险业是社会进步的重要标志。保险业要立足时代发展的要求，促进传统的、以血缘关系为基础的保障方式向现代的、市场化的风险转移和分摊机制转变，提高全社会的风险管理水平；促进传统的、以政府为中心的社会管理模式向现代的、不同组织机构分工配合的社会管理模式转变，提高社会运转

的效率。

**（三）为先进文化建设服务**

培育先进文化是构建社会主义和谐社会的重要内容。保险的精髓就是“一方有难、八方支援”和“我为人人、人人为我”的互助文化，这与建设社会主义先进文化的要求是一致的。保险业要大力弘扬“服务大局、勇担责任、团结协作、为民分忧”的行业精神，通过优质高效的保险服务，体现保险的人文关怀和社会责任，为社会主义先进文化建设做出积极贡献。

**（四）为保障民生服务**

坚持以人为本。根据我国经济发展和人民生活水平存在的差异，有针对性地提供保险产品和服务，满足人民群众多层次的保险需求。一是对生活水平还比较低的群众，致力于保障基本生活需要，保证人们生产生活不因重大意外事故而受到重大影响；二是对中等收入的群众，致力于促进生活品质提升，通过提高养老保障水平和医疗保障水平，增强人们心理上的安全感；三是对于一部分先富起来的群众，致力于促进人的全面发展，满足人们物质生活、精神文化和发展环境等方面的个性化保险需求。

**（五）为促进金融稳定服务**

坚持把防范化解风险作为保险业的生命线，完善以偿付能力为核心的监管制度，不断提高保险监管的科学性、针对性和有效性。建立健全防范化解保险风险的长效机制，防止金融风险跨行业、跨市场传递，促进金融稳定和安全。

**（六）扩展保险业服务民生的覆盖面，服务和谐社会建设**

第一，大力发展巨灾保险。要充分利用巨灾保险在应对各种重大自然灾害事故和意外事件影响方面的作用，积极研究推动巨灾风险制度的建立，逐步完善巨灾风险分散机制。从 2008 年以来频繁发生的重大自然灾害的情况看，建设社会主义和谐社会，需要建立与之相适应的巨灾风险分散机制。保险业应该在建设国家巨灾风险分散机制中发挥重要作用。

第二，积极发展“三农”保险。稳步推进政策性农业保险发展，不断扩大农业保险覆盖面。对于收入分配等保险业不能直接发挥作用的领域，要积极发挥保险机制的作用，特别是通过办好政策性农业保险业务，为改善居民收入分配状况提供积极有效的服务。

第三，稳步发展相关领域的责任保险。①积极推动产品质量、环境污染责任和安全生产等领域的相关保险业务发展。②继续完善交强险配套制度机制，建立交强险专家咨询委员会，完善交强险决策机制。③推进全国统一的车险信息平台建设，实现全国车险承保和理赔信息共享。

第四，继续发展商业养老和健康保险。①结合社会保障制度改革，大力发展个人、团体养老等保险业务。②积极探索保险业参与和服务医药卫生体制改革的新途径和有效模式，为完善国家医疗保障体系服务。

第五，发展信用保险和保证保险。发挥政策性出口信用保险的作用，适度扩大保险责任范围，支持出口贸易发展；发展国内贸易信用保险，促进信用销售，扩大内需；稳步发展汽车消费信贷保证保险；积极推进出口信用保险公司改革。

第六，发挥保险的资金融通功能。根据市场情况和自身需要，稳步推进保险资金投资交通、通信、能源、电力等基础设施项目，支持国家基础设施建设。

## 二、推进保险体制机制创新，提高保险业竞争力

第一，保险业要继续创新思路、创新模式，走创新发展的道路。保险创新是保险业发展的源泉和动力，是提高保险竞争力和防范风险能力的重要手段。当前，我国保险业的主要问题不是创新过度，而是创新不够。新形势下，无论是调整保险结构、拓宽保险服务民生覆盖面，还是适应国际竞争和金融业综合经营的新形势，都要求保险业继续创新思路、创新模式，走创新发展的道路。

第二，保险创新要坚持正确的发展方向，使之有利于提高保险业的服务能力和竞争能力，有利于促进保险业的持续健康发展。不恰当的金融创新会带来金融风险，甚至引发系统性风险。在保险业发展的初级阶段，保险创新应该与我国经济金融的发展阶段相适应，与我国保险机构的技术水平和管控能力相适应，与我国监管机制的完善程度相适应。

第三，改革和创新保险体制是一项重要任务。①要实现保险企业资本构成的多元化、资本运营渠道和运作方式的多样化。②要实现非寿险、寿险、再保险兼营，突破保险公司兼营基金、信托、银行等相关金融业务的障碍，实行保险、金融综合经营。③要促进保险市场体系的更加完善，跨国保险（金融）集团将成为我国保险业制度创新、知识创新、技术创新、管理创新的主体。④要拥有一批具有较多专门人才的专业非寿险、寿险、健康险、年金公司和一大批所有制形式多样、数量众多、分布广泛的代理、经纪与公估公司。⑤各类保险企业之间以资本、技术、业务、本地化共同特征为纽带，形成战略协作格局。

## 三、转变发展方式，制定保险业又好又快发展战略

尽管经过三十多年的改革开放，我国保险业发展取得了很大成就，但由于起步晚、基础差，整体水平不高，与发达国家相比，与经济社会发展的要求相

比，还存在较大差距。为了适应经济和社会发展的要求，充分发挥保险业在社会主义和谐社会中的作用，保险业的发展战略要体现以下几个方面内容：

### （一）鼓励发展区域性、政策性保险供给主体

基于资本追求利润的自然属性，现有保险市场主体存在着追求全国化、综合化发展、盈利至上的激励，同时，由于行业技术发展相对落后，存在着“一个保险产品销全国”的普遍现象。这非常不利于满足具有区域性特征，特别是风险较大、盈利空间较小的保险需求，如华东沿海巨灾风险保险需求、欠发达农村地区的农业保险需求、各省市统筹职工互助基金的保险化经营需求等。通过中央和地方财政税收政策扶持，建立省属或者邻近省市共同筹资成立的跨省区域性、政策性保险公司，满足该区域内居民的类同保险需求，满足纯粹商业保险公司所不能、不愿意解决的保险需求，实现增强区域保险供给，激活市场竞争，从而达到提高保险服务于区域经济，服务于区域社会管理目的。

### （二）推动发展多种组织形式的保险供给人

当前我国保险人组织形式以股份公司制为主，相互保险公司、自保公司等组织形式的保险人尚处于试点和起步阶段。相互保险公司作为投保人自愿联合、相互扶助、分担风险的一种保险组织形式，与保险这种集腋成裘、分散风险并给予遭受损失的被保险人经济补偿的经济制度有着天然的契合性，得到了投保人的广泛信任，因而在国际保险市场有着举足轻重的地位。虽然自1992年以来有不少相互保险公司因资本充足率原因而被迫进行股份制改造，但各国相互人寿保险公司的市场占有率仍然较高，特别是日本相互保险公司仍然占有高达63%的市场份额而独树一帜，其他国家中，在德国占有20%，在意大利占有21%，在美国、英国也各自占有14%市场份额。由此可见，相互制保险组织形式仍然具有较强生命力。

### （三）大力发展专业化保险供给主体

如果说综合经营保险人通过获取范围经济达到提高利润目的，专业化经营保险人则更可能通过专业领域的精细经营和服务，提高核心竞争力而获得规模经济效应。当前我国已经发展了包括养老保险、健康保险、农业保险、责任保险、信用保险的专业化经营保险人，但经营主体仍然偏少，市场影响力还有待提高，通过加快发展专业保险人，实现保险市场的细分，增强专业市场的竞争，更有利于提高专业保险领域市场覆盖率。

### （四）积极推进保险产品和服务创新

开发更多适应于区域经济、个体消费心理等因素的保险产品和服务，特别是开发适应于中高端需求人群的个性化产品，适应于满足居民消费安全的保障需求产品，适应于建立补充社会保障体系的产品和服务，是促进保险主体培育

核心竞争力，实现差异化经营，进而提高市场占有率，有效满足市场需求的根本途径。

**（五）加强风险管理与保险意识教育，提高保险需求层次和水平**

在世界保险业最为发达的美国，有500所院校提供了风险管理与保险学专业教育，“风险管理与保险学”这样的专业课程已经成为商学院经济管理类学生的必修课。实践证明，通过这样的教育，一是能够培养正确的保险消费观和产品选择能力，以提高保险消费水平。二是更多的专业人才能够充实到保险经营队伍中，提高保险经营管理、销售的专业能力，为投保人提供专业的服务，更好地满足民众多样化的保险需求。①

**（六）推进保险持续发展**

随着全面建设小康社会的推进，我国保险业加快发展的经济基础将不断加强，在寿险、非寿险及再保险领域都将创造巨大的发展空间。我国保险业将在巨灾补偿、社会保障、资金融通、风险管理和社会管理领域占有重要地位，发挥应有的作用。一是要做大保险规模。保险要为农业、工业和服务业等各个产业、各类经济组织和各种经济活动提供服务；要为文化、卫生、环保、教育等各个方面提供服务。要尽快实现保险的规模就必须保持保险的较快发展速度。二是要深化保险服务。要把保险渗透到人们生老病死的全过程，使每个人终身都有保险保障；要使保险为社会生产提供全方位的服务，做好事后理赔和事前的防灾防损工作；要使保险为经济运行的各个经济环节提供服务，不断提高保险深度和保险密度。三是要强化保险实力。保险企业要有较强的市场竞争力，保险公司要真正发展成为资本充足、内控严密、运营安全、服务和效益良好的现代保险企业和大型保险企业集团，要有可持续发展能力。四是要完善保险市场。要形成一个充满活力、创新力强、功能互补、多元发展的现代保险市场体系。五是要加强保险监管。保险监管能够依法维护保险市场公正、公平、有序竞争，有效地防范和化解保险风险，保护被保险人的合法权益，努力创造良好的发展环境。

**（七）加强保险综合经营**

应鼓励具有一定规模、经营状况好的保险（金融）控股公司通过并购及交叉持股方式实行综合经营。①推进保险市场主体的专业化运作。深化专业分工有助于市场主体专注于知识、技能的积累和扩散，有助于专业化人才的培养。要引导市场主体专业化发展，培养各市场主体的专业化特色优势，注重在

---

① 罗鸣，叶安照．保险业发展对促进宏观经济、均衡发展的作用研究［J］．武汉金融，2008（2）．

专业领域培育技术实力，提高核心竞争力；要发展一批专业健康保险公司、信用保险公司、责任保险公司、工业保险公司以及农业保险公司等；要发展一批保险资产管理公司、寿险经纪公司、财险经纪公司、专属代理公司、理赔公司、客户服务公司、公估公司等保险中介主体，用市场交易取代内部分工，使市场主体更加关注专业化经营，提高生产效率，增强行业竞争力。②提高保险业综合竞争能力。要促进产业升级，以有利于吸引更多更优的资源要素，创造比银行、证券业更高的行业生产率；要发挥保险作用，促进产品与服务的综合化，吸引更多的社会与个人资金；要加大保险业对社会经济生活的渗透力，增强保险产品与服务对银行、证券业产品与服务的补充和部分替代作用；要建立多层次的人力资源培训体系，引进熟悉国际通行规则、具有创新精神的专家型、复合型人才。

### （八）加大保险产品创新

保险产品开发要研究市场需求，扩大保险产品的渗透力和覆盖面，增加保险市场的层次性。①发展投资连结险产品等储蓄替代产品，推出与利率、汇率、股价指数和债市指数相连结的新产品，满足消费需求。②以银保合作为契机探索复合型产品，即通过产品开发、销售、服务、信用体系建设等方面的合作，不断满足消费者复合型、多样化的金融消费需求。③创新保险证券化产品，允许发行收益与指定巨灾损失相连结的债券，将部分巨灾风险转移到债券市场，并在条件成熟时探索巨灾期权、巨灾期货。

### （九）提升资金运用水平

①推进资产管理公司改造，实现投资主体的多元化，同时建立竞争性的多方委托和多方受托机制，实现客户和资金来源的多样化。②实现资金运用与资本运营的结合，以资本运营推进资金运用的深化，实现资金运用形式的多样化。③建设综合性投资理财公司，推动一些综合实力领先、投资收益较稳定、股本回报率较高的资产管理公司上市，完善公司治理结构，强化内控机制和外部监督，增强风险控制能力，保障保险资金的安全性、流动性和收益性。[①]

## 四、调整保险结构，实现高质量、高水平发展

调整保险业结构，不仅是增强可持续发展能力的客观要求，也是应对国际金融危机和经济周期波动的有效途径。保险业要抓住当前进行结构调整的有利时机，抓住发展保障型业务、服务民生这条主线，更加注重发挥风险管理和保

① 丁孜山．中国保险业持续发展综合考察［J］．金融纵横，2007（9）．

障功能，大力发展风险保障型业务。要通过调整和优化保险产品结构、区域结构、市场结构，实现从外延式增长向内涵式发展的转变，实现从粗放经营向集约管理的转变。

第一，调整产品结构。保险行业调整产品结构，就是要大力发展风险保障型业务及长期储蓄型业务。特别是对寿险业务，应当坚持“短期变长期，趸缴变期缴，加大风险保障成分”的方向，逐渐使内含价值高、抵御金融危机风险能力强、业务稳定性好的长期期缴保障型寿险产品成为业务主流。

第二，完善市场结构。要规范保险公司集团建设。既要积极探索、稳步推进保险集团发展，又要避免盲目跟风、一哄而上。集团建设要有清晰的发展战略，明确集团公司和子公司的权责和定位，通过有效的资源整合发挥战略协同效应。同时，加强集团风险管控，防止风险交叉传递。要积极推动中小保险公司和专业保险公司的发展，按照保险市场协调发展的要求，给予中小保险公司鼓励和支持，创造公平竞争的市场环境，促进各类市场主体优势互补、共同发展。要鼓励发展保险专业中介机构，规范发展保险兼业代理机构，逐步完善个人营销制度，培育诚信规范的保险中介市场。

第三，优化区域结构。要支持东部地区和发达沿海地区保险业率先发展，加快中西部和东北地区保险业发展，扶持农村地区和农业保险发展，在提高行业竞争力、提升服务经济社会发展能力等方面取得新进展。

## 五、加强保险市场体系建设

健全的市场体系是保险市场健康、持续发展的重要保证。保险市场体系建设的最终目标是要建立一个统一开放、竞争有序、良性运转、充满活力的保险市场。重点要做好以下三个方面的工作：

### （一）加强市场主体建设

鼓励、支持和引导国有大中型企业及各类社会资金投资保险业，探索和研究银行、邮政投资保险业，不断增强保险业的资本实力。完善营销员管理体制，切实保障营销员的合法权益，认真解决他们在收入待遇、工作环境社会保障等方面的问题。探索营销员分级考试、分类管理模式，扩大农村营销员分类管理试点范围，培养稳定营销队伍。加大营销员持证上岗管理力度。鼓励和促进专业保险中介机构创新经营模式。

### （二）规范市场秩序，遏制恶性竞争

恶性竞争是造成企业效益下降、市场风险增加、行业形象受损、人员队伍不稳定的重要原因，必须下决心整治。一是加大查处力度。对保险经营中不计成本、不讲效益、不顾长远发展、破坏保险资源的恶性竞争行为，一定要依法

严肃处理，决不姑息迁就。二是对保险公司实施分类监管。对存在重大风险隐患、严重扰乱市场秩序以及损害保险消费者利益的保险公司，实施重点监管。三是探索监管的有效途径。保险监管部门要整合监管力量，针对重点公司、重点地区、重点业务推行全国交叉专项现场检查，推广使用现场稽核系统，提高现场检查的针对性和有效性。对保监局机构延伸问题进行研究，在部分地区进行试点。

### （三）扎实推进诚信建设

加强诚信建设，维护广大人民群众的利益。和谐社会的主要特征就是各个群体之间能够和谐相处，实现良好的互动，所以说，建立诚信社会是建立和谐社会的内在要求。保险公司经营的产品实际上是一种以信用为基础、以法律为保障的承诺，所以，保险活动对诚信原则的要求特别严格，要求做到最大诚信。当前，我国保险业也面临着诚信体系的建设问题，诚信经营已经成为我国保险业是否能够长远发展的关键因素之一。要正确处理速度与质量、规模与效益的关系，把质量和效益放在首位。因此，要从维护广大人民群众利益和确保保险业可持续发展的高度，重视和加强保险企业的诚信建设。保险业的诚信建设需要社会多方面的努力，作为保险公司自身，应该建立健全有关保险诚信的规章制度和加强保险企业诚信文化建设。近年来，全行业逐步认识到诚信对保险业生存和发展的极端重要性，不断加强保险诚信建设。

## 六、完善保险公司治理结构

公司治理的一般结构是建立在因分散的所有权结构而引致的所有权与控制权相分离的基础上的。其主要目的是为了解决经理人员的机会主义行为及其他代理问题，以实现公司价值（尤其是股东财富）的最大化。为了实现以上目标，公司治理理论强调对经理人员进行监督、约束和激励，并由此构建了以董事会建设为核心的内部治理机制和以产品市场、资本市场、并购市场、经理市场为主要内容的外部治理机制，两者共同构筑完整的公司治理体系，使经理人员在内部制度的约束和激励与外部市场的威胁和压力下，为股东利益最大化努力工作，从而实现有效解决所有者——管理者代理问题的最终目标。

20 世纪 90 年代中期以来，随着投资主体的不断多元化和市场的不断开放，我国保险业出现了国有股、法人股、个人股、外资股并存的混合股权结构，多种股权性质并存的公司结构不仅促进了保险市场的竞争也推动了公司治理的改进和优化，尤其是中国人寿等大型国有保险公司的改制和上市，为我国保险公司治理机制的不断完善提供了动力和压力。近年来，保险公司治理结构建设的步伐不断加快，并取得了有目共睹的成绩：完善的保险公司治理结构已经成为监管机构、业界和理论界的共识和共同追求；各种类型的保险公司已经初步建立相对完善的公司治理结构；保险市场法规不断完善，保险市场经营环境不断改善；涉及治理结构的多项专业性规章陆续颁布。

但是，也应该承认目前非外资保险公司的治理结构还存在以下带有共性的问题：股权结构的高度集中和国有股（法人股）的委托—代理问题仍然严重；董事会存在严重的职能和结构问题；激励机制发挥作用欠佳；高级管理人员的选聘机制失效；内部人控制问题突出；决策效率偏低；等等。

需要采取切实可行的具体措施不断推进保险公司的治理结构。主要应该从以下方面不断推进保险公司治理：一是尽快贯彻落实有关法律法规；二是强化董事会的职能，进一步明确董事的适任性规定、提高董事会的权威性、独立性和科学决策功能；三是建立董事评价制度，明确董事的职责；四是完善董事会的内部组织结构，健全董事会的运作机制；五是不断强化信息披露，增强公司的透明度，为各种形式的外部监督和约束机制提供更好的环境和可能；六是强化审计师和精算师队伍建设，以不断强化保险公司的外部监督。

## 七、规范全球化背景下的并购行为

### （一）规范保险并购中的政府行为，加强对保险并购的监管

保险并购是市场行为，必须要按照市场经济的运行原则进行。但在我国目前特定的历史条件下，保险并购又离不开政府的支持和推动。中国保险监督管理委员会作为全国保险业的监督管理部门，应该抓紧制定办法，加强对保险并购的监管。如果是跨保险行业的并购，中国保监会还应与中国银监会、中国证监会等部门加强协调与配合，提高监管的质量与效率。如果是跨国并购，中国保监会还应加强与国外保险监管机构等部门的合作与交流。

### （二）加强金融风险的防范和管理

研究表明，在过渡经济中，金融制度创新和金融风险控制与国有经济制度一脉相承，国有经济的状况为金融制度安排和金融风险控制提供了一般的制度基础。政府必须正确和及时地获得信息，这就需要建立早期预警系统，实时监视银行和金融体系的财务状况，包括金融机构结构和业务经营方面的全面信息、宏观经济和国际金融市场的变化。建立有效的早期预警系统需要政府不同部门间的交叉合作，以对整个金融和经济活动进行监测。

### （三）完善行业自律管理与中介组织协助制度

行业协会是行业的协调人、代言人。中国保险行业协会今后将显得越来越重要，它介于政府监管与保险公司内部控制之间，能够起到自律、协调、服务、助手的作用，维护保险市场秩序、规范保险经营行为，建立和维护公平竞

争的市场秩序。协会应制定自律公约，就公约内容制定出一些细则。同时，协会应做好行业与政府有关部门的协调工作，将行业的共同呼声向政府各有关部门反映，在合理的基础上为业界争取良好的经营环境。①

## 八、提高保险公司管理技术创新能力

随着我国与世界经济相互联系和相互影响的日益加深，我国保险市场对外开放不断深化，以及全球保险业发展模式的不断变革和演进，我国保险公司的管理技术也应该变革。

### （一）实行价值管理，营造良好的产业生态环境

目前，我国保险业还比较普遍地存在“以保费规模论英雄”、以规模增长代替发展的现象，把保险业发展有意无意地理解为保费收入的增长，导致出现了过度竞争、偿付能力不足、盈利能力弱、诚信状况不佳等问题。随着国际先进保险经营理念不断传入我国保险市场，以及政府监管针对性和有效性的不断提高，追求有价值发展的理念将得到越来越多从业者的理解、认同和响应，市场主体将越来越注重业务品质的提高、内涵价值的提升和长远目标的追求，全行业将树立起价值增长理念和效益意识，并按价值增长的要求建立盈利模式，开展后援集中，大力探索电话销售、网络销售，积极创新产品和服务，不断提高竞争层次和盈利能力，传统的“铺摊子”、“上规模”的发展模式将逐步被摒弃。

### （二）走综合经营道路的大型保险集团成为市场主导力量

与全球保险业发展模式趋同，我国保险业呈现出强劲的综合经营和集团化发展趋势。截至目前，我国已有多家保险企业成立了控股（集团）公司。同时，有一些保险企业先进入产险、寿险等专业领域，并通过主业公司控股的方式走上了集团化发展道路。这些保险控股（集团）公司凭借集团的综合金融服务能力和子公司的专业化经营水平开展多元化经营，成为市场主导力量。发挥整体优势、推出综合服务、降低经营成本的能力，以及以专业化经营为基础的综合经营能力是其竞争能力的重要标志。

### （三）专业化的中小保险公司日益成为保险市场生力军

从保险业发达国家的市场结构看，虽然大型金融保险集团在市场中占据主导地位，但专业化的中小保险公司依然在市场主体数量中占多数并发挥着重要的作用。随着政府部门政策扶持力度的不断加大，中小保险公司将利用差异化优势，实施差异化战略，凭借专业性强和经营灵活在细分市场中获得竞争优

① 屠筱倩，王修文．我国保险业并购发展及风险控制［J］．上海企业，2007（4）．

势，走专业化保险公司的发展道路，形成与大型金融保险集团共同发展的局面，成为提高保险市场效率、增加市场供给、拉动市场较快增长的重要力量。

### （四）规范、提升保险资本运作水平

席卷当今世界的保险业资本运作浪潮，昭示着我国保险业，引进战略投资者、上市、并购等资本运作方式是建立健全现代企业制度和完善公司治理结构的重要途径，也是增强市场控制力、提升自身价值、提高国际化水平和实现又好又快发展的重要途径和手段。随着我国保险业对外开放步伐的加快和全球保险一体化的推进，我国保险业资本运作将越来越活跃，并逐步融入国际保险业资本运作大潮中去。近年来，中国平安保险集团、中国人寿保险集团频频开展资本运作，取得了显著成效，对我国保险市场产生了强大而积极的影响。

### （五）后援集中推进保险业向集约化管理模式转型

长期以来，我国保险业以分散的运营模式为主导，其局限性越来越明显。为了增强风险管控、客户服务、运营管理方面的能力，顺应现代保险业集约化管理的趋势，我国一些大型保险集团率先构建后援中心，再造信息化系统和变革业务流程，实现"以客户为中心、以产品和服务为核心"的后援集中。其中以中国平安保险集团最具代表性，其后援中心已在上海投入运作，目前开始向低成本地区扩张，在成都建设第二后援中心。此外，还有多家保险企业（集团）正在上海、深圳、成都等地加紧建设后援中心。实行后援集中，改变了保险企业传统的总—分体制组织架构，使各分支机构分散的核保、核赔、客户服务、财务管理、IT 系统等支持性的职能和资源充分整合与共享，对保险企业实现服务标准化降低运营成本、提高风险控制能力以及增强业务可扩展性具有革命性的意义。①

## 九、积极推动保险产品交易模式创新

### （一）强化保险产品交易模式满足消费者需求的创新方向和基本思路

强化消费者在保险产品交易中的主动体验，规范保险产品交易行为，提高保险产品交易的透明性，降低保险产品交易成本。针对保险消费需求多层次、自主性增强等变化，从一级市场的创新与优化和初步构建二级市场两方面入手，通过打造独立的保险产品集中交易平台等方式，创新具有消费者自主体验、满足个性化风险需求、产品比价和选择多样、信息公开透明、成本较低等特点的新型保险产品交易模式，满足消费者日益多样化的保险需求。

① 耿金海．全球视野下中国保险业的发展趋势［J］．开放导报，2008（3）．

### （二）逐步推动建立中国的保单转让市场

要打造保险产品集中交易平台。保险产品集中交易平台是一种依托某种公共平台或市场，汇集多种保险产品、多个保险主体、各类相关信息和服务，开展多种保险产品交易的方式。当前创新保险产品交易模式，发展保险产品集中交易平台必须兼顾发展战略和配套环境两个层面，利用政府和市场两个渠道，针对保险产品交易市场发展的难点，科学规划，大胆尝试，循序推进。可以首先选择一些保险市场发展水平比较高，保险需求比较集中的城市先行试点，例如北京、上海进行一级市场交易模式创新的试验，建立保险交易所或设立保险产品集中交易平台，为保险产品交易主体提供全新的现代化交易方式。同时，提高保险产品集中交易平台的信息化水平，待时机成熟时开展保险产品交易二级市场业务试点。

## 十、加强保险业基础建设，夯实保险业发展的基础

基础建设是防范保险业风险的前提和保障，是保险业发展的基础。

一是进一步加强法律制度建设。重点是做好新《保险法》的实施工作。以新《保险法》实施为契机，推动一些保险法制的创建和修改，完善保险法律体系。

二是加强信息化建设。加大对信息化建设投入，实现数据、财务和后援的集中管理，切实解决数据的真实性问题，提升公司的风险管控能力。建立完善统一的信息系统行业标准，实现全行业信息系统的规范化、标准化。对新机构的开业验收，提高信息化水平的验收标准。

三是加强内控制度建设。围绕风险控制和增进效益两个目标，建立起高效的风险管理机制，以风险管理为核心，严格控制经营风险；完善保险风险内部监控机制，对经营风险实行严格的监控；建立科学的风险监测反馈系统，提高公司的经营效益。

四是加强保险人才队伍建设。充分发挥保险人才队伍在防范风险方面的基础作用，大力推进人才兴业战略，建设好以经营管理人才、专业技术人才、保险营销人才和监管人才为主体的保险人才队伍体系。树立大教育、大培训的观念，大规模培训人才，大幅度提高人才素质。引进国际化专业人才。

五是加快保险诚信体系建设。制定保险诚信建设规划，明确阶段性目标和任务。建立健全失信惩戒和守信激励机制，加大对失信行为的惩戒力度。①要培育诚信规范、合规经营的行业文化。②培育和谐发展、合作共赢的行业文化。③科学规划保险文化与品牌建设。借鉴国际经验，结合中国实际，创建中国保险业知名品牌。

## 第二节　防范保险业风险的措施

有效防范保险业风险是促进金融稳定的重要前提，要实现通过保险提供长期资金来源化解金融资源“错配”问题，促进金融稳定，就必须把解决好保险业的风险防范作为当前发展的一项重要任务。

### 一、强化保险监管体系建设

#### （一）完善监管体系

一是完善法律法规，严格监管制度。按照审慎监管、鼓励创新的原则，健全保险监管制度体系。研究保险改革发展中出现的新情况、新问题，及时制定相应的监管法律制度加以规范，对于不适应形势发展要求的原有制度规章要及时进行修订。

二是转变监管方式，提高监管效率。监管方式逐步实现从事后监管向事前、事中监管转变，从治标监管向治本监管转变，把监管关口前移，突出对风险的发现、判断、预警和监控，努力做到对风险早防范、早发现、早化解。

三是研究建立保险市场宏观调控机制。通过建立科学的保险市场宏观调控指标体系，运用行业规则、政策引导、市场监管、信息发布以及市场准入等手段，对保险市场进行宏观调控，保持市场稳定运行。

四是建立保险业信息披露机制。增加保险公司信息披露范围，规范信息披露程序，提高保险市场透明度。

五是全面实施偿付能力监管，继续整顿和规范保险市场秩序。逐步建立符合我国保险业实际的偿付能力监管制度体系，提高偿付能力监管水平。加强对保险公司法人机构和内控机制的监管，加强对上市保险公司的监管，依法查处各种保险违法行为。

六是加强保险行业协会建设。进一步明确保险行业协会的职能定位，充分发挥保险行业协会在自律、维权、协调、宣传、交流等方面的作用。

七是加强与有关部委和监管部门的交流合作，加大监控力度，形成监管合力，切实防范保险业系统性风险。

八是要加强监管人才队伍建设，提高监管机构引领发展的能力和防范风险的能力。

#### （二）完善监管内容

第一，需要不断强化偿付能力监管。真正把偿付能力监管作为保险监管的核心，健全和完善偿付能力监管制度、制定体系完整的偿付能力评估和报告标准、构建职责明确统一协调的偿付能力监管体系、完善偿付能力综合分析制度、利用现代信息技术提高偿付能力监管效率、强化偿付能力监管制度的执行力等方面的工作才刚刚起步，保险业需求要借鉴国际经验，建章立制，加强对偿付能力不达标公司的监管力度，切实防范偿付能力不足的风险。

在保险市场日益国际化发展的今天，各国保险监管当局都以偿付能力监管作为保险监管的核心内容，并采用了各具特色的偿付能力监管体系。但从总体来看，各国对保险公司最低偿付能力额度的衡量大致可以分为两类：一是以业务量为基础，二是以风险为基础。前者以欧盟的偿付能力 I（欧盟偿付能力一号）为代表，后者则以美国的 RBC 为代表。

在完善我国偿付能力标准的过程中，国际经验可以给我们提供很好的借鉴和启示：

（1）健全保险法规体系，提高偿付能力监管的法制化。目前中国保险监管还是以市场行为监管与偿付能力监管并重，兼顾引导市场发展和维护市场稳定的多元化监管模式，这与中国保险市场发展所处的初级阶段基本相适应。但从长远看，中国的保险监管将随着市场不断成熟和监管手段的不断完善，逐渐由多元化的监管模式转为以偿付能力为核心的监管模式，监管部门的角色定位也将从“主导市场”变成真正的“监管市场”。

（2）在金融企业会计制度的基础上，编制保险业监管会计准则。中国现行偿付能力监管指标体系的基础是保险公司的财务报表。保险公司遵循财政部颁布的金融企业会计制度编制报表，保险监督机构没有出台针对保险业的特殊、审慎的财务准则。因为财政部的金融企业会计制度的规定比较简单，而中国的保险公司财务制度的内部控制又不是很严格，这就造成了对会计制度理解的非故意或故意的扭曲，使得最低偿付能力监管基础的公司财务报表的真实性大打折扣。

因此，保监会应当从保护被保险人的利益出发，针对监管的需要，研究出台针对保险公司的审慎会计准则。保险公司在按照财政部的要求报送企业财务报表的同时，仍需根据保监会的要求报送专门的财务报表。保监会要求的财务制度在一些收入费用的确认上可以与财政部的要求不同，严格按照行业特点，提出以更稳健的方法确认收入或费用等。这样做同时也有助于统一偿付能力监管指标的统计口径。

（3）进一步细化偿付能力指标体系。偿付能力指标体系应进一步细化。到目前为止，保监会出台的偿付能力监管指标还是比较简单的。在实际操作中，由于各家保险公司的理解不同会造成很多的误解。2003 年保监会颁布实施的《保险公司偿付能力额度及监管指标管理规定》中，已将很多原先参考的美国 IRIS 的浮动范围修改成符合中国保险市场特色的浮动范围参考值。但是考虑到中国大部分地区发展的不平衡，市场成熟度差异还是很大，是否可以针对中国各个地区颁布不同的浮动范围参考值，以使得这个指标体系更健全和完备，也更符合中国保险业发展的国情。[①]

2008 年 7 月中旬以来，保监会连续发布了《保险公司偿付能力监管规定》、《保险公司董事会运作指引》、《关于规范保险公司章程的意见》、《关于向保监会派出机构报送保险公司分支机构内部审计报告有关事项的通知》等一批保险监管方面的规章和规范性文件。这是健全和完善偿付能力监管的需要，将对进一步改善公司治理结构，及时发现和防范偿付风险，保护被保险人利益，促进保险业持续健康发展等起到越来越重要的作用。

第二，需要不断完善公司治理结构监管。目前公司治理结构监管与世界先进水平差距很大，需要继续强化保险公司内控监管，督促建立健全内控与合规管理制度，促使法人机构对经营合规性和数据真实性负责，逐步建立了一套符合保险公司经营管理特点的内控准则，加强对高管人员履行职责实施全过程监管，完善对总公司高管人员的问责制度，建立保险公司治理结构评估机制等。

第三，需要不断加强市场行为监管。目前市场行为监管操作规程还不完善，市场行为监管的针对性、连续性和有效性还有待提高，利用信息化把非现场检查与现场检查有机结合起来还处于初级阶段。

第四，需要不断加强资金运用监管。完善保险资产管理公司运作规则，制定保险资产监督管理办法，出台保险机构股权投资管理、衍生品交易管理和融资融券管理等规定，建立风险预警功能。继续促进保险资金进行基础设施投资和股权投资，支持保险资产管理公司进行资产管理产品开发、公益性养老金、公积金等资金的受托管理、拓展服务功能等。

第五，把保护被保险人利益作为监管的根本目标。失去了被保险人的信任，保险业的发展就失去了基础。保险业要从战略的高度充分认识保护被保险人利益的重要意义，把保护被保险人利益放在更突出的位置。需要继续解决一些突出问题，例如解决被保险人反映较为突出的销售误导和理赔难问题，完善保护被保险人利益的工作机制，加强信息披露，通过公众监督促进保险公司改善服务质量等。

① 宋晓，魏超颖．保险公司偿付能力监管的国际比较及其启示［J］．财经界，2008（3）．

## 二、提高保险主体抗风险能力

### （一）要充分发挥保险机构防范风险的主体作用

保险机构作为市场主体，在防范化解保险风险中起着关键作用。务必要全面贯彻落实科学发展观，不断增强市场意识和风险意识，把全面风险管理作为经营管理的重要内容，把加强内部管理与防范风险有机地结合起来。

### （二）特别要在完善公司治理和内控建设上下大力气

要进一步完善董事会与管理层运作机制，明确职责边界，实现有效制衡，充分发挥董事会的决策作用。要加强保险企业内控建设，构筑全方位的内部控制体系；按照集中化、专业化的原则，改革和优化保险企业的组织架构和业务流程，提高稽核审计的独立性和质量；建立全面涵盖各项业务领域的管理信息系统，为保险企业风险管理提供有力支撑；要加强管理人才队伍建设，提高保险高管人员审慎经营意识，提高风险识别能力、评估能力和控制能力。

## 三、完善保险资金运用中的风险防范机制和预警机制

### （一）提高保险资金运用水平，发挥保险资金融通功能

一是合理运用保险资金，提高保险公司盈利能力和竞争力。保险投资对保险公司经营效益的作用一直呈不断上升的趋势。保险投资和承保业务是保险公司利润的两个主要来源，从世界各国的情况看，承保利润都有下降趋势，保险公司的效益主要靠投资收益来弥补。高效的保险资金运用收益，还可以促使保险费率的下降，从而提高市场竞争力。

二是合理运用保险资金，提高保险公司的偿付能力。保险公司偿付能力的关键在于是否有充足的资本金。良好的保险资金运用收益，有利于提高资本充足率和保险公司偿付能力。资金运用收益是保险公积金积累的重要来源，随着资金收益的增加、利润基数的扩大，税后利润固定比例的公积金计提也会不断扩大，这样就为资本金和保险公司偿付能力的提高提供了资金准备。

三是合理运用保险资金，增强保险公司的承保能力。因此合理运用闲置的资本金和公积金，提高资金的投资收益和公司的经营利润，是增强保险公司承保能力的重要途径。

### （二）提高保险公司资产负债管理水平，保证国家金融的安全和社会的稳定

从某种意义上讲，保险资金运用风险就是资产负债不匹配风险。保险资金是风险厌恶型资金，追求的不是高风险高收益，而是长期稳定回报，是建立在资产负债匹配上的回报。从广义的角度理解，资产负债管理属于风险管理的范畴，它从整个企业的目标和战略出发，考虑偿付能力、流动性和法律约束等外

部条件为前提，以一整套完善的组织体系和技术，动态地解决资产和负债的期限匹配和价值匹配问题以及企业层面的财务控制，以保证企业运行的安全性、盈利性及流动性的实现。期限匹配是资产和负债匹配管理的重要内容。它要求保险投资的期限结构与负债结构相符，长期资产匹配长期负债，短期资产匹配短期负债，避免重大错配的出现。除了期限匹配外，资产负债匹配管理还包括资产负债在总量、性质和币种（主要针对跨国保险公司）方面的匹配。保险公司经营的好坏，不仅取决于公司业务发展的好坏，更重要的是取决于资产负债管理的好坏。只有资产负债管理做好了，保险公司才能保护股东及广大投保人的利益。因此，保险公司的资产负债管理对公司、行业、社会均具有深远的意义。

今后及未来的一段时期是我国国民经济发展的重要时期，也是我国保险业发展变化的重要时期，需要深化保险资金运用体制改革，推进保险资金专业化、规范化、市场化运作。根据国民经济发展的需求，不断完善保险公司资产负债匹配管理，拓宽保险资金运用的渠道和范围，充分发挥保险资金长期性和稳定性的优势，为国民经济建设提供资金支持，增强保险公司盈利能力和保险业的竞争力，推动保险业的持续快速发展。

### （三）加强资产负债匹配管理

资产负债匹配管理永远是保险资金运用的核心内容，保险资金不同于其他资金的本质也在于此。保险公司需要按照偿还金额、时间以及利率敏感程度对保险产品进行细化，确定适当的投资策略和目标，制定适当的资产配置和投资组合方案，实现资产负债的大体匹配。实现资产负债匹配主要是实现结构匹配和期限匹配。

首先，实现资产负债结构匹配。也就是说，保险资金投资的结构应该与其来源结构相匹配。具体来讲，保险资金按照来源分成自有资本金、非寿险责任准备金和寿险责任准备金三部分。不同的资金来源对应不同的投资渠道与之相匹配，形成与之相适应的投资结构。

其次，实现资产负债期限匹配。即实现保险资金投资期限与其来源的偿付期限相匹配。从美国的实践不难看出，美国寿险责任准备金具有长期性的特点，因此可以用来投资于中长期的投资项目，如大额协议存款、长期债券、房产抵押贷款以及收益稳定的基础建设投资等。而非寿险准备金通常具有短期性的特点，基于期限匹配原则应选择流动性较强的基金和企业债券、短期存款及中短期国债等投资项目。

### （四）根据负债的特点配置投资的久期

目前，我国保险资产负债期限匹配中最大的问题是，缺乏长期资产与长期负债匹配。这也是造成资金运用收益率偏低和稳定性差的根本原因。寻找能够与长期负债实现长期匹配的、具有稳定高收益的长期资产，是改善我国保险资产负债匹配的难点和重点。

无论是财产保险公司还是人寿保险公司，都是负债经营的公司，而且，对于财产保险公司来说，保费资金大部分属于短期负债资金。因此，保险公司在安排投资前，应根据保费资金在公司总资产中所占的比重，合理安排投资的期限。在考虑负债资金占比的同时，保险公司应该预测公司盈利能力，并根据盈利能力的不同及发展的不同阶段，安排不同的投资组合和投资期限。当预测保险公司的保险业务经营具有盈利能力时，就意味着公司在经营过程中基本不会动用资本金，公司应将资本金配置到期限较长、收益较高的投资上去；同时根据预测公司的盈利能力和现金净流量，将盈利积累的资金也配置到期限较长的投资中去，以提高公司的盈利能力；而将日常经营过程中需要使用的资金，配置在期限短、流动性强的资金上，以保证公司履行保险责任的及时性。

**（五）稳健拓宽投资渠道，优化资金运用结构**

在目前情况下，应根据保险资金的来源与期限，合理利用现有投资渠道，优化资金运用结构，增加投资收益。人寿保险一般具有保险期限长、安全性要求高等特点，其资金运用比较适合于中长期及长期的投资策略，因此应主要增加投资债券与基础设施的比重等。财产保险期限短，因而比较适用于同业拆借、大额协议存款、股票等流动性较好、收益率较高的投资品种。具体可以采取以下三种措施：一是允许保险公司对那些信誉较好的保险客户提供抵押贷款，允许保险公司开展单位或个人住房抵押贷款、汽车贷款等投资业务，抵押贷款通常风险较小收益率较高，既方便了客户，也有利于保险公司分散投资风险。二是允许保险公司适当购置不动产和进行实业投资等，以防止通货膨胀的不利影响。三是灵活掌握保险资金的“入市”比例的同时，完善保险资金在股票市场的投资行为和理念，实现保险机构优化资产配置和提高收益。股票市场从根本上来说是股权市场，不能作为投机市场对待。更要避免保险机构在股票市场的炒作和投机以及高买低卖的散户行为，要树立长期投资和价值投资理念，在稳定市场的同时实现优秀企业成长带来的高收益。

**（六）成立独立的资产管理公司负责保险资金应用**

目前，国内保险公司大多采取内设投资部门的管理模式，对规模较小、运作历史较短的保险公司来说，这种管理模式有其存在的合理性。而对规模较大、投资管理专业化要求较高的保险公司来说，应设立专业的资产管理部门，从而提高保险资产管理水平，增强保险公司的风险管控能力。成立独立的资产管理公司是金融机构综合化发展的必然结果。其优势是显而易见的。其一，有利于吸收资本市场的优秀人才，专门的资产管理公司与资本市场贴近，投资人才队伍可以快速形成；其二，有利于明确保险公司与投资管理的责任和权力，加强对投资管理的考核，促进专业化运作；其三，有助于保险公司扩大资产管理范围，为第三方管理资产，从而为公司争取更多的管理费收入，还可以通过其他机构理财及时掌握市场新的发展趋势，特别是产品创新方向；其四，为控股公司适应金融综合经营趋势，向国际金融保险集团发展积累有益的经验。

## 四、加强对保险集团监管

在我国金融业分业经营、分业监管的现行框架下，监管部门已开始关注、研究并对集团化趋势可能导致的风险隐患进行积极的防范。当外部规范制度没有充分准备好时，保险控股集团在缺乏约束的条件下，其特有的风险会潜在地聚集，并有可能演化成现实的隐患危机。

### （一）明确保险控股集团的法律地位

目前，我国没有上位法对保险控股集团的定义。这类似于银监会《指引》适用的银行集团也非法律意义上的概念，是根据“实质重于形式”原则确认银行集团的概念外延。建议应把握《保险法》修订契机，明确界定保险集团的范围，并规定保险控股公司应采取纯粹的控股模式，禁止子公司逆向持有或变相持有母公司股份，以及兄弟子公司之间交叉持股的行为。

### （二）加强对产业资本控股保险集团的监管力度

当前，以招商局集团、海尔集团、泰达集团、东方集团、国家电网公司等代表的产业资本通过控股或参股广泛地介入到金融领域，其不但经营两类以上不同性质的金融业务，还经营工商实业，形成了横跨生产和服务业、融合产业资本和金融资本的产业金融集团。在现行的法律框架内，保监会仅负责对保险类子公司（包括保险公司和保险中介公司）实施功能性监管。其他金融监管部门尚也无法完全对产业金融集团进行完整监管。建议现阶段，对产业金融集团按照“金融业与工商业相分离”的原则，要求其设立独立纯粹的金融类控股公司，直接控制集团内的金融机构，并对金融类控股公司实施并表监管。当然，这需要协调好其他金融监管部门，统一原则标准，防止产业集团为获取产业金融集团的许可而出现“门槛效应”，即为寻求低门槛的准入标准而选择规避高标准的监管要求。

### （三）建立对金融集团监管的主监管人机制

鉴于目前国家机构“大部制”的改革取向，以及国际上监管模式的多元化，我国在短期内不太可能组建一个类似“三会合一”的金融监管“大部门”，全权负责对金融业监管。建议借鉴伞式监管机制，尽量避免重复监管的同时也要审查是否存在监管真空。在现有分业监管的框架下，适应形势变化，修订完善《在金融监管方面分工合作的备忘录》，明确主监管人产生办法与职责权限。待条件成熟时，研究出台《金融控股公司法》。

### （四）抓紧实施对保险控股集团的并表监管

抓紧完善《保险公司偿付能力监管规定》，系统制定对保险集团的并表监管制度。监管并表有别于会计意义上的并表，该方式更加关注监管层面的风险信息。采取定量和定性相结合的监管方法，定量监管主要针对保险集团的偿付能力指标、信用风险、流动性风险、市场风险等各项风险状况进行识别、计量、分析和监测，进而在并表的基础上对保险集团的风险状况进行量化的评价；定性监管主要针对保险集团的公司治理、内部控制、风险管理等因素进行审查和评价。

### （五）加强对保险控股集团的信息披露

要求保险控股公司定期、充分披露有关集团运作，各子公司尤其是银行、保险、证券、信托子公司的业务经营、财务状况以及对集团整体有显著影响的重大事件。确保信息披露的简明、及时、完整、准确。

### （六）规范保险控股集团的资源整合

保险控股集团的风险传播途径不仅通过关联交易传递，还会通过一些资源整合方式，如共同营销活动、共用办公职场、信息技术相互支持等。建议在鼓励集团资源整合、提高资源使用效率的基础上，严禁子公司夸大宣传自身功能，严禁强制搭售其他子公司产品，严禁侵犯客户隐私信息等行为。

### （七）加强集团内高管人员流动管理

为了减少不同子公司之间的利益冲突，建议明确保险控股公司高管人员的工作职责，限制高管人员在保险控股公司与子公司以及不同子公司之间兼任高管职位。同时，对于不受保监会监管的非保险类子公司任职的、但对于保险类子公司经营决策有实质重大影响的高管人员，保监会应会同有关部门进行必要的资格审查。

### （八）研究建立保险集团紧急事件处理机制

从防患于未然的角度，拟定当子公司出现危机时，保险集团的紧急处理机制。应至少包括：一是当集团中某个金融机构出现危机，如出现资金流动性困境、挤兑现象时，如何界定保险控股集团在此事件中的应尽义务和措施方案；二是当某金融机构确需退出市场时，保监会如何与其他监管部门配合，实现稳妥退出。①

---

① 赵国辉．加强保险集团监管的政策建议［J］．黑龙江金融，2008（3）．

## 五、加强对冲基金和各类高风险衍生产品监管

20 世纪 80 年代以来，全球爆发的几次经济金融危机都与国际资本流动有关：巴西的经济危机、墨西哥的经济危机与石油美元的流动有关；日本的经济危机以及 10 年前爆发的亚洲金融危机与对冲基金的投机活动密切有关。所不同的是，20 世纪 80 年代的危机是以通货膨胀为特征的经济危机，而 20 世纪 90 年代以来的经济危机，则是以资产价格泡沫为特征。资本流入往往引发一国的资产泡沫，而资本外逃则往往容易诱发泡沫破灭，威胁一国的金融稳定，甚至引发金融危机和经济危机。

### （一）及时评估对冲基金对中国金融体系的影响

对冲基金的跨市场流动，特别是其规模庞大的日元套利交易快速推高了新兴市场国家和高利率国家的资产价格。而中国经济的高速增长以及人民币的升值预期，更是为国际对冲基金的日元套利交易提供了广阔的想象空间。包括日元套利交易资金在内的各种“热钱”在高收益的激励下源源不断地通过各种渠道涌入我国，导致我国外汇储备快速增长、人民币升值压力日趋加大和国内流动性过剩问题日益加剧。根据业内人士的估计，目前以中国作为投资目标的亚太地区对冲基金的规模在 200 亿~500 亿美元。在包括对冲基金在内的各种国际资本推动下，我国的房地产价格和股票价格出现了非理性上涨，泡沫化趋势日益明显。

### （二）制定防止对冲基金资本外逃的应对预案

尽管当前全球和中国都面临着流动性过剩的问题，但这种情况并不是一直持续的。首先，面对全球的通胀趋势，许多国家进入了加息周期。其次，美国经济衰退的风险在累积，次贷危机的影响也在深化，一旦这些潜在威胁在明后年成为既成事实，就势必影响全球经济的发展速度。这些因素使得我国的经济和金融面临着诸多的不确定性，存在着逆转的可能。特别是随着资产泡沫的继续非理性膨胀，泡沫破灭的可能性也在上升。一旦资产价格出现大幅回落，或者人民币停止升值或出现阶段性贬值，都有可能引发大规模的“资本外逃”，导致国内由流动性过剩向流动性萎缩逆转。可以想象，一旦出现大规模的日元套利平仓，国际资本市场将不可避免地出现剧烈波动，与全球市场联系日益紧密的中国股票市场也将产生强烈震荡的风险。一旦国内外形势发生改变，存在着日元套利交易者大量抛售人民币的风险，这将给国内经济金融稳定带来较大的冲击。这要求我们对容易成为危机导火索的国际对冲基金的动向要有充分清楚的把握。

### （三）加强对衍生品的监管

随着综合经营和金融创新的发展，保险衍生品的发展将越来越迅速。保险监管机构应加强对金融衍生品的监管，建立相应的监管机制或体系，对保险衍生品的不同种类和数量进行严格的控制，以促进保险业的健康稳定发展。

## 六、积极防范和化解综合经营可能带来的风险

随着社会的不断进步，经济全球化会更加突出，而金融风险跨国家、跨区域传递的可能性会越来越大，这意味着我国保险业将面临更多来自国际市场的风险因素，风险识别、预警和防范化解的难度也不断加大。而且我国的金融综合经营趋势不断发展，银行、保险、证券、信托在资本、业务层面的融合逐步走向深入，风险跨行业传递的可能性越来越大。利率市场化和汇率形成机制改革将影响保险产品的定价基础，加大保险产品的定价难度。所以，我国保险公司应根据不断变化的实际情况，不断总结并借鉴成功经验，积极探索防范综合经营新风险的对策。

### （一）加大保险业投资管理人才和风险管理人才的培养力度

随着保险基金投资于股票、基础设施建设等多个领域，风险管理已成为保险公司的重中之重，虽然经过多年的专业化建设，保险公司的投资管理水平和风险管理水平已经有了较大的提高，但是同国外先进的保险公司相比还存在着很大的差距。一些保险公司的保险业务部门与资金运用部门还没有建立有效的沟通机制，使保险公司的保险资金运用与资产战略配置要求脱节，其风险管理还处于粗放型阶段，没有建立起风险评估和风险预警系统等。在目前保险投资多元化、风险既定的情况下，要达到投资收益最大化，保险公司就必须在投资管理和风险管理方面下工夫，健全公司治理结构，引进先进的投资理念和风险管理技术，制定全面的风险识别、计量、评价、报告程序，建立风险控制的监督、评价、纠正机制，同时注重人才的培养，通过建立一支业务精良的高水平的复合型人才队伍，保障保险资金保值增值，提高保险公司的资本充足率和偿付能力，增强公司的核心竞争能力。

### （二）建章立制，实现跨行业监管信息共享机制，实现协同监管

对于我国目前在银行、保险、证券、信托等行业的交叉业务没有相适应的监管依据的状况，有必要建立相应的法律、法规，如建立《金融控股公司法》、《金融控股公司条例》以及制定金融监管协调机制等行政法律、法规。通过这些法律、法规的建设，一是明确监管主体；二是确定“三会”（银监会、保监会、证监会）为各金融控股公司的下属子公司的相应监管者的身份，明确监管权限与监管措施；三是对各金融控股公司规定关联交易的控制、监管

和统一的风险监管措施、内部交易种类、交易条件等；四是制定科学的“防火墙”制度，在金融控股公司下的银行、保险、证券、信托等子公司之间设置“防火墙”，有效隔离总体风险；五是规定资本充足率，避免同一笔资本在母、子公司资产负债表中重复计算等；六是规定金融控股公司的信息披露方式等。

### （三）逐步建立保险公司的信用评级制度

2001 年初，《巴塞尔新资本协议》确定的新监管框架，鼓励商业银行积极建立内部评级模型，并采用更为复杂、高级、准确的风险评估方案，对其整体风险、信用情况进行评定。我国银监会据此颁布的《股份制商业银行风险评级体系（暂行）》规定：股份制商业银行风险评级体系主要是对银行经营要素的综合评价，包括资本充足状况评价、资产安全状况评价、管理状况评价、盈利状况评价、流动性状况评价和市场风险敏感性状况评价以及在此基础上加权汇总后的总体评价。评级结果将作为监管的基本依据，并作为股份制商业银行市场准入和高级管理人员任职资格管理的重要参考。而且银监会已经推出了国内股份制商业银行内部风险评级的制度安排。我国保险公司防范风险的策略可以借鉴《巴塞尔新资本协议》的监管思路，引入评级制度，监管部门前期可以指导符合标准的保险公司建立基于风险管理模型的内部风险评级系统，鼓励其向监管部门、债权人、投资者以及其他利益相关者报告内部评级结果，等时机成熟后全面推广。①

## 七、构筑金融风险传播的防火墙

防范保险业所面临的风险，还要构筑金融风险传播的防火墙。既要防止保险风险向其他金融领域传递，影响国家金融稳定和安全，又要避免和降低其他金融领域的风险对保险业发展造成的影响。

### （一）加强监管部门的协同合作

“一行三会”（中国人民银行与银监会、保监会、证监会）应当进一步加强合作，尤其是在使用新技术加强信息化建设、整合监管资源上。使用新技术可以加强信息交流，提高监管透明度，节约成本，提高监管效率，也可以减少人际关系成本，增加监管的真实性和公开性。同时，在实现动态的联合监管方面要下大气力，充分发挥非现场监管信息系统的作用，增强现场检查实效性，提高现场检查的水平，建立违法违规问题查处情况公开披露制度，实施分类监

① 周梅．金融混业经营趋势对保险业发展的影响及对策［J］．经济问题，2008（8）．

管，对风险突出、管理薄弱的金融机构实施重点监管。

**（二）防止风险在金融集团不同金融机构之间的传递**

保险监管机构应积极关注跨业合作和综合经营带来的一些风险问题，如在金融控股公司形式下，金融机构的资本充足率的问题；在综合金融条件下，金融机构的内部风险控制机制的建立问题；金融控股公司内部不同业务之间的“防火墙”的设置问题；不同金融业务之间的风险传递问题、利益输送问题、关联交易问题；以及金融机构之间相互投资的问题等。从西方发达国家的综合经营实践来看，其金融风险的控制无不依赖于完善的监管制度，金融监管逐渐由原来的分机构监管向功能监管转化。

**（三）促进国际金融机构的合作**

首先，要积极推进双边金融监管合作。要积极加强双边合作，建立定期会晤机制，建立定期信息交换制度，达成实质性的监管合作协议，以约束性更强的协议形式来明确合作的责任和义务。其次，推动区域金融监管合作，提高在区域金融中的领导地位。再次，努力提高中国在国际金融监管合作中的参与度。中国要积极主动地参与国际金融监管标准的制定，要防止发达国家借国际金融监管标准谋求自身利益的企图。另外，还要积极利用国际金融组织活动加强与国外监管者的交流，宣传中国金融业的发展和金融监管改革，树立中国金融监管当局良好的形象。最后，加强对跨国保险机构的监管，既要加强对在华外资保险机构的东道国监管，同时又要加强对我国保险机构海外分支机构的监管。

## 第三节　发展现代商业保险促进金融稳定的对策

### 一、树立国际化和“向前看”的风险监管理念

在国际化迅速发展的背景下，中国保险监管理念应该借鉴国际通行准则。国际通行准则主要体现在国际保险监管协会（IAIS）的监管体系之中。这一体系主要由 24 个保险监督管理文件构成，包括 9 个保险监管指导文件、6 条保险监管原则和 9 条监管标准。在这个以保险机构风险控制为核心的监管体系中，上述监管文件，从保险监管的总体指导方针到监管保险公司的经营管理风险，从监管保险主体的市场准入到监管保险公司的偿付能力，从单一的传统保险业务到金融一体化形势下的综合监管，都制定了尽可能清晰的指导思想和基本操作原则、标准。

国际保险监督官协会采用了全面的保险监管原则。除了有效的保险监管的基础条件外，IAIS 还采用了六类保险监督管理的核心原则，包括保险监管体系、保险机构监管、连续监管审慎监管原则、市场和消费者、反洗钱和打击对恐怖组织的资金支持等。这些原则全面保证了保险市场的健康运行和发展。

IAIS 明确了保险机构的监管包括执照的发放、高管人员的资格审定、股权变更和资产转移、保险机构的公司治理及其内控机制。

美国是严格监管模式的代表，在这种监管模式下，所有保险活动的过去和现在都受到全面监管，包括对市场准入的限制，对保险条款、费率条件、保单利率、红利分配、一般保险条件等均有明文规定，并在投放到市场前受到监管部门严格和系统的监管。美国联邦保险局与各州保险局对保险业实行双重监管，两者并非从属关系，而是平行关系，分别拥有各自独立的立法权与执法权。美国的保险立法很多，各州在向保险人、保险代理人、保险经纪人颁发执照，保险经营方式、保险营业范围，费率、险种、保险条款、保单种类以及保险企业清算破产等各方面都有非常详尽的立法规定。美国各州的保险监管内容虽有差异，但归纳起来主要有四个方面：偿付能力监管、保险合同（保单和费率）监管、财务监管和市场行为监管。

美国发生次贷危机以后，监管制度改革的核心之一便是强调对保险公司未来所面对的风险监管，即“向前看”的风险监管理念。这一观念来自美国过去二三十年的监管实践，来自数百家保险公司破产的沉痛教训。公司财务报表反映的只是公司的过去状况，而只有对公司的治理体制、运行机制、风险控制系统进行监管，着眼于公司的前景，才能防患于未然。我国保险监管比较强调保险公司的信息披露、财务报告，但是对保险公司的风险管理监管重视不够。可喜的是，《意见》要求保险公司董事会负责建立“识别、评估和监控风险的机制，并对保险公司业务、财务、内控和治理结构等方面的风险定期进行检查评估”。这一规定将风险管理置于公司治理结构建设和保险监管体系的核心。美国监督官协会（NAIC）七个步骤的风险管理检查制度可以作为借鉴。

美国监督官协会的新规则对保险公司的审计委员会建设和监督功能提出了更高的要求。审计工作是监督企业财务状况的有力工具，客观性和独立性是审计工作的基本要求。美国监督官协会规定审计委员会负责聘任外部会计师来执行审计工作，并监督审计工作的客观性和公正性。新规则对审计委员会成员、外部会计师以及董事会的配合性工作都做了严格的规定。

NAIC 非常重视内部控制系统，将内部控制和内部审计列为坚实风险管理的五个要素之一，并要求保险公司结合自身产品特点和风险特点来建立内控系统。《意见》要求董事会负责建立“与其业务性质和资产规模相适应的内控体

系，并对保险公司内控的完整性和有效性定期进行检查评估”。这与 NAIC 的监管思路基本一致，但是缺乏对内控系统建设的具体要求。

我国监管部门应该借鉴 NAIC 的新规则，明确规定内控系统的责任和权利，保证其独立性，并要求董事会对内控系统发现的问题给予充分重视，及时纠正问题，并对发现问题和解决问题的整个过程都作出书面记录，以保证内控系统切实发挥作用。①

## 二、监管政策要体现金融监管与创新的辩证关系

美国经济学家凯恩（Edward Kane）认为：创新和监管处于一个动态博弈的过程，存在着创新—监管—创新这么一条相互影响、循环发展的路径。在适度的监管下进行保险创新，可以促进金融体系在改革中发展。推陈出新的创新活动，会打破旧的保险监管制度和秩序，为保险监管带来新的课题，带来新的制度和规范，从而推动监管水平的不断提高。而在新的监管空间下，监管会为保险创新带来更广阔的空间和新的动力。值得注意的是，在监管与创新的博弈过程中，如果保险监管部门无视保险创新的事实或不能跟上保险创新的步伐，只是被动地对创新进行反应的话，监管可能会成为创新的障碍，可能会对保险业的发展产生阻碍作用，进而对各方面的保险创新者产生负面影响，打击其创新积极性，形成恶性循环。这种恶性循环的最终结果是迟滞保险业的发展，甚至失去难得的大好时机。

美国住房领域次贷危机的发生，所暴露的恰是金融创新与金融监管的深层矛盾，它告诉我们金融创新与金融监管两者之间是一对孪生兄弟，没有金融监管制约的金融创新势必会遇到灾难和不幸。金融创新须臾也离不开金融监管，否则金融创新就会导致金融风险。

从金融监管与金融创新的关系看，由于金融创新改变了金融监管运作的基础条件，客观上需要金融监管机构做出适当调整。金融创新的不断涌现，使银行业与非银行金融业、金融业与非金融业（如房地产业）、货币资产与金融资产的界限正在变得越来越模糊。这必然使得金融监管机构的原有调节范围、方式和工具产生许多不适性，需要进行调整。因此，如何保持与金融创新的发展同步，已成为金融监管机构的一个迫切任务。

金融发展一方面需要金融创新作为动力，另一方面又需要加强金融监管以维护金融安全，以利于金融业持续、健康稳定的发展，金融创新与金融监管就

---

① 张莹莹．向前看——美国保险监管新规［J］．中国保险，2008（4）．

这样互相作用，作为一对矛盾统一体，在自身发展的同时，共同促进金融改革的深化。从表面上看金融创新与金融监管是一种矛盾，但实际上是相辅相成的。因为国内金融管制放松和国际金融监管的加强，目的都是要解决同一个问题，即如何确立新的金融竞争秩序，只不过两者解决的方式不同。从一国内部看，单个金融机构总是基于利润最大化目的，制定自己的竞争策略和经营方式，这就不可避免地会同既有的管制规则发生冲突，冲突结果是放松原有管制，建立新的规则。从国际社会看，单个国家也总是基于增强本国竞争力的目的，考虑其金融体制和金融政策。相互竞争的结果，往往会造成国际金融秩序的混乱。这种冲突的结果，导致国际社会统一行动起来，订立契约，加强对国际金融市场上竞争行为的约束，建立合理、稳定的国际金融竞争秩序。

金融创新与金融监管的相互关系问题，实质上体现了金融监管主体监管哲学思想的重心所在，即金融监管的重心是应该放在保护存款人利益、维持金融体系稳定方面，还是应该放在鼓励竞争、提高效率、维护本国银行在国际银行业中的地位呢？这是一个两难选择的问题。因为选择前者（加强管制）会抑制本国银行的活力，使其在国际金融竞争中处于不利的地位；选择后者（放松管制）则可能会影响银行业自身安全和本国金融体系的稳定性。

金融创新的演进和发展历程表明，金融创新既是经济发展的产物，又是金融业内部创造性变革的结果。金融创新的速度与种类也与经济发展的阶段和要求息息相关，从这个意义上说，金融创新在社会生产和经济增长过程中带有一定的客观必然性。同时，相对于传统的金融交易活动和组织管理来说，是一种变革和进步，它冲破了与现代金融发展不相适应的管制与束缚，引用先进的科技成果，创造出许多新颖的、能满足国内外资金供求者不同需求的金融工具和交易，扩大市场容量，提高了金融效率，增强了金融对经济的渗透力和推动力。金融创新实际上是金融业自身的改革、完善与发展。对于我国这样一个经济转轨国家来说，金融创新的潜力巨大，在金融深化过程中，必须处理好风险防范与金融创新的关系，既不能以风险为由抑制金融创新，也不能为创新而忽视风险防范与金融稳定，必须处理好金融创新与金融监管的关系。

回顾我国20多年的金融创新中，所进行的金融创新基本上属于竞争性创新，而监管方面的创新较少。究其原因，一方面，我国金融机构之间的竞争相对比较激烈，尽管很多的竞争是在传统业务方面；另一方面，金融机构之间的协调又很少。这并非仅囿于中国经济体制和金融业的体制，也同我国金融业的监管滞后有关。显然，这种状况是不利于我国金融业的发展的。从目的性讲，金融创新根本目的是为了提高金融运营效率。

金融创新与金融监管在全球化条件下对本国金融发展具有相同的目标，因

此，在全球化背景下金融监管制度的制定具有前瞻性。金融监管政策措施要适应金融业未来发展和变化趋势。随着金融的日益深化，特别是金融创新和开放程度的加深，金融系统风险和个别风险的概率也会相应提高，因此，适时调整金融监管以适应金融创新的不断发展成为金融监管的迫切任务。金融监管机构应时时掌握创新动态，促进金融业的发展。为了防止金融风险和金融危机，金融监管当局在制定金融机构稳定性指标和有关措施时，要考虑到未来金融市场创新，金融机构资产的可能变化等，此外，要建立金融监管的预警系统，加强对金融体系安全性的监测，保证金融体系的稳健运行。

通过分析金融创新与金融监管，可以明确以下两点：第一，金融创新与金融监管不是彼此割裂的，而是相互衔接的，它们是一个统一体，是在国内宏观经济、财政与金融这样一个整体状况下进行的，因此不可以绝对化的理解。第二，金融创新与金融监管必须保持协调。这包括两层含义：其一，开放条件下的金融创新，其具体内容的实施都是以一定的条件为依据的，在金融监管没有跟上的背景下，贸然出台一些金融创新有可能会产生不利的后果；其二，由于顾及金融监管，而不去进行金融创新，原地踏步或继续实施金融管制，同样会产生严重的后果。我们要以美国次贷危机为前车之鉴，加强对金融风险的控制与预防，尤其是要防范房地产风险，协调好金融创新与金融监管的关系，保持金融稳定。当前，应当在以下三方面加以关注：一是要继续推进利率市场化与汇率制度改革。二是要建立健全我国社会信用体系。这其中包括社会信用中介机构、社会化信用评估体系、中小企业社会抵押、担保体系。三是要建立起符合现代金融运营的金融风险监管体系。

美国次贷危机的发生带给我们的启示是深刻的。改革开放三十多年来，虽然我国金融创新与金融监管都取得了巨大的成绩，但我们仍需要对金融创新与金融监管中存在的一些深层次问题有所认识和挖掘，我们应当逐步建立一套有效的金融监管体制，协调好金融创新与金融监管的关系，未雨绸缪，居安思危。①

## 三、构建维护金融稳定的制度体系

### （一）建立统一的金融风险监管体系

防范与化解我国保险业、银行与证券业融合的风险，仅仅确立与我国经济金融环境相适应的监管战略是远远不够的，还需要依靠有效的监管组织机构来

① 李树生，祁傲宇．从美国次贷危机看金融创新与金融监管之辩证关系［J］．经济与管理研究，2008（7）．

实现其监管战略。随着银行控股保险公司的增多和金融集团公司的成立，银行保险的兴起，银行与保险的分界日渐模糊，而伴随着保险资金进入股市和保险公司成功上市，保险与证券分业经营的障碍将逐渐被突破。对于保险业与资本市场融合过程中一系列交互反应可能出现的融合风险，到底应该归属于中国保监会还是银监会抑或是证监会管辖，现有的分业监管机构的制度安排难以给出肯定答案，但可以肯定的是，无论将其归入哪一个职能监管部门，都不能有效地防范与化解金融业融合的各种风险，并会造成保监会与相关监管部门的矛盾冲突，其协调工作难度大，成本高。现有的分业监管体系，已无法适应综合经营下风险监管的现实要求，对其改革势在必行。

为了降低改革的制度转换成本，有必要实现增量改革，其可行的改革思路是：以功能性风险监管为核心，在维持原有的分业监管职能部门的同时，需要组建统一的金融监管部门，统一管辖全国的金融监管机构和监管活动。对于单一的金融企业，则按照其业务性质分别归属于其相应的金融监管职能部门；对于金融集团公司，则由其下设的相应监管部门实行监管。

**（二）加强保险业监管的国内和国际合作**

随着保险竞争的加剧和保险信息化的发展，保险业与银行业、证券业的相互渗透，由此导致了监管交叉和“监管真空”问题。对此，保险监管部门要加强与银行业、证券业等监管部门的协调和合作，定期进行业务磋商，交流监管信息，解决综合经营趋势下的分业监管问题，支持保险公司拓宽业务。与此同时，在全球经济一体化的前提下，各国的经济发展紧密相连。市场信息不完全和不对称使风险在国家和地区间相互转移的可能性存在，因此加强监管的国际合作和协调日益重要。作为发展中国家，我国既要从国情出发实行监管，更要走国际化、标准化、市场化、开放化的发展道路。保险监管部门要充分利用信息技术发展带来的便利，与国际监管部门合作，建立国际保险监管支持体系，通过该体系监管国内保险市场上的外资保险公司，国际保险市场上的本国保险公司，以及接受本国分保业务的国外再保险公司。提高监管能力，保护被保险人的利益。①

（1）理顺金融监管组织体系之间的关系，建立监管联席会议制度。当前，我国的金融业务出现了融合趋势，有必要加强对金融综合经营的监管。有效的金融监管需要有配套的金融监管组织体系。实际上，就金融监管组织体系而言，我国已经建立起由中国人民银行、中国银监会、中国证监会和中国保监会

① 邹亚宝，林石楷．论混业经营形式下我国保险监管的创新［J］．南方金融，2008（2）．

构成的监管组织体系。目前实行的分业监管制度，最大的问题就是监管者之间的协调机制。在缺乏有效的监管协调合作时，容易产生监管界限不清和责任不明的问题，出现监管真空和监管重复。由于我国的金融机构尚未建立完善的自律机制，这些金融监管上的真空和盲区势必会滋生出侵蚀金融运行的不健康因素，从而影响我国金融体系的稳定，而监管重复交叉又必然会增加监管成本，降低监管效率。

（2）加强央行金融稳定的职能。从此次次贷危机的处理来看，发挥金融稳定的职能是加强综合监管的最主要措施之一。危机发生时，美联储的紧急救援是最直接的方式之一，也是最有效的应急措施，而救援的对象已大大扩大。央行金融稳定的职能需要进一步加强，赋予央行金融稳定更广泛的事前监察职能，增强金融稳定服务金融市场的前瞻性。①

（3）积极参加国际金融监管组织，努力使监管标准与国际接轨。特别是要积极参加监管规则的制定，以充分反映发展中国家的实际情况和利益，避免由于监管规则的不合理而给发展中国家的利益带来损害。同时，要进一步促进我国的监管行动与国际标准接轨。

中国银监会要通过与国际金融组织保持良好的合作关系以进一步提高监管效率。银监会要与巴塞尔银行监管委员会、国际货币基金组织、世界银行集团以及亚洲开发银行等国际金融组织建立良好的合作关系，积极参加《巴塞尔新资本协议》等监管规则的制定。要以有效银行监管核心原则等国际监管标准为指导，努力转变监管理念，逐步由权力监管向权威监管转变。

中国证监会要建立有效的资本监管体系。国际证监会组织（IOSCO）关于监管成本的框架，既是对发达国家先进经验的总结，也决定了监管体系的未来发展方向，对各国证券监管当局具有很强的指导作用。我国作为国际证监会组织的成员，要建立起既符合监管资本框架的要求，又适应我国证券业发展水平的有效监管资本体系。

中国保监会要根据国际保险业监管趋势，加强对保险公司偿付能力的监管，加强与国际保险监管协会（IAIS）合作。建立保险公司资产负债评价制度，统一偿付能力的行动标准和监管方法。②

**（三）完善证券化风险防范法律制度**

次贷危机表面上是美国房价走低、利率走高所致，其根本原因是资金供应方降低信贷门槛、忽视风险管理，需求方过度借贷、反复抵押融资。尽管这种

① 朱志强，杨红员，尹恕好．次贷危机引发的金融监管改革与启示［J］．华北金融，2008（7）．

② 邱虹．我国国际金融监管与合作问题浅析［J］．福建金融，2008（8）．

风险基本上已经通过证券化的方式分散了，但是这些风险并没有消失，一旦条件具备，风险就会暴露出来，而且风险通过证券化的渠道影响更为广泛。

首先，要加强信贷风险管理，提高住房按揭贷款的信用门槛；其次，要完善住房按揭贷款证券化风险防范法律制度。金融资产证券化是近年来我国金融改革与理论研究的热点。经济学界广泛探讨了资产证券化的风险，如交易结构风险、信用风险、提前偿还风险和利率风险。法学界则重点研究了我国开展资产证券化所面临的主要法律障碍，如资产支持证券性质界定的模糊性、SPV（特殊目的公司）运作模式所存在的法律问题、“破产隔离”与“真实出售”以及实质性风险转让的法律依据等。目前规范资产证券化的主要法律：2005年央行颁布的《信贷资产证券化试点管理办法》，中国银监会颁布的《金融机构信贷资产证券化试点监督管理办法》。以上法律对信贷资产业务的市场准入和风险管理做出了专门规定，专门设立了“业务规则与风险管理”一章，资产证券化的各个参与主体提出了统一的风险管理要求，金融机构的内部风险隔离和风险揭示问题，要求参与证券化交易的金融机构建立有效的内部风险隔离机制。以上法律属于部门规章，法律层次较低，难以解决现存的一些法律问题。应当借鉴国外资产证券化风险防范的经验教训，尽快制定专门的金融资产证券化法，处理好外部监管和内控制度之间的关系，完善我国资产证券化风险监管。

**（四）完善金融机构破产法律制度**

次贷危机表明，要减少金融机构的道德风险，必须构建完善的市场纪律约束机制，加强市场化监管。以存款保险为核心的金融安全网，在强调金融安全的同时也加大了金融机构经营上的道德风险。激励结构的最重要的部分可能是：使所有方都明白，即使管理良好，银行也可能出现倒闭，因为银行业务涉及风险承担的问题。而监管当局将允许那些偿付能力不足的银行倒闭。不幸的是，监管当局不可能做出一个完全可信的、不救助破产银行的事前承诺，但是，可以建立一个增加承诺难度的体制。新《巴塞尔银行监管委员会银行监管核心原则》也强调监管不能够代替市场约束。

加强市场化监管要求构建完善的金融市场准入机制、金融市场行为监管机制和金融市场退出机制。必须根除金融领域“不破产、无风险”的传统观念，并充分认识到金融破产制度的重要价值和意义：第一，它可以有效抑制金融机构的道德风险。第二，存款人的破产观念转变必然带来风险意识的提高，进而自觉对银行通过“用脚投票”等方式来监督银行的监督管理，从而加强市场约束的力量。尽管我国的《商业银行法》、《保险法》和《证券法》等法律已经明确规定，商业银行、保险公司及证券公司等金融机构是自我经营、自我约束、自担风险的企业法人，但是我国的金融市场退出机制尚不完善。2006年

制定的《企业破产法》第134条规定：“金融机构实施破产的，国务院可以根据本法和其他有关法律的规定制定实施办法。”制定金融机构破产条例，对于完善金融机构破产法律制度、提供银行经营风险的激励具有重要意义。一旦危机发生，它能够为政府干预危机措施的效果提供威慑力，同时也有利于确定政府干预的合理界限，防止政府过度干预而破坏市场约束机制。①

## 四、加强对微观市场主体的监管

显然，中国保险市场的微观基础仍很不健全，存在着诸如无序竞争等行为。如果不能有效地规范微观主体行为，可以预见，当市场进入大金融的综合经营阶段，就必将严重地阻碍金融业的健康稳定发展。

### （一）理顺国内保险市场的微观基础

明晰保险公司的产权，健全保险市场的主体、客体，建立和完善保险市场的信息传导机制，逐步放开保险费率的管制，引进规范的市场竞争机制，确保保险市场的稳定有序的竞争环境，以达到规范性监管的目标。

### （二）建立一套科学、有效的偿付能力指标体系

逐步将一年一度的年终检查式的事后监管转变为以信息传导机制为基础的日常监管，最终向风险监管模式过渡。在综合经营形式下，对保险公司动态的偿付能力的监管至关重要，由于业务的融合，保险资金必然会流向高利润的业务，而保险的特殊性在于其关系到投保人和被保险人的切身利益，甚至关系到社会的稳定。在综合经营条件下，保险资金的流动性加快，风险增大，必须建立动态的偿付能力监管，从根本上抑制保险人利用综合经营过度挪用保险资金，引起偿付能力不足，损害投保人利益。

### （三）提升道德风险的防范水平

要突出对保险机构高级管理人员职责行为和职业道德操守的监管，严把保险机构高级管理人员准入关，建立保险机构高级管理人员退出机制，建立对保险机构高级管理人员任职期间的谈话与诫勉制度、业绩监测与考评的指标体系等，防止发生道德风险。

### （四）加强保险业信息披露制度的建设

保险市场本身的信息不对称为信息披露提供了内部动力，综合经营后，开放的市场环境为信息披露提供了外部压力。国际会计准则委员会框架（IASC）将需要保险信息的决策者分为监管机构、顾客和投资者。监管机构注重对定期

① 阳建勋．美国次贷危机对我国金融监管的若干启示［J］．河南金融管理干部学院学报，2008（4）．

的财务报告进行分析；普通顾客则关注评估机构对财务报告的意见；投资者更关注公司的盈利性和长期稳定增长。总之，关于保险公司的财务报告的所有潜在使用者都对保险公司的财务实力感兴趣。然而，保险监管部门和投资者的关注重点并不是完全一致的，保险公司应做出有区别的披露。保险信息披露要遵守四大原则：充分性原则、有效性原则、公开性原则、及时性原则。保险公司信息披露的范围将远远超出会计信息的简单发布。

## 五、建立金融稳定评估体系，为金融监管决策提供依据

维护金融稳定，需要及时准确地了解金融体系稳定状况的信息，这是采取监管措施的前提，金融稳定评估体系的建立就是对整个经济和金融体系进行实时的监控，准确判断当前的状况，合理预测可能的冲击会对金融稳定造成的影响，客观评价当前金融体系抵御冲击的能力。为了维护金融稳定，金融监管部门应根据本国金融不稳定来源的分析，制定相应的预案，而金融运行状态的识别，则由金融稳定评估体系来完成。当金融体系处于稳定状态时，应采取防范性措施，以控制潜在的金融风险；当金融体系出现偏离稳定状态，向不稳定方向发展时，就要采取措施纠正这种状况，以引导经济恢复到正常运转，消除金融体系中的不稳定因素，恢复金融稳定；当金融体系出现危机时，就要及时启动金融安全预案、对金融体系进行注资等救助性措施，以恢复金融体系的正常功能及增强投资者的信心，从而化解危机，实现金融稳定。

## 六、强化金融稳定的微观基础，形成健全的金融体系

健全的金融体系对金融稳定发挥着关键作用，而保持银行业稳定是维护金融稳定的核心。高盛公司在其 2002 年 12 月的研究报告中指出，中国的银行体系最值得担心的不是类似亚洲金融危机中东南亚国家的银行业所出现的倒闭风潮，最应当担心的倒是像日本的金融体系那样，因为日本银行体系积累了大量不良资产，不能得到有效化解而最后演化成银行危机。各国的金融实践证明，只有市场化才是提高银行体系运作效率的根本途径。股份制银行体制是当今世界各国普遍采用的一种制度模式，到目前为止还没有一种制度模式能超过它。因此，股份制改革应当是中国银行业发展过程中的必然选择。通过股份制改造，促进银行加快完善公司治理结构，完善经营机制，建立资本金补充机制，增强银行体系的稳健性，只有这样，才能有效地维护金融稳定。

## 七、完善货币政策目标，以物价稳定促进金融稳定

物价稳定是金融稳定的基本条件，一旦发生物价的大幅波动，错误的价格

信号将会阻碍储蓄向投资的转化。物价稳定是实体经济正常运行的必要条件，相对较低且稳定的通货膨胀预期可以为经济的持续增长创造良好条件。《中国人民银行法》明确规定，我国货币政策目标是“保持货币币值的稳定，并以此促进经济增长”。但在实践中，货币政策受多目标约束的问题一直未得到有效解决，当局总是希望货币政策除了稳定币值外，对经济增长、增加就业、社会稳定、稳定汇率、银行改革等都要有所作为。

实践表明，同时实现货币政策的多项目标不仅十分困难，而且还会产生冲突。为了实现其他目标，稳定物价的目标就要做出让步或牺牲。要保持我国经济的持续健康发展，维护金融稳定，就必须完善稳定物价的货币政策目标。中央银行只有有效执行稳定物价的货币政策，才能为经济的持续健康发展创造出宽松的金融环境。中央银行要把物价稳定与金融稳定这两个互为辅助、彼此兼容的目标有机地结合起来。在货币政策操作过程中，不仅要关注居民消费价格指数的变动，还要对资产价格进行监控。当发现资产价格明显地背离了经济基本面的时候，即使此时居民消费价格指数没有明显变动，也需要有适当的政策操作，抑制资产泡沫的形成，防止泡沫的破裂影响金融稳定。

## 八、稳步推进金融开放进程，增强金融体系抵御外部冲击的能力

金融开放具有长期金融稳定效应，对于促进金融制度的完善与金融效率的提高具有重要作用。但是，由于体制和监管方面的原因，金融开放也具有一定的风险性，需要通过制度安排来控制金融开放中的风险。从新兴市场国家的金融开放实践看，渐进式开放有助于提高本国金融业对金融开放的适应能力。资本市场开放有利于外资的流入，促进国内经济发展。但是，如果这种开放与国内金融监管手段和监管水平不相适应，就易受到国际游资和外部金融危机的冲击。资本项目开放的充分条件是国内金融体系的稳健和国际间的有效协作，其核心是强大的国内经济竞争力和体制竞争力。资本管制虽然是经济发展过程中的次优选择，但却可以保持货币政策的独立性，同时也使当局在抵御外部冲击、平衡国际收支方面留有一定空间。因此，有序开放资本市场，使得金融开放与本国金融体系的抗风险能力相适应，是抵御国际流动资本冲击、维护金融稳定的理性选择。

## 九、加强支付体系建设与管理，保障社会资金流通安全

支付体系作为国家重要金融基础设施和社会资金流通的大动脉，关系着全社会资金安全和运转效率、货币政策实施效果以及经济金融的稳定。支付交易系统被认为是金融基础设施的核心，因此，各国中央银行都把支付交易的监测

放在维护金融稳定的重要地位。为此，中央银行要建立支付危机应急组织体系，建设灾难备份系统，制定支付体系预警系统和应急处理机制，对于突发事件要制定应急预案与处置预案。中国人民银行支付清算部门要将保证支付系统的安全稳定运行作为首要任务，加强对直接参与者的流动性管理，建立起一套完整有效的支付系统监测和维护制度。为了提高支付清算体系资源的利用率，整合支付清算系统的信息资源，中央银行支付清算管理部门要与反洗钱部门、金融稳定部门、征信管理部门在信息交流、可疑资金监测、问题金融机构救助、征信体系建设等方面加强协调与配合，以实现支付系统与金融稳定系统的连接，使支付系统在更高层面上安全稳定运行。

## 十、加快建立存款保险制度，构建金融安全网

存款保险制度是指在金融体系中设立保险机构，强制或自愿地吸收银行和其他金融机构缴纳保险费，设立存款保险准备金，一旦投保人遭受风险事故，由保险机构向投保人提供财务救助或由保险机构直接向存款人支付部分或全部存款的制度。其作用主要体现在以下三个方面：一是对陷入困境的银行提供流动性支持，使其有机会调整经营方向，改善经营状况；二是按规定的限额赔偿存款人的损失，防止金融风险蔓延；三是配合监管当局采取综合性处置措施，使有问题的银行机构退出金融市场，以消除影响金融稳定的后顾之忧。我国目前尚未建立存款保险制度，对金融机构的风险损失实际上是政府隐性担保，这在银行机构以国家所有为主的情况下具有可行性。但随着国有银行成为上市公司，各类民营银行的不断组建，外资银行的大量进入，银行所有权结构已经发生了很大变化。在此形势下，亟须建立存款保险制度。存款保险制度因其在法律的规则和程序基础上运作，既能稳定公众对银行体系的信心，使有问题的金融机构能够有序地退出市场，又明确了各方在风险处置中的责任，通过存款保险的约束机制对银行经营行为进行有效规制，从而为金融稳定构造微观基础。[①]

---

① 尹继志．开放视角下我国金融稳定问题研究［J］．河南金融管理干部学院学报，2008（3）．

# 参考文献

[1] 虞爱华. 未来十年国际经济发展趋势与我国的战略对策 [EB/OL], 安徽政协网, 2007-8-8.

[2] 巴力. 日本保险业破产倒闭事件的启示 [J]. 金融理论与实践, 2001 (2).

[3] 巴曙松, 李胜利. 全球性经济金融结构失衡是危机之本 [J]. 中国外汇, 2008 (11).

[4] 巴曙松. 国际金融危机中的金融新发展与中国宏观经济金融政策走向 [J]. 金融发展研究, 2009 (4).

[5] 贝政新, 陈作章. 试论日本人寿保险公司破产原因 [J]. 日本研究, 2004 (1).

[6] 贝政新, 陆军荣. 金融控股公司论——兼析在我国的发展 [M]. 复旦大学出版社, 2003.

[7] 薄滂沱. 保险集团化理论与实践研究 [D]. 南开大学博士学位论文, 2008.

[8] 池晶. 论日本保险业的危机、对策及启示 [J]. 东北亚论坛, 2001 (4).

[9] 次贷危机研究课题组. 次贷危机正在改变世界 [M]. 中国金融出版社, 2009.

[10] 迟国泰, 孙秀峰, 芦丹. 中国商业银行成本效率实证研究 [J]. 经济研究, 2005 (6) .

[11] 陈彩稚等. 我国保险公司现金持有量影响因素分析 [J]. 保险专刊, 2001 (12).

[12] 崔冬初. 美国保险监管制度的现存问题及发展趋势分析 [J]. 知识经济, 2009 (4).

[13] 陈健, 石颖. 国际保险业发展的主要特点和趋势 [J]. 中国保险报, 2006.

[14] 陈晓安. 国际保险业并购的特点、动因与启示 [J]. 改革与战略,

2007（4）.

[15] 陈文辉，李扬，魏华林．银行保险国际经验及中国发展研究［M］．经济管理出版社，2007.

[16] 大卫·科茨，美国此次金融危机的根本原因是新自由主义的资本主义［J］．红旗文稿，2008（13）.

[17] 董平．国际保险业的结构性调整与我国保险业的发展［J］．经济论坛，2005（19）.

[18] 段炳德．全球化发展与国际货币金融体系的滞后：金融危机的起源［EB/OL］，国研网，2009-8-18.

[19] 丁乔婧．我国保险业现状及发展对策［J］．决策探索，2008（1）.

[20] 丁孜山．中国保险业持续发展综合考察［J］．金融纵横，2007（9）.

[21] 杜聪慧，崔永伟，崔玉杰．我国保险业发展影响因素的实证分析［N］．北方工业大学学报，2006（3）.

[22] 傅安平．寿险公司偿付能力监管［M］．中国社会科学出版社，2004.

[23] 葛宇．中国保险业现状与发展前景分析［N］．江西金融职工大学学报，2008（4）.

[24] 戈德史密斯．金融结构与发展［M］．中国社会科学出版社，1993.

[25] 耿金海．全球视野下中国保险业的发展趋势［J］．开放导报，2008（6）.

[26] 郭金龙，柳立．全球金融危机对中国保险业的影响和启示［N］．金融时报，2009-7-20.

[27] 郭金龙，石晓军，郑海涛．中国的银行保险战略视角及其创新［J］．国际金融研究，2007（8）.

[28] 郭金龙．全球金融危机对中国保险业的影响和启示［N］．金融时报，2009-7-20.

[29] 郭金龙．我国保险业发展的实证分析和国际经验［M］．经济管理出版社，2006.

[30] 郭金龙．现代保险的形成及其理论发展［N］．中国社会科学院院报，2008-5-29.

[31] 郭金龙，玉梅，张伟．世界银行业经营趋势对我国的启示［N］．中国社会科学院院报，2005-5-10.

[32] 郭金龙，张伟．花旗银行集团放弃保险业务的启示［N］．中国社会科学院院报，2005-8-9.

[33] 郭金龙，张昊．中国保险业发展的人口因素分析［J］．中国人口科

学，2005（1）.

［34］郭清．中国保险业发展的回顾与展望［J］.中国城市经济，2007（5）.

［35］郭艳，胡波．保险公司偿付能力监管：国际趋势及其对我国的启示［J］.经济问题，2008（6）.

［36］郭勇，刘婵婵．国际金融危机成因、发展及启示的研究综述［J］.区域金融研究，2000（12）.

［37］巩勋洲，张明．透视CDS：功能、市场与危机［J］.国际经济评论，2009（1–2）.

［38］国研网《金融中国》月度分析报告［J］.中国金融稳定评估、风险防范及化解，2007（9）.

［39］高海霞，陈建超．国际保险公司多元化经营的比较及借鉴［J］.国际经济合作，2008（4）.

［40］韩秋．金融深化视角下的中国金融稳定［D］.吉林大学博士学位论文，2007.

［41］洪慧梅．金融业综合经营的国际经验和我国模式的选择［D］.同济大学博士学位论文，2007.

［42］韩景华．中国金融业国际竞争力分析［J］.金融与经济，2008（1）.

［43］胡颖，李万军，郭金龙．保险市场效率理论研究综述［J］.保险研究，2007（5）.

［44］胡国柳，黄景贵．现金持有理论模型评介［J］.经济学动态，2005（06）.

［45］胡浩．银行保险［M］.中国金融出版社，2006.

［46］黄薇．基于数据包络分析方法对中国保险机构效率的实证研究［J］.经济评论，2007（4）.

［47］吉玉荣，张爱红，张维．日本保险业危机对我国保险监管的启示［J］.南京审计学院学报，2007（5）.

［48］贾丽博，邓凯成．保险资金入市风险防范与监管［J］.保险职业学院学报，2007（8）.

［49］姜银峰．我国金融业未来发展趋势分析［N］.青岛日报，2007–3–10.

［50］蒋建华，方荣军．英国寿险公司风险监控对我国非现场监管的启示［J］.保险研究，2006（4）.

［51］黎晓静．次贷危机同步解析［M］.中国金融出版社，2009.

［52］李殿君主编．保险业九大课题［M］.中国金融出版社，2004.

[53] 李健．中国金融发展中的结构问题［M］．中国人民大学出版社，2004.

[54] 李林子．财产保险公司偿付能力监管研究与实证分析［D］．中国科技大学硕士学位论文，2003.

[55] 李鹏，蔡庆丰．全球流动性过剩、对冲基金发展与金融稳定［J］．上海金融，2008（3）.

[56] 李青原，王永海．西方公司并购协同效应的理论与实证回顾［J］．财会通讯（学术版），2005（1）.

[57] 李忱，李颖明．企业竞争优势中的协同效应分析［J］．中外管理导报，2002（2）.

[58] 李晟辉．保险资金入市与金融格局互动研究［J］．现代财经，2003（3）.

[59] 李树生，祁傲宇．从美国次贷危机看金融创新与金融监管之辩证关系［J］．经济与管理研究，2008（7）.

[60] 李曜．银行业和保险业之间的跨部门风险转移研究［J］．国际金融研究，2003（6）.

[61] 李扬．中国金融发展报告2006［M］．社会科学文献出版社，2006.

[62] 李扬，陈文辉．国际保险监管核心原则——理念，规则及中国实践［M］．经济管理出版社，2006.

[63] 李烨，黄海峰．论银行保险发展模式的选择［M］．金融与经济，2007（12）.

[64] 李文忠．住房贷款保险研究［D］．首都经济贸易大学硕士学位论文，2004.

[65] 李志辉，王飞飞．美国金融危机研究综述［J］．经济学动态，2010（2）.

[66] 林毅夫等．经济发展过程中最适金融结构理论初探．中国经济研究中心讨论稿，2006.

[67] 梁纪尧．我国保险业发展影响因素的实证研究［D］．“落实科学发展观，又快又好发展山东保险业”论文评选，2006.

[68] 刘子操．我国保险业购并的成因特征和发展趋势分析［J］．上海保险，2007（4）.

[69] 刘敏．个人住房抵押贷款保险问题探析［J］．保险世界，2005（3）.

[70] 刘晓勇．监管者的视角．金融体制改革三十年回顾与展望［J］．经济社会体制比较，2008（4）.

[71] 卢爽．现代保险的资金融通及社会管理功能［J］．海南金融，2007（9）.

[72] 陆岷峰，张越．促进金融经济发展要以优化金融结构为突破口［J］.

经济师，2008（10）.

［73］陆鸥，郁江宁．保险投资对金融稳定影响的国际比较研究［J］. 世界经济情况，2006（22）.

［74］吕长江，周县华，杨家树．保险公司偿付能力恶化预测研究［J］. 财经研究，2006（10）.

［75］吕志铭．保险公司与证券公司金融公司合作的前景［J］. 经济论坛，2007-2-4.

［76］罗鸣，叶安照．保险业发展对促进宏观经济、均衡发展的作用研究［J］. 武汉金融，2008（2）.

［77］罗伯特·博森．大乱有大治［M］. 中信出版社，2010.

［78］马卫华．WTO 与中国金融监管法律制度研究［M］. 中国人民大学出版社，2002.

［79］欧伟．规范个人抵押贷款房屋保险业务［J］. 保险研究，2002（2）.

［80］裴光．中国保险业监管研究［M］. 中国金融出版社，1999.

［81］彭涛．我国金融发展和经济增长分析［J］. 财经界，2007（10）.

［82］秦立莉．中国大陆金融控股公司发展研究［J］. 经济经纬，2006（5）.

［83］邱虹．我国国际金融监管与合作问题浅析［J］. 福建金融，2008（8）.

［84］阙方平，张鹏．当前我国金融结构演变趋势［J］. 银行家，2008（4）.

［85］任燕燕，徐晓艳．中国保险业发展与经济增长关系的研究［J］. 山东大学学报（哲学社会科学版），2008（1）.

［86］任燕燕．中国保险业发展与经济增长关系的研究［J］. 山东大学学报，2008（01）.

［87］任世驰，张军．美国金融危机根源研究述评［J］. 经济学动态，2011（5）.

［88］日内瓦协会．保险业中系统重要性金融机构的考量识别．2011（4）.

［89］瑞士再保险股份有限公司．保险业监管问题［J］. Sigma，2010（3）.

［90］盛立军．中国金融新秩序——混业经营和民营金融［M］. 清华大学出版社，2003.

［91］盛孝魁．个人抵押商品住房贷款保险研究［D］. 武汉理工大学硕士学位论文，2005.

［92］石景屏．论保险业经营模式的演变及其发展——兼论保险混业经营模式趋势［J］. 保险职业学院学报，2000（5）.

［93］石亚兰，郭建伟．金融稳定的定义及对金融稳定工作的影响［J］. 经济问题，2007（1）.

[94] 石建勋，钟建飞. 国外关于金融危机研究的最新动态 [J]. 经济学动态，2009 (9).

[95] 孙莉苹，龙茜. 论加入WTO后我国保险业面临的机遇和挑战以及发展趋势 [J]. 甘肃农业，2006 (12).

[96] 孙祁祥，郑伟，肖志光. 保险业与美国金融危机：角色及反思[J]. 保险研究，2008 (11).

[97] 孙秀清. 国外保险中介市场监管比较与启示 [J]. 山东财政学院学报，2007 (5).

[98] 师锋，王亚红. 洲际保险业发展格局及其比较分析 [J]. 经济师，2008 (4).

[99] 舒廷飞，曾召友. 金融结构调整中的保险效应分析 [J]. 财经科学，2006 (12).

[100] 申曙光. 保险监管 [M]. 中山大学出版社，2000.

[101] 宋晓，魏超颖. 保险公司偿付能力监管的国际比较及其启示 [J]. 财经界，2008 (3).

[102] 田辉. 次贷危机中的美国保险业对我国的启示 [N]. 经济参考报，2008-05-30.

[103] 田辉. AIG困境之谜 [N]. 中国保险报，2008-10-14.

[104] 陶红. 保险资金与金融资源优化配置 [J]. 哈尔滨金融高等专科学校学报，2005 (4).

[105] 屠筱倩，王修文. 我国保险业并购发展及风险控制 [J]. 上海企业，2007 (4).

[106] 王继权. 金融稳定涵义辨析 [J]. 深圳金融，2007 (1).

[107] 王倩. 我国银行保险的合作与发展 [J]. 中国保险，2007 (3).

[108] 王国刚. 止损机制缺失：美国次贷危机生成机理的金融分析 [J]. 经济学动态，2009 (4).

[109] 王绪瑾. 海外保险投资方式比较研究 [J]. 金融研究，1998 (5).

[110] 王小罡. 次贷风暴对我国保险业的三大启示 [N]. 证券日报，2008-10-9.

[111] 王子佩. 保险业深度发展的若干思考 [J]. 企业研究，2008 (6).

[112] 汪利娜. 美国金融危机：成因与思考 [J]. 经济学动态，2009 (3).

[113] 闻岳春，叶美林，黄福宁. 结构性金融产品风险点及控制策略：以CDO为例 [J]. 中国货币市场，2009 (7).

[114] 魏华林，刘娜. 保险市场与资本市场融合发展的经济学分析 [J].

经济评论，2006（6）.

［115］魏华林，杨霞．银行保险发展的国际经验［J］. 武汉金融，2007（10）.

［116］魏权龄．评价相对有效性的DEA方法——运筹学的新领域［M］. 中国人民大学出版社，1988.

［117］魏迎宁．寿险公司内含价值的理论和实践［M］. 经济管理出版社，2005.

［118］魏迎宁．发挥保险功能提高企业抗风险能力［J］. 交通企业管理，2007（5）.

［119］卫新江．银行保险：基于国际经营的考察［J］. 国际金融研究，2005（4）.

［120］吴定富．保险业在中国经济社会发展中的作用与发展方向［J］. 中国金融，2008（12）.

［121］谢志超，杜江．中国保险市场与金融发展互动关系的实证研究［J］. 当代经济科学，2006（6）.

［122］徐美芳．次贷危机对我国保险业的影响和启示［J］. 上海保险，2008（8）.

［123］徐文彬．金融业混业经营的范围经济分析［M］. 经济科学出版社，2006.

［124］薛生强，何风隽．保险监管的理论分析［J］. 宁夏大学学报（人文社会科学版），2004（3）.

［125］谢平．中国金融资产结构分析［J］. 经济研究，1992（11）.

［126］谢平．CDS的功能不可替代［J］. 金融发展评论，2011（1）.

［127］杨明亮，戴娟．保险风险对金融稳定的影响及对策建议［J］. 中国金融，2006（2）.

［128］尧金仁．日本寿险业的危机及对我国的启示［J］. 上海综合经济，2001（6）.

［129］阎建军．美国住房按揭证券化中的保险机制及其启示［J］. 中国城市经济，2008（4）.

［130］易纲．中国金融资产结构分析及政策含义［J］. 经济研究，1996（11）.

［131］殷剑峰．中国金融产品与服务报告（2007）［J］. 社会科学文献出版社，2007.

［132］尹继志．开放视角下我国金融稳定问题研究［J］. 河南金融管理干部学院学报，2008（3）.

［133］于长秋．我国金融资产结构与经济增长关系的实证分析［J］. 金融

论坛，2001（8）.

[134] 袁媛．美国次级风波给全球金融市场敲响了风险的警钟［N］．上海证券报，2007-9-20.

[135] 杨文生，孙乐．日本大和生命保险倒闭成因分析及启示［J］．上海保险，2009（1）.

[136] 阳玉浪．国际保险市场变化与中国保险业发展［J］．保险职业学院学报，（105）.

[137] 虞爱华．国际经济发展趋势与我国的战略对策［J］．理论视野，2007（7）.

[138] 阳建勋．美国次贷危机对我国金融监管的若干启示［J］．河南金融管理干部学院学报，2008（4）.

[139] 尹秀艳．日本人寿保险公司相继破产的原因及走向［J］．当代亚太，2002（2）.

[140] 瞿强．次贷危机对全球金融究竟有何影响［N］．上海证券报，2008-2-22.

[141] 曾康霖．纪念改革开放30周年暨《经济学家》创刊20周年理论研讨会纪要［J］．经济学家，2009（1）.

[142] 张芳洁．我国保险业发展影响因素的实证分析［J］．数量经济技术经济研究，2004（3）.

[143] 张仕英．保险公司的风险、外部监管与资本结构的决定［D］．复旦大学博士学位论文，2008.

[144] 张汉萍．我国银行保险发展趋势与应对策略浅谈［J］．时代金融，2007（6）.

[145] 张洪涛，段小茜．金融稳定有关问题研究综述［J］．国际金融研究，2006（5）.

[146] 张莉，肖玮，刁慧敏，孙达．我国财产保险业发展现状与问题分析［J］．经济研究导刊，2007（12）.

[147] 张鹏飞，张晓岚．金融结构与经济增长——基于动态面板数据的研究［J］．浙江学刊，2008（2）.

[148] 张强．保险资金投资对保险公司偿付能力影响关系研究［D］．中央财经大学硕士学位论文，2008.

[149] 张晓桐．Eviews使用指南与案例［M］．机械工业出版社，2007.

[150] 张伟，郭金龙，张许颖，邱长溶．中国保险业发展的影响因素及地区差异分析［J］．数量经济与技术经济，2005（7）.

[151] 张伟，郭金龙，张许颖．我国寿险公司规模效率与内含价值的实证分析 [J]. 财贸经济，2006 (3).

[152] 张莹莹．向前看——美国保险监管新规 [J]. 中国保险，2008 (4).

[153] 张明．透视 CDO：类型、构造、评级与市场．中国社会科学院世界经济与政治研究所国际金融研究中心 [R]. Working Paper, No. 0805, 2008. 3.

[154] 张志诚．发达国家商业保险监管的发展趋势——以美国为例 [J]. 传承，2008 (16).

[155] 赵桂芹．中国保险公司现金持有量的影响因素分析 [J]. 经济评论，2007 (4).

[156] 赵国辉．加强保险集团监管的政策建议 [J]. 黑龙江金融，2008 (3).

[157] 赵志君．金融资产总量、结构与经济增长 [J]. 管理世界，2000 (3).

[158] 中国保监会课题．保险资金运用的国际比较 [R]. 2004.

[159] 中国人民银行金融稳定分析小组．中国金融稳定报告 [M]. 中国金融出版社，2005.

[160] 周道许．中国保险业发展若干问题研究 [M]. 中国金融出版社，2006.

[161] 周晶晗，赵桂芹．我国产险公司财务恶化预警研究—基于 Logistic 模型 [J]. 经济科学，2007 (3).

[162] 周梅．金融混业经营趋势对保险业发展的影响及对策 [J]. 经济问题，2008 (8).

[163] 周四军，谢艳兵．中国商业银行效率的影响因素分析 [J]. 统计与决策，2008 (1).

[164] 邹亚宝，林石楷．论混业经营形势下我国保险监管的创新 [J]. 南方金融，2008 (2).

[165] 朱勇．浅论加入 WTO 以来中国金融业发展状况及应对策略 [J]. 黑龙江对外经贸，2007 (9).

[166] 朱志强，杨红员，尹恕好．次贷危机引发的金融监管改革与启示 [J]. 华北金融，2008 (7).

[167] 朱民等．改变未来的金融危机 [M]. 中国金融出版社，2009.

[168] AICPA, "Property and Liability Insurance Industry Developments" [R]. *Update to the Industry Audit Guide*, 1989.

[169] Alan Heston, Robert Summers, and Betting Aten, Penn World Table Version 6. 2, Center for International Comparisons of Production, Income and Prices

at the University of Pennsylvania, September 2006.

[170] Allen, Franklin and Douglas Gale, "Diversity of Opinion and Financing of New Technologies", *Journal of Financial Intermediation*, 1999, Vol. 8. pp. 68-89.

[171] Arellano Manual end Stephen Bond, "Some Tests of Specification for Panel Data, Monte Carlo Evidence and an Application to Employment Equations", *Review of Economic Studies*, 1991. Vol. 58, pp. 277-297.

[172] Artzner, P., F. Delbaen, J. M. Eber, and D. Heath, "Coherent Measures of Risk", *Mathematical Finance*, 1999, 9 (3): 203-228.

[173] Beck Tborsten, Asli Demirguc-Kunt, and Ross Levine, "A New Database on Financial Development and Structure", *World Bank Economic Review*, 2000 (14): 597-605.

[174] BIS, Report on Consolidation in the Financial Sector, Group of Ten, IMF and OECD, 2001 (1): 32-34, 333-338.

[175] Blum, P., and M. Dacorogna, DFA—Dynamic Financial Analysis, in: J. Teugels and B. Sundt, eds., Encyclopedia of Actuarial Science (New York: John Wiley & Sons), 2004: 505-519.

[176] Blum, P., M. Dacorogna, P. Embrechts, T. Neghaiwi, and H. Niggli, Using DFA for Modelling the Impact of Foreign Exchange Risks on Reinsurance Decisions, Casualty Actuarial Society Forum, 2001: 49-93.

[177] Bratley, P., B. L. Fox, and L. E. Schrage, A Guide to Simulation, 2nd edition (New York: Springer), 1987.

[178] Brockett, P., Golden, L., Jang, J., Yang, C., "A Comparison of Neural Network, Statistical Methods, And Variable Choice For Life Insurers' Financial Distress Prediction", *Journal of Risk and Insurance*, 2006 (73): 397-419.

[179] Browne, M. J., and R. E. Hoyt, "Economic and Market Predictors of Insolvencies in the Property-Liability Insurance Industry", *Journal of Risk and Insurance*, 1995 (62): 309-327.

[180] Banker R. D., Charnes A., Cooper W. W., "Some Models for Estimating Technical and Scale Inefficiencies in Data Envelopment Analysis", *Management Science*, 1984 (30): 1079 -1092.

[181] Cairns, A. J. G., Interest Rate Models: An Introduction. Princeton University Press, 2004.

[182] Casualty Actuarial Society, DFA Research Handbook, Prepared by the Dynamic Financial Analysis Committee of the Casualty Actuarial Society, 1999.

[183] Caballero, Farhi and Gourinehas, "Financial Crash, Commodity Prices and Global Imbalances, NBER Working Paper, 2008, No. 14521.

[184] Caballero and Krishnamurthy, "Global Imbalance and Financial Fragility", NBER Working Paper, 2009, No. 14688.

[185] Chakraborty Shankha and Ray Tridip, "Bank-Based versus Market-Based Financial Systems, A Growth-Theoretic Analysis", *Journal of Monetary Economics*, 2006, 53 (2): 329–350.

[186] Chen R., K. A. Wong, "The Determinants of Financial Health of Asian Insurance Companies", *Journal of Risk and Insurance*, 2004, 71 (3): 469–499.

[187] Cummins, J. D., and G. P. Nini, "Optimal Capital Utilization by Financial Firms: Evidence From the Property-Liability Insurance Industry", *Journal of Financial Services Research*, 2002, 21 (1): 15–53.

[188] Cummins, J. D., S. Harrington, and R. W. Klein, "Insolvency Experience, Risk-Based Capital, and Prompt Corrective Action in Property-Liability Insurance", *Journal of Banking and Finance*, 1995, 19 (3): 511–527.

[189] Cummins, J. D., M. F. Grace, R. D. Phillips. Regulatory Solvency Prediction in Property-Liability Insurance: Risk-Based Capital, Audit Ratios. Journal of Risk and Insurance, 1999, 66 (3): 417–458.

[190] Cummins, D. "Perspectives on Systemic Risk", National Meeting, 2009.

[191] Colquitt, L. L., Sommer, D. W. and Godwin, N. H., "Determinants of Cash Holdings by Property-Liability Insurers", *Journal of Risk and Insurance*, 1999 (66): 401–415.

[192] Daianu & Lungu, "Why is This Financial Crisis Occurring? How to Respond to It?", *Journal for Economic Forecasting*, 2008, 5 (4): 59–87.

[193] D'Arcy, S. P., R. W. Gorvett, T. E. Hettinger, and R. J. Walling Ⅲ, Using the Public Access Dynamic Financial Analysis Model: A Case Study, CAS Dynamic Financial Analysis Call Paper Program, 1998: 53–118.

[194] D'Arcy, S. P., R. W. Gorvett, J. A. Herbers, T. E. Hettinger, S. G. Lehmann, and M. J. Miller, Building a Public Access PC-Based DFA Model, Casualty Actuarial Society Forum, 1997 (2): 1–40.

[195] Das, Udaibir S., Nigel Davies, and Richard Podpiera, Insurance and Issues in Financial Soundness, IMF Working Paper, 2003, No. 03/138.

[196] De Lange, Petter E., Stein-Erik Fleten, Alexei A. Gaivoronski, "Modeling Financial Reinsurance In the Casualty Insurance Business via Stochastic Programming", *Journal of Economic Dynamics & Control*, 2004, 28: 991 - 1012.

[197] Dhaene, J., Laeven, R. J. A., M., Vanduffel, S., Darkiewicz, G., Goovaerts, M. "Can a Coherent Risk Measure Be Too Subadditive?", Journal of Risk & Insurance, 2008, 75 (2): 365-386.

[198] Doherty, N. A., and J. R. Garven, "Insurance Cycles: Interest Rates and the Capacity Constraint Model", *Journal of Business*, 1995, 68 (3): 383-404.

[199] ECB, Credit Default Swaps and Counterparty Risk, 2008, http://www.ecb.int/.

[200] Eling, M., Thomas Parnitzke, "Dynamic Financial Analysis: Classification, Conception, And Implementation", *Risk Management and Insurance Review*, 2007, 10 (1): 33-50.

[201] Eling, Martin., Hato Schmeiser, Joan T. Schmit, "The Solvency Ⅱ Process: Overview and Critical Analysis", *Risk Management and Insurance Review*, 2007, 10 (1): 69-85.

[202] Embrechts, P., C. K, uppelberg, and T. Mikosch, Modelling Extremal Events (Berlin: Springer), 2003.

[203] European Commission, The Draft Second Wave Calls for Advice from CEIOPS and Stakeholder Consultation on Solvency Ⅱ, Markt/2515/04, Working Paper, 2004, Brussels.

[204] Financial Services Authority, Cross-Sector Risk Transfers, Discussion Paper (London: May), 2002.

[205] Frey, H. C. & G. NieBen, Monte Carlo Simulation (Munchen: Gerling), 2001.

[206] FSB, IMF and BIS, "Guidance to Access to the Systemic Importance of Financial Institutions, Markets and Instruments: Initial Considerations", 2009, http://www.imf.org/.

[207] Fukao, Mitsuhiro, Barriers to Financial Restructuring: Japanese Banking and Life Insurance Industries, 2002.

[208] German Insurance Association, Rechnungslegung und Solvency Ⅱ, 2005, available at http://www.gdv.de.

[209] Gestel, T., D. Martens, B. Baesens, D. Feremans, J. Huysmans, J. Vanthienen., "Forecasting and Analyzing Insurance Companies' Ratings. Inter-

*national*", *Journal of Forecasting*, 2007 (23): 513–529.

[210] Gralieh, E. M, "Booms and Busts: The Case of Subprime Mortgage", Presented at the Symposium: "Housing, Housing Finance, and Monetary Policy" in Jackson Hole, Wyomig, 2007, August 30–September 1.

[211] Grace, M., S. Harrington, and R. W. Klein, 1998, Risk-Based Capital and Solvency Screening in Property–Liability Insurance, Journal of Risk and Insurance, 65 (2): 213–243.

[212] Greenspan. The Age of Turbulence: Adventures in a New World, Penguin Press, 2007.

[213] Harold D. Skipper, Jr. 1998, International Risk and Insurance: An Environmental Managerial Approach.

[214] Harrington, S., Market Discipline in Insurance and Reinsurance, in: Claudio Borio et al., eds., Market Discipline Across Countries and Industries Cambridge, MA: MIT Press, 2004.

[215] Harrington, S., J. Nelson. "A Regression-Based Methodology for Solvency Surveillance in the Property–Liability Insurance Industry", *Journal of Risk and Insurance*, 1986: 583–605.

[216] Hellwig, M., "Systemic Risk In the Financial Sector", Reprints of the Max Planck Institute for Research in Collective Goods, Bonn 2008 (43).

[217] Häusler, Gerd, "The Insurance Industry, Systemic Financial Stability, and Fair Value Accounting", *The Geneva Papers on Risk and Insurance*, 2004, 29 (1): 63–70.

[218] Hill, B. M., "A Simple General Approach to Inference about the Tail of a Distribution", *Annals of Statistics*, 1975, 3 (5): 1163–1174.

[219] Hull, J. C., Options, Futures, & Other Derivatives, 5th edition (Upper Saddle River: Prentice Hall), 2003.

[220] IMF, *Global Financial Stability Report*, 2002 年以来各期.

[221] International Actuarial Association, A Global Framework for Insurer Solvency Assessment, Research Report of the Insurer Solvency Assessment, Working Party, Ottawa, 2004.

[222] International Association of Insurance Supervisors, Credit Risk Transfer Between Insurance, Banking and Other Financial Sectors (Basel, March), 2003.

[223] IAIS, "Position Statement on Key Financial Stability Issues", 2010, http: //www. iaisweb. org.

[224] International Swaps and Derivatives Association, “AIG and Credit Default Swaps”, 2009, http://www. isda. org.

[225] Jarrow, R., Modeling Fixed Securities And Interest Rate Options. The second edition. Stanford University Press, 2002.

[226] Jaffee, D. and J. Quigley. “Mortgage Guarantee Programs and the Subprime Crisis”, *California Management Review*, 2008.

[227] Jeremy Greenwood and Boyan Jovanovic, “Financial Development, Growth, and the Distribution of Income”, *Journal of Political Economy*, 1990 (98): 1076–1107.

[228] Kaufmann, R., A. Gadmer and R. Klett, Introduction to Dynamic Financial Analysis, *ASTIN Bulletin*, 2001, 31 (1): 213–249.

[229] KPMG, Study into the Methodologies to Assess the Overall Financial Position of an Insurance Undertaking From the Perspective of Prudential Supervision, Brussels, 2002.

[230] Lee, S. and J. Urrutia. “Analysis and Prediction of Insolvency in the Property–Liability Insurance Industry: A Comparison of Logit and Hazard Models”, *Journal of Risk and Insurance*, 1996, 63 (1): 121–130.

[231] Linder, U. and V. Ronkainen, SolvencyⅡ—Towards a New Insurance Supervisory System in the EU, *Scandinavian Actuarial Journal*, 2004, 104 (6): 462–474.

[232] Lim, M., “Old Wine In A New Bottle: Subprime Mortgage Crisis Causes and Consequences”, Working Paper, 2008, The Levy Economics Institute of Bard College, No. 532.

[233] Lowe, S. Stanard, J., An Integrated Dynamic Financial Analysis and Decision Support System for a Property Catastrophe Reinsurer, ASTIN Bulletin, 1997, 27 (2): 339–371.

[234] Martin Cihak, How Do Central Banks Write on Financial Stability? IMF Working Paper, WP/06/163.

[235] MICA, Statement of Teresa Bryce before the Subcommittee on Capital Markets Insurance and Government Sponsored Enterprises of the House Committee on Financial Services, 2009, http://www. privatemi. org.

[236] Mortgage Insurance Companies ofAmerica, “MICA 2001–2011 Fact Book”, 2011, http://www. privatemi. org.

[237] Nagar, W., The Insurance Sector and Financial Stability: An International Perspective and An Assessment of The Situation in Israel, Bank of

Israel Financial Stability Issues Discussion Paper, 2005.

[238] OECD, "Challenges Related to Financial Guarantee Insurance", 2008, http: //www. oecd. org/.

[239] OECD, "The Impact of the Financial Crisis on the Insurance Sector and Policy Responses", 2010, http: //www. oecd. org.

[240] Patrick L. Brockett, William W. Cooper, Linda L. Golden, "A Neural Network Method for Obtaining an Early Waring of Insurer Insolvercy", *Journal of Risk and Insurance*, 1994, 3: 402-424.

[241] Pinches and Trieschmann, "The Efficiency of Alternative Models for Solvency Surveillance in the Insurance Industry", *Journal of Risk and Insurance*, 1974.

[242] Pottier, S., and D. Sommer, "The Effectiveness of Public and Private Sector Summary Risk Measures in Predicting Insurer Insolvencies", *Journal of Financial Services Research*, 2002, 21 (1): 101-116.

[243] Raghuram G. Rajan and Luigi Zingales, "Financial Dependence and Growth", *American Economic Review*, 1998 (88): 559-586.

[244] Raghuram G. Rajan and Luigi Zingales, "Financial Systems, Industrial Structure, and Growth", *Oxford Review of Economic Policy*, 2001 (17): 467.

[245] Raquel Florez-Lopez, "Modelling of Insurers' Rating Determinants. An Application of Machine Learning Techniques and Statistical Models", *European Journal of Operational Research*, 2007 (183): 1488-1512.

[246] Raymond W. Goldsmith, Financial Structure and Developments, New Haven and London, Yale University Press, 1969.

[247] Rolski, T., H. Schmidli, V. Schmidt, and J. Teugels, Stochastic Processes for Insurance and Finance, (Chichester: JohnWiley & Sons), 1999.

[248] Rosenberg, J. V., T. Schuermann, "A General Approach to Integrated Risk Management with Skewed, Fat-Tailed Risks", *Journal of Financial Economics*, 2006 (79): 569-614.

[249] R. I. Robinson, D. Whiteman, Financial Market: The Accumulation and Allocation of Wealth, 1974.

[250] Ross Levine, "Finance and Growth, Theory and Evidence". Chapter 12, in Philippe Aghion and Steven N. Durlaufeds., Handbook of Economic Growth. Vol. 1 Part A, Amsterdam: Elsevier Science Publishers (North-Holland), 2005: 865-934.

[251] Ross Levine, Norman Loayza, and Thorsten Beck, "Financial Intermediaries

and Growth: Causality and Causes", *Journal of Monetary Economics*. 2000 (46): 31-77.

[252] Rule, David, "Risk Transfer Between Banks, Insurance Companies and Capital Markets: An Overview", *Financial Stability Review* (London: Bank of England, December), 2001: 137-159.

[253] Sharma report. Conference of Insurance Supervisory Services of the Member States of the European Union, 2002, Prudential Supervision of Insurance Undertakings, Report prepared under the Chairmanship of Paul Sharma, Head of the Prudential Risks Department of the UK's Financial Services Authority.

[254] Shleifer Andrei and Robert W. Vishny, "A Survey of Corporate Governance", *Journal of Finance*, 1997 (52): 737-783.

[255] Sigma. 2000. Asset/liability management for insurers. Swiss Re.

[256] Spellman, L. J., Witt, R. C. and Rentz, W. F., "Investment Income and Nonlife Insurance Pricing", *Journal of Risk and Insurance*, 1975, 42 (4): 567-577.

[257] Stewart Economics, Inc., Managing Insurer Insolvency, a report commissioned for the National Association of Insurance Brokers, 1988.

[258] Swiss Re, "Japan's Insurance Markets: A Sea Change", Sigma, No. 8, 2000.

[259] Swiss Re, "金融风暴之后的亚洲保险市场" [J]. Sigma, 1999 (5).

[260] Swiss Re, "为公司提供的非传统风险转移方式" [J]. Sigma, 1999 (2).

[261] Swiss Re, "World Insurance in 1998: Deregulation, Overcapacity and Financial Crises Curb Premium Growth", Sigma, 1999, No. 7.

[262] Standardand Poor, "The U. S. Asset-Backed Commercial Paper Market May Be Down, But It's Not Out", 2008, www. standardandpoors. com/... /US_ ABCP_ May Be Down But Not Out_ July_ 7. pdf.

[263] Tim Coelli, "A guide to DEAP Version 2. 1: A Data Development Analysis (computer) Program", Centre for Efficiency and Productivity Analysis, 1996 (8).

[264] Tong Jian and Chenggang Xu, "Financial Institutions and the Wealth of Nations, Tales of Development", 2004, CEPR Discussion Paper, No. DP4348.

[265] Turner, S, " Mortgage Guaranty Insurance Surviving the Subprime Crisis", Candidate Liaison Committee, 2010, http: //www. casact. org/.

[266] The Geneva Association, "System Risk in Insurance: An Analysis of Insurance and Financial Stability", 2010, http: //www. genevaassociation. org/.

[267] The Financial Crisis Inquiry Commission, "The Financial Crisis Inquiry Report", 2011, http: //www. gpo. gov.

[268] United States Senate Permanent Subcommittee on Investigations, "Wall Street and the Financial Crisis: Anatomy of a Financial Collapse", 2011, http: // hsgac. senate. gov/.

[269] Valerie R. Bencivenga and Bruce D. Smith, "Financial Intermediation and Endogenous Growth", *Review of Economics Studies*, 1991, 58: 195-209.

[270] Wallenberg, M., "In Search for Candidate Predictor Variables Financial Statement Analysis in The Property Casualty Insurance Industry", *Journal of Insurance Regulation*, 1992, 10: 269 ~312.

[271] Wang, S., A Set of New Methods and Tools for Enterprise Risk Capital Management and Portfolio Optimization. Working Paper. SCOR Reinsurance Company., 2002, www. casact. com.

[272] Warthen Ⅲ, Thomas V., David B. Sommer. Dynamic Financial Modeling-Issues and Approaches. Casualty Actuarial Society Forum, 2001: 292-328.

[273] Zhang Xiaolan and Zhaozhen Qian, "Financial Structure and Firm Characteristics, Pane (Evidence with Firm Level Data", Working Paper., 2007.

**图书在版编目（CIP）数据**

现代商业保险规范发展与金融稳定关系的综合研究/郭金龙等著．—北京：经济管理出版社，2013.12

ISBN 978-7-5096-2754-9

Ⅰ.①现… Ⅱ.①郭… Ⅲ.①商业保险-关系-金融-研究-中国 Ⅳ.①F842 ②F832

中国版本图书馆 CIP 数据核字（2013）第 259330 号

组稿编辑：王　琼
责任编辑：王　琼
责任印制：杨国强
责任校对：陈　颖

出版发行：经济管理出版社
（北京市海淀区北蜂窝 8 号中雅大厦 A 座 11 层　100038）
网　　址：www. E-mp. com. cn
电　　话：（010）51915602
印　　刷：北京京华虎彩印刷有限公司
经　　销：新华书店
开　　本：720mm×1000mm/16
印　　张：27. 5
字　　数：505 千字
版　　次：2014 年 4 月第 1 版　2014 年 4 月第 1 次印刷
书　　号：ISBN 978-7-5096-2754-9
定　　价：68. 00 元